U0557028

经时济世
继往开来
贺教育部
重大攻关项目
成果丰硕

季羡林
时年九十有八

教育部哲学社會科学研究重大課題攻關項目

服务型政府建设规律研究

A RESEARCH ON THE LAW OF BUILDING SERVICE-ORIENTED GOVERNMENT

图书在版编目（CIP）数据

服务型政府建设规律研究/朱光磊等著．—北京：经济科学出版社，2013.5

教育部哲学社会科学研究重大课题攻关项目

ISBN 978-7-5141-3271-7

Ⅰ.①服… Ⅱ.①朱… Ⅲ.①国家行政机关-行政管理-研究-中国 Ⅳ.①D630.1

中国版本图书馆CIP数据核字（2013）第074741号

责任编辑：边　江
责任校对：苏小昭
版式设计：代小卫
责任印制：邱　天

服务型政府建设规律研究

朱光磊　等著

经济科学出版社出版、发行　新华书店经销

社址：北京市海淀区阜成路甲28号　邮编：100142

总编部电话：010-88191217　发行部电话：010-88191522

网址：www.esp.com.cn

电子邮件：esp@esp.com.cn

天猫网店：经济科学出版社旗舰店

网址：http://jjkxcbs.tmall.com

北京季蜂印刷有限公司印装

787×1092　16开　29.25印张　540000字

2013年5月第1版　2013年5月第1次印刷

ISBN 978-7-5141-3271-7　定价：71.00元

（图书出现印装问题，本社负责调换。电话：010-88191502）

课题组主要成员

（排名不分先后，按章节顺序）

首 席 专 家： 朱光磊

课题组成员： 朱光磊　于　丹　赵聚军　郭道久
张　彬　孙　涛　陈　娟　薛立强
张传彬　张志红　周　望　贾义猛
盛　林　吴晓林

总　序

哲学社会科学是人们认识世界、改造世界的重要工具，是推动历史发展和社会进步的重要力量。哲学社会科学的研究能力和成果，是综合国力的重要组成部分，哲学社会科学的发展水平，体现着一个国家和民族的思维能力、精神状态和文明素质。一个民族要屹立于世界民族之林，不能没有哲学社会科学的熏陶和滋养；一个国家要在国际综合国力竞争中赢得优势，不能没有包括哲学社会科学在内的“软实力”的强大和支撑。

近年来，党和国家高度重视哲学社会科学的繁荣发展。江泽民同志多次强调哲学社会科学在建设中国特色社会主义事业中的重要作用，提出哲学社会科学与自然科学“四个同样重要”、“五个高度重视”、“两个不可替代”等重要思想论断。党的十六大以来，以胡锦涛同志为总书记的党中央始终坚持把哲学社会科学放在十分重要的战略位置，就繁荣发展哲学社会科学做出了一系列重大部署，采取了一系列重大举措。2004 年，中共中央下发《关于进一步繁荣发展哲学社会科学的意见》，明确了 21 世纪繁荣发展哲学社会科学的指导方针、总体目标和主要任务。党的十七大报告明确指出：“繁荣发展哲学社会科学，推进学科体系、学术观点、科研方法创新，鼓励哲学社会科学界为党和人民事业发挥思想库作用，推动我国哲学社会科学优秀成果和优秀人才走向世界。”这是党中央在新的历史时期、新的历史阶段为全面建设小康社会，加快推进社会主义现代化建设，实现中华民族伟大复兴提出的重大战略目标和任务，为进一步繁荣发展哲学社会科学指明了方向，提供了根本保证和强大动力。

高校是我国哲学社会科学事业的主力军。改革开放以来，在党中央的坚强领导下，高校哲学社会科学抓住前所未有的发展机遇，紧紧围绕党和国家工作大局，坚持正确的政治方向，贯彻“双百”方针，以发展为主题，以改革为动力，以理论创新为主导，以方法创新为突破口，发扬理论联系实际学风，弘扬求真务实精神，立足创新、提高质量，高校哲学社会科学事业实现了跨越式发展，呈现空前繁荣的发展局面。广大高校哲学社会科学工作者以饱满的热情积极参与马克思主义理论研究和建设工程，大力推进具有中国特色、中国风格、中国气派的哲学社会科学学科体系和教材体系建设，为推进马克思主义中国化，推动理论创新，服务党和国家的政策决策，为弘扬优秀传统文化，培育民族精神，为培养社会主义合格建设者和可靠接班人，做出了不可磨灭的重要贡献。

自 2003 年始，教育部正式启动了哲学社会科学研究重大课题攻关项目计划。这是教育部促进高校哲学社会科学繁荣发展的一项重大举措，也是教育部实施“高校哲学社会科学繁荣计划”的一项重要内容。重大攻关项目采取招投标的组织方式，按照“公平竞争，择优立项，严格管理，铸造精品”的要求进行，每年评审立项约 40 个项目，每个项目资助 30 万 ~80 万元。项目研究实行首席专家负责制，鼓励跨学科、跨学校、跨地区的联合研究，鼓励吸收国内外专家共同参加课题组研究工作。几年来，重大攻关项目以解决国家经济建设和社会发展过程中具有前瞻性、战略性、全局性的重大理论和实际问题为主攻方向，以提升为党和政府咨询决策服务能力和推动哲学社会科学发展为战略目标，集合高校优秀研究团队和顶尖人才，团结协作，联合攻关，产出了一批标志性研究成果，壮大了科研人才队伍，有效提升了高校哲学社会科学整体实力。国务委员刘延东同志为此做出重要批示，指出重大攻关项目有效调动各方面的积极性，产生了一批重要成果，影响广泛，成效显著；要总结经验，再接再厉，紧密服务国家需求，更好地优化资源，突出重点，多出精品，多出人才，为经济社会发展做出新的贡献。这个重要批示，既充分肯定了重大攻关项目取得的优异成绩，又对重大攻关项目提出了明确的指导意见和殷切希望。

作为教育部社科研究项目的重中之重，我们始终秉持以管理创新服务学术创新的理念，坚持科学管理、民主管理、依法管理，切实增强服务意识，不断创新管理模式，健全管理制度，加强对重大攻关项目的选题遴选、评审立项、组织开题、中期检查到最终成果鉴定的全过程管理，逐渐探索并形成一套成熟的、符合学术研究规律的管理办法，努力将重大攻关项目打造成学术精品工程。我们将项目最终成果汇编成“教育部哲学社会科学研究重大课题攻关项目成果文库”统一组织出版。经济科学出版社倾全社之力，精心组织编辑力量，努力铸造出版精品。国学大师季羡林先生欣然题词：“经时济世　继往开来——贺教育部重大攻关项目成果出版”；欧阳中石先生题写了“教育部哲学社会科学研究重大课题攻关项目”的书名，充分体现了他们对繁荣发展高校哲学社会科学的深切勉励和由衷期望。

创新是哲学社会科学研究的灵魂，是推动高校哲学社会科学研究不断深化的不竭动力。我们正处在一个伟大的时代，建设有中国特色的哲学社会科学是历史的呼唤，时代的强音，是推进中国特色社会主义事业的迫切要求。我们要不断增强使命感和责任感，立足新实践，适应新要求，始终坚持以马克思主义为指导，深入贯彻落实科学发展观，以构建具有中国特色社会主义哲学社会科学为己任，振奋精神，开拓进取，以改革创新精神，大力推进高校哲学社会科学繁荣发展，为全面建设小康社会，构建社会主义和谐社会，促进社会主义文化大发展大繁荣贡献更大的力量。

教育部社会科学司

摘　要

当前，中国在政府发展方面面临着“双重任务”：既要像其他发展中国家一样，解决政府管理的现代化这一基础问题；又要建设服务型政府。即中国在新世纪伊始提出建设服务型政府的发展目标是一种“历史压力下的历史性选择”。

建设服务型政府与政府职能转变两大历史进程具有内在联系。强化公共服务体系建设，是中国政府为适应社会主义市场经济发展的要求和全球化带来的外在压力，主动进行的历史性战略选择。从理论上说，提供公共服务既是政府的主要职责，也是国家本质的要求；从现实来讲，在社会发展不同阶段，政府职责是有差别的，要适时调整。在经济、社会发展水平不断提高，现代化建设进入新阶段的情况下，中国需要深化和细化对国家的社会职能和政府公共服务职责的认识，并在此基础上积极把转变政府职能工作推进到新的阶段。同时，深度推动公共服务事业，实现基本公共服务均等化，需要政府的能力更强、更有作为、效率更高，即需要一个“有为政府”。

建设服务型政府，转变政府职能，是一项复杂的系统工程，需要充分考虑时间、空间的协调性问题，重点建立起全方位、广覆盖、多层级、高效能、制度化的公共服务体系。它是强化政府公共服务职能的着力点，是服务型政府建设的一项核心内容。在这方面，一个合理的财政体制是政府实现执政理念、国强民富的必要保证。

建设服务型政府，突出“多元参与”是一个基础性的任务，也是缓解公共服务供需矛盾的有效途径。合理调度社会资源，灵活有效地为居民提供社会管理和公共服务，实现公共服务供给方式的多样化是当前建设服务型政府的现实需要。建设服务型政府，还要求行政管理具有“服务化”的取向。

建设服务型政府，具有重要的社会价值，其中最重要的一点就是“以服务平衡差距”。这一思路的特点在于：把基本公共服务体系建设与差距调控结合起来加以综合考虑，把基本公共服务作为平衡各种社会差距的重要手段之一，使城乡之间、区域之间的公共服务水平差距，明显小于它们之间的经济发展水平差距；使各阶层之间所能享受到的公共服务的差距，明显小于他们之间的收入水平差距。

建设服务型政府，是城市化良性发展的有效推力。城市化是人类社会发展到现代社会的必然过程和结果，也是衡量一个国家进步程度的重要标志。作为一项系统工程，服务型政府建设对于城市化的健康、快速推进，同样具有积极的影响，特别是对于统筹城乡发展、大都市区治理、小城镇建设，对农民工、失地农民安置等社会问题的有效解决，都将发挥积极的推动作用。

服务型政府建设与政治发展是一体的，是政治发展的内在因素，本身就是政治发展的重要内容和表现形式。政治发展包含政府发展的内容，服务型政府作为政府发展的一种形态，它所带来的政府职能转变、国家与社会关系变化、政府体制改革、公共服务体系的建立、党政干部观念转变等，都直接体现为政治发展的成果。所以，服务型政府建设作为政治发展的一个领域，从内部推动着政治发展的整体进程。

Abstract

In the present, Chinese government development has faced the "double-task" . It means that Chinese government has to deal with the basic issue, such as public administration modernization, as well as the other developing countries. At the same time, China would build the service-oriented government. At the beginning of the new century, Chinese government proposed the development target of service-oriented government, which was a kind of historic choice under the historic pressure.

There is internal connection between the two historic process of building service-oriented government and transforming governmental functions and responsibilities. In order to adapt to the requirements of the socialist market economy and the external pressure of the globalization, Chinese government proposed to strengthen public service system, which was Chinese government' s strategic choice initiatively. In theory, providing public services not only is government main function, but also is the requirement of the nature of the state. In fact, during the different stage of the social development, the governmental function and responsibilities are different and timely adjusted. With the economic and social development, when the Modernization has entered a new stage, Chinese government would deepen the understanding of social attributes of the state and the government public service fuctions. On this basis, Chinese government has been promoting the transformation of government functions work to a new stage actively. Meanwhile the government would promote the career of public service and achieve the equalization of basic public services, all of that require the ability of government would become stronger, more active and more efficient. China need a more active and stronger government.

Building service-oriented government and transforming government functions is a complicated system program. In this process, we need to take full account how to coordinate the time and the space. The key point to strengthen the government's public service functions has been focused on establishing all-round, wide coverage, multi-level, high-effective, institutionalized public service system, which is the core content of service-oriented government. In this regard, a rational financial system is necessary to ensure the government to realize governance, and make the country stronger and the people richer.

In the process of building service-oriented government, highlighting the " multi-level participation" is a basic task, which is an effective way to relieve the contradiction between supply and demand of public service. In the present, the practical demands of building service-oriented government include how to integrate social resources reasonably, how to provide effective social management and public services for the residents flexibly and how to diversify the supply mode of public service. On the other hand, building service-oriented government would require public administration going on the orientation of service.

To build service-oriented government has more important social value, one of the most significant points of which is to balance the gap through offering public service. The characteristics of this thought include that it would be combined the building of basic public service system and the controlling the gap. And the characteristics also show that it take offering the public service as the more important measure to balance the all kinds of social gaps. All of these would make the gaps of the level of public service between the urban and rural and different areas, less than the gaps of the level of economic development in those areas; Moreover, all of those would make the gaps of the level of public service received by the different status, less than the gaps of their income.

To build service-oriented government is the efficient propulsive force of the urbanization going on the track of sound progress. As the necessary process and results of the human society developing to modern society, the urbanization is also the significant symbol of the country progress. As a system program, building service-oriented government would make positive influences on the acceleration of urbanization healthily and swiftly, especially it would play an active role in promoting the problem solving of such social issues including balanced urban and rural development, metropolitan governance, the construction of small towns, the resettlement of landless peasants, migrant workers, and so on.

In a word, building service-oriented government and the political development are incorporated, that is the internal factor of political development, and the important content and form of expression of political development in itself. Political development includes the government development. As a form of government development, building service-oriented government would promote transforming government functions, the relationship change between state and society, the government system reform, the foundation of public service system, and the transition of Party and government cadres ideas, all of that are the direct achievement of political development. Therefore, as a field of politcal development, building service-oriented government would promote the whole process of political development from within.

目录

Contents

Contents

引言 服务型政府

——历史压力之下的历史性选择

一、“服务型政府”概念的来源与内涵

“服务型政府”是一个由中国学术理论界创造的概念，在翻译时，通常表示为Service - oriented Government。服务型政府是指以公共服务为主要职能的政府。当然，也可以再具体一些地表述为是指以提供公共产品和公共服务为主要职责的政府。但是，正如大多数人做的中英文翻译所反映的那样，服务型政府建设在实质上所体现的是一种政府发展的取向、导向、方向。

建设“服务型政府”的思想理论来源，无疑是中国政府“为人民服务”宗旨与西方公共管理思想，特别是“新公共管理运动”等思想的结合。这有世纪之交的大量文献可以证明。强化公平因素的意义，反思市场因素的副作用，呼唤能够提供全面、精良服务的政府和公务员群体，是这一改变的思想背景。这是中国领导层和思想界开始集中考虑政府发展方向和加强公共服务问题的主要标志。

但是，在2005年以前，学术界对服务型政府的概念并不清晰。

——很多学者从各自不同的角度对这个新概念进行了探讨。有的从政治道德追求和党的宗旨要求的角度，认为公共服务型政府就是中国共产党一直倡导并积极实践的全心全意为人民服务的政府。持这种观点的学者认为，服务型政府就是为人民服务的政府，它把为社会、为公众服务作为政府存在、运行和发展的基本宗旨；[①] 认为，公共服务型政府简单地说就是提供公共产品为人民服务的政府，

① 刘熙瑞：《服务型政府：经济全球化背景下中国行政改革的目标选择》，载《中国行政管理》2002年第2期。

而且要明确公共产品到底该给谁服务的问题①；认为公共服务型政府就是以民为本，为人民服务，让政府成为真正意义上的人民的公仆，它必须是一个无私的政府，一个没有私人利益的政府，一个民主的政府。②

——有些学者从政府与社会关系的角度，提出服务型政府与其他政府范式的根本区别体现在政府与社会的关系上。比如，有学者认为，服务型政府就是指政府遵从民意的要求，在政府工作目的、内容、程序和方法上公开地给公民、社会组织和社会提供方便周到和有效的帮助；这体现了国家权力向社会权力的转移，政府本位向社会本位、官本位向民本位的转移，要使政府权力重新回归社会。吴敬琏教授认为，建设服务型政府，就是要把“全能型政府”体制颠倒了的政府和人民之间的主仆关系校正过来，建设一个公开、透明、可问责的服务型政府。③

——有些学者从政府提供公共服务、公共产品的角度来定义服务型政府。比如，服务型政府就是提供私人和社会无力或不愿提供的、却又与公共利益相关的非排他性公共产品和公共服务的政府。④ 中国行政管理学会课题组认为，按照公共支出的领域来划分，政府公共服务主要包括经济性公共服务和社会性公共服务。⑤ 服务型政府是指在民主政治框架下，通过法定程序，按照公民意志组建起来，以为公民服务为宗旨，实现服务职能，承担服务职责的政府。⑥

——有些学者从政府治理模式的角度，提出服务型政府是指仅拥有有限管理社会的权力、对经济社会管理负有限责任，通过向市场主体提供公共服务等方式，实现政府对市场主体的互动式管理的政府模式。⑦ 李军鹏教授就认为当代政府是有限政府，即政府能力有限，职能有限，权力有限，责任有限。⑧

换一个角度看，2005 年前，学术界对所谓“公共服务型政府”的概念的概括，可以划分为四种情况：一是“政府服务方式改变论”，强调集中办公、集中服务，优化工作流程，提倡便捷服务、微笑服务等；二是“政府职能重心转移论”，强调政府工作重心要从经济建设转向为强化社会管理和公共服务；三是“政府性质重新定位论”，强调在理念、职能、体制、运行机制、行为方式等方

---

① 李晓西：《明确公共产品的服务对象，避免公器私用》；《建设公共服务型政府——中国改革形势季度分析会部分专家发言摘要》，《中改院简报》第 447 期/2003 年 7 月 25 日。

② 吴双：《建设公共服务型政府问题综述》，载《文化发展论坛》2005 年 6 月 20 日。

③ 吴敬琏：《建设一个公开、透明和可问责的服务型政府》，载《领导决策信息》2003 年第 25 期。

④ 马庆钰：《公共服务的几个基本理论问题》，载《中共中央学报》2005 年 2 月第 9 卷第 1 期。

⑤ 课题组：《加快我国社会管理和公共服务改革的研究报告》，载《中国行政管理》2005 年第 2 期。

⑥ 课题组：《服务型政府是我国行政改革的目标选择》，载《中国行政管理》2005 年第 4 期。

⑦ 《构建服务型政府　优化行政环境（一）》，［EB］. http：//www. baotou. gov. cn/yhb/xwy. asp？ mid = 417。

⑧ 李军鹏：《公共服务型政府》，北京大学出版社 2004 年版，第 29 ~ 30 页。

面，以“公民本位”理念全方位革新政府，构建新型的政府与社会关系模式；[①]四是本课题组提出的“规制—服务型”政府论。实际上，学术界在讨论服务型政府建设时，一般都会涉及这样几个方面，彼此的差别主要体现在把哪一个排在第一位。

按照本课题组的基本理念，应当是把政府职能转变放在第一位，而建设规制—服务型政府，是属于具体措施层面的主要构想。具体地讲，服务型政府应当包含这样几个基本特征：（1）国家已经基本实现现代化，并在此基础上构建有能够基本覆盖社会生活主要方面和全体居民的社会公共服务体系。（2）政府通过公共财政形成了对公共服务足够的财政支持。（3）在地区之间、阶层之间，基本实现了公共服务均等化。（4）在政府作为公共服务主要提供者和组织、协调者的前提下，第三部门、企业和居民等社会主体也都承担着一定的公共服务责任，公共服务方式多样化，有关社会资源能够得到有效的整合和调度。（5）政府的社会管理水平较高，政府的服务性机制、机构设置较为完善，公务员服务态度好。

建设服务型政府这一概念在中国政府实务领域的运用，最早的是大连市政府和上海市政府。2001 年 6 月，大连市第九次党代会做出了建设服务型政府的决定，10 月市政府又正式推出了《大连市关于建设服务型政府的意见》，明确提出要以转变职能、加强服务和提高效率为目标，实现行政管理创新，建立不断满足市民和投资者要求的“公共管理”机制。夏德仁市长提出，建设服务型政府，必须对现行的政府行为进行规范，优化经济发展环境，打造成为交易成本低、商务机遇多和市场秩序好的投资宝地。[②] 徐匡迪市长 2001 年 10 月在上海国际工业博览会 WTO 论坛提出：“上海正加快政府职能转变，在全国率先建立一个高效、精干的服务型政府，为中外各类企业提供良好的政府服务和安全稳定的社会经济环境。”“中国加入世界贸易组织，为上海进一步加快政府职能转变，树立‘管理就是服务’的思想提供了契机。”[③]

关于这一时期对服务型政府建设问题的研究与认识，需要注意这样几个问题。一是对概念的把握经历了一个过程。最初，学术界使用比较多的是“公共服务型政府”的概念，实务界使用这个概念并不多。随着研究工作的日渐深入和系统，随着公共服务建设理念社会影响的迅速扩大，到 2005 年以后，党政机

① 张勤：《公共服务型政府：公共管理评论》，中央编译局出版社 2005 年版，序言第 4 页。

② 李天斌：《改革审批制度　清理收费项目　规范人员队伍　三管齐下推动服务型政府建设》，载《经济日报》2003 年 11 月 12 日。

③ “徐匡迪：上海将首创‘服务型政府’”，2001 年 10 月 28 日上海政府网（www. shanghai. gov. cn）“上海要闻”栏目。

关使用服务型政府、公共服务、公共产品等概念越来越多，学术界也逐步用“服务型政府”的概念取代了这一在逻辑上略显重复的“公共服务型政府”的提法，形成了相对合理、周延的“‘服务型政府’建设‘公共服务体系’”的词汇平衡使用格局。二是对概念的认识逐步走向全面。2001 年，大连和上海两市的市长就开始强调建设服务型政府殊为可贵，但他们分析问题的着眼点基本上还是强调“为企业服务”。2003 年，中央提出对政府职能的“十六字概括”以后，对服务型政府概念的认识和把握就开始比较全面和系统了。

2008 年新春，中共中央政治局集体学习和研究建设服务型政府的问题，实际上是对服务型政府建设有关关注的一个阶段性总结，显著推动了对这一课题的研究工作，有力推动各级党政机关对这个问题重视程度的提升。① 这次集体学习安排的内容是国外政府服务体系建设和我国建设服务型政府。胡锦涛同志强调指出，建设服务型政府是坚持党的全心全意为人民服务宗旨的根本要求，是深入贯彻落实科学发展观、构建社会主义和谐社会的必然要求，也是加快行政管理体制改革、加强政府自身建设的重要任务。要在经济发展的基础上，不断扩大公共服务，逐步形成惠及全民、公平公正、水平适度、可持续发展的公共服务体系，切实提高为经济社会发展服务、为人民服务的能力和水平，更好地推动科学发展、促进社会和谐，更好地实现发展为了人民、发展依靠人民、发展成果由人民共享的目标。

需要提到的是，大约在 2005 年以后，学术界和报纸杂志逐步用“服务型政府”一词取代了“公共服务型政府”的提法。这一转换是必要的。一是，“服务型政府”本身就包含着“公共”的理念；二是“公共服务型政府”的提法与这一领域内另一个基本词汇“公共服务体系”在组词结构上过于趋同；三是“公共服务型政府”的提法显得比较冗长，因素重复。

二、服务型政府建设：历史压力之下的选择

“强调建设”服务型政府，不等于说在中国“已经建成”服务型政府；中央肯定和支持服务型政府建设，理论界普遍关注服务型政府建设，也不等于在这个课题上没有分歧；对服务型政府建设的一些总体性认识明确了，更不等于对各个具体问题的认识都清楚了，不等于相关的解释都是清晰的、准确的、到位的。对于服务型政府建设规律性的总结、提炼和概括，将是一个长期而艰巨的任务。比

① 新华社北京 2008 年 2 月 23 日电：“胡锦涛在中共中央政治局第四次集体学习时强调扎扎实实推进服务型政府建设　全面提高为人民服务能力和水平。”

如，构建服务型政府主要是宗旨问题、职能问题，还是工作作风问题？建设服务型政府究竟需要具备哪些前提条件？如何在时间和空间上对这一建设做良好的布局？中央与地方各级政府，在提供公共服务方面应当各自有哪些职责？在地方上，服务型政府是否就是“为企业服务的政府”？在建设服务型政府的背景下，应当如何更加深入地分析政府在经济社会发展中的作用和政府公务员规模问题？如何看待服务型政府建设在政治发展中的作用？深入研究这些问题，进而合理提炼、把握一些带有规律性的东西，对于进一步明确构建服务型政府的时代背景、发展方向和建设思路，对于把这一建设与其他方面的改革有机结合起来，对于综合、有效地统筹安排好有关服务型政府建设的各项具体工作，尽可能少走弯路，具有重要的理论价值和实践意义。

现在，在部分学者和官员中又普遍存在急于求成的情绪。例如，部分学者对服务型政府建设的研究，似乎是建立在中国目前的政治、经济、文化、法制条件已经完全有能力建设这一模式的假设前提之上的①。而在部分官员那里，构建服务型政府则似乎不过是一个不证自明的政治口号，有个三五年的时间就足够了②。其实，比这些情绪更为严重的问题是，从服务型政府构建课题研究的实际状况看，在相当一部分学者那里“条件”依然是微不足道的因素。毫无疑问，世界上的任何事物的产生、存在和发展，都是有条件的。

人们对于迅速改革我国政府服务的现状、加速建设服务型政府的迫切心情是可以理解的。这也是有关建设的重要动力之一。但是，有必要强调，服务型政府的构建不是一项具体工作，而是中国政府发展方向的重大调整，是一个历史过程，可能需要几十年的时间。

服务型政府建设也是有前提、有条件的。这主要可概括为：一个平台——即现代化建设达到一定水平；四个支柱——市场的发育程度，社会力量（如第三部门等）的成长，法治国家建设提上日程，社会各方面的理解和支持；一个基本保障——高层政府对服务型政府建设问题的思想理论准备和地方政府一定的管理水平。在这些方面，中国现在已经有了一定的积累，但还不够，也就是说，条件基本具备，但不是完全具备。此外，还有地区差距的因素——沿海发达地区大体已经具备，像杭州、深圳等城市还积累了很好的经验，但是中西部的多数地区可能还不具备；有认识水平的差异，直到目前，还是有些地方对服务型政府的建

① 如有学者认为，企业“不再需要政府对他们的指挥了，他们需要的是政府服务。政府已经基本结束了其主导经济建设和经济发展的地位和使命”。参见吴玉宗：“服务型政府：缘起和前景”，《社会科学研究》2004年第3期。

② 某市政府2005年制定了关于服务型政府建设“一年构建框架，三年逐步完善，五年全面完成”的计划；另一个城市的政府在这方面的总体目标是，“一年重点突破，三年基本到位，五年逐步完善”。

设不够重视。因此，服务型政府建设不可能一步到位，需要逐步推进。

建设“服务中心”是重要的，但这不是建设服务型政府的核心内涵。对于某些地方政府提出的三年、五年实现服务型政府的计划，既要进行审慎的鼓励，又要给予善意的提醒，特别指出其对服务型政府的性质和特点理解的不足。例如，日本人的爱清洁是人所共知的，但是日本的生活垃圾分类制度也只是到2000年才成为全国范围的统一要求；在德国，也是经过多年探索之后，才发展起了参与的机会机制、参与的激励机制、参与的责任机制等促进公众社会参与的机制①。

也就是说，现阶段的服务型政府建设带有明显的阶段性特征：（1）公共服务还不是政府的主要职能，对公共服务地位的表述还是处于“更加重视”、“更加关注”、“强化”的程度。（2）对公共服务投入的水平还不高，公共服务均等化的程度更弱一些。（3）政府的管理水平还不高，政府过程的质量还比较低，还不得不把强化管理和完善政府工作机制作为政府发展的重要任务。（4）多元主体公共服务的各个多元供给主体发育得还不够好，还不到位。（5）公共服务提供方式还比较单调，多元化公共服务提供方式还未形成。（6）公共服务还缺少法律的配套和保障，有关立法滞后，政府规制建设也还不健全。（7）政府纵向间关系还没有理顺，职责分工还远没有到位。（8）政治生活中的民主因素还相对少一些。

通过如上分析不难看出，在2005年的课题组看来，当时在中国全面推进服务型政府建设的条件并不十分成熟，也就是说，从当时的发展水平的角度看，在21世纪初的中国提出建设服务型政府，相对偏早了一点。那么，为什么从时间节点上看偏早了一点？为什么在当时能够提出这个任务并且得到了人们比较广泛的认同呢？

从社会发展的基本面看，目前中国正处于现代化进程中，而经济全球化的进程和中国人民对美好生活的急切企盼，又同时把中国拉到了“后现代”阶段，也即中国在政府发展方面同时面临着现代化和后现代化的“双重历史任务”，中国政府面临着巨大的正向历史性压力。从某种意义上说，强化管理，提高管理能力，是政府在“现代化”阶段的基本任务；建设服务型政府，建立较高水平的社会公共服务体系，则是政府在“后现代”阶段的重要目标。由于政治文化的特殊性，中国在历史上积累下来的统治经验非常丰富，但在政府管理方面缺乏足够的经验积累，更缺乏社会建设的概念。同时，由于长期意识形态建设的原因，

① 参见［德］格诺若等著：《德国的行政改革——以公民参与及公共部门与私人部门之间关系为例》，邵明阳译，载《经济社会体制比较》2007年第1期。

中国的公众，特别是中老年群众，对"为人民服务"的政府指导思想非常熟悉，于是天然地又把服务型政府的提法与"为人民服务"的宗旨自觉不自觉地结合了起来。为此，人们急切地希望通过强化服务型政府建设，来尽快地弥补政府管理水平不高和部分公务员服务态度不理想的历史压力。

从社会生活的层面看，目前的中国正处在所谓既是"最好的时期"，又同时是"压力最大的时期"——经济与社会的客观发展必然要求政府方面做出正面回应，对社会发展和政府发展做出正面推动；面对社会发展领域种种失衡现象，也需要公共政策向强化公共服务、特别是公共服务均等化的方向做出有针对性的调整；政府的服务水平确实需要改进，而这需要一个不是口号的适当的引导性概念来向各级公务员发出明确的信号；经济全球化和"新公共行政"思潮的影响，深深地影响着产生不久但扩容很快，并非十分成熟的中国政治学、公共行政学和公共政策学学科。

也就是说，建设服务型政府的提法，比较好地兼顾了在政府领域同步实现"加强管理"这个现实任务和"提升服务"这个中长期工作，既符合群众的直接政治需要，又具有相当的理想色彩，既具有现实性，也有一定的超前性。

三、服务型政府建设：一个历史性的选择

对于中国来说，压力是挑战，但往往更是机遇。尽管建设服务型政府的条件并不完全具备，但这一转变作为对我国政府发展方向的重新定位，作为政府职能转变的新阶段，其方向是不可逆转的，其正确性是毋庸置疑的。将给中国政府和整个社会生活带来一系列实质性的变化的选择，无疑是一个历史性的选择。

从"技术"的层面看，中国在世纪之交提出建设服务型政府，很大程度上与政府职能的转变密切相关。社会主义市场经济的深入发展，经济形式的多样化，社会阶层结构的变迁，社会流动的扩大，单位体制控制面的大幅度缩小，人民生活水平提高引发的公共服务需求的扩大，都在有力地推动着政治管理方式、政治社会心理的迅速转变。尽管某些国外学者、港台学者和国内的极端自由派学者"看不上"这些转变，其实这些转变恰恰都是社会基本面的重大变化，是"真正的"的社会变化。这些转变势必也会对政府职能提出新的要求。温家宝同志 2003 年 9 月在国家行政学院讲话时指出，"经济调节、市场监管、社会管理和公共服务，是社会主义市场经济条件下政府的四项基本职能"；中共十七大明确提出将"建设服务型政府"作为行政管理体制改革的重要目标。这些都说明，当前把公共服务作为政府重要或基本的职能，在理论界和政界都达成了一定的共识。和谐社会、科学发展观等的提出，是构建服务型政府的重要思想理论基础。

对于政府公共服务职责的重视和提倡，就是这种变化的集中表现。十七届二中全会以后，中国政府在这方面已经采取了一些比较有力的措施，服务型政府建设取得了一些阶段性的成果。

由政府提供公共服务，既是政府现实任务所要求的，也是政府自身的内在规定性所要求的。第二次世界大战以后，西方国家政府的公共服务职责呈明显扩大化的趋势，当代社会主义国家的政府就理应具有更为发达的社会职能。任何国家除了它的阶级职能以外，还都有它的社会职能，或者说公共管理方面的职能。这矛盾着的两个方面，是相辅相成的关系。马克思在《资本论》中，就曾把国家的基本职能明确地区分为公共职能和特殊职能两个方面："即包括执行由一切社会的性质产生的各种公共事务，又包括由政府同人民大众的对立而产生的各种特殊职能。"[①] 国家总是要不同程度地干预经济生活，要组织建设公共交通、兴修水利、兴办学校等社会性的公共事务。进入资本主义时代以来，国家的公共管理职能出现了扩大的趋势。在社会主义国家这一职能应当更为广泛和突出。尽管不同性质的国家行使它的公共管理职能的出发点、方式、手段各不相同，但道理都是一样的。

遗憾的是，在我国，政府的公共服务职责多年并没有得到理论上的确认和实践上的重视。主要原因是：（1）受国际共产主义运动中"左"的思想的影响，苏联和改革前的中国，对国家的社会职能缺乏客观认识，甚至否认国家社会职能的独立价值。（2）当时的中国，在分析政治问题时，大多使用"国家"、"国体"、"政体"等概念，而很少使用"政府"的概念。（3）当时是在俄国、中国等经济比较落后的国家最先建立了社会主义制度，政府的活动不得不受到当时客观条件的制约，没有经济实力重点安排公共服务体系的建设。（4）当时，在社会主义国家主要是通过"单位"体制向职工和部分职工家属提供比较有限的基本公共服务。国家学说领域的理论斗争历来十分尖锐。近一两个世纪以来，西方国家主流学术界一直坚持国家是一种"普遍意志"的片面观点，不承认国家的阶级性质，政治目的显而易见。国际共产主义运动中的某些人则长期宣扬国家只有阶级职能、镇压职能的片面观点，制造"民主虚无主义"的社会舆论。比如，在"文化大革命"时期，"四人帮"的理论工具就曾宣扬过"我们国家，乃至每一个工厂、人民公社、机关、学校，都是无产阶级专政的工具"。在这样的制度和舆论环境下，不仅人民群众的参与愿望无法实现，而且冤假错案盛行，经济发展长期停滞不前，使人民群众与党和政府离心离德，并埋下了社会动乱的种子。众所周知，这些严重的政治和经济后果，都与国家理论上的偏颇有着直接的关

① 《马克思恩格斯全集》第25卷，人民出版社1972年版，第432页。

系。这种状况使得群众，特别是年轻人，在事实上更容易接受西方政治学说的影响。

我国进入改革开放阶段以后，具备了正确认识国家社会职能的条件。但是，20 世纪 70 年代末到 90 年代初，经济建设任务极其紧迫，没有腾出脑子来系统研究国家和政府理论。而且，从 80 年代后期开始，一股过于倾向和迷信市场经济、效率因素的思想意识非常时兴，从另一个侧面妨碍了对国家本质、政府职能的深入思考。其实，在改革开放的初期，经历这样一个过程，出现某些问题，难以避免，也非坏事。经济建设成就所打下的物质基础，出现问题所引发的思考，都是认识的“阶梯”。实际上，邓小平很早就分析过这个趋势，指出到 21 世纪初，当我们实现了小康时，就该调整政策了。① 这种政策调整，或者说政府职责重心的重新定位，体现了公平与效率的辩证关系，二者缺一不可，又互为条件。

近几十年来，政府的统治职能隐性化、管理职能刚性化、服务职能扩大化的趋势非常明显，政府的工作重心越来越倾向于转移到公共服务和社会建设上来。如果把我国 80 年代中期以来的政府职能的转变看做是一个不断进化的过程，那么强调建设服务型政府，就是这一过程的新阶段。它体现着我们对于国家本质、政府职能、政治体制改革、社会管理和公共服务等一系列理论和现实问题认识的深化。中国在比较困难的条件下对服务型政府发展方向的选择，是一个重大的、积极的历史性选择，是中国政治发展史上一个划时代的事件。

我们一直强调，中国政府是为人民服务的政府，现在又强调要建设服务型政府。这是两个角度的问题。在社会主义初级阶段的时代背景下，中国政府的性质没有变化，但在新的发展阶段，中国政府存在的经济、政治与文化条件变化了，政府的主要职责也就需要有相应的调整。经过较长时间的建设，人民政府（性质）与服务型政府（职能）在 21 世纪的结合，将使中国的人民政府在总体上逐步成为一个以公共服务为主要职能的政府，也即服务型政府。这将使中国政府能够更好地服务于经济发展、社会进步，使各阶层各民族的人民受益。

四、服务型政府建设：一个循序渐进的历史过程

服务型政府建设是一个循序渐进的过程，是我国发展所处的特殊时代背景所决定的，这就是“现代化”和“后现代化”的“双重历史任务”，工业化和城市化的关键时期，社会主义市场经济体制建设和社会转型的“总结期”。中国提出建设服务型政府有超前性，但又是正确的，所以这是一个长期的、分阶段的建

① 参见《邓小平文选》第 3 卷，人民出版社 1993 年版，第 374 页。

设目标，是对一个模式的选择，是需要时间来完成的。

——有必要在服务型政府建设的初期，可以先提出一个阶段性的目标。目前，可以考虑先强调建设“规制—服务型”政府。这是一种以加强服务为政府工作的中心和政府改革、发展的基本目标，强调以完善和加强规制为主要措施的政府管理，同时也不排斥必要的政府统治和管理行为的行政创新的目标范式。① 因此，在服务型政府建设中，不能简单强调“从以统治为中心向以管理为中心的转变”、“从以管理为中心向以服务为中心的转变”。因为它们不是对立和替代关系，不能轻言转变②。强调服务，不是放松管理，也不是抽象地强调管理，而是要以完善规制作为主要措施来强化政府管理，切实提高规制质量与管理的有效性。

——有必要注意东、中、西部地区各自的特殊性。在经济发展相对落后的地区，以“项目导向”的方式提供某些公共服务，可以作为地方政府在一段时间内的过渡性选择。这是指在现有体制的框架之内，为了面对社会发展和社会生活中的新情况或紧迫性问题，可在政府统筹下，调配各方面的人力、物力和财力，以项目建设的方式，在某些专项领域实施公共服务。在中国，地方政府每段时间集中以“项目”形式做一些“实事”有一定的合理性。

——给第三部门的发展壮大以一定的时间。社会各方在共同建设服务型政府的过程中，固然都应主动发挥积极作用，但各方在这个过程中的作用还是有差别的，其认识程度在总体上也会是有差别的。强调各个方面都要发挥重要作用比较容易，复杂的课题是如何具体界定各个方面在服务型政府建设中的具体作用，特别是彼此的相互关系。中国目前在这方面的实际状况是，政府既“一方独大”，又有明显的“缺位”，其他各方参与过少。因此，加快培育社会性服务主体，推进事业单位改革，厘清有关方面各自的边界和相互关系，特别是政府与社会之间的界限，同样是服务型政府建设方面的一项特别紧迫又需要时间的任务。

——对政府在公共服务体系建设中的地位、作用问题，要留足变通的空间。在服务型政府的构建方面，认识与建设都是一个过程。要在认真研究和综合平衡公共服务具体需求、政府公共服务能力、市场发育程度和社会自服务能力四大因素的基础上，全面探索公共服务提供方式的创新和多样化问题。与公共服务提供主体多元化的情况下仍然需要坚持政府作为组织、统筹、协调者同样的道理，在公共服务提供方式多样化的情况下，中国仍将长期坚持公共服务供给方式在总体上的“政府主导型”，至于将来是否会走向“市场主导型”或是加大市场因素的

① 朱光磊、孙涛：《“规制—服务型”地方政府：定位、内涵与建设》，载《中国人民大学学报》2005 年第 1 期。

② 唐晓阳等：《“管理型政府”与“服务型政府”相斥吗?》，载《党政论坛》2005 年第 2 期。

权重，还需要不断实践的发展状况进一步观察和思考。按目前对这个问题的一般认知，把市场竞争机制进入公共服务，是合乎逻辑的，也在预期之中。但是，中国是一个资源短缺的国家，在这方面也没有什么经验，其中合同承包和社会资金进入等方式，又是一个比较容易出现腐败现象的领域，并且还可能会涉及公共安全问题。这需要反复试验、反复观察，实行或试行的部分则需要超前设计相应的制约机制。

——动员各级政府的积极性，实现各级政府的合理分工，也需要一定的摸索过程。在建设服务型政府的初期阶段，中央政府和中间层级政府的积极性和推动作用不可否认：它有利于积聚力量，推动基层政府积极参与服务型政府建设；有利于积累初步经验，探索服务型政府建设的道路；有利于引起社会的普遍关注。但是，随着服务型政府建设的逐步深入，仅仅采用中央政府和中间层级政府推动显然就不够了，必须调动起基层政府建设服务型政府的积极性和内在动力。这是因为：首先，服务型政府管理和服务的对象绝不仅仅是企业和投资者等能给政府带来“效益”和“政绩”的“顾客”，而主要是公众。因此，地方政府，特别是基层政府，在服务型政府建设工作的落实中首当其冲。其次，以纵向政府间履行宏观调控、市场监管、社会管理、公共服务四大职能的权重来看，越到上层，宏观调控和市场监管的职能权重越大；越往基层，履行公共服务和社会建设的职责权重越大。再其次，从较好地规范了政府间纵向关系的其他大国的经验来看，无不是实行公共服务职责配置中的“地方优先选择”原则，也即是由基层政府直接负责涉及公众切身利益的具体事务。因为，它们最了解公众需要什么样的服务，适应什么样的管理。例如，20 世纪 80 年代以来发达国家进行政府间纵向关系分权改革的一个重要原则是“公共物品和服务应当由能够完成支付成本和赢得收益的最低级政府提供”①。正确的做法，不是简单地强调分权，更不是简单地崇尚集权，而是实行纵向政府间的合理分权，该谁做的事情，就由谁做，就由谁负责到底。一般说来，中央和省级政府主要履行宏观管理职责和制定重要政策，同时也在社会保障等方面履行一定的具体公共服务职责，广域地区和大城市政府起承上启下的作用，除履行基础教育、环境保护、公共安全等具体公共服务职责事务外，主要负责统筹、沟通和协调；县、区、乡、镇的基础性和微观性，决定了其政府的执行性和直接面向基层的实务性，主要履行具体社会管理和公共服务职责，诸如水电暖供应、环境卫生、道路建设与维修、养老幼教、兴办集市商场、休闲娱乐等工作。总之，各个层次的政府都应当直接提供公共服务，直接面对人民群众和有关法人，但是各个层次的政府不应当提供相同的公共服务。然

① 世界银行：《1997 年世界发展报告》，中国财政经济出版社 1997 年版，第 121 页。

而，通过凝聚共识，形成法律，落实治国理政观念，扭转习以为常的“上下对口，左右对齐”的职责配置惯例，分层次地合理地配置职责，都不可能一蹴而就。

建设服务型政府的过程，也是中国政治发展的过程，是中国共产党和中国政府在政治上进一步成熟起来的过程。把统治与管理、管理与服务、政治与行政的关系处理得更好，也即更为娴熟、更为高超、更为精妙，将会书写具有五千多年文明史的新篇章！过去，我们的祖先，精于政治，善于周旋；现在，我们还要学会功于管理，善于行政，扩大服务，在政治生活中更加精到地处理普遍与特殊、特殊与吸收、吸收与发展、发展与创新的关系。

把国家是一种“特殊的公共权力”的理念付诸实践，不仅具有重要的理论价值，而且在实际政治生活中有着重要的策略意义。一个政治集团对社会的统治，要以它执行社会公共职能的状况为前提，或者说是在它完成、实现国家的公共职能的过程中完成其阶级统治职能的，否则，统治活动就失去了它的现实依托。在思想史上是恩格斯最先揭示了这一深刻的关系——“政治统治到处都是以执行某种社会职能为基础，而且，政治统治只有在它执行了它的这种社会职能时才能持续下去。”[①] 他在《反杜林论》中还举了这样的例子：即使是波斯和印度古代的专制政府都“十分清楚地知道自己首先是河谷灌溉的总的经营者”；相反，“文明的英国人”在印度竟然“忽视了这一点”，经常发生的饥荒才使我们最后发现，“他们忽视了唯一能使他们在印度的统治至少同他们前人的统治具有同等法律效力的那种行动”[②]。政府如果不能担当社会的正式代表，反映某些社会共同利益，它就无法登上统治的宝座，也就不能完成自己的政治使命；国家如果不反映统治集团的特殊利益，它也就失去了使之成为这个社会的统治者的现实支柱。这也就是所谓“个人统治必须同时是一个一般的统治。”[③] 总之，正如恩格斯所指出的，国家是一种“从社会中产生但又自居于社会之上并且日益同社会相脱离的力量”[④]。在国家生活中，一个成熟的统治阶级，一个成熟的领导集团，一个处于上升时期的国家政权，都应当有充分的自信和力量，把自己的特殊任务宣布为整个社会的需要，并真心实意地为最广大人民群众的根本利益和现实福祉服务。

---

①② 《马克思恩格斯选集》第 3 卷，人民出版社 1972 年版，第 219 页。

③ 马克思、恩格斯：《德意志意识形态》，人民出版社 1961 年版，第 367 ~ 368 页。

④ 《马克思恩格斯选集》第 4 卷，人民出版社 1972 年版，第 166 页。

第一章

建设服务型政府是政府职能转变的新阶段

建设服务型政府，是中国政府发展方向的新定位，也是对二十多年政府职能转变工作的一个总结。它的全面开展将引发新一轮关于加快政府职能转变的讨论和实践热潮。建设服务型政府与政府职能转变两大历史进程具有内在联系。强化公共服务体系建设，是中国政府为适应社会主义市场经济发展的要求和全球化带来的外在压力，主动进行的历史性战略选择。从理论上说，提供公共服务既是政府的主要职责，也是国家本质的要求；从现实上讲，在社会发展不同阶段，政府职责是有差别的，要适时调整。在经济、社会发展水平不断提高，现代化建设进入新阶段的情况下，中国需要深化和细化对国家的社会职能和政府公共服务职责的认识，并在此基础上积极把政府职能转变工作推进到新的阶段。

第一节　当前政府职能转变存在的重要问题

政府职能的转变是一个历史过程。目前，各方面对政府职能转变问题的认识还存在一定的偏差和局限，各级政府在工作中对自身职能的运用和把握还有不小的欠缺。总结和分析这些问题是探讨政府职能理论与实践的起点和基础。

一、改革的深入要求对政府职能问题的认识更加深化和细化

政府职能转变是中国改革的核心内容之一，也是经济体制改革和政治体制改革的“结合部”，是调整政企关系、建立现代企业制度、行政体制改革、机构改革、发展第三部门等多项改革的重要内容或重要基础。

中国对政府职能问题的认识经历了一个由陌生到熟悉的过程。从 20 世纪 80 年代后半期起，在经济体制改革的推动和西方政治学说一定程度的影响下，学术界开始讨论在商品经济的条件下，“政府应当是做什么和怎么做”的问题。从那时起，政治学界和经济学界在论及经济体制改革中的某些困难的根源和出路时，往往强调要“转变政府职能”，政府职能转变成为连接经济体制改革和政治体制改革的纽带。

到 20 世纪 90 年代中期，学术界和政界对这一问题的认识已经达到了一定的水平，对政府应该做什么、不该做什么等重大问题已经达成了基本共识。但是，这毕竟是在没有多少理论积累的主观条件下，在长时间实行计划经济的背景下，来认识这样一个非常具有现代性的重大理论问题的。因此，对一些问题的认识还不够准确、不太清晰。这主要表现在两个方面：

一是“国家职能”和“政府职能”不分。

长期以来，中国的理论界沿用斯大林提出的有关定义，着力探讨的是“国家的基本职能”。而“国家的基本职能”又可以区分为“国家的对内职能”和“国家的对外职能”，没有直接涉及“政府职能”的概念。多年来，在马克思主义哲学原理[①]、政治学原理教材中[②]，讲的都是“国家职能”或“国家的基本职能”，政治经济学讲的是“国家的经济职能”[③]。随着改革开放的深入开展，政治生活不断丰富，“国家职能”概念在解释中观、微观政治体制改革问题上的局限性日益明显。因此，在政治学的一些分支学科、经济学和行政学等学科中，又普遍在讲“政府职能”；在党和政府的文件、领导讲话中，也多使用的是“政府职

① 参见艾思奇主编：《辩证唯物主义历史唯物主义》，人民出版社 1961 年版，第 263 页；肖前主编：《马克思主义哲学原理》，中国人民大学出版社 1994 年版，第 397 页；陈宴清主编：《马克思主义哲学纲要》，中国广播电视大学出版社、天津人民出版社 1983 年版，第 290 页。

② 参见王惠岩主编：《政治学原理》，高等教育出版社 1991 年版，第 63 页；王浦劬主编：《政治学基础》，北京大学出版社 1995 年版，第 240 页。

③ 参见朱光华主编：《政治经济学：社会主义部分》，中国展望出版社 1986 年版，第 232 页；厉以宁：《社会主义政治经济学》，商务印书馆 1986 年版，第 28 页。

能”。这几个重要概念之间的区别在哪里呢？对这个问题，理论界及党和政府的高层政策研究部门一直都没有直接涉及，在使用中有相当的随意性。

二是对政府职能的界说比较混乱，对有关的观点和分析，缺乏必要的梳理。

当前，学界和政界已经更多地倾向于使用“政府职能”概念，但对这一概念内涵的把握还有欠缺。最典型的一个现象是把有关国家机器的一切活动、行动、功能、职责等都非常“时髦”地解释为政府职能。也就是说，政府职能和市场经济一样，都成了“筐”，什么都往里面“装”。比如，“正确处理社会中公平与效率的关系”是政府的重要职能的说法；比如，“通过设置若干‘警戒线’作为政府直接行使其职能的控制基本尺度”；比如，处理好外交、国防、社会保障和对经济进行宏观调控是政府的基本职能；等等。

这些说法固然都是对政府职能的大体合理的解释。但是，它们在国家及其运行活动中所处的层次显然是不同的。如果把政府所做的这些事情，都归纳为政府职能，那么这些解释之间是存在着某些内在矛盾的。比如，“正确处理社会中公平与效率的关系”是政府重要职能的说法，是处于政府行为中相当宏观的层次，是一个比较原则的问题，是在处理一种社会关系；与此不同的是，政府所负担的法制建设、外交、国防、社会保障和对经济进行宏观调控等任务，则是处于政府行为中的中观层次，他们都是一些比较具体的工作。这二者的逻辑层次，是有明显差异的。

从逻辑上推导，可以得出这样两个结论：如果政府职能是一个确定的整体性的事物的话，那么，这二者就只能有一个是政府职能；如果政府职能是分层次的话，那么，这二者需要在政府职能的逻辑层次之下，使用两个不同的概念来表述。

“政府职能”作为一个政治学的概念，之所以在使用上比较混乱，和中国政治学基础薄弱、发展起步较晚有一定的关系。中国的政治学学科恢复仅仅二十余年，不论是学科的成熟度还是理论体系的独创性、完善程度还有很大的不足，理论界对改革开放以来中国政治、经济领域出现的许多重大的变化没有做出足以令人信服的分析和系统的理论解释，对政府职能问题也缺少深入的研究。在理论界尚且难以达成一致，众说纷纭的情况下，学术理论对于政府职能转变的工作也就很难起到积极的作用。即便在理论界已经取得一定程度共识的条件下，又因为政治学起步较晚、声音较弱，对中国现实的政治过程起到的影响也较小，所以学术的成果很难及时地与政治实践结合起来，有力推动政府职能转变工作的良性发展。目前来看，让学术理念逐渐渗透到政治事务中来，切实规范实践工作中的概念使用还需要一个过程。

在改革初期，中国面临着经济体制转型的历史性任务，政府职能转变的需要也日益显现，而当时无论是政界还是学术界对政府职能转变的认识还比较简单。政治体制的改革始终是为了配合、适应经济体制改革出现的，政府职能的调整也从放松对经济领域的管制、适应商品经济到适应社会主义市场经济而转换重心。尽管对政治体制改革的理论认知存在着很大的不足，但是政府职能以促进经济发展为标尺，配合经济领域的改革，为经济的发展起到了保驾护航的重要作用。随着中国的社会、经济进入全面发展阶段，原有的对于政府职能认识上的局限，日益成为阻碍政治体制改革和经济社会全面发展的桎梏。真正符合现代化发展一般规律的理念才能更好地指导现代化的进程。从某种意义上说，当前中国各方面对于政府职能转变问题，乃至对政治体制改革问题的认识在整体上还是不成熟的，它不足以支持中国的政治、经济和社会向更高的层次发展。只有建立在对改革开放三十年发展经验的总结和对政治发展一般规律深刻认识之上的科学理念，才能够更好地指导现代化建设的实践。这需要政界、学术界更加深入、全面和细致地认识政府职能转变这一政治体制改革的基础性问题。

二、实践的发展要求政府在职能转变中实现创新

当前对政府职能转变问题认识的局限，在实践中主要表现在以下两个问题上：

其一，把政府职能的转变和政府过程的调整等混为一谈。

由于我国在现代政府理论研究方面的欠缺，特别是由于前述第一个问题没有得到深入的解决，即对政府职能本身的分类和基本概念间的逻辑关系没有真正搞清楚，所以，在许多分析中，人们往往是把政府活动方式等方面的某些重要变化也解释为政府职能转变。在工作接触中不难发现，现在许多基层干部常常把改善政府服务，把公务员改进工作态度，甚至把组建或撤销一个政府机构，都解释为是转变政府职能。这导致了政府职能和政府职能转变的概念，都包含了过多的内容。

其二，政府职能转变与政府机构改革未能有效结合，使得政府机构改革长期停留在“精简”的水平。

从新中国成立初的“精兵简政”到1998年的政府机构改革，机构的增设和精简长期处于循环往复之中。精简固然必要，但更重要的课题是实现职能与机构之间的合理配置。“加减运算”是低层次的改革和无可奈何的反复，会造成资源浪费。必须正视，党和政的大部分职能依然重叠，中央、省、市、县、乡五级政府之间的职能大部分重叠，也即“一马双跨”、“一根针穿到底”，是政府机构设置上下同一和归口管理体制长期效益不明显的根本基础，是政府职能转变的工作

长期不能真正到位，政府机构“尾大不掉”和效率不高的根本原因。

能否切实转变政府职能，是检验中国政治发展能否做到为社会主义市场经济体制建设服务，政治体制改革是否取得了实质性进展的关键性指标。目前在政府职能理论上还存在着许多模糊的地方。对政府职能转变的细节内容，比如各个政府部门应该如何具体分工，中央、省、市、县、乡政府之间在职能配置方面如何分工等问题的认识还远谈不到清晰。切实转变政府职能，只在道理上和原则上清楚不行，要有可操作的方案，要有清楚的“职责配置表”。近年来，各方面对政府应有的职能就已经认识得更为清楚。比如中央2003年再次强调，政府的主要职能是经济调节、市场监管、社会管理和公共服务①。然而，对于每项具体政府职责的执行主体、监督主体、执行程序等，还是缺乏细节性的研究，许多说法过于原则，弹性有余，没有解决某项职责“由‘政府中’的‘谁’去做”的问题。

长期以来，中国政府在职能转变的过程中始终遵循着为经济建设服务的原则，其内容大体上是“放权”、“简化”和“精简”。“放权”即政府管制经济的范围上逐步放松，让市场和企业发挥越来越多的作用，坚持放权给下级政府和市场主体；“简化”主要指政府在进行行政审批制度改革时，削减审批项目，简化程序、提高效率；“精简”即政府在自身改革上坚持机构精简，控制政府机构的规模，减员增效。这些举措属于广义上的公共服务，即是政府提供的“经济性公共服务”，促进经济发展也是公共服务的一部分。这些改革都在一定程度上起到了转变政府职能的作用，为经济的持续高速增长创造了重要条件。

改革的不断深化，市场经济的深入发展，需要政府职能更进一步的调整，也意味着政府职能的转变应该进入新的阶段，应当在发展经济的同时，更多地关注和提供“社会性公共服务”。中国发展的“战略机遇期”，同时也是“矛盾凸显期”。在社会主义市场经济不断完善的情况下，人们对于社会生活质量的提高和政治发展有了更高的要求和期望。近年来日益凸显的环境问题与社会公平问题就是这种要求的体现。中国要进一步深化改革，促进发展，政府职能不仅要着眼于继续为经济的持续健康发展保驾护航，而且要逐渐把更多的精力转到社会管理与公共服务中来，更好的协调社会关系，提供更优质的公共服务。中国政府的职能转变必须立足于解决当前存在的各种问题和矛盾，勇于探索和不断进行制度创新，形成同不断发展的社会主义市场经济和政治生活特征相适应的职责结构。这样才能缓解社会压力，维护基本的政治稳定，实现经济与社会全面的发展。

① 参见温家宝同志2004年的《政府工作报告》和2003年9月在国家行政学院的讲话。

三、“建设服务型政府”正式提出

改革开放和社会主义市场经济的深入发展，有力地推动了经济领域和社会生活领域的迅速变化，这些变化必然会对政府职能转变工作不断提出新的要求。21世纪之初，我国明确提出建设公共服务型政府。温家宝总理2003年9月在国家行政学院讲话时指出，“经济调节、市场监管、社会管理和公共服务，是社会主义市场经济条件下政府的四项基本职能”；2004年2月21日温家宝总理在一次讲话中提出“建设服务型政府”的概念①；中共十七大明确提出“建设服务型政府”作为行政管理体制改革的重要目标②。这在很大程度上与政府职能转变密切相关，也为在新的历史基点上深化对于政府职能转变的认识提供了新的实践平台。

提出建设服务型政府，第一，是历史发展到一定阶段的产物，是经济、社会进一步发展的必然要求。政府的公共服务职能往往是在现代化进行到一定阶段的时候才日益彰显其重要性。随着中国经济发展阶段的变化，现代化水平的全面提高，政府在市场领域的活动已经基本有了一个比较合理的定位，但是政府行使社会管理和公共服务职能，不论在理论上还是在实际操作中还有很大的不足。仅仅着眼于“做大蛋糕”的举措已经无法再收到原有的效果了，每一步稳健的经济发展必须通过每一步扎实的制度改革来换取、巩固，即“边开车，边铺路”。中国的发展已经从以经济发展为龙头来带动社会整体发展，逐渐过渡到必须通过促进社会、政治的发展来为经济发展铺平道路，实现真正意义全面发展的阶段。社会主义现代化建设已经全面展开，发展经济的任务依然很重，但是为社会提供基本的公共服务已经开始登堂入室，成为政府工作中越来越重要的内容。

第二，是应对现实中出现的一系列问题，应对发展失衡的需要。新世纪以来，中国社会凸显了许多严重的问题，而这些问题有相当大一部分与公共服务领域相关。医疗、社保的改革不到位，公共教育的支出不足，环境问题日益严重，公共卫生、生产安全引起广泛关注，由于社会公平缺失而引发的社会冲突与群体性事件不断出现……公共服务领域工作不到位造成的问题，制约了诸项改革的深入，直接阻滞了现代化建设的整体步伐，也对经济发展造成了消极的影响。不解决这些社会问题，最终会使得经济发展因为动力的缺失和阻力过大而遭到破坏。

---

① 温家宝：《深化行政管理体制改革　加快实现政府管理创新》，载《人民日报》2004年3月1日。

② 胡锦涛：《高举中国特色社会主义伟大旗帜为夺取全面建设小康社会新胜利而奋斗——在中国共产党第十七次全国代表大会上的报告》（2007年10月15日），人民出版社2007年10月，第32页。

事实上，社会发展的滞后已经开始影响到了经济的发展和现代化的整体进程。改革三十年积累下来的问题如果不通过政府实行有效地社会政策予以缓解和解决，进一步的改革和发展就要受到威胁。建设服务型政府正是认真反思治理模式和管理理念，以便更好地应对一系列挑战的重要举措。

第三，是“全面履行”与“重点调整”政府职能的需要。在逻辑上讲，“全面履行”与“重点调整”是政府职能转变前后相继的两个阶段。长期以来，中国的政府职能履行存在着缺位和不足的情况，政府职能转变首先要使政府各方面的职能得到全面的履行，拓宽“作业面”，消除“空白点”。改革的初期，中国政府的职能设置过于偏重促进经济建设方面的内容，一定程度上忽视了社会管理与公共服务。社会的发展需要政府的职能做出相应的调整，政府职能不能仅仅在经济建设上发挥作用，它还需要在社会领域有所作为，尤其是为社会提供必要和优质的公共服务。发展经济是政绩，提供服务也是政绩。提出建设服务型政府体现了对政府职能问题认识更加全面和深化，政府职能转变从此要突破调整经济职能的局限，向着更广阔的范围发展，为社会发展提供更强的支持与保障。在此基础上，重点调整政府的职责配置，通过调整工作重心使政府职能实现优化。服务型政府意味着政府职能的重心要逐渐转移到为社会提供公共服务上来，为社会提供更加优质的公共服务。在满足社会不断增长的多方面、多层次需求的基础上，才能更有效地理顺社会关系，化解各种社会矛盾，从而保持社会、政治的稳定与和谐，保证改革的深入进行，为实现全面小康打下坚实基础。在中国的政治实践中，逻辑上的“两阶段”实际上是交织在一起进行的，即政府在职能转变的工作中往往同时面临“全面履行”和“重点调整”的任务。从某种意义上来说，建设服务型政府的提出很好地切合了政府职能转变的两个阶段的任务。“全面履行”政府职能的重要内容是政府更加重视社会公共服务领域，履行长期缺位的社会性公共服务职能；“重点调整”中的“重点”也是指政府在充分履行各项职能的前提下，应当逐渐把工作重心转到为社会提供优质服务上来。服务型政府建设将政府职能转变两个阶段的工作在现实中统一起来，符合中国现代化发展的实际需求，也为完成政府职能转变这一历史任务提供了具体的实现路径。

第四，是为了满足人们对服务越来越高的要求。经济的发展、社会的进步也体现在广大社会成员生活水平显著提高、社会生活日益丰富上。随着改革和发展的深入，社会需求出现了全方面、大幅度的增长和变化，政府原有的管理模式和服务水平无法满足这样的深刻变化，出现了严重的公共服务供给不足。群众要求服务质量不断提高，服务种类不断多样化。作为提供公共服务的主导性力量，政府有责任根据社会要求的增长，提高自己提供服务的能力和水平。公共服务关系到广大公民的根本利益。在新时期提出建设服务型政府，不断满足公民对服务日益增长的需求，符合政府“为人民服务”的根本宗旨，也是政府“人民性”在政府职能层面的具体体现。

第五，全球化带来的外在压力也是重要原因。经济全球化造就了国际交往的日益加深，使得信息的传递更加及时、便捷。中国在扩大开放的基础上已经深刻融入了全球化的整体进程，因此各个领域的工作水平都不可避免地、越来越直接地以国际标准来衡量。由于发达国家的公共服务体系建设相对完备、水平较高，中国的公共服务建设面临着与发达国家在同一平台上比较和竞争的压力。相关领域工作水平的滞后，也为中国的国际声望带来一定压力。在全方位的国际竞争中，资本和人才的全球性流动以及产业结构的调整呈现出一些微妙的变化，这就更需要中国政府加强全方位的制度、机制建设，尤其是完善相应的社会政策，以增强自己的综合竞争力。全球化本身就意味着与经济发展相关的各项制度都应不断完善，政府提供公共服务，建设完备的服务体系也是适应参与经济全球化竞争的必要条件。

总之，提出建设服务型政府，是在历史压力下做出的历史性选择。建设服务型政府是一个历史性选择，它意在更好地协调经济、社会的发展，为推动改革进一步深化奠定良好的基础，进而把握现代化难得的“战略机遇期”，促进经济社会更好更快地发展。此外，经济全球化带来的竞争压力，国内一系列问题的凸显，也促使中国政府在经济发展的新节点上反思其职能的定位，促使政府更加注重包括提供服务在内的社会职能，用服务促进公平，以服务平衡差距。因此，提出建设服务型政府，既是中国应对各方面挑战的重要应对措施，也是在新的历史契机上实现自身进一步发展而主动进行的战略性选择。

第二节　基本认识：建设服务型政府是政府职能转变的新阶段

政府的职责配置在社会的不同发展阶段有一定的差异，政府活动也经历了一个由应对行为向自觉行为不断提升的过程。这都需要执政者在深刻理解政府职责配置基本规律和清晰把握社会发展现实的基础上，做出相应的主观选择。把中国的政府职能转变过程看做一个连续的进化过程，可以从更广阔的历史角度考察服务型政府建设的背景和现实意义。

一、政府职能转变的历史前提

主要由政府提供和负责组织公共服务，是国家自身的内在规定性所要求的。政府作为国家政权的直接掌握者和行使者，要充分利用政权的力量保证社会成员基本的生活需要，调节社会关系，并且使社会矛盾控制在可以容忍的范围内，维持社会稳定。政府的社会管理和公共服务职能是与政治统治职能相伴而生的，都是国家作为“特殊公共权力”① 特性的重要体现。

但是，在现代化阶段到来之前，受社会生产力发展水平、文明进步程度和国家阶级性质等重要因素的制约，国家的社会职能与阶级职能相比一直处于次要地位，政府的公共服务职责未能充分地展开，政府规模较小。在古代，政府只能提供水利、交通、度量衡等相当有限和简单的社会管理与公共服务。古代社会中，生产力水平和社会文明程度相对低下，统治者对于本就短缺的资源的提取需要以强大的暴力机关作为后盾。另外，国家的产生是阶级矛盾不可调和的产物，在阶级社会的早期，国家政权作为统治工具的特征十分明显，阶级冲突的连绵不绝使得统治者把更多的精力放在阶级职能上，更看重探讨统治权力行使和运用的规律。由于生产力水平低下，社会生活相对简单，统治者通过简单的社会管理和公共服务只需要做到维持社会成员的生存和满足最基本的生活条件就是成功的。尽管古今中外都不乏聪明的统治者认识到加强社会管理和公共服务可以有力的维护自身的统治，不过总体而言，在古代社会中政府最主要的工作是维护政治统治，其公共服务的职能尽管始终存在并且一直得到实行，但它的范围也仅仅限于兴修水利和公共设施建设等少数几类项目上。所谓的“公共服务”在很大程度上只不过是作为统治者维持基本统治秩序策略的组成部分，不论在理论上还是实践中都处于次要地位。

工业革命以来，随着生产力的迅速发展、社会生活的日益复杂化和工人阶级对国家给予的强大压力，政府所承担的职责越来越繁重，政府管理工作越来越复杂，政府机构规模也不断增大。在政府职能调整这个问题上，19 世纪末的德国俾斯麦改革是一个基本标志。在劳工们积极的斗争下，欧洲各国不得不重新考虑政府的职能范围。“以往，政府对经济问题和社会问题的干涉一向被看做对自然法则的作用的干涉，是有害的、无效的。不过，就劳动者而论，这一理论上的主张与基本事实并不相符。公民自由权和选举权不能使劳动者免受由失业、疾病、伤残和年老引起的贫困和不安全。因而，他们利用选举权和工会组织迫切要求实

① 《马克思恩格斯选集》第 4 卷，人民出版社 1972 年版，第 105 页。

行社会改革……因此，西欧各国由德国带头，纷纷采纳了种种社会改革方案，其中包括老年养老金，最低工资法，疾病、事故和失业保险，以及有关工作时间和工作条件的法规。民主的自由主义的这些改革是已成为我们当今时代的标志的福利国家的前奏。"[①] 尽管在资本原始积累阶段，阶级斗争十分激烈，但是社会背景的转变和文明的进步已经使传统的、过度依赖政治统治职能的方式日趋不合时宜，统治者对使用政治统治职能的态度越来越谨慎。社会的进步，观念的更新，自由、平等、权利等思想的广泛传播，使得统治者在处理社会关系，尤其是处理与被统治者的矛盾时，不得不考虑时代所具有的道德水平的限制。不仅如此，社会生活的复杂化使得社会对于公共服务的需求前所未有的增加了，现代的政府要维持自己的政权，已经不可能像古代的统治者一样轻视社会领域，它所要提供的公共服务的种类和管理社会事务的范围空前扩大了。这一时期的政府开始重新排定各项职能的次序，社会职能的相对地位不断提高，相比之下，阶级职能日益隐性化，在一些方面逐渐淡出了日常行政的视野。特别是第二次世界大战以来，国家社会职能得到了空前重视，政府所承担的公共服务职责也日益增加，整个社会生活的面貌也有了巨大改观。随着时代的变迁，资本主义国家的阶级统治职能完全隐藏在其大量的社会职能背后，"以管理促统治"，政府的主要职责转变成为社会提供公共服务，在其公共财政支出中，用于社会保障和公共服务项目的部分占有相当大的比例。在这个问题上，"福利国家"的公共政策体现得最为典型。

社会主义国家是产生于社会并且日益与社会相融合的力量，是对传统国家性质的扬弃。在社会主义国家，阶级斗争已经不是最主要的矛盾，国家的社会性趋势不断加强，调节社会各利益群体之间的关系上升到重要的地位。从理论上讲，社会主义国家不需要分散很大的精力来应对激烈的阶级冲突，所以可以集中力量来进行社会管理，更好地为广大社会成员提供公共服务，从这个意义上说社会主义国家应当更加重视社会职能。但是，受国际共产主义运动中"左"的思想的影响，苏联、改革前的中国都过分强调阶级斗争和国家作为"专政工具"的性质，政府的公共服务职责一直没有得到理论上的确认和实践上的重视。新兴的社会主义国家对社会职能缺乏客观的认识，甚至一度否认了国家社会职能的独立价值。当然这也与作为落后国家最先实行社会主义制度这一客观条件的制约有关。严酷的战争与生存环境大大激发了新兴社会主义国家人民的民族情绪和斗争精神，从战争和贫困中走来的新生政权倾向于把生存作为第一要务，恶劣的生存条

① ［美］斯塔夫里阿诺斯：《全球通史——1500 年以后的世界》，吴象婴等译，上海社会科学院出版社 1999 年版，第 360 ~ 361 页。

件加上认识上的局限，导致政治话语中充斥着“斗争”、“压迫”和“统治”等字眼，对于政府的公共权力属性和国家的社会职能则基本上予以否定。

中国的政治体制改革和政府职能转变正是在这样的历史背景下开始的。

二、初步认识与改革启动阶段（1984～1998年）

中国进入改革开放时期以后，国家的社会职能理应得到重视。但是，20世纪70年代末到90年代初，中国面临着极其紧迫的经济建设任务，而且从80年代末开始，一股过于倾向和迷信市场作用、效率因素作用的思想非常时兴，妨碍了对政府功能与职责的深入思考。经历这样一个过程，出现某些问题，难以避免，也并非坏事。经济建设成就所打下的物质基础，出现问题所引发的思考，都是认识的“阶梯”。其实，邓小平很早就分析过这个趋势，指出到21世纪初，当我们基本实现了小康的时候，就该调整政策了。[①] 这种政策调整，或者说政府职责重心的重新定位，体现了对公平与效率之间辩证关系的正确认识。

从近30年的历史看，改革的多数内容都与政府职能转变有一定关系。“中国要走新型的工业化道路，真正转变经济增长方式，主要症结在于体制障碍，而关键的关键是转变政府职能。”[②] 改革初期政府职能转变的突破口是改变高度集中的经济管理体制，开始向企业、向地方放权，主要特征是“简政放权”和加大整个社会的灵活性。另一个与转变政府职能相关的内容是机构改革，其主要的体现是1982年大规模的政府机构改革。这次组织机构改革也基本是遵循“精简”的原则，但开始对干部素质提出了许多新的要求，特别是取消领导干部终身制和确定提拔任用干部的“四化”标准，对机构和人事制度改革起到了深远的积极影响。

随着改革开放的全面展开，1984年，中央正式把商品经济作为改革和发展的目标。相应地，学术界和政界对于政治体制改革和政府职能的最初认识，也大多是着眼于以职能转变促进商品经济的发展。1984年10月20日通过的《中共中央关于经济体制改革的决定》中，关于政府机构管理经济职能的部分，在谈到政企分开时，提出了政府职能转变的意思，但是并没有把“政府职能转变”作为一个独立的概念在文字中明确表述出来。[③] 1986年，中央《关于第七个五年

---

① 参见《邓小平文选》第3卷，人民出版社1993年版，第374页。

② 吴敬琏：《经济增长方式转变关键是转变政府职能》，新华网，2005年12月4日。

③ 参见《中共中央关于经济体制改革的决定》，人民出版社1984年版，第12～15页。

计划的报告》中，正式提出了“政府机构管理经济的职能转变”的概念。[①] 在此基础上，1988 年政府机构改革在对政府机构、编制进行改革的同时，把职能转变作为重要目标，尤其是重点将政府与企业的关系由直接管理逐步转变为间接管理。这可以看做中国有意识的主动进行政府职能转变的开始。“改革开放以来，历次政府改革都是与经济改革的适应性要求紧密联系在一起的。但是，1988 年以前政府职能转变是在计划经济体制框架内的调整，即在计划管理体制方面缩小了政府下达的指令性计划范围，扩大了指导性计划和市场调节的范围。这些改革未从根本上触动以计划经济体制为基础的政府职能。1988 年政府改革的突出贡献就是第一次明确提出了转变政府职能这一关键性命题。这标志着我国的政府改革开始突破只注重数量增减和单一组织结构调整的局限，指向行政改革的核心层面，即政府职能的重新选择和实质定位。”[②] 主动寻求政府职能转变，体现了对政治发展规律和政治与经济辩证关系认识的逐渐清晰，同时也抓住了政治体制改革的要害。

1993 年，新一轮的政府机构改革仍然以职能转变为主题，把适应建立社会主义市场经济体制和加快市场经济发展作为机构改革的目标。这次改革与 1988 年的机构改革思路基本一致，是上一次改革的延续和发展，尽管开始探索适应市场经济框架的政府职能，但是对于建立社会主义市场经济这一历史性的转变的认识还处于初级阶段，尚没有清晰的思路和行动。这次的转变重点仍然着眼于努力将政企分开，对企业进行宏观、间接的管理和控制，在内容上没有更多的突破，因此，它同样属于中国政府职能转变的初始阶段。

在这个较长的初始时期，对于政府职能和政府职能转变的认识还处在初步探索阶段，并没有形成系统的理论。因此，这一时期的政府职能转变的最大特点也就在于改革的被动性，往往是经济体制变化产生的需要推动着政治体制的改革，经济逻辑统摄着政治逻辑，对政治发展规律的认识还处在比较模糊的程度。本阶段的政府职能转变的局限性也是很明显的：例如，没有把机构与职能有效地整合起来，机构改革长期陷入在“精简”——“膨胀”——“精简”——“膨胀”的循环中；政府职能过度偏向经济建设领域，一定程度忽视了政府自身的发展逻辑，政府的社会职能没有得到应有的重视和充分的发展。

---

① 在《关于第七个五年计划的报告》中有“充分认识政府机构转变管理职能和改进工作作风的重要性”的小标题，其中有“为了适应国家对企业的管理由直接控制为主转向间接控制为主的要求，政府机构管理经济的职能也要相应的转变”的内容。《十二大以来重要文献选编（中）》，人民出版社 1986 年版，第 958 页。

② 刘厚金：《公共服务型政府在法治与市场中的理论内涵与职能定位》，载《求实》2009 年第 2 期。

三、调整认识与改革探索阶段（1998～2003年）

第二阶段围绕职能转变的政府行政体制改革，从1998年开始。这是在我国全面实行社会主义市场经济体制，进行经济增长方式转变，实行经济发展战略调整的新历史条件下，集中进行的一次具有相当的广度和深度的行政体制改革。经过近二十年的发展和摸索，中国各方面对于政府职能的认识有了长足的进步，在一定程度上把握了一些基本的规律，开始改变政府职能改革被动地配合经济发展的情况，积极寻找政治体制改革与经济体制改革的结合点，主动寻求更加全面的发展路径。1998年，九届人大一次会议《关于国务院机构改革方案》明确把政府职能定位为三项：宏观调控、社会管理和公共服务。这是对政府职能科学定位的尝试，是对传统行政思维的一大突破。① 这一阶段的职能转变就是在这样相对全面的认识指导下展开的。

这次改革，内容涉及广泛，力度比较大，其主题依旧是政府职能转变，所不同的是这一阶段的政府职能转变内容更加广泛，而且最大的特点是在总结以前改革的基础上，在一定程度上把机构改革与政府职责划分较为有机地结合起来。政府的机构改革重点仍然延续了前一阶段偏重配合经济发展的原则，相应的政府经济职责也有了相当程度的变化。在这一轮改革所撤销的政府机构中，一半多是专业经济管理部门，若干个工业部都被撤销，经济管理部门的主要职责也被确定为制定行业规划和行业政策，进行行业管理；引导本行业产品结构的调整；维护行业平等竞争秩序。

此外，中国的行政审批制度的深入改革成为政府职能转变的另一个重要内容和突破口。减少和规范行政审批，推动行政审批制度改革体现了政府管理思维和方式的重大进步。依托这样的制度改革，政府真正开始从传统上对经济事无巨细的管理者，变为宏观调控的“掌舵者”和监督者。减少审批事项意味着政府可以把更多的精力从经济管理中转移出来，更好地实现对社会发展的全面指导。行政审批制度改革对政府职能调整起到了重要的推动作用，它把政府自身角色和管理观念的转变在一个非常具体的层面表现出来，其重要的导向性意义也许至今还没有完全被人们认识到。

这一阶段的改革越来越以政府职能为核心问题，更重要的是开始以政府职能为本位来思考职能转变，这在很大程度上有利于更加全面的安排各项制度改革。

---

① 参见沈亚平主编：《转型社会中的系统变革：中国行政发展30年》，天津人民出版社2008年版，第95页。

根据实践的发展，相关的认识也不断调整。在此基础上可以更全面、长远的设计职能转变的制度载体，减少各项改革的副作用。总体而言，这一阶段的政府职能转变在前面的基础上，针对性更强，与市场经济条件下的经济、社会状况结合得更加紧密、科学，初步建立起了一个适应现代化发展的、比较合理的政府职责结构，也为进一步的政治体制改革奠定了良好的基础。

四、深化认识与改革深入阶段（2003 年至今）

最新一阶段的政府职能转变，以 2003 年的政府机构改革为开始。“非典”的爆发、环境污染和弱势群体的显性化等一系列问题的出现，经济全球化的压力，促使中国在 21 世纪初，特别是在 2003 年和 2004 年，以突出公平因素和反思市场因素的作用为契机，开始集中地考虑建设服务型政府的课题。和谐社会、科学发展观等的提出，都与这个探讨有关。在这些思考的指引下，新一轮的以建设服务型政府为核心的政治体制改革逐渐展开。2008 年年初，中央提出了“大部制”改革的具体思路，努力探索职能转变与机构改革相结合的新途径。大部门体制的改革是针对政府部门同时存在的职能越位与缺位问题而提出的，其中一个显著的方面是政府对微观经济层面的干预仍然太多的同时，又没能在社会发展中尽到自己应尽的职责，提供必要的管理和服务。“大部门体制改革，不是仅仅片面追求机构合并与削减，而是在整合政府职能的基础上，为确保相同和相近职能的有机统一，而相应设置较大部门来综合管理。”① 通过职能的整合来更好地重组政府机构，减少了长期存在的由于机构设置不合理和职能相互重叠造成的一系列问题，可以有效提升行政效能，并为改善“职责同构”带来的政府治理结构问题迈出了重要的一步。“大部门体制”改革为政府职能转变提供了良好的载体和支撑，其开拓性思路也为政治体制改革的进一步创新进行了有益的探索。

这一阶段的改革，继承和发展了历次改革对政府职能转变问题积极探索的成果，同时也在新的时代背景下，提出对政府职能转变的新的要求和目标。这不仅体现了对政府职能问题认识的深化，也体现了在近三十年的改革和发展中，逐渐对政治体制改革和政治运行规律的认识深化。今后的改革，必将是在对政治发展规律的清晰把握的基础上，在更高的层次上、更有针对性地来进行。

中国“政府职能转变”这一政治任务的出现，事实上成为了“政府职能”概念研究的逻辑前提。在实践上是以经济体制改革来推动包括政府职能转变的政

① 南开大学周恩来政府管理学院课题组：《职能整合与机构重组：关于大部门体制改革的若干思考》，载《天津社会科学》2008 年第 3 期。

治体制改革，在理论上是先出现了“政府职能转变”的提法，继而才展开对“政府职能”的研究。“改革开放以来，我国政府职能转变经历了从被动到主动，从不自觉到自觉，从偏重经济职能到全面转变职能，从就事论事的解决政府职能错位、越位、缺位问题到以科学发展观为指导的过程。”[①] 在这个相对被动的过程中，尽管出现了很多问题，但在这段时间里中国的经济建设取得了巨大成功，积累了相当程度的物质财富；与此同时，经过对不断出现的问题的反思与总结，对于政治体制改革本身的认识也在逐渐深化，开始从政治发展自身的逻辑思考政治、社会政策。相应地，政府职能转变也按照自身的逻辑步入轨道，主动地去适应和促进市场经济的发展。对于政府公共服务职责、尤其是社会性公共服务职责的重视和提倡，就是这种变化的集中表现。

建设服务型政府就是要把政府的主要职能转移到对社会提供公共服务上来，换言之，服务型政府就是以公共服务为主要职能的政府。建设服务型政府不是一个具体的工作和任务，它更多的是政府发展方向的一个全新的定位，是一个标尺，一面旗帜，它对政府职能的全面转变提出了更高的要求和目标，并将对中国的政治体制改革提供新一轮强大的推动力。从某种意义上讲，建设服务型政府以更高级的形态将政府职能转变的历史延续了下去，由于中国特色社会主义现代化建设的过程仍然会长期的持续进行，政府职能也会伴随着社会的发展而不断调整，因此不论是职能转变还是服务型政府建设，这两大历史进程的前方依然不能人为地设定一个终点。如果把我国改革开放以来的政府职能转变看做一个不断进化的过程，那么强调建设服务型政府，就是这一过程的新阶段。它体现着我们对于政府职能、国家本质和政治体制改革等一系列理论和现实问题认识的深化。

第三节　现代政府公共服务职责的扩展趋势

提供公共服务是政府的基本职责之一，在现代社会中，它的地位不断提升、重要性日益凸显。从国家产生时候起，政府就不得不处理与维持其政权稳定和保证社会成员基本生存需要密切相关的公共服务问题。随着工业社会的来临，政府的职责伴随着社会变迁发生了巨大的变化，政府需要提供的服务也呈快速增长的势头。现代政府已经将服务职责放到了前所未有的重要地位。历史地看待政府职责的变迁，结合对概念进行更加细致的剖析，有助于深入的理解政府职责转变的意义。

① 唐铁汉：《我国政府职能转变的成效、特点和方向》，载《国家行政学院学报》2007年第2期。

一、公共服务职责扩大化的趋势

第二次世界大战以来，西方发达国家政府职能变化呈现出三个明显的趋势：

第一，政治统治职能继续存在，但趋于隐性化。第二次世界大战后，西方国家推广和完善了普遍的福利制度，这在很大程度上缓和了自由市场制度的固有弊端，化解了原有的尖锐的社会矛盾。经济的发展结合有效的社会政策，使社会结构产生意义深远的变化：资本主义社会结束了社会日益分裂为两大对立阶级的趋势，逐渐产生出强大的中产阶级，这为政治稳定创造了极其有利的条件。在收入分配状况得到改善的前提下，阶级间尖锐对立的局面有所缓和，社会逐渐稳定。相应的，政治统治职能逐渐退居幕后，带有阶级统治色彩的政治行为日趋减少。就是说，西方发达国家不再单纯地着力以政治统治职能维护统治，而采取以更好地发挥各种管理和服务职能的方式来维护政权稳定。政治统治没有消亡，而是以更加隐秘的方式和途径进行着。

第二，管理职能刚性化。政治统治职能的隐性化并不代表西方国家放弃了对社会的控制，放弃了政治统治。相反，政权对社会控制力度并没有减弱，而是以加强管理的形式不断强化。西方国家法律、制度、规则延伸到社会的各个角落，组成了一个密集的“管理网络”，社会成员的行为被严格地限制在这个网络中，对违反法规的惩处是严厉的。管理职能的刚性化趋势一方面体现在法律法规对社会生活的全面覆盖上，另一方面也体现在严格的执法上。社会确立了规则的权威性，那么各个社会主体的行为就是可预见的，因而也就是可控制的。从某种意义上说，西方发达国家很大程度上是以这种严格的管理，达到了传统的政治统治所难以达到的维护政权和控制社会的目的。此外，对管理职能的认识应当更加准确。例如，“管理人性化”的命题是不成立的。“人性化”是对发达国家政府活动和三种职能关系整体的体会和评价，“人性化”更多的是通过统治职能的隐性化和服务职能的提升来体现，而恰恰不能通过“管理人性化”来实现。管理应当刚性化，它是树立规则权威性的关键，也是规范社会成员和组织行为的根本性措施。

第三，服务职能扩大化。西方发达国家的政府职能在第二次世界大战以来最重要的变化在于公共服务职能的不断扩大。20 世纪 50 ~ 70 年代，西方国家的公共服务与社会保障体系建设取得了长足的进步，政府的公共服务职能得到了迅速发展和完善。西方发达国家努力推行“普遍福利政策”，建设高水平的福利社会成为这一时期西方国家的普遍趋势。这个趋势在很大程度上促成了政府公共服务职责的强力扩展，由此，提供公共服务成为现代政府难以忽视，甚至是最重要的一项职责。

对于“公共性”的强调和取得共识是现代政府公共服务职责扩展的先决条件。20世纪70年代开始，“新公共管理”运动开始全面兴起，它引入经营企业的理念来进行政府管理，把提高政府效率作为重要目标。新公共管理运动将公共行政的理念与实践提升到一个新的高度，但它毕竟还是过分突出了“效率”因素，其理论整体呈现一种工具式的思维方式，一定程度上忽略人的价值，没有体现公共服务理念的人本价值导向。“如果说政府没有为社会公众提供令人满意的公共物品，那是因为政府中存在着官僚主义等问题，而不是一个可以转变成以营利方式运营的问题。特别是当政府已经不能代表公共利益的时候，那是需要从政府的性质方面着手的改变。”① 政府公共性的根本体现是其行政理念和政策导向以社会和公民的利益为本位，在政府实际的运行中实现社会分配的公正。在反思新公共管理理念和官僚制的精英管理模式的基础上，发达国家的行政管理更加注重以加强公共服务来体现其“公共性”特征，即通过提供健全的服务和保障，让公民大众享受社会、经济发展的成果，形成最广泛的普惠效应。政府的“公共性”尽管不是一种全新的提法，但是它却在政府职责领域找到了一个能够最大程度证明自己真实性的途径。现代的政府已经改变了传统的统治和管理形态，既摒弃了“守夜人”身份，同时也不会采取“全能政府”的治理模式。尽管对经济事务的关注和介入仍然是政府工作的重点，但现代政府已经越来越成为社会生活的组织者，它通过调动各种资源，以政策法规的形式来消除特殊利益或者平衡特殊利益与公共利益的矛盾。政府不断提升公共服务职责的地位，并以此来诠释自身的公共性，也是维护和巩固政权的一种有效的方式。对于现代政府服务职责的探讨已经超越了应然性的层次，扩展到了具体的实现途径问题，“现代政府的服务究其本意应有两个层面的含义：一是价值规范层面‘为谁服务’的问题，即政府服务的主体是否广泛的问题；另一个是施政方式层面‘服务什么’和‘如何服务’的问题，即政府提供服务的程序、手段是否正当、合理和合法的问题。”② 尽管对于政府提供服务的方方面面还有许多理论上的争论，但是在发达国家，提供公共服务已经在实际上成为政府的最重要职责之一，并且在很大程度上成为衡量政府绩效的核心指标。

现代政府公共服务职责不断扩展是有条件的：首先，从历史的角度来看，提供公共服务成为政府的主要职责是现代社会才有的事情，它是以现代社会高度发达的生产力做基础的。在古代社会，统治者也进行一些公共服务的行为，甚至对

① 张康之：《寻找公共行政的伦理视角》，中国人民大学出版社2002年版，第175～176页。

② 朱光磊、孙涛：《“规制——服务型”地方政府：定位、内涵与建设》，载《中国人民大学学报》2005年第1期。

贫困人口也有相当规模的“赈济”；但是像现代一样针对失业者、老年人和贫困人口等弱势群体，由政权的力量建立基金，给予制度化的社会保障则是无法想象的事情，更不要说建立惠及全体公民的完整的公共服务体系了。现代社会所具有的发达的生产力和物质水平、较高的技术水平都是公共服务成为核心职责的先决条件。生产力的发展，物质产品的相对富足，使得统治者在处理特殊利益与公共利益时能够更多地照顾到公平因素，有余地采取调整措施来缓和社会矛盾。发达的生产力和完善的市场经济体制，为社会和国家积累了大量的财富，也使得政府拥有足够的财力来推行范围广泛、种类繁多的公共服务。此外，技术设备的发展、交通的便利也让现代政府提供服务的能力有了重要提升，例如，建筑材料和技术的进步使得政府对道路、桥梁、排水管道、垃圾回收和处理场所等公共设施的建设水平和效率比过去有了显著的提高，而互联网的普及对于建立一个覆盖全社会的、完善的医疗保障系统，起到了极其关键的作用。

其次，政府公共服务职责的扩展情况，在不同发展程度的国家中，表现是不一样的。与政府职责的历史发展特征相联系，现代化的不同阶段，政府的职责呈现出不同的特征。如果把现代化的过程看做是一个普遍的、不间断的历史进程，那么将公共服务作为政府核心职责一般是国家经济相对发达、完成了较高现代化水平的时候才能实现的。现代化的进程有其特定的发展规律和次序安排，各个国家在不同的经济发展水平和现代化的阶段中，对公共服务的重视程度也是不同的。往往是经济水平较高，基本完成了现代化建设任务的发达国家，为了应对其不同程度的“后现代”问题，而把公共服务职责上升到优先发展地位的。综观世界，相当数量的发展中国家仍然把摆脱贫困和不发达状态作为首要的任务，提供公共服务尽管很重要，但是在其特定条件的限制下，一般来讲不是这些政府主要的职责。政府职责的安排并没有标准的硬性规定，具体到每一个国家，其国情、文化和经济发展阶段都不相同，主观选择上具有一定的灵活性。即使是在同一历史背景下，处于不同发展阶段的国家根据自己的情况选择“经济建设型”政府或“公共服务型”政府，要从历史的角度、用发展的眼光看待这些国家的选择。

最后，政府公共服务职责的扩展趋势也是现代社会生活日益复杂和多样化的客观需要，现代政府在社会的压力下不得不采取更为有效和广泛的服务来满足这些需要。为社会提供必要的公共服务是政府始终具有的职责，但是需要它提供的服务的“必要程度”则是随着时代发展而不断变化的。在古代，政府只需要提供桥梁、水利等简单的公共服务就足以维持社会的基本生存，维护自己的统治。但随着近代以来社会力量的不断增强，社会对于公共服务的要求也在不断地增加。社会与国家政权之间的博弈中包含着社会争取自主权的扩大，以及要求政府提供必要的管理和服务的内容。现代国家不再是无所不统的“利维坦”，社会领域包含了前所未有的广阔空间和丰富内容，尽管社会自身的某些力量也已经开始能够为社会提供部分重要的服务，但政府在提供公共服务方面无疑处于主导地位，是重要的参与者和引导者。社会的发展需要政府提供越来越多的服务，而且，考虑到社会心理和政治稳定的因素，政府提供的服务不论面临何种困境，一般只能在保持“存量”的基础上扩大“增量”，即已经提供的服务很难再取消，现有的服务水平不能降低，在发达国家的社会保障体系建设中，这个趋势被称作“福利刚性”。这就决定了社会必然是需要维持一个相当大规模的、并且是不断扩大的服务体系，而这个任务只能主要由政府承担。此外，社会文明程度和政治理性的进步也对政府的职责配置提出了新的要求。同时，文明的进步也促使道德标准的不断演变和进化。在相当长的历史时期内，等级结构和社会不平等的存在被看做是社会生存所必要的和正当的；但是现代人所能够容忍的不平等程度已经越来越低，人们已经在理念上达成了将平等、自由等作为普遍价值来衡量社会进步程度的共识，这些社会领域的变化反映到政治层面，大大制约了统治者获取特殊利益的欲望，促使政府做出更多的努力来实现社会公正，维护公共利益。提供普遍的公共服务正是在现实层面上满足社会成员对平等、正义等价值需求的重要途径。

二、更全面地理解“政府职能转变”中的“转变”概念

在强调“服务型政府”就是以提供公共服务为主要职能的政府的同时，也要避免这样的误解，即政府的职能从过去的促进经济发展为主马上完全地转换为提供公共服务，或者认为政府的阶级职能在当前已经不明显，已经让位于社会性职能。事实上，政府开展经济工作与强化公共服务是不矛盾的。在一些发展中国家，甚至在一些较为发达的国家中，这样的进程往往是同时存在的。这既表明了国家内部发展的不平衡性，同时也体现了服务型政府建设需要一个渐进的过程，不可能一经提出就在短期内完全实现。正确的东西，不等于必须要一步到位。

结合中国的现实可以更加清楚地理解这个问题。中国是一个发展中的大国，城乡差别、区域差别十分明显，社会也处于快速发展变化的时期。一方面，东部沿海某些地区达到了较高的发展水平，已经基本实现了现代化，并开始思考和解决后现代社会所面临的某些问题；另一方面，中西部某些地区还比较落后，还存在着相当数量的贫困人口，基础设施也十分薄弱。在这种情况下，中国面临着实现现代化与解决后现代问题的双重历史任务，很难说中央和各级地方政府的政府职能要从管理、规制完全转变为服务，这既不可能也不现实。事实上，管理与服

务并不是矛盾的，“并不存在所谓‘管制型’和‘服务型’的截然对立，因为任何一个管制型的政府都要为公众提供必要的公共服务，而我们所说的服务型政府同样也需要一定的管制功能，具体到政府管理方式上亦是如此。”[①] 毋庸置疑，管理与服务的有效结合才符合国家现实发展的需要。政府职能转变的进程，既要重视现代政府公共服务职责不断扩展的普遍趋势，又要符合中国现代化建设的实际情况。

之所以会出现类似的误解，主要是一些汉语词汇语义上存在的模糊性造成的。因为“政府职能转变”中所讲的“转变”，既可以指工作重心的转移，也在某些环节上有替代的含义，例如，中国社会结构的变化推动了社会“从身份到契约”的转变过程[②]，就是指中国社会将伴随着社会结构的调整和优化，最终告别“身份社会”，进入“契约社会”的整体历史进程，总体上讲这是一种替代过程。而当前我们所说的政府职能转变，更多的是指在并不完全放弃原有职能的基础上调整具体职责之间的位次关系的意思。注意这一点，将会促使我们深化、细化对政府职能问题的认识。

为了更加清晰地理解政府职能转变的含义，还应当在概念上做更加细致的区分。我们把现代政府的职能具体划分为“政府的功能”与“政府的职责”两个层次。也就是说，把目前理论界关于政府职能相对原则的界说（比如处理好国家的阶级性和社会性的关系、中央与地方的关系等）中的适当部分，纳入“政府的功能”范围，把关于政府职能相对具体的界说（如政府的外交、社会保障工作等）中的适当部分，纳入“政府的职责”的范围。这与英文文献中对政府职能问题的多数论述也是基本吻合的，符合现代政府职能的构成相当复杂，在事实上是分层次、分方面，难以用一个“政府职能”的概念“一言以蔽之”的实际情况。[③]

“政府的功能”与“政府的职责”相比，前者更多的是属于政治统治的问题，后者更多的是属于政治管理的问题，是政治生活中相辅相成的两个不可分割的方面。“政府的功能”往往是政府所必须去做的基本任务，不论其是否意识到、是否愿意都得去做，否则就难以成为一个合格的政府，政权就要受影响。比如，处理国家的阶级性与社会性的关系，处理公平与效率的关系等功能，任何统治集团不论其是否意识到了应当履行这些职能，处理起来是否“在行”，都只能主动或被动地去做，没有多少选择的余地。所以，在政府的功能方面，统治集团也就难以考虑“职能转变”的问题，也即任何人也不可能“转变”其中的任何

① 刘雪华：《论服务型政府建设与政府职能转变》，载《政治学研究》2008 年第 4 期。

② 详见朱光磊等：《当代中国社会各阶层分析》，天津人民出版社 2007 年版，第 30 页。

③ 参见朱光磊主编：《现代政府理论》，高等教育出版社 2006 年版，第 73 页。

一部分，而只能去"改善"，去考虑如何更好地顺应政治生活的客观发展趋势，如何去把这些重大的社会关系处理好，如何去提高自己的政治自觉性、政治敏感性和在政治上的成熟度。相比之下，"政府的职责"的主观色彩较强，一个政府在选择其政府职责时，在做不做、做多少、怎么做、由哪个层次上的政府去做等问题上，是有一定灵活性的。政府职责作为政府的工作任务是可转变的。政府职能转变是不可间断的历史过程。任何具有积极政治态度的国家，都面临着政府职能转变的现实任务，也都在不断地以各种方式调整着政府职责。在实际工作中，所谓的"政府职能转变"，其重点是调整政府职责，有关调整的重点，主要是集中在政府在内政、外交、社会保障、教育、科学、文化、环境保护等诸多方面做什么，哪个优先做，由谁做，怎么做等问题上。

三、在"为人民服务"的宗旨下建设"服务型政府"

建设服务型政府与政府为人民服务的宗旨的关系是一个重要的理论问题，这个理论问题不解决，就会影响到具体工作。比如，现在已经有同志提出，我们一直强调人民政府，强调我们的政府是为人民服务的，现在又强调要建设服务型政府，二者的区别何在？如果能够把国家本质和国家职能这两个问题结合起来分析，就不难说明这其中的差异与联系。

首先，政府"为人民服务"的一贯宗旨并不与"建设服务型政府"的新提法相矛盾。强调"服务型政府建设"，并不是对"人民政府"性质的否定。中国特色社会主义道路在政治上的一个重要特征是，国家权力的性质和运用都在努力体现"人民性"的特征。

从理论上讲，突出"人民性"是马克思对于社会主义国家机构性质的重要设想。体现在制度设计上就是人民的权力机关处于最高地位，一切国家机构要在人民权力机关的监督之下运行。"一切社会公职，甚至原应属于中央政府的为数不多的几项职能，都要有公社的官吏执行，从而也就处在公社的监督之下……因为这些职能应由公社的官吏执行，因而总是处于切实的监督之下。社会公职不会再是中央政府上次给他的爪牙的私有财产。"① 这些设计不是凭空产生的，而是建立在对于资本主义制度乃至以往一切阶级社会政治制度的反思和批判的基础上的。作为资本主义的批判者和继承者，社会主义制度应当努力避免公共权力为少数人或某些集团所把持和占有。马克思主义经典作家是在批判旧有的国家和国家机构的基础上，提出了社会主义制度中，国家政权应当突出"人民性"的特征。

① 《马克思恩格斯选集》第2卷，人民出版社1972年版，第438页。

这些伟大的理论设想为后来的社会主义政治实践提供了巨大的支持和指引。长期以来，实现国家的“人民性”，成为了社会主义国家的国家政治建设所遵循的宗旨和追求的目标。

从历史来看，中国共产党领导的政府在很长的时期内是“非法的”，得不到旧政权的承认。在这种情况下，中国共产党以“人民政府”的称号来与旧政权区别。“人民政府”的称号恰恰符合了中国共产党领导的政权的根本性质。中国共产党的根本宗旨就是为人民服务，她所为之奋斗的一切也是为了谋求民族的独立和人民的幸福，“人民政府”、“人民军队”、“人民警察”、“人民邮政”、“人民银行”等称号成为中国共产党领导下的国家机构特有的名称。这些名称既是国家机构根本宗旨的体现，同时也是它们的发展方向和工作目标，党领导下的国家机构在工作中都要体现人民性，接近群众、服务群众、接受人民群众的监督。改革开放以来，中国的国体没有变化，政府“为人民服务”的宗旨也没有改变，而且在不断探索新的实现途径。

其次，“为人民服务的政府”，也即“人民政府”，与现在所强调要的“服务型政府”具有内在一致性，但所要阐释的是两个角度的问题。

在社会主义的条件下，通过建设服务型政府，能够更好地体现“为人民服务”的宗旨。胡锦涛总书记在2008年政治局进行第四次集体学习时指出：“建设服务型政府，是坚持党的全心全意为人民服务宗旨的根本要求，是深入贯彻落实科学发展观、构建社会主义和谐社会的必然要求，也是加快行政管理体制改革、加强政府自身建设的重要任务。”① 可见，建设服务型政府，实现广泛的公共利益，更好地发挥政府的公共服务职责，正是“为人民服务”宗旨的体现，是人民政府的题中之义。人民政府（性质）与服务型政府（职能）的结合，将使中国的政府发展跨入新的历史阶段，也促使我们更好地认识有关国家和政府的一系列重大理论问题。

另一方面应该看到，建设服务型政府仅是“为人民服务”宗旨的一个体现形式，建设服务型政府也并不仅仅是履行政府“为人民服务”的宗旨这么简单，二者有着一定的差异，所着眼的也是不同角度、不同层次的问题。“为人民服务”的宗旨、“人民政府”强调的是国家机构对国家根本性质的体现，在政权稳定的情况下，这些根本性的事物不会发生变化。“服务型政府”是指以提供公共服务为主要职能的政府，这是在政府职责调整的层面上发生的变化，不直接涉及政权性质。改革开放以来，中国的国家性质和政府宗旨没有改变，但政府存在的

① “胡锦涛在中共中央政治局第四次集体学习时强调扎扎实实推进服务型政府建设全面提高为人民服务能力和水平”，中央政府门户网站，2008年2月23日。

社会经济与文化条件变化了，政府的主要职责也在发生变化。在历史发展过程中，政府职责随着社会条件的改变而不断变化是一个必然的趋势。中国作为发展中国家，处于发展经济的关键时期，经济社会的迅速发展要求政府职责做出相应的调整，以适应这种变化，为社会主义市场经济和人民的生活更好地服务。"服务型政府"的提出正是为了应对这些变化而进行的调整，它在坚持"为人民服务"宗旨的基础上，要更多地涉及职责配置、机构调整等技术性和专业性的工作。

第四节　履行公共服务职责是国家的本质要求

不论是国家战略还是具体政策的制定都不能仅仅是为了仓促应付当前出现的实践问题，而应该立足于具有深层视角的理论，探求真正符合规律的根本性解答。对于服务型政府建设这样一个重大的历史进程，有必要通过对其理论基础的考察，来更加深入地认识它。从根本上说，建设服务型政府的政治活动符合国家本质的社会性方面的要求，更加重视国家社会职能也体现了执政者政治理性与政治成熟度的提高。

一、明确国家的阶级性和社会性的辩证关系

建设服务型政府，使社会管理和公共服务逐步成为政府的主要工作，得到了理论界的普遍肯定。但是也要注意到，目前理论界对这个问题的分析，大多是在公共行政理论和政府工作的层面展开的。在这个基础上，还需要明确地指出，政府进行社会管理，履行公共服务职责，与维护统治秩序一样，也都是国家的本质要求。明确这一点，是建设服务型政府的深层次理论依托。

国家具有鲜明的阶级性，国家总是和政治统治相联系的，是阶级统治的工具。这是马克思主义对于国家本质的基本规定。同时，一系列重要的经典著作表明，马克思主义经典作家在国家本质的高度上，也反复论证过国家权力的公共性（也就是学术界通常所说的"国家的社会性"），以及它同国家的阶级意志性的辩证关系。这就为全面理解国家的社会性和政府的社会职能提供了极为有益的思路。毫无疑问，任何国家既是阶级压迫的机关，也是社会发展到一定阶段对社会管理机构的客观要求，是控制社会冲突，使社会有序发展的客观力量，即国家不仅有阶级性，而且有社会性。这种阶级性和社会性是一体的，是矛盾的两个方

面，只是这对矛盾中，阶级性是其主要方面，规定着国家的本质；社会性是次要的、从属性的方面，但这一方面是不能忽视的。正是国家本质的社会性方面，决定了政府向社会提供必要的公共服务存在的必要性。但是，这并不是说国家有“两个本质”，我们固然不能离开国家的阶级性来抽象地谈论国家的社会性，但也不能离开国家的社会性来解释国家的阶级性。

从分析建设服务型政府的国家本质依据的角度看，这一辩证关系，可以从以下几个方面理解：

第一，国家的社会性，政府履行公共服务职责，是社会管理机构发展连续性的标志。这一点集中体现为国家权力对公共权力的辩证否定。国家对于氏族的代替的历史过程，同时也是国家权力对公共权力的否定，公共权力随着自身被某一个阶级所把持，而异化成了日益与整个社会相脱离的特殊权力；然而这种否定是一种辩证的否定，国家权力对公共权力也有继承的一面，国家毕竟是从社会中产生并且日益凌驾于社会之上的力量，必然体现全社会的行为规范。国家权力对公共权力的否定，不是取消了公共权力，而是把公共权力作为自身的一个因素——社会性的因素包含于自身。公共权力以新的形式——国家权力的形式被继承下来了。公共权力是国家的历史起点，带有强烈阶级性的特殊权力辩证否定了公共权力，并形成了内在综合着阶级性和社会性两重属性的国家——一种特殊的公共权力。这种综合，使公共权力作为社会管理机构发展的连续性因素而保存下来。而公共权力本身就是用来执行各种社会公共事务的，这其中当然也包括提供公共服务。

第二，国家的社会性的表现形式是国家的公共管理职能和国家权力的普遍约束力。国家是统治机关，但也是管理机关。国家管理社会公共事务的职能在任何社会都是存在的。进入阶级社会后，社会管理职能固定地掌握在少数人手中，但这一职能同时也被继承下来了。管理社会的职能，包括各种技术性、业务性的国务工作，只要和统治阶级的事业相联系，就不可避免地具有阶级性。但是统治阶级为了更好地实行统治，必须加强对社会生活的管理，行使好公共管理职能。国家的社会管理职能从某种意义上说也是由社会生存需要决定的，人类社会的生存和发展需要进行有组织的物质生产，这种有组织的生产活动就促使国家利用政权的力量协调各种关系、进行管理和组织，以保证社会的生存和发展，这是维持其统治的基本前提条件。历史上，确实有一些统治者只注重国家的阶级性，忽视社会性，其结果是统治的寡助和早衰。恩格斯在《反杜林论》中就举过这样的例子：即使是波斯和印度古代的专制政府都“十分清楚地知道自己首先是河谷灌溉的总的经营者”；相反，“文明的英国人”在印度竟然“忽视了这一点”，经常发生的饥荒才使我们最后发现，“他们忽视了唯一能使他们在印度的统治至少同他们前人的统治具有同等法律效力的那种行动”①。国家如果不能担当社会的正式代表，反映某些社会共同利益，它就无法登上统治阶级的宝座，也就不能完成自己的阶级使命；国家如果不反映统治阶级的特殊利益，它也就失去了使之成为这个社会的统治阶级的经济支柱。这也就是所谓“个人统治必须同时是一个一般的统治”。②

第三，维护国家的社会性是国家实现其阶级性的必要前提。国家是一种“特殊的公共权力”，一个阶级对于社会的政治统治，要以这个阶级执行社会公共职能的状况为前提，或者说，统治阶级是在它完成、实现国家的公共职能的过程中完成它的阶级统治职能的，否则阶级统治就失去了它的现实依托。思想史上，恩格斯首先揭示了这一深刻的关系，他指出：“政治统治到处都是以执行某种社会职能为基础，而且，政治统治只有在它执行了它的这种社会职能时才能持续下去。”③国家的社会性与阶级性是对立统一的，并不是截然对立和分开的。统治阶级为了更强有力地实行政治统治，必须保证社会的稳定、有序，并协调好人与社会、人与自然的关系。提供必要的公共服务，是这种协调和管理的重要内容。因此，某些公共服务的存在并不与阶级社会的基本特征相违背，相反，它们是相辅相成的。

国家本质的社会性方面决定了社会管理和公共服务存在的必要性，只有很好地提供公共服务，国家的社会性才能够在最高层次上完整地体现出来。因此，政府提供公共服务不仅仅是其职责所在，也是国家本质的基本要求。从这一点上说，现代政府以服务型政府为发展方向，与国家本质的要求相一致。

二、中国应当不断增强国家的社会性

（一）不断增强国家的社会性是中国特色社会主义道路的内在要求

社会主义国家和一切剥削阶级国家有着显著的区别，它不是一种日益同社会相脱离的力量，而是一种同社会相融合的力量，它的总趋势是国家的社会性不断增强。在社会主义国家中，对抗性的阶级矛盾已经基本消除，国家的主要任务在于调节各个利益群体的关系，国家政治生活中大部分内容具有显著的社会属性，或者说是较弱的阶级属性。所以，从理论上说，社会主义国家应该具有更为突出的社会性。

---

①③ 《马克思恩格斯选集》第3卷，人民出版社1972年版，第219页。

② 马克思、恩格斯：《德意志意识形态》，人民出版社1961年版，第367～368页。

在现实中看，中国社会主义改造完成之后，国内已经不存在一个整体的剥削阶级了。经过三十年改革开放和经济社会全面的现代化过程，中国的阶级阶层结构发生了重大变化，为进一步的社会、政治发展积累了许多积极性的因素。现代化建设带来了许多新生的矛盾，但总体上都不属于阶级关系范畴的社会冲突，而是不同利益群体之间的矛盾。上面这些变化反映到政治生活中来，一方面是国家的阶级基础和群众基础的日益扩大，另一方面是为了维护社会政治的稳定，国家社会管理和公共服务职能需要扩大。从这个角度上来看，提出和谐社会、和谐世界的理论是实现治国理政思路的重要发展，也是一个重要导向，它明确了国家政治生活的主要任务要放到建设、管理中来体现，努力把矛盾解决在社会层面。

从逻辑上讲，社会主义国家本应当把调节社会矛盾、促进经济发展、维护社会公平、提供公共服务等社会管理职能作为政府工作的重心。相比较于资本主义国家，社会主义国家的社会职能应该充分展开，国家的社会性应得到不断的增强。因此可以说，中国建设服务型政府是其国家性质的基本体现，也是中国特色社会主义道路的内在要求。

（二）不断增强国家的社会性是把握现代化建设“战略机遇期”的重要条件

中国是世界上最大的发展中国家，面临着实现社会主义现代化的艰巨任务。中国的现代化道路是曲折的，它起始于19世纪后期[①]，一直延续至今天。尽管这个现代化过程跨越了几个重要的历史时期，社会也在这段历史里经历了几次重大的转变，但从历史的视角来看，这是一个一以贯之的过程。通过对挫折与经验的总结和反思，中国终于探索出了一条符合国情的现代化道路：以构建社会主义市场经济体制为基础实现中国特色社会主义。

中国的现代化在新世纪之初进入了最关键的阶段。一方面，这个阶段是“战略机遇期”：三十年来的高速发展积累了相当程度的物质财富；现有政治制度、机制框架通过不断自我更新和调整，基本可以包容和适应改革所取得的社会、经济的进步；随着大规模的社会阶层分化，对于进一步改革十分有利的社会结构正在形成。这些积极的因素为改革的深化、现代化的全面发展提供了前所未有的良好机遇，对中国模式发展道路的成熟、全面小康的实现和中华民族的复兴都具有极其重要的意义。另一方面，这个阶段也是“矛盾多发期”和“矛盾凸显期”：改革三十年乃至新中国成立六十年来积累下的一些政治、经济和社会

① 详见罗荣渠：《现代化新论——世界与中国的现代化进程》，商务印书馆2004年版，第497页有关内容。

问题都会集中在这个阶段不断显现出来，例如，社会公平问题，环境污染问题，弱势群体问题，市场经济的建设还不完善，中央地方关系、党政关系还需要进一步深入的调整，利益集团跨越潜伏期，开始影响中国的政治过程，[①] 中国的民主政治建设面临双重的挑战等。发展的过程就是一个持续产生问题和困难的过程。从历史来看，传统社会和已经实现了现代化的社会都是相对平稳的，但是从传统社会向现代化转变的过程则充满了艰险，即所谓“现代性产生稳定，而现代化导致不稳定”。[②] 中国不可能退回传统社会，只有坚定信心向前发展，克服一切艰难险阻实现社会主义现代化。坚定了毫不动摇的继续发展决心，就必须面对和正视当前各方面存在的问题。这些问题如果继续搁置下去，得不到及时的缓和或解决，最终将会危害整体改革，那么中国的社会主义现代化并不必然会自动地实现。

增强国家的社会性是缓解乃至解决这些矛盾和问题的重要途径。首先，许多重要的经济、政治问题都是公共问题，以社会矛盾的形式爆发出来，这些社会矛盾在一定范围内并不是所谓“阶级矛盾”，究其根本也不涉及政治统治的要害，完全可以通过强化国家的社会管理职能予以解决。中国现代化所面临的问题多是需要改善公共权力运用的问题。国家需要通过基本制度的完善，政府需要继续转变职能、提供必要的服务来满足社会不断增加的各方面的需要。例如，社会反映强烈的医疗、住房、教育三大难题，尽管形式上表现得非常激烈，但并非属于不可调和的阶级矛盾，它本质上是社会性的问题，是由于制度、公共服务供给不足造成的，可以通过政策调整、制度的完善和职能的转变来解决。当然，这样的社会问题如果处理不当，也会产生危及政权的严重后果。

其次，高速发展产生的问题可以用强化国家社会职能的办法来缓解，保持政治稳定和一定程度的社会团结，为进一步的发展创造条件。社会中产生的各种矛盾和不稳定的状况与中国政治、经济体制改革的“不到位”有关，而这种“不到位”的情况在一定时期内还会存在下去。发展中产生的问题最终要靠发展的办法来解决。但是就某一阶段而言，在矛盾集中凸显的情况下，要凝聚全社会的力量，使得全体社会成员认同继续发展的目标、坚定继续发展的决心是有困难的，必须进行某种程度的调整和缓解。这就需要通过更好地履行社会职能来弥合现代化高速发展造成的社会断裂。调控发展速度与坚持发展方向往往同样重要，其关键在于把握社会对变化的承受度，“变迁的速度与变迁自身方向相比并不显得不重要，虽然后者常常是不依赖于我们意志的，但我们所能承受的变迁发生的

① 郭道久：《跨越潜伏期：对中国社会利益团体现象的初步认识》，载《学术论坛》2008 年第 5 期。

② ［美］塞缪尔·P·亨廷顿：《变动社会的政治秩序》，张岱云等译，上海译文出版社 1989 年版，第 51 页。

速度却是可以由我们来控制的。”① 通过一系列的制度、法律建设可以增加社会对于改革的承受能力，这也是处理改革、发展和稳定关系的重要步骤。具体来说，当前面临的公平与效率的问题（主要是社会公平一定程度上的缺失），城市化不发达造成的二元社会解体困难以及“三农”问题，区域发展不平衡、城乡差距和贫富差距问题都需要继续深入的改革，需要社会结构重构尘埃落定，实现全面的社会主义现代化才能最终解决。但是，对于这些问题造成的后果是不可以置之不理和泰然处之的，国家与政府有能力也应该采取适当的对策进行相关的平衡，将现代化产生的消极作用降到最低。不断增强国家的社会性，大力推行有效的社会政策，其实并非权宜之计，它也是现代化进程不可或缺的一部分，为完善现代化的政治经济制度做了十分重要的探索和铺垫。

再其次，依据其他国家现代化进程中的经验，增强国家的社会性，强化社会管理和公共服务职能可以有效地破除发展中的障碍，大大消除社会危机。“任何个别无论怎样都是一般”。中国的发展道路没有现成的经验可以照搬，但他国现代化的道路的成功之处是值得借鉴的。西欧资本主义国家在现代化的过程中出现过严重的社会、政治危机，那时候日益对立的两大阶级之间不断斗争，尽管经济快速发展，但社会面临着分化，政权走到崩溃的边缘。历史上，19 世纪末和 20 世纪初，西方资本主义国家的阶级斗争和社会矛盾十分尖锐，工人运动此起彼伏，在两次世界大战之间，许多欧洲国家都爆发了推翻政权的革命运动。然而第二次世界大战以来，西方国家利用自己积累的雄厚财力建立了“从摇篮到坟墓”全面的社会保障，改善了全体社会成员的生活，一定程度上缩小了贫富差距，缓解了阶级对立和许多与之相关的社会矛盾，赢得了普遍的社会政治稳定和广泛的发展空间。反思这段历史，一方面说明资本主义制度所能够容纳的生产力还没有完全发挥出来，还没有走到尽头，另一方面，资本主义在社会矛盾最尖锐的时候恰恰不是简单地依靠强化阶级职能，不是单纯地通过加强统治和镇压，而是平衡阶级职能和社会职能的关系，包括注意通过有效行使社会职能来缓解矛盾，这是发人深省的。尽管国家性质不同，面临矛盾的性质不同，但是发达资本主义国家现代化的经验告诉我们，对于保持社会政治稳定而言，加强国家社会性的成效是巨大的。由此看来，服务型政府的建设势在必行，它不仅能够有效地疏导由于利益分配差别造成的不满情绪，而且符合公平正义的社会主义和谐社会理念。中国社会有利于民主化建设的各项因素已经开始显现了，与其静待瓜熟蒂落，不如主动培育和引导，改善其发育的环境，这样才最有可

① ［英］卡尔·波兰尼：《大转型：我们时代的政治与经济起源》，冯钢等译，浙江人民出版社 2007 年版，第 32 页。

能得到自己希望的果实。

三、中国要善于对政治行为做“社会性”处理

中国应该在政治过程和日常施政中更加重视社会管理和服务职能，善于对政治行为做“社会性”处理。新中国从革命和战争中走来，不可避免地使得自身的政治行为中带有很强的“斗争性”色彩，理念上过分看重政治统治职能，在某些历史时期内还出现了阶级斗争扩大化的情况。战争年代，在夺取政权的过程中，需要着重强调“阶级斗争”，唤起人们的阶级意识和对统治者的仇恨，同时在争取和教育同盟者的时候也需要彻底地揭露国家的本质，让他们认清国家在“全民国家”谎言之下作为阶级剥削工具的实质。然而，当劳动人民已经掌握了国家政权，革命取得全面胜利，在相对和平的条件下进行现代化建设的过程中，把革命时期的理念和方式延伸到当代的政府治理模式中，就显得不合时宜了。部分人士的“革命后遗症”在改革开放时期依然明显，执政者对于“执政”角色的认识还存在不足，某些政治行为还遗存着过多的“阶级斗争”色彩——比较典型的是宣传工作方式的教条和生硬，这在一定程度上成为了制约现代化建设深入发展与构建和谐社会的消极因素。尽管多年以来领导者已经认识到这一点，也在努力做出转变，但总体而言，这样的转变还没有达到理想的效果。

通过对国家的阶级性与社会性的辩证关系的考察，为更好地理解和运用国家社会的职能提供了几点重要的启迪：

第一，成熟的统治阶级总是善于把本阶级的意志、利益表述为社会的共同意志、利益，并努力取得全体社会成员的认可。统治者驾驭全社会按照自己的理念来进行政治活动，在实现公共利益的同时也实现自身的特殊利益。统治者总是把自己追求的目标说成是全社会、全民族和整个国家必须去完成的目标，并采取各种手段树立和推广这一信念。一旦社会就这样的信念达成普遍的共识，那么阶级统治就完全隐身在具体的社会职能之中了。现代社会的进步与文明的发展，使得统治者已经不可能再进行赤裸裸的剥夺了，他们的特殊利益的实现必然是在公共利益、普遍价值的旗帜之下完成的。这一方面需要统治者具备足够的政治理性，很好地平衡阶级职能与社会职能的关系，不能引起过多的社会不满情绪；另一方面也要求统治者掌握相当程度的宣传技巧，拥有足够的科学理论储备，建立完备的意识形态体系。中国当前应当改进意识形态建设工作，改善主流意识形态的传播方式、适应能力和争鸣能力，使其政治功能得到更好的发挥。应当把执政者的理念以更易于大众接受的形式表达出来，通过各种政治社会化途径渗透给社会成

员，形成广泛共识，在政治文化和社会心理层面保证政权的巩固。对于一些特殊的价值和理念，比较策略的做法是做“社会性”的处理，努力将其与世界文明成果接轨，采取适当的“包装”，淡化其特殊性、阶级性。实际操作中，改变宣传方式，通过借鉴和重构，更新和完善自己的执政理念，在日常的社会管理中，应用和反复实践这些理念，把自己的意志变成社会意志。

第二，统治行为往往在社会变革、动荡时候容易观察到，在较为和平的时代隐而未申，社会管理则融入日常的政治、社会生活中去。阶级统治在现实中多是以社会管理的名义出现的。应该更加清晰地认识现代国家的阶级统治，不能因为不易观察到就否定存在阶级统治，不应人云亦云，盲目宣扬“超阶级”、“普遍性”。同时也要理性看待阶级统治，不应把政治领域内所有的现象都扯到“国家本质”上来，即便是资本主义国家的政府，作为公共权力机构，在大多数时间内还是比较谨慎地通过行使公共权力来保障社会的正常发展。过分强调“阶级性”与过分强调“公共性”同样是偏激和不负责任的，实际上是一种欺骗。

第三，“公共”的名义也具有很强的现实性，它体现了人类社会生存、发展对社会管理的普遍需要。现代国家的统治者并不是完全靠“欺骗”来蒙蔽广大的社会成员，大多数资本主义国家的人民基本认同现存的秩序，不一定是没有看到统治阶级在其中的特殊利益，而是在此同时也清楚地认识到，这样的统治在一定历史条件下还是可以引导社会进步、促进生产发展和一定程度上实现“公共利益”的。某个阶级的统治在成为阻碍生产力发展的因素之前，基本上就是一种进步性的力量。历史地看待这个问题有助于理解为什么少数集团的统治在西方发达资本主义国家并没有引起大多数人的直接反对和形成外部冲突。

不断增强国家的社会属性、高效地履行社会管理职能是巩固政权的重要方式。执政的绩效能够有力地维护政权的稳定，毕竟在经济社会全面发展、政治制度和法律不断健全、人民生活不断改善的情况下，政权却发生崩溃，是亘古未有的事情。而实现绩效增长的重要途径就是加强社会职能，其中提供健全的公共服务是一个重要的内容。最理想的状况是把阶级职能隐藏在社会职能身后。过多地强调“阶级统治”、“阶级斗争”，反而把执政者摆在一个过于特殊和孤立的地位，损害统治基础，影响到政权的稳定。就中国而言，中国共产党通过“执政”实现“领导”是这一原则的具体体现。这也是政府积极推行建设服务型政府，希望借此更好地履行服务职能的深层原因。

第四，国家的一项具体政策或一个具体的政治行为，常常带有阶级性和社会性的双重特征，只是两者的突出程度不同。阶级性与社会性不是截然分开的，而是对立统一，相辅相成的。任何一种管理从根本上说都是为了维护阶级统治，而现代国家也越来越依赖社会职能来实行统治。大多数政治行为都是国家本质阶级性和社会性两方面的浓缩体现。现实来看，中国不强调阶级斗争，但也不能忽视、回避这些斗争的客观存在。要清醒地看到阶级斗争形式的变化与阵地的转移，时刻保持警惕。政治统治要靠社会管理来实现，但不能仅仅通过社会管理自动实现。

第二章

服务型政府建设是一个循序渐进的过程

对于目前的服务型政府建设，部分学者和官员存在着急于求成的情绪。人们对于加速建设服务型政府的迫切心情是可以理解的，这也是服务型政府建设得以快速推进的重要动力之一。但是需要强调的是，服务型政府建设不是一项具体工作，而是中国政府发展方向的重大调整，是一个历史和渐进的过程，可能需要几十年，甚至更长的时间。

第一节　服务型政府建设的条件性

建设一个符合国情并且能够有效推动社会进步的服务型政府，是未来相当长时间中国政府发展的基本目标。但是，如同其他重要改革一样，服务型政府建设也是有前提、有条件的。因此，在相关研究展开之前，首先须做的是全面考察服务型政府建设所需要具备的前提条件，以及现阶段的中国能够在多大程度上满足这些条件。

一、服务型政府建设的前提条件

（一）政府发展的条件性

政府发展理论是在政治发展理论和现代政府理论的基础上形成的，其主要关注的是政府自身的发展变化规律问题，涉及政府职能、政府形态、政府统治和管理模式等重要问题。一般而言，政府发展就是指政府作为上层建筑的重要组成部分，为了适应政治、经济和社会发展的需要，随着相应经济形态的不断发展，通过对自身组成要素的不断扬弃与整合，寻求与特定经济形态相适应，充分发挥政府经济调节、市场监管、社会管理和公共服务职能的政府模式及其变迁，以推进社会进一步发展的客观历史过程①。衡量现代政府发展的基本标准有两个：一是从经济角度提出的，即政府发展是否适应经济形态发展的客观需要；另一个是从利益角度提出的，即政府发展能否最大限度地实现和保障民众的根本利益②。

自国家诞生以来，政府就成为政治社会中最大的组织。作为一种有着共同生态形式特征的组织，古今中外的各国政府从产生的那一天起就在沿着大致相同的演进轨迹，始终处在一种不断成长、发展和变化的过程中。显然，无论是从规模还是从结构、功能等方面来看，今天的政府都是古代所无法比拟的。以政府职能为例，“在过去一个历史时期中，没有人指望政府从事消防灭火。但在今天，没有消防署就不成其为政府。”③

也就是说，政府发展作为一种客观存在的政治现象，具有其必然性和普遍性：一方面，作为上层建筑的重要组成部分，政府的构架和运行方式并非按照抽象的理论原则被设计出来，而是随着经济基础的变迁和社会的进步而逐渐发展变化的。经济每向前发展一步，通常会伴随着政府模式的转换及发展，反之，落后的政府发展模式必将成为经济继续向前发展的障碍，甚至有可能导致社会发展的历史性倒退。另一方面，虽然各国的政府发展进程都深深地植根于本国的社会、经济、政治和文化土壤之中，但政府作为普遍性的政治现象，任何国家的政府发展都不可避免地会受到社会经济形态和同时代其他国家政府发展的影响，从这个意义上来说，政府发展具有普遍性的特征。正所谓，“政府是我们使用的一种工具，一旦这个工具过时了，重新发明的过程就开始了。”④

虽然政府发展具有相当的必然性和普遍性，但政府发展也是有前提、有条件的。只有符合这些条件，才可能实现政府发展的目标。一般来讲，政府发展的条件主要涉及以下几个方面：一是经济发展水平。政府的基本任务之一就是推动社会生产力的发展，反过来，特定的社会经济发展水平又制约着政府发展阶段。与经济发展相比，政府发展在很大程度上是一种适应性的发展，其基本方向是适应

① 谢庆奎主编：《当代中国政府》，辽宁人民出版社 1991 年版，第 414 页。

② 朱光磊主编：《现代政府理论》，高等教育出版社 2006 年版，第 426 ~ 435 页。

③ ［美］戴维·奥斯本、特纳·盖布勒：《改革政府——企业家精神如何改革着公共部门》，周敦仁等译，上海译文出版社 1996 年版，第 2 页。

④ 同上，第 25 页。

经济发展的需要[①]。市场经济作为经济发展的一个新阶段，同样不可避免地对现代政府发展提出符合其自身发展规律的客观要求。二是政治发展。政府发展本身就是政治发展的重要内容，政府发展需要与政治发展的整体进程保持一致。在通常情况下，政治发展所带来的制度建设、程序完善、观念转变、文化进步等，都可以为政府发展提供相应的条件。三是观念、价值取向等主观因素。即使是在相对短暂的历史时期，人们的观念、价值取向等主观因素也可以影响政府发展的方向。比如，中国长期以来重统治、轻管理，重权力归属、轻权力运行的传统，就对当前的政府发展发挥着明显的影响作用。四是政府自身的实际运行机制、管理水平等内在因素。虽然政府发展具有很强的受动性，但是从发展所需要的合力推动来看，政府自身的组织形态和管理水平，则直接决定着政府发展的实际进程和方式[②]。政府发展的动力和条件表明，任何政府的发展都必须与特定的社会发展阶段相一致，是一个客观进程，盲目地推动政府变革是不可取的。

（二）服务型政府是政府发展的全新阶段

从现代政府理论的基本分析框架来看，政府的职能、机构、体制和过程是对政府展开分析的基本要素。而政府职能的研究，则构成了整个现代政府理论研究的基石和逻辑起点。因为在实际政治生活中，一个国家对政府职能的理解和相关制度安排，能够在“基本面”上决定其对于政府机构、政府体制、政府过程的总体设计；在理论上，围绕着“政府”的一系列重要概念，包括政府机构、政府体制、政府过程，也都是从对政府职能的种种理解规定中引申而来的。所以，对现代政府问题的研究和对政府理论的解释，也必然应当是从对政府职能的说明开始的[③]。因此，从较大程度上来说，作为政府发展的主要考量指标，政府职能的转变和演进本身就可以被视为政府发展的基本外在表现。

从政府演进的总体轨迹来看，公共服务职能并非在政府产生的那一天开始就自然而然地成为了政府职能的重心。在前现代社会，由于受社会生产力发展水平、文明进步程度和国家阶级性质等因素的制约，政府的社会职能与阶级职能相比一直处于次要地位，各级政府最主要的职能被界定为确保当局的政治统治。当时代步入近代社会以后，随着经济发展水平的大幅度提高、人类社会文明程度的改善等因素的综合影响，政府的社会管理职能开始得到重视，政府的公共服务职责权重明显加大，政府职能重心的天平亦逐步开始由阶级统治向社会管理和公共

① 顾平安：《政府发展论》，中国社会科学出版社 2005 年版，第 116 页。
② 同上，第 117 页。
③ 朱光磊主编：《现代政府理论》，高等教育出版社 2006 年版，第 11 页。

服务倾斜。当然，政府职能重心的这一调整过程在不同的国家会有所不同，但总的变化趋势却是一致的，不同的只是调整的步伐和所需要的时间。

联系前文的分析过程不难看出，政府职能重心逐步向公共服务倾斜的演进过程实际上也就是其趋向于现代化和高级化的过程，期间与之相伴随的则是政府本身不断地向更高阶段的发展。当一个国家的政府有足够的能力，且职能重心已经定位于为社会成员提供公共服务的时候，这个政府就可以说已经迈入了服务型政府的阶段。可见，服务型政府本身就是政府发展的一个特定阶段，具有政府发展的基本特点，同样也如同其他历史阶段的政府发展一样，要受到一系列外在和内在条件的制约。

（三）服务型政府建设要受到一系列条件的限制

作为政府发展的一个全新模式，服务型政府这一概念自20世纪90年代以来开始被广泛提及。特别是在2002年以后，国内有关服务型政府的著述开始大量出现。然而，在这一股研究热潮中却鲜少有人就服务型政府建设所需要的基本条件做严谨和深入的探讨。例如，一些学者对服务型政府建设的研究，似乎是建立在中国目前的政治、经济、文化、法制条件已经完全具备的前提之上[①]。而在一些官员那里，构建服务型政府则似乎不过是一个不证自明的政治口号，有个三五年的时间就足够了[②]。

事实上，服务型政府作为中国政府发展的主要目标，如同历史上每次政府的重要变革和发展一样，都是建立在一系列前提条件基础之上的。这些前提条件既是引发政府发展迈向服务型政府的主要诱因，也是推动服务型政府建设的基本动力资源。具体而言，服务型政府建设的前提条件可以大致概括为两个方面，即“两个平台”和“四个支柱”。具体而言，“两个平台”是指特定国家的整体经济发展水平和政府管理水平；“四个支柱”则分别是指市场的发育程度、第三部门（社会力量）的全面成长、法治国家建设，以及社会各方面的理解和支持（积极而成熟的社会公众）。在上述前提条件中，经济发展水平、市场发育程度、社会力量的成长以及积极而成熟的公众属于政府系统之外的条件；而法治国家建

---

① 有学者认为，企业“不再需要政府对他们的指挥了，他们需要的是政府服务。政府已经基本结束了其主导经济建设和经济发展的地位和使命”（参见吴玉宗：《服务型政府：缘起和前景》，《社会科学研究》，2004年第3期）。

② 例如，南京市政府2005年就制定了关于服务型政府建设“一年构建框架，三年逐步完善，五年全面完成”的计划（参见戴维新：《南京建设公共服务型政府》，《决策与咨询》，2004年第11期）；重庆市政府在这方面的总体目标是，“一年重点突破，三年基本到位，五年逐步完善”（参见《重庆定建服务型政府目标，五年要见成效》，新华网重庆频道（http://www.cq.xinhuanet.com/2003-08/29/content_879443.htm），2003年08月29日）。

设、政府的思想准备和管理水平则显然属于政府系统内部条件。

二、两个平台：经济发展水平和政府管理水平

（一）经济发展水平对服务型政府建设的影响作用

“一切社会变迁和政治改革的终极原因，不应当在人们的头脑中，也不在人们对永恒的真理和正义的日益增进的认识中寻找，而应该在生产方式和交换方式的变更中寻找。”① 作为社会的核心管理系统，政府亦不是独立产生的，而是在一定的经济条件和要求下产生并服务于经济的发展。也就是说，经济发展是推动现代政府发展的决定性因素和根本性动力。正是经济的不断发展和进步，推动和决定着政府发展，“使适应刀耕火种的原始部落领导机构（虽然它并不是政府机构），一步一步进化到今天适应社会化大生产的现代政府机构。”②

经济发展程度对政府发展的根本性制约作用在现实层面的直接表现，就是经济的稳定增长为政府发展提供了切实稳定的物质基础。经济的稳定增长，必然导致经济生活的繁荣和综合国力的增强，同时有助于保障公民各项公共需求在事实上的实现，从而为政府的改革和发展提供稳定的基础。如果一个政府长期不能实现和满足公众的各种公共需要，难以想象这个社会的政治能够取得良性发展。这正如当代的许多发展中国家，尽管明文规定了公民享有大量的权利，如生存权、劳动权、受教育权等，但由于经济增长缓慢，政府不具备实施有关法规和政策的物质资源、人力资源和组织资源，公民权利的保障也就成为“空头支票”。

对于一个现代政府而言，是否已经建立起了由公共财政给予足够支持的、能够基本覆盖社会生活主要方面和全体居民的公共服务体系是判断其是否可以称之为服务型政府的基本依据。对于任何一个国家的政府而言，期待其较好地履行其公共服务职责，办好各类公共服务项目，雄厚的公共财政支持是最基本的前提性条件。而在强大和健康的公共财政背后，则必然是一个国家较高的经济发展水平。说到底，经济发展水平对于公共服务体系建设和完善的影响是根本性的。也正是因为如此，目前真正能够称得上是服务型政府典范的国家还很少。至于发展中国家，现阶段很难说有哪一个国家的政府可以被称之为服务型政府。

具体而言，一个国家的整体经济发展水平对公共服务体系建设的影响主要表现在以下几个方面：第一，经济发展水平在相当程度上决定了公共服务项目的完

---

① 《马克思恩格斯选集》（第 3 卷），人民出版社 1995 年版，第 617 ~ 618 页。

② 安卫华：《政府机构改革的动力体系探析》，载《南京社会科学》2000 年第 3 期。

整程度。在较低的经济发展水平下，公共服务体系通常只能包括一些最基本的公共服务项目。如果经济发展水平较高，则公共服务项目往往就会较多，并具有较高的系统性。第二，经济发展水平决定着公共服务的标准。只有较高的经济发展水平，才有可能保障高标准的公共服务。相反，如果经济发展水平较低，公共服务项目的供给标准就不大可能太高。第三，经济发展水平决定着公共服务的范围。一般情况下，如果经济发展水平较低，公共服务的覆盖范围就会相应较小；反之，则公共服务的覆盖范围和人群也会相应扩大。

在实践中，经济发展水平对于公共服务体系建设的根本性影响，表现为公共服务供给的范围和标准都会随着经济发展水平的变化而表现出阶段性的特征。这一点，不同时代政府职能的重心定位就是比较直接的体现。在不同的国家和历史时期，政府职能重心的演变在内容和主次先后方面有不同的表现，但无不呈现一种共同的趋势：即政治统治职能逐步减弱，社会管理职能日益增强①。具体而言，无论是中国还是西方国家，政府主要职能的演变基本都遵循了这样一条发展路径：在小农经济时代，与当时的经济发展水平相一致，各级政府的最主要任务在于维持政治统治的同时尽可能多地汲取社会资源，公共服务职责则被普遍置于极为次要的位置。进入近代社会以后，随着社会经济的发展，政府职能随之得到了扩展，促进经济发展遂成为其施政的一个主要目的；当历史演进到现代社会以后，伴随着生产力的突飞猛进，特别是市场经济的发展导致社会复杂性不断增加，使得公共服务在范围和数量上都呈现持续扩张的基本发展态势。在这种时代背景下，履行政府的公共服务职责，进而为国民提供质量更好的生活、生产环境开始逐步成为现代政府的最主要特征。

近几个世纪以来，当中国社会处于发展停滞时，西方国家却迅速通过工业革命进入了现代社会。社会的进步，市场经济的发展，使民主与法制在这些国家都日趋成熟和完善。西方国家地方政府在职能发展上发生了根本性的变化：不仅比中国更早地走完上述过程，而且进一步向服务优质化发展，使地方政府成为服务型政府已接近现实，或已成为这些国家地方政府发展的基本目标。

经过改革开放以来三十年的持续高速发展，中国的经济发展程度在整体上已经得到了极大的提高。但是客观地分析会发现，中国目前总体上仍处在工业化进程之中，特别是对比那些已经基本建成服务型政府的西方典型国家，中国的差距是实实在在的。就此而言，中国的服务型政府建设不能以西方典型国家作为现阶段的基本模板，合理的步调只能是一步一个脚印的逐步推进，任何罔顾实际经济

① 关于各级政府职能的演变过程，这里参考了徐勇等人的相关研究成果（参见徐勇、高秉雄主编：《地方政府学》，高等教育出版社 2005 年版，第 111 页）。

发展水平的观点和做法都是缺乏合理性的，其结果只能是损害服务型政府建设的健康推进。

（二）政府管理水平对服务型政府建设的影响作用

简单地说，服务型政府建设对于政府本身而言，最主要的就是提高服务能力。具体而言，主要表现在两个层面：一是政府提供公共服务的物质能力，即政府有没有足够的财力支撑起公共服务体系的构建和有效运转；二是政府提供公共服务的技术能力，即政府能否在向全体社会成员提供公共服务的过程中，保持必要的效率。如前文所述，政府提供公共服务的物质能力根本上要受到特定国家和历史时期经济整体发展水平的制约。而对于政府提供公共服务的技术能力，则主要受制于政府的管理水平，有待于政府服务意识的大幅度提升和管理理念的全面革新。管理作为人类社会活动的重要组成部分，任何时候都需要某种公共权威的管理以协调个人活动，配置资源，进而在维护社会公正和秩序的基础上提供服务。同样的道理，政府的公共服务在很大程度上亦是以规范的政府管理为基础来安排和进行的。从另一个角度来看，现代政府的管理本身就意味着一种服务，“管理”之中有“服务”，“服务”之中有“管理”；而且，政府对某些人提供的“服务”可能同时变成对其他人的“管理”。如保护环境的服务就意味着对造成污染的企业的管理，健康服务就意味着对食品药品的管理。“不难发现在政府的许多规划中，服务和管制皆互为一体。”① 从西方典型国家的经验来看，构建服务型政府对政府管理水平的要求表现在多个方面，概括而言，这些要求可以被归纳为以下几个方面：

第一，各级政府间合理、明晰的公共服务职责配置是建设服务型政府的基本前提。在成熟的市场经济国家，政府的公共服务职责基本上都是以各级政府分工协作的形式共同完成的。合理划分各级政府的公共服务职责，是建立现代公共服务体系的基本前提。原因主要有两个：首先，一级政府必然要具有相应的公共职责配置，否则就无法说明其存在的合理性和合法性；其次，根据管辖范围、公共产品属性的不同以及对政府职责范围的界定，在各级政府间科学、合理地划分公共服务职责，使财政分配关系建立在责权利相结合的基础之上，是现代公共财政顺利运转的逻辑起点和必要保证。随着社会经济的持续高速发展，中国各级政府越来越重视公共服务职责的有效履行。但是，对于合理地划分各级政府的公共服务职责这一建立公共服务体系的基本前提，目前并没有得到较好的解决。典型的

① ［美］罗森布鲁姆等：《公共行政学：管理、政治和法律的途径》（第五版），张成福等校译，中国人民大学出版社2002年版，第15页。

表现就是“职责同构”仍是当前中国纵向间政府职责配置的基本特点。在“职责同构”式的政府公共服务职责配置模式下，很容易出现的一种状况就是中央政府决策，地方政府执行；成绩是中央的，而失误则是地方的。这显然不利于调动地方政府有效提供公共服务的积极性。

第二，一支服务意识浓厚、精干高效的公务员队伍是建设服务型政府的人力保障。作为政府职责的具体执行者，公务员的素质和能力对于政府的管理水平和工作效率具有最直接的影响。服务型政府建设意味着政府施政理念的全面革新，这就对公务员的素质和能力提出了新的更高的要求。

首先，服务型政府建设需要公务员具备相应的服务意识。在现实政治生活中，重要的变革往往都是从理念层面开始的。同样，在确立了服务型政府建设的基本施政目标以后，首先就需要在政府及其公务员中树立其服务意识。特别是对于中国这样的发展中国家，在“官本位”意识依然顽固，且公共财力还不具备一步到位地构建服务型政府的情况下，着力提升公务员的服务意识可以在一定程度上起到“条件不够态度补”的效果。这样做，不仅有助于化解政府财力相对不济带来的服务缺位，而且有助于消除社会矛盾，增强公众对政府的信任和理解。具体来看，公务员的服务意识体现在多个方面，即公共利益至上的理念、强烈的平等意识、合作意识、责任意识、为民奉献的事业心以及与民为善的工作态度等①。

其次，服务型政府建设离不开一支精干高效的公务员队伍。在政府发展趋向于服务型政府的过程中，通常会伴随着对公务员结构和规模的调整。一方面，在公共服务职责权重逐步增加的情况下，原有的公务员组成结构需要随之进行必要的调整，扩充从事组织和提供公共服务的公务员。在这一过程中，从事公共服务的公务员数量占全部公务员的比重必然会随之上升。另一方面，从政府职能演进的基本轨迹来看，政府所承担的职责总体上处于不断扩张的过程之中。服务型政府作为发展模式的高级阶段，意味着政府将更加重视履行其公共服务职责，在这种情况下政府工作的总量必然会随之大规模增加。

第三，服务型政府要求明确的服务标准。简单地说，服务标准的明确化就是要求政府各类施政行为的组成要素及其要求在合理化的基础上给予明确定型，确立出标准，使每一类事项、每一种方法、每一个过程都按照一定的标准和规格进行操作。只有政府制定出明确的服务标准，才能确保公务员的行为规范化。相反，如果缺乏标准的约束，势必会造成公务员行为的随意化，甚至因此滋生腐

① 彭向刚：《论服务型政府的服务精神》，《社会科学战线》，2007 年第 3 期；王洪杰：《论服务型政府的服务精神之内涵》，载《云南行政学院学报》2007 年第 3 期。

败。这种情况下，既不利于公众对政府和公务员的监督，也难以形成简洁的服务流程，更谈不上培养服务意识。具体来说，服务标准化包括以下几个方面的内容：一是内容上的标准化。包括一项事务应包括哪些方面，哪些要件，需具备哪些充分条件、手续等；二是过程上的标准化。包括办理某些事务的具体流程、前后顺序、衔接关系等；三是时间上的标准化。这主要是指办理任何事项都应设定一个时间要求，既要有一个总体要求，又要有在每一个环节上的具体要求；四是在某些特殊事项上，要做到因地制宜，设定有针对性的特殊标准①。

近年来，各级政府在推进服务标准化方面取得了明显的进展。特别是北京、上海、成都、天津、杭州等大城市，更是令人欣喜。但不得不正视的是，标准化工作是一项细致复杂的系统工程，需要持续地进行改革完善，各项行为标准需要不断补充修订，甚至重新制定，正因为如此，现阶段各级政府（尤其是基层政府）服务标准化的推进程度很难说能够与建设服务型政府的总体要求相匹配。上述现状也是造成公务员行为失范和服务意识缺失的基本原因。总之，在推进服务标准化方面，还有很长的路要走。

第四，服务型政府建设要求强化服务程序建设。服务程序是公众对于政府服务质量和效率的直观感受。对于政府而言，如果在具体运作环节和流程上缺乏系统、有效的制约，一旦哪个工作环节出现问题，那么整个工作流程就会出现故障，甚至导致工作失误。因此从一定意义上讲，政府工作效率和工作质量的提高都需要建立在流程优化的基础之上，没有规范的流程，就很难真正做到公共部门的便民高效和廉洁透明。建设服务型政府必须使政府工作流程规范化、程序化、制度化。而要做到这一点，就要求政府须明确各处室的职能和岗位职责，实施每个岗位的职位代理制度，使处室间的权限更加清晰，工作标准更加明确，将一些具体的常态性工作，落实到具体的处室和个人，有效减少相互扯皮和工作脱节的现象。同时，按照“减少环节、简便高效、操作性强”的原则对主要的业务工作逐一优化再造，删除无效环节，识别影响工作质量的关键环节，设置监控人和监控内容等。必要时可以考虑制定《作业指导书》、《工作流程图》等，以此固化每一项工作业务，即使新手也能照章行事，不至于工作走样②。此外，标准化的工作流程还要求各处室对每一流程都要有详细记录，便于日后的检查，这不仅有利于规避风险，也有利于增强工作人员的责任心。

综合前文所述，服务程序对于服务型政府建设在技术上有重要的意义，如果政府各部门缺乏规范的管理和服务，无法把各项工作和行为要求纳入规范化和制

① 许淑萍：《发展电子政务与规范行政行为》，载《黑龙江社会科学》2003 年第 5 期。

② 衡霞：《服务型公共部门规范化建设的载体选择——公共部门引进 ISO9001 标准的实践与理论思考》，载《成都行政学院学报》2006 年第 6 期。

度化的框架内，政府的工作就难以做到和谐、有序、高效的运转。但就中国目前的整体情况而言，各级政府的工作和服务程序基本上仍然是按照传统的方式进行构建的。传统的服务程序一般按职能划分，人员分配分散在多个部门，从而使得服务程序中很容易出现较多无谓的交接环节，业务流程分散复杂，得不到全程控制。由于政府工作中不必要的无效环节太多，每一过程不能做到环环相扣，政府工作无法实现简便高效、操作性强的目标，很难让公众满意。在这种情况下，有时为了完成一个审批程序，也不得不消耗大量的人力、物力、财力，奔走于各个职能部门之间。也正是由于工作程序的不规范，公务员也不大可能在这样的情况下形成积极主动的服务意识。因此，在推进服务型政府建设的过程中，中国各级政府的服务程序还需要进行大范围的革新。当然，这同样需要一定的时间。

第五，服务型政府建设需要增强政府施政的透明度。透明是服务型政府必须选择的行为方式。所谓透明，也就是实行政务公开，接受社会监督。因为服务型政府的服务对象是全社会公众，其服务是否公平、公正，必须让公众来检验。在这一意义上来说，透明理应是服务型政府的基本行为方式，政务公开是服务型政府的基本要求。政府的透明程度直接关系到政府决策的科学化和民主化，关系到公民的有序政治参与、公民对公务员的有效制约、政府自身的廉洁。一个公开透明的政府首先要求政府的各项政策措施，特别是与公众利益密切相关的行政事项，除涉及国家机密以外，都应向社会公开，给公众以更多的知情权和监督权，增强透明度和公众参与度。同时，在推进政务公开的过程中，让公众更广泛地参与社会管理，是保障政府公开透明的重要步骤。这就要求进一步完善决策机制，健全深入了解民情、充分反映民意、广泛集中民智、切实珍惜民力的决策机制；推进决策科学化、民主化，建立社情民意反映制度，建立与群众利益密切相关的重大事项社会公示制度和社会听证制度。

进入21世纪以来，面对非典疫情的严峻挑战和频发的各类安全事故，人们发现，只有政务公开透明才能切实实现政府与民心、民意、民情的联动。但就目前的整体情况而言，中国各级政府的行政方式相对还是比较封闭，很大程度上仍然靠内部规定、会议进行运作，政务公开的力度不大，内容和范围不广，“暗箱”操作的现象还大量存在。建设“阳光政府”，就必须解决好这些问题。

第六，建设服务型政府需要政府有能力、有毅力进行持续的服务供给模式创新。创新公共服务和社会管理方式，是建设服务型政府的关键环节。自20世纪70年代开始，在“福利危机”的冲击下，西方国家通过持续的公共服务供给形式创新，从而在较大程度上降低了政府供给公共品和公共服务的成本，提高了供给效率。具体措施方面，西方国家普遍是通过在公共部门引入市场机制，在公、私人部门之间、公共部门机构之间展开竞争，以提高公共物品和公共服务供给的效率。从中国来看，现阶段各级政府对社会事务的管理方式还在相当程度上沿袭计划体制时期的命令式、单一式的管理方式，事业单位长期垄断经营着社会公共服务行业，相互间缺乏竞争，服务质量普遍不高。更为关键的是，长期以来，地方政府垄断对公共事务的管理，在社会事务管理中排斥竞争机制，没有充分考虑公众的多样化需求，造成公共服务质量差、效率低，公众不满意。因此，地方政府在公用事业方面可以借鉴西方国家的一些做法，引入市场机制，比如，许可证、执照的发放可以采用拍卖的方法；政府采购可以通过招标方式购买；公共工程可承包给私人公司；同一种公共产品或服务尽可能由几个机构同时提供；等等。实际上，近年来各级政府在提供社会服务的某些部门、领域或方面已开始在尝试利用市场机制，并在服务质量和效率有了明显改进。

综合前文的分析过程，政府管理水平对服务型政府建设具有非常明显的制约作用，高水平的政府管理是提高公共服务效能的基本技术保障。这就要求各级政府持续的创新公共服务供给方式，拓宽服务领域，提高行政效能，改进服务质量。在古代中国，特别是在进入帝国时代以后，由于王朝自身在合法性资源上的严重缺失，政权总是显得不够稳固，这就使得历代王朝都不得不在如何巩固统治的问题上大做文章，竭尽所能地加强王权专制力量，以求全面控制帝国官僚体系。但在空前重视统治的同时，政府的公共管理职能却被有意无意地放在了相对次要的位置。典型的表现就是：中国历史上在政治统治方面所积累的经验之丰富在世界上是罕见的，但在政府管理方面却未能为后世积攒多少历史遗产①。实践中，则表现为政治与管理不分，用统治代替管理。

新中国成立后相当长的时期内，中国都处于“大政府，小社会”的基本模式之下，政府承担着广泛的“统治”职能和“管理”职能。改革开放以来，形成了一些新的特点：从统治的角度看，中国在政治上依然相当集中；但从管理的角度看，现在已经是相当的分散和灵活。在常态情况下，政府管理，尤其是地方政府的具体管理活动，“统治”方面的功能即使没有完全消失，也确实比较少了。然而不能忽视的是，历史发展中的惯性作用是巨大的：中国历来重统治、轻管理，政治与管理不分，用统治的思维方式审视社会管理问题的传统在现实政治生活中仍然具有较为明显的影响。例如，在处理纵向间政府关系的问题上，特别是中央与省级政府的关系中，中央政府在政治上依然相当集中，抓得很紧，但在管理上却已经相当分散。关于这一点，具体的事例很多，比如，在中央政府对地方政府的控制机制中，目前仍更多地依赖于直接的人事任命和行政监督等传统方式，而非目前西方典型国家普遍采取的财政控制和法律规制；又如，只要不涉及

① 刘泽华：《中国传统政治思想反思》，三联书店出版社1987年版，第226页。

"政治问题"，地方政府对中央政府便往往具有较大的讨价还价能力，以至于"文件出不了中南海"。在这种基本状态下，中国各级政府，特别是地方政府，在公共管理技能和理念层面的不足仍然是十分明显的。因此，如果在政府发展轨迹和模式方面直接比照西方典型国家公共行政的范式，一味追求政府行为方式的完全转变，单纯强调以服务为中心，虽然不无不可，但显然有所超前。

三、四个支柱：市场、第三部门、法治国家与积极成熟的公众

服务型政府建设需要一个高度现代化的社会，而一个高度现代化的社会是由市场发育的现代化、社会结构的现代化①、法律规范的现代化及政府自身的现代化所共同支撑的，且它们之间有着互为支持的密切关系。如果说市场经济的高度发达是服务型政府建设制度基础，那么社会结构的多元化就是构建这一政府模式的社会基础，高度的法治化则就是其制度法律保证。从这一意义上来说，高度发育的市场经济、发达的第三部门、法治政府和积极而成熟的公众，就成为特定国家建设服务型政府的基本要件。

（一）市场发育程度

通常而言，在市场发育程度越高的国家，社会的公共需求就会越大，政府越不倾向于干涉具体的微观经济生活，而是主要提供公共服务，从而为公共财政的建立创造了必不可少的外部条件。在这种情况下，政府往往会被要求解除对某些行业和领域垄断的呼声所推动，从而促使政府不断转变职能、优化自身的组织和人员机构。同时，发达的市场体系也会促使这些国家的地方政府借鉴市场竞争的方式，提高公共服务供给效能，进而更为有效地提供公共产品和公共服务。除此之外，较高的市场发育也为塑造独立的人格、培育市民社会创造了条件，从而迫使地方政府不能无视民间力量和社会中介组织的存在，进而把某些原属地方政府的公共事务和公共管理转让给企业组织和私人承担，而这又在客观上为地方政府发展提供了新的动力。

但是在市场发育程度较低、经济不发达的国家，政府发展往往会面临外部缺乏压力和内部动力不足的双重问题。较低的市场发育水平往往要求地方政府在某种程度上扮演"拐杖"的角色②，也即政府习惯性地介入微观经济领域，甚至直

① "社会结构的现代化"主要表现为第三部门的成长壮大以及公民公共精神的培养。

② 曹沛霖：《政府与市场》，浙江人民出版社 1998 年版，导论部分第 39 页。

接介入企业经营，期望直接推动经济发展。这里需要指出的是，政府职能在经济活动中的越位，往往是与公共服务中的缺位相联系的。正是由于政府将多数精力和财力都投入到了具体的经济活动中，必然导致其在公共服务的供给上出现财力的普遍匮乏，公共财政构建也就无从谈起。

现阶段的中国还只是一个发展中国家，仍处在工业化进程之中，一半以上的人口和劳动力仍在农业领域，同时面临着信息化的机遇和竞争压力，即所谓现代化与后现代化进程接踵而至，以至于不得不同时推进。在这种情况下，市场发育不能不受到工业化水平的制约，政府在积极培育市场、加速工业化进程并"以信息化带动工业化"等方面承担着双重任务，这与发达的工业化国家有着显著差别。改革开放以来，各级政府初步摒弃了计划经济时期政府无所不管的做法，在推动经济发展中发挥了积极的作用，但就全国的整体情况而言，地方政府在微观经济活动中依然介入过多，政府对经济的直接影响过大，政府主导型的经济发展模式仍然十分普遍。所以说，尽管经济转轨取得了重大进展，但这一进程尚未真正完成，整体的市场发育程度仍有待较大幅度的提高。

（二）第三部门的成长

服务型政府建设应是一个多方互动的进程。这主要是由于政府受各方面条件的限制，通常很难充分和高效地提供公众所需的、偏好差异明显的所有公共服务。从西方典型国家的经验来看，各类第三部门是政府完成公共服务职责不可或缺的宝贵资源①。在服务型政府建设过程中，政府不但应根据自身能力的限度提供力所能及且适合提供的公共服务，同时还应动员、组织、协调、激励各种社会力量协助提供公共服务，从而在政府之外形成一个相对稳定和可靠的公共服务供给主体。

理论上讲，第三部门在公共服务供给中的特殊作用主要体现为四个方面：第一，第三部门组织具有自发性，这使其容易发动、行动迅速、方式灵活，在遇到紧急援助的需要时能够在第一时间做出迅速的反应。第二，第三部门组织普遍所具有的公益性和非营利性，这使其更少受到利益计算的影响，在缺乏充分资源的情况下，有可能从社会道义出发去提供各种形式的非营利性服务。第三，第三部门组织专业广泛，参加者根据相同的兴趣爱好或专业而组合在一起，这使它们在需要时能够从各自的专业或特长出发，提供多样化的公共服务。第四，相当多的第三部门组织具有草根性，能够直接了解基层的实际情况，这使它们能够提供广

① ［美］莱斯特·M·萨拉蒙：《公共服务中的伙伴——现代福利国家中政府与非营利组织的关系》，田凯译，商务印书馆2008年版。

泛和及时的信息，一方面帮助政府了解不断变化的实际公共需求，另一方面也可以对公共服务的效果提供更切合实际的监督和评估。上述特点使各类第三部门组织能够很好地弥补政府组织和企业组织在提供公共服务方面的不足，在公共服务方面发挥特殊的作用①。

改革开放以来，中国已经生成了一批第三部门性质的组织，虽然它们远未达到成熟的程度，但作为产生并存在于现代社会的一种组织形态，已经开始发挥作用和影响。已有研究也表明，在扶贫、救助、咨询、社区互助、环保等领域，各类具有第三部门性质的组织确实发挥了一定的作用，有的还引起了相当广泛的关注②。就近而言，在汶川大地震的救灾过程中，第三部门组织就发挥了重要的积极作用，并受到广泛的重视和赞誉。然而，正是这些现象导致有人过高地估计了第三部门的能力，从而认为在当前服务型政府建设中，政府应该将大量的服务职能转移到社会，逐步实现公共服务的社会化。作为一种思路和趋势，这种设想是可以肯定的，但就当前的现实来看，它又过于简单和理想化。因为限于当前中国的总体发展阶段和改革路径，以及自身存在的诸多问题，现阶段第三部门在公共服务供给中的作用都是有限的。过高地估计第三部门的能力，期望第三部门在短期内替代政府履行重要的公共服务职责，有揠苗助长之嫌。

（三）法治政府

有效推进服务型政府建设，需要建立在良好、稳定的整体制度环境基础之上。期待构建起这样一种制度环境，离不开完备且富有权威性的法律体系。相对于立法权和司法权，行政权通常都是最具扩张性的，最难驾驭的权力。特别是在现代政府管理体制下，政府通常要处理大量纷繁复杂的社会事务，因此只有拥有广泛的自由裁量权，才能应对突发的危机或复杂的社会问题。但也正是由于政府权力运行的应急性、广泛性和灵活性等特征，随之产生了行政权的运行可能成为公民权利、社会权利的威胁力量，甚至导致国家权力结构的失衡。政府规制不断增长的范围增加了行政权力被滥用的可能性，尤其是赋予了授权立法和不断增长的行政或完善性的规则的现代现象③。在如此语境下，依法治国，规范和制约政府的行政行为就显得尤其重要，对行政权的控制亦成为现代法治的基本精神。

总的来说，依法治理要求建构既能确保政府依法行政又能使政府有足够的应

---

① 常健等：《从“5·12”抗震看公共服务型政府与公民社会的协同合作》，载《福建师范大学学报》（哲学社会科学版）2009年第3期。

② 王名：《非营利组织管理概论》，中国人民大学出版社2002年版，第6~8页。

③ Christian Hunold, Pluralism, and Democracy: Toward a Deliberative Theory of Bureaucratic Accountability, *Governance*, 2001 (14), P. 151.

对社会问题能力的机制。具体而言，法治政府的根本要求有三个方面：一是对公民基本权利的承认和保护；二是政府要严格依据宪法和法律活动，权力的行使要严格遵循宪法和法律的约束；三是政府要严格贯彻法律至上和法律面前人人平等原则，切实做到依法行政。各级政府及其公务人员都要按照依法行政、程序正当、高效便民、诚实守信的要求，规范行政行为，提高行政效能，防止权力滥用。此外，行政权力必须置于社会监督之下，建立在民主意志之上，才能使之保持公正有效。为此，必须完善公共权力监督机制，防范由于监督失效而导致的寻租行为带来的腐败现象、资源浪费和管理低效的状况。

在推进法治国家建设的过程中，对法律的政治定位偏低，是目前中国存在的一个关键问题。在这方面，法律的稳定性不够，就是一个突出例证。也正是由于对法律的政治定位缺乏正确理解，从而使地方政府管理屡屡出现违背法治原则和“立法容易执法难”等问题。说到底，宪法和法律的权威，关键在于政府能否以身作则去遵守和服从，而不是片面强调公民义务本位，更不能“随心所欲”利用公共权力对法律和制度“朝令夕改”。如果有法不依、执法不严、违法不究，尤其是“当服从法律所带来的结果（收益）看来还不如忽视法律所发生的成本时，这个法律就会被忽略”①。此时，不仅“法律至上”的尊严难以维护，政府的权威也会逐渐荡然无存，法治政府便失去了其原有之意。

（四）积极而成熟的公众

就公民这一概念而言，主要存在两种观点，即“积极公民”和“消极公民”。“积极公民”认为公民资格就是一种生活方式，这种生活方式包含着一种对共同体及其成员的承诺，包含着对公共事务的一种积极参与，并且包含着一种将个体利益置于更广泛的公共利益之下的意愿。在广泛参与公共事务的过程中，社会公众通过协商、对话、争辩和妥协等形式实现了对自我利益的超越，并逐步形成了公共精神。在这里，“公民既处于支配地位又受到他人的支配，当每一个决定者都尊重别人的权威时，公民就彼此一起参与决策，并且他们都共同服从他们所做出的那些决策”②。与“积极公民”相对应的是“消极公民”。“消极公民”是一种以个人主义的权利保障为目的的政治哲学，是一种以自我为中心来理解社会或个人行为之意义的公民观。在这种观点下，公民被排除在政治之外，退守到那些诸如人的财产、生命、自由、言论、结社等属于私域的权利范围；在

① ［美］罗森：《财政学》（第四版），平新乔译，中国人民大学出版社2000年版，第133页。

② J. G. A. Pococ. *The Ideal of Citizen - ship Since Classical Times.* In Theorizing Citi - zenship. ed. Ronald Beiner. Albany. State University of New York Press. 1995, P. 31.

政治参与方面，则仅限于定期选举，而公共事务则由那些选举出来的代表自行做出决定，并自行判断其选民的利益是什么以及这些利益怎样才能最好地得以实现。在这种情况下，政治就更多地表现为一种少数人的活动领域，它主要涉及的是领袖、官员以及社会中其他权力持有者的活动。普通公民要么被拒之于参与之外，要么由于参与的政治功效感越来越低，使得公民产生一种对政治的冷漠而主动放弃参与，即使间或参与，其目的也是为了个人权利不受侵犯①。

很显然，“消极公民”不符合服务型政府的公民角色定位。建设服务型政府需要的是积极而成熟的公众。所谓积极，是指公民应积极参与社会公共事务，因为公民广泛、有序、高效的参与是政府履行公共服务职责的需要和保障。在社会领域，政府的职能主要体现为管理和服务，但最终要落实在“服务”上。从“服务”的性质来讲，它是一种被动的行为，是对合理需求的满足。没有公民的需求，就没有对人民需求的满足。服务型政府是以公民为本位的政府，而所谓“以公民为本位”指的就是政府一切工作都是以满足公民的利益为出发点和最终归宿。服务型政府的这样一种定位，就要求公民要积极参与对公共事务的治理，以使政府了解自己的需求，而不是仅仅作为政府服务的被动消费者，当公民置身于公共事务之外时，政府就很难了解到其真正需求。这样，政府所提供的服务即使再全心全意，也难免变为强制。

建设服务型政府，不仅需要积极的公众，也需要成熟的公民。具体来看，公众一方面需要认识到，随着政府公共服务的增加，通常意味着居民要缴纳更多的赋税。关于这一点，公众需要在心理上有所准备；另一方面，政府提供的很多服务往往需要居民的自觉配合，包括“自觉”支出一定的费用和提供一定的劳务。以日本为例，日本政府近几年开始为居民提供供垃圾分类和综合利用的服务，那么居民就要增加自费购买多种规格的专用垃圾袋和添置至少两种规格的垃圾箱，要自觉分装，要按时送到指定地点。如果没有居民的理解和自觉，上述服务就很难收到良好的效果。

长期以来，由于缺乏一种参与型的公民文化传统，致使等、靠、要的思想依然是现阶段多数国民的普遍心理特征，这已成为政府职能转变的一个“瓶颈”②。特别对于建设服务型政府所必然带来的税收增加等因素，不少群众缺乏必要的思想准备。在思想认识不足、缺少公民参与的情况下，服务型政府建设难以取得突破性的进展。

---

① 井敏：《服务型政府中的公民角色：积极公民而不是顾客》，载《湖北行政学院学报》2007年第4期。

② 迟福林：《公共服务制度改革与创新》，载《经济参考报》2004年5月9日。

第二节　推进服务型政府建设应坚持“留有余地”的原则

相对于国家的总体社会经济发展水平，公共服务体系建设如何在“超前”与“滞后”之间保持动态平衡，是各国政府都必须面对的重要课题。任何脱离国情，盲目照搬其他国家经验的做法，往往只能给社会经济的持续健康发展造成损害。

一、“福利刚性”要求公共服务体系建设循序渐进

简而言之，“福利刚性”原则就是指大多数人对自己既得的福利待遇具有只允许其上升、不能允许其下降的心理预期。正是由于社会福利的这种“刚性”特征，使得具有福利性质的公共服务，特别是社会保障制度缺乏弹性，一般情况下规模只能扩大不能缩小，项目只能增加不能减少，水平只能升高不能降低。“福利刚性”原则是在对西方国家，特别是北欧国家的相关福利政策进行归纳总结的基础上得出的一个基本经验。从北欧国家的相关社会福利政策来看，“社会福利”在这些国家的实践中通常被认为是包括各种社会保障项目、社会性津贴、公共设施和社会服务等在内的公共服务。所以就此来看，“福利刚性”原则中的“福利”显然是从广义的视角来认识和界定“社会福利”这一范畴的①。或者说，“福利刚性”原则中所指的“社会福利制度”正是公共服务体系建设的主要内容。进一步说，这一原则对相关政策所产生的影响效应同样适用于公共服务体系建设。

一个国家总体公共服务水平的理想状态，应该是与经济发展水平保持一致。说到底，经济发展水平是构建公共服务体系的基础性影响变量，政府财力则是其根本保障。人类社会的实践已经清楚地表明，经济发展水平及经济增长速度是一个国家构建社会福利制度的决定性变量，而如果社会福利的范围、内容和规模超过条件的允许，就会演变成经济发展的制约因素。但在“福利刚性”作用下，

① 由于各国福利政策与实践的不同，“社会福利”（Social Welfare）在各国亦有着不同的界定，这也使其内涵和外延至今难以被准确地界定。人们常常从不同的意义上使用“福利”一词，其涵盖的内容有宽有窄，存在广义和狭义之分。通常而言，广义的福利是指政府为了提高全体社会成员的物质与文化生活质量、增进国民整体福利水平而提供的各种津贴补助、公共基础设施和社会服务。具体的内容包括各种文化教育、公共卫生、公共娱乐、市政建设、家庭补充津贴、教育津贴、住宅津贴等。参见史柏年主编：《社会保障概论》，高等教育出版社2004年版，第195页。

公众对社会福利的需求总是等于甚至大于经济增长速度，因此任何一项旨在降低时下社会福利水平的政策，往往都会面临巨大的社会压力，甚至是政治风险。在这种情况下，社会福利制度本身显得非常缺乏弹性，往往是一旦将福利水平提升到某个层次以后，就很难再根据经济形势和政府财力的变化做出向下方的调整。然而对于一个国家而言，经济发展的波动不可避免。一旦增长速度放缓，劳动者收入减少，支撑社会福利事业的基金和税收就会减少，整个国家的福利事业将会陷入窘境。其结果是使社会保障和社会福利开支脱离国民经济发展的现实，最终使得财政不堪重负。正是基于社会福利制度的这一基本运行趋势，在建立公共服务体系的过程中，应在制度设计上作必要的准备，以应对经济形势的变化，特别可能出现的经济萧条和长期疲软。

正是由于考虑到“福利刚性”作用下公众普遍的心理预期，各国政府在社会福利制度方面的改革通常都十分审慎，改革措施往往以不降低现有社会保障水平、尽量实现社会福利最大化为前提。这方面的相关实例很多，例如，20 世纪 90 年代克林顿上台伊始，曾经试图构建全民医疗保险制度，最终却因为政治代价高昂而未获国会通过。

“福利刚性”原则对于中国健康推进服务型政府建设无疑有着重要的参考价值。作为发展中国家，虽然经济增长速度较快，但现阶段实际可用于发展社会福利事业的资金并不是很充足。因此，在构建和完善公共服务体系的过程中，一定要做到量力而行，避免理想化、高水平的“结果平等”。这就要求公共服务的范围、内容和规模都要适度，要留有余地，以便为日后的经济发展以及财力增长预留出必要的弹性空间。否则，一旦出现经济萧条，在“福利刚性”的作用下，公众对公共服务的需求又很难会因为经济状况的恶化而降低，从而导致公共政策骑虎难下。这种情况下，引发财政危机的可能性就会变得非常大。

二、公共服务水平可以适度滞后于经济发展水平

如前文所述，如何使公共服务水平与经济发展水平保持适度和动态的平衡，是每个国家都必然要面对的课题。总的来说，相对于经济发展的整体水平和增长速度，公共服务水平不能超前，但是可以、也应该适度地滞后。罔顾经济发展水平，盲目地进行“福利赶超”，显然是不可行的。在这方面，部分拉美国家的教训值得认真的总结。即使公共服务与经济发展水平平衡推进，也存在一定社会风险。因为经济发展毕竟具有较大的不确定性，特别是在全球化日益推进的今天，任何国家的经济发展都很难避免出现一定的波动，甚至是衰退。但在“福利刚性”的作用下，公共服务水平任何向下方向的调整往往都难免会面临重重压力，

以至于难以随着经济形势的变化而适时调整。

(一)"福利赶超"与"增长陷阱":部分拉美国家的教训

"拉美化"近年来一直是国内学术界讨论中经常出现的一个词语。简单地说,"拉美化"的实质就是指自20世纪80年代以来拉美国家普遍的经济增长停滞。从20世纪50年代到70年代末,巴西、阿根廷、智利、秘鲁等拉美国家经济增长迅速,经历了快速工业化、城市化和社会福利赶超发达国家的"黄金时代"。然而,自20世纪80年代起,拉美国家经济则出现负增长,财政赤字高企、债务危机频发,连续经历了两个"失去的十年"。直到90年代,多数拉美国家的经济增长仍然乏善可陈。

对于拉美国家经济社会发展面临的困境,研究者从不同的视角进行了大量的研究和解释。例如,有学者从历史制度因素进行解释,认为源于殖民时代遗留的制度体系不利于后来的增长[①];有学者从种族文化的视角加以解释,认为语言、民族的多样化构成了增长的障碍[②];也有学者侧重于政治因素加以解释,认为拉美国家频繁的政权更替导致的政局长期不稳定是其经济停滞的主要原因[③];也有学者认为国家发展战略失误,特别是选择和过度依赖于进口替代战略,应负主要的责任[④]。显然,造成拉美社会经济发展长时间停滞的原因是多方面和多层次的,上述解释也都有其合理性。但是除了上述常见的解释之外,部分国家受民粹主义主导,为了应对收入差距拉大的趋势,不顾自身收入水平和财政能力的制约,过早地照搬发达国家的社会福利制度,盲目实施"福利赶超",也是一个不容忽视的重要原因。在较大程度上可以说,社会福利制度在拉丁美洲一开始就是一种畸形的发展,其根本原因在于拉美国家在人均GDP没有达到应有水平的时候,就过早地试图建立起以欧洲大陆国家为模本的"普及性"福利体系,进而导致财政赤字激增、国内外债台高筑等严重问题,并随之引发高额通货膨胀、债务危机、金融危机[⑤](见表2-1)。

① Daron Acemoglu. Simon Johnson and James A. Robinson, The Colonial Origins of Comparative Development: An Empirical Investigation. *American Economic Review*, Vol. 91, No. 5, 2001, pp. 1369-1401.

② Alberto Alesina, and Eliana La Ferrara. Ethnic Diversity and Economic Performance. *NBER Working Paper Series*, No. 10313. Feb 2004, pp. 1-44.

③ Francisco Rodríguez, The Political Economy of Latin American Economic Growth. *World Bank's Global Development Network Research Project, Latin American and Caribbean Economic Association (LACEA)*, 2001.

④ 林毅夫、蔡昉、李周:《中国奇迹:发展战略和经济改革》,上海三联书店、上海人民出版社1994年版,第213页。

⑤ P. H. Lindert. Growing Public Social Spending and Economic Growth Since the Eighteenth Century. *New York: Cambridge University Press*, 2004, P. 133.

表 2-1 拉美国家部分年份社会福利支出占 GDP 比重

国家 \ 年份	1980	1990	1992	1994	1996	1998	2000
阿根廷	10	19.3	20.1	21.1	20.0	20.8	21.6
玻利维亚	3	…	…	12.4	14.6	16.3	17.9
巴西	5	18.1	17.7	19.3	17.3	19.3	18.8
智利	11	11.7	12.4	12.3	13.0	14.7	16.0
哥伦比亚	4	6.8	8.1	11.5	15.3	14.0	13.6
哥斯达黎加	9	15.6	15.2	15.8	16.8	16.4	18.2
多米尼加	2	4.3	5.9	6.1	6.0	6.6	7.6
厄瓜多尔	3	5.5	5.8	7.4	8.2	8.1	8.8
萨尔瓦多	2	—	3.1	3.4	3.8	4.1	4.2
危地马拉	—	3.4	4.1	4.1	4.3	6.0	6.2
洪都拉斯	3	7.9	8.1	7.8	7.2	7.5	10.0
墨西哥	3	6.5	8.1	8.8	8.5	9.2	9.8
尼加拉瓜	2	11.1	10.9	12.2	11.3	13.0	13.2
巴拿马	7	18.6	19.5	19.8	20.9	21.6	25.5
巴拉圭	2	3.1	6.2	7.0	8.0	8.5	8.5
秘鲁	3	4.0	5.3	6.7	7.1	7.7	8.0
乌拉圭	11	16.9	18.9	20.3	21.3	22.8	23.5
委内瑞拉	3	8.5	8.9	7.6	8.3	8.4	11.3
合计	4.9	10.1	10.9	11.7	12.1	12.8	13.8

资料来源：1980 年数据来自《国际经济与社会统计资料》（1950～1982）以及 Mesa－Lago（1991）；1990～2000 年数据来自 ECLAC，Social expenditure database。转引自樊纲、张晓晶：《“福利赶超”与“增长陷阱”：拉美的教训》，《管理世界》，2008 年第 9 期。

拉美国家之所以在没有经济基础支撑的情况下就试图对西方发达国家进行“福利赶超”，实际上与其一个世纪以来经久不衰的民粹主义传统有着密切的联系。自 20 世纪 30 年代直至今天，民粹主义在拉美仍然充满着活力和影响力，阿根廷的庇隆与委内瑞拉的查韦斯可以被看做拉美不同时期民粹主义的同义语①。

① 民粹主义一词的本义是指“迎合大众情感的政治主张”，其历史渊源是俄国 19 世纪 60～70 年代和美国 19 世纪末一些政党的政治主张，比如通过收入再分配来满足社会上一些人的要求。后来，这个词泛指那些为了拉选票而不顾国家的长远利益，简单迎合一些人经济、社会、政治方面短期利益的政治行为和政策主张。在现代政治经济学意义上，主要是指牺牲经济长期发展在短期内过度实行收入再分配和社会福利制度的一系列政治与政策主张。参见樊纲、张晓晶：《“福利赶超”与“增长陷阱”：拉美的教训》，载《管理世界》2008 年第 9 期。

总的来说，现代民粹主义的经济社会政策主张主要可以概括为以下几个方面：一是通过强制性的全员就业，实行就业保护；二是强制提高工资或实行补贴政策，大规模实施普惠制的社会福利制度；三是针对殖民主义和外国资本的“民族主义”，限制外资和外国企业的发展；四是推动国有化，或强烈地偏向公有企业，歧视私营企业；五是在通货膨胀发生时，用控制价格的办法干预经济，以保持名义工资水平①。

拉美各国所采取的民粹主义政策并不完全一致，在不同的阶段，政治家所迎合的“民众的诉求”也不尽相同。但是，拉美各国各种民粹主义政策中所共有的，也是一个核心的内容，就是试图通过政府主导的收入再分配和超出财政承受能力的补贴政策，模仿发达国家的社会福利制度和就业保障制度，以达到快速提高低收入群体的收入，快速缩小收入差距的目的，这无疑会大大增加政府的财政负担。

由于社会福利政策与经济增长发生了严重的脱节，拉美国家普遍大量增加的社会支出并没有获得预期效果②。与此同时，社会福利支出的迅速增加却引发了大规模的财政赤字和债务危机，并且成为经济增长停滞乃至倒退的重要诱因。民粹主义式的“福利赶超”虽然是从良好的愿望出发，却不可避免地走向了反面：最终使社会福利制度和经济增长双双掉入“陷阱”。由此可见，社会福利政策只有在适应本国经济发展水平和增长速度的前提下才能发挥其积极作用，忽视增长而强调提高民众福利的社会政策无异于空中楼阁。

（二）深陷福利泥潭：部分北欧国家的教训

福利国家通常是指那些通过立法建立起来的比较完善的公共服务体系，其核心是高度福利化、“从婴儿到摇篮”式的社会保障制度。第二次世界大战后至20世纪70年代初是北欧社会福利事业大发展的时期。在此期间，北欧经济已度过了复苏阶段。经济的高速增长为福利国家的完善提供了物质基础。这一时期，北欧各国在原有福利制度的基础上，在内容上不断进行扩充，形成了被称为社会民主主义体制的福利模式。该模式以普遍主义和社会平等观念为价值核心，具有高税收和高再分配效应等基本的制度特征③。总体而言，这段时间，北欧国家的高福利政策与其经济发展水平是相适应的，并且对于缓解社会矛盾、稳定社会秩

① Bela Greskovits. Demagogic Populism in Eastern Europe? . *Telos*, Vol. 102, Winter 1995, pp. 91 – 106.

② Nancy. Birdsall and Miguel. Szekely. Bootstraps Not Band – Aids: Poverty, Equity and Social Policy. *Center for Global Development Working Paper*, Vol. 24, Feb., 2003, pp. 49 – 73.

③ ［丹麦］考斯塔·艾斯平－安德森：《福利资本主义的三个世界》，郑秉文译，法律出版社2003年版，第30～31页。

序、促进经济持续发展起到了积极作用。北欧各国也因此被称为“西方世界的社会试验室”。然而，以1973年出现的石油危机为主要标志，西方世界发生了严重的经济衰退，北欧各国相继发生了严重的经济危机，进入了痛苦而漫长的经济滞涨时期。伴随着经济滞涨，北欧国家的福利政策普遍性地遭遇到了巨大的困难，纷纷陷入困境，并且给经济、社会以及政府发展带来了严重的后果。

首先，日益增多的福利支出使得财政赤字攀升、出现了巨大的财政“黑洞”。在70年代初期，北欧各国的经济增长基本上还可以保证社会福利水平的持续改善。然而随着石油危机的爆发，北欧各国的经济相继陷入困境。但由于“福利刚性”的作用使然，又不得不继续保持，甚至提高福利水平，财政面临的压力与危机则愈发沉重。例如在1988年，丹麦的净外债占到了其当年国民生产总值的40.2%，瑞典占23.0%，挪威占20.2%[①]。这使得北欧各国的经济状况更加恶化。

其次，沉重的福利负担使劳动力价格普遍偏高，竞争力下降，失业率居高不下。为了维持庞大的福利支出，福利国家普遍实行高额的累进税制，从而严重削弱了投资者的热情。为了降低成本，雇主通常会尽量减少雇佣人数。在就业机会减少的情况下，随之而来的就是失业保障费用的增加，这样便形成了失业保障与就业之间的恶性循环，导致失业率常年居高不下。1982年年底，欧共体国家的平均失业率已经达到了10%以上，而到了1995年，平均失业率更是超过了11%[②]。与此同时，政府福利支出的迅速增长使政府加大了预算，降低了政府刺激经济的回旋余地，也降低了国民财富中可用于投资的比重。严重的失业问题不仅使原本严峻的财政问题雪上加霜，更增加了社会和政治的不稳定因素。

再其次，高福利引起了社会公众“福利依赖”情绪的普遍滋生，产生了所谓的“福利病”。福利国家制度的确为人们提供了全方位的保障，降低了公众所面临的各种风险。但是，高福利承诺也助长了人们不劳而获或少劳多获的偷懒心理。由于过高的失业津贴和项目繁多的社会救助，造成了有些失业的人并不积极找工作，还有人自愿失业，而一些参加工作的人也以请病假等方式逃避工作。例如在瑞典，员工每年平均病休日就从1960年的12天增至1979年的23天，许多工厂企业的缺勤率常常高达20%以上[③]。这种高福利制度下形成的依赖福利而生活的“福利病”，也成为新自由主义者反对和攻击福利国家的主要借口[④]。

---

① 刘玉安：《北欧福利国家剖析》，山东大学出版社1995年版，第199页。

② 袁志刚：《失业经济学》，上海三联书店、上海人民出版社1997年版，第36～39页。

③ 赵立人、李憬渝：《各国经济福利制度》，四川人民出版社1986年版，第91页。

④ ［英］安东尼·吉登斯：《第三条道路：社会民主主义的复兴》，郑戈译，北京大学出版社2000年版，第14页。

最后，高福利政策在一定程度上也是造成行政机构臃肿、行政效率低下、官僚作风盛行的重要诱因。福利国家建立的主要目的是通过国家和政府纠正由于“市场失灵”而带来的问题与弊病，而扩大政府职能是实现这一目的的必要措施。随着福利制度的膨胀性发展，处理日常事务的行政人员和社会福利工作者日益增加，中央和地方福利机构庞大臃肿。而且，对制定福利政策和审核福利资格权力的控制增加了行政部门的官僚作风。由于行政机构的官僚作风和办事效率低下，其政策主张往往不能及时反映社会真正的需要，造成了限制人们消费自由的“被动福利”的产生和资源的浪费①。

以上的几种现象是20世纪70年代后欧洲福利国家所面临的共同的难题，这些问题互为因果，纵横交错，几乎使福利国家陷入了步履维艰，甚至难以为继的境地。对此，各个国家也进行了一系列的改革。然而从改革的力度来看，却是与面临的问题不相对称的。在北欧国家，在“福利刚性”的制度惯性作用下，长期以来高福利已成为整个社会的一种重要政治文化，得到了各政治派别和广大民众的认可和接受，任何改革的举措都要考虑到公众和利益集团的反应。虽然对于“福利危机”社会各阶层、各利益集团分别从各自利益出发，批评政府的社会福利政策。然而批评归批评，推行改革必然要损害部分人，甚至多数人的既得利益，这时政府得到的往往是更严厉的批评以及政治上的风险。正因为如此，各个政党和派别都不愿因为在此问题上有任何过激的举动，而在选举政治中失去选民的信任和支持。因此一定程度上甚至可以说，北欧福利国家已经全面滑入“福利陷阱”之中而不能自拔。上述教训值得其他国家，尤其是中国这样的社会福利体系还处于构建完善阶段的新兴国家进行认真的总结。

三、小结：适度和渐进地提升服务水平

完善公共服务体系、构建服务型政府是一项复杂的系统工程，有其内在的规律性，既要考虑“时间”、“空间”的协调性问题，又要根据政府的实际能力和财力，审慎安排不同时期的建设内容和建设重点。部分拉美和北欧国家的教训已经清楚地昭示：在完善公共服务体系、构建服务型政府的过程中，一定要做到从国情出发，量力而行，避免理想化、高水平的“结果平等”。对于中国现阶段的服务型政府建设，公众的期望值是比较高的，政府也承受了不小的压力。因为就目前的整体状况来说，中国整体的公共服务水准严重滞后于社会经济发展水平是客观事实。但即便如此，政府方面和社会大众都应保持冷静心态，稳步推进公共

① 王彩波、李艳霞：《西欧福利国家的理论演变与政策调整》，载《教学与研究》2003年第11期。

服务体系建设，尤其要注意避免政治性承诺或要求不适当地扩大化和零碎化，以免对经济发展和政府财力的持续增长构成不必要的社会压力。

在具体策略方面，应更多地本着“低水平、广覆盖”的原则，首先着力于完善基本公共服务体系，打造一个基本的社会安全网，提高整个社会的抗风险能力。当前的社会经济发展水平和财政状况决定了中国已经初步具备了逐步实现在全社会层面实现公共服务均等化的条件，但这并不意味着要实行的公共服务均等化是高水平、高层次的。中国毕竟还处于社会主义初级阶段，社会经济发展的同时所面临和需要解决的社会经济问题纷繁复杂，这都需要财力的支撑。因此，均等化要从低水平、广覆盖开始，也就是说立足于基本公共服务的均等化。低水平决定了实现城乡公共服务均等化的成本低，易操作，符合各级政府当前财力的要求，广覆盖决定了要保证均等化的效果，避免出现服务盲区。就二者的关系来讲，广覆盖是基础，低水平是保障，就目前的总体情况来看，只有要求低水平才有可能实现广覆盖。但低水平、广覆盖并非实现公共服务均等化的最终目标，公共服务均等化应当是我们长期坚持的一种理念。在低水平、广覆盖的基础上，随着社会经济的发展和政府财政实力的增强，再逐步提高城乡居民享受公共服务的质量和层次。

实际上，部分拉美和北欧国家的教训对于现阶段的中国并非危言耸听。近年来，无论是民间还是学术界，都存在一种片面强调“公平”的呼声，有些人甚至通过各种媒介喊出类似“不要 GDP，只要民生”的口号。如果说部分民众发出类似的声音，在一定程度上是可以理解的话，那么部分“专家”也提出类似的看法，则不得不让人怀疑是否存在哗众取宠的嫌疑。这里的道理很简单，没有 GDP，也就不可能有民生！课题组在调研中也发现，目前部分地区已经显现出了滑向福利陷阱的迹象。例如，地处西部的某特大城市，近几年的城镇低保覆盖率始终维持在 9% 左右的高位。甚至在一些情况下，城乡低保已经在事实上被政府用作安抚公众某些不满情绪的手段、安慰剂。课题组在调研中甚至发现，这一特大城市所辖的某县曾经有一年的城镇低保覆盖率达到了惊人的 48%。很显然，相对于自身整体的经济发展水平，较高的城镇低保覆盖率已对各级财政造成了较大的压力。针对上述情况，虽然案例城市的政府也出台了一些应对政策，努力降低城镇低保继续向福利陷阱滑落，如通过锁定基数的方式，用前三年的平均水平来确定有资格享受低保的人口，这些政策也取得了一些成效，2008 年的低保覆盖率就由此前的 9.8% 降低到了 9%。但是客观地说，仍显偏高。所以要避免城镇低保的福利陷阱化，仍然有许多工作需要去做。

第三节 坚持“均等化”与“差别性”的动态统一

中国的公共服务体系建设还处于起步阶段，目前面临的主要问题是如何推进基本公共服务的均等化，从而有效缩小阶层和城乡差距，维护社会稳定。但是，均等化是有限度的。比较合理的状态应是在尽可能推进基本公共服务均等化的基础上，保持必要的差别性，并在“均等化”与“差别性”之间保持动态平衡。

一、应充分认识均等化对市场效率的影响

人类社会追求经济效率的不竭动力来源于资源的有限性和竞争性。因为一定时期社会可利用的自然资源和社会资源总是有限的，所以期望利用有限的资源生产出更多的产品和服务，满足日益增长的社会需要，就必须实行资源优化配置。实践已经证明，市场经济是人类迄今所发现的最有效率的资源配置方式。在市场经济中，利润最大化原则是市场主体不断提高经济效率的内在动力。尽管随着社会的进步，一些企业开始承诺和履行一些社会责任，但这并不能取代利润最大化作为企业生产的根本目的和首要目标的地位。竞争推动效率，激烈的市场竞争是推动市场主体不断提高效率的外在压力。为了追逐利润和取得竞争优势，每个企业都会主动地采用新技术，招揽人才，加强管理，降低成本，提高劳动生产率，扩大市场份额和提高经济效益。可见，追逐利润的内在动力和市场竞争的外在压力，二者结合形成了市场主体孜孜不倦地提高经济效率的强大合力。因而，每个企业都讲求生产效率，每个单位都讲求工作效率，那么整个社会的经济效率就会得到极大的提高。从这个角度讲，经济效率必须依靠市场才能获得。也就是说，市场是效率的支撑点和增长点，离开了市场不可能顺利或有效解决效率问题。

实现基本公共服务供给的均等化，更多的是涉及了社会公平问题。也就是说，均等化与市场效率的关系，本质上还是公平与效率的关系问题。长期以来，公平和效率问题一直是经济发展和经济政策制定中所面临的主要难题之一。不仅在发展中国家，在发达国家也是如此。经济增长的初始条件和增长速度决定了一国实现公平的层次高低，而且还在很大程度上影响了本国在收入分配政策制定与实施中公平与效率的权衡与选择。从这个角度来讲，撇开经济增长状况，空谈一国收入分配的公平与效率是不可取的。而将经济增长和收入分配纳入一个分析框架，动态地分析其公平效率问题，则是一个更为合理的技术路线。

在推进基本公共服务均等化的过程中，也需要处理协调好公平与效率的关系问题。总体而言，政府在公共服务方面的投入与经济发展水平和速度应当适当，如果投入公共服务的资金比例过大，就可能会给国家带来巨大的财政负担，使经济失去活力。关于这一问题上，第二次世界大战以来部分西方国家的经验教训值得认真地借鉴。由于在第二次世界大战结束后普遍采取了“积极普遍型福利国家”模式，从而使得投入公共服务的资金比例普遍过大，财政负担过重，经济发展陷入滞涨。针对上述状况，西方国家开始反思公共服务的公平与经济发展的效率问题，改革公共服务模式，在保障基本公共服务的前提下，尽量减少政府在公共服务领域的支出，增加经济发展的资金比例。在具体的改革实践方面，从20世纪70年代末开始，多数国家公共服务体系建设的主体基调，已经逐步由追求“结果平等”的理想型模式纷纷转向更加切合实际的“公平和效率相结合”的模式。这一转变，主要源于“福利危机”所带来的冲击以及对公共服务体系建设的反思。这在一定程度上也是对以北欧国家为代表的“公平主导型”的公共服务模式的否定。

总而言之，在推进基本公共服务过程中，均等化的标准不能定得过高，否则就可能成为政府的财政负担，影响经济发展效率。特别不能因为急于求成而忽视均等化可能会对正常的市场效率所带来的影响，以及两者间的替代关系。政府应努力在以公平正义为基础的基本公共服务和社会经济发展效率之间找到最佳平衡，既保证社会的公平正义，解决公民的基本生活问题，又保障市场效率，实现经济又好又快发展。关于这一点，在思想上和相关制度安排上都应有所准备。

二、应充分认识区域差距对均等化的制约

在成熟的市场经济国家，政府的公共服务职责基本上都是以各级政府分工协作的形式共同完成的。也就是说，在各类公共服务中，有相当部分是由地方政府主要负责提供的。地方政府基本公共服务供给的数量和质量对于公共服务体系的完善程度尤为关键。然而，在一个国家内部，特别是那些国土广阔、人口众多的大国而言，各个区域之间在自然地理条件、经济发展水平等方面，都难免存在一定的差异和差距。进一步说，公共服务区域间差距的背后，是地区经济发展不平衡造成的基本公共服务供给能力的不同。就中国而言，东、中、西三大区域在自然条件、历史发展和当前发展中存在的差距，都有可能成为区域间公共服务供给不平衡的重要影响因素。

第一，不同的自然地理条件会影响公共服务的供给成本。就中国各区域的自然地理条件来看，相对于人口较稠密的平原地区，西部地区由于海拔普遍较高，

地形复杂，导致人居分散、交通不便，因而行政管理跨度和难度都相对更大，基础设施建设的成本也随之更高，且不宜于发挥公共服务供给的规模效益。"据测算，高寒地区同样质量要求的建设工程，其造价要比一般地区高出 20% 左右，另外还有相对高的运输成本。"①

第二，历史发展过程中所积累的区域发展不平衡同样会制约不同地区政府的公共服务供给能力。历史起点的高低使地方政府面临不同的发展基础，显然会制约地方政府的公共服务供给能力。历史上，中国西部地区的经济社会发展水平就普遍性地低于东部沿海地区和中部地区，中部地区的发展水平又低于东部沿海地区，这些都有可能成为三大区域经济社会进一步发展和公共服务服务供给不平衡的重要影响因素。

第三，改革开放以来三大区域在经济发展中的非均衡局面，则是造成目前区域间公共服务供给水平严重失衡的最主要原因。作为一个国土面积辽阔、人口数量异常庞大的超大国家，由于自然原因使然，中国长期以来一直存在比较明显的区域发展差距。新中国成立后，服务于国家的整体战略需要，区域发展差距曾一度有所缩小。但在改革开放以后，随着市场经济机制的引进和日渐成熟，区域差距又开始不断扩大。总体来看，目前东、中、西三大区域的发展差距主要体现在社会经济发展整体水平以及政府财力两个层面的差距。

在推动基本公共服务均等化的过程中，需要充分重视区域差距因素的客观制约作用。一般而言，一个国家各区域的公共服务水平存在较大的差距，显然是不合理的。但是从其他国家的经验来看，一个国家，尤其是对于那些存在明显地区差距的大国，追求绝对意义上的公共服务均等化是不现实的。中国东、中、西部在社会经济整体发展水平以及政府财力上的差距显而易见，是客观事实。现阶段所追求的基本公共服务均等化，最终目标当然是限制和缩小这种差距。但是从另一个层面来看，这种差距不大可能在短期内消除。如果一味地寄希望于通过政策手段消灭差距，不但不现实，而且有可能打击发达地区的积极性。因此，比较现实的做法应该是正视并在一定程度上容忍这种地区差距的存在。具体到政策层面，对于那些关系国计民生的、特别是应由中央政府承担重要支出责任的核心公共服务和基本公共服务，应积极地通过转移支付等政策手段，尽可能地缩小地区差距。对于更大范围和更高层次的公共服务，对于省级以下政府承担更有效率或效果更好的公共服务，则应该抱着类似于改革初期鼓励"一部分地区先富起来"的心态，积极推动相对发达地区的地方政府有更大作为。

---

① 王朝才、王继洲：《在建立规范的财政转移支付制度中扶持民族地方发展的措施研究》，载《经济研究参考》2004 年第 12 期。

三、应充分重视人口的城乡构成对均等化的制约作用

一个国家实现工业化的过程，也就是农业人口不断减少的过程。同样道理，中国社会整体实现现代化的关键之一，就是农村的现代化。改革以来发生的最令人欣喜的社会结构变化之一就是“中国农民”这个曾经是世界上最庞大、最保守的社会群体已经于20世纪末瓦解了。同世界上其他正在迈向工业化的国家一样，中国农民在社会总劳动力中所占的比例呈现不断下降的趋势，每年都有大批的农民跨出农门。截至1997年，其在全社会总就业人口中的比重已下降至49.9%，标志着中国历史性地跨出了农业国行列。其间，这一比重虽有所波折，但总体上仍呈现继续下降的发展态势。

在一个现代化程度较高的社会中，由于农业部门自身比较收益的不断下降及经营上的风险，使得农业劳动者的整体弱势地位几乎不可避免。目前，虽然中国农民的绝对数量已经有了较大幅度的减少，但对比同期第一产业在国内生产总值中所占的比重即可看出，其比重仍然是偏高的，明显呈现投入与产出的“倒挂”状态。例如2008年，第一产业从业人员占社会总劳动力的比重是39.6%，但创造的GDP却只占到总量的11.3%[①]，这种“倒挂”状态也正是农民在经济上处于绝对劣势地位的根本原因之所在。不仅如此，即便是对比同处发展中国家行列、经济发展水平与中国相当，甚至低于中国的一些国家，就会发现这一比重偏高也是一个不争的事实。伊朗、哈萨克斯坦、马来西亚、朝鲜、蒙古2001年农业从业人员占社会总劳动力的比重分别是25.9%、19.3%、17.0%、29.4%和23.6%，都远低于中国[②]。

可以预见的是，随着整个中国社会结构日趋合理化的分化、组合，农民的绝对数量及比重仍将继续下降。但同时必须认识到的是，农村庞大人口基数的存在，决定了这一过程将是十分漫长的。即使乐观地估计，未来二十多年中，中国仍可以保持目前城市化高速发展的态势，到21世纪30年代，仍会有数亿人口生活在农村。

在推动基本公共服务均等化的过程中，一个国家的城乡人口构成通常也会对其产生重要的影响作用。从西方典型国家所走过的路程来看，城乡公共服务供给差距的基本消除，有待于高度的城市化。在现代社会，第一产业本身较低的产出

---

① 《中国统计年鉴》(2009)，国家统计局网站（http://www.stats.gov.cn）。

② 联合国粮农组织数据，转引自陆学艺主编：《当代中国社会流动》，社会科学文献出版社2004年版，第338～339页。

和附加值决定了只有当农业人口降到一个相当低的比重时，政府才有可能通过横向转移支付等手段，切实实现城乡公共服务供给的基本均等化，中国也不大可能例外。"作为一个发展中国家，（中国）政府的财力不可能为总量和基数都如此庞大的农村人口，通过提供直接补贴的方式来保障其收入的较快增长。世界上也从来没有一个国家通过为半数以上的人口提供财政补贴的方式来保证这部分人收入较快增长的先例。"① 这一点，应当保持清醒的认识。

① 贺雪峰：《乡村研究的国情意识》，湖北人民出版社 2004 年版，第 108 页。

第三章

深度推进公共服务事业要求合理的政府定位

如何对政府的主要职能、政府运行的主要特征、政府建设的基本方向等进行定位，是中国在社会转型和发展的过程中所面临的最重要问题。倡导全面推进服务型政府建设，在本质上就是对这个政府发展方向的重新定位，就是对政府主要职能的调整方向、政府与市场关系调整的一次重新思考。大力推动公共服务事业的发展，需要调动多元社会主体的积极性，但政府需要在其中发挥主导作用，而且中国在传统上就是一个“较多依靠政府”的国家，改革开放的实践和现代化建设事业也是由执政党和政府倾力推动和全方位主导的。今天，在中国的民主和法制建设进程中，政府的作用固然需要受到限制，但是，在国家面临着的更为艰巨和复杂的现代化建设事业中，面对着日益复杂的国际局面的情况下，中国政府又不能不继续发挥重要作用。准确的做法是科学平衡二者之间的关系。综合这些因素来分析，全面、深入推动公共服务和社会管理事业的发展，还是需要一个既能够遵循国家发展、进步基本规律，又符合中国现实需要，与中国政治文化传统对接和符合中国社会运行特点的“有为政府”。

第一节 “有为政府”是公共服务事业中政府的基本定位

人类社会需要一个什么样的政府，也即“对政府的综合定位”问题，已成为一个永恒的话题；中国需要建设一个什么样的政府，也是改革以来中国理论界、政界中很多人一直在思考的一个关键性课题；今天，在实现政府职能转变和建设服务型政府的过程中，官方与民间就更加需要直面这一问题。在现阶段的中国，建设一个"有为政府"，是在总结主要理论观点，对照各种实践中的模式，并结合目前中国实际情况的基础上对政府的综合定位。

一、对政府的综合定位："我们需要什么样的政府"

"什么样的政府是好政府"，其实是一个很笼统的说法，实质上指的是对政府的综合定位问题。在学术界，关于这个课题的相关争论，主要是围绕着政府与市场、政府与社会的关系展开的，其核心是在强化市场运行、社会发展的地位和确定法律所允许的政府干预程度及方式之间寻求恰当的定位。不同的国家、不同的政治力量、不同的学者，对这种定位和平衡的理解肯定不同，但这无疑是一个非常重要，涉及一个国家政治发展的基本面，在政治上回避不开的课题。

在资本主义萌芽时期，重商主义强调政府应积极干预经济。这其中蕴含着一种早期的国家干预主义理论，反映的是早期资产阶级试图借助政权的力量规范市场经济运行，实现资本原始积累的愿望。随着资产阶级主导地位的确立和市场经济体制的逐步完善，以自由放任为核心的古典自由主义成为对政府的基本定位。他们主张政府实行"不干涉政策"，给予个人和企业最大限度的自由，政府的主要职责是最大限度地保障个人自由及私有财产权等。其代表人物亚当·斯密对政府职责有明确界定，"第一是保卫社会使之免受其他独立社会的暴行和侵犯的职责；第二是尽可能保护社会的每一个成员使之免受每一个其他成员的不公正行为或压迫的职责，或建立严格的司法行政的职责；第三是建设和维持某种公共工程和公共机构的职责。"① 萨伊认为，"一个仁慈的政府应该尽量减少干涉，政府只要管好国防、司法和公共事业就行了。"② 自由主义强调政府只要充当"守夜人"，"管得最少的政府是最好的政府"。

随着资本主义市场经济的发展，有些弊端在逐步显现，特别是1929～1933年经济危机的爆发，将市场机制的局限性充分暴露，自由放任政策面临现实的困境，于是凯恩斯主义诞生了。凯恩斯在"有效需求"的基础上论证了全面干预的合理性，主张政府应当积极干预经济，通过货币政策、财政政策等手段来调节

① ［英］亚当·斯密：《国民财富的性质和原因研究》（下卷），杨敬年译，陕西人民出版社2001年版，第753页。

② ［法］萨伊：《政治经济学概论》，陈福生、陈振骅译，商务印书馆1963年版，第199页。

经济生活，以此克服市场缺陷。政府的干预，为市场经济注入了新的动力，在一定程度上缓解了市场经济自身的矛盾，并促使最先发展起来的部分西方国家走上“福利国家”的道路。然而，随着20世纪70年代西方国家普遍出现“滞涨”现象，政府干预的效能也在下降，于是，主张减少政府干预和恢复自由市场的新自由主义成为主流理论。如弗里德曼在“保存自由”的名义下批判国家干预主义和福利国家，强调政府职责必须有限、政府干预必须减少。[①] 虽然，新自由主义虽然以批评国家干预为旗号，但他们与古典自由主义还是有所不同，他们对政府在一定范围内的职责是非常肯定的。其实古典自由主义就已经肯定了政府在“公共事业”等方面的职责，新自由主义从弥补古典自由主义和凯恩斯主义的弊端的角度，对政府角色有了更加清晰的认识。比如，在弗里德曼所列举的14项政府作用中，宏观调节、公共产品和服务占了相当的比重；[②] 即使是被认为是最保守的哈耶克也肯定“适度的政府活动”。[③] 在现代市场经济中，政府和市场都不完美，二者需要结合，这体现为斯蒂格利茨等人的温和的国家干预理论，强调政府和市场相结合的“混合经济”学说。

二、实践中政府定位的演变

在理论争论的同时，围绕着“什么样的政府”问题，不同时期、不同国家的实践也在从另一个侧面印证着争议的存在，即实践中不同政府的职责、角色有着显著差异。

传统上，政府在实践方面的差异，往往被概括为“小政府”和“大政府”。“小政府”，也称“有限政府”，主要与主张自由放任的自由主义相对应，特别是自由竞争资本主义阶段的“守夜人”政府。在古典自由主义理论指导下，当时主要资本主义国家的政府的任何超市场的指导和干预都被严格限制，政府几乎放弃大多数经济职能和相当一部分部分社会管理职能，其规模也降到较小程度。英国在“19世纪中叶时，政府的视野是很有限的，主要的兴趣就是外事活动和维护治安”[④]。在美国，直到19世纪中期前后，“除了授予建筑铁路用地，通过移民土地法，建立邮政系统和一些其他措施之外，政府在经济领域几乎没有起什么

① ［美］弗里德曼：《资本主义与自由》，张瑞玉译，商务印书馆1986年版，第4~5页。

② 同上，第36~37页。

③ ［英］哈耶克：《通往奴役之路》，王明毅等译，中国社会科学出版社1997年版，“译者的话”第3页。

④ ［英］格林伍德、威尔逊：《英国行政管理》，汪淑钧译，商务印书馆1991年版，第14页。

作用。"[①]"大政府"则主要与凯恩斯主义和"福利国家"联系在一起，强调政府干预。不管是国家干预政策，还是福利国家，政府职责扩大和规模扩张都是主要特征，政府因为承担了许多经济和社会生活管理职责而变"大"。"大政府"模式下，政府应用一系列经济手段，发展国家资本主义，增加政府投资和国有企业，加强对社会经济生活的调控，实行国民经济计划化，对社会财富进行二次分配，提高社会福利水平。另外，传统社会主义国家计划经济时期，政府由于包揽一切而成"全能政府"，这也被认为是一种"大政府"。

争论中的"小政府"和"大政府"（亦即自由放任和国家干预）究竟孰优孰劣，其实很难鉴别。自由放任的"小政府"不得不面对20世纪30年代的大萧条和一系列经济危机的困境，更有2008年爆发的金融危机作为现实的"案例"；国家干预和"大政府"也要直面福利国家的"滞涨"现象，政府主导的东方国家在1997年亚洲金融危机中也被证实存在种种弊端，社会主义国家的"全能政府"更是改革的直接对象。面对现实中的困境，"小政府"、"大政府"也存在相互学习和中和，"混合经济"就是一种形式。混合的结果导致两种模式并不是像理论争执那样泾渭分明，界限其实很难确定。同时"小政府"、"大政府"主要着眼于政府职责范围和规模，而忽略了其他重要因素，比如政府治理的实际效果等。所以，认识政府需要有新的标准、新的视角。

作为对政府实际效果的关注，"有效政府"在20世纪末成为一种新的政府综合定位建议。1997年世界银行发展报告提出，未来政府管理的方向应该是建立"有效政府"。报告认为，有效的政府——而不是小政府——是经济和社会发展的关键；政府的作用是补充市场，而不是替代市场。[②]作为对政府职责扩大、开销增长、规模扩张的反应，不少国家在20世纪末开展政府改革运动，目的就是要跳出传统的有限政府模式，以新的价值观来构建政府结构和运行机制，建立以有效性为主导的政府。就像斯蒂格利茨所说，通过改革，在公共部门引入竞争机制，从而提高政府效率，建立一个有效政府。[③]

有效政府是对传统"小政府"、"大政府"的超越。[④]它超越了传统对政府职能、政府规模等方面的纠结，重点关注政府行为的实际效果。事实上，单纯从"大"或"小"、"强"或"弱"的角度，确实已很难准确对政府做综合定位，更难以分析和表述相对理想一些的政府模式应为如何等问题。经验证明，自由放

① ［美］希尔斯曼：《美国是如何治理的》，曹大鹏译，商务印书馆1990年版，第500页。

② 参见世界银行：《1997年世界发展报告：变革世界中的政府》，中国财政经济出版社1997年版。

③ 参见［美］斯蒂格利茨：《政府为什么干预经济》，郑秉文译，中国物资出版社1998年版，第90页。

④ 吴开松、张中祥：《有效政府的理论基础及其建构》，载《中国行政管理》2001年第10期。

任的“小政府”和全能型的“大政府”都不一定是有效的。只有将政府的体制、结构和机制，政府的职能、职责和运行等因素综合起来，从有效性的角度来考量和设计，才可能对现代政府做出恰当、合理的综合定位。

三、中国的服务型政府建设对“有为政府”的客观要求

传统的有关政府的综合定位，对中国也有着较深的影响。计划经济时期，执政党和政府对社会的全面控制，无疑导致了种种社会弊病。所以，改革开放以来，转变政府职能、充分发挥市场作用的“小政府”模式，很自然地得到了学术界较为普遍的认同，并影响到了一部分官员。但是，事实已经证明，“小政府”其实是理想大于现实，在中国更是难以实现。在这种背景下，实现建立服务型政府的目标，就需要与重新思考、定位政府的作用和运行方式结合起来，也即既要从中国实际出发，继续较为充分地发挥政府的主导作用，保证公共服务事业的顺利推进，又不能不注意防止重蹈“全能政府”模式，尤其要防止走“回头路”。综合考虑中国政府所面临的实际任务和各方面因素，“有为政府”应当是一个比较恰当的定位。

强调建设服务型政府需要“有为政府”，是因为随着人均收入的增长，政府支出，特别是用于公共服务的支出必然会持续扩大；同时，在城市化提速的背景下，当区域内人口聚集到一定程度，对于公共管理和公共服务的需求也自然会相应有所增加；在大批“单位人”转为“社会人”的社会背景下，政府的负担也会有所加大，诸如公立教科文卫事业的发展，社会保障事业的发展，都会增加用人。如果这些都由私人兴建和管理，并不符合多数人的利益。一方面要求更多更好的公共服务，一方面又要求政府减少职责、机构、用人和支出，是不合逻辑的，也是不现实的。

政府职责的扩大和公务员规模的增长，并不意味着要发展成为“大政府”，但也不是简单地强调“小政府”。“大政府”为社会所无法承受，也不符合公众对政府的审美需求；“小政府”不符合国情，不现实，不够用。在总体的理论、政策导向和宣传导向上，都要很清晰地避开非此即彼的“强政府”与“弱政府”之争、“大政府”与“小政府”之争，要强调在中国的目前条件下，还是要有一个“偏强一些的政府”，即这个政府既要有较强的治理能力，又要有较高的政治自觉性，能够接受社会的约束和有效约束自身。也就是说，所谓“有为政府”，不是指大包大揽的政府，更不是指推行“单边主义”的政府，而是指在经济和政治发展中有所作为，在社会生活领域“有所为有所不为”的政府。同时，动态地看，这里强调的“偏强一些的政府”抑或“有为政府”具有过渡性，本意

不在于鼓励政府要“强”，相反，相对于以前的政府职能定位，这里是在鼓励政府由“强”调整到“偏强”。

相应的，从公务员规模的角度看，“有为政府”应当是不求“最小”但求“适度”。一方面，政府公务员在质量上和数量上，要能够基本满足政府对社会进行有效治理和提供充分服务的需要，并且对内可以保证政府各部门有效运转的要求；另一方面，这一规模要与国家的经济发展水平、国家财力、城乡人口比例等因素相适应。需要指出的是，由于人口总量和地区差异非常大，政府履行职能的方式具有特殊性，所以，中国在政府规模方面不宜与其他国家简单类比，包括不比谁更小，也包括不比谁更大。

理解“有为政府”，需要注意以下几个方面：

第一，“有为政府”要以公共服务和社会管理为重心。现时代的政府，如果被允许“偏强一些”的话，那么，这个所谓的“强”，要体现在“服务”上，而不是体现在其他什么方面。从政府发展的历史进程看，政府职能是呈逐步扩张的趋势。[①] 其中，政府的政治统治职能其实是呈“隐性化”的趋势，而目前依然在不断扩张着的，是政府的服务和管理职能。即使在不同时期政府的管理和服务职能范围有增缩，但这并不影响扩张的整体趋势，并尽可能以高显示度的方式来推进。正因为此，管理和服务职能对现代政府来说尤为重要。众所周知，主张政府自由放任的自由主义其实也是重视政府公共服务职能的，亚当·斯密所主张的政府职能就包括建设并维持某些公益事业和公共设施。按照一般性的认识，政府在干预经济生活方面也许需要偏弱一些，但在国计民生领域却不能坚持弱政府的原则而毫无作为，必须“有为”，甚至尽力而为。所以，在中国今后进一步发展的过程中，需要政府在社会管理和公共服务方面有所作为，甚至是大有作为，进而在适当时候实现政府以公共服务为主要职能这一目标。

第二，“有为政府”要在政府与市场间寻求平衡。强调深度推进公共服务事业需要“有为政府”，并不是对此前一系列政府改革工作的否定，而是一种超越。强调政府“有为”，并不是要否定市场的作用，而是强调更多的政府、更多的市场、更多的社会，强调这三个方面之间的相对平衡，强调用更好的社会保障体系建设、更好的义务教育、更好的公共医疗卫生体系、更好的就业促进、更好的社会管理、更好的市场监管等，去平衡已于90年代初先期启动的社会主义市场经济体制建设，使二者相辅相成。总之，现在需要明确的是，在提供公共服务和服务城乡居民、服务企业方面，在规范市场秩序方面，政府都要更好地承担其主要责任。

---

① 参见朱光磊主编：《现代政府理论》，高等教育出版社2006年版，第29页。

第三，“有为政府”注重的是体现政府的主体性和政府运作的有效性。“有为政府”与“有效政府”究竟哪个发展阶段更高，很难判定。有效政府是西方国家基于“大政府”和“小政府”而提出的对政府综合定位；“有为政府”则是中国在经历了全能政府时期、政府职能转变时期两个发展阶段之后而提出的一个政府发展思路，二者有一些共同的地方，但区别也较显著。有效政府是在政府职能已经清晰的背景下提出的，以成熟的市场体制为基础，侧重强调政府行为的结果；而“有为政府”则是在政府职能仍然处于转变中的背景下，为平衡推进公共服务事业和经济建设事业而提出的，侧重于强调居于领导地位的执政党和政府的主动作为和承担能力。不过，有一点可以肯定，“有为政府”也必须重视政府行为的有效性，不能只“为”而无“效”、“低效”。

第四，“有为政府”是以政府管理和服务的创新为基础的。一段时间以来，有关政府的改革一直在进行，且有一定的效果，在此基础上，中国已经初步形成了一条独特的政府发展道路。这种政府模式的优势在2003年抗击“非典”和2008年抗击金融危机中体现得比较明显，但是，一定不要认为改革当前已经到了“收获的季节”。过于乐观的估计，对中国的经济发展、政府发展和社会的全面进步非常不利。实际上，政府改革虽然取得了一定的成效，很多东西学习得很快，比如中国在应急管理方面的低起点和高起步，但是，中国在政治和政府方面存在的问题仍然不少，停滞不前或盲目自满都会导致改革半途而废。鉴于此，“有为政府”一方面强调政府要有实际作为，另一方面也要强调不断改革，强调政府创新。这种改革和创新，既要针对目前存在的权力监督不力、政府效率偏低等问题，也要面对“有为政府”可能导致的种种问题。

第二节　“有为政府”的内涵

“有为政府”，作为区别于西方国家传统的有限政府和混合经济背景下的有效政府的一种政府角色定位，作为中国经济、政治、文化发展逻辑的产物，其已经基本具有或正在形成中的主要特征有：职责平衡、行政主导、注重绩效、灵活敏捷、规模适度、法制健全。但是，需要特别和再次强调的是，在目前这几个特征中，都还只能说是处于形成阶段，特别是职责平衡与法制健全这两项，只能是说初见端倪，目前存在的突出问题，恰恰是职责配比失衡与腐败高发。考虑到分析上的便利，这里把它们的现实情况和努力方向一并加以阐述。

一、平衡职责：经济监管、社会管理与公共服务

从1986年算起，强调转变政府职能已经时间不短了[①]。中国政府对“应该做什么”的问题，总体上已经比较清楚了，现存的问题主要是过程性、结构性和操作性的，包括政府功能失衡、政府职责偏多、纵向政府职责同构问题等。“有为政府”要优化政府职责，主要是针对这些问题的。

解决政府合理地位的基础首先是要逐步纠正在政府职责方面的失衡状态。目前这方面的问题主要集中在，如何摆布处理经济建设与公共服务孰轻孰重的关系，如何划分中央与地方各级政府的职责两个重要问题上。

其一，优化职责结构。表面上看，是中国政府承担的职责偏多，管理的力度偏大，势必要减少政府职责。其实，问题要复杂得多——不仅政府的管理和服务职责很多都不到位，即使是在经济生活领域，至少也存在着政府规制不健全、市场监管职责不到位、对中小企业和个体劳动者的扶助不够等突出问题。当然，地方政府做了很多类似直接招商引资、干预企业日常运行方面的事情。所以，谈压缩，抑或谈扩大，都有难以解释清楚的事情，还是转换思路，强调要“优化政府职责结构”比较好。比如，浙江义乌等地在政府创新中所呈现的在不同领域有轻有重，有抓有放，强调“‘有为政府’的品牌是服务”[②]，就是一个可喜的变化。这也是“有为政府”区别于计划经济时期的全能政府和其他强势政府的主要特征。同时，换一个角度看，这一变化还应当表现为统治职责的隐性化、管理职责的刚性化和服务职责的扩大化。现在的问题是，中国政府对这三类职责的处理都不理想，也即还是习惯于“大张旗鼓”、“整齐划一”的方式高调处理政治统治问题，已经谈到很多的服务职责依然偏少，而管理工作的粗放式和松弛化的现象普遍存在。这是今后需要用心解决的一组突出课题。

其二，理顺不同层级政府之间的关系。针对“职责同构”现象，要努力实现不同层次政府各自负责特定的事情。这样，公共服务体系中的各个具体项目才能找到具体的责任者，才能保证各个具体的政府在特定的公共服务领域有所作为。

不论如何，平衡政府职责的关键，也即问题的“重中之重”，还是要把强化公共服务职责的地位这一点塑造为“有为政府”职责体系的内核。从推进公共

---

① 参见本书第一章。

② 王增军、刘伟：《“有为政府”的品牌是服务》，http://news.sina.com.cn/o/2006-05-28/05099045552s.shtml。

服务事业的角度讲，强调建设“有为政府”不否认，也不应否认和不能否认经济发展的重要性——在21世纪前20年的时间里，经济建设优先仍然是必要的，关键是在发展的同时给予公共服务足够的重视，并不断积极创造条件尽早使公共服务、社会管理和市场监管成为中国各级政府的主要职能。在21世纪初的一段时间内，各级政府仍然要在发展经济中扮演重要角色，欠发达地区的政府还不得不在经济建设方面花很大的力气，同时也要采取强有力的措施保障经济发展的成果能够为更多的人带来公共服务水平的提升。而且，需要注意的是，即使是在经济监管职能本身，也有一个结构平衡的问题，也不是简单地“淡化”了之——诸如招商引资的职责会有所淡化，而市场监管的职责，也即规制方面的职责，则会继续加强。

从目前的动态看，经过一段时间的努力，中国实现政府职责从2003年之前的单向推动经济发展，转变为目前的经济发展、社会管理和公共服务同步推进，然后再逐步过渡到以管理和服务为主要职责，在全社会建立起比较健全的公共管理与公共服务体系，是会做到的。

二、行政主导：资源配置枢纽与“软约束”

行政主导，[①] 不仅指在各国家机关中，行政机关居于突出的位置，而且指在整个政治权力结构中，“执行”的部分居于运行中心的地位。为了优先保证政权机关的工作效率和集中统一领导，中国一直强调民主集中制，这就使得中国的政治权力结构的运作产生了一个明显的特点，即执行机关的实际权限比较大。比如，国务院和地方各级人民政府是同级人民代表大会及其常委会的执行机关，但人大对政府工作报告的约束、对预算的约束都属于“软约束”。这就使各级国家行政机关获得了很大的管理国家事务的具体权限。中国共产党自身的领导体制也是“议行合一”基础上的行政导向，也即中国共产党的各级领导机关都实行的是“议行合一”制度，都强调常委会（和不设常委会的全委会）是“工作班子”。所以，中国的“行政主导”，实际上也可以称之为“执行主导”。

行政主导，本来并不是中国所特有的，现代西方国家的行政机关也居于突出地位。但是，相比而言，中国的“行政主导”程度更高，实行的范围更广泛。从根源上说，导致这一状况的最主要原因是人口众多所造成中国几乎所有的自然和人文资源都处于极其稀缺状态的客观情况，这就从基本面上决定了政府在整个

---

① 有关中国行政主导问题，参见朱光磊：《当代中国政府过程》，天津人民出版社2008年版，第337～338页。

社会资源配置过程中的特殊地位。

在新中国的社会政治背景下，在资源相对稀缺，面对诸多内外困难条件，又希望社会运行效率较高、经济发展较快的情况下，单纯强调依靠市场来配置资源，就无法实现“加快发展”、“集中力量办大事”和“有效应对危机”的愿望。所以，改革开放以来，特别是90年代以来，尽管一直在强调发挥市场在资源配置中的基础性作用，但突出有效发挥政府在资源配置中的作用这一点一直没有发生动摇。

在推进公共服务事业发展方面，政府的资源配置的地位则应该是主导性和基础性的。所以，为加快推进公共服务事业，需要政府在资源配置中发挥枢纽作用，在特定的历史时期甚至需要围绕政府来构建公共服务的资源配置体系，其他市场化、社会化的资源配置方式则是辅助性的。

除此之外，中国共产党的领导地位、中国的历史传统等因素，也是中国出现“执行导向”的重要原因。“执行导向”比较容易出现通过“过度集权”走向“参与不足”的问题。因此，行政主导的“有为政府”需要避免“政府单边主义”，需要自觉将这种主导作用限制在合理的范围内。在管理和服务领域，政府的“导向”作用，主要不应该是强制性的，而是应当尽可能体现为“必要的约束”，即主要是通过政策引导、政府规制和法律约束，甚至要表现为某种“软手段”所达到的“软约束”，也即通过政府的对内影响力、公信力来实现。现在的问题是，中国官方还没有真正学会如何更好地运用“软手段”来达到“软约束”的目的。

三、注重绩效：投入和效益并重

20世纪70年代以来，政府绩效一直是西方国家政府改革运动的一个热点，建立“讲究效果的政府”[①] 也一直是改革的重要目标之一。它强调政府活动的结果和效益，经济（economy）、效率（efficiency）、效果（effectiveness）3E模式是政府绩效测评的常用方法，后来逐步发展成为一个包括3E、质量、公平、责任、回应等在内的综合性的要素结构。

从行政主导的逻辑起点出发，注重绩效自然是中国政府改革的重要目标。这包括两个方面：一是从20世纪80年代开始，机构改革就一直围绕着精简机构、提高效率展开。在这个过程中，西方国家各种绩效评估的方法也被逐步引进，比

① ［美］奥斯本、盖布勒：《改革政府：企业家精神如何改变着公共部门》，周敦仁等译，上海译文出版社2006年版，第96页。

如，公民参与评估方面，1999 年珠海市举行“万人评政府”，2001 年杭州市开展“满意不满意评选活动”等；在第三方评估方面，2004 年甘肃将全省 14 个市、州级政府和省政府 39 个职能部门的绩效评价工作委托给兰州大学中国地方政府绩效评价中心组织实施，2006 年武汉市政府邀请全球最大的管理咨询机构麦肯锡公司为第三方机构对政府绩效进行评估等；2006 年中组部领导干部考试与测评中心牵头在黑龙江省海林市、四川省乐山市五通桥区等地开展试点，开启了平衡计分卡方法本土化探索。①

二是中国高层一直在运用大量手段激发地方和部门领导干部的工作积极性。大量的激励手段的采用，使平行层次上的各路“诸侯”拼命地竞争性地开展工作，从“5+2”到“白+黑”，效果不可谓不显著。30 多年来中国经济的高速增长与此有着直接的关系，不宜轻易否定。但是，现实中，客观存在的 GDP 绩效导向与“政绩工程”、贪污受贿、暗箱操作、问责不力等问题纠结在一起时，所产生的负面效应也相当明显。

政府绩效评估和绩效管理，本身就是对政府公共管理活动的一种约束，一定程度上也是在追求效益最大化，涉及效率、质量、满意度等诸多方面。显然，这一因素的存在，对政府提升自身的公共服务能力和质量是一种促进，所以，绩效评估和管理是建立服务型政府的重要手段。②

一个在公共服务中“有为”的政府，必然要加大在公共服务方面的投入，而绩效管理则是决定这些投入能否产生出效益的关键因素之一。强调绩效，意味着对投入和产出的关注，政府在一项公共产品和公共服务中的投入是否收到了回报、是否是以最低（至少是较低）的投入产生最大的效益，显然需要重视；花钱提升公共服务不可避免，如何合理花钱则是“艺术”——“有为政府”必须具备这门技艺。它必须充分考虑公共服务事业的效益、质量和公众满意度，避免公共服务中的政绩工程、面子工程，更不能让公共服务“烂尾”。

四、规模适度：规模与结构的合理化

“有为政府”不是大政府，虽然它承担着相对较多的职责，特别是在公共服务方面要有更大的作为，但也不能因此就随意扩大规模。“有为政府”要求规模适度、结构合理。

① 参见鲍春雷、陈建辉、姜俊凯：《我国政府绩效评估的回顾与前瞻》，载《中国人事报》2008 年 10 月 24 日。

② 唐铁汉：《加强政府绩效管理深化行政管理体制改革》，载《中国行政管理》2006 年第 3 期。

近年来关于中国政府规模，社会舆论主导地位的看法是，机构庞大，职能交叉，人浮于事，效率低下，官僚主义严重，财政负担过重，所以必须大幅度精简。虽然，这些看法反映了部分问题，但也存在概念混淆不清等不足。中国在政府规模方面的最主要问题，并非是像不少社会舆论所强调的那样政府的整体规模比很多国家都大得不得了，而是一种"结构性过剩"和"功能性过剩"。①

客观地讲，不论是西方国家，还是中国，政府所承担的职责存在着扩大而不是缩小的趋势。尽管这与很多人的价值理念相去甚远，却是不争的事实。与中国社会发展和各级政府所应当承担的职责相适应，中国政府在规模方面需要有一个适度的"量"来作为组织支撑，既不能过大，也不宜强调"越少越好"。"有为政府"的合理规模的限度为满足社会管理特别是推进公共服务事业的需要。这应该从两个方面来看待。从短期看，政府规模要"适度从紧"，特别是要消除结构性和功能性过剩，解决行政管理费用占政府财政总支出的比重明显偏高等问题。从长远看，政府规模又是一个"适度扩张"的趋势。政府职能的总体扩张趋势是重要影响因素，而"有为政府"的积极作为更是直接因素。随着政府在公共服务领域的投入增加，财税、社保、公安等与公共服务、社会管理密切相关的部门肯定会增加人员，对应的财政规模自然也会增加。

从结构上看，当前中国政府的主要问题是"职责同构"，每级政府都管理大体上相同的事情导致上面决策，下面执行。合理的政府公务员结构，依赖于在一定的程度上打破"职责同构"模式。因为，通过合理地配置政府职责，可以明确地区分各级政府的职责权限范围，从而使政府职能调整、机构改革、理顺条块关系、保持合理的机构编制规模等工作同步推进。

优化政府规模和结构需要一系列配套改革，除了已经提到的合理配置政府职责以外，还应当包括启动行政区划改革，优化官员的载体和架构；简化机构，充实人员，实行"大部门体制"；优化行政流程，提高政府运行质量等。这样，规模适度、结构合理的"有为政府"才能既履行公共服务等各项职责，又符合群众对政府的"审美需求"。

五、法治健全：自律与制约相结合

"有为政府"不能是一个不受限制的政府，而应该做到强而有理、强而有序、强而有德。健全的法治，是使政府行进在正确的轨道上，保证政府"有为"而不"偏离"的基本保证。

---

① 朱光磊、张东波：《中国政府官员规模问题研究》，载《政治学研究》2003 年第 3 期。

"依法治国，建设社会主义法制国家"的总体目标已经形成。改革开放以来，中国法制建设方面，中国政府在行政立法和政府规制建设方面，都付出了很大的努力，已经形成了比较完备的法律法规体系，也即在制约政府方面已有了较好的起步，在公务员自律方面也形成了初步的氛围，社会有了一套话语体系。总之，中国政府在履行职能的问题上，算是"上路"了。

不过，显而易见，中国在政府法治建设方面存在的问题还比较多，要让法治成为制约政府行为的基本要素还有很长的路要走。比如，腐败仍然处于高发状态，大案要案不断出现，严重影响政府形象和管理效果；法律越来越多，但效果没有达到预期，权大于法、政策高于法律的现象时有发生；对"一把手"的监督成为"难题"；公众和社会监督政府的渠道不畅通。

建设法治健全的"有为政府"，除了健全法律制度，当前的关键是提高法的政治定位。当前法治国家建设呈现为独特的现象：一方面法律制度不断制定，法律体系不断完善，另一方面权力监督制约不到位，权大于法，其中很关键的问题，是对法律和司法机关的政治定位依然偏低。建设"法治国家"的问题，靠强调"法治"自身是解决不了的，它要靠"政治"的手段来解决。比如，法律的稳定性不够，法律制定中的部门背景，司法机关执法不力，很多地方官员对法律的轻视，是法的问题，还是政治问题?！只有通过政治发展和长期的政治体制改革，才能开辟出建设"法治国家"的道路。①

法治政府的操作性因素就是健全政府监督制约体系，包括政府的自我约束和外部监督两方面。"有为政府"在强调"有作为"的同时，必须解决好与对自身监督制约的平衡问题，否则，"有为政府"就可能蜕变成为滥用权力的政府。政府的自我约束主要体现为权力相互制约，包括宪法监督、政党监督、权力机关监督、司法监督以及行政监督，都可以理解为广义的政府自我约束。

当前，中国在制度和实践两方面都存在问题。比如，宪法监督的操作性欠缺、司法监督的弱化等。我们也许可以从其他国家的经验中获取某些启示，如新加坡的贪污调查局在其廉洁政府建设中的独特作用；韩国为反腐败而实行的"阳光体制"等。政府外部监督主要是公民和社会监督，当前的问题主要是渠道不畅，制约因素较多。比如，新兴网络媒体和社会组织的监督，面临着诸多认识、法律等问题。从发展程度较高的国家的经验看，政府外部的制约对法治的重要性在现代社会更为突出，不论是作为"第四权"的媒体，还是社会组织，都在监督方面扮演着"支柱"角色，构成了对政府制约体系中的一极。所以，法治健全的政府需要以更积极的态度对待公民和社会监督。

---

① 朱光磊：《中国政治发展研究中的若干思维方式问题析论》，载《天津社会科学》2005年第6期。

六、灵活开放：敏于应对外部变化

在这个飞速发展的时代，世界形势和各国国内形势也都处于不断变化之中，各国政府要跟上形势、应对变化，就需要具有相当的灵活性，否则就会落伍。所以，现时的政府要真正有作为，就要具备开放的态度，采取开放的政策，灵活自如地应付各种变化。简言之，“有为政府”要具备快速反应能力和灵活应变的能力。一个政府满足于已有成就，沉浸于历史辉煌的国家，迟早要被时代所淘汰。中国政府，包括地方政府，有许多不足，但在工作积极进取和灵活应对时事方面，是确有长处的。对这个特点，应当在理论上予以充分的肯定，政府自身也要注意总结和发扬。

灵活性应当成为现代政府的重要特征。彼得斯（B. Guy Peters）提出改革传统政府的四种途径之一就是建设弹性化政府，其核心特征就是灵活性——政府面对不断变化的环境，能灵活采取措施，有效应对各种挑战。[①] 正是因为弹性化政府的灵活性，有学者直接将这种政府模式译为“灵活性政府”。[②] 在“管理主义”或者说“新公共管理”模式影响下，现代各国政府都或多或少、或主动或被动地增加着灵活性。比如，面对难以承受的公共服务压力，许多政府采取市场化途径来分担责任；针对政府人员膨胀、人浮于事、效率低下的问题，一些政府采取减少公务员，大量增加其他政府雇员的方式来解决；针对政府机构只增不减、不断膨胀的现象，有些国家的政府采取增加临时性机构而减少常设性机构的办法……政府的灵活性还在其他方面体现出来，如英国工党政府在布莱尔时期主动调整了国有化政策，更多地肯定了市场的作用——这是传统的左翼政府很难做到的；很多发展中国家在“冷战”后普遍在独立自主的基础上采取灵活的外交政策，传统的“一边倒”现象大大减少；等等。

改革开放以来，中国政府行为方式已经有了很大改变，大到“一国两制”、选择市场经济体制，小到先后实行五天半工作制和五天工作制、实行后又放弃夏时制，都体现了其灵活性；地方政府的种种灵活举措，更是不胜枚举。实际上，这个时代一直是与政府改革联系在一起的，不管是经济改革、社会改革，还是政府自身的改革，都是政府灵活性的体现。从适应现代化的要求、提高政府能力的角度，保持和增加灵活性对中国政府仍然具有重要现实意义。这种努力主要应体

---

① B. Guy Peters, *The Future of Governing: Four Emerging Models*, Kansas: University Press of Kansas, 1996, P. 19.

② 陈振明等：《竞争型政府：市场机制与工商管理技术在公共部门管理中的应用》，中国人民大学出版社 2006 年版，第 9 页。

现在以下几个方面：

第一，继续增强意识形态的灵活性。中国政府早已超越了意识形态“一刀切”的思维方式，对意识形态领域的管控方式也有很大程度的调整。但是，受传统革命和计划经济时期意识形态的影响，中国政府在注意意识形态的适应性方面还有不足，[①] 还是处于希望适度放松，但“分寸”依然拿捏不好的状态。比如，改革思维明显占有优势地位，但传统的革命与战争式话语却占很大比例；执政党对于自身角色的转换缺乏足够的认识，宣传工作没有做到“润物细无声”的程度。中国政府要全面施展能力，实现现代化和民族振兴的目标，就要减少来自僵化意识形态的束缚，扩大活动空间，善于实现意识形态工作的隐性化，同时增强主流意识形态的适应性和包容性。

第二，更加善于变通。对此，要一分为二地看：一方面，受传统中庸思想和求“变”文化的影响，中国政府在某些方面非常灵活，甚至灵活过了头。如我们常讲的“上有政策、下有对策”。另一方面，中国政府又在某些方面表现得比较保守，灵活性不足，诸如过多地强调“统一口径”，在处理应急管理方面的事务时不必要的过多顾虑，时常有用灵活的手段办僵化的事儿就是直接体现。增强政府工作的灵活性，一方面要建立一定之规，实际就是依法办事，同时对具体问题要因时因地灵活处理。特别是在处理突发事件时，要反应迅速、机智果断、因势利导等能力，通过协商对话解决问题，灵活是必备的因素。

第三，更多地增强政府活动中的弹性。政府的弹性是多种因素共同作用的结果，上述几个方面也可以理解为弹性。这里主要强调的是充分发挥现有弹性因素的积极作用，并适应现代政治发展的规律，增设弹性机制。中国政府体制中，弹性不足是一个突出问题，其后果就是各种矛盾缺乏缓冲带，一旦爆发就难以收拾。[②] 今后，完善政府咨询机构、公务员制度、非政府组织、特殊规则等弹性因素并发挥其积极作用，对中国政府意义重大。

第四，更加善于学习和应用新技术、新知识。现代社会知识更新迅速，新技术更是日益精进，政府对此必须有清醒的认识和积极的态度，否则就会落伍。比如，信息技术的快速发展，使电子政务成为可能，同时也是必然。中国政府需要顺应时代的发展，充分利用这些知识技术来增加自身的灵活性。

政府的灵活性与开放性是紧密相连的，增加灵活性也意味着中国政府的开放性继续增强，这主要体现为：

——继续对外开放政策。中国的发展是在开放的条件下取得的，继续对外开

---

① 朱光磊、于丹：《中国意识形态建设面临的双重挑战与政治稳定》，载《马克思主义与现实》2010 年第 3 期。

② 有关弹性因素，参见朱光磊主编：《现代政府理论》，高等教育出版社 2006 年版，第 179 ~ 196 页。

放的基本国策，发展才能持续；

——不骄傲自满，虚心学习，博采众长。在改革开放取得相当成就的情况下，继续以开放的心态看待世界，既不妄自菲薄，也不自视过高，才可能继续现在的发展之路；

——敞开心扉，广交朋友。发展的中国，需要更多的朋友，需要以更加开放的姿态，搞好与各国的关系。

第三节 “有为政府”的定位是特定条件下的抉择

将服务型政府建设中的政府定位为“偏强一些的政府”，并且以此来加快政府职能转变，以此来大力推动公共服务事业，看似与市场经济的要求不完全一致，是冷静、系统、综合考虑中国现阶段服务型政府建设事业所处的特定历史条件的产物，也是冷静、系统、综合考虑现阶段政府、市场和社会三大基本要素关系平衡的产物。

一、转型社会的特定阶段

转型[①]是最近30多年中国最主要的事件，它构成了中国的基本国情，分析各种问题都不能脱离这一因素，服务型政府建设也不例外。世纪之交，中国提出建设服务型政府，是在转型的特定阶段的重大举措，它既包括对此前政府改革进程的总结，又开启了政府发展的下一进程。在这个过程中，强调需要“有为政府”来深度推进公共服务事业，也是基于转型社会这一特定阶段的一些基本特征和现实问题。

首先，转型一般都需要政治（政府）因素发挥重要作用。从转型国家的实践看，转型一般不是自发发生的，它或者是政府发起的，或者与政治有密切关系。正如著名转型经济学家热若尔·罗兰所说：“在政治决策的现实中，政治约束条件是不能忽视的”，“政治约束条件看来在实际转型过程中已经扮演了主要的角色。”俄罗斯私有化中采用无偿分发国有资产政策、匈牙利的私有化是通过

① 从转型经济学的观点看，转型主要是指从计划经济向市场经济的转变，所以，在中国，“转型”与“改革开放”就是同一进程，改革就是中国的转型。

建立国家私有化局来推动的。[①] 不仅仅是转型的起始动力与政治（政府）关系密切，转型过程也需要政府的支持和引导。不管是目标结果明确的改革，还是探索性改革，都离不开政府，“由于转型导致的大量变化，为防止政策逆转，在改革过程中必须自始至终保持政治上的支持。”[②] 正是因为如此，中国的改革明显具有政府主导的特征，这种主导是避免改革发生偏离甚至逆转的基本保证。

其次，渐进式转型对政府有很高的要求。与“大爆炸式”转型不同，渐进式改革道路，对政府有着强烈的需求。虽然，“大爆炸式”转型比较剧烈，改革在短期内完成，因而对政府主导改革的需求也是短期的，甚至对政府的主导是排斥的。渐进式改革的特点，是边改革边摸索，在长远规划的指导下分步骤进行，努力做到扎扎实实，避免剧烈变革带来的震荡。渐进式改革同时是分层次的，一步一步地向前推进，在不同阶段会采取不同措施，后一种措施会建立在前一项改革成果或经验教训的基础上。这样有步骤地推进，改革将处于一种连续状态，但总不会停止。在这种模式下，为了保证改革的连续性，就需要政府发挥主导作用。事实上，中国改革的起点是计划经济体制，当时的政府几乎全面控制着人力、物力、财力等所有的资源，在这种情形下要寻求变动，政府事实上已经扮演了改革第一推动力的角色。[③] 在随后的改革中，经验的总结、新目标的制定、路径的选择等，也都具有明显的政府主导的特征。改革也不会是一帆风顺的，政府则扮演着经受改革风浪的“主心骨”的角色。改革也很难在短时间内完成，政府主导将长期发挥作用，比如，市场机制的健全就是一个漫长的过程，相应的，政府的全面退出也几乎不可能。这表明，中国渐进式改革中，政府主导是必要的、合理的。

再其次，解决转型中出现的问题要依赖政府。虽然，关于两种转型道路的争论还在继续，但一个不能忽视的事实是，中国渐进式改革在取得巨大成就的同时，其积累的各种社会问题也逐步暴露。比如，权力市场化导致权钱交易和官员腐败，改革产生一些既得利益集团，贫富差距拉大，不同群体的利益冲突加剧，社会信任严重欠缺，住房、医疗、教育、就业等领域问题突出，社会不公正现象越来越严重，等等。诸如此类的矛盾和问题，迫切需要强而有力的政府来统筹全局、分忧解难。可以说，面对转型社会的特殊阶段，如果没有一个“有为”的政府，结果不可想象，拉美一些国家的教训已经充分说明了这一点。在经济快速增长、社会加速转型时期，没有一个强而有力的政府是无法控制局面、保持发展态势的。

---

① ［比］热若尔·罗兰：《转型与经济学》，张帆等译，北京大学出版社 2002 年版，第 39 ~ 40 页。
② 同上，第 17 页。
③ 参见苏振华：《中国转型的性质与未来路径选择》，载《社会科学战线》2008 年第 3 期。

总体而言，中国的转型之所以取得巨大成功，其中一个重要因素就是中国拥有一个强有力的政府。中国政府在政治动员、力量整合、政策推进等方面所具有的强大力量，是世界上任何国家都无法与之相比的。[①] 通过“有为政府”来深度推动公共服务事业，与转型社会的这一特点是一致的。

二、现代化的双重历史任务

中国正处于努力实现现代化的阶段。经过改革开放30多年的发展，中国已经进入初步现代化国家行列，但现代化的任务远未完成，在今后较长的时间内，实现工业化、城市化等仍然是首要任务，现代化的压力还很重。同时，西方发达国家在20世纪50年代已经开始进入后现代化阶段，在所谓的后工业化社会，它们的主要特征是知识经济、生态社会、网络化等。在这个全球化日益加剧的时代，作为后发国家的中国一方面要努力发展经济，走工业化道路，争取早日实现现代化；另一方面，中国又不可避免地会受到后现代化浪潮的影响和冲击，在没有完全实现现代化的同时，而不得不接受或尝试某些后现代的事物。因此，中国的现代化进程实际是现代化和后现代化交织在一起的，无法截然分开，它需要完成“双重历史任务”。这对中国不能不说是一种挑战。

双重任务压力下中国的现代化道路自然与西方国家不同，其中很重要的一点就是政府在其中发挥的作用不一样。西方国家走的是市场主导的自发的现代化道路，而中国的现代化则是政府推动和主导的。当时，在西方国家，市场是推动社会发展的主导性力量，政府的职能范围和规模大小是由市场发展的不同阶段的特点决定的。从自由资本主义时期的“守夜人”政府，到垄断资本主义时期的“国家干预型”政府，再到时下的混合政府，无一不是市场因素或市场因素为主推动的结果。可以说，西方国家是先有市场，后有政府调控，政府在某种程度上只是充当了改革执行者的角色。中国在建设社会主义市场经济体制以前，实行的是高度集中的计划经济体制，计划是资源配置的手段，市场受到排斥，因此，中国是政府调控在先，市场是后发的。而且，中国由于市场经济体制建立的时间比较短，经济体制很不完善，市场经济的原始积累阶段也很薄弱，因此，在面对西方发达国家现代化示范和挑战等压力下，需要实行追赶型现代化战略，必须在民间力量相对不足的条件下由中央政府自上而下地主动推行现代化的经济政策和政

① 参见邹东涛主编：《中国经济发展和体制改革报告 No.3：金融危机考验中国模式（2008～2010）》，社会科学文献出版社2010年版，第32页。

府改革计划。在这个过程中，政府扮演着现代化的主导性力量。[①]

双重压力在当前中国社会发展的许多方面都有体现。比如，处理经济发展和公共服务的关系。作为尚处于现代化初期的国家，实现工业化、推动国民经济迅速发展应该是首要任务，即先要将蛋糕做大，然后才有条件考虑分蛋糕的事情；但是，当前西方发达国家的公共服务体系已经比较完善，公众能够享受较高的公共服务水平，这又成为一种参照、一种压力，要求中国在国民经济还没达到足够高的水平的情况，也必须推进公共服务事业。在这种情况下，政府的压力增加了：首先经济发展还需要继续由各级政府来推动，对 GDP 还不能不非常敏感，很多做法还不能立即退出舞台，同时，又要掌握好追求 GDP 的分寸，并且要在财政能力不足、公众认识不够、社会力量薄弱的情况加快建设服务型政府的步伐，对政府而言是“条件不够创造条件也要上”，“有为”也有迫不得已的成分。更为复杂的是，在这个过程中，还要面对“复杂的标准”，也即当政府所做的某项工作大体还属于现代化阶段时，公众很有可能是在以后现代的标准来衡量和评价；反之亦然。这都给政府工作带来了必须通过高度艺术化的手段才能处理好的政治压力。

三、超大发展中国家的现实

虽然，现在中国的人均国民总收入已超过 4 000 美元，达到中下等发达国家水平，但总体而言，中国仍然是一个发展中国家，这是不能回避的现实。新中国建立后，中国才真正开启了现代化的道路，20 世纪 70 年代末开始的改革开放使中国的现代化走上了快车道，但是，由于近代以来中国已经落后了，现在只能处于追赶西方发达国家的境况，只能逐步缩小差距。从发展中国家到发达国家，中国要走的路还很长，需要付出艰辛的努力。

亨廷顿认为，发展中国家在现代化过程中最容易发生社会动荡和政治衰败。为避免这些现象，发展中国家需要建立强大的政府。在发展中国家，“首要的问题不是自由，而是建立一个合法的公共秩序，人当然可以有秩序而无自由，但不能有自由而无秩序，必须先存在权威，而后才谈得上限制权威。在那些处于现代化之中的国家，恰恰缺少了权威，那里的政府不得不听任离心离德的知识分子、刚愎自用的军官和闹事的学生的摆布。”[②] 亨廷顿的观点建立在他对众多发展中

---

① 参见朱光磊主编：《中国政府发展研究报告（第 1 辑）》，中国人民大学出版社 2008 年版，第 37～38 页。

② ［美］亨廷顿：《变化社会中的政治秩序》，王冠华等译，北京三联书店 1989 年版，第 7 页。

国家的经验观察之上，并得到广泛的认可和验证。比如，东亚发展较为顺利的国家和地区，政府普遍在发挥着关键性的作用。哈佛大学东亚研究中心前主任傅高义对此评论为："西方人曾经争辩东亚成功的因素，有些人认为私人企业运用健全的经济原则是主因；我却相信，与西方政府相比较，东亚的政府在推进工业化上扮演了重要的角色。政府不仅提供了稳定的环境，还创造了基本建设，随时准备全力推进工业发展，即使一向被视为纯自由经济的香港亦不例外。"①

20 世纪初中国提出民族复兴的目标，这意味着一系列艰巨的任务需要完成：进一步提高生产力水平，改变人民生活水平整体处于较落后状况的现实；建立和健全社会主义市场经济体系和市场机制；协调处理地区、行业发展不均衡问题；打破二元经济和社会结构；处理各种社会利益矛盾和冲突；提高政治现代化水平；等等。在这个过程中，政府的作为将是决定性的，它需要决定和掌控发展方向，制定宏观经济计划，调整资源配置走向，制定和实施适当的公共政策，提高政治制度化水平。为此，政府必然要有一定的"强度"和行为能力，才能在推动经济增长和缓解政治、经济、文化等各方面的矛盾中发挥主导作用，从而推动整个现代化进程。

中国不仅是一个发展中国家，它同时还是一个超大国家，这更增加了其发展的难度和对"有为政府"的强烈需求。首先，地域超大国家的治理需要"有为政府"。中国的地域广、层级多，这导致中央与地方关系的处理比较"棘手"，在集权与分权、"收"与"放"之间很难找到恰当的着力点，再加上"省级区划调整"、"市管县"、"省直管县"、"镇级机关改革"等，政府间关系问题纷繁复杂。面对这样的现实，如果没有强有力的政府，特别是强有力的执政党和中央政府，要实现一个安定、有序的局面将十分困难。同时，中国的地域发展极不平衡，东西部、城市和农村的差距十分突出，弥补地区差距也需要政府发挥主导作用。比如，推动公共服务事业，如果没有中央政府的统筹协调，仅靠各省级政府的自身力量，基本公共服务均等化等目标是很难达成的。

其次，治理一个人口超过 13 亿的超大国家的难度可想而知。超大规模人口是任何时候都无法回避的，而这也给中国的治理提出了各种难题，从解决吃饭穿衣等日常生活问题，到社会管理，无不受这一因素的制约。比如，要解决 13 亿人中适龄人口的就业问题，仅靠市场自动调节肯定无法实现，需要政府的特殊政策支持；推进公共服务事业，对每个公民增加 1 元的投入，全国就要增加投入 13 亿，财政压力增加不少；像"春运"这种大规模人口转移，对诸多运输企业、政府的交通管理能力，都是一种极大的考验。

① ［美］傅高义：《耀升中的四小龙》，天下文化出版股份有限公司 1992 年版，第 1 页。

再其次，多民族大国的治理需要“有为政府”。中国不仅地域广，而且民族多，民族问题与地区差距、利益矛盾、国际问题等交织在一起，增加了治理的难度。比如，部分地区的民族分离情绪仍然存在，对祖国统一、社会安定造成较严重的威胁；处理中央与地方关系也要充分考虑少数民族地区的特殊情况，不能一刀切；从公共服务均等化出发，中央政府的转移支付等要向民族地区倾斜，给予更多的帮助。

总之，治理超大国家需要政治智慧。譬如，民主是各国政治发展的目标，但是，古典意义上的民主是有规模限制的，城邦、城市共和国等规模小的共同体才可能实现直接民主，现代民主都是经过修正的。对中国这个超大国家而言，要实现民主政治，广大的地域、众多的人口、复杂的政治关系、社会主义国家体制等诸多因素都需要充分照顾到，这需要充满政治智慧的创造性设计。

四、深厚历史传统的制约

中国几千年的历史积淀了深厚的历史传统，其中很多内容都对今天的“有为政府”有重要影响。比较普遍的看法是，中国在历史上实行的是高度集中的统治方式，并且延续了两千多年，深入到社会的方方面面。不少关注中国（东方）问题的学者都注意到了这一点。马克思在研究东方国家时，提出著名的“亚细亚生产方式”或“东方社会”，认为这样一种文明发展道路，是东方社会血缘宗法制度、所有制特点、村社制度、地理条件等因素造成的。费正清也认为这种“东方式社会”的特征包括“绝对的王权……以及主宰大规模经济活动的牢固的官僚政府”。[①] 这种由国家（政府）集中统治的“惯性”有着顽强的生命力。与强势统治相一致，中国社会具有强烈的“官本位”色彩。与西方社会不同，中国社会一直存在着“学（商）而优则仕”和尊官、畏官的现象。官本位的一个重要结果就是社会对“官”和“官面儿”（政府、当局）的依赖。在西方，人们认为政府是一种“必要的恶”，对官员和政府没有过高的期望，而中国人则自觉或不自觉地将自己的期望寄托在政府身上，即使他们采取抗议手段，也往往“是要求政府的干预，要求政府保障他们的生计，这里更多的是对政府的期盼”。[②]

这一传统深刻地影响着中国的现代化进程，即政府在其中扮演着主要推动者

① John King Fairbank, *The United States and China*, Harvard University Press Cambridge, Massachusetts and London, England, 1979, P. 28.

② 童燕齐：《中国政府与百姓——政治学研究劄记》，《观察与交流》（非公开发行，北京大学中国与世界研究中心主办），2008 年 12 月 15 日第 22 期。

的角色。如果从近代算起，从洋务运动到辛亥革命，都不是民间行为的自然演进，而是以政府或高官为主要推手的。改革开放固然有相当的民意基础，但邓小平的作用无须论证。“韩国、中国台湾、新加坡的经济发展过程中的一个突出现象，是强有力的政府的存在和有效运作，其中儒家文化发挥了不可忽视的作用和功能。”①

历史发展到今天，强有力的政府这种深厚的历史传统自然也不会因为建立市场经济和人们普遍认同“有限政府”而迅速消失，它仍然会在社会生活的各个层面呈现，所以，才有了依据时代要求的不同而也在不断调适着的“有为政府”的角色定位。

五、巨大的外部压力

中国的发展面临着巨大的外部压力，是一个不容回避的现实。从新中国建立之日起，外部压力的问题就一直存在；中国发展到一定程度以后，这种压力，就又有了新的内涵。一个繁荣、团结、稳定和实行有别于西方国家社会政治制度的中国，是一部分主导着当今世界话语权的外国势力所不愿意看到的。这一点具体表现在以下几个方面：

——基于国家统一问题而承受的压力。这个压力又分狭义和广义两类。狭义的是至今仍然没有完成祖国统一大业。这是中国人民和中国政府面临着的沉重现实政治压力和社会心理压力，挥之不去。中国为此一直在受到诸多牵制，甚至屡遭要挟。广义的统一问题压力，是与民族问题和区域问题交织在一起的所谓“块儿论”。尽管，有些阴暗的想法上不得台面，但是确实存在，并被不时操控。

——基于发展道路而承受的压力。尽管走的实际上是既不完全同于西方典型国家，也不同于原苏联的发展道路，也即在试图探讨自己的道路，并且国家面貌发生了天翻地覆的变化。但是，一些国外势力基于不同的理念，还是将中国作为它们的“对手”，想方设法限制中国的发展。谋求“制度竞争”的胜利，可以理解，但给中国政府找了很多麻烦。

——基于国际竞争而承受的压力。在经济全球化的时代，当中国作为一个普通的国际社会成员以开放的姿态参与全球竞争时，一些国家为了限制竞争对手，主导国际或地区竞争格局，也为中国设置了种种障碍。少数周边国家，从历史或现实利益出发，在不断制造事端、联合施压、暗中捣乱。

——基于中国快速发展而承受的压力。不断出现的“中国威胁论”就是最

① 王彩波：《也谈东亚模式与儒家传统文化》，载《社会科学战线》1998 年第 1 期。

好的说明。中国高层很清楚，“中国威胁论”实质上是“威胁中国论”[①]。它催生了一个以限制乃至削弱中国为目标的隐性联盟在事实上的形成。

面对巨大的外部压力，中国人民不会退缩，而且压力更能激发自力更生、奋发图强的决心和潜力。同时，面对外部压力所可能导致的后果，中国官方自然不会不全面谋划、积极应对。这就形成了巨大的外部压力转换成为了中国在内部实现求同存异，并且构建一个相对强大的领导核心和有为政府的外部条件。

六、“有为政府”：一个阶段性的选择

“有为政府”是一个阶段性选择，将来是可变的，当然可能是微调，也可能是大变。在一定意义上讲，选择“偏强一些”的政府，是不得已而为之。事实上，中国政府掌控的资源已经偏多，现在讲“有为政府”，实际上已经是在“降调”了。之所以支持这一选择，是因为中国政府在履行政府职责方面还是有强有弱，而且面临的内外压力很大。比如，最简单而又常常被学者和公众所忽视的一个最基本的政府“作业”就是，要通过政策调控，每年要为大约几百万人拉出就业空间，而且一年都不能等；中国人均资源量相当低，又是多灾害国度。因此，在规范的条件下，允许和支持政府适度集中社会力量，适当集中地去调度社会资源，至少在现阶段是完全必要的。也就是说，强调建立一个偏强一些的“有为政府”，不是在普遍意义上简单强化政府的作用，更不是要回归改革前的社会控制模式。

---

① 杨国钧、王大军：《李瑞环在日本批驳“中国威胁论”》，新华社东京 1999 年 12 月 13 日电。

第四章

构建公共服务体系是服务型政府建设的核心内容

转变政府职能，建设服务型政府，这是一项复杂的系统工程，需要充分考虑时间、空间的协调性问题，要根据不同时期、不同地区各项公共服务的实际供求状况，科学制定总体发展规划和阶段性建设目标，逐步提高公共服务供给的效率、效能和公平性。完善的公共服务体系是服务型政府的重要标志。因此，逐步建立起全方位、广覆盖、多层级、高效能、制度化的公共服务体系是强化政府公共服务职能的着力点，是服务型政府建设的一项核心内容。党的十六届六中全会明确指出，建设服务型政府首先要建立一个“惠及全民的基本公共服务体系”，并把“基本公共服务体系更加完备，政府管理和服务水平有较大提高”作为构建社会主义和谐社会的基本目标之一。

第一节　公共服务和公共服务体系

一、“公共服务”概念辨析

当前，“公共服务”一词已经为人们所熟知并被广泛引用，但在理解和使用上还存在一些问题。在学术界、媒体甚至政府行文中，“公共服务”与“公共产品”等概念往往被不加区分地并列使用甚至简单等同。为了厘清作为政府职能的“公共服务”的内涵和外延，我们有必要对不同语境中的“公共服务”与“公共产品”等概念做出适度区分。

（一）经济学语境中的“公共产品”概念

西方学者对于“公共产品”的讨论由来已久。亚里士多德、霍布斯、休谟等曾就“公共事务”或“公共事物”的特殊性做出过政治哲学分析。从斯密开始，“公共产品”问题开始进入经济学家的研究视野。此后，李嘉图、穆勒、马歇尔、帕累托、庇古、凯恩斯、马佐拉、马尔科、维克塞尔、林达尔等人在各自的研究中也不同程度地涉及“公共产品”问题。多数学者认为，“公共产品”（Public Goods）一词最早出自1936年由美国学者翻译的意大利经济学家马尔科《公共财政学基本原理》（First Principles of Public Finance）一书。[①] 1954年和1955年，美国经济学家萨缪尔森在《经济学与统计学评论》中，先后发表了《公共支出的纯理论》和《公共支出理论图解》两篇文章，第一次明确阐释了经济学意义上的“公共产品”概念，并做出了非常经典的规范性分析。在萨缪尔森看来，所谓“公共产品”是一种集体消费产品，“每个人对这种产品的消费并不会导致他人对该产品消费的减少。”[②] 他借助数学语言对纯公共产品的两个基本特征——“消费的非竞争性和受益的非排他性”[③] 做出了精确描述，并建立了一个关于社会资源在公共产品与私人产品之间最佳配置的一般均衡模型，即“萨缪尔森条件”（Samuelson Conditions）。[④]

萨缪尔森对于公共产品理论的开创性研究具有划时代意义，为后续研究提供了一个重要的理论参照系，但同时也引发了诸多争议。首先是对公共产品的“非竞争性”的质疑。萨缪尔森所描述的“非竞争性”是指人们在消费公共产品的过程中互不冲突。这是因为该产品的供应成本并不会随着消费者数量的增加而递增，也就是说新增消费者对这一产品消费的边际成本为零。然而，这样的公共产品只能在供求绝对平衡的状态下存在。某一公共产品的消费一旦出现拥挤现

① 也有学者认为，“公共产品”（public goods）概念是由瑞典著名经济学家、财政学家林达尔在1919年的博士论文《公平税收》中首先提出的（参见于凤荣：《我国农村公共服务供给模式问题研究》（博士论文），吉林大学，2006年，第11页）。

② Paul A. Samuelson：The Pure Theory of Public Expenditure，*The Review of Economics and Statistics*，Vol. 36，No. 4，1954，pp. 387－389.

③ 萨缪尔森主要是通过数学语言而非文字来描述“公共产品”。马斯格雷夫等经济学家通过分析萨缪尔森提出的数学方程，归纳出了公共产品的两个基本特征——消费的非竞争性和受益的非排他性。

④ “萨缪尔森条件”是指，在帕累托最优情况下，消费上的公共物品对私人物品的边际替代率之和等于生产上的公共物品对私人物品的边际转移率，即边际成本。

象，由此引发的利益之争在所难免。其次是对公共产品的“非排他性”的质疑。萨缪尔森所描述的“非排他性”是指人们在消费公共产品的过程中享有均等的消费机会，等量消费、均衡受益。这是因为在该产品的消费过程中，消费者之间零相关，也就是说人们没有必要或者在技术上也不可能将他人（例如搭便车者）拒之门外，即便在技术上可行，最终也会因为“排他”的成本过高而不得不放弃这种选择。然而，“我们几乎找不到可供全体社会成员等量消费的公共产品”①，“甚至国防和制止犯罪也不是谁都可以同等得到的。”② 值得注意的是，制度和技术的创新虽然能够提高公共产品的供给效率，但这并不能有效遏制公共产品的非均衡受益。再其次，一些学者对公共产品消费的非竞争性和受益的非排他性是否总是同时存在也提出了不同的见解。迈尔斯认为：“实践中难以找到完全同时满足非排他性和非竞争性两个条件的物品。……类似的评论也适合于国防支出等，它最终具有竞争性，排他性也有可能。”③ 此外，还有学者对“公共产品”概念的合理性提出了质疑。著名经济学家张五常认为，“公共产品”一词本身并不准确，这种产品具有“公共性”但不能简单地理解为“共用品”，更不是“公共财产”。还有些学者认为，萨缪尔森对公共产品的描述更多地集中于“产品”而非“公共”，且定义过于狭窄。尽管他并没有将公共产品简单视为政府行为的产物，但“公共”二字的确容易引起歧义，会使人们误认为凡是由政府提供的就是公共产品，而公共产品也只能由政府来提供。

从上述分析可以看出，人们争论的焦点并不在于公共产品理论本身是否严谨，而在于这一抽象化了的纯理论在实践上的解释限度。为了使“公共产品”概念和理论变得更加清晰、准确且更具实践意义，从而更好地描述、解释和说明现实中各种具体且复杂的公共产品，包括布坎南、克鲁格、施蒂格里茨、奥斯特洛姆、奥尔森等在内的多数经济学家则是把研究重点转向了介于纯公共产品和纯私人产品之间的“准公共产品”。与此同时，他们还把公共产品研究与政治学、行政学研究结合起来，进一步拓宽了公共产品理论的研究视域和适用性。

值得一提的是，经济学视角下的公共产品与公共服务是两个完全不同的概念。按照经济学的逻辑，产出可以分为产品和服务两种形式。狭义的产品是有形的产出，而服务则是无形的产出；狭义的产品在生产与消费的时间和空间上可以是非连续的，而服务在生产与消费的时间和空间上则是连续的、一体的。如果从

① Stephen Enke：More on the Misuse of Mathematics in Economics：A Rejoinder. *The Review of Economics and Statistics*，Vol. 37，No. 4，1955，pp. 131 – 133.

② 史蒂文斯：《集体选择经济学》，杨晓维等译，上海三联书店、上海人民出版社 2003 年版，第 74 页。

③ ［英］加雷斯·D·迈尔斯：《公共经济学》，匡小平译，中国人民大学出版社 2001 年版，第 249 页。

产出的形式看，狭义的公共产品与公共服务应该是相对应的。然而，经济学中的"公共产品"概念并不是从政府产出的实物形式去定义的，而是被当作一种具有特定性质的产品来看待。事实上，经济学家们在分析"公共产品"这一概念时，"不是将公共服务、而是将私人产品作为其对应概念。"① 也就是说，经济学意义上的公共产品研究实际上略去了对生产者自身特征的考察，而主要关注的是这一产品在消费和受益上的特殊性。

（二）新公共管理语境中的"公共服务"理念

在经济全球化、市场化、信息化、民主化的时代大背景下，传统公共行政面临双重困境：一是官僚体制的内在缺陷造成政府管理绩效下降；二是社会力量的成长直接影响着公共权力的治理边界。为了适应经济社会发展的要求，自 20 世纪 70 年代末以来，一场规模宏大的政府改革运动在西方典型国家相继展开，并迅速扩展至世界各地。国内外学者为这场全球性的政府改革运动冠之以多种称谓，这里，我们将其统称为"新公共管理运动"②。伴随着新公共管理运动的兴起，西方的公共行政学研究相继出现了两种截然不同的理论取向，即新公共管理理论和新公共服务理论。

新公共管理理论的核心内容可以概括为六个方面：即生产率、市场化、服务导向、分权、政策和对政策效果负责。③ 这里所说的"服务导向"是指政府在借鉴企业绩效管理经验的同时还应该吸纳企业管理中所倡导的"顾客至上"的服务理念，积极回应来自市场、社会和公民个人的服务诉求，不断改善服务态度，创新服务方式、增加服务供给、提高服务绩效。戴维·奥斯本和特德·盖布勒认为，要提高公共服务的供给效率，"宁要劳务承包而不要通过没有终结的职业承包而直接劳动的倾向；宁要提供公共服务的多元结构，而不要单一的无所不包的供给方式结构的倾向；宁可向使用者收费，而不是把普通税金作为资助不具有公共利益的公共事业基础的倾向。"④ 这种强调以市场模式和企业家精神来改造官僚制政府，提高政府的"服务"水平和绩效，塑造政府新形象的"新公共管理

① 赵黎青：《"公共服务"与"公共产品"是并列的吗?》，载《学习时报》2005 年 1 月 31 日。

② 一些学者认为，新公共服务理论的兴起是对新公共管理运动的批判、超越和终结。我们应该看到，在理论取向上，新公共服务与新公共管理虽然存在明显差异但也具有一定的同质性和互补性；在实践过程中，新公共服务与新公共管理又是融为一体的。因此，我们将新公共服务与新公共管理同视为新公共管理运动的重要组成，它们是这一运动中相继兴起的两种不同的理论范式。

③ 参见 Kettl, D. F.: The Global Public Management Revolution: A Report on the Transformation of Governance, *Washington*: *Brookings Institution Press*, 2000, D. C, 1 – 3.

④ 米勒等主编：《布莱克维尔政治学百科全书》（修订版），邓正来等译，中国政法大学出版社 2002 年版，第 613 页。

理论”受到了“新公共服务理论”的巨大冲击。Jonathan Boston 认为，建立在“经济人假设”基础上的公共选择理论在新公共管理运动中居于核心地位，而这一理论“总是要抵制一些类似于‘公共精神’、‘公共服务’的概念”。[①] 新公共服务则主张，政府面对的是公民而非顾客，政府提供公共服务就是要维护并不断促进公共利益，切实保障公民基本权利而非消费者权益。登哈特夫妇则明确地提出了新公共服务的七项基本原则[②]：（1）服务而非掌舵；（2）公共利益是目标而非副产品；（3）战略地思考，民主地行动；（4）服务于公民而非顾客；（5）责任并不是单一的；（6）重视人而不只是生产率；（7）超越企业家身份，重视公民权和公共服务。

从上述分析可以看出，新公共管理理论和新公共服务理论对于公共服务的对象有着不同的定位，前者使用的是经济学意义上的“顾客”概念，后者使用的则是政治学、法学意义上的“公民”概念。正因如此，新公共管理理论更加关注“公共服务”的效率问题，主旨在于如何提高政府的公共服务供给绩效；而新公共服务理论则更加关注“公共服务”的公平性问题，主旨在于正确引导政府的服务价值取向。造成这种差异的主要原因在于，它们有着各自不同的理论基础。新公共管理的理论来源主要包括公共选择理论、委托代理理论、成本交易理论和企业管理理论等；新公共服务的理论来源主要包括多元民主理论、公民权理论、社区与市民社会模型、组织人本主义和组织对话理论以及后公共行政理论等。不同的理论基础虽然造成了新公共管理和新公共服务在理论取向上的分野，但同时也为这两种理论的交叉互补提供了更为广阔的思想空间。当然，我们应该看到，新公共管理语境中的“公共服务”还不算是一个严格意义上的学术范畴，其内涵和外延都比较模糊。更准确地讲，这是为适应行政改革需要而提出的一种行动口号和施政理念。

（三）中国政策语境中的“公共服务”议题

党的十六大以来，在新的政治、经济、社会生态下，中国的政策语境发生了显著变化。

首先，党的执政理念的“进阶式”转变是公共政策话语转换的关键。党的新一代领导集体先后提出了几个格外醒目的政治新术语：如科学发展观、社会主义和谐社会、服务型政府、党的执政能力等。这些新术语所包含的核心思想几乎

① Jonathan Boston: Public Management: The New Zealand Model, *New York*: *Oxford University Press*, 1996, P. 251.

② 参见罗伯特·B·丹哈特，珍妮特·V·丹哈特：《新公共服务：服务而不是掌舵》，刘俊生译，载《中国行政管理》2002年第10期。

贯穿于各项公共政策之中。它们虽然有着各自不同的内涵，但又是一个联系着的思想整体，是党在新时期执政理念和执政方略的有机构成。① 只有对这些政治新术语做统筹理解，才能准确把握当代中国的政策语境。

其次，“社会公平”正逐渐成为中国公共政策的主导性价值取向。公平与效率的关系问题一直是政策制定过程中的一个两难选择。② 作为一个背负巨大发展压力的超大型发展中国家，中国的公共政策在一定历史时期内自然要更加关注“效率”问题。但是，这也直接导致了长期以来经济社会的非均衡式发展，致使地区差距、城乡差距和贫富差距不断扩大。如何才能做到在不损害“效率”的前提下，运用恰当的政策手段抑制、平衡并逐步缩小各种发展差距，最大限度地实现社会公平公正，这是中国的政策制定者亟待破解的一个难题。

再其次，鼓励政治参与，强调政府与社会的双向互动是当前中国政策话语的一个重要特征。长期以来，中国的政策话语权主要掌握在政府手中，这使得公共政策的制定和执行都具有比较明显的“单边主义”特征，缺乏必要的社会参与和互动。“政治资源的配置方式，直接影响着政府公共权力的治理边界。”③ 随着各种社会力量的成长和壮大，企业、媒体、第三部门和公众赢得了更多的政策话语权。从一定意义上讲，中国传统的一元化“单极治理”模式正在为多元化“协商治理”模式所取代。与此相适应，中国公共政策的话语模式也在全社会广泛参与、良性互动的基础上悄然改变。

最后，“民生问题”已经成为中国公共政策制定过程中必须要加以重点考虑的一个问题，“改善民生”则构成了当前中国公共政策的关键词和主题句。改革开放以来，中国在发展经济的基础上解决了最基本的民生问题——温饱问题。随着中国经济的成功转型，与民生密切相关的教育、社保、医疗、就业、环境等问题也逐渐显性化。党的新一代领导集体在坚持“以经济建设为中心”的同时，开始更多地关注民生问题，并把改善民生作为一项重要的施政方针确立下来。

中国公共政策中的“公共服务”议题正是随着这种政策语境的转变而逐步

---

① 党的执政能力首先体现在它能够提出和运用一套正确的执政理论、路线、方针、政策和策略。科学发展观、全面建设小康社会、构建社会主义和谐社会、建设服务型政府等就是党在新时期执政理念和执政方略的思想核心。其中，科学发展观是党在新时期领导社会主义现代化建设的基本指导思想；全面建设小康社会和构建社会主义和谐社会是党在新时期为进一步推动经济社会全面发展所确立的基本价值目标；建设服务型政府则是落实科学发展观，全面建设小康社会，构建社会主义和谐社会的重要内容和实现途径。

② 从党的一些重要文件来看：十四大提出了“兼顾效率与公平”；十四届三中全会提出了“效率优先、兼顾公平”；十六届四中全会提出要“注重社会公平”；十六届五中全会进一步强调要“更加注重社会公平”；十七大强调指出，“深化收入分配制度改革，……初次分配和再分配都要处理好效率和公平的关系，再分配要更加注重公平。”

③ ［美］罗伯特·A·达尔：《现代政治分析》，王沪宁等译，上海译文出版社 1987 年版，第 107 页。

展开的。1998 年 3 月，国务院秘书长罗干在九届全国人大一次会议上作了《关于国务院机构改革方案的说明》的报告，提出“把政府职能切实转变到宏观调控、社会管理和公共服务方面来”。这是在正式文件中第一次明确提出政府的“公共服务”职能问题。2001 年 6 月，大连市第九次党代会提出了“树立市场服务意识，加大经济体制改革力度，建设服务型政府”的发展目标。[①] 这是在正式文件中首次使用“服务型政府”概念。自党的十六大以来，在中央领导的重要讲话中，在党代会、中央全会以及一年一度的“两会”中，几乎都要涉及“公共服务”议题。从最初对“公共服务”的政府职能定位，到具体探讨“基本公共服务体系”建设，再到提出“服务型政府”这一新的政府发展目标，可以说，在中国的政策语境中，“公共服务”的内涵和外延正逐渐清晰起来。

值得注意的是，2003 年之前，中国政策语境中的“公共服务”主要是指经济事务类公共服务，即为企业服务，为市场经济服务，这一点在大连、上海等地政府的正式文件中表述的十分清晰；2003 年，“非典”疫情的爆发引发了各界对社会事务类公共服务的高度关注，公共服务的内涵也随之扩大。2005 年，温家宝总理在政府工作报告中强调指出，中国政府职能转变相对滞后，社会管理和公共服务职能还比较薄弱；要努力建设服务型政府，更好地为基层、企业和社会公众服务。这里所说的“公共服务”既包括经济事务类公共服务，也包括社会事务类公共服务。2006 年以来，作为强化政府公共服务职能重要体现的“民生工程”在各级政府的工作实践中占据了越来越重要的地位。由此，“公共服务”一词更多地指向了社会事务类公共服务。本书也是在这个意义上来使用“公共服务”概念的。

从内涵看，“公共服务”是指为了保障公民基本权利，不断满足日益增长的公共需求，实现社会全面协调可持续发展，政府应该按照公平正义原则，直接或间接地向全体公民提供各种必要的公共服务设施和条件，这是现代政府应该依法履行且需不断强化的一项重要职能；从外延看，“公共服务”是指以政府等公共部门为主提供的，包括公共教育、社会保障、医疗卫生、社会就业、科技、文化体育、环境保护等在内的各项公共服务制度、体制、机制、设施和条件。

通过对不同语境中“公共服务”与“公共产品”概念的比较分析，我们认为有两点需要引起政府、媒体特别是学界同仁的重视。首先，“公共服务”与“公共产品”、“公共物品”等概念不宜并列使用，更不能简单混同。“公共产品”主要是一个经济学术语，是与“私人产品”相对提出的；而作为政府职能的“公共服务”则是一个政治学、行政学术语，与经济调节、市场监管和社会

① 参见《热烈祝贺大连市第九次党代会胜利闭幕》，载《大连日报》2001 年 6 月 4 日。

管理相并列。在概念使用上，我们不能简单地“取其形、略其义”，需要充分考虑到不同学科、不同语境中概念内涵和外延的变化。其次，需要把新公共管理语境中的“公共服务”与中国政策语境中的“公共服务”区分开来。我们并不否认对新公共管理运动所倡导的公共服务理念的学习和借鉴，但要认识到，中国政策语境中的“公共服务”主要是从政府职能的意义上提出的，在概念上更加清晰，内容上也更为具体、更具系统性，已经形成了比较鲜明的中国特色，特别是具有中国原创性特征的服务型政府理论研究更是当代中国学者对政治学和行政学的重大理论贡献。

二、现代政府的公共服务职能

（一）西方国家政府公共服务职能的发育过程

政府履行公共服务职能，这是由国家自身的内在规定性所决定的，而政府公共服务职能的发育程度则取决于经济社会发展的总体水平。在古代，中央和地方政府在铺路架桥、兴修水利、赈灾济民等方面也承担着一些类似于我们今天所说的“公共服务”职能，但就其内容、范围、手段、方式而言，还非常有限，也没有真正纳入法律和制度的框架。严格地讲，现代政府的公共服务职能是随着市场经济主体地位的确立、资本主义国家的兴起以及近代社会保障制度的建立而逐步发展起来的。

早期资本主义国家对公共服务与社会保障制度的探索肇始于 17 世纪初期。1601 年，英国颁布了第一个有关济贫的法律——《伊丽莎白济贫法》，即《旧济贫法》（Poor Law Act）。这是世界上最早的一部社会保障法，它“首次界定了在人类社会安全保障关系中市民个人与社会集体之间的相互权利……《济贫法》的诞生意味着一个现代社会保障国家雏形的诞生。”① 此后，英国政府在《济贫法》的基础上，先后颁布了一系列相关的法律法规。自工业革命以来，大机器的广泛使用造成了大量的失业人口，贫困人口的数量不断增加，这使得英国政府用于济贫的财政支出也迅速递增。为了改变这一状况，1834 年，英国议会通过了《济贫法（修正案）》（The Poor Law Amendment Act of 1834），这也被称之为《新济贫法》。《济贫法》的颁布实施虽然没能从根本上改变贫困人口的生存状况，但它在特定的历史条件下还是发挥了一定的积极作用。《济贫法》的真正意

① 郑秉文：《法国社保制度的独特性：框架结构与组织行为——与英国模式和德国模式的比较》，《“回顾与展望——纪念中法建交 40 周年国际学术研讨会”论文集》，2003 年 12 月。

义在于：它为现代公共服务与社会保障制度的建立提供了一个重要的参照系，同时，它对现代政府的公共服务职能做出了较为系统、规范、明确的法律界定。

19 世纪 80 年代到 20 世纪 30 年代，欧洲主要国家普遍意识到建立公共服务与社会保障制度的必要性，并把公共服务视为现代政府不可或缺的一项重要职能来对待。1883 年，德国俾斯麦政府颁布了世界上第一部《疾病保险法》，1884 年和 1889 年，又先后出台了《意外伤害保险法》和《伤残及老年保险法》，这些法律共同构筑起“俾斯麦模式”的德国社会保障制度。这一模式对欧洲其他国家社会保障制度的形成和发展产生了极为深远的影响。此后，法国、卢森堡、瑞典、丹麦和爱尔兰等国家纷纷仿效德国的做法建立了各自的社会保障制度。

1929 年，世界性经济危机的爆发成为了公共服务与社会保障制度改革的重要转折点。在经济大萧条的时代里，失业率高居不下，贫困人口不断增加，公共服务供求矛盾变得格外突出，社会救济成为了首要的突出问题。在这一背景下，各国政府在公共服务与社会保障领域自然要承担起更多的社会责任。1935 年，美国总统罗斯福颁布了《社会保障法》，其内容涉及社会保险、公共援助、社会服务、老年伤残保险、医疗补助以及对孕妇、残疾儿童补助等六个方面。《社会保障法》“奠定了美国社会保障制度的立法基础，开创了美国特色的福利国家制度的新时期。”① 它标志着长期滞后于西欧的美国现代社会保障制度初步建立起来，这在世界社会保障史上具有划时代意义。

第二次世界大战后，英国政府根据 1942 年提交的《贝弗里奇报告》②，对英国的公共服务与社会保障制度进行了全面的改革。《贝弗里奇报告》共分六个部分：第一部分介绍了社会保险和相关服务部际协调委员会的工作流程和整个报告的主要内容；第二部分审视了英国当时保障制度存在的诸多问题，详细论述了报告所建议的二十三项改革的理由及具体建议；第三部分重点讨论待遇标准和房租问题、老年问题以及关于伤残赔偿的途径问题；第四部分主要涉及社会保障预算问题；第五部分是社会保障计划；第六部分是社会保障和社会政策。该报告首次提出了社会保障所应遵循的四项基本原则，即普遍性原则、保障基本生活原则、统一性原则、权利和义务对等原则，同时，就英国的社会保障制度改革提出了二十三项具体建议。根据这些建议，英国政府先后颁布了《教育法》（1944 年）、《国民保险部组织法》（1944 年）、《国民救济法》（1945 年）、《家属津贴法》

① 参见黄安年：《富兰克林·罗斯福和 1935 年社会保障法》，载《世界历史》1993 年第 5 期。

② 1941 年，英国成立了“社会保险和相关服务部际协调委员会”，着手制定战后社会保障计划。经济学家贝弗里奇爵士担任该委员会主席，负责对现行的国家社会保险方案及相关服务（包括工伤赔偿）进行调查，并就战后重建社会保障计划进行构思设计，提出具体方案和建议。1942 年，贝弗里奇爵士提交了题为《社会保险和相关服务》的报告，这就是著名的《贝弗里奇报告》。

(1945 年)、《国民保险法》(1946 年)、《工业伤害法》(1946 年)、《国民保险法》(1946 年)、《国民健康服务法案》(1946 年)等一系列法律法规，标志着“贝弗里奇模式”的福利国家(welfare state)在英国基本建立起来。

20 世纪 50 年代末至 70 年代初，这是西方资本主义发展的“黄金时代”。这一时期，西方国家的公共服务与社会保障制度建设卓有成效，政府的公共服务职能得到迅速发展和完善。多数西方国家实施了“普遍福利政策”，公共服务与社会保障基本覆盖了全社会。建设高水平的福利国家和福利社会成为了这一时期西方国家的一种普遍趋势。

20 世纪 70 年代中期以来，持续 3 年的中东石油危机触发了第二次世界大战后最为严重的全球经济危机。在这场危机中，英美等国家普遍陷入了低增长、高通胀、高赤字、高失业率的严重“滞涨”困境，他们长期以来所奉行的“普遍福利政策”也难以为继。为此，西方发达国家纷纷对公共服务与社会保障制度做出调整，力求在效率与公平、公共服务与经济发展之间寻求新的平衡点。20 世纪 70 年代末以来，一场以“重塑政府”、“再造公共部门”为目标的新公共管理运动率先在英美国家兴起，随后迅速发展成为一种世界性潮流。在这一改革中，福利国家普遍采取了减少社会福利支出的公共政策，他们将政府的公共服务职能限定在提供核心公共产品，而由私人部门、非政府组织参与提供混合公共产品和私人服务。

进入 20 世纪 90 年代，这些国家并没有放慢政府改革的步伐，一方面，他们继续执行 80 年代提出的一些改革措施，如强化地方政府的权力，加强公共部门的自主权，放松内部和外部管制，改革人事制度，强化信息技术的运用等；另一方面，他们从经济全球化的时代要求出发，重新审视政府与市场、政府与社会的关系，并对政府改革的基本方向做出适时调整，提出了“更好的治理，更好的服务”这一新的政府发展目标。尽管世界各国为实现“更好的治理，更好的服务”这一政府发展目标所采取的措施、方法和手段也有所区别，但从 20 世纪 90 年代以来公共行政改革的特点和趋势看，各国政府都不约而同地把改革的重点放在了“公共服务”领域。具体地讲，强化政府的核心公共服务职能，增强政府的服务意识，提高政府的服务质量，增加核心公共服务供给，创新公共服务方式，改善公共服务绩效等是这一时期公共行政改革的主要特点。

(二) 中国政府职能的转变与建设服务型政府

从一定意义上讲，中国改革的逻辑主线在于政府职能的转变。更准确地说，是政府职责重心的阶段性转移，也可以说是政府角色的阶段性转变。建设服务型政府是党的新一代领导集体为了适应新时期政府职能转变的客观要求而提出的一个新的政府发展目标。

中国是一个有着高度的发展自觉性的国家，在坚持走有中国特色社会主义发展道路的同时，始终注意紧跟时代发展的潮流和趋势。十一届三中全会以来，在“以经济建设为中心”思想的指导下，在党和政府的强势推动下，中国不仅实现了“社会主义”与“市场经济”的成功接轨，同时创造了一个超大型国家经济社会跨越式发展的奇迹。可以说，中国经济之所以能够取得巨大的成功，各级政府功不可没。正是基于这一事实，有些学者将改革开放以来的中国政府称为“经济建设型”政府。然而，在不断加强政府经济职能的同时，对于政府应该履行的各项社会职能在改革开放初期并未能给予足够的重视。这种做法虽然有失偏颇，但历史地看，又有一定的合理性、必然性。在高度集中的计划经济体制下，企业和市场的作用难以得到充分的发挥，政府自然要主动担当起推动经济发展的重任；而相对成熟且功能健全的“单位”体制又使得政府在相当长的一段时期内对于社会管理和公共服务并无太多后顾之忧，可以一心一意地抓经济建设。

随着体制改革的逐步深入，中国的经济运行方式和社会管理体制都在发生深刻的变化。在这一过程中，学界和政界开始认真思考政府的职能定位问题，更准确地说，重点思考的是政府如何在市场经济条件下履行好经济职能的问题，而对于政府的社会职能仍然没有给予足够的重视和充分的研究。这也使得政府在积极调整自身与企业和市场关系的同时，未能对市场经济条件下政府与社会的关系做出及时调整。“单位”曾经是党和政府联系广大人民群众的重要纽带，一度分担了政府相当一部分的社会管理和公共服务职能。20 世纪 90 年代中后期，在市场化力量的推动下，“单位”的社会功能被不断弱化，“单位”体制开始走向解体。问题也随之而来，“谁”来填补因“单位”的退出而造成的空白？毫无疑问，把“单位”的遗留问题全部推向市场，既不合理也不现实，而政府对此显然没有做好充分的准备。

进入 21 世纪，伴随着中国经济的持续快速发展，各种社会问题如就业、社会保障、教育、医疗、环保等问题也日益突显出来。党的十六大以来，中央政府开始有意识地强调社会管理和公共服务职能的重要性，并明确提出了建设服务型政府的发展目标。建设服务型政府，不是一个空洞的政治口号，也不是对政府的职能、机构和规模等做局部层面的微调，而是在新的历史机遇期，中国政府对自身发展方向的重新定位。把“服务型政府”作为今后政府发展的基本目标，不仅顺应了经济社会全面协调可持续发展的需要，也与当前公共行政改革的国际化趋势相契合。当前，我们在政府发展方面面临着“双重任务”，也可以说是“双重压力”：“一方面，中国要像其他发展中国家一样，着力解决政府管理的现代化这一基础问题；另一方面，面对自己雄心勃勃的经济发展规划和经济全球化的压力，又不得不拿出相当的精力，去做和发达国家政府一样的事情，也即去解决政府管理的‘后现代化’问题。”① 从这个意义上讲，中国在新世纪伊始提出建设服务型政府的发展目标是一种“历史压力下的历史性选择”。

三、公共服务体系建设：强化政府公共服务职能的着力点

（一）国外的公共服务体系建设

从国际经验看，许多国家都把构建并逐步完善包括义务教育、社会保障、医疗卫生、公共安全、就业、环保、科技、文化等在内的公共服务体系作为强化政府公共服务职能的基本着力点。建立一个全方位、广覆盖、多层级、高效能、制度化的公共服务体系，可以为政府履行公共服务职能提供一个重要载体和作业平台，并以此为基础，逐步实现基本公共服务的均等化和公共服务品质的稳步提升，积极推进服务型政府建设。

由于每个国家的历史和现实国情不同，政治经济体制也存在一定的差异，因此，各国政府在公共服务体系建设过程中所选择的政策路径不尽相同。总体上看，西方发达国家公共服务体系建设的基本模式主要有两种：一是以美国、德国和日本为代表的“公平与效率兼顾型”的公共服务模式，其主要特点是在政府有效调节分配的前提下，建立起以个人自助为主，政府补贴、商业保险为辅的公共服务体系；二是以英国、法国和北欧国家为代表的“全面公平型”的公共服务模式，其主要特点是以政府为主体，按照“全民普及、公平公正”的原则，实行对全民的普遍保障。在新兴工业化国家中，韩国的“福利经济型”的公共服务模式与新加坡的“效率主导型”的公共服务模式不仅特点鲜明，实践效果也比较理想。在发展中国家中，印度的公共服务总体水平虽然不高，但在许多方面都基本实现了公共服务的均等化。印度政府在建设公共服务体系的过程中始终坚持“低水平、广覆盖”的原则，从而使得绝大多数公民的最低公共服务需求得到了基本满足。特别值得一提的是，印度有着较为完善的公共医疗服务体系，这是印度公共服务体系建设的最大亮点。苏联、东欧等转型国家借助市场化力量，对计划经济体制下的公共服务体系进行了较为彻底的改革。其中，匈牙利、波兰、捷克等国家公共服务的市场化转型较为成功。相比较而言，拉美国家的公共服务体系建设相对滞后，公共服务发展战略摇摆不定，公共服务体系覆盖面较

① 朱光磊主编：《中国政府发展研究报告（第2辑）——服务型政府建设》，中国人民大学出版社2010年版，第42页。

窄且严重失衡，这也是导致拉美国家经济滑坡、发展停滞的重要原因之一。

上述国家在公共服务体系建设中的成功经验和历史教训值得我们认真吸取和借鉴。第一，建立一个较为完善的公共服务体系，对于维护本国经济平稳发展、社会和谐稳定至关重要；第二，公共服务体系建设要立足于历史和现实国情，不能盲目照搬别国模式；第三，以公共服务体系建设作为切入点，不断强化政府的公共服务职能，逐步形成符合社会发展需求的服务型行政体制和机制；第四，不断加大对各项公共服务事业的财政投入，逐步建立以保障公共服务为重点的公共财政体制；① 第五，公共服务体系建设要处理好政府与市场的关系，要把政策的刚性制约与市场的弹性调节有机结合起来；第六，公共服务体系建设不能由政府唱“独角戏”，需要各种社会力量的广泛参与、良性互动。

（二）中国的公共服务体系建设

中国的公共服务体系建设大致经历了三个发展阶段：第一个阶段是从新中国成立到党的十一届三中全会之前，即公共服务体系的早期发育阶段。新中国成立伊始，党和政府在恢复和发展经济、进行社会主义改造和建设的同时，依托于“全能型”的“单位”体制，先后投资兴办了一批教育、卫生、文化、科技和体育等社会事业。然而，由于受计划经济体制和经济发展水平的制约，各项公共服务发展较为迟缓，覆盖面还比较小，平均主义色彩浓厚。第二个阶段是从改革开放到党的十六大，即公共服务体系在改革中谋发展阶段。改革开放初期，由于“单位”依然扮演着“全能型”角色，因此，公共服务供求矛盾并不突出。随着市场化改革的逐步深入，“单位”瘦身势在必行。为了填补“单位”退出后在社会管理和公共服务领域留下的空白地带，政府必然要对原有的公共服务体制进行全面改革。客观地讲，由于公共服务体系建设正处于体制和机制转型期，虽然取得了一些成绩，但问题也很多。第三个阶段是自党的十六大以来，即全面建设公共服务体系阶段。随着国民经济的快速发展和人民生活水平的普遍提高，社会公共服务需求的快速增长与公共服务供给相对不足的矛盾逐渐凸显出来。为此，党的新一代领导集体提出了“以民生为本”、以“基本公共服务均等化”为目标的公共服务体系建设思路。

当前，中国的公共服务体系建设是有利条件与困难并存、紧迫性与长期性并存、整体推进与重点突破并存。从现实条件来看：中国的综合国力显著增强，同时国家大、人口多、底子薄；经济建设取得显著成就，同时社会建设相对滞后；

① 参见国家行政学院课题组：《关于公共服务体系和服务型政府建设的几个问题（上）》，载《国家行政学院学报》2008 年第 4 期。

人民生活总体上已达到小康水平，同时贫富差距仍然较大；行政管理体制改革取得了显著成效，同时新形势新任务提出了更高要求。[①] 实事求是地讲，中国的公共服务体系建设任务还十分艰巨，有相当长的一段路要走。

四、核心→基本→全面：公共服务体系立体化建设构想

（一）公共服务职能的“划界”问题

构建公共服务体系，首先要明确作为政府职能的“公共服务”的边界，也就是说，我们要搞清楚政府需要在哪些领域强化其公共服务职能。这也是近年来国内学界集中讨论的一个热点问题。有的学者主张，依据公共服务的功能将公共服务分为维护性公共服务（包括产权保护与市场秩序维护、一般政府服务、国防支出等）、经济性公共服务（包括公用事业的公共生产、生产者的公共补贴、公共基础设施建设、环境保护公共服务等）和社会性公共服务（包括教育公共服务、公共医疗卫生服务、社会保障公共服务、就业公共服务等）；依据公共服务水平将公共服务分为基本公共服务（包括义务教育、公共卫生、公共文化体育、社会保险与社会救助、公共安全保障等）和非基本公共服务（如高于社会保险水平的高福利等）。[②] 有的学者主张，依据中央—地方职责配置将公共服务区分为中央公共服务（包括国防、外交、邮政、铁路、航空、通讯、能源、大型水利工程、国家级的公共基础设施、自然资源保护、文化设施保护、全国气象服务和广播电视服务、重大基础科研、社会养老保障服务等。）和地方公共服务（包括地方性的公共交通、道路运输、公共基础设施、环境保护、住房、公园、博物馆、文化体育设施，供水、供电、供气、供热、城市规划、排污、垃圾处理、街道卫生，初、中等教育和医疗卫生，地方治安、消防、灾害救助等）。[③] 有的学者依据现实国情，提出基本民生性服务（包括就业服务、基本社会保障等）、公共事业性服务（包括义务教育、公共卫生和基本医疗、公共文化等）、公益基础性服务（包括公益性基础设施和生态环境保护等）公共安全性服务（包括生产安全、消费安全、社会安全、国防安全）是现阶段基本公共服务的基

---

① 参见国家行政学院课题组：《关于公共服务体系和服务型政府建设的几个问题（下）》，载《国家行政学院学报》2008 年第 5 期。

② 参见李军鹏：《公共服务学——政府公共服务的理论与实践》，国家行政学院出版社 2007 年版，第 4 ~ 6 页。

③ 参见沈荣华：《关于政府公共服务体系创新的思考》，载《学习论坛》2008 年第 5 期。

本内容。[1] 有的学者主张，基本公共服务包括三个基本点：一是保障人类的基本生存权（包括基本就业保障、基本养老保障、基本生活保障等）；二是满足基本尊严（或体面）和基本能力的需要（包括基本的教育和文化服务等）；三是满足基本健康的需要（包括基本的医疗和卫生服务等）。[2] 广泛而积极的学术讨论有助于增进我们对问题的理解，同时也为当前的公共服务体系建设提供了重要的理论参考。

从理论上讲，公共服务应该与公共需求相适应。然而，公共需求的多元化、多层级化以及公共服务供给、受益方式的多样化，使得我们难以为公共服务准确"划界"。然而，从实际操作层面来讲，又必须有一个比较明确的"划界"，这样便于各级政府开展工作。综合分析了当前学界和政界有关公共服务体系构成的各种说法，我们发现，有一些深层次问题值得认真思考。首先，要对政府的公共服务职能做出"应然"与"实然"的划分。所谓"应然"是指理论上政府应当提供的公共服务，这主要取决于社会公共需求；所谓"实然"是指政府实际可以提供的公共服务，这主要取决于政府的公共服务能力。其次，要根据受益范围对公共服务的"公共性"程度做出区分，这包括全民受益的最广义公共服务（如国防、社会和市场秩序的法律维护等）、绝大多数人受益的次广义公共服务（教育、医疗、社会保障、就业、文化、环保、信息服务等）、特殊群体受益的狭义公共服务（如为残障人士提供的特殊服务）。最后，要根据公共需求的层次性、供求矛盾状况以及各种主客观条件对公共服务的逻辑次序做出进一步分析。这种分析对于指导公共服务体系建设实践是至关重要的。

基于上述分析，我们将公共服务划分为三个层次：第一层次是核心公共服务，主要包括义务教育、基本社会保障和基本医疗卫生；第二层次是基本公共服务，即包括了核心公共服务在内的公共服务体系主体架构，主要包括公共教育、社会保障、公共卫生、公共就业服务、环境保护、公共文化服务等；第三层次是支持性公共服务，即作为公共服务体系建设的重要支援性力量，它们并非自成体系，却广泛地渗透于各项基本公共服务之中，并发挥着重要的辅助性、支持性作用，主要包括社会基础设施、公共科技服务、公共信息服务、法律援助服务等。

（二）公共服务体系建设的逻辑序列

目前，国内学界在探讨公共服务体系建设时，谈论最多的是公共服务体系的

---

① 参见季红：《建立惠及全民的公共服务体系》，载《经济导刊》2007 年 5 月 1 日。

② 参见中国（海南）改革发展研究院：《如何界定中国现阶段的基本公共服务》，人民网，2008 年 3 月 7 日。

基本构成，而对于公共服务体系建设的逻辑序列问题重视程度明显不足。从方法论来看，不少学者是把公共服务视为一个基本“作业面”，把各项具体的公共服务视为一个个平行并列的“作业区间”。这种线性思维方式存在一定的问题。公共服务体系建设是一项复杂的社会系统工程，要面对和解决诸如需求与供给、效率与公平、政府与市场、政府与社会、中央和地方、时间和空间、数量和质量、主观努力和客观条件等各种错综复杂的矛盾关系。因此，我们不能把公共服务体系的构成作为一个纯理论问题加以研究，而要作为一个实践性课题来看待，要把“体系的构成”与“建设实践”结合起来加以综合考量；不能以抽象、静态的体系设计作为建设实践的基础，而是要从实践需要出发，审慎思考公共服务体系的构成及其在建设实践中的逻辑序列等问题。

基于上述分析，我们初步提出了按照“核心→基本→全面”这一逻辑序列渐次展开的公共服务体系立体化建设构想。这里所说的“核心→基本→全面”既是一种“空间架构”，也是一种“次序设计”。从空间架构来看，这是一个“点、轴、面”相结合的锥形结构或伞状结构。其中，义务教育、基本社会保障和基本医疗卫生三大核心公共服务是“基点”；公共教育、社会保障、医疗卫生、公共就业服务、环境保护、公共文化服务等各项基本公共服务是“支撑轴”，共同支撑起一个面向城乡居民的、较为完善的公共服务体系；这里所说的“全面”是一个目标式概念，即在重点巩固核心公共服务、加快建设基本公共服务的同时，有针对性地发展各项支持性公共服务，逐步建立起一个全方位、广覆盖、多层次、制度化、信息化的有中国特色的公共服务体系。

从时序设计来看，首先要巩固“公共服务体系的核心层”，即重点抓好义务教育、基本社会保障、基本医疗卫生三大基础性公共服务建设，这是公共服务体系建设的首位问题，是全部工作的出发点，是重中之重；其次是搭建“公共服务体系的基本面”，即加快建设包括公共教育、社会保障、公共卫生、就业服务、环境保护、公共文化服务在内的各项基本公共服务；最后是根据各项基本公共服务的实际建设情况及现实需要，有针对性地建设“公共服务体系的支撑面”，搞好与之相关的各种支持性服务。

第二节　核心公共服务

本书所指“核心公共服务”主要包括九年义务教育、基本社会保障和基本医疗卫生三项内容，它们分属于基本公共服务中的公共教育服务、社会保障服务和公共卫生服务，是整个公共服务体系中最基础、最重要、最核心的组成部分，是公共服务体系建设的“基点”。在各项公共服务中，这三项内容不仅应该，而且最有可能率先实现“均等化”目标。“核心公共服务”确立的理论依据主要来自于以下几个方面：一是上述内容与《世界人权宣言》、《经济、社会及文化权利国际公约》、《社会保障（最低标准）公约》中所倡导并获得了国际社会普遍确认的人的生存权、教育权、健康权等基本人权高度契合，直接关系到这些基本人权能否得到最基本、最有效的保障；二是在上述领域中，公共服务供求矛盾最为突出，社会各界的反响最为强烈；三是上述内容直接关系到社会安全与稳定，是经济社会可持续发展的基本前提和重要基础；四是西方发达国家公共服务体系建设的实践历程、经验及教训；五是中国政府提出的基本公共服务“均等化”目标的现实可能性及其首位问题。

一、九年义务教育

义务教育是国民教育系列的基础性构成。新的《义务教育法》[①] 规定，义务教育是由国家统一实施的所有适龄儿童、少年必须接受的教育，是国家必须予以保障的公益性事业。目前，中国实行九年义务教育制度。

（一）义务教育的公共性特征

义务教育本质上是一种公共服务，这是由义务教育的公共性特征所决定的。义务教育的公共性特征又主要表现在免费性、平等性、普及性、责任性等方面。

第一，义务教育是一种基于“有限责任”的免费教育。免费性是义务教育区别于其他公共教育服务的一个主要特点。当然，免费并不等于不收取任何费用。从国外义务教育实践来看，尽管各国的教育经费投入逐年递增，但家庭教育支出并没有随之下降。根据英国诺维奇联盟发布的“学校消费指数”，从2002年到2006年，英国家庭支付一个孩子从5岁到16岁完成公立学校教育的平均费用上涨了将近40%；联合国教科文组织发布的《2007年全球教育摘要》显示，印度中小学阶段28%的教育费用由家庭来承担。[②] 美国各州的立法机构则是通过制定专门条款，授权地方学区向学生收取合理的杂费和其他费用。此外，包括发达国家、发展中国家在内的许多国家普遍存在着学校向家长寻求“贡献”的现

① 1986年4月12日，第六届全国人民代表大会第四次会议通过了《中华人民共和国义务教育法》；2006年6月29日，第十届全国人民代表大会常务委员会第二十二次会议对这一法律做出了新的修订。

② 参见高靓：《国外如何为免费义务教育保驾护航》，载《中国教育报》2008年9月17日。

象。由此看来，义务教育并不等于免费教育。准确地讲，这是一种基于“有限责任”的免费教育，国家、社会、学校和家庭都要承担一定的责任。

第二，义务教育是一种基于“平等”权利的国民教育。从法的角度看，义务教育的平等性主要表现在两个方面：一是受教育机会的平等；二是情感关照或补偿的平等。[①] 所谓受教育机会的平等，是指在受教育机会与权利的分配过程中，只要符合法定入学资格，即可以平等享有接受义务教育的权利。这种权利的取得不应受民族、种族、性别、宗教信仰、财产状况以及地域等因素的影响。所谓情感关切或补偿的平等，是指在尊重各种自然差异的同时，各国政府为促进义务教育的均衡发展和平等状态的实现，所实施的具有人性化特点的特殊情感关照或补偿。例如，各国政府针对特殊地区、特殊儿童群体的义务教育问题往往会采取特殊的政策规定和措施。我国2006年修订的《义务教育法》对上述两方面内容也做出了明确的法律规定。

第三，义务教育是一种“普及性”教育。与高等教育和职业教育不同，义务教育既不是精英教育，也不是职业技能教育，而是一种面向所有适龄大众群体的“普及性”素质教育。尽管世界各国推行义务教育的时间及其提供的义务教育年限有很大差别，但目的基本相同，即以提高本民族的科学文化素质为宗旨，注重培育适龄儿童、少年在思想道德、能力、个性、身体及心理素质等各方面健康协调发展。根据联合国教科文组织发布的研究报告显示，截至2000年，全世界已有185个国家和地区建立了义务教育制度。在这185个国家和地区中，平均义务教育年限为8.89年，中位数为9年。[②] 可见，实行九年义务教育是目前国际义务教育年限的基准点。20世纪80年代中期，中国的义务教育步入了法制化轨道。经过二十多年的发展，中国已经基本实现了普及九年义务教育的发展目标。“到2008年，全国小学净入学率已达到99.5%，初中毛入学率已达到98.5%。”[③]

第四，义务教育是一种强制性“公共责任”。义务教育是多方行为主体共同参与的一项公益性事业，各级政府、社会、学校、教师、家长和学生在义务教育中扮演着不同的角色，相应地，他们应该承担起各自的责任和义务。目前，世界各国普遍以法的形式对各行为主体在义务教育中所应承担的公共责任及其强制性

① 参见苏君阳：《义务教育公共性的法律解读——〈中华人民共和国义务教育法〉修订后的思考》，载《中国教育学刊》2007年第3期。

② 在185个国家和地区中，有39个国家和地区实行九年义务教育，有35个国家和地区实行十年义务教育，两者合计为74，占总数的40%；有12个国家和地区实行十二年义务教育，有8个国家和地区实行13年义务教育的，两者合计为20，占总数的10.8%（参见刘彦伟等：“义务教育年限的国际比较”，载《教育科学》2006年第5期）。

③ 周济：《新中国60年　教育事业最重要的成就》，人民网，2009年8月27日。

程度做出了明确的法律规定，这在很大程度上避免了各行为主体在义务教育中消极作为和积极不作为现象的发生。2006 年修订的《义务教育法》充分吸收了国外义务教育立法的“强制性”精神实质，对于各级政府在义务教育中的职责分工做出了更为明确的划分，对于社会、学校、教师、家长和学生在义务教育中所应承担的公共责任及其强制性程度也做出了更为准确的法律表达。

（二）义务教育中的政府责任

发展义务教育是政府履行公共服务职责的一项重要内容。从世界各国的义务教育实践来看，政府所应承担的主要职责包括：一是提供法律制度保障，即为义务教育立法；二是提供教育经费保障，即把义务教育经费纳入公共财政保障范围；三是对义务教育进行宏观指导和调控，这既包括对义务教育资源的配置、调控，也包括对教育教学环节的指导和监督；四是对义务教育实施结果进行权威性评价，即政府有责任也有权力对义务教育的实施效果做出评价，并及时向全社会公布这一评估结果；五是维护和保障校园安全秩序。

在这一责任体系中，不同层级的政府承担的具体职责是有所区别的。以日本为例：2005 年，日本中央教育审议会通过了《创造新时代的义务教育——关于义务教育结构改革的应有状态》这一重要文件。该文件明确了国家、都道府县、市町村和学校在义务教育中的责任关系：学校是义务教育的主要承担者；国家负有保障义务教育实施及对义务教育进行宏观调控的责任；都道府县负有在其管辖区域内发挥最大效用的职责；市町村地方当局和学校作为义务教育的实施主体，有必要赋予其更大的权限和责任。① 明确划分各级政府在义务教育中的职责权限，有助于强化和落实义务教育中的政府责任，切实提高各级政府的政策执行力。

中国的义务教育制度形成较晚。1986 年，第六届全国人大第四次会议通过《中华人民共和国义务教育法》（以下简称《义务教育法》），第一次以法律的形式明确规定中国实行九年制义务教育制度。为了适应体制改革的需要，1993 年 2 月，中共中央、国务院印发了《中国教育改革和发展纲要》及《实施意见》（以下简称《纲要》和《意见》）。《纲要》和《意见》进一步强调了发展义务教育的重大意义，明确了义务教育在整个教育事业中的基础地位。《中共中央关于制定国民经济和社会发展“九五”计划和 2010 年远景目标的建议》中明确提出了到 2000 年中国基本普及九年义务教育的发展目标。2006 年，中国对《义务教育

① 参见华丹：《走进教育新时代：论当前日本义务教育的结构改革》，载《外国中小学教育》2006 年第 4 期。

法》做出了较大修订，最大亮点是突出强调了义务教育中的政府责任。在新的《义务教育法》中，“政府”一词的使用频次达70次之多，基本都涉及政府责任和职责分工问题。概括起来，可以归纳为以下几个方面：

一是保障义务教育经费的责任。新《义务教育法》第六章对经费保障的具体措施做出了明确规定，如将义务教育经费全面地纳入财政保障范围；义务教育财政拨款的增长比例应当高于财政经常性收入的增长比例；省级政府制定的学校学生人均公用经费标准不得低于国家标准；地方政府在财政预算中将义务教育经费单列；加大一般性转移支付规模和规范义务教育专项转移支付，支持和引导地方政府增加对义务教育的投入；等等。

二是促进义务教育均衡发展的责任。新《义务教育法》规定，国务院和县级以上地方人民政府应当合理配置教育资源，促进义务教育均衡发展；重点保障农村地区、民族地区实施义务教育，保障家庭经济困难的和残疾的适龄儿童、少年接受义务教育；国家组织和鼓励义务教育对口支援；政府应该缩小学校之间办学条件的差距，不得将学校分为重点学校和非重点学校；学校不得分设重点班和非重点班；县级教育行政部门应当均衡配置本行政区域内学校师资力量；等等。

三是保障适龄儿童正常入学、就学、不辍学的责任。新《义务教育法》规定，地方政府应当保障适龄儿童、少年在户籍所在地学校就近入学；非户籍所在地的适龄儿童、少年，当地人民政府应当为其提供平等接受义务教育的条件；县级人民政府根据需要设置寄宿制学校，保障居住分散的适龄儿童、少年入学接受义务教育；县级教育行政部门对本行政区域内的军人子女、少数民族学生、残障儿童以及未成年犯接受义务教育予以保障；等等。

四是对义务教育进行管理和监督的责任。新《义务教育法》规定，义务教育实行国务院领导，省级人民政府统筹规划实施，县级人民政府为主管理的体制；人民政府教育督导机构负责监督检查义务教育执行情况，督导报告向社会公布；学校实行校长负责制，校长由县级教育行政部门依法聘任；国家建立统一的义务教育教师职务制度；国家实行教科书审定制度；教科书由国家按照微利原则确定基准价，省级价格行政部门会同出版行政部门按照基准价确定零售价；等等。

五是维护和保障校园安全秩序的责任。校园秩序是一种公共秩序，维护和保障公共秩序也是各级政府义不容辞的责任。新《义务教育法》规定，各级人民政府及其有关部门依法维护学校周边秩序，保护学生、教师、学校的合法权益，为学校提供安全保障；学校应当建立、健全安全制度和应急机制；县级以上地方人民政府定期对学校校舍安全进行检查，并负责维修、改造工作；等等。

从上述所列内容可以看出，新的《义务教育法》对政府责任及其职责分工做出了较为全面的规定，但在表述方式上仍属原则性的，这是基于法律文本精练简洁的需要。为此，各级政府及教育行政主管部门需要抓紧制定更为具体、更具操作性的工作条例和实施细则，尽可能地把各项法定责任细化、量化、标准化。配套法规建设的滞后是造成原《义务教育法》实施情况不理想的一个重要原因，这是贯彻落实新的《义务教育法》需要借鉴和吸取的历史教训。

（三）均衡发展：维护义务教育公平的着力点

自《义务教育法》颁布实施以来，中国的义务教育事业取得了长足进步。相继免除了农村（1997 年）和城市（2008 年）义务教育学费、杂费，“两基”目标也已基本实现。目前，中国的义务教育发展已由关注就学机会的低水平普及进入全面普及、巩固提高、均衡发展、维护公平的高水平普及阶段。

在充分肯定成绩的同时，我们必须要正视中国的义务教育还存在许多有悖教育公平的现象。导致义务教育不公平的原因是多方面的，一个重要原因在于义务教育的非均衡发展。在中国，义务教育的非均衡性主要体现在以下几个方面：一是地区间义务教育的非均衡性。这既包括东部、中部和西部地区之间的非均衡性，也包括地区内部的非均衡性，以及各省内部的非均衡性。二是城乡间义务教育的非均衡性。这既包括广义的城市地区与农村地区之间的非均衡性，也包括中心城市与非中心城市、城市中心区与非中心区以及城市近郊与边远农村牧区之间的非均衡性。三是校际间义务教育的非均衡性。这既包括重点校与非重点校之间的非均衡性，也包括重点班与非重点班之间的非均衡性。此外，各种层次的重点校之间也存在着发展的非均衡性。四是女童（特别是农村女童）义务教育失衡。女村女童的义务教育问题是许多亚洲国家面临的 个共性问题。联合国教科文组织的官员曾经指出，“如果哪一个国家实现了农村女童的义务教育，那么，就可以认为它已实现了普及义务教育的伟大目标。”① 仅从“春蕾计划”② 先后资助 180 多万人次贫困女童重返校园这一惊人数据不难发现，女童（特别是女村女童）的义务教育问题仍然十分严峻。五是留守儿童、流动儿童、残障儿童、未成年犯等特殊儿童群体的义务教育问题还比较突出。

教育公平是社会公平的重要组成部分，义务教育公平是实现教育公平的基础和重要体现。新的《义务教育法》把“均衡发展”作为一个根本指导思想，以此来推进义务教育公平。根据国家教育督导团的调查研究显示：近年来，全国义

---

① 转引自曲恒昌：《亚洲发展中国家普及义务教育的头号难题：农村女童教育》，载《比较教育研究》1997 年第 3 期。

② “春蕾计划”是 1989 年中国儿童少年基金会发起并组织实施的一项救助贫困地区失学女童重返校园的社会公益事业。截至 2008 年年底，“春蕾计划”筹集资金累计 8 亿多元，捐建 800 多所春蕾学校，资助 180 多万人次贫困女童重返校园，对 40 余万女童进行实用技术培训。（资料来源：中国儿童少年基金会网站）

务教育资源配置总体状况虽然有所改善，但在生均拨款水平、生均教学仪器设备配置水平以及义务教育学校的中级及以上职务教师比例等方面，中部和西部地区与东部地区的差距明显，且有进一步拉大的趋势；省域内义务教育生均预算内公用经费、生均教学仪器设备值、中级及以上职务教师比例的城乡间、县际间差距依然较大，部分省还在扩大。①

实现义务教育的均衡发展，首先要在总体上解决义务教育资源配置的导向问题。中央政府拥有教育政策制定权和宏观调控能力，各级地方政府在义务教育资源配置中也发挥着各自不同的作用。今后，各级政府在确保教育投入不断“增长”的同时，应该更加关注投入的“去向”问题，应该把“增长”作为促进“公平”的重要手段和措施，从而实现“有质量的公平增长”，并以此为导向建立合理的义务教育资源配置机制。其次，在加大中央政府对义务教育落后地区专项转移支付的同时，充分发挥省级政府在义务教育政府间转移支付中的平衡和调控作用，这是促进省内义务教育均衡发展的关键。再其次，建立“义务教育均衡发展评估机制”，把县级政府作为重点评估对象。依据《义务教育法》的规定，中国的义务教育实行国务院领导，省级政府统筹规划实施，县级人民政府为主管理的体制。事实上，绝大多数义务教育资源正是通过县级政府来直接配置的。从这个意义上讲，能否实现义务教育的均衡发展，在很大程度上取决于县级政府的作为。最后，在强调和落实政府责任的同时，应该动员、鼓励和支持企业、非政府组织等各种社会力量为推动义务教育的均衡发展提供助力。

二、基本社会保障

中国是一个超大型发展中国家。自改革开放以来，中国虽然在总体上实现了经济社会的跨越式发展，但受庞大的人口规模，地区间、城乡间存在较大发展差距等客观因素的制约，中国的社会保障水平与西方发达国家甚至与一些发展中国家都有着不小的差距。实事求是地讲，中国尚不具备全面建设高水平社会保障体系的现实可能性。正因为如此，党中央提出了“广覆盖、保基本、多层次、可持续”的社会保障体系建设方针。

（一）基本社会保障的构成及特点

从国外经验和现实国情来看，重点建设以基本养老保险、医疗保险、失业保

① 参见国家教育督导团：《国家教育督导报告2005——义务教育均衡发展：公共教育资源配置状况》，载《教育发展研究》2006年第5期。

险为核心的社会保险制度和以最低生活保障制度、灾害救助制度为核心的社会救助体系是当前中国社会保障体系建设的首要任务。

社会保险是国家通过立法设立社会保险金，对劳动者在遇到生、老、病、伤、死以及失业等风险时，由于暂时或永久丧失劳动能力或暂时失去工作机会，给予物质帮助或补偿以满足其基本生存需求的一种制度安排。[①] 社会保险制度具有保障劳动者基本生活、维护社会安定和促进经济发展的作用。建立社会保险制度是一个国家社会保障体系趋于成熟的重要标志。社会保险与其他社会保障措施最显著的区别在于筹资机制的不同。社会保险是由国家、企业和个人三方共同出资，而其他社会保障措施主要依靠国家财政拨款。社会保险也不同于商业保险，它具有强制性、互济性、福利性、普遍性以及非营利性等特点。目前，西方国家的社会保险主要包括养老保险、医疗保险、失业保险、工伤保险、生育保险、重大疾病和补充医疗保险等险种。即将颁布实施的《中华人民共和国社会保险法》[②] 规定，国家建立基本养老保险、基本医疗保险、工伤保险、失业保险、生育保险等社会保险制度，保障公民在年老、疾病、工伤、失业、生育等情况下依法从国家和社会获得物质帮助的权利。

社会救助是指国家和社会对无劳动能力的人或因自然灾害等原因造成生活困难，不能维持最低生活水平的社会成员，按照法律或行政规定给予无偿经济援助的一种社会保障制度。[③] 建立社会救助制度是为了扶困济贫，是从人道主义原则出发为保障人的底线生存需求提供的最后一道防护线和安全网。与其他社会保障措施相比，社会救助具有以下特征：其一，社会救助是为了保障公民的基本生存权，无需强调权利与义务相对等；其二，社会救助属于底线层次的社会保障；其三，社会救助（特别是贫困救助或最低生活保障）所需经费主要来自公共财政；其四，救助对象不固定，实行动态管理。目前，西方发达国家普遍建立了包括贫困救助、灾害救助、医疗救助、特殊救助、教育救助等在内的社会救助制度。其中，实施贫困救助的通常做法是：根据维持最起码的生活需求的标准设立一条贫困线（Poverty Line），当公民的收入水平低于贫困线致使生活发生困难时，有权利得到依据国家法定程序和标准提供的现金和实物救助。[④] 这种贫困救助制度与中国已经初步建立的城乡最低生活保障制度基本相同，这里所说的贫困线也就是我们通常所说的最低生活保障线。灾害救助主要包括针对受灾人群的生活救助、

① 参见阮凤英主编：《社会保障通论》，山东大学出版社 2004 年版，第 48 页。

② 2010 年 10 月 28 日，第十一届全国人民代表大会常务委员会第十七次会议通过了《中华人民共和国社会保险法》，2011 年 7 月 1 日起施行。

③ 参见阮凤英主编：《社会保障通论》，山东大学出版社 2004 年版，第 49 页。

④ 参见唐钧：《中国城市贫困与反贫困报告》，华夏出版社 2003 年版，第 39 页。

医疗救助、心理救助以及灾后援建等。中国的人口基数大，贫困人口比较多，返贫压力还很重。同时，中国正处于自然灾害高发期，70%以上的城市，50%以上的人口均受到地震、洪涝、沙尘暴、海洋等灾害的威胁。① 近年来，重特大自然灾害频发，损失非常严重。因此，建立并逐步完善以最低生活保障制度和灾害救助制度为核心的社会救助体系对于中国这样一个超大型发展中国家来说显得尤为重要。

（二）基本社会保障中的政府责任

社会保障是一个复杂巨系统，在各子系统中，政府所应承担的具体职责有所不同。按照国际通行惯例，社会保险实行政府、企业和劳动者共同参与并按一定比例分担责任的原则。政府在其中承担的责任主要包括：一是提供法律制度保障；二是提供必要的财政保障；三是负责社会保险金的征缴、账户管理和监督审计等。

20世纪50年代初，以计划经济体制下的全能型“单位”为依托，中国初步建立了包括城镇职工养老保险、公费医疗、工伤保险和生育保险等在内的社会保险框架。20世纪80年代以来，随着体制改革的不断推进，原有的社会保险制度已经无法满足经济社会发展的要求，改革势在必行。1994年颁布的《劳动法》虽然对五大社会保险险种都做出了规定，但仍需制定一部专门的法律对此进行规范。《社会保险法》正是在这一背景下被列入国家立法规划，并于2010年10月审议通过，整个立法过程长达16年之久。

即将颁布实施的《社会保险法》对于各级政府在其中所应承担的具体职责做出了原则性规定。例如，《社会保险法》第五条规定，县级以上人民政府将社会保险事业纳入国民经济和社会发展规划，并对社会保险事业给予必要的经费支持；第六条规定，中央和省级政府建立健全社会保险基金监督管理制度，保障社会保险基金安全、有效运行；第七条规定，国务院社会保险行政部门负责全国的社会保险管理工作，国务院其他有关部门在各自的职责范围内负责有关的社会保险工作，县级以上地方人民政府社会保险行政部门负责本行政区域的社会保险管理工作；第五十九条规定，社会保险费实行统一征收，由国务院制定实施步骤和具体办法，县级以上人民政府具体负责；第六十五条规定，社会保险基金通过预算实现收支平衡。出现支付不足时，县级以上人民政府给予补贴；第七十六条、第七十七条对社会保险的监督责任做出了规定，人大监督政府，政府监督用人单位和个人；等等。一些专家认为，尽管《社会保险法》亮点颇多，但其中有关

① 参见张玉舟：《近年我国自然灾害发生频率高》，载《新民晚报》2010年4月20日。

政府责任的部分仍需健全。例如，《社会保险法》对于学术界普遍认同的“由政府补贴社会保险支出，即托底政策”，采取了保留态度，没有对政府分担社会保险费的财政责任做出明确规定；对于非正规就业群体（如农民工、下岗失业人员等）的社会保险问题关注程度不够，办法也不多。

与社会保险相比，建立健全社会救助制度，并确保其全程有效运行，需要更多地强调政府责任。从中国的情况来看，社会救助制度始建于20世纪50年代，基于特定的历史条件，救助范围非常有限，救助标准低，经费严重不足，且缺乏必要的法制保障。进入20世纪90年代，市场化改革快速推进，客观要求建立一个新的社会救助体系与之相匹配。1993年，上海市率先建立了城市最低生活保障制度，也由此揭开了社会救助制度的改革大幕。1997年，国务院下发了《关于在全国建立城市居民最低生活保障制度的通知》。1999年，国务院颁布了《城市居民最低生活保障条例》，标志着城市居民最低生活保障基本纳入了法制化轨道。2007年，国务院下发了《关于在全国建立农村最低生活保障制度的通知》，标志着农村最低社会保障制度建设全面启动。2010年，国务院制定了《自然灾害救助条例》，标志着灾害救助工作迈上了规范化、制度化、法制化的新台阶。

《城市居民最低生活保障条例》和《关于在全国建立农村最低生活保障制度的通知》对于各级政府在城乡最低生活保障制度运行中的职责分工做出了较为明确的规定。依据《条例》，城市居民最低生活保障制度实行地方各级人民政府负责制；县级以上地方各级人民政府民政部门具体负责本行政区域内城市居民最低生活保障的管理工作；城市居民最低生活保障所需资金，由地方人民政府列入财政预算，纳入社会救济专项资金支出项目，专项管理，专款专用；城市居民最低生活保障标准由当地政府相关部门制定并执行。根据《通知》，建立农村最低生活保障制度，实行地方人民政府负责制，按属地进行管理；农村最低生活保障标准由县级以上地方人民政府按照当地实际情况确定；农村最低生活保障实行户主申请、乡（镇）人民政府审核，县级人民政府民政部门审批；农村最低生活保障资金的筹集以地方为主，地方各级人民政府要将农村最低生活保障资金列入财政预算，省级人民政府要加大投入。

《自然灾害救助条例》对于各级政府实施灾害救助中的职责分工也做出了比较明确的规定。依据该《条例》，自然灾害救助工作实行各级人民政府行政领导负责制；国家减灾委员会负责组织、领导全国的自然灾害救助工作，协调开展重大自然灾害救助活动；县级以上地方人民政府负责组织、协调本行政区域的自然灾害救助工作；县级以上人民政府将自然灾害救助工作纳入国民经济和社会发展规划，建立相适应的资金、物资保障机制，并将自然灾害救助资金和自然灾害救助工作经费纳入财政预算；县级以上人民政府财政部门、民政部门负责自然灾害救助资金的分配、管理并监督使用情况。

从上述所列内容可以看出，目前实行的城乡最低生活保障制度和灾害救助制度在法的层面上突出了地方政府特别是基层政府的责任，对中央政府的责任强调不够。事实上，中央政府并不是要刻意回避责任，其实际付出的努力远比这些具有法律效力的正式文件所规定的内容要多得多。问题的关键在于：既然要做就要做的有根有据，就应该在法的层面上得到明确体现。道义上的使命感固然重要，但基于"职责法定化原则"建立起来的政府责任意识更为重要。依法行政的核心要义就是政府要切实履行好法定职责，而不是把所有问题和责任都揽于一身。

（三）投入到位：实现基本社会保障"惠及全民"的关节点

从制度建设的角度看，中国即将颁布实施《社会保险法》，以最低生活保障和灾害救助为核心的社会救助制度也取得了突破性进展。从实际情况看，各项社会保险的参保率还很低，农村社会保险体系还不够完善；城乡最低生活保障的覆盖面比较小，保障标准偏低；灾害救助的体制机制保障还有待进一步完善。如何把制度落到实处，把政策性的"全覆盖"切实转变为实质性的"广覆盖"，努力实现基本社会保障"惠及全民"的目标，这是各级政府需要破解的一个难题。

问题的关节点在于各级政府的财政投入是否到位。这里所说的"投入到位"包括两层含义：一是投入总量要到位；二是经费流向和使用要到位。政府虽然只是社会保险金的出资人之一，但却是最关键的出资人。财政投入比例的高低直接影响到各项社会保险的参保率和保障水平。对于城乡最低生活保障，政府应该负全责。能否真正做到"应保尽保"，毫无疑问取决于各级政府的财政投入。实施灾害救助，政府同样要承担最主要的责任，财政投入是否到位直接关系到灾害救助工作能否顺利开展。

从国际比较看，许多国家的社会保障性财政支出比例远远高于中国。以2006年的数据为例，挪威为52.25%，瑞典为44.14%，法国为39.39%，德国为39.17%，英国为27.40%，日本为25.65%，美国为20.55%，中国仅为10.87%。[①] 当然，投入不足在很大程度上是受财力所困。目前，各级、各地政府的财政状况存在较大差异，财力不足的政府自然无法确保投入到位，这就需要在各级政府的投入比例及控制经费流向和使用上做足文章。换句话讲，在国家整体财力相对有限的情况下，合理划分各级政府在基本社会保障运行中所应承担的财政支出比例，以及严格控制社会保障性财政支出的经费使用是破解问题的关键。对此，我们提出了以下几点对策性思路：一是在制度层面上尽可能明确各级

① 李雄：《社会保险法：政府责任仍需健全》，载《检察日报》2010年11月11日。

政府在基本社会保障运行中所应承担的财政支出比例责任；二是随着国家财政状况的不断改善，逐步加大中央政府和省级政府的社会保障投入比例，这也是西方国家为确保基本社会保障的广覆盖而采取的一贯做法；三是实行倾斜性财政转移支付制度，对财力相对紧张的基层政府、对贫困落后地区、对重点人群和重点领域给予倾斜性的财政支持；四是对各级政府社会保障性财政支出的执行情况实行更加严格、更加透明的审计监督，动员各种社会力量对社会保障经费的流向进行全程监督。

三、基本医疗卫生

党的十七大报告明确提出了“人人享有基本医疗卫生服务”的建设目标。2009 年，中共中央、国务院联合下发了《关于深化医药卫生体制改革的意见》(以下简称《意见》)。《意见》指出，把基本医疗卫生制度作为公共产品向全民提供；到 2020 年，基本建立覆盖城乡居民的基本医疗卫生制度和服务体系。

（一）基本医疗卫生服务的构成及特点

基本公共卫生服务及医疗服务是《1993 年世界发展报告》提出的一个新概念，是指一系列具有公益性、保障性、救济性特征的基本公共卫生服务项目和基本医疗服务项目。国内多数学者和官员将其并称为基本医疗卫生服务。世界各国对于基本医疗卫生服务的构成有着不同的界定标准，这主要取决于以下几方面因素：一是要根据国家或地区的主要健康问题来确定优先供给的基本医疗卫生服务；二是具有成本低、效果好的干预措施；三是对人民健康及经济负担影响最大的一些疾病、创伤或危险因素；四是要充分考虑政府的财政支付能力。[①] 目前，国内学界对于中国基本医疗卫生服务的构成在理解上存在较大分歧。造成这种分歧的主要原因在于：中国地广人多，不同地区、不同人群的主要健康问题差异性较大；地区间、城乡间医疗卫生服务设施和条件差距大，医疗卫生服务能力和水平参差不齐；各地方政府的财政状况、居民收入水平以及医疗卫生服务成本和物价水平也存在较大差异。因此，按照统一的标准来确定基本医疗卫生服务的项目构成存在很大的难度。为此，中共中央、国务院在《意见》中提出，鼓励地方政府根据当地经济发展水平和突出的公共卫生问题，在中央规定服务项目的基础上有针对性地增加公共卫生服务项目。

在 2008 年的全国卫生会议上，卫生部部长陈竺发言指出，基本医疗卫生服

① 参见胡善联：《基本医疗卫生服务的界定和研究》，载《卫生经济研究》1996 年第 2 期。

务是指与社会主义初级阶段经济社会发展水平相适应的，国家、社会、个人能够负担得起的，投入低、效果好的医疗卫生服务。[①] 根据这一论断，结合中国的医疗卫生服务现状以及拟议中的《卫生事业发展“十二五”规划》，我们对当前亟待加强且已经具备了一定改善能力的基本医疗卫生服务做出如下归纳：一是在公共卫生服务领域，重点抓好城乡居民健康档案建档工作、传染病防控、计划生育服务、国家计划免疫、食品安全、饮用水安全以及卫生应急管理等；二是在医疗服务领域，重点加强农村三级卫生服务网络和城市社区卫生服务体系建设；三是在医疗保障服务领域，重点完善城镇职工和居民的基本医疗保险以及新型农村合作医疗制度；四是在药品供应方面，尽快建立国家基本药物制度，确保药品安全，采取有效措施大幅度减轻群众药物费用负担。

基本医疗卫生服务的主要特点在于普惠性、公益性、基础性和基层性。从服务宗旨看，基本医疗卫生服务是要公平且有效保障全体公民的健康权益，突出强调的是全民保健、均衡受益、无歧视性待遇；从付费方式看，基本医疗卫生服务中的多数项目主要应由政府来负担，尽可能多地提供免费服务，需要由个人承担一定费用的，也应充分体现“个人消费的最低化”原则；从服务项目和内容看，它所涉及的应该是人民群众最关心、最直接、最现实、最基础的公共卫生问题，强调的是“雪中送炭”，而不是“锦上添花”；从服务的可及性看，强化基层医疗卫生机构的基础性作用，有针对性地加强重点地区（特别是农村地区）以及重点人群的基本卫生医疗服务是全部工作的重中之重。

（二）基本医疗卫生服务中的政府责任

从国际经验看，尽管各国政府提供的基本医疗卫生服务项目有所不同，但政府在其中承担的主要责任基本相同。概括起来主要包括以下几个方面：一是相关制度建设；二是建立高效的管理体制和运行机制；三是切实履行经费保障责任；四是不断提高管理、服务和监督水平。

中国的医疗卫生制度和服务体系形成于20世纪50年代。1950年，全国首届卫生会议确定了医疗卫生服务的三项方针：一是为工农兵服务；二是预防为主；三是团结中西医。[②] 此后，中国相继建立了医疗卫生财政补贴制度、城镇职工医疗保健制度和“三位一体”的农村医疗卫生服务体制。改革开放以来，为了适应经济社会发展的需要，医疗卫生改革也在逐步推进，但实际效果并不理

① 参见《卫生部部长陈竺在2008年全国卫生工作会议上的讲话》，卫生部网站，2008年1月7日。

② 参见《中央人民政府卫生部贺诚副部长在第一届全国卫生会议上的总结报告》，载《人民日报》1950年10月23日。

想。2005年，国务院发展研究中心在《对中国医疗卫生体制改革的评价与建议》中指出，“目前中国的医疗卫生体制改革基本不成功。”这份报告引发了社会各界对“医改”的深度反思。按照十七大的精神，中共中央、国务院于2009年发布了《关于深化医药卫生体制改革的意见》和《医药卫生体制改革近期重点实施方案（2009～2011年）》，标志着新一轮医药卫生体制改革工作全面启动。

《关于深化医药卫生体制改革的意见》强调指出，要不断强化政府在基本医疗卫生制度中的责任，加强政府在制度、规划、筹资、服务、监管等职责，维护公共医疗卫生的公益性，促进公平公正。《医药卫生体制改革近期重点实施方案（2009～2011年）》主要从制度和机制建设的角度对当前五项重点改革任务中的政府责任问题做出了规定。一是加快推进基本医疗保障制度建设：扩大基本医疗保障覆盖面；提高保障水平；规范基本医疗保障基金管理；完善城乡医疗救助制度；提高基本医疗保障管理服务水平。二是初步建立国家基本药物制度：建立国家基本药物目录遴选调整管理机制；初步建立基本药物供应保障体系；建立基本药物优先选择和合理使用制度。三是健全基层医疗卫生服务体系：加强基层医疗卫生机构建设；加强基层医疗卫生队伍建设；改革基层医疗卫生机构补偿机制；转变基层医疗卫生机构运行机制。四是促进基本公共卫生服务逐步均等化：基本公共卫生服务覆盖城乡居民；增加重大公共卫生服务项目；加强公共卫生服务能力建设；保障公共卫生服务所需经费。五是推进公立医院改革试点：改革公立医院管理体制、运行机制和监管机制；推进公立医院补偿机制改革；等等。

目前，中国已经出台了多部有关医疗卫生的法律、规章和条例。在这些法律文件中，包括上面提到的《医改意见》和《实施方案》，对于政府责任问题分别做出了规定。尽管如此，在实际操作中，基本医疗卫生服务中的政府责任问题仍然显得不够清晰。主要问题在于：现有的各种规定衔接不够紧凑，缺乏基本法的统一协调；多数规定属于原则性的，操作性不强；一些规定还过于笼统，尽管出发点是好的，但也容易造成一些误解，无形中增加了各级政府的工作压力。为此，一些专家指出，应该抓紧制定一部综合性基本法律，科学界定基本医疗卫生服务的范围，明确厘定政府纵向间的职责配置，准确划定政府、社会和个人在基本医疗卫生服务中的责任边界，同时，加快相关法律法规建设，与之相配套。根据专家提议，“基本医疗卫生法”已经列入《十一届全国人大常委员立法规划》。

（三）对症下药：把“人人享有基本医疗卫生服务”落到实处

每个国家所能提供的基本医疗卫生服务不尽相同，具体做法及其面临的主要问题也存在很大差异。学习借鉴国外经验是必要的，但各国国情千差万别，即便是成功的经验搬到中国来也未必可行。因此，要选择好学习借鉴的对象，同时要和“中国病”结合起来，真正做到“对症下药”。

有人把“看病难”、“看病贵”称为医疗卫生领域的“中国病”，这既不同于“英国病”（主要是看病难），也不同于“美国病”（主要是看病贵）。事实上，“中国病”是一种并发症：“看病难”（排队等候）伴随着“难看病”（医生无病人可医）；“看病贵”（医疗价格超出患者的支付能力）伴随着“看病贱”（富人患者高端医疗需求难以满足）。[①] 事实证明，英国经验（政府主导型）和美国经验（市场主导型）都不是治疗“中国病”的最佳方案。于是，一些官员和学者提出中国应该学习借鉴德国经验（政府市场复合型）和新加坡经验（公私功能互补型）。从理论上讲，这两种模式都是比较理想的制度设计，实践效果也很好。然而，中国的基本国情与德国和新加坡相比差异过大，且提供基本医疗卫生服务主要还是一种政府责任，因此，它们的经验对于中国提出的“人人享有基本医疗卫生服务”的宏伟目标来说，适用性并不强。相比较而言，印度的经验和做法更值得我们认真加以研究。印度和中国都是超大型发展中国家，基本国情颇为相似。印度的公共医疗卫生投入仅占 GDP 的 0.9%，占卫生总费用的 17.9%，是公共医疗卫生投入最少的国家之一。然而，在 WHO 开展的“卫生筹资与分配公平性评估”排名中，印度居第 43 位，中国仅居第 188 位。[②] 印度政府用有限的财政支出达到了很好的公平性分配效果。仅此一条，就值得我们虚心学习。

当然，成功的经验并非国外才有，我们不能无视自己曾经取得的辉煌成就和宝贵经验。印度诺贝尔经济学奖得主阿马蒂亚·森在北京大学的讲座中再次提到 1949 年到 1978 年中国的医疗卫生体制。他指出，不用到处去看，你们自己的经历就说明了问题。为什么在 80 年代以前做得那么好，而 80 年代以后却完全变了样。[③] 世界银行发布的《1993 年世界发展报告》也对改革开放前中国在医疗卫生事业中取得的卓越成绩给予了高度评价。“到 70 年代末期，中国的医疗保险几乎覆盖了所有的城市人口和 85% 的农村人口，这是低收入发展中国家举世无双的成就。”上述观点提醒我们，在市场经济条件下，医疗卫生体制改革虽然不能逆势而行，但应该慎重对待原体制下的一些合理做法，适当保留其积极成果，防止谋求增长的同时却要付出发展倒退的惨痛代价。

党的十七大提出的“人人享有基本医疗卫生服务”的建设目标为“新医改”

① 转引自李钢强等：《论基本医疗卫生服务中的政府责任》，载《中国现代医学杂志》2008 年第 7 期。

② 参见黄晓燕等：《印度公共卫生医疗体系》，载《南亚研究季刊》2006 年第 4 期。

③ 转引自李玲：《医疗卫生事业发展及医疗体制改革的思考》（中央政治局第 35 次集体学习内容），南方网，2006 年 12 月 20 日。

确定了基本方针。所谓方针就是“纲”，“纲”举才能“目”张。[①] 现在的问题是如何在实践中贯彻落实“人人享有基本医疗卫生服务”这一政策方针。目前，“新医改”的各项工作已经全面启动，社会各界对此寄予厚望，能否有效根治“看病难”、“看病贵”这一“中国病”，真正实现“人人享有基本医疗卫生服务”的建设目标，关键要看政府能否做到“对症下药”。

第三节　基本公共服务

本书所说的“基本公共服务”主要包括公共教育、社会保障、公共卫生、公共就业服务、环境保护、公共文化服务六项内容。它们各自构成了一个相对独立的公共服务体系，彼此之间又存在一定程度的关联和交叉。其中，公共教育、社会保障、公共卫生在整个公共服务体系中居于基础性地位，是衡量政府公共服务水平的关键性因素。同时，这也是当前人民群众最关心，矛盾和问题最突出、最集中的三个领域。“基本公共服务”确立的理性依据主要来自于以下几个方面：一是在上述领域中，公共服务供求矛盾比较突出，社会各界的反响较为强烈；二是上述内容对推动经济社会可持续发展具有十分重要的意义；三是公共服务事业发展的国际经验和基本趋势；四是中国政府提出的基本公共服务体系建设思路。

一、公共教育

“教育权”是一项基本人权，是享有和实现其他经济、社会和文化权利的重要基础。几乎所有的国家都将公民的“教育权”纳入了《宪法》保护的范围。《中华人民共和国宪法》明确规定，公民有受教育的权利和义务；国家发展社会主义的教育事业；国家举办各种学校，普及初等义务教育，发展中等教育、职业教育和高等教育，并且发展学前教育。这是政府履行公共教育服务职责，建设公共教育服务体系的宪政基础。

（一）公共教育服务的缘起、内涵及其构成

教育曾是少数人享有的一种特权。随着近代民族国家的产生以及政府公共教

① 参见王绍光：《人人享有基本医疗卫生服务是个纲，纲举目张》，载《联合早报》2009 年 4 月 12 日。

育服务职能的不断发育，公共教育制度逐步发展起来。传统意义上的"公共教育"主要是指公立教育，当时所谓的"公共教育服务"主要是如何办好公立教育的问题。20 世纪 80 年代末，作为新公共管理运动发源地的英国率先启动了公共教育制度改革。撒切尔政府推出了《1988 年教育改革法》，明确了公共教育的市场化、民营化改革方向。在美国，里根政府也提出了将自由竞争机制引入学校，推行"教育的市场化重建"的构想。在英美等国的示范带动下，一场旨在重构国家与教育、政府与学校之间关系的公共教育改革运动在世界范围内悄然兴起。一个最显著的变化是各国普遍摒弃了传统的公共教育观，在观念和制度上确认了私立教育的公共性特征。

现代意义上的公共教育在广义上可以理解为：凡是具有公共性特征的教育形式（包括家庭教育、学校教育以及各种形式的社会教育等）均属于公共教育的范畴。在狭义上，公共教育主要是指依法举办的各种学校教育（包括公立学校和私立学校）。既然公共教育有广义和狭义之分，我们对公共教育服务的理解也应做出相应的区分。在广义上，公共教育服务是指国家通过建立公共教育制度以保障公民的受教育权，政府代表国家具体负责公共教育制度的实施，为公共教育事业发展提供有效的体制机制保障以及必要的设施和条件等。在狭义上，公共教育服务主要是针对学校教育而言，即政府把发展各种层级、各种形式的学校教育作为履行公共教育服务职责的主要载体和核心内容。

根据 2006 年颁布实施的《中华人民共和国教育法》的相关规定，中国的公共教育服务体系主要包括学校教育、职业教育和成人教育（继续教育）。其中，学校教育是公共教育事业发展的核心，也是当前社会各界最为关注的问题。因此，抓好学校教育是政府强化公共教育服务职责的立足点。学校教育主要是相对社会教育而言，是指受教育者在各级各类学校中所接受的各种教育活动。依据《教育法》规定，中国的学校教育主要包括学前教育、初等教育、中等教育和高等教育四个部分。学前教育又称为幼儿教育，主要是对 3~6 岁年龄阶段的儿童所实施的教育。1989 年，国务院颁布实施了《幼儿园管理条例》，这是中国第一部幼儿教育法规。初等教育即小学教育或基础教育，主要是对 6~12 岁年龄阶段的儿童所实施的教育。中等教育是在初等教育基础上继续实施的教育形式，主要包括初级中等教育和高级中等教育（又可分为中等普通教育和中等职业教育）。依据《义务教育法》的规定，中国对初等教育和初级中等教育实施义务教育。高等教育是在完全中等教育的基础上进行的专业教育。1998 年颁布的《高等教育法》规定，中国高等教育包括学历教育和非学历教育，高等学历教育分为专科教育、本科教育和研究生教育。

新近出台的《国家中长期教育改革和发展规划纲要（2010~2020 年）》把

“坚持教育的公益性和普惠性”作为公共教育发展的一项重要原则；把“建成覆盖城乡的基本公共教育服务体系，逐步实现基本公共教育服务均等化”作为未来十年公共教育发展的战略目标之一；把“基本普及学前教育、巩固提高九年义务教育水平、加快普及高中阶段教育、大力发展职业教育、全面提高高等教育质量、加快发展继续教育、重视和支持民族教育事业、关心和支持特殊教育”作为公共教育发展的基本任务。[①]《纲要》为我们有针对性地开展实际工作，不断强化政府的公共教育服务职责，提供了基本指导思想和总体框架设计。

（二）公共教育服务的主要衡量指标及国际比较

教育在经济社会发展中具有基础性、先导性、全局性作用，公共教育是推动教育事业发展的关键和核心。世界各国都高度重视公共教育问题。这种重视不仅体现在制度和政策层面，更直观地体现在公共教育支出、资源配置和产出结果等方面。依据世界银行提出的公共教育服务衡量指标以及国内相关指标体系研究的部分成果，我们将公共教育服务衡量指标划分为三大类：一是费用支出类指标，主要包括支出总量指标、均量指标、增量指标、质量指标和支出结构及流向指标等；二是资源配置类指标，主要包括生均师资、生均校舍面积、生均教学仪器设备以及图书等各种教育资源的配置水平；三是产出效果类指标，这包括各种能直接或间接反映公共教育产出结果的一系列指标。其中，“公共教育支出占 GDP 的比重”是许多国际组织衡量各国公共教育服务投入水平的一个关键性指标，这也是目前国内学界、政界都非常关注的一个问题。

表 4－1　1970～2006 年部分国家公共教育投入占 GDP 比重　单位：%

国家＼年份	1970	1975	1980	1985	1990	1995	2000	2001	2002	2003	2004	2005	2006
美国	7.4	7.3	6.6	4.8	5.1	…	5.1	5.7	5.7	5.9	5.6	5.3	6.2
英国	5.3	6.6	5.6	4.9	4.8	5.2	4.6	4.7	5.3	5.5	5.4	5.6	5.6
日本	3.9	5.4	5.7	4.9	…	…	3.7	3.6	3.6	3.7	3.7	3.5	3.9
韩国	3.5	2.2	3.6	4.3	3.3	3.8	…	4.3	4.2	4.6	4.6	4.3	4.4
俄罗斯	…	…	…	…	3.5	3.6	2.9	3.1	3.8	3.7	3.5	3.8	3.9
巴西	…	…	…	…	…	5.0	4.0	3.9	3.8	…	4.0	4.4	4.5
印度	2.5	2.5	2.8	3.3	3.7	3.1	4.4	…	…	3.7	3.8	3.2	2.9

① 参见《国家中长期教育改革和发展规划纲要（2010～2020 年）》，中华人民共和国政府网，2010 年 7 月 29 日。

续表

年份 国家	1970	1975	1980	1985	1990	1995	2000	2001	2002	2003	2004	2005	2006
中国	1.3	1.7	2.5	2.5	2.3	2.5	2.6	2.8	2.9	2.8	2.8	2.8	2.4
中等收入国家	3.2	3.5	3.2	3.2	4.0	4.3	4.3	…	3.5	…	…	…	…
高收入国家	4.6	5.6	5.4	5.1	4.9	5.2	5.2	…	5.7	…	…	…	5.26
世界平均	3.7	3.8	3.8	4.0	4.0	4.6	4.1	4.4	4.5	…	…	…	…

注：以上数据主要来自世界银行 WDI 数据库；中国部分来自历年《全国教育经费执行情况统计公报》。

从表 4－1 提供的数据可以看出：近几十年来，美国、英国等高收入国家在公共教育领域始终保持着较高的投入水平，占 GDP 的比例基本维持在 5% 以上。2000 年以来，日本的公共教育投入比重有所降低，保持在 GDP 的 3.5% 以上；韩国则维持在 4.2% 以上。近年来，俄罗斯、巴西的公共教育投入已经接近或超过 GDP 的 4%。2000 年，印度的公共教育投入比例已经超过了中等收入国家的平均水平和世界平均水平。相比较而言，中国的公共教育投入比例明显偏低。经济合作与发展组织（OECD）在一份题为《中国公共支出面临的挑战：通往更有效和公平之路》的研究报告中也曾指出，从教育总费用和公共教育投入（即财政性教育经费）占 GDP 的比重来看，中国的投入水平明显偏低。

中国历来重视发展教育。在相关法律法规、重要文件以及中央领导的重要讲话中，都曾反复强调“教育优先发展”。20 世纪 90 年代以来，随着公共教育改革的逐步推进，各级政府加大了公共教育投入力度，中央政府则提出以 4% 这一“国际标准”[①] 作为中国公共教育投入增量发展的基本目标。这一比例，相当于 1990 年中等偏低收入国家的平均水平和世界平均水平。1993 年颁布的《中国教育改革和发展纲要》明确提出，“财政性教育经费占国民生产总值的比例，在 20 世纪末达到 4%。”然而，直到 2006 年，中国的公共教育投入占 GDP 的比例也仅为 2.41%。在《国家教育事业发展“十一五”规划纲要》、《中共中央关于构建社会主义和谐社会若干重大问题的决定》中，都对“财政性教育经费支出占国内生产总值 4%”的发展目标做出了规定。2009 年，国家财政性教育经费占 GDP 的比例已升至 3.59%。2010 年出台的《国家中长期教育改革和发展规划纲要（2010～2020 年）》再次提出，“提高国家财政性教育经费支出占国内生产总

① “财政性教育经费支出占国内生产总值 4%”的结论最早出自 20 世纪 80 年代一个名为“教育经费占国民生产总值合理比例研究”的国家社科基金项目的研究结果（参见《官方学者坦言教育经费“4% 目标”十年未实现》，载《人民日报》5 月 24 日）。

值比例，2012 年达到 4%。”

（三）公益性：发展公共教育服务的基本原则

公益性是公共教育的本质属性，这也是政府履行公共教育服务职责的基本宗旨。作为一个社会主义国家，中国的公共教育事业应该更加充分地体现其公益性特征。党的十七大报告强调指出，教育事业发展必须坚持公益性原则。教育部副部长李红卫在 2010 年“公益机构改革与公共服务发展”国际研讨会上发言指出：“只有坚持公益性原则，才能保证各级各类教育的社会主义办学方向，才能真正实现教育公平，办好人民满意的教育。”

公共教育的公益性主要表现在两个方面：一是公共性；二是公平性。这里所说的公共性主要体现在以下五个方面：一是制度层面的公共性，即公共教育制度应该是一项具有普惠性、统一性的制度安排；二是服务对象的公共性，即各种公共教育机构应该为所有具备相应资格的公民提供同等的学习机会；三是经费投入的公共性，即教育总经费既包括财政投入，也包括民间投入，国家、企业、团体、家庭和个人需要共同负担；四是管理活动的公共性，即公共教育是一种非营利性活动，其资源配置主要取决于政府而非市场，公共教育的管理和监督需要政府、学校、企业、社会团体、家庭和个人的全面参与；五是受益范围的公共性，发展公共教育能够使全社会广泛受益，大到国家、小至个人，包括经济、政治、社会、文化等各个领域都能直接或间接地从中获得助益。

公共教育的公平性主要体现在两个方面：一是法制上的“公平对待”，即在法的层面上赋予全体公民平等的受教育权利，并为受教育者在教育起点、过程和结果上的机会平等提供必要的法制保障。二是实践中的“公平状态”。在现实生活中，公平永远都是相对的，必然伴随着一定程度的不公平。实现教育公平并非是要彻底消除所有的不公平和不平等，这既不可能也不现实。所谓实践中的“公平状态”是指在总体上创造一种让人民感到公平、普遍满意的教育环境和氛围，即建立一套旨在维护教育公平，科学合理的公共教育机制并确保其全程有效运行，以此来保障绝大多数人的受教育权利得以实现；以政府为主体，各种社会力量为辅助，对公共教育资源做出更加公正合理的配置，逐步缩小地区间、城乡间、校际间的教育差距；不断改进管理和服务水平，全面提高公共教育质量和效能。

学校教育是公共教育体系的核心构成，要实现公共教育的公益性，首先要实现学校教育的公益性。政府在保障和促进学校提供公益性教育服务方面负有不可推卸的责任。由于各级各类学校在职责任务、服务对象、服务方式、资源配置等方面存在明显差异，其所应承担的公益性责任也有所区别。因此，要想真正实现学校教育的公益性，政府首先要对不同类型、不同性质学校所应承担的公益责任做出明确划定，进而去探讨不同类型、不同性质学校在促进教育公益性方面的具体方式、办法和路径。这样做，一方面是为各级各类学校提供了一个具有可操作性的工作目标；另一方面也为政府逐级分类推进公共教育改革提供了重要依据。

二、社会保障

“生存权”是人与生俱来的自然权利，同时也是一种法定权利。历史地看，国家建立社会保障制度的初衷是为了保障和促进公民的生存权益，维护社会稳定。作为推动现代社会健康文明发展的最重要的制度安排，社会保障的现实意义并不仅仅局限于生存保障的范畴，它同时也是“社会公平的维系机制、经济成果的共享机制、政治文明的促进机制、精神和谐的润滑机制”[①]，对经济社会的可持续发展具有不可替代的作用。

（一）社会保障的缘起、内涵及其构成

19 世纪 80 年代，俾斯麦政府建立的社会保险制度被视为近代社会保障制度的发端。“社会保障”概念则是出自于 1935 年美国颁布的《社会保障法》。如今，社会保障已经成为一个国际通用的概念，但尚未形成一个统一的定义。不同国家和地区，不同的国际组织以及不同的理论流派对社会保障的内涵都有着各自不同的理解。各种定义在表述方式和内容上尽管存在一定的差异，但我们还是可以从中找到一些基本共识，这包括：国家和政府是社会保障的法定责任主体；全体公民特别是那些处于“生活风险期”的公民是社会保障的受益对象；保障生存需求、维护社会稳定是社会保障的实施目的；给予经济或物质帮助是社会保障的实施手段；国民收入分配和再分配是社会保障的实现途径。据此，我们对社会保障可以做出如下概括，即为了保障公民的生存权，维护社会稳定，国家通过立法对国民收入进行分配和再分配，向处于“生活风险期”（如年老、疾病、伤残、生育、失业、死亡及其他灾难发生时）的公民提供经济或物质帮助，使其基本生存需求得以保障的社会安全制度。

在中国的政策语境中，社会保障服务可做广义和狭义之分。广义上的社会保障服务是一个大的保障概念，其内容涉及包括教育、就业、养老、医疗、住房等诸多方面，也可以称为“民生保障”。党的十七大报告明确提出，加快推进以改善民生为重点的社会建设，使全体人民学有所教、劳有所得、病有所医、老有所

① 参见郑功成：《欧洲社会保障制度及对中国的启示》，人民网，2006 年 10 月 31 日。

养、住有所居，推动建设和谐社会。这种“民生保障”比一些国家对社会保障范围的界定要大得多，这既是中国特色，也体现了制度的优越性。狭义上的社会保障服务主要包括社会保险、社会救济、社会福利、优抚安置、社会互助和个人储蓄积累保障等。[①] 十七大报告明确提出，以社会保险、社会救助、社会福利为基础，以基本养老、基本医疗、最低生活保障制度为重点，以慈善事业、商业保险为补充的社会保障体系建设思路。由此看来，在政策层面上，社会保险、社会救助和社会福利是当前社会保障服务体系的三大基本构成。

社会保险是整个社会保障服务体系的核心。即将颁布实施的《中华人民共和国社会保险法》规定，国家建立基本养老保险、基本医疗保险、工伤保险、失业保险、生育保险等社会保险制度。社会救助主要包括城乡最低生活保障制度、农村五保供养制度、医疗救助、教育救助、住房救助以及司法救助等。社会福利主要包括：由国家或社会团体举办的以全体人民为对象的社会公共福利事业（如教育、科学、环境保护、文化、体育、卫生等公益性设施）；以某些人员为对象的特别的、专门性的社会福利事业（如福利院、教养院、敬老院等）；主要由国家为照顾一定地区或一定范围内的居民对部分必要生活资料的需要所采取的福利性补贴措施（如取暖补贴、住房补贴等）；由企业、事业和国家机关单位通过建立各种补贴制度和举办的集体福利事业，即职工福利等。

（二）社会保障的主要衡量指标及国际比较

社会保障是一个包括若干子系统在内的复杂体系，每个子系统均有其各自独立的评价指标体系。依据世界银行以及国内相关指标体系研究的部分成果，我们将社会保障综合性指标归纳为三类：一是收支类指标，包括社会保障税（费）占政府财政收入和国内生产总值的比重；社会保障占政府财政支出的比重；企业社会保险缴费占企业经营成本或利润的比重；个人缴费占个人收入比重；政府、企业和个人支出分别占社会保障总支出的比重；等等。二是管理类指标，主要包括社会保险实征率；社保基金充足率；社保基金投资增损比率；社保基金支付情况；等等。三是效益类指标，包括城乡各项社会保险的参保率；城乡社会救助率；城乡救助水平达标率；等等。

社会保障税（费）占政府财政收入是世界银行和国际货币基金组织高度重视的一项统计指标。目前，全球有 140 多个国家开征了社会保障税（社会保险税）。一些发达国家的社会保障税既是政府财政收入的重要来源，也是实现社会

① 参见中共十四届三中全会通过的《中共中央关于建设社会主义市场经济体制若干问题的决议》，1993 年 11 月 11 日。

保障高级次统筹的重要保障。目前，国内尚未建立相关统计分析，但关于开征社会保障税的呼声越来越强烈。

表4-2　2000~2007年部分国家社会保障税（费）占财政收入比重

单位：%

国家＼年份	2000	2004	2005	2006	2007
美国		39.38	36.81	35.34	35.01
英国	19.12	21.63	21.74	21.32	21.20
加拿大	22.21	23.08	22.42	22.26	21.25
法国	41.36	42.39	41.87	42.27	42.62
德国	57.25	59.24	58.21	56.90	54.94
韩国	13.31	15.82	16.17	16.17	15.11
俄罗斯联邦	28.80		17.72	19.14	19.24
印度	0.05	0.24	0.18	0.15	0.13
中国	19.5	21.9	22	21.9	21.1

注：以上数据主要来自世界银行WDI数据库；中国部分根据2000~2007年《劳动和社会保障事业发展统计公报》和《中国统计年鉴》计算得出。

从表4-2提供的数据来看，德国的社会保障税税收收入占政府税收收入的半数以上，法国占到了40%以上，美国则占到了30%以上，英国、加拿大、俄罗斯都占到了20%以上，韩国保持在15%左右。目前，中国还没有开征社会保障税，社会保障收入主要来源于基本养老保险费、基本医疗保险费、失业保险费、工伤保险费和生育保险费。2000年以后，社会保障“五费”合计占财政收入比例已经超过了20%。

中国的社会保障“五费”征收，实行的是部分省份由地方税务局征收和部分省份由劳动人事部门征收的有中国特色的“二元模式”。因此，社会保障“五费”收入只是部分纳入了国家税收。2010年召开的全国税务机关社会保险费征管工作会议透露，自2006年以来的近4年间，全国税务机关累计征收各项社保费收入接近1.8万亿元，约占社保费全部收入的37%。从国际发展趋势来看，社会保障税费的改革并不是简单的“税改费”或“费改税”的问题，但可以肯定的是，社会保障税费的征收机构应该与一般的税务管理机构一体化。

早在1996年，《国民经济和社会发展“九五”计划和2010年远景目标纲要》就曾提出，要逐步开征社会保障税。此后，有关社会保障税的争论一直未曾中断，但并没有取得实质性进展。2006年，国家税务总局的官员曾明确表示，社会保障税已经基本具备了开征条件。[①] 2010年，财政部部长谢旭人撰文指出，完善社会保障筹资形式要与提高统筹级次相配合，研究开征社会保障税。[②] 社会保障“费改税”的意义，并不仅仅是征收方式、机制和机构的调整，这直接关系到社会保障能否最终实现国家统筹以及社会保障的“广覆盖”、“均等化”等问题。

（三）广覆盖：衡量社会保障服务效能的首要指标

2010年4月，温家宝总理在《求是》杂志发表了题为“关于发展社会事业和改善民生的几个问题”的署名文章。文章指出，从总体上看，我国社会保障体系还不够完善。这主要表现在：城乡社会保障发展不平衡，广大农村地区严重滞后；一些基本保障制度覆盖面比较窄，基金统筹层次低，保障水平不高；农民、农民工、被征地农民、城市无业人员和城乡残疾人等群体的社会保障问题比较突出。文中，温家宝总理提出了中国社会保障体系建设的十二字方针，即广覆盖、保基本、多层次、可持续。[③] 所谓“广覆盖”就是要不断提高社会保障的覆盖面和可及性，尽快建立覆盖城乡居民的基本社会保障体系，把“人人享有基本社会保障”落到实处；所谓“保基本”，就是要从现实国情出发，平衡考虑实际需求与供给能力，确定与经济社会发展相适应的保障底线；所谓“多层次”，就是以社会保险、社会救助、社会福利为基础，以城乡基本养老、基本医疗、最低生活保障制度为重点，以慈善事业、商业保险为补充，构建多层次的社会保障体系，满足人民群众多样化的保障需求；所谓“可持续”，是指在着力解决当前各种问题的同时，科学制定中长期发展目标，探索建立长效机制。

这十二字方针是从四个维度，也可以说是从四个层面出发对中国的社会保障服务体系建设做出的总体性设计。“广覆盖”讲的受益范围；“保基本”讲的是保障水平；“多层次”讲的是体系结构；“可持续”讲的是发展战略。其中，“广覆盖”是社会保障服务的一个基本特征，也是衡量社会保障服务可及性和有效性的首要指标。覆盖面“小而偏”恰恰又是当前中国社会保障服务的核心问题。

以五项社会保险的参保情况为例，根据《2009年人力资源和社会保障发展统计公报》和《2009年国民经济和社会发展统计公报》提供的数据，截至2009年年底，全国就业人员77 995万人，其中，第一产业就业人员29 708万人，占

---

① 参见张磊：《社会保障税已基本具备开征条件》，载《中国税务报》2006年12月6日。

② 参见谢旭人：《坚定不移深化财税体制改革》，新华网，2010年4月1日。

③ 参见温家宝：《关于发展社会事业和改善民生的几个问题》，载《求是》2010年第7期。

全国就业人员的38.1%；城镇就业人员31 120万人；全国农民工总量为22 978万人，其中外出农民工数量为14 533万人。从职工参保情况来看，2009年，全国参加城镇基本养老保险人数23 498万人，其中参保职工17 703万人；参加基本养老保险的农民工人数为2 647万人；参加农村养老保险人数为8 691万人，领取养老金的农民共有1 556万人。参加城镇职工基本医疗保险人数21 961万人；参加城镇医疗保险的农民工4 335万人。参加失业保险的人数12 715万人。参加工伤保险的人数14 861万人，其中参加工伤保险农民工5 580万人。参加生育保险的人数10 860万人。我们不能否认中国各项社会保险的发展速度，但从以上数据不难看出，目前，各项社会保险的参保率还较低。这从一个很重要的角度反映出中国的社会保障覆盖面还比较小，也比较偏。同时也说明，政府目前所提供的社会保障服务的可及性和有效性还不到位。

社会保障服务如果不能做到“广覆盖”，那么，“保基本”的目标就失去了应有的意义，“多层次”和“可持续”也就无从谈起。从这个意义上讲，当前中国的社会保障服务体系建设需要着力解决覆盖面问题。党的十七大报告明确提出，到2020年，覆盖城乡居民的社会保障体系基本建立，人人享有基本生活保障。“人人享有”也就意味着“全覆盖”。这不应仅仅是政策性的“全覆盖”，而应是实质性的“全覆盖”。这是一个极其艰巨且意义深远的发展目标。党的十七届五中全会通过的《关于制定国民经济和社会发展第十二个五年计划的建议》，明确提出“十二五”期间要实现两个“全覆盖”，一是要实现新型农村社会养老保险制度全覆盖；二是要实现城乡社会救助的全覆盖。毫无疑问，要实现上面提到的“全覆盖”发展目标，首先要努力做到“广覆盖”。而要做到“广覆盖”，不断提高社会保障的统筹层次是必然选择。

三、公共卫生

健康权是一项基本人权。在诸多国际和区域人权条约以及世界各国的宪法中都设有保障健康权的相关条款。世界银行的专家们指出，收入水平、生活方式、环境污染、职业风险以及可获得的医疗保健服务的质量都是影响人类健康的关键因素。[①] 由此可见，保障人类健康权益需要做出多方面的努力。其中，以政府为主体，面向全体公民提供必要、公平且有效的保健服务，是保障公民健康权益的最直接、最重要的手段之一。

① 参见世界银行：《1996年世界发展报告》，蔡秋生译，中国财政经济出版社1996年版，第129页。

（一）公共卫生服务的缘起、内涵及其构成

公共卫生问题由来已久，而政府把公共卫生问题纳入其法定职责范围则是近代的产物。1712 年，美国南卡罗来纳州设立了第一个州健康官员，专门负责协调解决公共卫生问题。直到 20 世纪初，关于公共卫生的概念界定才逐渐清晰起来。如今，我们所使用的公共卫生概念可做广义和狭义之分。在狭义上，公共卫生并不包括临床医疗服务等内容，主要是指通过评价、政策发展和保障措施来预防疾病、延长人的寿命和促进人的身心健康。在广义上，公共卫生则是一个包括了临床医疗服务、医疗保障服务、药品供应与保障等在内的“大卫生”概念。例如，世界卫生组织的主要职能包括：促进流行病和地方病的防治；提供和改进公共卫生、疾病医疗和有关事项的教学与训练；确定基本药物的国际标准以及推动确定生物制品的国际标准等。各国政府设立的卫生部，其职责范围即包括狭义的公共卫生领域也包括医疗服务、医疗保障、药品供应与保障等领域。

在 2003 年的全国卫生工作会议上，当时兼任卫生部部长的吴仪副总理从“部门职责”① 的角度对“公共卫生”做出了界定，即公共卫生就是由政府负责组织，全社会共同努力，改善环境卫生条件，预防控制传染病和其他疾病流行，培养良好卫生习惯和文明生活方式，提供医疗服务，达到预防疾病，促进人民身体健康的目的。2009 年，中华医学会首届全国公共卫生学术会议提出，公共卫生是以保障和促进公众健康为宗旨的公共事业，通过国家与社会共同努力，防控疾病与伤残，改善与健康相关的自然和社会环境，提供基本医疗卫生服务，培养公众健康素养，实现全社会的健康促进，创建人人享有健康的社会。② 这两个定义都突出强调了公共卫生事业发展中的政府责任和公民权利。

政府应该为推动公共卫生事业发展担负起领导责任，这已经成为一种国际共识。基于各国的现行体制和基本国情存在较大差异，各国政府在公共卫生服务中的角色和职能定位有所区别，具体的职责范围、内容和方式也不尽相同，由此形成了各具特色的公共卫生管理体制和服务体系。

2010 年，中共中央、国务院下发了《关于深化医药卫生体制改革的意见》。《意见》明确提出了“建设覆盖城乡居民的公共卫生服务体系、医疗服务体系、

① 值得注意的是：这一定义并未提及医疗保障和药品供应与保障。一个重要原因在于，在 2008 年机构改革前，医疗保险和药品供应与保障分别由原劳动和社会保障部以及国家直属的食品药品监督管理局负责，并未纳入卫生部的工作职责范围。2008 年大部制改革后，食品药品监督管理局并入卫生部，药品供应与保障也就自然纳入了卫生部的职责范围。医疗保险则主要由新成立的人力资源和社会保障部负责管理。

② 参见《学界提出“中国版本”公共卫生定义　突出政府责任　强调公民权利》，河北省政府网，2009 年 10 月。

医疗保障体系、药品供应保障体系，形成四位一体的基本医疗卫生制度”的新医改目标。公共卫生服务体系主要包括疾病预防控制、健康教育、妇幼保健、精神卫生、应急救治、采供血、卫生监督、计划生育等专业公共卫生服务网络，以及在食品安全、饮用水安全、卫生应急管理方面发挥重要功能的相关卫生机构及服务网络。医疗服务体系包括农村和城市两套系统。农村医疗服务体系以县级医院为龙头，形成县级医院、乡镇卫生院和村卫生室三级农村医疗卫生服务网络；城市医疗服务体系则是以三级医院为龙头，形成综合医院、专科医院、社区医院多层次城市医疗服务网络。医疗保障服务体系的主体是由城镇职工基本医疗保险、城镇居民基本医疗保险、新型农村合作医疗和城乡医疗救助共同组成的基本医疗保障体系，并以其他多种形式补充医疗保险和商业健康保险为补充。药品供应和保障体系主要包括建立国家基本药物制度、规范药品生产流通等内容。

（二）公共卫生服务的主要衡量指标及国际比较

依据世界卫生组织在一年一度的《世界卫生报告》中使用的公共卫生绩效评估框架，以及世界银行等国际组织普遍采用的结构、过程、结果三维绩效评价模型，结合国内相关研究的部分成果，我们将公共卫生服务综合评价指标归纳为三大类：一是支出类指标，主要包括卫生总费用占 GDP 比重、卫生费用构成比例、政府卫生支出占财政支出比重、人均卫生经费等；二是资源类指标，主要包括卫生机构、医疗机构、医院等级、诊疗设备、医护人员比例、病床比例，以及各种资源的配置及使用情况等；三是效果类指标，主要包括出生率、接种率、5 岁以下儿童死亡率、老龄人口比率、期望寿命，以及重大传染病防治情况等。

表 4-3　　2000 年、2007 年部分国家卫生费用支比情况　　单位：万人

国家＼年份	卫生总费用占 GDP（%）		卫生总费用构成（%）				政府卫生支出占政府总支出（%）		人均卫生费用（美元）		人均政府卫生支出（美元）	
			政府卫生支出		个人卫生支出							
	2000	2007	2000	2007	2000	2007	2000	2007	2000	2007	2000	2007
美国	13.2	15.7	43.7	45.5	56.3	54.5	19.5	19.5	4 570	7 285	1 997	3 317
德国	10.3	10.4	79.7	76.9	20.3	23.1	18.2	18.2	2 382	4 209	1 897	3 236
法国	9.6	11.0	78.3	79.0	21.7	21.0	14.6	16.6	2 150	4 627	1 684	3 655
英国	7.2	8.4	80.9	81.7	19.1	18.3	14.8	15.6	1 782	3 867	1 441	3 161
巴西	7.2	8.4	40.0	41.6	60.0	58.4	5.5	5.4	267	606	107	252
韩国	4.5	6.3	50.0	54.9	50.0	45.1	9.4	12.1	486	1 362	243	748
俄罗斯	5.4	5.4	59.9	64.2	40.1	35.8	9.6	10.2	95	493	57	316

续表

国家 \ 年份	卫生总费用占 GDP（%）		卫生总费用构成（%）				政府卫生支出占政府总支出（%）		人均卫生费用（美元）		人均政府卫生支出（美元）	
			政府卫生支出		个人卫生支出							
	2000	2007	2000	2007	2000	2007	2000	2007	2000	2007	2000	2007
印度	4.3	4.1	22.2	26.2	77.8	73.8	3.4	3.7	19	40	4	11
中国	4.6	4.3	38.3	44.7	61.7	55.3	1.1	9.9	44	108	17	49

注：以上数据来自《2010 中国卫生统计年鉴》，中国协和医科大学出版社 2010 年版。

从表 4－3 提供的数据来看，2000 年以来，美国、德国、法国卫生总费用占 GDP 比例基本保持在 10% 以上。2007 年，美国达到了 15%；英国和巴西均为 8.4%；韩国达到了 6.3%；俄罗斯达到了 5.4%。印度和中国该项比重基本持平，保持在 4% 以上。从卫生总费用构成的变动情况看，中国和俄罗斯的政府支出比重增长明显，但中国卫生费用的个人支出比例仅低于印度，高于其他国家。从政府卫生支出占政府总支出的比例变动情况看，中国的变化最为明显，已从 2000 年的 1.1% 上升至 2007 年的 9.9%，但这一比例仍低于多数国家。从人均卫生费用来看，中国要好于印度，但远低于其他国家。

从上述分析可以看出，中国的卫生总费用占 GDP 比例过低；卫生费用结构不够合理，个人承担比例过高；政府卫生支出占政府总支出的比例也明显偏低。考虑到中国的基本国情以及“新医改”政策，今后，应该加大政府卫生经费投入力度，将政府卫生支出占政府总支出的比例提高至 12% 左右，将卫生总费用占 GDP 比重提高至 5% 以上，这是 2006 年低收入国家的平均水平。

（三）全民保健：公共卫生事业发展的中长期目标

为了改善发展中国家的公民健康状况，世界卫生组织于 1977 年提出了“2000 年人人享有卫生保健”的全球战略总目标以及 10 项具体目标。1978 年，《阿拉木图宣言》进一步指出，要实现“2000 年人人享有卫生保健”的目标，首先要在全球范围内普及初级卫生保健。1981 年，第三十三届世界卫生大会通过了“2000 年人人享有卫生保健”的全球性检查制度和 12 项具体评价指标。1994 年，世界卫生组织在一份全球性检查报告中承认，“2000 年人人享有卫生保健”的目标根本无法如期实现。

1995 年，第四十八届世界卫生大会提出，“人人享有卫生保健”是一个没有时限的志向性目标，世界各国应该制定更具针对性、实效性的公共卫生政策。1998 年，第五十一届世界卫生大会提出了“21 世纪人人享有卫生保健”的全球战略总目标以及10项具体目标。[1] 2003年，第五十六届世界卫生大会通过决议，要求各成员国和国际社会要以普及初级卫生保健为重点，逐步推进“人人享有卫生保健”目标的实现。

中国政府早在1983年就明确表示了对“2000年人人享有卫生保健”战略目标的承诺；1990年，卫生部等五部委联合制定了《关于我国农村实现“2000年人人享有卫生保健”的规划目标》，并给出了“初级卫生保健”的中国定义和衡量指标；1997年，中共中央、国务院在《关于卫生改革与发展决定》中提出了“到2000年基本实现人人享有初级卫生保健”的发展目标。2002年，中共中央、国务院发布的《关于进一步加强农村卫生工作的决定》，提出了“到2010年使农民人人享有初级卫生保健”的目标；2007年，党的十七大提出了“2020年人人享有基本医疗卫生服务”的战略目标。同年，卫生部部长陈竺在中国科协年会上公布了“健康护小康，小康看健康”的三步走战略，即到2010年，初步建立覆盖城乡居民的基本卫生保健制度框架，使我国进入实施全民基本卫生保健的国家行列；到2015年，使我国医疗卫生服务和保健水平进入发展中国家的前列；到2020年，保持我国在发展中国家前列的地位，东部地区的城乡和中西部的部分城乡接近或达到中等发达国家的水平。2009年，陈竺部长在“中国在行动——糖尿病国际论坛”上做了题为“健康中国2020战略的思路与框架”的主题发言，明确提出了“健康中国2020战略”的政策框架和路线图。2010年，中共中央、国务院下发的《关于深化医药卫生体制改革的意见》再次明确提出，到2020年，覆盖城乡居民的基本医疗卫生制度基本建立，人人享有基本医疗卫生服务。

20世纪的头十年，中国在医疗卫生服务领域的确取得了长足进步，但毫无疑问的是，“人人享有初级保健”的目标未能如期实现。党的十七大对这一目标在表述方式和时限上都做出了修正，提出“到2020年，人人享有基本医疗卫生服务”的目标。从内容和范围来看，新的目标已经超越了“初级保健”的范畴，尽管时限推后至2020年，但其实现难度可想而知。一些学者指出，要在较短的时间内做到人人享有卫生保健，需要慎重考虑一些限制性条件：一是城市化问题；二是财政状况；三是公共财政体制的监督和政府行政效能。[2] “人人享有”是理想，“如何享有”才是关键，不能因为时限问题，就片面追求“立竿见影”。[3]

---

① 参见高惠琦等：《世界卫生组织人人享有卫生保健战略的由来和发展》，载《中国初级卫生保健》2004年第8期。

② 参见周其仁：《人人都可享受卫生保健的限制条件》，中国决策咨询网，2008年1月20日。

③ 参见顾昕：《人人如何享有基本卫生保健至关重要》，载《经济观察报》2007年5月12日。

从发展趋势看，中国正在走向“全民保健”的时代，这并非是一个遥不可及的目标，但要想在较短的时间内完成这种历史性跨越，难度很大，要做的工作还很多。我们既要力争实现既定的目标，还要充分考虑可持续发展问题，既要有信心，更要有耐心。为此，我们建议把“全民保健”作为一项可以逐级逐项分解的中长期工作目标加以建设。对于“全民保健”这一总目标的实现，不宜过分强调时限，要“留有余地”。毕竟公共卫生事业的发展有其自身规律，还会出现许多不可预知的限制性因素，一些关键性问题的解决仅靠“新医改”是远远不够的。应该从实际工做出发不断细化总目标，科学制定各种量化指标。对于各项具体工作可以根据实际情况做出合理的时限规定，这是完全必要的，但不能错把时限当“目标”。过分强调时限或者时限太短，会给当前及今后的工作带来许多压力，使政府陷于被动之中。虽然说压力可以转化为动力，但“达标”压力过大也容易导致政策执行的过度“偏离”。

四、就业服务

“劳动权”也是得到国际社会普遍确认的一项基本人权。从狭义上讲，劳动权主要指工作权或就业权，这也是广义劳动权得以实现的基本前提和重要基础。2007 年通过的《中华人民共和国就业促进法》明确规定，劳动者依法享有平等就业和自主择业的权利；为了促进就业，各级政府有责任为劳动者提供必要的就业服务，逐步建立公共就业服务体系。

（一）公共就业服务的缘起、内涵及其构成

公共就业服务兴起于 19 世纪末 20 世纪初。1910 年，英国政府创办了世界上第一个国家职业介绍所。1919 年，新成立的国际劳工组织通过了《失业公约》和《失业建议书》，建议各成员国尽快建立公共就业服务。1948 年，国际劳工组织通过了《就业服务公约》和《就业服务建议书》，制定了新的公共就业服务标准，主旨在于将就业市场以最佳方式组织起来，以实现充分就业和开发利用生产力资源的目标。随着世界经济的波段式发展以及各国劳动力市场和就业状况的改变，就业服务的内容不断变化，各国政府对公共和私营就业服务的立场也不断做出调整。

20 世纪 70 年代以来，战后长达二十余年的“充分就业期”走到了尽头，许多国家的失业率迅速攀升。各种国际组织以及各国政府开始重新审视公共就业服务的内容和功能。在一些西方国家，“公共就业服务开始参与消除失业的专门就

业措施，其规模通常比其传统的职业中介活动还要大。”[①] 1997 年，国际劳工组织通过的《私营就业服务公约》指出，私营就业服务可以作为公共就业服务的有益补充，提倡公共和私营就业服务之间开展有效合作，共同推进就业服务。

相比较而言，公共就业服务的特点在于：第一，它是由提供职业中介服务、劳动力市场信息、劳动力市场调整计划和失业补贴的公共机构共同组成的服务网络；第二，它为求职者和用人单位提供了一种低成本的劳动力市场参与方式；第三，它提供的公益性职业培训能够有效缩短求职者与劳动力市场的“距离”；第四，它具有早期行动的能力，能够对面临就业风险的个人或群体提前做出预判；第五，它不仅是一种职业中介，也是国家就业政策和劳动力市场计划的执行人；第六，它是维护劳动力市场公平秩序的重要力量。可以看出，公共就业服务有着私营就业服务无法比拟也无法替代的比较优势。

由于每个国家的经济发展水平不同，产业结构、劳动力市场和就业政策也存在很大差异，因此，各国政府提供的公共就业服务在内容、方式和方法上又有所区别。

严格地讲，中国的公共就业服务机构是在改革开放以后才逐步发展起来的，这与我们长期实行计划经济的就业体制有着密切的关系。为了解决日趋严峻的城镇劳动就业问题，1980 年，中共中央召开了全国劳动就业工作会议，提出了“三结合”的就业方针和一系列政策。会后，中共中央下发了《关于进一步做好城镇劳动就业工作的通知》，《通知》要求：“有步骤地在城市和就业任务繁重的县城建立劳动服务公司。”1981 年，中共中央、国务院做出了《关于广开门路，搞活经济，解决城镇就业问题的若干决定》，进一步强调建立和健全劳动服务公司机构，更好地发挥其就业管理和服务功能。此后，劳动服务公司在全国各地迅速发展起来。这是中国在劳动服务领域进行改革的初次尝试。1986 年，国务院颁布了国有企业劳动制度改革的“四项规定”[②]，这为结束“统包统配”的劳动就业制度，建立新型就业体制创造了条件，也为日后市场经济条件下的公共就业服务体系建设奠定了重要的政策基础。

1990 年，原劳动部出台了《职业介绍暂行规定》，对部分地区已经建立的各种职业介绍机构进行规范。1993 年年底，原劳动部提出了重点建设以职业介绍机构为核心的就业服务网络，逐步健全就业服务体系的改革设想。1994 年颁布的《劳动法》规定，地方各级人民政府应当采取措施，发展多种类型的职业介绍机

---

① ［英］范随等：《变化中的劳动力市场：公共就业服务》，劳动和社会保障部国际合作司、培训就业司编译，中国劳动社会保障出版社 2002 年版，第 5 页。

② 所谓“四项规定”是指《国营企业实行劳动合同制暂行规定》、《国营企业招用工人暂行规定》、《国营企业辞退违纪暂行规定》、《国营企业职工待业保险暂行规定》。

构，提供就业服务。在法律和政策的推动下，以各级劳动部门为主创办的职业介绍机构迅速发展起来，标志着市场经济条件下的公共就业服务体系初具雏形。

2002年，原劳动和社会保障部提出，“十五”期间将加快公共就业服务制度建设，形成集职业介绍、职业指导、职业培训、劳务派遣、创业指导、劳动保障事务代理等多项功能于一体的公共就业服务体系。2007年，中国颁布了《就业促进法》，规定县级以上人民政府负责建立公共就业服务体系，设立公共就业服务机构。依据《就业促进法》，各级公共就业服务机构为劳动者提供的免费服务主要包括：一是就业政策法规咨询；二是职业供求信息、市场工资指导价位信息和职业培训信息发布；三是职业指导和职业介绍；四是对就业困难人员实施就业援助；五是办理就业登记、失业登记等事务；六是其他公共就业服务。

2007年11月，原劳动和社会保障部为了推动《就业促进法》的实施，颁布了《就业服务与就业管理规定》（以下简称《规定》）。《规定》结合用人单位需求，对公共就业服务机构的功能做出了进一步扩展。新增功能主要包括：招聘用人指导服务；代理招聘服务；跨地区人员招聘服务；企业人力资源管理咨询等专业性服务；劳动保障事务代理服务；等等。

2009年，新成立的人力资源和社会保障部下发了《关于进一步加强公共就业服务体系建设的指导意见》（以下简称《意见》）。《意见》指出，公共就业服务体系的职能是实施就业政策和人才政策，对城乡所有劳动者提供公益性就业服务，对就业困难群体提供就业援助，对用人单位用人提供招聘服务，对就业与失业进行社会化管理，对用人单位和劳动者提供基本人力资源社会保障事务代理等。《意见》要求，地方人事、劳动保障部门的就业（人才）服务管理机构进行合并；原县级以上人才服务和劳动力市场的各类工作机构加强整合，成立综合性公共就业服务机构。

目前，中国已经初步建立了覆盖省、市、县（区）、街道（乡镇）和社区的公共就业服务网络体系。这一体系主要由政府劳动就业服务机构、政府人才交流服务机构、毕业生就业指导机构、残疾人就业服务机构四个部分构成。截至2007年年末，全国共有县级以上公共就业服务机构10 846家（包括政府举办的劳动就业服务机构和人才交流服务机构），街道、乡镇公共就业服务机构32 892个（分别占全部街道乡镇的99%和82%），并在8.7万个社区（占全部社区的90%）聘请了专门工作人员。①

（二）公共就业服务的主要衡量指标及国际比较

根据世界银行WDI数据库提供的就业与社会保障分析框架，结合国内学者

① 参见“新形势下加强公共就业服务的工作思路——人力资源和社会保障部就业促进司副司长刘丹华在公共就业服务研讨会上的讲话”，中国劳动力市场信息网监测中心，2009年7月24日。

的相关研究成果，我们将公共就业服务综合指标归纳为以下三类：一是就业状况类指标，主要包括劳动人口总数、劳动参与率、就业结构、女性劳动者参与率等；二是失业状况类指标，主要包括失业人口总数、失业率、失业者结构、女性劳动人口失业率、失业者生活状况、失业状况预期等；三是就业服务类指标，主要包括就业服务经费投入情况、就业服务结构和人力投入情况、失业与就业状况预期、就业指导情况、失业者培训情况、失业者生活救助情况等。目前，世界银行等国际组织以及各国政府最为关注的是就业率和失业率问题，这直接决定着政府应该在多大程度和范围内提供必要的公共就业服务。

表 4-4　　2000～2007 年部分国家失业、就业情况

年份/国家	劳动力人口（万人）		劳动参与率（%）		失业率（%）				
	2000	2007	2000	2007	2000	2004	2005	2006	2007
美国	14 787	15 629	66.8	65.3	4.1	5.5	5.1	4.6	4.6
日本	6 772	6 583	62.5	59.6	4.7	4.7	4.4	4.1	3.9
英国	2 973	3 139	62.3	62.5	5.5	4.6	5.0	5.4	5.3
法国	2 615	2 800	54.7	55.6	10.0	8.8	8.8	8.8	8.0
德国	4 038	4 144	58.2	58.5	7.9	11.0	11.1	10.3	8.6
韩国	2 270	2 420	61.0	60.9	4.4	3.7	3.7	3.5	3.2
中国	72 971	78 279	77.8	75.1	3.1	4.2	4.2	4.1	4.0

注：以上数据主要来自世界银行 WDI 数据库；中国部分来自 2000～2007 年《劳动和社会保障事业发展统计公报》。

从表 4-4 提供的数据来看，2000～2007 年间，中国的劳动参与率远高于其他国家；失业率仅低于韩国，与日本基本持平，低于多数国家。当然，由于各国关于失业、就业的统计口径有所不同，多数国家采用的是调查失业率，而中国采用的是登记失业率，因此，表 4-4 并不能完全反映出中国的实际就业状况。

事实上，中国关于失业率的统计方式既包括城镇登记失业率，也包括城镇调查失业率。早在 1995 年，中国就建立了城镇劳动力情况抽样调查制度，由此自然可以计算出调查失业率。然而，长期以来，中国政府公开发布的都是城镇登记失业率，还未曾见到有关调查失业率的官方数据。

中国社科院 2009 年发布的《社会蓝皮书》显示，中国城镇的实际失业率为 9.4%。这里所说的实际失业率其实就是调查失业率。2010 年，温家宝总理在会见出席“中国发展高层论坛”的外方代表时曾谈到中国的失业问题，他给出了一个惊人的数字——2 亿。这个数字被公众和媒体广泛解读为中国有 2 亿失业人口。如果按照劳动人口来计算的话，中国的实际失业率已经超过了20%。[①] 当然，公众和媒体的解读存在一定的误区，失业有显性失业和隐性失业之分，国际劳工组织对此有明确的界定。从理论上讲，隐性失业者不能完全计入失业人口中。但毫无疑问的是，中国的实际失业率远比公开发布的登记失业率要高，而中国的基本国情又决定了这种状况不会在短时间内消失。一些学者认为，要改善就业状况，首先要了解实际情况，要让实际失业和就业情况变得更加公开透明。中国政府也已经做出决定，从2011年起，不再使用“登记失业率”这一指标，而采用国际通用的“调查失业率”。

（三）专业化：完善公共就业服务的重要一环

公共就业服务是国家就业政策的重要组成部分，是政府实现扩大就业的工具和手段之一。尽管公共就业服务本身并不直接创造或增加就业岗位，也无法从根本上改变劳动力市场供求总量矛盾和各种结构性矛盾，其运行效率也普遍低于私营就业服务，但作为一种政府行为，公共就业服务对于促进就业、公平就业、就业援助以及公益性职业教育和培训等方面还是发挥了至关重要的作用。

西方国家的公共就业服务已经有了近百年的历史，一些经验和做法值得我们学习借鉴。概括起来，主要包括以下几点：一是强调公共就业服务的法制化，普遍建立了一套较为成熟的法律法规体系和基本制度框架；二是高度重视公共就业服务的专业化，包括机构设置、职责定位、资源配置以及技术手段等方面都具有很高的专业水准；三是公共就业服务供给主体多元化，公共与私营就业服务之间保持着良好的合作关系；四是高度重视职业指导，拥有系统的职业指导计划，组织机构完备，职业指导师的专业化程度很高，这是提供高质量公共就业服务的重要保证；等等。

中国的公共就业服务起步较晚。经过近30年的发展，从最初的劳动服务公司逐步发展成由职业介绍、就业训练、失业保险、劳动就业服务企业等内容组成的服务体系。但真正与国际接轨，则始于2003年原劳动和社会保障部对“失业”概念的修订。[②] 此后，随着下岗基本生活保障向失业保险的“并轨”，“下岗”这一典型的中国式概念逐渐淡出了历史舞台，各种再就业服务机构也随之并转为公共就业服务机构。

2003年，胡锦涛总书记在全国再就业工作座谈会上指出，公共就业服务体

① 参见《“2亿失业人口”并不雷人》，载《新京报》2010年3月27日。

② 参见胡奎：《挥别“下岗”，定位“失业”》，载《中国新闻周刊》2003年第20期。

系建设要坚持制度化、专业化、社会化的原则，即“新三化”原则。从近年来的建设情况看，制度化建设成绩最为显著。以《就业促进法》的颁布实施为标志，中国的公共就业服务已经走上了法制化轨道。专业化、社会化建设虽然也取得了一些成绩，但面临的问题还很多。其中，“专业化”是当前公共就业服务体系建设的主要“瓶颈”。

人力资源和社会保障部2009年发布的《完善公共就业服务体系研究报告》指出，公共就业服务的发展现状难以适应促进就业的需要。其中比较突出的一个问题是公共就业服务的专业化程度不够。这主要表现在机构设置缺乏统一性，管理机构和工作机构的比例不够合理；服务功能、服务手段短缺，激励机制不健全；人员编制少，专业人员缺乏；服务的针对性和专业性不强；服务不规范，质量和效率都不高；等等。[①]

提高公共就业服务的专业化水平需要从以下几个方面着手：一是要统一规范公共就业服务机构和功能设置，精简管理机构设置，大力加强一线工作机构建设；二是增加公共就业服务人员总量，提高“人均服务失业人员数量比”，重点在于加强基层人力资源投入；三是加快推进“持证上岗”，提高公共就业服务人员的专业化服务水平，关键是要把好“发证关”；四是加快公共就业服务信息化建设，重点做好失业求职人员的信息建档、追踪；用人单位岗位需求信息建档、发布和解释；定期发布劳动力市场预测、预警分析报告等工作。此外，在加快建设各种公共就业服务网站的同时，还要考虑到互联网络的普及率及其适用群体等问题，因此，综合运用报纸、广播、有线电视、固定电话、短信平台等各种信息化手段是十分必要的。

五、环境保护

环境问题是最受关注的全球性问题，也是中国正在面临的最突出、最紧迫的社会公益问题之一。中国的环境问题具有“共同但又独特”的特性。西方发达国家在二百多年的工业化进程中分阶段出现的各种环境问题，在中国改革开放30多年的时间里集中爆发，呈现出结构性、压缩性、复合性、区域性和全球性五大特征。[②] 为了缓解经济社会发展与资源环境约束的矛盾，实现人与自然的和谐发展，2005年，十六届五中全会提出了建设资源节约型、环境友好型社会的

---

① 参见人力资源和社会保障部专题研究组：《完善公共就业服务体系研究报告》，中国就业服务网，2009年5月26日。

② 参见周生贤：《积极探索中国环境保护新道路》，载《学习与研究》2010年第4期。

目标。2010年，十七届五中全会进一步强调指出，把建设资源节约型、环境友好型社会作为加快转变经济发展方式的重要着力点，提高生态文明水平。

（一）环境保护的缘起、内涵及其构成

环境问题由来已久。随着工业化进程的不断深入及其在全球范围的广泛渗透，环境问题也日趋国际化。20世纪中期，西方国家的城市环境问题突出，重大公害事件频发，引起了国际社会对环境问题的高度关注。1962年，美国海洋生物学家蕾切尔·卡逊出版了著名的《寂静的春天》一书，该书首次提出了"环境保护"问题，被誉为现代环保运动的开山之作。1972年，世界环保运动的先驱组织——罗马俱乐部（The Club of Rome）在一份题为《增长的极限》的研究报告中提出，环境问题是人类面临的五大困境之一，它不仅仅是一个技术问题，也是一个重要的社会经济问题。同年，联合国第一次人类环境会议通过的《人类环境宣言》指出，保护和改善人类环境是关系到全世界各国人民的幸福和经济发展的重要问题，是全世界各国人民的迫切希望和各国政府的责任，也是人类的紧迫目标。

20世纪80年代中期，英美科学家先后证实了南极上空出现"臭氧空洞"。这一科学发现引发了新一轮环境问题大讨论。1987年，世界环境与发展委员会向第四十二届联合国大会递交了一份题为《我们共同的未来》的研究报告，首次提出了"可持续发展"（sustainable development）的概念。可持续发展的重要标志就是资源的永续利用和良好的生态环境。《我们共同的未来》从人类可持续发展的高度对环境保护的重要意义做出了新的诠释，这对世界各国的发展战略和环境保护政策都产生了极其深远的影响。1992年，联合国环境与发展大会通过了《里约环境与发展宣言》和《21世纪议程》两个纲领性文件。前者是开展全球环境与发展领域合作的框架性文件，后者则是全球范围内可持续发展的行动计划。这次大会后，绝大多数国家都对各自的发展战略做出了积极调整，把环境保护和可持续发展置于其发展战略的核心地位。

中国的环境保护事业起步于20世纪70年代初期。1972年，中国政府派团参加了联合国召开的第一次人类环境会议。由此，"环境保护"概念正式引入中国，并提上了国家的重要议事日程。同年，北京、河北等地率先成立了环保部门。1973年，国务院召开了第一次全国环境保护工作会议，审议通过了"全面规划、合理布局、综合利用、化害为利、依靠群众、大家动手、保护环境、造福人民"的环保工作方针和第一个环保法规——《关于保护和改善环境的若干规

定（试行草案）》。[1] 同年，国家计委、国家建委、卫生部联合批准颁布了中国第一个环境标准——《工业“三废”排放试行标准》。1974 年，国务院环境保护领导小组正式成立。1979 年，全国人大常委会通过了《中华人民共和国环境保护法（试行）》。

1983 年，第二次全国环保大会正式将环境保护确定为基本国策。1984 年，国务院成立环境保护委员会，专门负责协调各部门间的环保问题。1988 年，国家环境保护局正式成立。1989 年，全国人大常委会通过了《中华人民共和国环境保护法》。1992 年联合国环境与发展大会之后，中国在世界上率先提出了《环境与发展十大对策》，明确提出转变传统发展模式，走可持续发展道路。随后制定了《中国 21 世纪议程》、《中国环境保护行动计划》等纲领性文件。可持续发展战略已经成为中国经济社会发展的基本指导思想。1998 年，国家环境保护局升格为正部级的国家环境保护总局。2008 年，环境保护部正式成立。2010 年，十七届五中全会通过了《中共中央关于制定“十二五”规划有关环境保护的建议》。建议指出：坚持把建设资源节约型、环境友好型社会作为加快转变经济发展方式的重要着力点。深入贯彻节约资源和保护环境基本国策，节约能源，降低温室气体排放强度，发展循环经济，推广低碳技术，积极应对气候变化，促进经济社会发展与人口资源环境相协调，走可持续发展之路。

依据《环境保护法》的相关规定和环境保护部的机构职能设置，我们可在广义和狭义两个层次上来理解“环境保护”概念。从广义上讲，凡是影响人类社会生存和发展的各种天然的和经过人工改造的自然因素总体，包括大气、水、海洋、土地、矿藏、森林、草原、野生动物、自然古迹、人文遗迹、自然保护区、风景名胜区、城市和乡村等均应纳入环境保护的范畴。从狭义上讲，环境保护是指人类为解决现实的或潜在的资源和生态环境问题，协调人类与生态环境的关系，推动经济社会的可持续发展所采取的必要行动。狭义上的环境保护主要包括：环境政策法规、环境保护规划、环境科技和标准、环境影响评价、环境监测与信息发布、污染和公害防治、核安全和辐射安全监督管理、环境保护宣传和教育等。

（二）环境保护的主要衡量指标及国际比较

根据 1992 年联合国环境与发展大会通过的《里约环境与发展宣言》和《21 世纪议程》，结合国内学者的相关研究和《国家环境保护标准“十二五”规划（征求意见稿）》的相关内容，我们将环境保护综合评价指标归纳为四类：一是

① 参见国家统计局：《改革开放 30 年报告之十五：环境保护事业取得积极进展》，2008 年 11 月 14 日。

环境质量指标，主要包括大气质量、水质量、土壤质量及其改善情况等；二是污染物排放（控制）指标，主要包括水污染物排放标准、大气污染物排放标准、固体废物与化学品污染控制标准、环境噪声排放（控制）标准等；三是环境保护投资与管理类指标，主要包括环境污染治理投入、环境管理与建设投入、环境保护科技教育投入、环境保护管理机构和人力资源情况等；四是国际环保行动参与度指标，主要包括签署加入的资源与环境保护国际公约情况及其执行情况等。目前，“控制温室气体排放”是国际环保组织和各国政府最为关注的问题之一，也是评价各国政府环境保护努力程度的主要约束性指标。

表 4－5　　2005 年部分国家主要温室气体排放情况

排放指标 国家	二氧化碳排放总量（百万吨）	人均二氧化碳排放量（吨）	二氧化碳排放年均增长（%）（1990～2005 年）	甲烷排放（千吨二氧化碳当量）	氮的排放量（千吨二氧化碳当量）	其他温室气体排放（千吨二氧化碳当量）
美国	5 776.4	19.5	1.3	810 280	456 210	108 420
日本	1 230.0	9.6	0.9	53 480	23 590	70 570
德国	784.0	9.5	1.8	58 100	69 470	41 980
英国	546.4	9.1	－0.3	39 400	65 480	14 030
加拿大	537.5	16.6	1.8	103 830	51 390	11 010
印度	1 402.4	1.3	4.8	712 330	300 680	9 510
中国	5 547.8	4.3	4.6	995 760	566 680	119 720

注：以上数据来自世界银行 WDI 数据库。

从表 4－5 提供的数据来看，美国和中国二氧化碳排放总量远高于其他国家，是国际社会公认的减排任务重点对象；中国人均二氧化碳排放量虽高于印度，但远低于其他国家；从 1990～2005 年二氧化碳排放增长情况看，中国和印度平均增幅均超过了 4.5%，远高于其他国家。此外，中国的甲烷、氮以及其他温室气体排放总量已经超过了美国。毫无疑问，在“控制温室气体排放”这一国际环保大行动中，中国政府背负着巨大的国际舆论压力。但作为一个负责任的大国，中国又必须承担起相应的责任。

2009 年，中国政府正式公布了控制温室气体排放的行动目标，即到 2020 年全国单位国内生产总值二氧化碳排放比 2005 年下降 40%～45%。在随后召开的哥本哈根气候峰会上，温家宝总理向全世界郑重承诺：“我们言必信、行必果，无论本次会议达成什么成果，都将坚定不移地为实现、甚至超过这个目标而努力。”2010 年 2 月，政治局就控制温室气体排放行动目标进行集体学习。同年 9 月，十七届五中全会通过的《关于制定国民经济和社会发展第十二个五年规划的建议》明确指出，单位国内生产总值能源消耗和二氧化碳排放大幅下降，主要污染物排放总量显著减少，生态环境质量明显改善是“十二五”期间经济社会发展的主要目标之一。

（三）绿色 GDP：把环境保护真正置于全局性战略高度

GDP 是世界通行的国民经济核算体系，是衡量一个国家发展程度的国际标准。改革开放以来，在“以经济建设为中心”的思想指导下，各级政府积极投身经济建设，GDP 自然而然就成为了衡量政绩的一个重要砝码。历史地看，这种做法有其合理性和必要性，这也是中国经济能够实现跨域式发展的一个重要原因。但我们不能无视西方国家的历史教训，单纯追求经济增长已经被证明是一种有缺陷的增长，势必要付出惨痛的环境代价。

中国的环境保护工作起步不算晚，早在 1984 年就确立了环境保护的基本国策地位。然而，长期以来，受制于 GDP 的“刚性制约”，各级政府虽然在战略上高度重视环境保护问题，但在实践中则采取了“弹性化处理”方式，甚至以牺牲环境为代价来换取 GDP 的增长。问题并非出自 GDP 本身，责任也不全在地方政府。要想从根本上改变环境保护为经济建设“让路”的惯性做法，必然要对以 GDP 为代表的传统国民经济核算体系进行调整。

早在 20 世纪 60 年代，一些西方学者就提出单纯使用 GDP 来衡量一个国家或地区经济与社会的发展水平存在缺陷。他们强烈呼吁改进国民经济核算体系。1992 年世界环发大会后，可持续发展的理念得到了国际社会的广泛认同。1993 年，联合国经济和社会事务部在修订的《国民经济核算体系》中提出了“总值”和“净值”两种核算方法。“总值”即 GDP 扣减资源耗减成本和环境降级成本；“净值”即 GDP 扣减资源耗减成本、环境降级成本和固定资产折旧。2004 年，国家统计局和原国家环保总局联合启动了“中国绿色国民经济核算研究”项目，建立了中国的环境经济核算体系。2005 年，在北京、天津、重庆、河北、辽宁、安徽、浙江、四川、广东和海南 10 个省市开展了绿色国民经济核算和污染损失评估调查试点工作。2006 年，《中国绿色国民经济核算研究报告 2004》正式公布。这也是迄今为止唯一一份正式公布的绿色 GDP 核算报告。然而，绿色 GDP 核算并没有获得所有省份的支持，一些试点省份也先后退出。2008 年，在时任副总理的李克强同志的推动下，“中国资源环境统计指标体系”工作再次启动，到 2010 年 10 月，已完成了 2004 年到 2008 年的全国环境经济核算研究报告，但尚未正式公开发布。

根据《中国环境经济核算研究报告 2008（公众版）》，2008 年的生态环境退化成本达到 12 745.7 亿元，占当年 GDP 的 3.9%；环境治理成本达到 5 043.1 亿元，占当年 GDP 的 1.54%。和 2004 年相比，环境退化成本增长了 74.8%，虚拟治理成本增长了 75.4%。[①] 课题组专家指出，由于核算方法还不够成熟，环境污染损失和生态破坏损失的基础数据尚不完备，因此，《报告》提供的核算结果并不能完整反映出环境污染和生态破坏的实际损失。即便如此，现有的数据已经足以说明中国在保持 GDP 增速的同时也付出了巨大的环境代价，这势必部分抵消经济发展的成果，对经济社会可持续发展构成了重大隐患。

尽管绿色 GDP 在理论上还不够成熟，在技术和实践操作层面上还面临许多问题，但从长远来看，建立这样一种新的国民经济核算体系是大势所趋，是把环境保护真正置于全局性战略高度的必然选择。

六、公共文化

文化权也是受国际人权公约以及各国宪法保护的公民基本权利。文化源于社会生活，更准确地讲，是来自于公共生活，是存在于公共生活领域中的东西。从这个意义上讲，公共性是文化的固有属性。联合国教科文组织通过的《世界文化多样性宣言》主张，文化多样性是人类的共同遗产文化；促进面向所有人的文化多样性；文化产品和文化服务因其固有的特性，不应被视为一般的商品或消费品；国家和政府有义务通过制定和实施文化政策共同推动人类文化的发展。

（一）公共文化服务的缘起、内涵及其构成

建立公共文化设施是政府履行公共文化服务职责的重要标志之一。从这个意义上讲，公共文化服务可谓历史悠久。例如，始建于 1753 年的不列颠博物馆是世界上最早的公立国家博物馆；19 世纪 30～40 年代，美国就出现了公立图书馆。事实上，我们还能够列举出许多更为久远的公共文化设施。

现代公共文化服务的兴起与市场经济的快速发育有着密切的关系。作为一种公益性事业，市场运作的固有缺陷决定了政府在公共文化领域应该有所作为，也必须有所作为。19 世纪末 20 世纪初，随着政府公共服务职能的不断发育，包括公共文化在内的各种公共事业逐渐发展起来。第二次世界大战后，随着发展黄金期的到来，西方国家开始更多地关注公共事业的发展。由此，公共文化事业也步入了一个繁荣期。20 世纪 80 年代以来，在新公共管理运动的推动下，公共文化事业也面临着发展转型。西方国家的公共文化部门改革“在

① 参见《绿色 GDP 核算再现身》，载《21 世纪经济报道》2010 年 12 月 28 日。

追求公共文化资源配置的公平、合理以及公共文化部门经营的经济、效率和效益的基础上，使国家文化公共行政管理与国有公共文化服务供给之间实现了体制上的分离。”① 目前，西方国家普遍建立了公共文化托管制度，这种做法一方面能够最大限度地整合各种文化资源，另一方面也能够极大地提高公共文化服务的运营效率。

新中国成立伊始，政府就高度重视公共文化事业的发展。新中国成立初期首都著名的十大建筑中，有七个是公共文化体育设施。在其他地区，也相继建立了一批公益性文体设施。从总体上看，改革开放前的公共文化服务主要集中于文化体育设施建设，由于管理和服务水平较低，也造成了资源配置的不合理和资源浪费。

改革开放以来，各级政府一方面加快了文化体育设施建设，另一方面也开始探索公共文化管理和服务的新模式。20 世纪 90 年代中后期，随着市场化改革的不断深入，公共文化事业面临巨大冲击，文化产业化逐渐成为了一种主流趋势。由于市场因素的全面介入，在一段时期内，公共文化的公益性特征也黯然失色。

党的十六大报告明确指出，发展各类文化事业和文化产业都要贯彻发展先进文化的要求，始终把社会效益放在首位；国家支持和保障文化公益事业。以此为标志，政府的公共文化服务职能得到进一步明确和加强。2005 年，中共中央、国务院下发《关于深化文化体制改革的若干意见》。《意见》明确指出，要加大公益性文化事业投入，调整资源配置，逐步构建公共文化服务体系。2006 年，《国家“十一五”时期文化发展规划纲要》进一步明确了公共文化服务体系建设的指导思想、方针和任务。党的十七大报告强调指出，要把发展公益性文化事业作为保障人民基本文化权益的主要途径。2009 年，国务院通过了《文化产业振兴规划》，这是中国第一部文化产业专项规划。2010 年，温家宝总理在《关于发展社会事业和改善民生的几个问题》一文中强调指出，政府要履行好发展公益性文化体育事业的责任，保障人民群众的基本需要和权益。

截至 2009 年年底，全国各级公共博物馆、纪念馆已有 1 444 座向社会免费开放，全国已有 2 850 个公共图书馆、3 223 个文化馆、38 740 个文化站，② 农村公共文化服务体系建设也取得了显著成绩，基本形成了一个覆盖城乡居民的公共文化网络和服务体系。

随着公共文化事业的不断发展，公共文化服务的内涵及其构成也在不断变

① 参见李景源等主编：《2007 年中国公共文化服务发展报告》，中国网，2007 年 12 月 19 日。

② 参见《构建科学发展体制机制　推动文化大发展大繁荣——党的十六大以来我国文化体制改革发展纪实》，载《人民日报》（海外版）2010 年 8 月 13 日。

化。从政策层面看，我们当前所说的公共文化服务应该是一个“大文化”概念，既涉及公共文化事业，也涉及公共体育事业。[①] 由此，我们可以对公共文化服务的内涵做出如下解读，即为了保障公民的基本文化权利（文教、体育、文艺、科学技术等均属于文化权利的范畴），由公共文化体育部门为主，面向全体公民提供的，可以公平、均等享有的各种公益性文化体育设施、条件和服务。这种理解与当前各级政府公共文化体系建设的总体思路和具体做法也基本吻合。从体系构成看，公共文化服务体系应该包括文化和体育两个相互交织的子系统。综合起来考虑，主要包括相关法律法规、文化体育事业的经费保障、文化体育设施建设、文化体育事业管理、群众性文化体育活动、文化和体育宣传教育等内容。

（二）公共文化服务的主要衡量指标及国内比较

根据联合国教科文组织提出的文化统计框架以及西方国家的公共文化服务绩效评估框架，结合国内学者的相关研究成果，我们将公共文化服务的综合评价指标归纳为四大类：一是投入类指标，主要包括文化及体育事业经费投入、土地资源、固定资产投入等；二是设施设备类指标，主要包括公共图书馆、博物馆、纪念馆、群艺馆、体育场馆、文化站、书报刊网点、电台、电视台等基础设施；三是服务内容类指标，主要包括藏书量、文物收藏量、电台电视台节目数量、群众性文体活动数量、影视剧以及文学作品数量等；四是管理服务类指标，主要包括管理机构和人力资源配置、服务方式方法、服务频次、服务人次等。从中国的公共文化服务发展现状来看，最突出的问题是经费投入的相对不足以及经费投入的城乡差距和地区差距过大问题。

从表4-6提供的数据可以看出，在文化事业费方面，城乡差距十分明显，尽管“十一五”以来，农村地区文化事业费增速普遍快于城市增速，但二者仍然存在很大差距。截至2009年年底，农村和城市文化事业费之比是3∶7。从表4-7提供的数据可以看出，西部地区与中东部地区在文化事业投入上也存在较大差距。“十一五”以来，西部地区文化事业费增速明显快于城市，但差距并未明显缩小。2009年年底，西部地区文化事业费相当于中东部地区的31.6%。由此看来，要想实现公共文化服务的“均等化”，首先要从调整经费投入结构入手。

① 参见温家宝：《关于发展社会事业和改善民生的几个问题》，载《求是》2010年第7期。

表 4-6　“十一五”以来文化事业费分农村和城市投入情况

		2006 年	2007 年	2008 年	2009 年	“十一五”前四年
总量（亿元）	全国	158.03	198.96	248.04	292.32	897.35
	#农村投入	44.60	56.13	66.59	86.03	253.35
	城市投入	113.43	142.83	181.45	206.29	644.00
增长速度（%）	全国	18.1	25.9	24.7	17.9	21.6
	#农村投入	24.9	25.9	18.6	29.2	24.6
	城市投入	15.6	25.9	27.0	13.7	20.4
比重（%）	全国	100.0	100.0	100.0	100.0	100.0
	#农村投入	28.2	28.2	26.8	29.4	28.2
	城市投入	71.8	71.8	73.2	70.6	71.8

注：以上数据来自中华人民共和国文化部：《“十一五”以来我国文化事业费投入情况分析》。

表 4-7　“十一五”以来文化事业费分区域投入情况

		2006 年	2007 年	2008 年	2009 年	“十一五”前四年
总量（亿元）	全国	158.03	198.96	248.04	292.32	897.35
	#西部地区	34.30	42.70	58.76	70.15	205.91
	中东部地区	123.73	156.26	189.28	222.17	691.44
增长速度（%）	全国	18.1	25.9	24.7	17.9	21.6
	#西部地区	22.1	24.5	37.6	19.4	25.7
	中东部地区	17.0	26.3	21.1	17.4	20.4
比重（%）	全国	100.0	100.0	100.0	100.0	100.0
	#西部地区	21.7	21.5	23.7	24.0	22.9
	中东部地区	78.3	78.5	76.3	76.0	77.1

注：以上数据来自中华人民共和国文化部：《“十一五”以来我国文化事业费投入情况分析》。

（三）增进幸福感：发展公共文化服务也是在创造国民幸福

公共文化服务的价值功能可以在维护民权、国家战略和社会生活三个维度上做出解读：从公民权利的维度看，发展公共文化服务的宗旨是维护和保障公民的基本文化权利。依据《经济、社会及文化权利国际公约》的相关规定，国内一些学者将公民的基本文化权利进一步归纳为四种类型：一是享受文化成果的权利；二是参与文化活动的权利；三是进行文化创造的权利；四是文化成果受到保护的权利。[①] 发展公共文化服务，能够更好地实现文化成果的共享、文化活动的共建、文化繁荣与创新、文化成果的保护。

从国家发展战略的维度看，发展公共文化服务是为了全面提升国家文化软实力，增强国际竞争力。20 世纪 50 年代以来，国际竞争的焦点转换经历了由军事到经济、由经济到科技、由科技到文化三个阶段。当前，文化软实力已经成为影响国家竞争力的一个核心要素。坚持社会主义先进文化前进方向，发展公共文化服务，对于弘扬民族精神、培养民族性格、促进民族和谐、增强民族凝聚力和创造力具有重要战略意义。

从社会生活的维度看，发展公共文化服务对于丰富人民群众的业余生活、缓解工作学习压力、提高国民的精神生活质量、健康身心、增进幸福感和满意度具有重要的现实意义。真正幸福的生活并不仅仅是物质生活的富足，在很大程度上更是一种心理体验和主观感受，即幸福感。进一步讲，国民幸福感和满意度也应成为评价经济社会发展程度和水平的重要参照系。

20 世纪 70 年代，不丹国王吉格梅·辛格·旺楚克提出了“国民幸福指数”（GNH）概念。他认为，公共政策应该关注幸福，并应以实现国民幸福为目标和宗旨。人生的基本问题是如何在物质生活和精神生活之间保持平衡。为此，公共政策不仅要致力于国民物质生活的极大丰富，也要充分考虑到国民精神生活的充实和健康，要在二者之间建立一种理想的平衡关系。

此后，国外的一些研究机构开始着手研究国民幸福指数问题，提出了兼顾客观条件和主观感受的“幸福指数”评价指标，并把相关研究从国家间比较逐步引向人群比较。一些研究显示：幸福水平并不总是与物质生活水平同步提高；物质财富仅仅是能够给人带来幸福感的因素之一，当物质财富积累到一定程度，个体的幸福感在很大程度则要取决于物质财富以外的许多其他因素；一些经济欠发达国家的“国民幸福指数”，远比公认的发达国家要好；富人群体的幸福感普遍低于低收入群体，其身心健康程度也普遍不如低收入群体。

创造国民幸福是一个多维度问题，经济、政治、文化、社会等各种因素都在其中发挥着一定的作用。一些国家的实践证明，提供良好的公共文化服务能够有效增进公民的幸福感，这可以说是在用文化的力量去创造国民幸福。例如，英国政府根据专家建议，制订了增加 10 000 名心理医生的计划，目的是帮助人民正确看待和感知幸福；英国广播公司（BBC）曾推出一个名为“幸福药方”的公益性栏目，专门讲述幸福的科学、幸福的政策、幸福的力量；此外，在一些中学

---

① 何继良：《关于构建公共文化服务体系、保障人民基本文化权益的若干问题思考》，载《毛泽东邓小平理论研究》2007 年第 12 期。

还专门开设了“幸福课程”，让学生接受健康向上的“幸福教育”。[①] 尽管这些做法所产生的作用难以量化评估，但毋庸置疑的是，文化的力量是将成为国民幸福持续增长的最持久、最有效的支撑力。

第四节　支持性公共服务

本书所说的“支持性公共服务”主要包括社会基础设施、科技公共服务、公共信息服务、法律援助服务等内容。也有学者主张，应该将基础设施、科技服务、公共信息服务、法律援助等列入基本公共服务的范畴，我们对此持保留态度。这主要是基于以下两点考虑：一是在公共服务领域中，上述内容并不是矛盾最集中、最突出的领域，从社会需求的角度看，各项公共服务的确有主次之分；二是上述内容不同程度地渗透于各项基本公共服务之中，并发挥着重要的支持性、辅助性作用，从政府工作的角度看，上述内容要发展，但不能盲目发展，要有针对性，要和基本公共服务建设结合起来。

一、加快建设社会基础设施

从建设目的和服务性质来看，基础设施可以大致划分为经济基础设施和社会基础设施两大类。经济性基础设施主要包括电力、电信、自来水、排污、固体废弃物收集与处理等公共设施；桥梁、大坝、管道等公共工程；公路、铁路、城市交通、港口、水路、机场等交通设施。社会性基础设施主要包括教科文卫体等各项社会事业发展所必备的基础设施；公园、绿地、剧场、人文景观等娱乐休闲设施；各种公共场所的其他服务设施等。

世界银行 1994 年的年度报告主题即是“为发展提供基础设施”。这一报告集中讨论的是经济性基础设施的重大意义。报告指出，基础设施能力与经济产出同比增长，基础设施存量增长 1%，GDP 就会增长 1%。报告同时指出，基础设施只有在它提供的服务可以对有效需求做出反应而且效率较高时才能发挥其应有的作用。因此，服务是目标，是基础设施发展的重要尺度。[②] 长期以来，中国各级政府高度重视基础设施建设，尤其是经济性基础设施建设，也从中收获了巨大

① 参见沈望舒：《塑造幸福感——中国社会公共文化服务的现实任务》，载《北京观察》2006 年第 11 期。
② 参见世界银行：《1994 年世界发展报告》，毛晓威等译，经济出版社 1994 年版，第 2 页。

的经济效益，这是中国经济持续高速增长的一个重要拉动力。

建设服务型政府，不仅要搞好经济建设，同时也要搞好社会建设，要平衡考量经济发展与公共服务问题。为此，公共设施投资的基本方向应该逐步转向社会性基础设施。相比较而言，社会性基础设施建设的确难以收获巨大的经济效益，但从长远来看，其潜在的社会效益能够为经济发展提供更为持久、稳定的推动力。当然，加强社会性基础设施建设也要注意方式、方法和方向问题，“锦上添花”虽好，但“雪中送炭”更重要，也更给力，要把钱投向民生问题最突出的领域，最薄弱的地区，最需要的人群。

二、大力推进公共科技服务

“科技服务”是指与科学研究与试验发展活动相关并有助于科学技术知识的产生、传播和应用的各种活动的总称。科技服务涉及的领域多、范围广、影响大。从服务对象来看，主要包括面向企业的科技推介与转让；面向不同群体的科普服务、技术指导和咨询；面向政府的决策咨询服务；等等。从服务内容和方式来看，主要包括组织科技研发与创新、提供科技信息查询、出版科技读物、建立科技交流服务平台等。

“公共科技服务”是科技服务中涉及政府公共服务职责的部分，是指“以政府为主导、包括公共部门、科学共同体、企业、社区及个人等多主体参与的，通过对公共科技资源的配置和利用，为公众满足其生产生活中的科技需求和相关科技利益诉求提供公共科技产品与服务，最终实现提高全民科学素质的目标。”① 积极发展面向公众的公共科技服务不仅能够有效提高公众的知识获取和吸收能力，拓宽科技知识交流渠道，缩小知识差距，也有助于提高政府的公共服务水平。事实上，教育、医疗卫生、环境保护等基本公共服务的发展和完善都有赖于公共科技服务的强力支撑。

近年来，一些地方政府相继出台了一系列“科技公共服务”建设方案和配套措施，但从内容上看，主要的侧重点还在于为企业服务、为经济建设服务。虽然为企业服务、为经济建设服务也是“大公共服务”概念的内涵之一，但不能以此为由，淡化、弱化甚至取代面向公众的“公共科技服务”。我们在这里所要强调的不是概念之争，而是服务方向问题，是一个理念问题。基本公共服务体系建设的立足点是民生，作为重要支持性力量的“公共科技服务”应该充分体现其公众性、公益性、普惠性特征。

① 谢莉娇等：《面向公众的公共科技服务及其体系建设》，载《中国科技论坛》2009 年第 12 期。

三、逐步完善公共信息服务

公共信息服务是指为了满足公众的信息需求，由政府等公共部门为主导，通过各种有效的公共信息传播途径，面向全体公民提供各种具有权威性、正确性、及时性、有效性、免费性特征的公共信息产品和服务的总称。从服务内容看，公共信息服务涉及政治、经济、文化、社会以及日常生活的各个领域。从这个意义上讲，政府各职能部门都要承担一定的公共信息服务职责；从实施方式看，公共信息服务主要包括信息开发和信息开放两部分。信息开发主要包括原始信息的收集、整理、加工、制作、建档和存储；信息开放主要包括信息报道、发布、检索、咨询和解释等。

政府之所以要履行公共信息服务职责，这是由公共信息的公共产品属性所决定的。尽管大多数公共信息属于非排他性和非竞争性不完全的准公共信息资源，但从资源的共享性和消费的无损耗性这些特点来看，还是应该将公共信息归入公共产品范畴。[①] 因此，政府等公共部门应该在公共信息资源开发、供给和配置中发挥重要作用。

2007 年颁布实施的《中华人民共和国政府信息公开条例》明确规定，建立信息公开制度，是为了保障公民、法人和其他组织依法获取政府信息，提高政府工作的透明度，促进依法行政，充分发挥政府信息对人民群众生产、生活和经济社会活动的服务作用；行政机关不得通过其他组织、个人以有偿服务方式提供政府信息；教育、医疗卫生、计划生育、供水、供电、供气、供热、环保、公共交通等与人民群众利益密切相关的公共企事业单位在提供社会公共服务过程中制作、获取的信息要依法公开。

四、积极开展法律援助服务

法律援助是指为了保障经济困难的公民获得必要的法律服务，由政府设立法律援助机构，组织法律援助人员，为其提供包括法律咨询、代理、刑事辩护以及非诉讼法律事务代理等无偿法律服务。

早在 19 世纪，英国就建立了法律援助制度。目前，这一制度已经成为世界通行的司法人权保障制度，并载入了《公民权利和政治权利国际公约》等国际人权公约。国外的法律援助管理模式主要有三种类型：一是由政府机构负责管

① 参见夏义堃：《公共信息资源的多元化管理》，武汉大学出版社 2008 年版，第 39～42 页。

理；二是由律师协会负责管理；三是由独立的委员会负责管理。[①] 中国的法律援助制度起步于20世纪90年代中期。1994年，原司法部部长肖扬第一次正式提出了建立中国特色法律援助制度的设想。1996年，司法部法律援助中心正式成立，省级法律援助机构相继建立。2000年，最高人民法院颁布了《关于对经济确有困难的当事人予以司法救助的规定》。2003年，国务院正式颁布了《法律援助条例》，标志着中国的法律援助制度基本建立。

据统计，截至2009年年底，全国已建立法律援助机构3 274个。其中，经编制部门批准成立的机构数为3 129个，145个未经编制部门批准的机构主要集中在县区级（133个）。全国共设立法律援助工作站58 031个，其中有全职法律援助工作人员的工作站36 080个，占62.2%。全国法律援助机构工作人员共13 081人，超编人员数为1 031人，占人员总数的8.8%。2009年，共批准办理法律援助案件数为641 065件，比2008年增长17.2%。省、地市、县区法律援助机构办案量分别占案件总量的2.5%、14.2%和83.3%。[②] 从以上所列数据可以看出，中国的法律援助机构编制规模偏小，专职人员比例低；县区级法律援助机构还不够完善，工作负担重。此外，还有一些问题需要引起有关部门的足够重视。近3年来，法律援助机构注册律师数呈下降趋势，具有法律职业资格或律师资格人员所占比例也持续下降；西部基层地区的绝大多数法律援助机构并不具备基本的办公、办案条件；农村地区的法律援助工作还十分薄弱。

① 参见胡玉霞等：《对国外法律援助模式之比较与借鉴》，载《华中科技大学学报》2006年第3期。

② 数据来自司法部法律援助工作司：《2009年全国法律援助工作统计分析》。

第五章

完善公共财政体制是服务型政府建设的制度保障

“财政为庶政之母”。科学合理的财税体制是政府实现执政理念、国强民富的必要保证。改革开放以来，中国经济发展和社会建设持续取得成功的重要经验之一是政府主导的渐进式改革。1994 年的分税制，是新中国成立以来财政体制的最大变局，它不仅强化了国家的汲取能力，构建了政府间财政关系的基本框架，也使中国有史以来第一次建立了“为民赋财”的公共财政的可能。然而，分税制改革也是“一盘没有下完的棋”，由于制度设计上的过渡性缺陷，随着转型期社会性公共事务的增多，造成政府间财权事权不匹配的失衡现象日益严重。当前服务型政府建设，既是加快构建公共服务体系、推进基本公共服务均等化的发展过程，也是实现财政功能转型、理顺政府间财政关系的改革过程。

第一节　财政功能的转型是构建公共服务体系的基础

任何市场经济国家，其公共财政框架的构建会深刻影响到社会资源的合理配置和公正、公平的社会分配关系，进而影响经济社会的可持续发展。自 1992 年中共十四大确立市场经济体制以来，国民经济得以保持持续快速增长，公共服务的社会需要也日渐增加。与此同时，国家财政收入从分税制之前 1993 年的5 115

亿元，增长到2010年的83 080亿元，名义增长幅度超过16倍，各级政府财政的日益“富饶”，为建立健全基本公共服务体系奠定了客观基础。

一、新时期财政功能的转型及意义

财政究其本质，是以国家为主体、以市场经济为基础、政府集中一部分社会资源用于履行政府职能、弥补市场失灵、满足社会需要而提供公共产品和服务的理财活动或特殊的经济活动。而财政体制及政策作为调节收入分配、协调社会关系，促进社会公平的重要手段，在构建和谐社会过程中的作用不可替代。缺乏有效的财政收支管理，公共行政便难以为继。

中国已成为世界经济大国，政府掌控着令人羡慕的庞大的社会资源，一个合理、有效的政府间财政关系，将有助于促进国家发展战略和总体目标的实现，这意味着在今后一个时期，政府职能的公共化将成为政府发展的中心任务。由于构建公共服务体系、践行基本公共服务均等化与财政体制有着内在关联性，调整政府间财政关系遂成为当务之急，这也决定了财政政策要以满足社会需要为出发点和落脚点，运用好公共财政的三大职能，即参与资源配置、协调收入分配、促进经济稳定和发展。鉴于这三大职能具有相对的层次性，中央与地方政府在履行职能时必然要有所侧重、有所分工，由此构成服务型政府背景下财政功能转型的理论依据。

纵观西方典型国家的现代化进程，“财政制度转型可以在很大程度上引导国家治理制度转型。”[①] 近代以来，市场经济发达国家出现过两次重要的财政转型，即从“领地国家”(domain-state) 过渡到“税收国家”(tax-state)，再转型到“预算国家”。[②] 而我国的财税体制改革，与其他方面的改革一样，过去三十年来，是在政府尤其是中央政府的主导下摸索前行，在总体上呈现一个不断发现问题、解决问题的阶段性渐进过程。

新中国成立后，从1956年生产资料社会主义改造基本完成到1978年的改革开放，政府间财政关系处于以中央集权为主的计划体制阶段，主要实行统收统支的财政集中体系，国家的财政改革一直在尝试不断简化税制，税收在国家财政收入中的比重越来越小，国家财政收入主要来自以国有企业为核心的自有财产创造的收入。从政府间财政关系的角度看，地方政府仅仅是中央政府的代

---

① 王绍光、马骏：《走向“预算国家”——财政转型与国家建设》，载《公共行政评论》2008年第1期。

② 王绍光：《从税收国家到预算国家》，载马骏、侯一麟、林尚立主编：《国家治理与公共预算》，北京：中国财政经济出版社2007年版。

理机构，执行中央下派的国家财政收入和支出的任务，没有任何的财政自主权。

1978年开始的经济体制改革，中央开始放权，对地方实行以"放权让利"为主的"财政包干"体制，不仅从财税体制层面改变了经济体制，"也使得中国从自产国家（owner state）开始向税收国家转型。"① 在这个转型过程中，政府不断对财政制度进行改革，并通过调整财政的职能以适应经济体制改革和政府职能转变的需要。然而，由于改革的重点一直集中在"总额分成"、"分灶吃饭"的财政收入分配机制方面，在传统的以计划为核心的预算管理体制瓦解之后，并未及时建立一个现代预算制度来有效地使用财政资金，进而规范各级政府的财政收支管理。因此，这一时期财政改革的重点，是政府如何增收以提高"两个比重"（即财政收入占GDP的比重、中央财政收入占财政总收入的比重），还未曾顾及如何把钱管好、用好。回顾这一时期的政府间财政关系，林毅夫等人基于经验分析认为，20世纪80年代的"分灶吃饭"和"财政大包干"的财税体制变迁，包括地方政府推动非国有经济发展等制度安排，改善了资源配置效率而不是通过吸引更多投资，推动了20世纪80~90年代地方经济在经济体制转轨中的快速增长，并促使地方政府扮演了经济发展的"援助之手"。② 这使得广大民众、各级各地区政府普遍受益，财政功能转型激发的经济效率远高于改革之前的统收统支模式，且起到了较好的缩小地区差距的公平化作用。

不过，随着经济体制改革的深入，财政包干制显现出其过渡性和局限性。1994年，中央启动分税制改革，遵循"统一税法、公平税负、简化税制、合理分权"的十六字方针，颁布了《国务院关于实行分税制财政管理体制的决定》（国发［1993］85号），提出"按照中央与地方政府的事权划分，合理确定各级财政的支出范围；根据事权与财权相结合原则，将税种统一划分为中央税、地方税和中央地方共享税……科学核定地方收支数额，逐步实行比较规范的中央财政对地方的税收返还和转移支付制度，建立和健全分级预算制度，硬化各级预算约束"。对此，黄佩华认为，这是中国首次以官方文件形式明确界定政府间财政关系重构的三个基本要素：支出责任划分、收入划分和转移支付。③

1999年，中央提出建立公共财政基本框架，启动了一系列的改革措施，主

---

① 马骏：《中国公共预算改革：理性化与民主化》，北京：中央编译出版社2005年版，第33~43页。

② Lin, Justin Yifu and Zhiqiang Liu, 2000. "Fiscal Decentralization and Economic Growth in China", *Economic Development and Cultural Change*, Vol. 49, No. 1, pp. 1-22.

③ Wong, Christine, 2007. Can the Retreat from Equality be Reversed? An Assessment of Redistributive Fiscal Policies from Deng Xiaoping to Wen Jiabo. in Shue, V. and Wong, C, eds. *Paying for Progress in China*. London: Routledge, pp. 12-28.

要包括实行部门预算（综合预算）改革、国库集中收付制、推行“收支两条线”改革、政府采购制度、准备收支分类改革、研讨绩效预算和构建财政绩效评估制度，实施“金财工程”（政府财政信息管理信息系统）等，开始迈出建立现代预算制度、走向“预算国家”的步伐。

即便如此，财政体制改革仍面临着诸多挑战。例如，2003 年“非典”事件后，中央意识到强化政府公共服务职能的必要性和紧迫性，迅即将政府职能归纳定位于“经济调节、市场监管、社会管理、公共服务”，并着手制定政策，创造条件，努力将更多资源向“社会管理和公共服务”倾斜。由此，财政功能的转型已是必然，财政支出的政策导向将会有所不同，财富和国民收入将在城乡间、地区间产生新的分配差异，进而要求财政的集中统一继续完善，预算监督进一步加强，推动国家治理变得更加高效且负责。

简而言之，新中国财政体制大致历经三个阶段的形态转变，即从新中国成立之初的“供给保障型”财政转变到计划经济体制时期的“生产建设型”财政，再过渡到确立社会主义市场经济体制时期的“经营管理型”财政，直至 21 世纪初“社会服务型”财政理念的形成。当前，为适应经济社会转型和国内外环境的变化，推进财政体制向公共财政转型的努力和进展可以从三个层面来理解：

（一）构建公共财政体制是服务型政府建设的必然选择

回顾中国政府发展进程可以看出，“建设服务型政府是转变政府职能的新阶段”。[①] 至于财政功能的转型，是为了适应这一新阶段强化政府公共服务职能过程中需要妥善处理的国家阶级性和社会性的关系，即相对抽象的“政府功能”范畴，以更好地服务于政治统治、社会和谐、共同富裕的公共需要。而财政转型的成功与否，既取决于市场体制的发育和建设进程，也取决于政府体制的形成与职能的切实转变。

（二）构建公共财政体制是保障经济持续发展的制度性措施

公共财政以提供市场不能有效提供的公共产品和服务为满足社会需要的方式和手段，在某种程度上，也是对市场机制的完善和竞争规制的维护。中国经济在历经从计划到市场的转变中，“如果从比较制度的角度来看，这种转变可以描述

① 朱光磊、于丹：《建设服务型政府是转变政府职能的新阶段——对中国政府转变职能过程的回顾与展望》，载《政治学研究》2008 年第 6 期。

为一种从发展状态向市场强化状态的转变”。[①] 这意味着会与财政体制产生很强的关联性，需要在财政合理分权与适度集权之间做出选择。其实，回顾发达国家波澜壮阔的财政史会发现，公共财政在很大程度上是政府与市场妥协的结果；而且，其多样性使得政府与市场形成不同的边界与搭配。

（三）构建公共财政体制是实现政府理财和公共事务管理法治化、民主化的现实需要

公共财政“以公民权利平等、政治权力制衡为前提的规范的公共选择作为决策机制，以公开透明、事前决定、收支脱钩、追求资金的完整性和绩效、可问责的预算作为政府理财的运作方式”。[②] 其实质则是通过建立健全政府理财的决策、执行与监督机制，压缩政府的经济权力，规范政府行为，以制度的创新和完善防止公权力的滥用和扭曲，贯彻公众意愿，追求社会利益最大化。

二、新中国政府间财政体制的变迁

中国作为经济转轨和社会转型国家，不仅拥有世界最多的人口，也拥有世界上层级最多的五级政府架构，包括了中央、省（自治区、直辖市）、地区（地级市、自治州）、县（县级市）和乡（镇）五级，而原则上，自治管理的村级组织也是事实上的政府层级，或者说是政府的“神经末梢”。此外，城乡“二元结构”、社会阶层的不断分化与组合、区域发展的差距巨大等客观因素，都决定了财政功能转型乃至政府间财政关系的错综复杂性。

在区域差距研究中，通常同时使用绝对差距和相对差距两种测量方法。绝对差距分析法包括标准差、离差（标志值与平均值之差）、平均差（平均离差）和极差（最大值与最小值之差）等指标；但鉴于这些指标不能全面反映区域差距的结构性特征，还需要引入相对差距分析法，主要指标包括变异系数、基尼系数和泰尔指数（Theil index，也称泰尔熵标准，Theil's entropy measure，是衡量个人之间或地区之间收入差距或不均等程度的指标），这三个指标能够细致地反映出区域差距的结构性特征。本书为衡量区域发展的差异，绝对差距指标选用标准差和极差；至于相对差距的指标，鉴于已有的研究成果是运用基尼系数作为指标，

① 青木昌彦：《中国公共财政的制度性问题》，载《中国发展观察》2005 年第 4 期。

② 贾康：《关于建立公共财政框架的探讨》，载《国家行政学院学报》2005 年第 3 期。

分析新中国成立六十年来财政体制变迁和区域发展差距的变动，[①] 本书选用变异系数和泰尔不均等指数展开进一步分析。选用泰尔指数，是为了更好地测量组内差距（基于县级政府的省内范围内差异）和组间差距（省际差异和东、中、西部的地区差异）对地区总差距的各自贡献率。

（一）"大锅饭"和"统收统支"的计划经济体制时期（1949～1978年）

1978年改革之前，国家实行中央计划经济体制，地方政府不必对支出负责，吃的是国家统一财政的"大锅饭"；同时，依靠"工农业剪刀差"、国有企业等制度安排，国家在上海、天津、北京、青岛、沈阳、武汉、广州等工商业发达城市实现集中征缴。这些工商业城市要将财政收入的很高比例上缴中央（如上海为80%～90%）；农业及自然资源生产的省份对财政收入的贡献则隐藏在工农业价格体系的"剪刀差"中，然后依靠中央的大额转移支付。根据《新中国60年统计资料汇编》数据，在此期间，国家财政收入近一半来自国有企业的利润。之所以如此，首先，"从收入汲取的行政成本的角度来看，用行政手段要求国有企业上缴利润是一种成本较低的方式，而税收则是一个成本相对较高的收入汲取方式"；[②] 其次，国有企业在计划经济体制下，之所以能创造如此多的利润，原因在于"通过价格上限和国家统购统销政策来汲取农业部门的盈余，而通过低工资政策来汲取城市家庭的盈余"。[③] 到70年代后期，当时最典型的财政体制被称为"（中央地方）总额分成，一年一定"。

图5-1是1952～2008年中国省级行政区的人均GDP变异系数（变异系数=标准差/平均值），该指标能够衡量和揭示省际经济发展相对差距的变化趋势。如

---

① 张光：《中国政府间财政关系的演变（1949～2009）》，载《公共行政评论》2009年第1期。该文通过计算1952～2008年三个时期（改革开放前、改革开放后的财政包干及分税制）的人均财政支出基尼系数、人均GDP省际分布基尼指数，分析不同的政府间财政体制如何影响财富和收入在国家与社会之间、中央与地方之间的分配，以及哪些地区在不同时期财力分配上受益较大。基本结论：（1）计划经济体制时期，财政向两类地区倾斜，一是城市和国有企业集中地区，以服务于中央计划和重点城市；二是西部少数民族地区，反映了中央对国家统一、民族团结的考虑，而地方财政均等化并不在国家的政策目标中。（2）财政包干体制使中国社会和各地区普遍受益，其经济效益远远高于计划时期的统收统支财政体制，具有较好的地区公平化倾向。该时期省际人均财政支出基尼系数变动显示，地方预算外收入对地区财力分布不均等的影响，总体上不大。（3）地方财力分布在1994～2004年趋于不平等化，但2005年以来，地区财力出现均等化趋势，意味着分税制在实施11年后开始发挥作用，但前提是税收返还权重的进一步降低。

② 马骏：《收入生产、交易费用与宪政体制》，载《开放时代》2003年第4期。

③ 刘守刚：《中国公共生产探源与政策选择》，上海：上海财经大学出版社2005年版，第141～143页。

前所述，新中国成立以来，以中央为主导实施了三种不同模式的政府间财政体制，与此相对应，1950年开始的公私合营、生产资料社会主义改造和“大跃进”，使各省的发展差距快速拉大，省级人均GDP变异系数从1952年的58.5%上升到1960年的92.8%。此后，省级人均GDP的差距回调，到“文化大革命”刚开始的1967年，省级人均GDP变异系数下降到了66.3%。但历经十年“文革”动荡，尤其是“从1974年到1976年，整个国民经济几乎到了崩溃的边缘”。[①] 及至1978年改革开放之际，省级人均GDP变异系数上升到了历史的最高点94.5%。

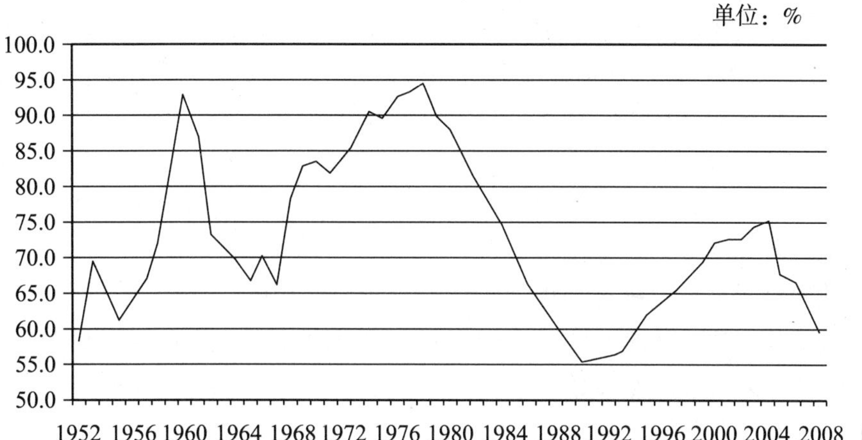

图5-1　1952~2008年中国省级人均GDP变异系数

资料来源：根据《新中国60年统计资料汇编》的相关数据计算，中国统计出版社2010年版。

回顾这一历史时期，非均衡财政体制解决了新中国成立伊始国家对资源汲取能力偏弱的“软肋”。但是，这种财政管理体制造成了中央强而地方弱，经济缺乏来自地方和民间的活力。而且，“这个体制也没有显示出任何优越于改革后体制的迹象。作为中国计划经济的核心组成部分的统收统支政府间财政关系体制，被证明是既不能带来持续的经济增长，也无法保障地区财力分布公平的制度。”[②]

（二）“分灶吃饭”和“财政包干”的“放权让利”时期（1978~1993年）

1978年之前，政府间财政关系在中央高度集权的体制下，实行“统收统支”为

① 华国锋：《第五届全国人大政府工作报告》，1978年2月26日。
② 张光：《中国政府间财政关系的演变（1949~2009）》，载《公共行政评论》2009年第1期。

主要特征的体制。党的十一届三中全会以来，政府间财政体制的演变分为两个阶段。

1. “划分收支，分级包干”的“分灶吃饭”体制（1980～1984 年）

1980 年，财政体制改革的核心是改变中央与地方的财政关系，较为宽泛地划分了中央与省的收入和支出职责，引入了“分灶吃饭”的概念，并在 1982 年实行“按比例分成”体制。在此期间，国家将国有企业上缴利润的办法，改为向财政部门缴纳所得税的“利改税”方式。一方面，这确认了国有企业同其他非国有企业一样，是独立的经济实体，有义务将其所得的一部分依法纳税；另一方面，明确了政府作为社会管理和公共服务的提供者，应主要以税收手段筹集收入。然而，由于国企改革的迟缓和“利改税”设计上的缺陷，迫于财政收支不能平衡的压力，“利改税”逐渐被各种形式的企业经营承包责任制所淹没，最终形成一种极不规范的“包税”格局。

此外，中央与地方实行“分灶吃饭”后，宏观调控和产业结构调整都受到制约，以至于后来的外贸体制改革，只得在“财政包干”基础上实行中央与省、省与地方的“层层包干”制度。

2. “划分税种，核定收支”的“分级包干”体制（1985～1993 年）

随着经济体制改革的深入，传统的计划体制不断被弱化，旧的财政收入机制难以为继，中央政府对地方政府、地方政府向国有企业的“放权让利”逐渐成为主基调。

1985 年实行“划分税种、核定收支、分级包干”体制，将第二次“利改税”设置的税种划分为中央固定收入、地方固定收入和中央与地方共享收入，初步具有了分税制的特征。

1989 年实行的财政包干制，进一步调动了地方政府发展经济、增收节支的积极性，但也使中央政府收入缺乏弹性，汲取能力不能随经济增长而提高。随着对财政总收入的控制能力下降，很快便形成中央与地方“一对一”讨价还价的政府间财政关系。到 1994 年实施分税制之时，中央收入的不足使再分配功能严重弱化，加剧了省际财政不均等状况，进而重新拉大了原本已逐渐缩小的地区发展差距。

图 5-2 是 1982～2007 年中国省级人均 GDP 的绝对差与标准差。1980～1990 年期间，各省级行政区的年均经济增长速度都保持在 7.7% 以上，但以人均 GDP 来衡量，上海一直在省级政区中排名首位，贵州始终排最后一位。虽然图 5-2显示出各省人均 GDP 的绝对差距在扩大，但是图 5-1 却显示，各省人均 GDP 变异系数从 1979 年的 89.8% 开始掉头向下，持续降低到 1990 年的 55.4%，表明至少改革开放的头十年，省际发展的相对差距呈现快速缩小的趋势。

究其原因，一方面，改革之初中央实行的对地方“放权让利”、“分灶吃饭”的财政体制，让地方政府成为了具有利益诉求的“经济人”；另一方面，有学者

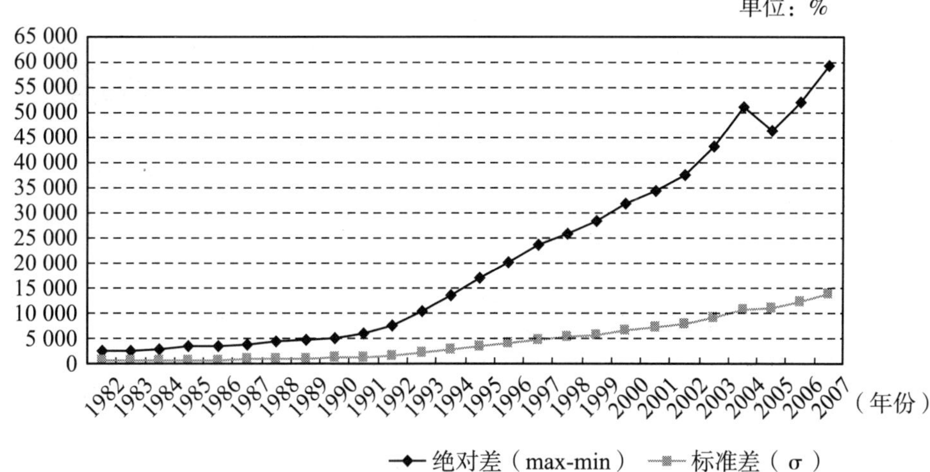

图 5－2　1982～2007 年中国省级人均 GDP 绝对差与标准差

资料来源：根据《新中国 60 年统计资料汇编》的相关数据计算，中国统计出版社 2010 年版。

通过考察县、乡、村三级政府运作，分析地方政府在经济发展中的作用，提出“地方政府统合主义”的观点（local state corporatism）。[①] 认为这一时期的政府间财政关系，从制度上保证了地方政府与地方企业尤其像乡镇企业这样的非国有制经济体的利益能够兼容。此后实行的财政包干制，从表面来看，中央授予了省级政府对财政资源“剩余占有者”的权力，给予了地方政府更多的自主权，但地方政府因此需要承担更多的支出责任。

从整体上看，在财政包干制下，中央预算对地方过于优惠，如规定每年上缴收入以一位数增加，导致“两个比重”持续走低特别是中央财政收入处于劣势。《新中国 60 年统计资料汇编》显示，1987～1993 年，在经济高速增长和通货膨胀共同作用下，同期地方收入以年均 12% 的名义率增加，财政总收入占 GDP 比重从 1979 年的 28.4% 降至 1993 年的 12.6%，中央财政收入占财政总收入比重从 1979 年的 46.8% 降到 1993 年的 22.0%，为新中国历史最低水平。

（三）分税制改革：谋求合理分权的政府间财政关系（1994～2009 年）

1. 地方政府间财力日趋不均等（1994～2004 年）

1993 年，党的十四届三中全会确立了社会主义市场经济体制。同年年底，为解决财政包干的体制弊端，颁布了《国务院关于实行分税制财政管理体制的

① Oi，Jean C.，1999. *Rural China Takes Off*：*Institutional Foundations of Economic Reform*，Berkeley：University of California Press.

决定》（国发［1993］85号），指出分税制改革的两大政策目标：一是增强中央的宏观调控能力，提高经济效率；二是通过税收返还和转移支付手段，解决区域发展差距拉大、财力不均等的问题。文件规定：（1）根据中央和地方的事权确定相应的财政支出范围。（2）按照税种划分中央与地方财政收入，把事关国家大局和便于实施宏观调控的税种划归中央；把一些与地方经济和社会发展关系密切、适合地方征管的税种划归地方；把收入稳定、数额较大、具有中性特征的增值税等税种划作中央和地方共享收入。（3）实行中央对地方的税收返还制度，其性质是一种转移支付，属于年年都有的经常性收入返还。（4）建立中央对地方的过渡期转移支付制度。

作为分税制改革的配套工程，税收体制也进行了改革，建立起以增值税为主体的流转税制度，开征土地增值税、证券交易税，改进资源税和城市维护建设税等，取得了大量的税收收入；同时，中央通过与地方划分税种，设立国税和地税两套税收征管机构，摆脱了分税制前中央经常向地方借钱运转的窘境。研究表明，通过这次财税体制改革，“政府间财政关系基本上是沿着中央集权向分权化改革的总体方向推进的”。① 而且，分税制以来的经济增长速度显著超过“财政包干”时期和计划经济时期，经济波动相对减少，所以，“从经济效率的观点看，分税制改革无疑是成功的。然而，在社会公平上，分税制改革则是功过兼有”。②

此外，分税制开始后不久，中央配套出台了一系列集权措施，例如，地方不再能够随意对本地企业进行税收减免、银行管理体制重新集权、中央加强对预算外资金的控制等，造成地方政府的利益机制发生重大变化。虽然中央从财政集权变革的博弈中获益良多，但很快，不管是在经济较发达或是资源相对困窘的地区，都出现一个普遍问题，即面对更紧张的地方预算约束和上级下派的经济、政治或社会的支出责任目标，地方政府创造自有收入（预算外、制度外收入）以应对日益增长的财政压力的需要变得极为迫切。与此同时，经济增长速度90年代中期也开始放缓，这里既有对地方政府原来较强的激励发生变化的因素，也有宏观经济周期的影响。加之省以下财政分权不规范，地市于是利用管理和支配所辖县的权力，“截留”应该分配给县区的资源，使县域经济发展失去动力和活力。此后，“财政资源迅速地由预算内向预算外甚至体制外转移，贪污、腐败愈加普遍，地方政府的‘援助之手’（helping hand）有向‘攫取之手’（grabbing

① 国务院发展研究中心课题组：《中国政府间财政转移支付制度的现状、问题与完善》，载《经济要参》2005年第28期。

② 张光：《中国政府间财政关系的演变（1949～2009）》，载《公共行政评论》2009年第1期。

hand）转变的明显趋势。”①

到了90年代后期，随着财权的不断上收而公共服务事权的不断下移、且越压越低的非理性趋势，“上面权力大、下面责任大”，“上级政府请客、下级政府埋单”现象频频出现，从而进一步加剧了基层的财政困难。有些县市入不敷出的窘境从开始的“吃饭财政”恶化到“要饭财政”的地步，即使在同一时期，我国综合国力呈现明显上升势头，财政收入占GDP的比重持续上升，地方收入也不断增加（财政部的数据显示，1994～2000年间，地方收入的增幅达到89%）。可是，由于分税制改革并未在纵向政府间明确地划分事权和界定支出责任，加之历史上沿袭下来的“重统治、轻管理”或者说“以统治代管理”的治理思路，使得上级政府经常要求下级政府“必须达标”、出了问题政绩免谈、乃至“一票否决”等强硬方式，迫使基层政府承担诸如社会治安、公共事业发展、“普九”教育等公共服务事权，这种做法加大了基层财政缺口，社会矛盾越积越多，社会不稳定因素日益显性化。

究其原因，1994年以增值税为主、2002年以所得税为主基于“税收返还”的两次分税制改革，其制度设计的基本思路都是“保持现有地方既得利益格局，逐步达到改革的目标”。② 由于经济发达省份进行财政收入的动员能力远强于欠发达省份，这导致1994～2004年地区间财力分布不均等的差距显著拉大（见表5-1）。

表5-1　　中国省内、省际、地区间人均财政支出泰尔不均等指数及贡献率（1997～2007年）

类别 / 年份	人均支出泰尔不均等指数（按人口权重）				对总体泰尔指数贡献率（按人口权重）		
	省内	省际	地区间	合计	省内	省际	地区间
1997	0.083	0.038	0.012	0.133	62.1%	29.1%	8.8%
1998	0.086	0.037	0.013	0.136	63.0%	27.4%	9.6%
1999	0.087	0.038	0.012	0.137	63.6%	27.4%	9.0%
2000	0.099	0.041	0.017	0.157	62.9%	26.1%	11.0%
2001	0.106	0.045	0.018	0.169	62.6%	26.7%	10.7%

① 陈抗，Hillman，A. L.，顾清杨：《财政集权和地方政府行为变化——从援助之手到攫取之手》，载《经济学季刊》2002年第1期。

② 国务院（1993年）：《国务院关于实行分税制财政管理体制的决定》（国发［1993］85号）。国务院（2001年）：《所得税收入分享改革方案》（国发［2001］3号）。

续表

类别 年份	人均支出泰尔不均等指数（按人口权重）				对总体泰尔指数贡献率（按人口权重）		
	省内	省际	地区间	合计	省内	省际	地区间
2002	0.098	0.046	0.017	0.161	60.9%	28.6%	10.5%
2003	0.107	0.052	0.023	0.182	58.6%	28.4%	13.0%
2004	0.108	0.057	0.018	0.183	58.7%	31.2%	10.1%
2005	0.111	0.059	0.017	0.187	59.1%	31.6%	9.3%
2006	0.120	0.054	0.018	0.192	62.5%	28.1%	9.4%
2007	0.125	0.049	0.025	0.199	62.8%	24.6%	12.6%

资料来源：根据相应年份《全国地市县财政统计资料》的数据计算。人口权重按该县人口占全国人口的比例折算。按照国家统计局的标准，西部地区为12省、市和自治区，东北的辽宁划入东部地区，吉林和黑龙江划入中部地区。

表5-1是从党的十五大（1997年）到十七大（2007年）期间，按照人口权重测算的三类人均财政支出泰尔不均等指数。如果把表5-1和图5-1、图5-2放在一起观察，1994～2004年间，不仅按人均GDP衡量的省际发展的绝对差距和相对差距在拉大，省际人均财政支出和地区间人均财政支出的泰尔不均等指数也都在不断攀升，表明省际和地区间财力不均等的现象日趋严重。这与世界银行2003年的研究报告相吻合：即改革开放以来，中国地方政府的财政收入水平和居民收入水平正相关，但是，居民收入水平的不均等以及地方财政收入不均等的问题随着财政分权改革而日渐扩大。①

2. 中央对地方转移支付力度不断加大（2005～2009年）

2003年“非典”事件后，以胡锦涛为核心的新一届中央领导集体提出“科学发展观”的治国理念和建设“和谐社会”的目标，出台了一系列推进西部开发、中部崛起、解决“三农”问题的战略举措，随后取消了农业税。这些构成了中央加大转移支付力度、向中西部地区和欠发达地区政策倾斜、缩小地区发展差距的政治背景。

随着中央财力的增强，为了弥补分税制给下级政府带来的财政缺口，缓解财政的纵向不平衡；同时，为了兑现分税制改革伊始缩小地区间财力不均等状况的政治承诺，中央的转移支付成为处理政府间财政关系、推进基本公共服务均等化

① World Bank, 2003. China: Promoting Growth with Equity. Washington DC: World Bank.

的重要财政工具。[①] 财政部的统计数据显示，1994～2009 年，中央对地方转移支付的规模从 1994 年的 2 450 亿元增长到 2009 年的 28 889 亿元，增长了 11.8 倍，年均增长幅度为 17.9%；同期，中央转移支付占地方财政支出的比重年均 47.7%，几乎占到地方财政支出的一半。这些表明，中央对地方的转移支付已构成地方财力的主要来源。

应当承认，分税制改革对中国政府间财政关系进行了大刀阔斧的结构性的调整。但有研究指出，出于稳定和减少改革阻力的考虑，其制度设计中有明显的维护既得利益的特点，如 1994 年改革前的补助、上解和有些结算事项继续按原有体制运转。[②] 这使得分税制未能很好地实现“合理调节地区之间财力分配”的初衷，而且，省际、地区间财力不均等的程度由于区域发展差距的拉大甚至有恶化的趋势。

观察图 5－1 省际人均 GDP 变异系数可以发现，1990 年开始，该指标掉头上冲，从 1991 年的 55.7% 快速上升到 2004 年的 75.1%，表明省际发展的绝对差距（见图 5－2）和相对差距（见图 5－1）被重新拉开。不过，从 2005 年开始（变异系数为 67.6%，见图 5－1），随着中央加大了对中西部地区转移支付的规模和倾斜力度，省际发展的相对差距再次呈现缩小势头，到 2008 年，省际人均 GDP 变异系数下降到 59.6%（见图 5－1）。

分析了分税制改革以来省际差距的变动趋势后，我们再通过表 5－1 泰尔不均等指数考察这一时期省内范围内的差异（以县级人均财政支出为单位）和地区间差异的变动情况。可以看出，1997～2007 年间，历年的省内人均支出泰尔不均等指数对总体泰尔指数的贡献率一直维持在 60% 左右的高水平。这表明，省内财力不均等是导致分税制以来地区发展差距总体上失衡的最主要因素，之后才是省际财力不均等的因素，而地区间财力不均等因素对总体泰尔不均等指数的贡献率只在 10% 上下。

（四）小结

纵观 1978 年以来的财政体制改革实践，都是从税制入手，即从改革之初“过度简化”发展到“多层次复合税制”。1999 年，首次提出了构建公共财政的基本框架，2003 年提出了“简税制、宽税基、低税率、严征管”的新一轮税制改革思路。

---

① 2001 年国务院《所得税收入分享改革方案》（国发［2001］3 号）指出，此次改革的一个基本原则是，“中央因改革所得税收入分享办法增加的收入全部用于对地方主要是中西部地区的一般性转移支付”。

② 宋兴义：《分税制改革后我国中央和地方政府间财政分配关系走向分析》，载《内蒙古社会科学（汉文版）》2005 年第 3 期。

从 2002 年开始，分税制增加了企业所得税和个人所得税在中央和地方共享的机制设计，由此新增中央收入全部转作对欠发达地区的转移支付，地区间财力不均等矛盾有所缓解，但局面并未从根本上得到扭转。

2005 年开始，中央政府推行地方财力均等化发展战略，并通过加大转移支付力度来促进基本公共服务均等化。这样，在中央与省分税的体制下，地方政府仍然具有通过发展经济来增加本地区财政收入的动机；同时，中央财政收入的快速增长保证了宏观调控的强而有力，有利于中国经济的上升周期拉长、增长更快、波动更小，进而助推服务型政府建设。

从表面来看，地方财力不均等的状况有计划经济时期遗留的与现行财政管理体制两方面的原因，但其中一个重要的原因和事实是，中国的地方税体系至今没有成型，省级以下迟迟没有形成真正意义上的分税制。① 很多发达地区并没有进行实质性的分税制，例如，江苏、浙江、福建都明确地表示，省以下只搞分成制，不搞分税制；其他省份虽说在搞分税制，但实际上是不规范的、讨价还价色彩浓重的分税制，尚未明晰税收的归属。因此，省以下如何切分财政这块“蛋糕”，地方仍各行其是，且缺乏稳定性。但与此同时，纵向政府间在公共服务支出方面带有高度分权化的特点。以 2007 年为例，表 5 - 2 是五级政府在各类公共服务中的财政支出比例。

表 5 - 2　　2007 年中国纵向政府间公共服务财政支出比例　　单位：%

支出类别	中央	省级	地市	县级	乡镇	合计
一般公共服务	25.4	16.4	19.0	29.1	10.1	100
外交	99.2	0.4	0.2	0.1	0.1	100
国防	98.0	0.7	0.6	0.7	0.0	100
公共安全	17.5	19.9	29.9	31.9	0.8	100
教育	5.5	15.0	18.8	53.0	7.7	100
科学技术	51.9	18.9	15.7	12.8	0.7	100
文化体育与传媒	14.2	30.2	29.7	23.1	2.8	100
社会保障和就业	6.3	24.9	27.7	36.1	5.0	100
医疗卫生	1.7	17.2	26.2	51.9	3.0	100
环境保护	3.7	38.1	21.8	33.5	2.9	100
城乡社区事务	0.2	6.0	48.1	39.7	6.0	100

① 贾康：《中国地方税体系仍未成型》，载《中国社会科学报》2010 年 11 月 16 日（第 139 期）第 9 版。

续表

支出类别	中央	省级	地市	县级	乡镇	合计
农林水利	9.2	19.4	16.3	42.6	12.5	100
交通运输	40.8	21.6	14.6	22.0	1.0	100
金融事务	33.3	25.7	21.9	17.0	2.1	100
其他支出	19.5	20.3	31.0	25.0	4.2	100

资料来源：2007 年《中国统计年鉴》；2007 年《全国地市县财政统计资料》。

表 5-2 显示，县乡两级基层政府在核心公共服务领域，即教育、医疗卫生、社会保障和就业方面承担了过重的支出责任。2007 年分别为 60.7%、54.9%、41.1%，而中央支出比例分别只有 5.5%、1.7%、6.3%。此外，县乡在重要的农林水利领域的支出比例也高达 55.1%。但根据财政部的统计数据，2007 年，县乡两级财政收入占全国财政总收入比重只有 19%。

有鉴于此，实现财政功能的转型，一方面要构筑“以分税制为基础的分级财政体制”，切实解决基层财政困难的窘境；另一方面，在制定促进转变经济发展方式的财税政策同时，需要合理界定和规范各级政府公共服务事权，在执行中按照“财力与事责相配套”的思路，理顺政府间财政分配关系。“十二五”期间，中央和省级政府在规模和结构上要重点加大对省以下一般性转移支付的力度，重点强化县级政府提供基本公共服务的财力保障。

三、推进财政功能转型的总体思路

毋庸置疑，新时期构建惠及全民的公共财政体系，增加对公共服务的投入，真正承担起公共服务之责，是财政功能转型的首要任务。虽然，目前学界对于公共服务的内涵仍有分歧，或是说，在一定程度上有交叉的部分，对基本公共服务均等化的理解也存在差异。① 但是，对于如何推进财政功能转型，经过五年多来的探讨，各界已初步形成共识。

（一）基本原则

在基本原则方面，有代表性的观点是财政部财科所贾康近年在很多场合多次谈及的构建公共财政体制的几点意见：第一，以满足社会公共需要为政府理财的

① 刘尚希、杨元杰、张洵：《基本公共服务均等化与公共财政制度》，载《经济研究参考》2008 年第 40 期。

基本目标与工作重心；第二，以提供公共产品与服务为满足公共需要的基本方式和手段；第三，以公民权利平等和政治权力制衡基础上的规范的公共选择，形成政府理财的决策与监督机制；第四，以公开、透明、体现资金完整性和公众意愿、事前决定、收支脱钩、严格执行、追求绩效、可问责的预算，作为具体的运作方式。①

贾康还建议在财政转型的动态发展过程中，要善于抓住主导性因素：一是在政府和财政的基本职能中，收缩生产建设职能；合理掌握财政的分配顺序和轻重缓急，形成规范的公共选择机制；二是政府理财努力发展“四两拨千斤”机制，形成一个公共收支预算、国有经营性资产管理预算、社会保障预算等相互协调配套的复试预算体系。②

可见，推动财政功能的转型，首先，需厘清相关的体制、机制和制度的制约和影响因素。就实际来看，当前推进地区间、城乡间、群体间的基本公共服务均等化，其主要障碍不再是“两个比重”偏低或是资金不足的问题，关键的挑战已变成在国家层面，如何有效运用财税政策的引导作用，调整和优化财政支出结构，规范财政供给范围，保障社会管理和公共服务重点支出的需要。其次，要充分发挥省级政府的作用，建立健全基层政府的财力保障制度，构建财政支持公共服务发展的长效机制。再其次，通过合理的制度设计，激励地方政府和公共服务机构（如事业单位）认真执行政策，贯彻落实强化地方政府公共服务职能的法律法规和规章。上述这些方面都与公共部门的改革密切联系，而解决问题的思路则是通过合理的财政分权推动财政体制改革。

熊彼特曾指出：“与财政收入相联系的财政体制是理解社会和政治变化的关键，它不仅是衡量社会变化的重要指标，也是社会变化的源泉。”③ 众所周知，1994 年的分税制改革，奠定了中央雄厚的财政实力。1999 年，中央提出了公共财政的理念，以使国家具备稳定经济和大规模提供公共产品和公共服务的能力。2004 年至今，初步建立的公共财政体系逐步发挥作用，财政支出大笔投向了义务教育、公共卫生和医疗等核心公共服务领域，并向促进就业、基本社会保障、住房等重大民生服务项目有所倾斜。随着城乡一体化进程的启动，中央转移支付开始大规模投向中西部欠发达地区，财政支出更多地覆盖农村，以缩小地区差距和城乡差距。可以说，财政体制改革的战略目标已经明确定位于基本公共服务均

① 贾康：《关于建立公共财政框架的探讨》，载《国家行政学院学报》2005 年第 3 期。

② 贾康：《中国财税体制、政策与改革》，北京大学中国经济研究中心《“中国经济观察”第 12 次报告会简报之三》，2008 年 2 月 24 日。

③ Schumpeter, Joseph, 1991 [1918]. “The Crisis of Tax State”, in Swedberg, R., and Schumpeter, J. A. eds., *The Economics and Sociology of Capitalism*. Princeton: Princeton University Press.

等化，为和谐社会建设愿景服务。

（二）特殊国情

值得注意的是，从世界范围来看，中国是一个人口规模庞大但人均占有资源普遍短缺、区域发展差别巨大的国度。在推进财政功能转型和政府间财政体制重构过程中，相应的制度设计要考虑“弹性”因素。

具体来说，一方面，不宜在公共服务均等化的改革取向下，盲目推崇像北欧、澳大利亚等少数资源丰裕、人口规模较小的发达国家的绝对均等化模式，即更多依靠自上而下“刚性”的纵向转移支付，完成资金和财力和在政府间的无偿配置，这样，虽然短期来看，有可能对我国地区间的均衡发展有利，长此以往，却容易产生“逆向调节”所带来的牺牲效率问题，也不利于解决经济增长规律本身的“有限性”与财政收入增长需求的“无限性”之间的矛盾。或者说，如果把基本公共服务均等化的目标简单理解为基本财力的均等化，就会导致在制度设计上出现“劫富济贫”和“鞭打快牛”等“反向歧视”问题，不利于调动受益方的积极性，同时，会助长主观不努力、“等、靠、要”、“赢得贫困”等苗头的产生。

因此，新时期政府间财政体制改革应当遵循效率优先、兼顾公平的基本原则，充分调动地方政府和方方面面的积极性，激发体制机制的活力，避免社会经济资源的无谓浪费。

另一方面，考察 1994 年的分税制改革及其随后几次微调对政府间财力的影响可以发现，每一次调整对于地方来说，相对财力都会“被削减”。因此，由于中国经济的持续快速发展，致使中央财政和地方财政在量上都有惊人表现的同时，也出现中央和省级财政日益“富饶”与县乡财政日渐“贫瘠”的尴尬局面。从现实与长远的平衡来看，如果不能在保证地方稳定财源的前提下触动政府间财政关系的既有配置框架，基层政权为维持自身运转必然面临一个两难抉择，要么财政上破产，要么再去多收费，这样，仍然无法走出“黄宗羲定律”的历史怪圈。现阶段，很多地方政府出的问题，表面上看是社会稳定的问题，实际上是财政体制的问题。

为此，重振地方财政应达成如下基本共识：第一，通过适度降低中央财政集中度和完善地方税体系的举措，给予地方政府一定的税收立法权和举债权，通过相对稳定的地方税源，避免地方基层为了完成税收压力和经济指标，在税收上不断地挤压企业。第二，基于政府间事权的合理划分，明确各自承担的比例；同时，加快推进“省管县”、“合乡并镇”的步伐，使得地方政府的事权和财权更多地在省与县之间划分。第三，加大一般性转移支付的比重，但目标是各地达到全国统一的最低基本公共服务水平，而非实现财力的均等化。第四，依法推进地方财政支出改革的规范化和制度化。

第二节　围绕基本公共服务均等化完善公共财政体制

2008年3月18日，温家宝同志在十一届全国人大一次会议闭幕会后回答记者提问时指出，“一个国家的财政史是惊心动魄的。如果你读它，会从中看到不仅是经济的发展，而且是社会的结构和公平正义的程度。”纵观世界各国政府间关系，其制度背景皆与财政有关，实质则是合理划分各级政府的财权和事权，完善公共服务领域财力与事权相匹配的体制。

一、公共服务事权事责与财权财力

（一）政府的事权与事责

尽管政府事权是一个常用的概念，但对其规范的学术界定始终较为模糊，国外政治学和经济学的文献中也缺乏与此对应的词汇。在财政学看来，事权多与财政活动和政府收支有关，大体上相当于“支出责任”（expenditure responsibility）；在政治学和行政学领域，国内谈及事权，最初认为它是指“一级政府所拥有的从事一定社会、经济事务的责任与权力，是责任和权力的统一，仅仅强调某一方面是片面的”。[①] 或者认为，“政府事权就是管理国家事务的权力，是对行政权的细化和分类，政府事权的来源是管理相应事务的责任。”[②]

本书对“事权”的界定，是指一级政府在提供公共服务过程中，由公共事务本质决定的、在应然层面所承担的责任和任务。实践中，由于种种原因，政府“事权”不完全等同于实然层面的“支出责任”。一级政府是否很好地履行了所谓的“事权”，要依据其法定职责和特定绩效来衡量，而“支出责任”更侧重事权履行的成本和开支方面，即便是开支达到规定水平（如教育支出），也不意味着一级政府较好地履行了其事权。

对此，侯一麟基于政府的基本职能，围绕财政体制改革，对中央、省及省以下的财权、财力及事权、事责进行辨析，认为有必要对事权和事责加以明确区别，

① 刘培峰：《事权、财权和地方政府市政建设债券的发行》，载《学海》2002年第6期。

② 宋卫刚：《政府间事权划分的概念辨析及理论分析》，载《经济研究参考》2003年第27期。

认为致使政府间关系复杂化的重要原因，是中间层级政府的事权边界含混、责任体系划分不清，次中央级政府（省）和区域性政府（地、市）与中央和基层政府讨价还价的实际结果是，“讨价”要来的是事权，“还价”打发出去的是事责。[①]

从国际经验看，市场经济国家在公共财政框架下对政府支出责任的划分，虽然没有完全贯彻“市场优先”和“地方优先”的原则，但基本上符合公共产品的不同属性及其对效率的要求。[②] 通常，对全国性公共产品，如国防、外交等支出，由中央（联邦）政府承担；具有再分配性质的社会福利和卫生保健支出，主要由中央（联邦）和省（州）一级政府共同承担；对外溢性较大的教育支出，则由各级财政分担，虽然以地方为主，但中央（联邦）和州一级政府的转移支付的规模普遍较大。对地方性公共产品，如消防、市政建设、公共卫生和医疗、住房保障等，支出责任原则上属于地方政府。不过，基于财政均等化（fiscal equalization）的考虑，上级政府都有一定比例的转移支付。

归纳发达国家的普遍做法，基础教育、公共卫生和社会保障这三项核心公共服务的事权，中央（联邦）政府和省（州）级政府是基础教育和公共卫生及医疗责任的主要承担者，具有再分配性质的社会保障和救济几乎全部由中央（联邦）政府提供。公共服务事权在发达国家政府间的划分大致如表 5－3 所示。

表 5－3　　公共服务事权在发达国家政府间的基本划分

	中央（联邦）政府	省（州）政府	省（州）以下地方政府
公共服务支出责任	三级卫生保健（如传染病控制）	二级卫生保健（医院、治疗）	初级医疗保健
	大学教育	大学和中等教育	初等和中等教育
	道路和高速公路（国家级）	城市间道路和高速公路	城市间道路和高速公路
	城市间公共交通网络	环境保护（空气和水资源）	城市公共交通及设施
	通讯、邮政和能源（国家部分）	自然资源管理	公用事业（水、电、气）
	社会保障及社会福利	社会治安	固体废物垃圾处理、排污
	国家自然资源管理	住房保障	土地使用管理和区域划分
	国防	大部分文化事业	住房保障
	情报与国家安全	促进就业与再就业	社会治安及消防
	法制与行政管理	地域经济规划与开发	文化、旅游、娱乐与休闲

资料来源：根据世界银行《1997 年世界发展报告》以及 OECD 网站的资料整理、补充。

① 侯一麟：《政府职能，事权事责与财权财力：1978 年以来我国财政体制改革中财权事权划分的理论分析》，载《公共行政评论》2009 年第 2 期。

② 齐志宏：《多级政府间事权划分与财政支出职能结构的国际比较分析》，载《中央财经大学学报》2001 年第 11 期。

（二）政府的财权与财力

政府的财权，是指一级政府的“收税权”。税收是政府收入的主要来源，财权主要涉及不同税种在各级政府间的最优划分，包括征收和支配两个方面。政府提供公共服务，需要有相应的财政能力作为支持和保障，而财政能力（fiscal capacity），即财力，是指政府基于一定的税率或居民可负担的税收水平，以公共权力为基础来筹集收入，提供特定的公共产品和公共服务以满足社会需要的能力总和。

鉴于政府收入包括税收、举债、规费收入、国有财产收益和接受上级政府的转移支付等，一级政府的财力可分为通过税（费）收入取得、可自由支配的自有财力，以及通过其他途径获得的可支配财力。目前，国内常用的指标是人均财政收入或是人均财政支出。

从规范意义上讲，依据所谓的“事权和财税体制相对应”的原则，[①] 应在各级政府行使法定职责与获取税收权力之间建立起相对应的关系；但与事权划分不同的是，在中国，财权不能一一对应某个具体的事权，这既是源于税收的外溢性特点，也是出于对政治统治、民族团结与维护中央权威的综合考虑。因此，事权与财权之间难以直接对应或相匹配。

实践中，除了规费收入、特定目的转移支付、以特定税收担保的债券收入能够与具体的事权履行存在对应关系外，各国的普遍做法是将财政总收入在政府间做再分配，以“一揽子”的方式为各级政府履行职责提供资金保障，使履行具体事权较多的层级政府获得与其所承担事责相称的可支配财力。然而，在现实当中，“不匹配多发生在财权与事责之间。高层级的政府拥有较多的税收权和支配权，超出其承担的事权的需要。低层级政府拥有的税收权少，事责重，自有财力无法满足所承担的事责。”[②]

之所以出现上述局面，一方面，受“后发优势”理论和政府干预思潮的影响，各级政府长期以来“以经济建设为中心”，直接参与经济活动，相当一部分财力用于直接生产和经营性的投资活动，忽视了对基础性公共产品和民生服务的

---

① 该提法最早出现在时任财政部常务副部长楼继伟与北京大学林毅夫在“中国发展高层论坛 2006 年会”的对话，2006 年 3 月 20 日《人民网》。在年会第五单元“公共财政与和谐社会”关于“中央与地方财权事权分配”的讨论，楼继伟认为：“事权是各级政府的功能，财权可以认为是征税权，或者指哪些收入直接属于哪级政府，但事权和财权相统一是个错误概念。因为税收如何在不同政府之间分配，不是根据财权，也不是根据功能，而是根据税收本身的特征。”此后，官方文件从“事权和财权相对等”的措辞，变为“事权和财税体制相对应”，2008 年以后变为“财力与事权相匹配”。

② 侯一麟：《政府职能，事权事责与财权财力：1978 年以来我国财政体制改革中财权事权划分的理论分析》，载《公共行政评论》2009 年第 2 期。

投入。另一方面，1994 年和 2002 年的两次分税制改革，导致财权更多地向中央集中，而很多公共服务的实施却需要基层政府承担，这让基层提供公共服务的财力处于“捉襟见肘”的尴尬处境。虽然说“谁的事，谁拿钱”，但政府履行公共服务职责时，既存在上级政府对下级的转移支付不足的客观原因，也有中间层级政府以“事权”名义截留部分转移支付，同时利用行政命令的方式向下推卸“事责”的现象。因此，平衡省级政府间财力，保证基层政府得到提供基本公共服务所需可支配财力，成为推进基本公共服务均等化的关键。

二、财政分权：理论、经验与实践

（一）理论基础

财政分权理论（the theory of fiscal decentralization），是西方学界借鉴政治学中的联邦制概念而创设的概念，也称财政联邦主义（fiscal federalism），与萨缪尔森（Samuelson）对于公共产品的研究密切相关。该理论主要以新古典经济学的规范理论作为分析框架，考虑政府职能在不同层级的政府间如何合理配置、财政工具如何分配等问题。鉴于蒂伯特（Tiebout）、奥茨（Oates）和马斯格雷夫（Musgrave）三位学者在财政分权领域的先驱性贡献，该理论又称为 TOM 模型。

蒂伯特的贡献，是在 1956 年将公共产品理论中对全国公共产品的需求分析扩展到对地方公共产品的需求分析，认为由于居民流动性而导致的地方政府竞争，使地方政府能够与市场竞争机制一样有效率地提供地方公共产品。[①] 马斯格雷夫于 1959 年提出关于财政职能的定位，并对财政基本职能如何在中央和地方之间合理分工进行了阐述。[②] 1972 年，奥茨对联邦主义结构下的公共财政职能在中央（联邦）和地方之间的分配进行了理论总结。[③] 在关于地方性公共产品的融资及提供方面，奥茨认为，财产税应作为地方政府的主要收入来源。

1983 年，马斯格雷夫提出了一个更明细的、用于在中央和地方之间进行税

---

① Tiebout, Charles M., 1956. A Pure Theory of Local Expenditures, *The Journal of Political Economy*, Vol. 64, Issue 5 (Oct.), pp. 416 – 424.

② Musgrave, Richard A., 1959. *The Theory of Public Finance: A Study in Public Economy*. New York: McGraw – Hill. 马斯格雷夫提出，财政具有资源配置、收入分配和稳定经济三大职能。资源配置指中央政府提供全国性公共产品，地方政府提供地方性公共产品；收入分配指控制贫富差距，使收入差距保持在一个社会普遍接受的区间内；稳定经济指财政政策要平衡、协调宏观经济发展。

③ Oates, Wallace E., 1972. *Fiscal Federalism*. New York: Harcourt Brace Jovanovich Inc.

收划分的基本原则：[1]（1）具有累进性和再分配性质的税种应当由中央控制；（2）有助于稳定经济的税种应当由中央控制；（3）由较低层次政府征收的税种应当在经济周期中保持稳定；（4）对于可移动要素征收的税种，或者在地方管辖范围内分布极不均匀的税源应当由中央控制，但对于完全不可移动要素征收的税种（如不动产税）应当由基层政府来控制；（5）以居住地为基础的税收（如消费税）应由地方政府来征收；（6）受益税（benefit tax）和用户付费的税种可以由提供服务的各级政府来征收；等等。

上述原则所考虑的因素主要包括：第一，税政管理的效率问题，如防止税收外流和税收竞争。因为分权主要是针对资源配置职能而言，即如何就地方公共产品的供给及相应的财权如何在中央和地方之间进行划分。第二，公平性问题，如中央政府更适合再分配功能，地方政府可以发挥一定的补充性责任，因为如果主要由地方政府主导的话，那些实施积极的收入再分配的地区会吸引更多的低收入者迁入，但为收入再分配出资的高收入者很可能移出该地区，从而导致再分配政策的失败。第三，经济稳定的需要，如宏观调控应由中央政府负责，因为它拥有对货币政策和汇率政策的垄断权和责任；而地方政府尤其是基层政府依托的税源相对于经济周期应该保持稳定，以便确保基本公共服务的资金来源。

（二）国外经验

各国的实践基本上与 TOM 模型一致，即宏观经济稳定的职能和收入再分配的职能主要由中央政府承担，地方政府进行适当的配合；资源配置职能更多地由具有信息比较优势的地方政府负责；反垄断和规制的职责是由中央和地方共同负担，即中央制定法律规章，地方负责具体执行或共同执行。提供公共产品的职责，则根据公共产品外溢性的大小，决定是由中央还是由地方来负担，或者共同负担。在此基础上，对若干重要的基础性公共服务的政府事权财权进行合理划分。

此外，世界银行《1997 年世界发展报告：变革世界中的政府》向不同经济发展水平的国家提出了财政职能渐次拓展的建议，认为低财力的国家应将注意力首先集中在政府的基本职能，提供纯公共产品（如产权界定和保护、宏观经济稳定、控制传染病、安全用水、道路及保护穷人等）；财力高一些的政府除了这些基本职能以外，可以拓展到如控制污染和保护环境、规制垄断行业和提供社会

---

① Musgrave, Richard A., 1983. "Who Should Tax, Where and What?" in Charles McLure, ed., *Tax Assignment in Federal Counties*. Canberra: Centre for Research on Federal Financial Relations, Australian National University.

保险等；较强财力的政府则可以发挥更为积极的作用。

由于财政分权直接涉及政府间财政体制，包括政府收入、支出、转移支付和地方借贷等多项议题，而各议题的制度设计和优化需要参照各不相同的、甚至迥异的理念和影响因素，因此，有必要把政府间财政体制视为一个完整的、有机的组成体系通盘考虑。

1. 政府收入

首先，公共财政学奠基人马斯格雷夫所倡导的效率、公平和稳定的原则框架一直在各国实践中扮演重要角色，即明确各级政府恰当的支出责任，然后授予其相应的税收权力，以确保公共服务资金的支持。当然，税收权力在各级政府间的分配并非一个非此即彼的选择，理论和基本原则只是提供了一般模式作为参考，鉴于各个国家和地区在历史、地理、族群和法治特征上的巨大差异，各国之间在实践中的差别往往更为显著。

其次，有研究认为，随着居民对公共服务的需求不断增加，有必要给予地方政府一定的税收自主权，而政府间转移支付应当主要用于解决纵向的收支不平衡及横向的不均等问题。通常情况下，政府税收和转移支付两部分的收入之和应当可以满足地方政府的经常性支出，而地方政府借款只能作为资本性支出最后的资金来源和补充。而且，就发展中国家而言，这样做有助于改善对地方政府的问责（accountability）。[①] 在强化地方政府的公共服务职能方面，国内研究也认为，“成功的财政分权需要地方政府具有很强的可问责性，如果在这些基本要求尚未具备时下放公共服务责任，属于过度下放（excess transfer to a lower level）。”[②]

2. 政府支出

奥茨（Oates）在1972年指出，当行政区的大小刚好能内部化其区域公共服务的收益与成本时，公共服务的提供效率最高。这意味着公共服务的支出责任（事责）应当下放给那些不至于产生外溢性、具有起码的财政能力、在管理上能够胜任的规模最小的地理辖区。这是由于地方政府对本地的真实需求和具体情况拥有更多的信息优势，了解当地居民对公共服务的需求。例如，某一发达地区更需要交通路网等基础设施服务，而另一地区更需要供水设施和医疗卫生等服务。而且，这样的设计易于居民监督地方政府行为，增强地方政府的责任心和管理绩效，促进地方政府的良性竞争和施政创新。在操作中，地方政府应当主要根据本地居民的具体需要提供服务，而当地居民也应该合理地负担相应的服务成本。

然而，由于中国不同地区间的财政收入能力存在巨大的差异，过度的财政分

① Litvack, Jennie, Junaid Ahmad, and Richard Bird. 1998. *Rethinking Decentralization in Developing Countries*. Washington, DC: World Bank.

② 王雍君：《中国的财政均等化与转移支付体制改革》，载《中央财经大学学报》2006年第9期。

权则有可能削弱政府确保不同地区民众得到相对均等的基本公共服务能力。在地方政府能力仍然有限、财权主要集中在中央的情况下，过于下放支出责任可能导致公共服务提供的效率不足、质量下降。此外，为了保证宏观经济的稳定，也有必要进行中央调控。所以，财政体制改革需要基于效率、公平和稳定等多方面的考量和综合的权衡。对于特定的公共服务，究竟由哪一级政府来负责更合理、更有效率，是当前理论上和实践上都亟待探讨的重大课题，仅凭经济学理论并不能提供更多的指导。

3. 转移支付

转移支付作为政府间财政体制的一个重要环节，是指国家内部基于不同的地方政府之间存在的经济社会发展差异而导致的财政收支水平差异，为保障各级、各地政府具备提供必需的公共服务能力、公众能享有基本相同的公共产品、进而实现地区间基本公共服务均等化为目标而实行的一种财政资金无偿转移的财政平衡制度。具体到中国，是中央为引导地方社会和经济管理行为、协调地方财权和事权的不匹配状态、调节地区间因客观因素造成的财力水平差异，将中央财力或省级财力的一部分转移给地方的再分配制度设计。

在关于财政分权的研究中，政府间转移支付与税收权力的分配往往视为可以彼此互换，换句话说，在支出和税收权力分配的选择做出后，仍然可以通过转移支付作为弥补纵向财政收支不平衡和解决横向不均等的政策工具。根据世界银行对各国财政分权程度的研究，过去几十年的“经验观察”是各国更多的趋于分权，而富裕 OECD 国家的分权程度普遍高于发展中国家和转型国家。[①] 此外，对于政府支出分权化处于不同水平的国家而言，政府间财政体制可以选择不同的结构。例如，有些国家将更多的自有收入来源分配给地方政府，另一些国家则更多地依赖政府间转移支付的作用。[②] 这是由于各国在分权程度的选择上存在巨大差异，也反映了各不相同的政治目标、优先顺序和历史环境。

以 2009 年《中国统计年鉴》的数据为例，省及省以下地方政府收入在全部政府预算收入中所占比例为 47%，而地方支出占全部政府支出的份额为 79%。这表明，虽然理论上认为政府收入与支出责任要相对应，即财力服务于政府职责，但改革开放三十年的“经验规律”是，支出责任的下放比收入权力的下放更为容易，从而使政府间纵向的收支失衡很大程度上必须依赖转移支付来满

① World Bank, 2005. *East Asia Decentralizes: Making Local Government Work.* Washington DC: World Bank.

② Bahl, Roy, and Sally Wallace, 2007. “Intergovernmental Fiscal Transfers, the Vertical Dimension”, Chapter in Jorge Martinez – Vazquez and Bob Searle, eds, *Fiscal Equalization: Challenges in the Design of Intergovernmental Transfers.* US Springer.

足；否则，地方政府只能想方设法寻求制度外的收入来弥补赤字。其实，这从另一个侧面反映出理顺政府间财政关系的重要性，尤其是考虑到高度分权的行政体制，即全国仅有不到8%的公务员在为中央工作，却管理着庞大的五级官僚体系。不仅如此，中央稳定和驾驭经济的能力在很大程度上也需要通过政府间财政体制来实施，这种体制的设计和运转无疑影响到各级政府能力和施政绩效。

（三）中国实践

从总体上看，财政分权理论强调的是以“公共性”和“法治化”为核心的制度及规则。在实践中，不论是单一制国家还是联邦制国家都普遍适用，是现代国家财政收支划分的一种类型。在纵向上，它涵盖中央和地方，以及地方各级政府之间的财政收支关系；在横向上，它涉及财政管理、预算、公债、税收和财政监督等一系列财政体制。对此，奥茨指出，“联邦制政府是一个既有集中决策又有分散决策的公共部门，这个部门中各级政府有关公共服务的决策主要决定于各自辖区内的居民以及在辖区内从事活动的其他人对公共服务的需求。”① 通常，判断一个国家的财政体制是否具备财政分权的特点（也称财政联邦主义或财政分级），标准有两个，“一是地方政府与中央政府在公共支出决策上的相互独立性；二是地方政府的公共支出与辖区内居民需求偏好的一致性。”②

中国政府间财政关系从纵向的中央与地方分配关系看，从1994年分税制改革至今，虽说已基本打破了以前按隶属关系划分收支的做法，做到了中央和地方均提供公共服务，缴纳的税收也是由中央与地方共享。然而，中央对地方的税收返仍是按照来源地规则设计的，这也就意味着哪个省向中央上缴的税收越多，得到的分享税就会相应增加，这一事实与转移支付理论认为应考虑辖区人口、人均收入、地理特征和其他影响财政能力和支出需求等因素关系不大。而且，这种政府间财政制度设计导致地方掌握的资源越多，经济发展水平越高，居民越富有，所获得的税收返还（属于中央转移支付的一部分）反而越多，长此以往，欠发达地区公共服务资金不足的问题就很难从根本上加以解决，服务水平和服务质量也会参差不齐。对此，很多研究都建议调整转移支付的类型结构，增加一般性均等化补助的比例，以便更好地发挥转移支付本身所具有的均等效应（如，杨之刚，2003；王雍君，2006；张恒龙等，2006；刘尚希等，2008；熊波，2009；田

① Oates, Wallace E., 1972. *Fiscal Federalism*. New York: Harcourt Brace Jovanovich Inc., P. 16.

② 郭小东：《公平原则在公共财政实践中的运用研究》，广东经济出版社2008年版，第163页。

发等，2009；赵云旗等，2010）。①

在横向地区间财政分配上，在政府与企业依旧是所有者与被所有者关系的情况下，企业缴纳利税的地方分享部分，还是按隶属关系在各地区之间进行分配，如在江苏注册企业缴纳的利税归属江苏，在北京或上海注册总部的企业缴纳的利税分别归属北京、上海，由此催生大量的"总部经济"现象，加剧了地方政府间的税收竞争。

现阶段，对地方政府尤其是主要领导者而言，推动经济增长事实上要比对地方居民负责更为重要。但随着个人收入和居民财富的持续增长，必然导致对地方公共服务需求的增长，政策执行过程中地方政府公共服务的事权归属问题也会变得越来越重要。随着政府与企业的关系在公共服务提供中转变为提供方和政策的制定者与公共服务成本承担者的关系，加上企业跨地区经营的现象越来越普遍，按属地原则处理政府间财政分配关系的模式已不适应经济社会发展的需要，导致提供公共服务与负担公共服务成本双方的矛盾，影响经济发展方式的转变和基本公共服务均等化的实现。

三、当前政府间财政体制症结分析

市场化改革开始至今，中国政府间财政体制相比于其他转型国家，优势在于能够给地方政府以强劲激励，持续推动经济增长。也有研究把中国的活力及对市场需求的变化反应灵活的能力归功于地方政府的主动进取。② 因为事实上，国家的经济发展议程一直是由地方政府贯彻执行的。然而，当前政府间财政体制也存在明显的问题，主要表现为三个方面：（1）省际财政均等化水平未得到明显改善；（2）省内财力差异和城乡服务差距过大且持续存在；（3）体制内的公共服务问责和执行力不足。

---

① 杨之刚：《中国财政体制改革：回顾与展望》，《中国经济时报》，2003 年 3 月 21 日。王雍君：《中国的财政均等化与转移支付体制改革》，《中央财经大学学报》，2006 年第 9 期。陈宪等：《分税制改革、财政均等化与政府间转移支付》，《学术月刊》，2008 年第 5 期。刘尚希等：《基本公共服务均等化与公共财政制度》，《经济研究参考》，2008 年第 40 期。熊波：《公共服务均等化视角下的财政转移支付：理论、现实与出路》，《经济体制改革》，2009 年第 2 期。田发等：《基本公共服务均等化：一个财政体制变迁的分析框架》，《社会科学》，2010 年第 2 期。赵云旗等：《促进城乡基本公共服务均等化的财政政策研究》，《经济研究参考》，2010 年第 16 期。

② Qian, Yingyi and Barry Weingast, 1996. " China's Transition to Markets: Market – Preserving Federalism, Chinese Style. " *Journal of Policy Reform*, 1: 149 – 185. Blanchard, Oliver and Andrei Shleifer, 2001. "Federalism with and with without Political Centralization: China versus Russia. " *IMF Staff Papers*, Vol. 48, pp. 171 – 179.

（一）省际财政均等化水平未得到明显改善

财政均等化包括对纵向平衡和横向平衡的要求，其目标是基本公共服务水平均等化，即不同地区的居民能够享受到大体相同的公共服务。衡量一个区域财政均等化，应观察其财政收入能力和财政支出均等化两个方面，其中，财政能力的差异是导致不同区域公共服务水平均等化实现程度差异的主要原因。在实证分析中，通常采用财政均等化指数来体现公共服务均等化的程度，而剔除人口因素后的人均财政收入和区域人均财政支出两个指标，能够基本反映公共服务水平均等化程度。

本书采用各省人均财政收入与人均财政支出两组变异系数来测量省际财力均等化程度。变异系数的数值越大，表明省际人均财政收入（支出）变异程度越大，即均等化程度越低；反之，均等化程度越高。客观上看，人均财政收入的差异反映省际初次财力分配均等化状况；人均财政支出水平则反映在接受中央转移支付和补助后所形成的省际人均可支配财力差异，体现了省际公共服务均等化程度。而均等化指数，即人均收入变异系数与人均支出变异系数的差额，反映了转移支付对总体横向财力均等化的效应。均等化指数高，说明转移支付带来的省际财力均等化效果越好。作为对照，表 5－4 给出了同期省人均 GDP 的变异系数。

表 5－4　　1993～2008 年各省财政均等化程度

年份 变异系数	1993	1994	1999	2000	2002	2003	2004	2005	2006	2007	2008
省人均收入	0.94	1.00	1.07	1.05	1.17	1.17	1.19	1.18	1.10	1.11	1.05
省人均支出	0.57	0.69	0.77	0.72	0.75	0.77	0.75	0.73	0.67	0.66	0.62
均等化指数	0.37	0.31	0.30	0.33	0.42	0.40	0.44	0.45	0.43	0.45	0.43
省人均 GDP	0.57	0.59	0.62	0.69	0.73	0.74	0.75	0.68	0.67	0.63	0.60

资料来源：根据《中国统计年鉴（1993～2002 年）》相应年份的数据计算。均等化指数 = 人均收入变异系数 - 人均支出变异系数。

图 5－3 是根据表 5－4 绘制的各省人均收入、人均支出和人均 GDP 变异系数的折线图。可以发现，省人均财政收入变异系数 1993 年为 0.94，1994 年为 1.00，1999 年增加到 1.07，其上升势头持续到 2004 年的 1.19，表明 1994 年分税制改革的最初十年，人均财政收入的省际差距是在扩大。此后逐年下降，2005～2008 年的变异系数分别为 1.18、1.10、1.11、1.05，区域间财力差距呈现出缩小趋势。同期，省人均财政支出变异系数在 0.57～0.77 之间波动，数值均低于省人均财政收入变异系数，两者差额由 2000 年的 0.33 上升到 2008 年的 0.43，峰

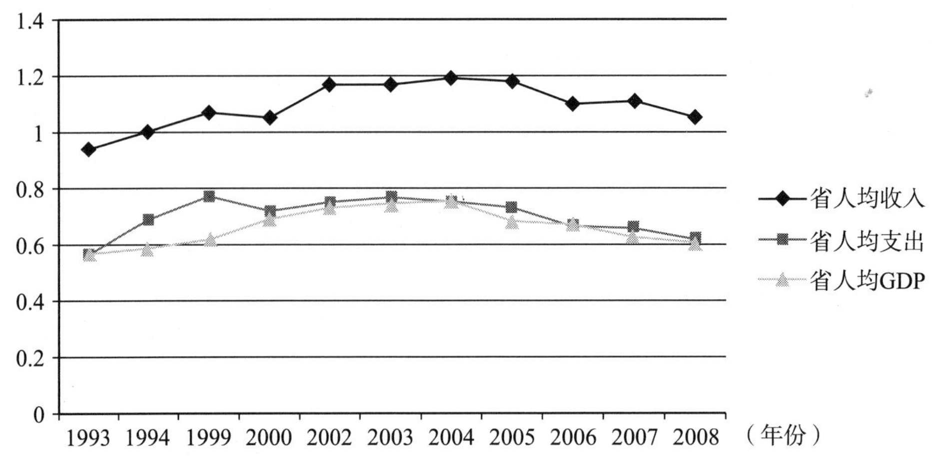

图 5－3　各省人均财政收入、人均财政支出、人均 GDP 的变异系数

值出现在 2005 年、2007 年，均为 0.45，表明中央转移支付在省际财力均等化方面起到了一定的作用。

进一步观察图 5－3 自 1994 年以来的省人均 GDP 变异系数，大致在 0.6～0.75 的水平波动，虽然同期地区间经济发展的差异较大，但人均财政收入和支出的变异系数均高于人均 GDP 的变异系数表明，财政领域的不均等程度已然超过经济领域的发展差距。显然，这不符合公共财政的本质，既然财政活动属于社会再分配范畴，推进地区间居民基本公共服务均等化则是财政职能的重要目标，换句话说，财政均等化政策仍有很大的改进空间。

（二）省内财力差异和城乡服务差距过大且持续存在

众所周知，中国的经济增长在地区分布上极不平衡，东部地区的增速比内陆地区快得多，导致区域间原本较大的财力差异进一步拉大。世界银行针对中国省级政府支出的研究报告也指出："分税制对财政收入的再分配是有利于富裕地区的，且加剧了长期存在的地区间不平等问题。"①

如果按各省的人均 GDP 计算，近 10 年最富裕的 5 个省（市）集中在东部，即上海、北京、天津、浙江、江苏；最贫困的 5 个省（区）为贵州、甘肃、云南、安徽、广西，4 个在西部。

① World Bank，2002（April）. China：National Development and Sub－National Finance—A Review of Provincial Expenditures. Washington DC：World Bank. http：//www1. worldbank. org/publicsector/Learning Program/Decentralization/China Natl Dev Sub Nat Finance. pdf.

表 5-5　　各省以县为单位的人均财政支出变异系数

变异系数＼年份 省份	1993	1997	2000	2005	2007	变异系数＼年份 省份	1993	1997	2000	2005	2007
河北	0.28	0.31	0.30	0.41	0.41	湖南	0.40	0.36	0.35	0.33	0.35
山西	0.30	0.29	0.30	0.35	0.39	广东	0.60	0.66	0.74	0.70	0.75
内蒙古	0.94	0.86	0.82	0.83	0.92	广西	0.37	0.48	0.43	0.38	0.37
辽宁	0.50	0.47	0.52	0.44	0.46	海南	0.41	0.30	0.29	0.32	0.34
吉林	0.69	0.74	0.82	0.40	0.41	重庆	0.37	0.33	0.36	0.28	0.21
黑龙江	1.00	0.77	0.83	1.04	1.02	四川	0.56	0.83	0.86	0.81	0.85
江苏	0.44	0.51	0.64	0.95	0.98	贵州	0.28	0.29	0.28	0.27	0.29
浙江	0.33	0.33	0.38	0.42	0.41	云南	0.54	0.49	0.49	0.45	0.45
安徽	0.40	0.34	0.37	0.47	0.52	西藏	0.60	0.55	0.53	0.62	0.59
福建	0.36	0.32	0.32	0.41	0.44	陕西	0.50	0.51	0.51	0.91	0.99
江西	0.42	0.41	0.30	0.26	0.28	甘肃	1.47	1.49	1.43	1.46	1.51
山东	0.55	0.46	0.50	0.56	0.62	青海	0.72	0.74	0.75	0.57	0.60
河南	0.44	0.38	0.36	0.44	0.47	宁夏	0.51	0.39	0.53	0.22	0.20
湖北	0.40	0.37	0.44	0.45	0.44	新疆	0.59	0.64	0.75	0.62	0.67
全国	0.63	0.78	0.81	0.86	0.90						

资料来源：根据《全国地市县财政统计资料》的数据计算。上海、北京、天津因所辖县的数量少未列入。

表 5-5 是基于县级区域的省人均支出变异系数，以衡量省内财政不均等程度。可以看出，2007 年人均财政支出变异系数最低的五个省市为宁夏（20%）、重庆（21%）、江西（28%）、贵州（29%）和海南（34%），其中，宁夏、江西和贵州属于典型的农业为主的地区，而重庆和海南都是 20 世纪 90 年代建省，历史遗留问题少。最高的五个省区为甘肃（151%）、黑龙江（102%）、陕西（99%）、江苏（98%）和内蒙古（92%），表明这五个省份的区域间财政不均等的情况严重。其中，甘肃是全国仅次于贵州的贫困省，黑龙江和内蒙古属于边疆地区，陕西是城乡“二元经济结构”显著的地区，财政不均等的程度自然较高。

然而，东部相邻的经济发达省份江苏和浙江的财政不均等情况相差迥异，江苏人均支出变异系数自分税制改革以来上升很快，2007 年达 98%，说明江苏地方财政不均等程度较高，初步判断，与其区域间发展不均衡关系密切；而在民营经济发达的浙江，由于城乡统筹协调发展较好，且分税制以来一直实施“省直管县”的财政体制，2007 年人均支出变异系数只有 0.41，说明其区域间财政均等化的分布较好。尤其近年来，浙江极具活力的民营企业已成为公共服务供给的一个重要来源。[①] 结合表 5 – 1 来看，即全国省内人均财政支出泰尔不均等指数对地区总体差距的贡献率（解释力）超过 60% 加以考虑，尽快完善并规范省以下的地方财税体制，对缩小省范围内的财力差异极为关键。

公共服务在城乡间的差距同样巨大。分税制改革以来，随着中央具有再分配性质的转移收入的降低，公共服务水平几乎完全取决于区域性地方政府的财力，这导致城乡间公共服务差距持续扩大。在基础教育领域，以世界银行 2003 年的调研数据为例，“辽宁省各县对每名学生的平均财政投入为 1 229 元，如果分解到 40 个县级单位，则是从人均最低的 182 元到最高的 2 556 元不等”。[②] 在公共卫生领域，情况类似。如中国妇幼保健监测系统 2003 年数据显示，“在最贫困的 5 个省区，孕产妇死亡率为 73/1 万；而在最富裕的 5 个省市，该数值仅为 17/1 万”。[③]

同样，《中国人类发展报告 2005：追求公平的人类发展》的数据显示，在 2003 年，城市地区的人均收入和经常性教育支出，即使由于统计制度原因而低估，也都是农村地区的 3 倍以上；城市的人均医疗支出是农村的 3.3 倍；而城市地区的人均社会保障支出则是农村地区的 10 倍。在供水、清洁卫生、道路和信息通讯技术等基础设施服务领域，也存在类似的城乡差距。如此大的差距给农村地区的居民造成了严重的不良后果，如农村地区居民的预期寿命仅为 69.6 岁，比城市居民少 5.6 岁。[④] 教育水平的差距，根据 2000 年全国人口普查的数据，在 15 ~ 64 岁的农村居民中，从未受过正规教育的比例为 8.7%，是城市居民的 3 倍以上。

（三）体制内的公共服务问责和执行力不足

现行的政府间财政体制弊端构成了基本公共服务均等化政策实施的“瓶颈”。本章的第一节谈到，分税制以来，地方政府不仅需维持日常行政管理和社会事务开支，还要承担相当多的逐渐下放给地方政府的公共服务支出责任；与此同时，随着中央再次集中财政收入，这两个政策措施产生了纵向财政缺口，而这个缺口未能被政府间转移支付所抵消。表 5 – 6 是分税制前后各级政府财政收支所占比重的变化趋势。

---

① 赵云旗、申学锋、史卫、李成威：《促进城乡基本公共服务均等化的财政政策研究》，《经济研究参考》，2010 年第 16 期。

② Wong, Christine, 2009. “Rebuilding Government for the 21st Century: Can China Incrementally Reform the Public Sector?” *The China Quarterly*, Vol. 200, pp. 929 – 952.

③ Wagstaff, Adam, Magnus Lindelow, Shiyong Wang, and Shuo Zhang, 2009. *Reforming China’s Rural Health System.* Washington, DC: World Bank, P. 18.

④ UNDP, 2005. *China Human Development Report* 2005 (October). Beijing: China Translation and Publishing Corporation.

表 5－6　　各级政府财政收支所占比重变化趋势　　单位：%

年份	1993	1998	2004	2007
一、财政收入				
中央	22	49.5	54.9	54
省级	13	10.5	11.2	12
地市	34	19.7	16.6	15
县级	19	11.5	12.0	14
乡镇	13	8.8	5.2	5
二、财政支出				
中央	34	28.9	27.7	23
省级	11	18.8	18.7	18
地市	29	24.1	22.2	22
县级	16	19.9	25.2	32
乡镇	11	8.3	6.1	5

资料来源：1993 年、1998 年、2004 年的数据来自黄佩华：《中国能用渐进方式改革公共部门吗?》，《社会学研究》，2009 年第 2 期。2007 年的数据根据《全国地市县财政统计资料》计算。

观察表 5－6 发现，近 10 年，超过 70% 的公共支出发生在地方政府（即省、地、县、乡），其中 50% 以上的财政支出是在省级政府以下；2007 年更是高达 59%，同年省以下政府财政收入所占比重仅为 34%。由于“财政收入越来越多地集中到高层政府，支出却呈现出相反的趋势，处于行政阶梯最底层的地方政府（特别是县乡两级政府）在争取资源的角逐中非常不利，这是中国今天的城乡差距如此巨大的主要原因之一”。① 随着中央—地方财政关系中的再分配体制被削弱甚至被破坏，在支出责任超出财力和资源的情况下，就没有理由要求地方政府为公共服务直接提供负责或者评判政府主要领导是否失职。基层政府这种在收支安排结构上的长期、严重的不匹配，其结果是削弱了政府间财政体制应有的问责制度，进而造成国家的教育、卫生和社会保障等基本公共服务政策执行的不力。

由于中国经济和社会转型的特殊性、复杂性，原有计划经济时期许多的监督和控制机制失灵，但一时又没有找到新的机制来替代，于是，当地方政府动员财政收入的积极性与中央政府构建和谐社会目标及强化公共服务职能的政策导向发生“激励不相容”的矛盾时，中央会发现能够采取的强制手段和治理工具相当

① 黄佩华：《中国能用渐进方式改革公共部门吗?》，载《社会学研究》2009 年第 2 期。

有限。长此以往，社会服务投资和民生项目支出自然增长缓慢，并与地方政府热衷于基础设施投资的高速突进形成了鲜明对比，这也是为何近年各地基础设施投资以及城市建设投资剧增的重要原因（见表5-7）。

表5-7　　　　固定资产投资占GDP的百分比　　　　单位：%

年份	1982	1993	2003	2008
全部固定资产投资	23.7	36.5	40.9	57.5
其中：基础设施	3.1	6.5	7.7	9.2
社会服务	0.9	0.8	1.0	1.2

注：基础设施包括城市供水、燃气、电力、交通和通讯等部门，社会服务包括卫生和教育部门。

资料来源：根据《新中国60年统计资料汇编》的数据汇总，中国统计出版社2010年版。

究其原因，地方政府为实现“财政净收益”的最大化（如税费收入、所属企业的利润，以及土地出让金收入之和，减去公共服务支出），有很强的动力对快速拉动经济增长的基础设施投资，但对无法带来税费等“财政收益”的社会服务提供缺乏兴趣，进而在公共支出中弱化对基本公共服务的提供。这一判断与已有的研究发现相符，即“无论是中国地方政府的公共开支占本地GDP的比重，还是地方预算内公共开支占全部预算内公共支出比重，在国际上讲都是高的，问题出在结构上……而这种结构上扭曲反映的恰恰是体制上的问题：现行的预算体制无力合理配置地方政府手中的公共资源，以至于在地方政府的公共资源大大增加的同时，民众尤其是农业大省的公民，对基本公共品的需求却无法满足”。[①] 鉴于多数基础设施的收益是被未来的几代人所分享，地方政府使用现阶段的经常性收入负担基础设施的决策既在财力上难以长期维持，更对当地的纳税人不公平，这相当于让他们承担所有的当期成本。所以说，现阶段的地方政府主要对体制内负责、不需要真正对纳税人负责的财政分权制度，无疑会弱化基本公共服务均等化目标的有效实施。

四、基本公共服务均等化与财政改革

“实现基本公共服务均等化是财力与制度两者相结合的产物，财力必须跟

① 平新乔：《中国地方预算体制的绩效评估及指标设计》（研究报告），中国发展研究基金会资助项目，2007年7月，http://www.cdrf.org.cn/a/Report/30.pdf。

上，制度也要改进”。[①] 为此，财政分权理论应作为推进基本公共服务均等化的规范制度设计，首先，从法律上更明确地划分政府间事权，使各级政府具有一定程度的收支的独立性和自主性，规范中央与地方的支出责任，并通过转移支付等政府间补助措施有效解决地区间、城乡间的财力不均等问题。其次，在明确财政功能转型过程中各阶段目标的基础上设计分权化战略，以使制度设计达到预期效果。此外，考虑组建一个由国家财政、税收、计划、编办等部门及地方政府构成的高级委员会，起草行动纲领，形成一个合理、科学的重构政府间关系的整体框架，并重点做好以下三方面工作：

（一）建立基本公共服务均等化的评价体系

分税制改革以来，地区之间的财政能力差异明显扩大。[②] 进而，地区间基本公共服务也出现分化，而巨大的地区间、城乡间的社会服务差距已不仅仅是社会问题，这无疑也是政治问题，其政治影响和社会后果并不亚于收入和财富的两极分化。至于区域间、城乡间发展不均衡的原因，既有市场机制不完善的因素，也可能与国家发展战略相关。林毅夫等对 36 个国家（地区）的实证分析发现，公平和效率两者内生决定于一个国家（地区）的经济发展战略，发展中国家违背要素禀赋比较优势的“赶超战略”可能恶化公平和效率问题，使得人际收入差距扩大，地区差距扩大。[③] 鉴于此，20 世纪 90 年代以来，各级政府热衷实施的一系列经济刺激及“赶超”发展战略，是否催化了“新三大差距”（贫富差距、地区差距、城乡差距）显性化，加大了实现基本公共服务均等化的难度，有待进一步的论证。

综合考虑省内财政不均等差异巨大的原因，城乡差距首当其冲。[④] 当前，城乡经济发展的差距，更主要体现为公共服务内容和水平的差距。缩小城乡差距，关键在于扭转以城市倾斜为特征的“二元结构”政策，坚持“以服务限制差距”的理念。在国家的政策设计层面，不仅要致力于缩小经济差距和消除经济贫困，“十二五”期间，缩小地区间财政能力差距和消除公共服务贫困，应被置于政府发展战略更为优先的位置。

从国家“十一五”规划的相关表述不难看出，实现基本公共服务均等化有

---

① 刘尚希、杨元杰、张洵：《基本公共服务均等化与公共财政制度》，载《经济研究参考》2008 年第 40 期。

② 张恒龙、陈宪：《我国财政均等化现状研究：1994～2004》，载《中央财经大学学报》2006 年第 12 期。

③ 林毅夫、刘培林：《经济发展战略与公平、效率的关系》，载《经济学季刊》2003 年第 2 期。

④ 赵云旗、申学锋、史卫、李成威：《促进城乡基本公共服务均等化的财政政策研究》，载《经济研究参考》2010 年第 16 期。

两个重要前提，一是“完善中央和省级政府的财政转移支付制度”，二是“理顺省级以下财政管理体制”。当前推行的财政“省直管县”体制是“理顺省级以下财政管理体制”的重要内容。由于中央和省级政府的财力较强，县乡的财力较弱，在这个格局短期难以改变的情况下，增加政府间一般性转移支付仍是实现基本公共服务均等化的主要手段，这也在2010年中央“一号文件”中得到了印证，即“调整财政收入分配格局，增加对县乡财政的一般转移，逐步提高县级财政在省以下财力分配中的比重”。

为此，首先应基于公共财政的基本逻辑，了解社会需要何种服务，以此匹配相应的财力，确定支出政策，即从“量入为出”的传统理财方式向“量出制入”的公共服务理财观念转变。其次，政府支出应加大向基本公共服务领域的倾斜力度，优化支出结构，完善在基础教育、基本医疗、基本社会保障、促进就业、住房保障和环境保护等领域的政策和制度，支持建立“城乡对接”的基本公共服务制度体系。同时，建立一套针对地区间、省际、省内的多层级评价标准和指标体系，以科学评估各级政府推动基本公共服务均等化的绩效。

（二）科学、合理设计政府间转移支付制度

任何关于公共服务改革的议程，都应解决好政府间财政体制的问题，包括收入和支出的分配以及政府间转移支付制度的同步配套改革。

目前，转移支付制度在很大程度上是中央出于政治的目的、而非基于管理的政策工具。中央很多时候需要从地区稳定和政治公平的角度权衡转移支付问题，既要通过这一制度实现纵向控制的功能，又要达到满足发达地区既得经济利益、消除其他地区的不满以及改革阻力的多重目标，即“中央政府赋予了转移支付体制过多且往往相互冲突的功能与目标，在目标无法兼顾的情况下，均等目标有意无意地被置于相对次要的地位”。[①] 对此，有研究指出，“迄今为止，真正属于均等化转移支付形式的一般性转移支付只占中央财政转移支付总额的10%”。[②] 换句话说，中央财政转移的大部分仍然是根据非均等化因素分配给各地方辖区的，显然，这不利于基本公共服务均等化的实现，也是财政均等化效果不佳的重要原因。

对此，有学者强调，“这也是为维护国家统一和民族团结必须付出的成本”。[③] 但是，为控制地区间差距的进一步扩大，财政收入分配的设计至关重要。

---

① 王雍君：《中国的财政均等化与转移支付体制改革》，《中央财经大学学报》，2006年第9期。

② 赵云旗、申学锋、史卫、李成威：《促进城乡基本公共服务均等化的财政政策研究》，载《经济研究参考》2010年第16期。

③ 王绍光：《中国财政转移支付的政治逻辑》，载《战略与管理》2002年第3期。

根据经合组织的研究报告，在 OECD 国家，用于均等化的转移支付是政府间转移支付的主要部分，并且成功减小了地区间的财力差距。但平均来说，即使在这些国家，该部分的转移支付也仅占到全部政府支出的 5%，或者相当于 GDP 的 2.3%。[①] 而且，世界银行研究报告也建议，中国的中央政府应考虑逐步停止税收返还的做法并为增值税设计一个固定的比例以实现均等化的目的。[②]

当前，中国政府间转移支付的相对规模之所以远大于其他国家，与公共支出责任的过度下放密切相关。但分税制改革以来的事实证明，扩张转移支付总量远不足以促进地区间财政均等化，更重要的是对侧重控制功能的现行转移支付制度做根本的结构性改革，对地方辖区的财政能力和公共服务支出责任做科学的测算，以此作为公式化转移的基础，不断强化作为一般性转移支付的再分配功能，以解决地方政府支出和收入方面的问题。

此外，目前的转移支付体系尤其是专项转移项目过于复杂，未来的工作重点应该转向对效果的评估，更多地发挥转移支付的激励和引导作用，而不只是关注总体转移额度。比如，在现有的为数众多的转移支付项目中，有一个 2005 年开展的项目在设计上是对于按照全国目标执行改革任务的地方政府给予奖励，即"三奖一补"政策，其内容是对加强财政收入动员、精简机构和人员的地方政府给予奖励。再比如，许多规模较小的项目可以整合到更为精简的拨款项目中，同时给地方政府以更大的有效支出决策的自主权。比如，在近年的"支农资金整合"等转移支付项目上，允许地方政府将多个专项拨款捆绑起来统一配置。这样的改革思路值得鼓励和推广。此外，还有奖励省级政府在改进均等化方面的成绩，[③] 但该项目的规模偏小，2009 年预算为 550 亿元，只占到整个转移支付总额的 2%。总之，转移支付分配机制还有很多方面可以改进，以加强中央影响公共服务政策效果的能力。

（三）规范和完善省以下的财政分配关系

因为省与其所辖地方政府的财政关系及政策大多数是在省级层次决定的，包

① Charbit, Claire and Maria Michalun, 2009. "Mind the gaps: Managing Mutual Dependence in Relations among Levels of Government", *OECD Working Papers on Public Governance*, No. 14, OECD Publishing. http://www.oecd.org/dataoecd/37/48/43832931.pdf.

② World Bank, 2002 (April). China: National Development and Sub-National Finance—A Review of Provincial Expenditures. Washington DC: World Bank. http://www1.worldbank.org/publicsector/LearningProgram/Decentralization/ChinaNatlDevSubNatFinance.pdf.

③ 该激励项目包含两个部分，第一部分是对县级政府的拨款，条件是收入动员的成绩超出平均水平，改进了当地财政状况或精简了机构和人员规模；第二部分是对省级政府的拨款，条件是增加了给所辖县的均等化转移支付。

括收入分享的税种及结构、支出责任的划分，以及一般性（均等化）转移支付规则、有条件补助和预算程序等，这意味着需要建立明确、稳定的省以下的政府收入分配机制，这种改革，要么提供激励机制，以获取省级政府支持；要么通过强制性的规则和框架，来确保其执行。同时，应搭建一个能及时、可靠提供数据的管理信息系统，以便对地方政府及公共服务提供方的业绩进行评价，强化体制内的问责机制，使地方政府对公共服务的效果负责。

“十二五”期间，随着财政上“省直管县”体制在全国非民族自治地区全面铺开，省级政府在财政的收入划分和均等化方面将被赋予更为积极的角色，修订中央同省级政府的关系将是下一步财政体制改革的焦点之一。由于公共服务的诸多事项要由基层政府执行，如义务教育、基本医疗、社会治安、环境卫生和社区管理等，完善省以下地方财政状况和激励机制应列入政府各项改革的优先议程。具体来说有三个方面：

第一，通过修改《预算法》正式划分各级政府的支出范围，不再挤压县和镇政府的收入，尽快解决基层政府提供一些重要的公共服务的支出责任和收入不足之间的不匹配问题。对于具体的支出责任划分，应该公布哪级政府有明确的责任提供服务；而当出现责任重叠和交叉时，由哪一级政府或部门牵头负责。鉴于省以下的地方政府还没有建立起严格的、以均等化为导向的转移支付体制，中央和省级政府向各级地方政府分配有实际意义的税源也符合公共财政体制改革的方向。

第二，借鉴国外经验，将提供财政资金的责任（事权）与提供公共服务的责任（事责）相对分开，比如，基础教育领域，基层政府主要负责学校的具体管理，办学经费应主要来自更高层级的政府，在农村地区和欠发达地区，不宜把中小学教育全部纳入县级管理，或者简单地在县城兴建寄宿学校。[①] 在公共卫生及文化体育等公共服务领域，也存在同样的问题。

第三，在预算收入方面，由于地方政府不具备真正的税收自主权，对非税收入和制度外收入的依赖性很强。但是，鉴于地方层面对公共基础设施的巨大需求，未来允许地方政府负责任的借款是符合效率原则的，这也有助于扩大地方财政自主权和改进体制内的问责机制，例如，近年启动的通过财政部代理发行地方政府债券的融资创新。当然，建立对地方债务的监管和报告机制是必要的前提。

在预算支出方面，在重新界定纵向政府间职责的过程中，预算过程可以成为一个强有力的工具。即各级人大通过要求其政府预算提案中，包括政府实施干预

① 根据2009年统计数据，县级政府下辖的人口从3.1万～215万不等，平均值为45.5万人，标准差达40万，因此，“一刀切”地把中小学都纳入县级管理的做法能否有效施行值得思考。

的动机以及为什么采取支出而非其他方式进行等内容，使政府职责逐步与市场经济更加匹配。

简言之，规范和完善省以下政府财税管理体制，要合理确定地方税种，逐步健全地方税体系，加大征税监管力度；同时，强化对省级政府在调节省以下财力分配方面的问责机制，加大省对其财力薄弱地区的转移支付力度，以均衡省内公共服务水平，缓解县乡财政困难。此外，加强省级以下政府在政策设计、分析和执行方面的能力建设，积极探索公共服务提供方式多样化的途径。

本章结语

一个国家公共财政体系的构建是一个历史的、动态的过程，也是一个随着经济社会发展不断完善的过程。当代中国能否在这一过程中转型为“预算国家”，在于资源在社会各阶层和利益群体之间公平、合理配置，各方利益得以有效协调。对此，温家宝 2010 年 2 月 27 日在作客新华网与网友交流时明确表示：“如果说把做大社会财富这个蛋糕看做是政府的责任，那么，分好社会财富这个蛋糕，就是政府的良知。”

中国地区间差异巨大，实现基本公共服务均等化任重道远。为此，理顺政府间财政分配关系，保证社会资源更多向公共服务和民生领域倾斜，则是政府职能转变、国家治理转型的制度保障。中国构建公共财政体制的历史进程刚刚开始，有待解决的现实、需要化解的社会矛盾都很多，需要理顺的利益关系更多，因此这一进程，也正是各界有识之士不断去研究、思考和实践的过程。

第六章

突出“多元参与”是服务型政府建设的重要特征

“多元参与”是指在服务型政府建设过程中，政府在主动作为的同时，引导公众、市场主体和民间组织等社会性力量全面参与，以履行社会职责等方式，发挥积极作用，形成公共服务供给合力的一种机制。政府与社会的“多元参与”机制既是服务型政府建设的重要特征，也是其快速推进的重要保障。

第一节　社会需求格局变化要求公共服务主体多元化

在经历了持续多年的快速发展之后，中国的经济发展模式进入转变阶段，社会需求格局也有了根本性的变化。这对政府职能转变和管理模式创新有了新的要求。加快服务型政府建设进程，实现公共服务主体多元化，成为当前和今后一段时间内经济、社会发展的基本需求。

一、发展新阶段与公共服务需求扩大化

（一）经济发展新阶段对转变政府职能的要求

改革开放30多年来，中国的经济总量一直呈加速扩张之势，物质财富的积

累已经达到一定规模，人民生活水平显著提高。随着人均 GDP 于 2008 年越过 3 000 美元大关，中国已面临着一个经济体由起飞阶段向技术成熟阶段过渡的临界点[①]。表 6－1 的数据显示，虽然几个主要发达国家经济起步的起点时间和经历的时间段不同，但多是在人均 GDP3 000 美元左右开始迈入经济发展的技术成熟阶段。党的十七大报告也用了“新世纪”、“新阶段”等词形容当前中国的整体发展水平。

表 6－1　　主要发达国家经济增长阶段与人均 GDP 比较

国家	向成熟阶段过渡		大众消费时代	
	终点年份（大约）	人均 GDP（美元）	起点年份（时段）	人均 GDP（美元）
美国	1900	4 901	1910～1925	5 046～6 282
英国	1913	4 921	1920～1929	4 548～4 710
法国	1913	3 485	1950～1955	5 271～6 312
德国	1910	3 348	1950～1966	3 881～6 177
日本	1941	2 873	1955～1965	2 771～5 934

资料来源：转引自赵伟：《中国经济正迎来发展阶段转换》，人民网，2009 年 3 月 30 日。

经济发展新阶段对政府职能转变提出了新的要求。首先，经济增长模式转变要求政府为经济的进一步发展提供良好的法治、管理环境，如有效的宏观经济调控和管理、严格规范的市场监管而不是过度的干预和以政府为主导，并为经济转型提供制度性的公共服务（包括一系列的制度改革）。其次，经济结构的调整要求政府职能转变。产业结构的升级和就业结构的调整要求政府在通过经济总量增长保持宏观经济稳定的前提下建立和完善多层次、多方位的就业服务体系，更加注意社会阶级阶层结构变化和社会利益多元化带来的多方面的需求，通过多种途径为低收入群体提供基本的社会保障、公共卫生、基本医疗等基本的公共服务。最后，社会结构转型引发的矛盾和冲突要求政府更加注重民生问题，通过服务均等化来化解因社会分化和贫富差距拉大带来的各种社会矛盾，维护社会公平，等等。

事实上，从 20 世纪 80 年代中期开始，政府就已经意识到“政府职能转变”的重要性并积极探索转变路径。2003 年温家宝总理提出的“经济调节、市场监管、社会管理、公共服务”可以说是对新阶段转变政府职能的高度凝练，尤其

① 罗斯托的经济增长阶段分别是：传统社会阶段、为起飞创造前提条件的阶段、“起飞”阶段、向技术成熟过渡阶段、大众高消费阶段和“后工业社会”阶段。

是“在经济调节、市场监管的基础上更加注重社会管理和公共服务”[①]更凸显了新阶段政府职能的内涵。中共十七大报告提出的“让全体人民学有所教、劳有所得、病有所医、老有所养、住有所居”并且要在2020年实现全面建成小康社会的奋斗目标，是当前政府职能转变阶段性目标的最好诠释。

（二）社会成员消费结构变化与基本公共服务需求增加

在经济发展水平达到新阶段的同时，中国社会也已经基本完成了“由解决温饱到总体上达到小康的历史性跨越”——由改革之前的“贫困阶段”和20世纪90年代的逐步摆脱低收入国家阶段，进入世界“中等偏下收入国家”行列[②]。同时，社会成员的消费能力大大增强，消费结构发生较大变化，社会公共需求开始呈日益扩大趋势。

作为这方面的一个关键性指标，中国城镇和农村居民的恩格尔系数，已经分别于1996年和2000年降到了50%以下；2007年，城镇和农村居民的恩格尔系数又进一步分别降到了36.3%和42.1%，生活质量整体上升到一个新台阶[③]。与此相适应的是，家庭储蓄能力的不断增加使城乡居民的消费支出结构发生了明显变化，食品、衣着等生活必需品的支出比重逐渐降低，教育、医疗、居住、旅游等方面的支出比重逐渐增加并越来越占有重要地位。

消费结构的变化带动社会成员消费观念的变化，传统的以节俭为核心、重储蓄、少消费的观念正在向储蓄、消费与（服务）品质并重转变，对基本公共服务的需求明显增多。总体来看，社会成员除了对基础设置、公共安全、公共卫生、环境保护等基本社会需求显著增加之外，对诸如教育、交通、医疗、就业保险、住房等方面的需求也呈急剧增加趋势。来自中国社科院的调查报告显示，近几年城乡居民对教育、医疗的需求呈刚性特点，二者在消费支出中的比例逐年上升。另外，一些能够体现消费结构多元化和个性化的诸如文化、娱乐、旅游等消

---

① 详见《政府工作报告（2004）》，人民网，2004年3月17日。

② 参见《我国GDP从世界第十升至第四》，《人民网》，2008年10月28日。关于这个阶段，《世界发展报告》，按照人均GNI（国民收入）将全球二百多个经济实体划分为四个收入档次，分别为“低收入经济”、“下中等收入经济”、“上中等收入经济”以及“高收入经济”。2008年世界银行公布的收入划分标准是（以2007年国民收入计算）：低收入经济体，人均GNI低于935美元的为低收入经济体；人均GNI在936~3 705美元之间的为中下等收入经济体；人均GNI在3 706~11 455美元之间的为中上等收入经济体；人均GNI在11 456美元以上的高收入经济体。世界银行计算的2007年中国人均GNI为2 380美元，由此将中国划入“下中等收入”国家之列。

③ 该数据来源于：《2007年各省市城镇居民收入及恩格尔系数一览》，中国发展门户网，2008年4月16日。根据联合国粮农组织的标准，居民消费的恩格尔系数在59%以上为贫困；50%~59%为温饱；40%~50%为小康；30%~40%为富裕。

费支出比例也在大幅度增加并有越来越明显的上升趋势①。

社会成员消费需求的增加和消费观念的转变必然带来社会总体需求的改变。从发达国家经验来看，满足社会成员多样化消费需求的比较理想的办法就是，建立覆盖社会所有成员的较为全面的、最基本的公共服务体系，实现基本公共服务的均等化。

二、利益格局多元化与服务需求多样化

与社会需求由低到高转变相适应的是社会需求的多样化。从一定意义上讲，社会结构由整齐划一走向社会成员属性多样化和社会利益格局多元化，其背后的深层含义是国家与社会关系模式的转变②。改革之前的单一型社会结构已经不复存在，大规模、高速度的阶层分化、重组与日渐形成的复杂、多样的社会关系和利益格局，已成为30年来社会生活中不容置疑的客观事实。这不仅为社会服务需求多样化奠定了基础，也为民间社会力量成长和参与公共服务供给创造了条件。

（一）社会成员构成变化与社会结构异质性增强

改革开放以前，社会成员按身份标准划分为工人、农民和知识分子。政治经济形式一体化、社会生活单一化、利益主体同质化是这一社会结构的典型特征。改革开放以后，随着市场经济体制的建立、政治制度的松动和城市化进程的加快，社会成员构成发生了质的变化。农民内部已经分化出了农业劳动者、农民工、乡镇企业职工、乡村管理者等多个阶层，还有一部分转入了个体劳动者和私营企业主等阶层。这些阶层与不断壮大的白领工人、知识分子、自由职业者、企业经营者等阶层一起，不仅全方位瓦解了原有社会结构，也为促进民间社会力量成长、壮大并承担部分社会管理职能，奠定了重要的社会基础③。

（二）利益关系多元化与服务需求多样化

与社会结构变迁同步的是社会关系复杂化和利益格局多元化，社会需求的“公共性内涵”也发生了很大变化。社会需求的公共领域在不断缩小，个性特色

① 《社科院报告：中国消费结构从生存向发展过渡》，载《光明日报》2009年1月20日。

② 商红日：《政治系统调适与执政党——基于社会结构转型的分析》，载《上海师范大学学报》2002年第6期。

③ 朱光磊等：《中国社会阶层分化30年：过程、特征与思考》，载《教学与研究》2008年第10期。

越来越多，需求的同质程度不断降低，异质程度不断增加。这体现在：其一，随着社会阶层类型的增多，不同职业的社会成员在收入、社会地位等方面差距逐渐显现，他们的消费和需求结构发生了显著变化，并呈现出多层次和多样化的特征；对公共服务的需求也倾向于有更多的独立性、可选择性和差异性的特点。其二，利益格局的多样化与阶层分化加速、贫富差距拉大等问题交织在一起，更使得社会成员的需求呈现出区域多样化、行业多样化、群体多样化和城乡差异化的特点[①]。其三，随着民间社会力量的成长，独立、自由、民主、责任等现代性因素逐渐植入社会成员的思想深处，社会自主性逐渐展开，公民的参与意识和责任意识已经在形成并将之纳入公共服务供给和管理中去；公众对那些（尤其是关系到切身利益的）公共事务的参与热情、参与要求都明显增强。伴随着现代信息技术的发展，公民的参与能力和参与水平也显著提高，这在一定程度上成为利益主体多元化的推动力量。

尽管从整个社会格局看，目前政府仍是公共服务的主要供给者，但是，在走向现代社会结构中呈现出的“利益多元需求、权力分散制衡、组织异质独立”等因素[②]，形成了排斥单一性和独占性机制的强烈诉求，“社会”也开始成为资源供给的有力潜在力量，开始提供影响个体生存和发展的领域和机会，传统的政府单一主体的公共服务供给模式已经越发难以适应[③]。在利益主体日益多元化的背景下，如何满足社会成员的多样化需要，实现各阶层、群体之间的利益均衡，维护最广大人民群众的根本利益，成为服务型政府不得不面对的重要问题。

三、服务主体多元化：缓解公共服务供需矛盾的有效途径

（一）供求矛盾：服务需求增加与供给的不足与低效

在任何时候，公共服务供给方面存在的主要矛盾都是社会成员不断增长的公共服务需求与公共品供给的有限性，也即相对性短缺与低效之间的矛盾。这一矛盾主要体现在两个方面：其一，与社会成员的公共需求相比，政府公共服务的供给数量和质量滞后于公众的社会需求；其二，公共服务的供给模式比较单一，服务效率低下，不能满足社会成员多样化的公共需求。

在中国，政府长期以来都是社会管理和服务的唯一主体，“强政府——弱社

① 原方等：《公共需求扩张与公共供给问题研究》，载《理论与探索》2005 年第 4 期。

② 蒋京议：《政治体制改革必须把握国家与社会关系走向》，载《中国经济时报》2007 年 7 月 23 日。

③ 郁建兴等：《治理：国家与市民社会关系理论的再出发》，载《求是学刊》2003 年第 4 期。

会”模式是社会管理的突出特点。新中国成立后，国家更是通过计划经济、单位控制等方式，对社会成员提供统一的、同质化的管理和服务；服务的数量、种类和方式都由政府决定，公众则处于被动接受状态。改革开放后，随着经济的发展和社会需求的日益增多，政府在社会保障、义务教育、卫生、医疗、就业等领域的供给总量都达到了前所未有的规模。但是，由于历史欠账和理解上存在的某些误区，政府提供的公共服务远远滞后于现实需求和实际需要。“强政府”模式也造成政府与市场、社会职责边界的模糊不清，公共服务的供求矛盾愈发凸显。

诚然，公共物品的非排他性和非竞争性决定了政府提供公共服务的主导地位，即使在发达国家，也是如此。但是，随着公众需求的日益多样化，社会需求的“公共性”和“同质性”逐渐减少，“异质性”增加，仅仅靠政府单一主体已远不能满足社会的发展和需要了。而且，新时期社会成员公共需求领域的不断扩大以及公共需求种类的多样化也对政府财力提出了强有力的挑战。正如奥斯托罗姆所言：“每一个公民都不由‘一个’政府服务，而是由大量各不相同的公共服务产业所服务。”[①] 社会力量参与到公共物品的生产和服务中去，通过多元主体共同完成公共服务的供给与管理，已成为服务型政府建设中的重要组成部分。

（二）服务主体多元化：缓解矛盾的有效途径

服务主体多元化主要是指根据公共服务的内容、性质、特点和公众的社会需求，在政府之外，还要充分调动市场、民间社会力量等其他社会主体参与到公共服务的供给和管理中来，实现供给主体多元化，以提高公共服务的质量和效率，满足社会成员多样化的公共需求。这里服务供给主体多元化的思路，除了公共服务供求矛盾客观上要求其他主体参与之外，还有以下三点原因：

首先，公共服务主体多元化，意在构建多元参与主体和多中心秩序的公共服务体系。这是因为，“我们生活在一个权力分享的世界里，在这个世界中，政府组织、准政府组织、非营利组织、私人组织、个人等共同参与政策的制定和政策的执行。”[②] 政府是公共服务的主要供给者和安排者，但不一定就必须是生产者。在国家与社会关系发展历程中，随着社会力量的增强，国家与社会的关系逐步明晰，政府正逐渐把一些治理权归还给社会，二者的互动逐渐增多并向良性方向发展，多元化治理模式已经成为现代社会公共管理的重要特征。作为治理的重要内容，构建公共服务供给体系同样需要供给主体的多元化，因为，公共事务治理不

① ［美］奥斯托罗姆：《公共物品与公共选择》，载［美］麦金尼斯主编：《多中心体制与地方公共经济》，毛寿龙译，三联书店 2000 年版，第 114 页。

② ［美］彼得斯：《政府未来的治理模式》，吴爱明等译，中国人民大学出版社 2001 年，第 82 页。

是单一主体对社会的活动，而是一种治理主体多元化的社会治理模式；在治理过程中，政府应允许和鼓励企业和非正式组织参与公共产品与公共服务的提供，应大力发展商会、协会、中介组织和其他民间组织等非政府组织，发挥它们在公共服务中的作用[①]。也就是说，公共服务的关键不是谁提供了服务，而是谁以何种方式及方式组合，能够确保服务供给的有效和有益[②]。

其次，公共服务主体多元化具有可行性和可操作性。公共服务的公共性决定了它不同于私人服务，但是，由于公共服务领域的不断扩大和服务需求的多样化，不同类型的公共服务和公共物品可以通过多种方式来提供。那些政府因财力或其他原因无力承担的公共服务或者是政府能够承担但效率低下的服务，完全可以通过拓展服务主体，优化服务供给方式来实现，即公共服务供给方式的市场化和社会化。所谓公共服务供给方式市场化主要是指政府在决策制定和决策执行分离的前提下，允许和鼓励私人部门、企业等市场（社会）主体进入某些公共服务领域，同时通过市场竞争调节服务的供给和需求。市场化的目的是，除了达到拓展服务主体、降低服务供给成本、提高服务效率外，还要通过市场化机制，生产、提供一些个性化、有差异性的服务，以求满足社会成员多层次、多样化的需求。所谓公共服务供给方式社会化，主要是指政府通过动员社会性力量，鼓励各非营利组织和社会成员积极参与到公共服务中来，建立由政府、各社会组织力量和公民个人共同参与的供给主体多元化局面，以弥补公共服务供给方面的“政府失灵”和“市场失灵”。

服务型政府的建设过程，就是构建政府与社会“多元主体”、“多元参与”的过程，就是拓展公共服务主体和优化公共服务质量的过程。在主体多元化体制中，政府的责任不是减少了，而是有所为有所不为，即从一些不必要的微观领域中退出，政府职责上升到中观和宏观领域；通过市场、社会以及其他非政府组织的参与，优化公共服务供给，实现服务主体的多元化和供给方式的多样化。

最后，从发达国家经验来看，公共服务的主体多元化和多中心供给，已经成为一种实践机制，除政府之外，公共服务的供给主体还包括非营利组织、企业、社区、市民个人，等等。从实践结果来看，多元化对于优化公共服务，全方位满足社会成员多样化和社会需求，合理配置社会资源，改进政府管理模式，精简政府机构，推进民主化进程，更好地实现公平与效率的统一等方面，确实起到了非常重要的作用。

---

① 李军鹏：《公共服务型政府》，北京大学出版社 2004 年版，第 212 页。

② 林尚立等：《创造治理：民间组织与公共服务型政府》，载《学术月刊》2006 年第 5 期。

第二节　政府与社会：服务型政府建设的主体认定

政府与社会的关系，涉及服务型政府建设主体的认定问题，同时也是公共服务多元化供给机制的重要内容。其中，政府的主动作为是服务型政府建设的主基调，在服务型政府建设过程中发挥着主导作用；社会各主体的全面参与尤其是第三部门等社会性力量作用的发挥，则成为公共服务供给体系合理运行的重要保障。

一、“多元参与”：服务型政府建设的重要特征

本书所说的“多元参与”是指在公共服务供给机制中，政府与各种社会性力量都应积极地参与其中。从本质上讲，在公共服务需求扩大化、公共服务需求多样化和供给主体多元化的今天，所有的组织、机构和社会成员，都有享受公共服务的权利，同时也有提供、参与公共服务的义务。伴随着公共服务生产和提供的分离，公共服务供给“多元参与”的趋势也越来越明显。

（一）“多元”是指政府与民间社会力量

这是由公共服务建设自身的特点决定的。其一，如前所述，服务型政府是发展新阶段转变政府职能的要求，因此，只有在具备了经济实力增强和民主政治发展等一系列条件之后，才会有服务型政府建设的出现，这里的“社会”也只能是与市场经济体系相适应的比较成熟的“社会”，它表现为民间社会力量的强大，如大量的非政府组织和成熟的社会自治机制等。其二，不同于政治统治型政府和经济发展型政府[①]，服务型政府是以民本位的政府，其服务理念也是“关于公共行政在将公共利益、民主治理和公民参与置于中心地位的治理系统中所扮演角色的一系列思想和理论”[②]，其核心理念是重视公民身份、公民权利和公民价值，彰显的是公民社会在服务型政府建设中的重要意义，因此，政府与民间社会

① 这两类政府的介绍见［美］登哈特：《新公共服务：服务而不是掌舵》，丁煌译，中国人民大学出版社 2004 年版，第 24～26 页。

② ［美］登哈特：《新公共服务：服务，而不是掌舵》，丁煌译，中国人民大学出版社 2004 年版，第 3 页。

力量都应成为公共服务供给的主体。其三，从公共服务的供给过程来看，所有的机构和社会成员，都在享受既有公共服务的同时，也在以各种方式和途径参与公共服务的供给。

需要说明的是，这里的“政府”是广义的政府。在服务型政府建设中，行政机关的作用突出，但广义上的政府——国家机构的整体——都有责任。如果把人大、法院、检察院、国有事业单位排除在服务型政府建设主体之外，是不恰当的；而且，广义政府是一个有机联系的整体，需要各个国家机关彼此的积极努力和密切合作，单靠国家行政机关的力量是不够的[①]。这里的“社会”强调的是政府之外的所有社会主体，包括企业、非政府组织、志愿性社团、各行业协会和公民个人等。这是在市场经济和科技进步的双重推动下，随着现代化社会生产力水平的提高和社会资本的增多，以及中等收入阶层的扩大而产生的独立于政府力量之外的广大领域，包括经济生活领域和公民生活领域。中国民间社会的主体是由企业、个人和群体、社团等社会组织构成的，同样，民间社会力量就体现为市场、公民、社团等社会组织形态以及它们之间的关系。

（二）“参与”的主要方式是合作与互补

在公共服务供给体系中，任何机构和个人都是积极参与者——服务者，又同时是服务享受者。虽然政府与社会在公共服务供给中有着不同的身份和职责分工，但是，就整个供给体系和供给机制而言，二者不仅在法律规定中是平等的，在公共服务的供给过程中也应该是平等的，双方之间是一种合作关系，其发挥的作用也是互补的。“参与”也正是在此认知的基础上，通过政府与民间社会力量的合作与互动，实现多元主体间的有序参与。

从历史发展进程来看，政府与社会间的合作关系，经历了一个由早前的零和博弈——认为“政府权力、政治社会的扩展总是以市民社会的缩小为代价”，到通过合作“取长补短”的过程[②]，这其中也是政府对民间社会力量发挥作用的认知发生转变的过程。服务型政府建设中的多元参与要求政府与社会关系模式的调整以及作用发挥的平衡，即政府权力边界的收缩和社会性力量的增强以及在此基础上政府与民间社会力量之间相互影响、相互制约和相互推动。从中国的实际情况来看，就要求改变全能主义政府模式下的“强政府—弱社会”模式，给予公民个人、社会团体、第三部门等社会性力量更多的信任和鼓励，推动“强社会”的出现，以及在此基础上政府与社会各主体的合作。

---

① 朱光磊等：《服务型政府建设的六大关键问题》，载《南开学报》2008 年第 1 期。
② 高红：《城市整合：社团、政府与市民社会》，东南大学出版社 2007 年版，第 25 页。

在服务型政府建设过程中，多元参与的模式主要是政府和社会各主体的合作，即政府自上而下的主导、推动与社会自下而上的积极参与；以及在此基础上形成的良性互动与合作。服务主体的多元化要求改变原来由政府单一主体提供服务的供给模式，建立由政府和企业、公民、第三部门等力量共同参与构建的公共服务体系。在这一公共服务体系中，政府要用合作而不是支配或领导的理念来透视公共服务；政府在主动作为、构建服务型政府的同时，还应该注意到市场主体和民间社会组织在公共服务供给中所能发挥的作用，积极引导民间社会力量平等、自主地参与公共服务的供给。在肯定政府在公共服务供给体系中的核心地位的同时，倡导政府与社会各主体尤其是第三部门等力量建立起平等的伙伴型合作关系，在公共服务供给过程中通过协商、互动的方式，合理调动和利用各方社会资源，发挥其在公共服务供给中的特殊作用。另一方面，民间社会各主体也要从自身的特性出发，全面参与，提供专业化和高效率的服务，优化服务质量，保持社会公平。这样，通过政府与民间社会力量的有序合作，形成公共服务供给的合力，全方位、多渠道地满足社会多样化的需求。

在服务型政府建设过程中，多元参与实现功能互补。如果说政府提供公共物品和公共服务是为了弥补“市场失灵”，那么，企业、非政府组织、第三部门等民间社会力量则在服务型政府建设过程中通过灵活、高效地提供公共服务来填补“政府失灵”这一缺口：政府以公共利益为取向，对公共服务做出全方位、整体性的制度安排和决策，但政府并不能“生产”所有的公共产品和服务；相反，企业在追求利润之外可以市场化的方式参与到公共服务供给中来，如通过合同外包的方式取得某些领域内公共物品的生产和供应，以弥补政府在“生产”方面所无法发挥的作用；非政府组织、第三部门等社会组织的“专业性”和“公益性”等特性使之能够在政府之外扩大公共服务的覆盖范围。以美国为例，美国有200多万个非政府组织，它们在提供就业、为社区提供多元化服务、帮助政府为社会提供具体事务的服务等方面都起到了非常重要的作用，被誉为政府的“减压阀”和社会的“稳定器”；经过多年发展，美国的非政府组织不仅组织数量庞大，而且还形成了一套比较完善的、与美国“小政府、大社会”的制度结构相配套的运行机制。

当前，在我国服务型政府建设某些领域中出现的“政府大张旗鼓、民间悄无声息”等“一头热、一头冷”现象表明，在服务型政府建设过程中，社会对服务型政府的认知还不是很到位，民间社会力量还没有真正参与进来，政府与社会主体之间还缺乏比较有效的合作模式和合作机制。积极培育与引导民间社会力量，吸引它们参与到公共服务供给体系中来，形成政府、市场、民间社会的多元参与体系，是缓解公共服务供给严重失衡、实现基本公共服务均等化的有效路径。

二、政府主动作为

政府主动作为是由政府在公共服务供给体系中的核心主体地位决定的。具体来说，服务型政府建设中的政府主动作为主要体现在：构建完善的公共服务体系；健全公共服务供给的法律体系；加大和平衡对公共领域的财政投入，推动基本公共服务均等化；改善服务态度，提高服务质量；等等。

（一）构建完善的公共服务体系

完善的公共服务体系是服务型政府建设的核心内容，构建公共服务体系是服务型政府建设初期的基本目标。这主要是因为，在当前和今后一段时间内，政府的职能决定了在服务型政府建设中首先要构建一个完善的公共服务体系，提供更多、更丰富的公共服务，以满足社会成员日益增长的公共服务需求。此外，公共服务体系在服务型政府建设过程中更是发挥着基础平台作用，只有建立起一个全方位、广覆盖、多层级、制度化的公共服务体系，政府才能有效地履行其公共服务职能，进而逐步实现公共服务均等化和服务品质的不断提升。

从理论层面上讲，公共需求的多样化使得很难为公共服务划定范围。但是，从操作层面上讲，又必须有一个比较明确的划界，以便于政府开展工作。这就要求首先对公共服务做出“应然”与“实然”的划分。所谓“应然”是指政府应当提供的公共服务，这主要取决于社会公共需求；所谓“实然”是指特定的政府实际可以提供的公共服务，这主要取决于政府现有的公共服务能力。其次，要根据受益范围对公共服务做出区分，包括全民受益的公共服务、多数人受益的公共服务、特殊群体（弱势人群）受益的公共服务。最后，要根据社会公共需求的层次性对公共服务做出区分，包括核心公共服务，即那些对人的生存有着决定性影响的公共服务；基础性公共服务，即那些对改善人的生存状况、促进人的发展有着重要影响的公共服务；支持性公共服务，即那些有助于提升生活品质，促进人的全面发展，推动社会全面、协调、可持续发展的公共服务。

（二）健全公共服务供给的法律体系

服务型政府的公民本位理念决定了政府在履行社会管理和公共服务的职能中，要以公民本位和社会本位为基础，加强有关公民权利保护方面的法律制度建设和法治建设。近些年来，我国的法治建设取得了较快发展，尤其是立法工作更是取得了长足进步，比如，在经济调节和市场监管方面的法律法规建设初步完善的基础上做到有法可依与有法必依。但是，长达两千年的封建专制主义历史，遗留给我们的不仅仅是统治经验的丰富和管理经验的缺乏，还存在着公共空间和公共组织匮乏，公民意识、公民权利及相应的公民身份欠缺等事实。就目前中国整个法治体系来看，有关公民权利和权利保护等关乎民生的法律意识和法律制度严重匮乏，这不仅与公共服务的核心理念相差甚远，也不能完全适应公共服务型政府建设的形势需要和社会发展需求，亟待健全和完善。

在健全公共服务供给的法律体系方面，立法机关大有可为，比如关于保障公民知情权、政策咨询、政务公开、公民申诉、对服务质量进行监督等相关方面的法律制度建设和法治建设，人大可以加大立法力度。由于当前中国在这方面的法律意识和法律制度都比较欠缺，立法部门很有必要借鉴西方国家经验。

在法治环境中，政府也需要提高认知，在管理和服务中依法行政。政府在提供公共服务时，一要依法界定各级政府职权，使各级政府职权法定，行权有据，切实加快政府职能转变；在提供公共服务的过程中，要学会适当卸载政府“包袱”——将那些不能解决或解决不好的服务，通过市场化和社会化的方式让渡给社会，实现公共服务供给“多元参与”。二要各级政府建立健全公共服务体系中的决策机制，鼓励、扩大社会公众参与，坚持科学决策与民主决策，使政府提供的公共服务能够真正服务于社会公众，体现民本理念。三要明确公共服务的要求与质量标准，切实提供一套内容明确、层次分明、操作可行的公共服务供给标准，便于对服务质量实施有效监督。完善政府承诺制度，为公众提供有效的申诉途径，规范行政问责制度，勇于主动承担起公共责任和法律责任。

（三）加大对公共领域的财政投入与推动基本公共服务均等化

党的十七大报告中提出的“公共服务均等化”[①] 应该说是未来一段时间内服务型政府建设的阶段性目标。虽然财政投入是公共服务供给的坚实后盾，但公共服务均等化对政府财政投入的力度和结构都有着新的要求：

第一，加大中央政府对专项公共服务财政投入的比重。从供给主体上讲，公共服务的提供者包括中央政府和地方政府，但从公共服务的性质和覆盖范围来看，很多公共服务的供给者主要应该是中央政府。分税制实施以来，中央政府财政收入逐年大幅增加，支出也以较大增幅增长。但是，中央政府财政支出中直接用于公共服务的比重却比较小，这与其在公共服务供给的地位和作用是不相一致的。因此，要改变以往那种中央政府只发布文件、地方政府承担财政和实施决策

① 胡锦涛：《高举中国特色社会主义伟大旗帜　为夺取全面建设小康社会新胜利而奋斗——在中国共产党第十七次全国代表大会上的报告》，载《人民日报》2007年10月25日。

的尴尬局面，对于诸如教育、社会保障、医疗卫生核心公共服务的供给，中央政府除了通过向地方政府转移支付增加财政投入外，还应在科学规划的基础上，提供必要的财力支持，有条件地与地方政府一起承担财政供给的任务。在这方面，中央政府可以建立基本公共服务的专项财政投入或经常性财政支出制度，与地方政府共同提供服务。2006年实施的《中华人民共和国义务教育法》明确以均衡配置教育资源为立法宗旨，并从中央财政中拨出专款进行支持，可以说是今后加大中央基本公共服务和专项服务财政投入的有效方式，可以借鉴。

第二，合理调整公共服务体系的财政投入结构。近年来，各级政府在基础公共设施、公共卫生、义务教育、社会保障等方面的财政投入额在逐年增加，尤其是社会保障和就业方面的投入，增幅很大。目前，基本建设、科学、教育和公共卫生以及社会保障等基本公共服务在政府财政支出中所占的比重已经达到40%左右。今后，随着公共服务覆盖面的扩大和公共服务数量、种类的增多，政府公共服务的财政投入所占比例将会越来越大，以上各项服务与公共安全、环保、市政建设、行政管理等其他公共服务在财政投入中的比例将会成为一个突出的问题。有调查显示，尽管近些年来政府公共支出在增加，但是在某些方面已经出现公共服务比例失衡的问题[①]。因此，对公共服务进行科学的财政预算和合理的财政投入将会变得越来越重要。在既有的财政支出中，政府要主动进行科学预算，无论是政府主动投入，还是鼓励社会资本投入，都需要科学预算，合理配置公共服务资源。应该在重点提供义务教育、医疗卫生和社会保障等基础公共服务的基础上，再建立健全其他公共服务，以便各项公共服务在由“核心—基本—全面”的供给过程中均衡发展，为社会成员提供较为全面和较高质量的服务。

第三，协调和实现区域和城乡间基本公共服务供给的均等化。近年来，虽然政府在公共服务上的财政投入在增加，服务规模和服务领域也在不断扩大，但严重的区域差距和城乡差距使得公共服务的整体水平差距较大。尤其是2000年以来，东、中、西部地区在义务教育、医疗卫生和社会保障上的投入力度和规模差距越来越明显。仅以教育为例，2006年广东一省的教育事业财政投入就比四川和陕西两省的财政投入之和还要多[②]。城乡之间的公共服务差距也是如此。

公共服务均等化也要求各地方财政支出能力的均等化。结合目前区域服务差距的现状，应该优化转移支付结构，进一步加大对西部地区、民族地区和其他不发达地区财政转移支付力度的同时，提高财力性转移支付的比例，确保地方政府能够把资金主要投向基本公共服务的薄弱环节。中央政府还应规范对地方专项拨

---

① 《小康》研究部：《2005～2006中国小康公共服务指数：财政投入大幅增加但比例失衡》，载《小康》2006年第3期。

② 根据《中国统计年鉴》（2002～2007年）的相关数据折算。

款配套政策，减轻地方财政压力的同时，健全财政监督机制，监督地方将这些财政支出切实用到专项服务上去，以减小区域间的服务差距。

受人口基数庞大和财力有限等客观条件限制，城乡统一的公共服务供给体制不能一蹴而就，但全方位的、覆盖城乡社会成员的统一公共服务体系应该作为今后城市化进程中公共服务供给的主基调。在统筹城乡的资源配置过程中，结合政府的财政实力，可以考虑在新城市出现、发展过程中建立虽然公共服务水平稍低但覆盖面比较全的城乡统一资源配置体系。在此基础上，借助城市经济、社会的发展和政府财力供给能力的提升，逐步提高公共服务水平。

（四）规范政府行为与改善服务质量

惠及全民的公共服务体系应该有高质量的公共服务结果与之相适应。改善服务质量，首先需要规范政府行为，提高管理能力。当前阶段规范政府行为应该主要注意这两大方面：一是坚持信息公开。信息公开是服务型政府公民本位的要求和体现；坚持信息公开，也是对公民政务信息知情权的有力保障。因此，无论是公共服务的决策、服务项目的招标投标，还是服务的价格、标准和流程等信息等，政府都应该主动向社会公布，将服务结果置于严格透明的社会监督之下。二是深化行政制度改革，简化、规范政府的行政审批行为。随着市场经济的发展和社会民主化进程的推进，传统体制下建立的行政审批制度由于程序繁琐、时限较长的弊端，造成政府管理效率低下和权力寻租等一系列问题，已经不能适应社会发展的需要，从 2003 年行政许可法颁布到 2008 年，国务院已经取消和调整行政审批项目 692 项①。但是，在行政审批信息公开化、程序简化等方面，还有许多问题尚待深入改革。

其次，提升政府工作人员的服务水平，改善服务质量。新公共服务理论认为，在提供公共服务时，政府和政府工作人员的角色是“负责的参与者”与“服务者”，政府要以“服务”为中心，既不试图掌控社会也不试图引导社会航向。服务型政府建设既为政府职能变化提供了契机，同时也为政府及其工作人员改变传统观念，提高职业素养的创新提出了要求。借助这一历史契机，政府在转变政府职能的过程中，应该主动创造条件和环境，帮助工作人员转变观念，增强服务意识，提高服务水平。作为政府意志的执行者和操作者，政府工作人员的文化素质、廉洁意识、服务态度和业务能力，都直接影响着服务的质量以及民众对公共服务的感受和评价。因此，在服务型政府建设的过程中，要以公共服务提供

① 温家宝：《认真贯彻党的十七大精神　大力推进廉政建设和反腐败工作》，新华社北京 2008 年 4 月 30 日电。

为导向，加大对他们的素质教育和职业培训，增强其服务意识，提高其专业能力和管理、服务的创新能力。同时，要在队伍建设中引入竞争机制和公众评估机制，完善考评制度，以激励工作人员提高服务质量和服务水平，通过多种途径培养一批高素质、高能力的现代化服务型工作人员队伍。

三、社会全面参与

"如果说代议制政府是18世纪的伟大社会发明，而官僚政治是19世纪的伟大发明，那么，可以说，那个有组织的私人自愿性活动也即大量的公民社会组织代表了20世纪最伟大的社会创新。"① 20世纪80年代中期以来，中国的民间社会力量不断成长，公民参与已由政治领域扩大到了所有公共事务领域。在服务型政府建设中，社会多元参与已经有了一定的广度和深度，在一些发达地区已经初步形成了全面参与的态势。

（一）公民个人的参与

"新公共服务是关于公共行政在将公共服务、民主治理和公民参与置于中心地位的治理系统中所扮演角色的一系列思想和理论"②。公民参与是新公共服务理论的核心理念之一。随着经济、社会的发展和权利、民主观念的深入，广大公民也不再是传统意义上的被动的"被管理者"和单纯的消费者了，而是在追求自身权利的过程中通过自治、参与、对话等渠道积极参与到社会事务的管理和服务中去。政府积极鼓励和推动公众参与的政策支持，也使公民参与的渴望越来越强烈。温家宝总理在2005年《政府工作报告》中提出，要"健全社会公示、社会听证等制度，让人民群众更广泛地参与公共事务管理"。今后，通过对社会公共事务的参与而影响政府的决策，已经成为公民社会参与的目的；通过多种途径全面参与也将会是社会民众普遍的行为选择。

作为相关利益主体，公民个人主要通过参与立法、听证、质询等途径，参与到公共服务供给过程中。目前来看，公民个人参与社会管理与公共服务的内容主要体现在这几方面。一是参与社区管理和服务。随着社区自治程度的增强，越来越多的居民自愿参与到社区服务工作的决策、管理和实施中去，并主动提供、帮助建设与社区居民切身利益密切相关的公共事务和公益事业，推动社会自治建

① ［美］萨拉蒙：《公民社会部门》，周红云译，载何增科主编：《公民社会与第三部门》，社会科学文献出版社2000年版，第257页。

② ［美］登哈特：《新公共服务：服务，而不是掌舵》，中国人民大学出版社2004年版，第22页。

设。在国外，参与社区服务也是公民参与的一项重要内容。二是公民参与听证会。从2000年9月青岛市就出租车运价调整问题召开电视听证会以来[①]，公民参与听证会的报道不断见诸报端，那些关乎公共事业的价格听证会，公民的参与热情更高。现在，邀请公民参与公共物品的价格制定听证会已经成为政府决策的一种“惯例机制”。三是参与政府绩效评估。近些年来，参与政府绩效评估成为公民参与的重要内容，也越来越受到重视，如1998年沈阳市的“市民评议政府”，1999年珠海市的“万人评政府活动”，2000年邯郸市的“市民评议政府及政府部门问卷调查活动”，广州市的“市民评政府形象活动”，2001年南京市的“万人评价机关”，2002年温州市市民对“48个市级机关部门的满意度测评调查”，2003年北京市的“市民评议政府”[②]，等等。其他还有诸如参与座谈会、网上提建议等参与形式。可见，公民通过多种形式的参与行动，直接成为部分公共事务的自主管理者和公共服务的供给者。

（二）企业的参与

企业参与公共服务供给是公共服务供给市场化的必然结果。20世纪80年代以来，在多元主体基础上发展起来的多样化供给方式就逐渐取代了传统公共服务供给模式。在多元主体公共服务供给中，有三种基本类型的参与者——公共服务消费者，即获得或接受服务的个人、团体、企业和政府机构；公共服务生产者，即直接组织生产，或者直接向消费者提供服务的企业或非政府组织；公共服务提供者，即政府[③]。作为市场主体，企业在赢取利润之外，还作为生产者参与到公共服务的供给体系中来。目前，国际社会中比较常见的方式主要有：合同外包、特许经营、补助、发放凭单制、公私部门共同经营等。比如，在由国有企业和私营部门共同提供同一类公共服务时，就可以通过放松管制等措施，使它们通过竞争提高公共服务的质量。根据美国国际市县管理协会（ICMA）的调查，以1997年为界，地方政府中公私混合提供同一类公共服务所占比重逐渐提高，从1997年的17%增长到2002年的24%[④]。

在中国，各类企业，尤其是国有企业和大型民营企业，都应当成为公共产品和公共服务的重要供给者。在计划经济时期，国有企业作为“单位”，承担了大

① 详情见2000年9月21日《中国青年报》。

② 吴建南：《“自下而上”评价政府绩效探索：“公民评议政府”的得失分析》，载《理论与改革》2004年第5期。

③ ［美］萨瓦斯：《民营化与公私部门的伙伴关系》，周志忍译，中国人民大学出版社2002年版，第68页。

④ Warner, M. E. and Amir Hefetz. Privatization and the Market Structuring Role of Local Government. Washington, D. C.: *Economic Policy Institute*, 2001. P. 112.

量的非生产性职能，担负着养老、医疗、住房等一系列职责。改革以来，现代企业制度的建立使国有企业从沉重的社会职能中解脱出来，但作为经济实力最强、最具影响力和代表性的市场主体形态，就必然需要自觉与国家战略决策、发展目标保持高度一致，应当在参与服务型政府建设方面承担更多的社会责任。国有企业的这种特殊地位反映到多元参与体系中，就必然形成这样一种格局，即国有企业单独或与政府一起承担为社会提供公共服务的职能。正如有的学者所说，国有企业的名称本身就意味着它们首先要承担社会责任，而且是不同于其他类型企业的“特殊责任”①。具体来看，国有企业不仅要承担涉及公众切身利益和日常生活所需的基础性公共设施——如公路、铁路、水电、通讯、邮电等的建设和经营，还应在职工的医疗、保险、培训等方面起一定的作用。同时，国有企业的税收贡献也是政府财政能力的重要支柱，有数据显示，从2002年到2009年，仅中央企业就累计上缴税金5.4万亿元，税负均值为27.3%，比民营企业要高②。此外，国有企业在环保、质保、建立良好社会信用等稀缺“软公共物品”方面，也都要起积极的导向作用。

改革以来，民营企业发展很快。它们在解决就业、扩大税收来源等方面的贡献本身就是在为公共服务体系建设添砖加瓦。很多效益较好的民营企业还在开展文体艺术活动、慈善活动、支持教育事业等方面，直接向社会提供公共产品或准公共产品，有的还将这些活动推向港澳台地区和国外。由于它们创业的时间还相对短暂，财富的积累和运用都还有一个周期问题，所以，短时间内还不能对它们在参与公共服务方面的作为有太高的要求，但它们在这方面的作为空间无疑是广阔的。

（三）第三部门的参与

第三部门的兴起是社会力量成长的重要标志之一，也是社会自组织和自服务的重要载体③。从类型上看，第三部门涵盖了政府和企业之外的各种社会组织，如非政府组织（NGO）、志愿团体、社区组织、民间社团、行业协会和宗教团体等。

20世纪80年代起，第三部门在中国有了较快的发展。与西方国家不同的是，中国第三部门不完全是自下而上发展起来的，相反，第三部门因与政府的关系不同而有不同的类型。从与政府的关系来看，可以将中国第三部门分为半官方

① 参见常红：《国有企业社会责任的探讨》，载《管理科学文摘》2007年第2期。

② 《国资委：国企税负是私企平均值5倍多 8年共上缴5.4万亿》，载《人民日报》2010年8月4日。

③ 张彬：《参与式互动：第三部门在政府改革中的积极作用》，载《理论月刊》2008年第2期。

部门和非官方部门。半官方第三部门主要由党或政府创建、推动成立或从党政机关转变而来，其合法性支持也来源于执政党和政府，主要职能也是承担执政党和政府部门交给的“任务”，如人民团体这些传统的“类行政组织”①。非官方第三部门又称“草根组织”，主要包括民办非企业单位和其他非营利组织，是主要依靠社会力量成立的民间社会团体，其经费靠自筹和社会捐赠。它们分布在各个领域，志愿性和专业性特征比较明显；与政府的关系也比较松散，有些组织依据法律规定进行了登记，有些则没有。随着对民间社会力量认知的逐步深入，政府对它们的政策也从最初的普遍限制向放松规制转变。党的十六大以后，政府开始积极鼓励第三部门参与公益性活动。

1. 主要人民团体的社会参与有了重新定位

随着政府职能转变速度的推进，人民团体作为半官方第三部门，承接党和政府转移职能的力度和步伐也在加快。党的十七报告大明确指出：“支持工会、共青团、妇联等人民团体依照法律和各自章程开展工作，参与社会管理和公共服务，维护群众合法权益”，这不仅为人民团体参与社会管理和公共服务提供了新的机遇，同时还进一步明确和强化了今后一段时间内人民团体参与社会管理和公共服务的基本方向。在当前情况下，更好地关注民生、服务民众需求，加强协调与沟通，成为人民团体承接政府转移职能、参与社会管理和公共服务的主要内容。

人民团体的特性决定了其在完成那些政府应该做而又无力做、民间组织想做又做不了的公共事务方面，有着不可比拟的优势：工会、共青团、妇联、青联、侨联等团体是得到法律或政府授权，代表不同界别民众利益的正式组织。这些团体在组织序列上属于党群系统，在资源配置上依靠政府，分布面广，组织网络健全，是党和政府联系各界别民众的桥梁和纽带，它们一方面能够及时反映所代表民众的意见、呼声和诉求，另一方面还能够依托组织优势，通过政府委托、购买服务等方式，推动各领域的民众积极参与，推动不同层次、不同类型资源的整合，形成参与公共服务的合力。以妇联组织为例，其“半官半民”的非营利性和公益性特点使得其在沟通、协调方面有着独特的社会资源和组织优势，参与空间广阔。当前，妇联组织在代表、维护妇女和儿童合法权益，反映妇女利益诉求，宣传男女平等、提高妇女文化教育水平，协调利益矛盾和男女两性矛盾，促进妇女与经济社会协调发展等方面有着其他组织不可替代的作用。

党的十七大提出的“党委领导、政府负责、社会协同、公众参与”的社会

① 郭道久：《第三部门公共服务供给的“二重性”及发展方向》，载《中国人民大学学报》2009 年第 2 期。

管理格局，对人民团体参与公共服务进行了重新定位，即通过有序参与，为政府履行公共服务职能提供补充力量。但是，在长期依傍党和政府组织工作的过程中，人民团体也存在着某种程度的“行政化”倾向。在参与公共服务的过程中，应该注意逐渐淡化其“官方色彩”，并注意通过工作方式的调整将之与政府组织区别开来，通过诸如工会为工人团体服务，工商联引导企业承担社会责任、妇联为妇女儿童提供服务等灵活的方式和各类专业的服务，突出人民团体的“公益性”、“事务性”和“服务性”特点。

2. 民间社团组织的积极参与

作为现代社会的一种组织形态，民间社团组织产生于社会多元化的需要。中国民间社团的发展与作用的发挥与国家政策息息相关。20 世纪末政府逐渐调整了对民间组织的政策限制，1998 年国务院颁布的《社会团体登记管理条例》[①]和《民办非企业单位管理条例》，奠定了疏导、管理民间组织的法律依据。2004 年颁布的《基金会管理条例》，又为规范民间社团的管理进一步拓宽了空间，此后，民间社团有了较快的发展。2006 年《中共中央关于构建社会主义和谐社会若干重大问题的决定》明确提出要把“支持社会组织参与社会管理和公共服务”作为建设服务型政府的重要举措之后，民间组织获得了更加宽广的政治发展空间，数量也迅速增加。1997 年，全国县级以上的社团组织只有 18 万个，到 2009 年年底，仅民政局登记注册的社会组织总量已经超过 43.1 万个，其中社会团体 23.9 万个，民办非企业单位 19 万个，基金会 1 843 个（见表 6 - 2）。有专家认为，加上免于登记的民间社团及其地方的分支、单位内部不需要登记的组织、到工商部门登记的组织以及无法取得登记而以非法人组织形式存在的民间组织，我国民间组织的数量大约在 200 万 ~300 万家。[②]

表 6 - 2　　2003 ~ 2009 年中国民间组织数量　　（单位：万家）

类型 \ 年份	2003	2004	2005	2006	2007	2008	2009
社会团体	14.2	15.3	17.1	19.2	21.2	23.0	23.9
民办非企业	12.4	11.1	14.8	16.1	17.4	18.2	19.0
基金会（个）	954	892	975	1 144	1 340	1 597	1 843

资料来源：民政部：《民政事业发展统计报告（2003 ~ 2009 年）》。

随着数量的增加，民间社团服务社会的能力也大大提高，服务范围也越来越

① 1989 年国务院曾颁布《社会团体登记管理条例》，1998 年国务院颁布新的《社会团体登记管理条例》并废止了 1989 年的《社会团体登记管理条例》。

② 刘宏：《民间组织健康发展须立法规范》，中国政府法制信息网，2009 年 7 月 20 日。

广。民间社团的公益性、民间性、志愿性等特性使得它们在介于政府与社会之间发挥桥梁作用的同时，还因专业特长和较高的自我管理水平而基本具备了在战略层面上与政府进行互动合作的能力。目前，民间组织广泛分布在科技、教育、公共医疗、卫生、环境、扶贫、文化、法律等各种领域，也已经发挥了不可忽视的作用。以扶贫为例，据统计，在国家1994～2000年期间实施的“八七扶贫攻坚计划”中，国内外民间组织和其他社会力量动员的扶贫资源超过500亿元，占整个社会扶贫总投入的28%。[①] 仅中国青少年发展基金会“希望工程”就筹集了60.3亿元，兴建16 000多所希望小学，建设希望图书馆14 000多个，共资助300多万名农村家庭经济困难学生。[②] 再如环保组织，《2008中国环保民间组织发展状况报告》显示，截至2008年10月，全国仅环保民间组织就达到3 539家，从业人员超过30万人。专家认为，它们在影响政府环境政策、监督政府更好地履行环保职责、从事环境宣传教育、推动公众参与等方面都起到了积极的作用。[③]

（四）事业单位的参与

在中国公共服务供给主体中，“事业单位”是比较特殊的一元。这是“国家为了社会公益目的，由政府部门或其他组织利用国有资产举办的，向社会提供公共服务的社会组织”。[④] 在计划经济体制下，教育、科研、医疗、卫生、体育、社会保障等几乎所有事关公众需求和私人切身利益的公共服务，都是通过政府举办事业单位直接“生产”公共产品的方式提供的；事业单位成为政府履行社会职责、向社会提供服务的基本工具，“政府付费”与“事业单位提供”也成为计划经济时代公共服务制度体系的典型特征。也正因为如此，长期以来，事业单位身肩实施法律法规和完成政府公共政策的双重使命，在提供各类公共产品和公共服务、推动经济建设和社会发展方面做出了重大的贡献，成为中国特有的公共服务机构。改革开放以来，随着社会主义市场经济体制的逐步确立，社会成员对公共产品和服务需求越来越多，公共服务供给主体也呈多元化发展趋势，但事业单位仍然是基本公共服务供给的主渠道之一。目前，事业单位仍有130多万家，供职人员超过3 000万人，[⑤] 是仅次于企业的第二大类社会组织，仍是教育、科研

---

① 唐兴霖等：《论民间组织在公共服务中的作用领域及权利保障》，载《经济社会体制比较》2007年第6期。

② 数据见中国青少年基金会网站，http：//www.cydf.org.cn/about.asp。

③ 刘宏：《民间组织健康发展须立法规范》，中国政府法制信息网，2009年7月20日。

④ 此概念来自《事业单位登记管理暂行条例》，1998年。

⑤ 范恒山：《事业单位改革：国际经验与中国探索》，中国财政经济出版社2004年版，第15页。

和公共卫生、医疗等典型公共服务行业的主体组织形式。在县乡级的事业单位中，基础教育、医疗卫生和各种农林技术服务站等单位数量占到全国事业单位总数的70%以上，供职人员也超过全国事业单位总人口的60%。除了提供教育、科研、卫生等典型公共产品和服务之外，事业单位的活动领域还广泛涉及行政管理和基础建设等多个方面。

事业单位的管理体制在一定程度上影响了其公共服务供给的组织属性，这主要体现在两个方面。其一，事业单位管理体制中的“政事不分”和“事企不分”影响了服务质量和工作效率的提高。在现代社会，公共机构主要有三种类型：公共政策制定和执行机构（主要指政府）、公共服务机构（公益类事业单位）和公共企业（主要是国有企业）。一般来说，这三类公共机构都是独立法人，虽然宪法和《民法通则》也明确规定事业单位是与企业、机关和社会团体并列的四大独立法人之一，但由于事业单位机构广泛分布于政治、经济、文化和社会发展等各个领域，数量众多、形态庞杂，业务活动又涉及社会生活的各个层面，既有证监会、银监会这样一些本来应属于政府部门序列的事业单位，也即“二政府”，也有一些电视台、杂志社等自创自收、自收自支或政府有可能补贴但主要靠自身创收的单位。这对事业单位的“公益性”特性造成一定的影响。其二，事业单位的行政级别在一定程度上造成其职能的偏离。中国的事业单位不论大小都有一定的政府级别，各种待遇也都与级别挂钩，这虽然在一定程度上便于政府对它们的管理，但却容易形成行政化管理模式和相应的等级观念。受行政级别的影响，事业单位的行政气息浓厚，“官本位”意识明显，这使得一些事业单位在社会管理和提供服务过程中盲目追求自身部门利益而忽视社会利益，背离了机关设置的初衷。

事业单位改革是必然趋势。但是，从20世纪末就采取了一系列的改革措施，比如事业单位通过转制实现产业化和市场化，特别是对教育、医疗、社会保障等类型的单位的改革，幅度较大，但效果并不理想；某些事业单位的过度市场化和企业化经营反而带来许多新的社会问题。如2005年国务院发展研究中心“中国医疗卫生体制改革”课题组就指出，医疗卫生体制过度商业化违背了医疗卫生事业的基本规律，并得出“医改不成功”的研究结论。随后，中央编办制定了《关于事业单位分类及相关改革的试点方案》，根据现有事业单位的社会功能，将其划分为行政职能类、公益服务类和生产经营类三大类，并以此标准进行新一轮改革。在此基础上，2010年6月中旬《国家中长期人才发展规划纲要（2010～2020年）》进一步明确指出，要逐步“取消科研院所、学校、医院等事业单位实际存在的行政级别和行政化管理模式”，并开始着手探讨在事业单位建立法人治理结构的问题。目前，事业单位改革仍在继续。

四、突出第三部门等社会性力量的作用

现实生活中，第三部门因承担了大量的社会职能而成为政府理想的合作伙伴。首先，第三部门与民间有着天然的“血缘”和“亲缘”关系，能够较及时地了解到民众的需求，其提供的服务也更能切合于民众的需要并被接受。其次，从活动领域看，第三部门几乎涉及了教育、社会福利、公共卫生、科研、社区服务、扶贫与赈灾、环境保护和宗教等广阔领域，能够提供广范围的公益服务，满足不同领域、不同层次的社会需求。最后，相对政府而言，第三部门具有一定的专业技能，自身规模也相对比较小，能够以较小的成本，灵活、高效地提供公共产品和服务。事实上，国外的许多公共服务都是由第三部门完成的。以 1990 年的数据为例，第三部门在下列国家各服务项目中所占的比例是这样的：德国每 10 个住院病人护理日中的 4 个以及几乎所有的运动设施；法国 1/3 的儿童日护理以及 55% 的居民护理；美国半数以上的医院床位以及 1/2 的大学；日本 75% 以上的大学；英国 20% 以上的初中和高中教育；意大利 40% 以上的居民护理设施；瑞典 40% 的新建或翻修的居民房屋①。在德国、荷兰、比利时、奥地利、西班牙等国，非营利组织被作为处理社会福利问题的第一条防护线，政府则在可能的范围内与这些组织合作或通过这些组织发挥作用②。目前，公共服务供给体系中，第三部门已经成为发达国家政府的首要合作伙伴；它们也越来越多地在发展中国家发挥重要作用。

当前，中国的第三部门已经显示出了可以分担政府公共服务供给职能的趋势和潜能，它们是潜在的值得期望的公共服务的重要供给者。③ 对第三部门的社会属性，有学者做了以下总结：“第三部门不是接受机构精简人员和离退休人员的场所，而是承接政府部门社会职能的组织；它们不是政府职能转变形式化的工具，而是公民社会最活跃的公共部门；它们的发展不是在与政府争权，而是在帮助政府治理社会。”④ 纵观中国政府对民间组织态度的演变轨迹，不难发现，政府的态度和相关政策往往决定着它们的发展和兴衰。

构建公共服务体系的过程，也是第三部门走向成熟的过程。因此，政府应积

---

① 转引自［美］萨拉蒙：《公民社会部门》，载何增科：《公民社会与第三部门》，社会科学文献出版社 2000 年版，第 259 ~ 262 页。

② 同上，第 21 页。

③ 郭道久：《第三部门公共服务供给的“二重性”及发展方向》，载《中国人民大学学报》2009 年第 2 期。

④ 孙凯民等：《当前我国社会治理结构中的 NGO 缺失及其培育》，载《内蒙古大学学报》2007 年第 1 期。

极培育第三部门的成长。首先，应该通过制定和完善相关法律，为它们营造相对宽松的发展环境，鼓励其数量上的增加；其次，应调整相关政策，明确第三部门的独立地位；取消不必要的双重管制，降低注册门槛，推动它们快速发展；再其次，应针对当前社会组织的类型和发展情况，分类进行改革，引导第三部门真正进入公共服务领域并发挥社会职能；最后，要在放松双重管制的同时，多关注民间社会力量的成长，加大对民间社会组织的财政支持，拓宽它们的筹资渠道。萨拉蒙对欧美22国非营利组织发展的研究发现，政府的财政支持占非营利组织经费来源的四成之多①，这方面的经验，值得中国政府借鉴。

第三节　服务型政府建设中各参与主体的责任确定

政府与社会的多元参与，离不开二者作用的协调发挥。只有政府与各社会组织在各自的职责分工中充当特定的角色，相互调试，合理互动，才能达到特定的目标。因此，在服务型政府构建过程中，应该注意合理界定政府与社会发挥职能的边界，平衡政府与社会各主体在公共服务供给中的作用，形成服务型政府建设多元参与的合力。

一、注重政府与社会因素作用的平衡

“将公共范畴仅仅理解为公共行动者的行动会使社会变得贫乏，使之丧失为达到目标而可以采取的许多有效的手段；同样的道理，在公共范畴中，强制推行单一规则，无异于剥夺其自身创造性的成果”。② 服务型政府建设强调政府的主动作为和社会性力量的积极参与，同时也注意平衡二者在公共服务治理中的作用，推动政府与社会的良性合作与互动，以更好地满足多样化的社会需求。

首先，推动社会全面参与。服务型政府建设不仅要强调多元主体参与的重要性，更要重视多元参与的有效性。面对服务型政府建设中的各种困难和挑战，“有为的政府”、“积极的市场主体”和“活跃的民间社会力量”将会成为多元参与模式的必然选择。政府与社会需要在多元参与中“强强联合”，协同治理。

① ［美］萨拉蒙：《全球公民社会——非营利部门视界》，贾西津等译，社会科学文献出版社2002年版，第28页。

② ［法］卡蓝默：《破碎的民主——试论治理的革命》，高凌瀚译，三联书店2005年版，第153页。

因此，政府应该主动培育社会力量，以更好地推动服务型政府建设。宏观上，政府要主动改变对民间社会力量的传统认知和做法，出台鼓励和支持社会性力量发展的法律法规，为民间社会的发展营造相对宽松的政策环境；中观上，政府在推行政企分开、政社分开、政事分开和行政审批改革的过程中，注意将一部分政府职能社会化，把本来就属于市场和社会的那部职责归还给市场和社会，以便聚集更多的精力和资源投入社会管理和服务中去；微观上，除了切实提供公共服务外，政府还应在管理、决策和政府绩效评估过程中充分尊重公民权利，畅通言路，注意吸收和采纳各种意见，吸引社会各主体参与到公共服务中来。通过多种渠道和方式培育社会力量并同社会力量充分互动，保持愉快合作和“强强联合”的态势，形成服务供给合力，应成为今后政府培育社会性力量的着力点。

其次，根据政府和社会各主体的角色定位，合理划分职责。服务型政府建设的关键是政府提供的服务是否真正惠及了服务对象，换一个角度说，问题的关键不是谁提供了服务，而是谁以何种方式及方式组合，确保服务供给的有效和有益[①]。因此，构建服务型政府的首要前提，是实现政府与社会、市场的合理分工。政府在与社会关系中的主导地位，使其无论是在经济建设、社会管理还是在公共服务中，所发挥的作用和承担的职责都远远超出了政府自身的职责范围。长期的大包大揽和超负荷运作也使政府自身的问题日益凸显。就公共服务而言，政府在公共服务中的垄断式生产和提供已经造成了公共服务的单一化和服务质量不高、效率低下等问题。因此，应该结合服务型政府建设这一历史契机，及时转变政府职能，将一部分社会职能转移到社会，授权并运用政策鼓励非政府主体承接一定领域的公共服务事业和产品供给，形成政府主导的多元化供给体系。具体来说，应该根据公共物品的种类和属性，结合政府和社会各主体自身的特点，合理划分政府和市场主体、社会组织在公共服务供给机制中的职责分工，实现对公共服务多样化、多途径的供给。对于如国防、外交、公共安全等基础性的、纯公共物品和公共服务，理所当然应该由政府负责。对那些非基础性的、具有一定公益性和带有一定专业技能色彩的产品和服务，政府可以通过制度设计和政策创新，鼓励民间社会组织灵活、机动地提供。对于那些存在竞争可能性并且可以由私人部门提供的服务和产业，政府可以通过合同、契约等方式，移交给私人部门竞争提供。这样，通过对公共服务的分类和政府的组织、疏导，推动各种社会主体加入公共服务的供给中来，形成政府—民间组织—私人部门以及公民个人等多元化的供给模式，提供覆盖多个领域的公共产品和服务，以满足新时期社会公众多样化的服务需求。

---

① 林尚立等：《创造治理：民间组织与公共服务型政府》，载《学术月刊》2006 年第 5 期。

最后，注意协调多元主体在供给体系中能力与作用的平衡。虽然政府作为国家意志的执行者和权力的行使者，其地位是其他非政府主体所不能比拟的，但在多元参与体系中，政府不再是“政府—公众”单向权力运行系统中的主导极，而是社会权力多元互动网络中的一极，社会组织和私人部门以平等的地位共同参与公共服务供给。同样，政府、私人部门和社会组织之间也是以伙伴关系相互合作。在多元参与机制中，政府、民间社会和私人部门在公共服务供给中发挥不同的社会功能。具体来说，政府与各种社会因素在服务型政府建设中的职责应该是这样的：政府以国家整体的公共服务为取向，对公共服务的提供做出全面规划，在承担纯公共物品供给的同时，为民间社会提供更好的成长环境。私人部门通过竞争供给那些个性化和差异性的产品和服务，以满足不同阶层、不同群体的社会需求。第三部门等民间社会力量以公益性为目的，结合自身的专业特点和技能特长，灵活、自愿地提供某些领域的公共物品，扩大公共服务的覆盖范围。在此基础上，通过合理的法律制度安排，确定政府与民间社会组织等其他服务主体的平等地位，防止政府或社会在公共服务过程中职责的“过分扩张”，以维持各因素作用的平衡和公共服务供给体制的正常运作。

二、反对“政府单边主义”

“政府单边主义”主要指在服务型政府建设的主体认定问题上，由于政府的一贯主导和支配地位，导致在政府与社会的多元参与中，政府表现出忽视或者不尊重社会的力量和作用而单独作为或单边行动的现象。“政府单边主义”比较突出的问题主要表现为：一是政府对社会的“单边行动”。在对服务型政府的舆论宣传还不是很到位、社会对其还知之甚少的情况下，政府仍有着单方面包办、替代社会建设的惯性思维和行为，政府统一计划、管理和提供服务的现象还比较普遍。虽然政府的某些“单边行动”是出于主观上的“好心为民众办事”，但这种客观上忽视群众和社会组织的行为也给政府贴上了“强势”和“霸道”的标签。二是社会公众、民间组织、企业等对政府的依赖心理，在对服务型政府缺乏深入了解的情况下，往往将服务型政府与政府提供公共服务简单等同起来，认为既然服务型政府的职能是提供公共服务，那么公众就会出现“舒适地躺在摇椅里，观看政府改造自身，等着政府服务”的等、靠、要心态，缺乏主动参与。

“政府单边主义”的出现，与计划体制下形成的全能主义政府管理模式有着直接的关系，改革开放虽然建立了社会主义市场经济体制，但直到 21 世纪初，从长期历史惯性中延续下来的政府权威和无限责任并没有完全改变：中国公众已经习惯了听命于政府，将自己的希望寄托在政府身上，遇到问题首先找政府；各种社会组织和市场主体也习惯于服从政府或受政府的影响，尽量与政府保持一致；在众多期望和压力下，政府只能“负重”上阵，揽下众多超出自己能力的事务。

在特定历史条件下，政府单边主义具有一定的积极作用。比如，在市场和民间社会较为弱小的情况下，政府以及政府举办事业单位提供最基本的公共服务，履行最基本的社会功能，是很有必要的。但是，面向未来，在社会资源配置方式已经发生原则性改变的条件下，继续以“单边行动”的方式建设服务型政府，既不合时宜，也力不从心了。应该注意到，公共服务多元参与体系已经开始形成，社会的广泛参与要求政府在整个供给体系中有所作为和有所不为。政府单边主义将政府置于矛盾的焦点，做得多，出现问题的概率就大，“受累不讨好”的尴尬不可避免，同时还要面对公共服务需求不断增长的压力，结果只能使政府日益陷入不堪重负的境地。因此，在社会多元化日益显著的背景下，“应该在继续强调政府主导作用的同时，限制其‘单边行动’，同时通过事业单位改革和发展第三部门，寻求其他各方发挥作用的有效途径。”①

反对“政府单边主义”，首先应增加政府行政的透明度，完善政府决策机制，提高政府公信力。政务公开不仅是服务型政府公民本位的要求和体现，也对公民政务信息知情权的有力保障。政府在依法提供公共服务的过程中，应主动将政府工作置于社会监督之下，做到信息公开、办事程序公开、财政支出公开和办事结果公开；在对影响公众利益的重大事件进行决策和处理突发事件时，更应及时及早公开相关信息，建立与社会对相关信息的互动回应机制，提高政府的回应能力，增强社会公众对政府的信任度。此外，进一步改革和完善政府决策机制。在规范决策程序的同时，完善集体决策制度和决策责任制度；推行决策公示和听证制度，广泛争取和听取社会各界意见，引导民众积极参与决策，保持政策的公正性和连续性，推进决策的科学化与民主化，提高政府公信力。

同时，积极尝试构建多层次的监督机制。当前“多元参与”的现状是政府一方独大，其他各方力量过小、参与过少；而强化监督、避免行政权力滥用则是增强政府服务能力，保证服务有效供给的有力手段。因此，在建设服务型政府的过程中，要尝试建构多层次、多途径、网络状的监督体系，形成有效的监督机制。在公共服务供给过程中，除了规范政府行为外，首先要加大权力主要是人民代表大会对行政机关的监督力度，监督政府依法行政，政府要在政务公开的基础上，因地制宜地制定与发展水平相适应的决策，确保公共服务的有效供给。其次，积极鼓励公民、社会组织和其他团体通过一定的机制积极参与政府决策和施

① 朱光磊等：《服务型政府建设的六大关键问题》，载《南开学报》2008 年第 1 期。

政，确保公共服务质量：参与公共服务的决策是从源头上确保公共利益不受侵害；以一定的组织形式监督公共服务的供给是从过程中确保公共服务的各项标准得到执行。最后，加强对政府服务效率的社会监督，全面贯彻信息公开制度，无论是公共服务的决策，还是公共服务项目的招标投标，以及服务的价格、标准和流程等信息，事无巨细，政府都应向社会公布，将其置于严格透明的公众监督之下。

三、引导企业事业单位发挥骨干作用

多元参与的服务型政府建设离不开企业和事业单位的参与。企业尤其是大型企业参与服务型政府的建设，不仅是公共服务主体多元化的需要，同时也是企业履行社会责任的需要。事业单位参与服务型政府建设则是回归其公共服务本质职能的需要。因此，在服务型政府建设中，政府要引导企业，特别是大型企业积极发挥作用，履行社会责任；同时深化机制改革，引导事业单位回归到其本位——公共服务机构上来。

现阶段，如何有效引导大型企业参与公共服务供给，是当前服务型政府建设应重点关注的问题。引导大型企业发挥积极作用，政府必须积极为大型企业尤其是国有参与服务型政府建设提供制度保障。一是政府必须保证国有企业经营管理的独立性，坚持政企分开，减少政府对国有企业具体事务的干预。二是政府必须强化资产监督管理，通过国有资产监管部门监督国有企业的资产运行，引导国有企业履行社会责任，发挥积极作用。三是政府必须对公共服务产品的公益性和社会性负责，切实监督国有企业提供的各类公共服务的质量和价格，保证人民群众对公共服务的选择权和知情权。四是在政府职能转变过程中，如果涉及公用事业、提供公共产品的国有企业改革，政府必须确保这种改革能够较好地解决就业，能够产生较好的社会效应，同时确保政府财政增收能够保障居民的最低生活保障和其他社会福利得到有效提高①。

政府在引导大型企业积极发挥作用的过程中，首先，要合理定位自身的职责，将主要精力放在发展战略的制定和对企业事业单位的监督、考核上，此后，将具体的经营和管理交还给企业，让企业在自己擅长的领域内发挥管理和服务的优势，积极有效地参与到服务型政府的建设中来。其次，要增强大型企业的社会责任感，引导它们积极主动地参与。目前国有企业因与政府的关系还没有规范，它们在某种程度上充当着政府的助手，因此，它们参与服务型政府建设多有完成

① 张蕾等：《国有企业参与服务型政府建设分析》，载《马克思主义与现实》2009年第2期。

“任务”的性质。在公众的压力下，出于社会形象的考虑，它们也会展示出对服务型政府建设的“积极”态度，但是，这种参与并不是它们的自觉行为，也不可能真正发挥“积极”作用，因此，政府要在社会整体环境中为它们营造一种水到渠成、顺势而为的氛围，增强它们的社会责任意识和社会责任感，从而使它们自发地参与到服务型政府建设中来，与政府和其他参与主体真正形成一个紧密联系的整体，最大限度地提高公共服务的效率和水平。

作为履行政府社会职责的公共服务机构，事业单位的主体职能是提供公共服务。因此，事业单位改革的实质就是在新的历史条件下构建一套能够有效提供公共服务的机构体系和运行机制。为消除事业单位在提供公共服务中存在的种种问题，很有必要在对事业单位进行分类改革的基础上，消除行政级别，并借鉴西方国家公共服务机构的经验，按照职级统一事业单位的聘任、晋升、辞退制度和福利、工资制度，依法或参照公务员队伍对其供职人员统一管理，同时结合事业单位的实际情况，调整副职结构，减少副职人员①。此外，通过政府规制等途径，建立信息公开制度，扩大社会参与力度，以公益目标的实现程度和人民群众的满意度为标准，建立有效的绩效评估体系。构建立事业单位的问责机制和公众评议机制，启动社会监督，推动事业单位回归到其公共服务本质上来，引导事业单位积极发挥作用。

四、尊重慈善组织的主动作用

慈善组织是向社会公众提供扶贫济困、救灾助孤、发展教育等以实现公众福利为宗旨的非营利性社会团体和组织。② 它们主要在贫困救济、妇女和儿童保护、灾害紧急救援、医疗卫生、社区服务、环境保护等领域发挥着重要的作用。从行为结果来看，慈善组织以其灵活性和针对性救助的特点，对组织调动社会资源，平衡社会各阶层关系、减缓贫富差距拉大带来的心理不平衡和社会矛盾，扩大就业，增加人类社会福祉，维护社会公平、促进社会和谐等方面，起到了“市场不为、政府不能”的作用。因此，慈善组织成为公共服务供给多元化主体中不可忽视的重要组成部分。在西方国家，慈善组织（包括志愿者组织）已成为众多社会福利服务的主要提供者。

现代意义上的慈善组织和慈善基金会是与政府完全分离的民间组织。改革开放以来，随着中国慈善组织的增多和人们慈善观念的转变，越来越多的慈善活动

① 竹立家：《事业单位的基本社会功能》，载《瞭望》2007 年第 6 期。
② 潘屹：《慈善组织、政府与市场》，载《学海》2007 年第 6 期。

被人们认可和接受，针对慈善组织的社会捐赠也在逐年增加。慈善事业已经逐渐由政府社会救助的重要补充力量上升为推动社会福利（保障）体系建设的重要一员。从整体上看，当前中国的慈善事业还处于发展的起步阶段，慈善组织的数量、规模还比较小，其法律地位还不太明确；慈善事业的慈善意识还不明显，有关捐赠机制还不健全，慈善组织自身也存在一定的问题。

现阶段中国慈善组织发展的障碍主要有两个方面：一是慈善组织与政府的关系不甚明朗，制约了其独立发展的空间。当前中国慈善组织大多与政府有着较为密切的关系：官方的慈善组织直接受政府领导，一些民间慈善组织也因与政府有较密切的关系（或挂靠、依附于政府，或接受政府管理）而具有明显的“官民二重性”，成为“政府管理下的社会救济机构”。二是由于现有社会捐赠渠道的缺失，很多慈善组织因缺少资金和捐赠而发展缓慢，服务范围和服务领域也比较窄，发挥的作用也比较弱。因此，在现阶段，政府应推动慈善组织快速发展，引导其在社会领域发挥积极作用。

首先，政府要规范与慈善组织的关系，给它们更大的发展空间和独立性。“多元参与”要求政府与社会组织的关系不是领导与被领导、控制与被控制的关系，而应该是平等基础上的伙伴合作关系。在与慈善组织的关系中，政府应该是一个支持者、扶持者和监督者，而不是领导者和控制者，这是正确规范政府与慈善组织关系的基本前提。同样，慈善组织地位的独立并不意味着脱离政府的监督和管理，而是使政府与慈善组织在上述四位一体的社会保障体系中形成互利互助的关系，并通过相应的法律法规将这种关系明晰化和规范化。因此，政府应该转变传统的管理模式，通过立法和政策变更等渠道，明确慈善组织的法律地位，构建多层次的法律框架体系，为慈善组织的发展营造相对宽松的环境，促进更多慈善组织的产生和更多慈善救助项目的出现，使慈善组织在社会救助活动中真正发挥社会救济作用。

其次，通过政策和税收等杠杆，激励富人、企业和其他高收入者为慈善组织捐款，拓宽慈善组织的募捐渠道，吸引社会资本投入到慈善事业中来。现阶段中国的企业家和富人数量已经达到一定规模，但是，企业和富人捐赠的现象还很少。以中华慈善总会的捐赠来源为例，该组织70%以上的捐赠来自国外和港台，大陆富豪的捐赠仅占其所获捐赠的15%。即使是在全国1 000万多家注册的工商企业中，有捐赠记录的也不超过10万家[①]。民间个人的自愿捐款，更是寥寥无几。因此，修改相关税法，通过对企业和富人用于公益和救济性的捐赠资金减免部分纳税额和降低税率的办法，鼓励企业和富人捐赠；对于民间

① 耿红仁：《我们国家的企业家为什么99%不愿捐款》，载《中国青年报》2005年11月28日。

捐赠，也应该简化现有的捐赠减税程序，降低税率，鼓励民间捐赠的积极性，等等。通过多途径、多种方式拓展慈善组织的募捐渠道，推动慈善组织快速发展。

最后，畅通对慈善组织的监督渠道，引导慈善组织发挥积极作用。中国慈善事业起步较晚，慈善组织因缺乏成熟的经验而影响其作用的发挥。如某些善款的管理、使用因缺乏必要的分类及专业部门的审计和监督而缺乏公开性和透明性，善款使用的随意性比较大；部分善款甚至被别有用心的人贪污和挪用，典型的如2007年发生的“胡曼莉”事件，不仅影响了慈善组织作用的发挥，还一定程度上挫伤了民众对慈善事业捐赠的积极性。有鉴于此，政府应该在鼓励和引导慈善组织发展、壮大的同时，加强对慈善组织的财务审计和监管，监督慈善组织建立规范、公开的财务管理制度，完善捐赠款物使用的公示、追踪和反馈机制，规范善款的使用和管理。同时，畅通民间监督渠道，推动民间社会对慈善组织的舆论监督和公众监督，推动慈善组织形成自律机制，提高慈善组织公信力，推动慈善组织更好地发挥积极作用。

五、警惕第三部门成为腐败新载体

成熟、发达的第三部门是政府职能转变的社会基础，也是部分政府职能社会化的基本载体。当前中国的第三部门的绝对数量虽然连年增长，但质量保障不够，一些特定情况有可能诱发第三部门成为腐败新载体。这种可能主要有两类：其一，半官方第三部门在某些情况下有可能成为相关政府部门发生腐败的延伸环节。目前，大多数半官方第三部门，尤其是那些层次较高、规模较大的组织都是由政府相关部门发起组建，经费基本来自政府拨款和财政补贴，组织管理和活动方式都明显官方化，其发挥的作用也基本上都是承接政府的社会职能。作为“二政府”，它们拥有一定的行政权力，在监督体制不健全的情况下，很有可能产生腐败。其二，在政府监管机制不健全、社会监督力度不够的情况下，即使是民间第三部门，也存在着借向社会提供“公共服务”之机谋取私利的可能。民间社会组织与政府关系松散，社会约束力薄弱，自身管理体制方面存在着一些漏洞，这很容易导致其“公益性”变质，产生腐败：一方面，其从业人员可能会假借第三部门之名从事欺骗和敛财活动；另一方面，在公益资金的管理和使用、会员费用分配等方面缺乏明确、细致的规定，也容易出现公益资金被挪作他用的情况。2006年发生的“牙防组”腐败案件即是典型：作为一个行业组织，从2002年到2005年，牙防组在不具备资格认证的情况下通过违规为企业“认证”收取金额至少218.5万元；其绝大部分基金也被用于行政开支和领导支出，仅有

10%用于公益事业[1]，这种行为已经完全偏离了公益性的轨迹。

警惕第三部门成为腐败新载体，首先应从源头上规范政社关系。虽然半官方第三部门多被纳入公共服务供给的整体规划，它们提供的公共服务和社会福利一定程度上也是在完成政府交付的“任务”，但不管是否履行政府的社会职能，这些供给者毕竟不是政府。即使它们按照政府的要求和建议并使用部分来自政府的资金提供公共服务，那也应该被看做是政府之外的公共服务供给的补充途径。因此，政府应该改变其同时受业务主管单位和登记管理机关双重领导的管理模式，重新明确其法律地位，让它们以社会组织的身份从事社会公益活动，政府从体制外以捐赠等方式对其提供资金保障。对于民间社会组织，它们是真正意义上的社会公益组织，与政府的关系相对比较松散，可以在进行规范（主要是完善对它们的准入机制和归口登记、管理制度）的基础上，给它们更大的自由度和独立性。

此外，还应完善对第三部门的监管机制。“牙防组”腐败事件表明，第三部门产生腐败的一个重要原因是监管机制不健全。虽然第三部门的发展壮大符合中国政府职能转变和公民社会成长的需要，但民间社会组织的健康发展也离不开政府的有效监管和社会的有力监督。当前，第三部门还处于发展初期，自律机制比较缺乏，其从业人员的职业道德素养还有待提高。因此，政府要在制度、政策和法律层面上明确对第三部门的监督，特别是在对第三部门提供财政拨款的同时，依法对其进行财务监督和审计监督，促使它们的活动走向透明和公开。同时，借鉴对慈善组织的监督办法，畅通民间监督渠道，推动民间社会尤其是捐赠者、社会公众、新闻媒体乃至网络的监督，推动第三部门自律和他律机制的建立和完善，在社会活动中更好地发挥公益性作用。最后，政府应注意加强与第三部门的合作。政府应在职责明确分工的基础上与之形成制度性的合作关系，这不仅在一定程度上有助于规范二者关系，还能够增加第三部门的责任意识和服务意识，推动它们积极发挥作用。在这方面，西方发达国家已经探索出了一些有益的经验，值得借鉴。

① 邓世豹等：《我国非政府组织监管机制的完善——以“全国牙防组”事件为例》，载《法治论坛》2008年第1期。

第七章

合理调度社会资源是服务型政府建设的现实需要

按照全面推进服务型政府建设的要求，现在各级政府的工作重心正在逐步转移到社会管理和公共服务上来。在这样的形势下，政府应通过什么方式去满足人们对社会管理和公共服务的不同需求呢？如何有效地为居民提供优质的服务呢？这都要求政府合理地调度各种社会资源，以尽可能多样化的方式来开展服务工作。可以说，合理调度社会资源，灵活有效地为居民提供社会管理和公共服务，实现公共服务供给方式的多样化是当前建设服务型政府的现实需要。而在这方面，国外已经有了较为长期的积累，并且近年来还在不断探索。改革开放以来，特别是21世纪初提出建设服务型政府以来，中国各级政府对合理调度社会资源，实现公共服务方式多样化也在进行积极的探索。对这些方式进行概括和总结，有利于从“合理调度社会资源，实现公共服务供给方式多样化”这一较为具体的层面认识服务型政府建设的规律，有效推进中国的服务型政府建设。

第一节　公共服务提供主体多元化要求提供方式多样化

由上一章的论述可知，服务型政府建设的过程是一个多方参与的过程。除了各级、各地政府之外，国有企业（包括国有资产控股的混合所有制企业）、私人企业（包括私人控股的混合所有制企业）等市场主体，事业单位、民间组织、公众等社会主体都是建设服务型政府的参与主体。他们在服务型政府建设中共同发挥作用，共同推进服务型政府的建设。然而，在服务型政府建设中，这些主体的地位和作用是不同的，提供公共服务的能力和水平也是不同的。由此导致，不同主体的公共服务供给方式是不同的。在总体上，这必然造成公共服务提供主体的多元化与供给方式的多样化。从理论上讲，在建设服务型政府这一背景下，公共服务提供方式多样化是满足社会公共服务需求的内在要求，是创新公共服务方式的重要表现，是提高公共服务供给水平的重要途径，其最突出的意义在于合理调度社会资源。同时，公共服务方式多样化的过程是多方主体“双向互动”的过程。

一、公共服务方式多样化是满足社会公共服务需求的内在要求

公共服务的供给源于社会的公共需求。可以说，没有公共需求，便不会产生公共服务供给。公共需求表现为社会对公共物品和服务的需求。纯公共物品和服务具有非竞争性和非排他性的特点，如国防、外交等。[①] 除此之外，居民还需要大量的准公共物品和服务，如有线电视、电话、公共交通等，它们或者仅具有非竞争性，或者仅具有非排他性，或者同时具有一定的非竞争性和非排他性。民营化理论的著名学者萨瓦斯根据物品的排他性和消费性两个维度，将各种物品分为四类：个人物品、可收费物品、共用资源、集体物品。个人物品是排他完全可行的纯个人消费品，如衣服、住房、食品、瓶装水等。可收费物品是排他完全可行的纯共同消费品，如有线电视、电话、自来水等。共用资源是排他完全不可行的纯个人消费品，如矿藏、海鱼、空气等。集体物品是排他完全不可行的纯共同消费品，如国防、外交、公共广播等[②]。这样，几乎所有的物品都可以归入这个框架（见图7－1）。需要明确的是，在现代社会，各种物品的供给主体都是多元的，并且往往是一种混合式供给，即由政府、国有企业、私营企业、第三部门、

---

① 经济学家萨缪尔森在1954年和1955年发表了两篇论文：“The Pure Theory of Public Expenditure”（*Review of Economics and Statistics* 36, November, 1954, 387－389）和“Diagrammatic Exposition of A Theory of Public Expenditure”（*Review of Economics and Statistics* 37, November, 1955, 350－356）。在这两篇文章中，萨缪尔森分析了公共物品的定义、生产公共物品所需资源的最佳配置以及政府税收体系的设计等关键性问题，并给出了相应的答案，这深刻影响了理论界此后的研究路径。简单地说，非竞争性是指，一个使用者对该物品的消费并不减少它对其他使用者的供应。非排他性是指，任何使用者都不能被排除在对该物品的消费之外。

② ［美］E. S. 萨瓦斯：《民营化与公私部门的伙伴关系》，周志忍等译，中国人民大学出版社2002年版，第49～50页。

居民等共同供给，关键是看各种供给主体的供给能力和供给效率。一般而言，由于政府难以完全而准确地得知能够带来效率的各种社会偏好，而社会对公共物品的需求又总是呈现“过度”的态势,① 因此公共物品和准公共物品的供给往往呈现多主体的状态。由此导致，由各种类型、规模的供给主体和各类社会主体对公共物品的不同类型、层次的需求所决定，公共物品的供给方式必然是多样化的。

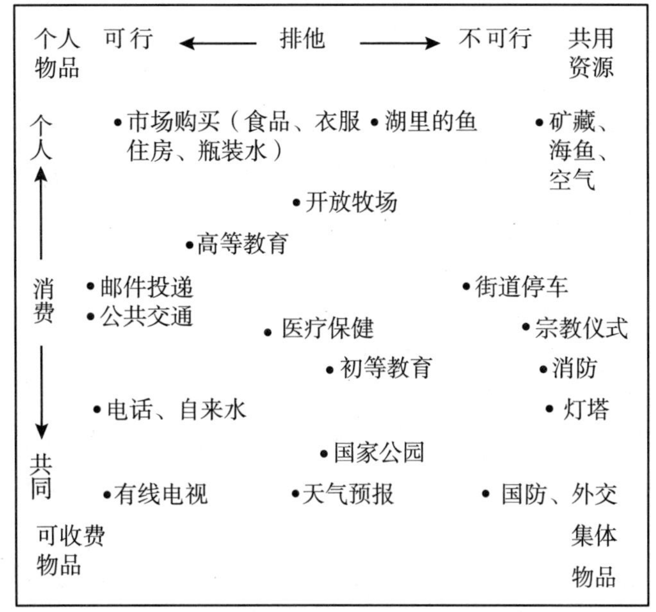

图 7-1　不同物品和服务的排他和消费特征（四个拐角处为“纯粹”物品）

资料来源：［美］E. S. 萨瓦斯：《民营化与公私部门的伙伴关系》，周志忍等译，中国人民大学出版社 2002 年版，第 49～50 页。

二、公共服务供给方式多样化是创新公共服务方式的重要表现

在中国这样的“超大型国家”非均衡发展的情况下，社会的公共服务需求日益多元化。不同地区、不同阶层日益增长着不同的公共服务需求，即使在同一地区、同一阶层，甚至同一城市或农村，不同的居民也有不同的需求。这就要求公共服务的供给方式实现创新，实现多样化。然而这一需求又是与当前公共服务

① 参见句华：《公共服务中的市场机制——理论、方法与技术》，北京大学出版社 2006 年版，第 17～23 页。

供给主体和供给方式过于单一相矛盾的。可以说，长期以来，由于理论认识的狭隘和现实条件的限制，公共服务的供给主体存在着过于单一的问题，很多公共服务由政府垄断提供。其理由是，相对于其他组织来说，政府是“不以营利为目的”的，而且也是最有能力向社会提供公共服务的。但是，由政府一家的垄断供给伤害了公共服务供给的效率，难以满足社会日益多元化的公共服务需求，并且政府也并不总是“不以营利为目的”的。现在理论界已经摒弃了这种认识，认为要想提高公共服务供给的质量和效率，必须打破垄断，引入竞争，实行公共服务供给方式的多样化。例如，萨瓦斯对“政府服务成本低，因为它不以营利为目的”这一“最常见的错误认识”提出了尖锐的批评，认为“这一论调暴露出对经济的严重无知。对利润的追求会导致高效率，公众从中获得的收益要远远高于经营者的利润”①。这样，由社会公共服务需求的多元化出发，必然要求打破公共服务供给主体的过于单一，实现公共服务供给主体和供给方式的多样性和创新性。当然，对政府垄断提供公共服务的批评并不意味着完全否定政府在公共服务供给中的作用。毕竟一些重要的公共服务需要政府来提供，而且在中国这样的政府居于主导地位、社会力量较弱的国家，在建设服务型政府的初期，特别需要政府发挥主导性作用。但是，无论是政府供给还是其他主体供给，都要适应社会日益多样化的公共服务需求，引入竞争，实现供给方式的多样化。

三、公共服务方式多样化是提高公共服务供给水平的重要途径

长期以来，由于现实能力的限制和对发展公共服务重视不够，中国现有公共服务总体水平偏低，主要表现在对公共服务投入的增长速度落后于总体财政支出增长速度，公共服务发展速度落后于整体经济增长速度，公共服务供给数量和质量落后于居民现实需求等方面。② 解决上述问题，提升公共服务的供给水平，除了政府直接加大公共服务投入，提供数量更多和质量更好的公共服务外，调动各种经济组织、民间组织以及居民的积极性，实现公共服务供给方式的多样化也是一个重要途径。首先，公共服务供给方式的多样化有利于克服政府单一主体供给公共服务造成的成本难以控制、效率低下、质量低劣、导致亏损和债务、缺乏管理技能和权威、缺乏回应性、存在违法经营行为、权力寻租的可能性较大等弊端。

---

① ［美］E. S. 萨瓦斯：《民营化与公私部门的伙伴关系》，周志忍等译，中国人民大学出版社 2002 年版，第 190 页。

② 参见：《中国公共服务报告 2006》，中国社会科学出版社 2007 年版。

其次，公共服务供给方式的多样化有利于调动其他主体和市场的力量，在不增加财政支出的情况下，提高公共服务供给效率，改善服务水平，推进服务型政府建设。例如，近年来中国政府通过放松对电信业、航空、天然气等自然垄断性行业的准入，在这些行业实行特许经营制度，在不追加政府投资的情况下，这些行业获得了较快发展，而居民对这些行业的公共服务的需求也得到了很大程度的满足。

四、公共服务方式多样化的最突出意义在于合理调度社会资源

服务型政府建设是一个多元主体共同参与，多种公共服务供给方式优势互补，满足居民多样性的公共服务需求的过程。在这一过程中，公共服务供给方式多样化的最突出的意义在于合理调度社会资源。这里的“合理调动社会资源”主要包括两方面含义，一是充分利用各种物质资源以促进服务型政府建设，做到物尽其用；二是充分发挥各种社会力量的积极性以推进服务型政府建设，实现人尽其才。改革开放以来，中国的各类社会资源有了很大的增长。在物质资源方面，GDP（无论是 GDP 总量还是人均 GDP）、政府财政收入、外汇储备等方面增长速度都很快，在数量上也有了相当的积累。在社会力量方面，除了传统的政府、国有企事业单位等之外，私有经济（包括私营企业和个体经济）、第三部门等都有了相当的发展。这无疑为建设服务型政府奠定了良好的基础。然而，从另一方面看，当前各种社会资源虽然有了较大的发展，但并没有很好地调动起来，在服务型政府建设中，很大程度上还存在着政府“唱独角戏”、公共服务供给方式单一等问题。解决这些问题，有必要借鉴发达国家的经验，通过多样化的公共服务供给方式盘活各类社会资源，使其在服务型政府建设中充分发挥作用。

五、公共服务方式多样化的过程是多方主体“双向互动”的过程

服务型政府建设不是某一级、某一地政府的“单边行动”，而是多方主体“双向互动”的过程。概括地说，“双向互动”的基本含义是：一方面，政府作为居于主导地位的一方，应在避免“单边行动”的情况下主动作为；另一方面，市场主体、社会主体等则应积极、全面参与，共同推进服务型政府建设。[①] 这里

① 朱光磊、薛立强：《服务型政府建设的六大关键问题》，载《南开学报》2008 年第 1 期。

的公共服务方式多样化，是指各个公共服务供给主体为满足相关对象的不同需求，通过公共服务供给方式的不断创新，实现多样性的公共服务供给的过程。公共服务方式多样化是服务型政府建设的微观基础和重要方面，分析服务型政府建设中的公共服务方式创新问题，同样应遵循“双向互动”的基本规律。首先，不可否认，几乎任何公共服务方式创新都是有关主体“双向互动”的结果，在这个意义上，公共服务方式创新的主体是多元的。但是，在每一项具体的公共服务中，其直接供给主体又是单一的。其次，具体而言，公共服务方式创新的主体包括：各级、各地政府，尤其是基层政府；国有企业（包括国有资产控股的混合所有制企业）、私人企业（包括私人控股的混合所有制企业）等市场主体；事业单位、民间组织、公众等社会主体。这些主体既共同参与公共服务方式创新，又共同享有公共服务方式创新的成果。再次，在公共服务方式创新问题上，“双向互动”表现为，微观上任何两个公共服务方式创新主体之间的关系都是“双向”的，而宏观上各个主体之间的关系又形成一个“多向”的“六边形”(见图7－2)。

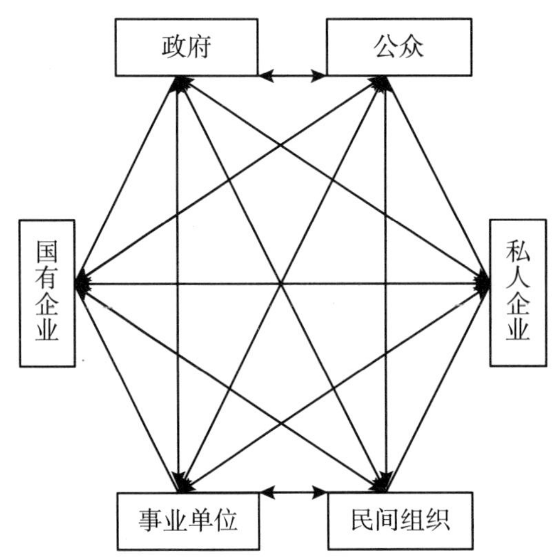

图7－2　公共服务方式创新中的“双向互动”

第二节　国外对公共服务方式多样化的积累与探索

20世纪70年代中后期以来，英美等西方国家普遍进行了一场被称之为“重塑政府”、“再造公共部门”的新公共管理运动。新公共管理运动的重要内容是公共服务方式创新，各国在政府改革中普遍打破了之前关于政府提供公共服务的基本理念，大量引进市场主体、社会主体参与公共服务供给，将市场运行机制和方式引入公共服务的供给中，产生了许多新型的公共服务供给方式。同时，许多发展中国家基于自身改革的需要，借鉴新公共管理运动的经验，也大量进行了公共服务方式多样化探索。

一、新公共管理运动中的公共服务方式多样化

20 世纪 70 年代中后期以来，为了摆脱中东石油危机带来的“滞涨”困境和巨额财政赤字，以及民众对政府的信任危机，以英美为代表的西方国家普遍开展了一场以追逐 3E（Economy Efficiency Effectiveness），即经济、效率和效益为目标的行政改革运动。这场席卷西方国家的行政改革在总体上被称为“新公共管理运动”。在新公共管理运动中，英国、美国、新西兰、澳大利亚、加拿大等国进行了大量的公共服务方式创新，实现了公共服务方式的多样化，普遍提高了政府的行政效率和全社会的公共服务质量。依据不同需求，不同的公共服务供给主体以多样化的方式进行公共服务供给，这是服务型政府建设微观基础。在服务型政府建设中，公共服务的供给方式属于“技术”层面，世界各国都可以根据本国的国情，借鉴其他国家的方式，推进本国的服务型政府建设。因此，中国完全可以借鉴国外公共服务方式多样化的先进经验，推进当前的服务型政府建设。这也是本节对国外公共服务方式多样化进行研究的意义所在。

在学术界，一些研究者对新公共管理运动中的公共服务方式多样化进行了广泛的研究和总结，提出了不同的分类方法。例如，戴维·奥斯本和特德·盖布勒在《改革政府》一书中按照公共服务方式的“历史类型”，将当代政府所使用的公共服务供给方式分为传统类、创新类和先锋派类三大类 36 种。[①] E. S. 萨瓦斯在《民营化与公私部门的伙伴关系》一书中根据提供主体的不同，将公共服务的提供制度分为政府服务、政府间协议、契约、特许经营、补助、凭单制、市场、自我服务、用户付费、志愿服务等。[②] 詹姆斯·W·费斯勒和唐纳德·F·凯特尔在《行政过程中的政治》一书中将政府的公共服务方式分为“直接行政、补助金、合同、管制、税式支出和贷款项目”等。萨拉蒙等人在《政府工具》

① ［美］戴维·奥斯本、特德·盖布勒：《改革政府——企业精神如何改革着公营部门》，上海市政协编译组译，上海译文出版社 1996 年版。

② ［美］E. S. 萨瓦斯：《民营化与公私部门的伙伴关系》，周志忍等译，中国人民大学出版社 2002 年版。

一书中将政府常用的“治理工具”分为“直接行政、社会管制、经济管制、合同、拨款、直接贷款、贷款担保、保险、税式支出、收费、用户付费、债务法、政府公司、凭单制等”。[①] 根据前面提出的多主体“双向互动”提供公共服务的基本认识，本书主要根据供给主体对新公共管理运动中出现的多种公共服务方式进行分类。需要说明的是，本书旨在提出一种公共服务供给方式的分类，并不在于穷尽每种类型中具体的公共服务供给方式。

（一）政府的公共服务供给方式

1. 政府服务。这是传统的公共服务供给方式，其模式基本上是：公共服务由政府部门雇员直接供给。萨瓦斯认为，在这样的公共服务供给方式中，政府同时扮演了服务安排者和服务生产者的角色。[②] 对于英美等发达市场经济国家的政府公共服务，应从两方面认识，一方面，即使是在这些市场经济非常发达的国家，政府也是部分公共服务的直接提供者，例如，国防、外交等基本公共服务，一直是由政府直接提供。在美国，传统上市、县、州和联邦政府等提供这类服务的例子很多。另一方面，相对于社会主义国家和一部分发展中国家而言，英美等新公共管理运动国家由政府作为“服务生产者”直接提供者的公共服务无论是数量还是幅度来说都是很少的。并且，在新公共管理运动中，许多原来由政府提供的公共服务也都不同程度地实行了“民营化”。

2. 政府间协议。基本做法是，一个政府通过雇佣或付费给其他政府，让后者来提供本应由前者提供的公共服务。例如，县政府与市镇政府签订合同，付费给后者以维护穿越市镇的县级公路。小的社区通过付费给专门化的政府部门来购买图书馆、娱乐设施或消防服务。在这样的安排中，其中一个政府是服务的生产者，另一个政府是服务的安排者。萨瓦斯的调查发现，在美国，公共服务提供的政府间协议方式非常普遍。1992 年对美国 1 504 个市和县的研究表明，政府间协议被应用到了 64 种常见的地方政府服务中，尤其在社会服务中，政府间协议的运用最为普遍。[③]

3. 合作政府。这是英国布莱尔政府时期推行的一种公共服务供给方式。合作政府强调结果导向、顾客导向、合作并有效的信息时代政府。在公共服务供给方面，高质量和高回应是合作政府的目标。在理念上，合作政府希望运用合作理

---

① Lester · M · Salamon and O. dus · V · Elliot. Tools of Government: A Guide to the New Governance. *Oxford University Press*, 2002, P. 21. 转引自陈振明：《当代西方政府改革与治理中常用的市场化工具》，《福建行政学院福建经济管理干部学院学报》，2005 年第 2 期。

②③ ［美］E. S. 萨瓦斯：《民营化与公私部门的伙伴关系》，周志忍等译，中国人民大学出版社 2002 年版，第 70 页。

念来消除以往竞争意识极端化带来的公共伦理上的矛盾。在公共服务提供者的选择上，合作政府强调的是主体的合适，希望能在公共部门、私人部门或者是公私合作之间做最佳的选择，从而保障公共服务提供的质量。这实际上是对撒切尔政府和梅杰政府时期过度强调公共服务供给市场化的反思和纠正。合作政府强调顾客导向，政府专门成立了公民评论小组，抽样选出 5 000 名公民代表对与公共生活密切相关的服务领域进行民意调查，以对公共服务的质量进行监督。①

4. 内部市场。作为一种政府提供公共服务的方式，内部市场是在由公共部门提供并负责生产的公共服务领域，建立模拟市场，用明晰的委托代理关系来限制公共服务提供者的权力，并对其施加压力，使其不断提高效率、增强对用户的回应性，从而医治公共部门效率低下等痼疾。② 从适用范围看，内部市场主要应用于交易费用极高的服务类型，如铁路运输、邮电、电力等行业。这些行业资产专用性高、外部效应强、组织规模大，不宜采用集权制结构，而本身生产过程或经营活动整体性较强，也不宜采用市场方式，因而可以采用“内部模拟市场”的办法生产。在新公共管理运动中，内部市场应用最为广泛的是英国，据英国审计委员会的一项报告指出，1994 年大约有 20% 的地方政府以内部市场的方式提供服务。在国民卫生保健系统，英国则强制实行内部市场。内部市场的运行模式是：第一，仿效市场机制，通过绩效控制与自主措施，将层级管理转化为内部机构之间的交易与竞争，将原来的刚性管理弹性化，以扩大组织的效率优势。第二，创立一个以营利为导向的制度和组织结构作为指导决策。第三，以领导来促进合作机制，以利于各部门间的协调配合。③ 从英国的实践来看，内部市场的实行在一定程度上打破了服务提供者的垄断，从而有利于提高公共部门及其管理者的责任感，有利于促进公共产品的公平分配和资源的使用效率，有利于解决政府预算最大化的痼疾。

（二）市场主体的公共服务供给方式

在新公共管理运动中，英美等西方国家为了摆脱财政危机，提升公共部门的效率和质量，大力倡导公共服务供给的市场化，将大量原来由公共部门直接供给的公共服务转移、外包给私营企业等市场主体，由后者进行公共服务的直接供给，政府则主要作为公共服务的组织者发挥作用。有必要指出的是，在英国、美

① 陈振明：《政府再造——西方“新公共管理运动”述评》，中国人民大学出版社 2003 年版，第 61 页。

② 句华：《公共服务中的市场机制：理论、方式与技术》，北京大学出版社 2006 年版，第 160 页。

③ 同上，第 161 页。

国、新西兰、澳大利亚、加拿大等进行新公共管理运动的发达国家，国有企业占全部企业的比重普遍较低，而且，在这些国家的学者看来，国有企业一般也划入"公共部门"的范畴。因此，这里主要介绍的是这些国家私营企业参与公共服务供给的情况。

1. 合同外包。其基本运作模式是，政府和私营企业签订关于公共物品和服务的合同，企业是公共物品和服务的直接生产者，根据与政府签订的合同进行公共物品和服务的生产；政府是公共物品和服务的组织者，向企业提出公共物品和服务的数量、质量要求，并付费给私营企业以购买这些物品和服务，然后再提供给社会公众。早在 18 世纪和 19 世纪，英国在监狱管理、道路维护、公共税收的收缴、垃圾收集、路灯制造和修理等领域就开始运用合同外包。19 世纪早期的法国，铁路及供水设施的建设经营权都实行拍卖。美国、澳大利亚早期的邮政系统也大量运用合同外包。20 世纪 80 年代以来，随着新公共管理运动的开展，英美等国大量运用合同外包来克服公共部门直接供给公共服务带来的浪费，降低政府的公共服务费用支出，提升公共服务的供给效率。萨瓦斯将合同外包的运行归纳为 12 个步骤：思考实施合同外包；选择拟外包的服务；进行可行性研究；促进竞争；了解投标意向和资质；规划雇员过渡；准备招标合同细节；进行公关活动；策划管理者参与的竞争；实行公平招标；评估标书和签约；监测、评估和促进合同的履行。① 合同外包应处理好四个问题，一是合同成本的计算及绩效标准的制定；二是承包商的甄选；三是有效监督的实施；四是风险的控制与分担。② 从新公共管理的实践看，合同外包的应用范围非常广泛，国际机场的运营、国内税收局的信息技术服务、国立医院的楼宇清洁服务、政府部门的膳食服务、对残疾儿童的看护，几乎都可以运用合同外包。随着合同外包的广泛运用，公私部门的传统边界变得越来越模糊。

2. 特许经营。特许经营是指由政府授予企业在一定时间和范围提供某项公共产品或服务进行经营的权利，并准许其通过向用户收取费用或出售产品以清偿贷款，收回投资并赚取利润。在特许经营中，政府通过合同协议或其他方式明确政府与获得特许经营权的企业之间的权利和义务，私营企业通常要向政府付费。③ 按照不同的标准，特许经营可以分为不同的类型。例如，按照排他性程度的不同，可以分为排他性的特许经营、非排他性的特许经营、混合性的特许经营。按照特许经营项目是否占据一定的场地，可以分为场域特许经营和租赁特许

---

① 参见［美］E. S. 萨瓦斯：《民营化与公私部门的伙伴关系》，周志忍等译，中国人民大学出版社 2002 年版，第 183 ~ 219 页。

② 句华：《公共服务中的市场机制：理论、方式与技术》，北京大学出版社 2006 年版，第 84 页。

③ 同上，第 103 页。

经营。在公共服务的供给中，特许经营特别适用于可收费物品的供给，例如电力、天然气、自来水、污水处理、固体废物和有害物质处理、电信服务、港口、机场、道路、桥梁以及公共汽车的运营等，都可以运用特许经营的方式。从历史上看，在西方，19 世纪时起，政府和私人企业就开始运用特许经营的方式进行基础设施的建设和管理。20 世纪 80 年代以来，随着公共服务市场化在世界范围内的扩展，以 BOT（Build - Operate - Transfer，建设—经营—移交）为主要方式的基础设施领域的特许经营被广泛运用。除此之外，还衍生出了大量的特许经营的变种，主要包括运营和维护租赁、合作组织、租赁—建设—经营、建设—转让—经营、建设—经营—转让、外围建设、购买—建设—经营、建设—拥有—经营等。至于特许经营具体方式的选择，首先要依据公共服务的特性来确定，主要是可销售性指数的大小。其次，还与公共部门的资本占有量、制度环境、私营部门的能力以及参与特许经营的愿望有关。①

3. 用者付费。这是一种公众在消费政府提供的公共服务时适量交费，谁消费谁付费的公共服务供给方式。在政府提供的公共服务中，很大一部分是准公共物品，属于可收费甚至私人物品的范畴，这奠定了对其收费的可行性。而用适当收费的方式提供公共服务，可以降低政府过高的福利费用，避免政府过度膨胀，提高政府部门的行政效率和公共服务的使用效益。因此，新公共管理运动中，用者付费被英美各国广泛使用。在实践中，用者付费常常与特许经营相结合。其运行机制一般是，政府通过特许经营的方式，使私营企业负责某些类型的公共服务的生产，这些企业在政府定价的范围内，向享受特定公共服务的公众进行收费。对于公众而言，如果选择享受这些公共服务就要向特定提供者付费。与特许经营一样，公共服务的用者付费在西方国家已经有较久的历史，当前大量应用于各类服务领域。例如，在美国，用者付费在自来水、电力、天然气、垃圾收集、污水处理、娱乐设施、公园、电信服务、港口、机场、道路、桥梁、公共汽车等方面得到广泛应用。在法国，城市间的公路由私人投资、建造、拥有、管理和保养，向使用者收费，在一定期限后，还给政府。② 近年来，作为一种用者付费的特殊方式，凭单制被西方国家大量运用于特定的公共服务供给中。从性质上讲，凭单制是针对特定公共服务项目而对特定消费群体的一种补贴，只不过它并不发放给生产者，而是直接发放给消费者，并且以一种凭单的形式出现。凭单制在美国得到广泛应用，如联邦政府的食物救济券，地方政府的日托服务、学校教育、专用运输等。在英国，凭单制被用于义务教育、社会服务、培训等方面。凭单制成功

① 句华：《公共服务中的市场机制：理论、方式与技术》，北京大学出版社 2006 年版，第 107 ~ 112 页。

② 陈振明：《当代西方政府改革与治理中常用的市场化工具》，载《福建行政学院福建经济管理干部学院学报》2005 年第 2 期。

实施的条件是：公众对服务的偏好是不同且合理的；存在多个服务竞争者之间的竞争；个人对市场状况有充分的了解；使用者容易评判服务质量；个人有积极性去购买特定的公共服务；特定的服务较为便宜且人们购买频繁。[①] 不过，凭单制在使用中也要注意处理好下述一些问题：接受者的资格审查、凭单使用的规则、凭单价格的制定、费用分担或减扣的条件等。

（三）社会主体的公共服务供给方式

在西方国家，民间团体、社会组织、志愿团体等社会主体参与公共服务供给也有较为长期的历史。此外，大量的公共服务由公民个人自己提供，创造了公共服务的自我服务方式。

1. 社会企业。社会企业是近年来在世界各地出现的一种创新型社会组织，不仅有别于政府、企业，也有别于通常意义上的非营利组织，因而引起了广泛的关注。OECD 对社会企业的定义是：社会企业包括“任何为公共利益而进行的私人活动，它依据的是企业战略，但其目的不是利润最大化，而是实现一定的经济目标和社会目标，而且它具有一种为社会排挤和失业问题带来创新性解决办法的能力”[②]。从形式上看，社会企业是一种介于公益与盈利之间的企业形态，其以企业化运营来实现社会公益目的。首先，社会企业有明确的营利动机、风险意识、竞争取向、创新精神和不断扩大规模的资本积累冲动，这些都是企业的特征；同时，社会企业又有明确的公益目标和宗旨，非营利的利润分配机制，富于参与互动的治理结构，以及面向不特定多数人群或弱势群体的广泛的受益面，这些又都是非营利组织的特性。社会企业源起于新公共管理运动以来的英国等欧洲国家，其产生和发展的时代背景主要有：新公共管理运动推动社会企业的兴起；社会福利制度改革带动社会企业的发展；社会问题的复杂性促使社会企业不断探索创新；非营利组织的公益创新促进了市场与公益的合作。[③] 以服务型政府建设的视角来看，社会企业的重要价值在于以企业的运行模式来实现公益的目的。在其起源地英国，社会企业参与解决的社会问题遍及贫困、失业、社会治安、医疗卫生（尤其是吸毒与艾滋病）、教育、环保、弱势群体关怀（残障智障人士、老人、少数族裔、外来移民等）、文化遗产保护及城镇规划与重建等各个方面。“这些社会问题在政府公共部门那里几乎都有相应的职能机构进行管辖，但他们提供的服务是垂直、单向和均一化的，往往并不能真正解决问题，而社会企业却

---

① ［美］E. S. 萨瓦斯：《民营化与公私部门的伙伴关系》，周志忍等译，中国人民大学出版社 2002 年版，第 84 页。

② 转引自王名、朱晓红：《社会企业论纲》，载《中国非营利评论》2010 年第 2 期。

③ 参见王名、朱晓红：《社会企业论纲》，载《中国非营利评论》2010 年第 2 期。

能从横向上打通这些环节，提供个性化和综合性的服务"[①]。关于社会企业的作用，2007 年英国大使馆文化教育处、中央编译局比较政治与经济研究中心和首都社会经济发展研究所在北京召开的"社会企业和社会创新研讨会"上，英国大使馆一等秘书李嘉德先生说："社会企业的价值远远不只在经济方面，它们还满足社会和环境的需求，改进公共服务，鼓励道德市场的建立。它们在促进社会公平和社会包容方面发挥着独特而宝贵的作用"[②]。

2. 补助。补助是一种政府给予公共服务直接供给者的补贴。补助的形式可能是资金、免税或其他税收优惠、低息贷款、贷款担保等。之所以将补助划归为社会主体的公共服务方式之一，是因为，在补助的安排下，公共服务的直接供给者（生产者）是民间组织，政府和服务的消费者则是共同的消费者，政府选择特定的生产者提供补助，消费者选择特定的生产者购买物品，政府和消费者都向生产者支付费用。[③] 需要指出的是，政府虽然也向一些营利性的企业提供补助（例如，对经营农产品企业的价格补贴），但公共服务领域的补助对象主要是非营利企业。萨瓦斯指出，在英美国家，以补助的形式提供公共服务的例子很多，几乎每一行业都有一些接受补助或享受减税优惠的服务项目。例如，医疗设施和医疗器械行业长期接受大量的政府补助，这使得医疗服务面向更多的人，价格更接近平民。各类文化机构、表演艺术团体和艺术家也是接受政府补助的重要对象。对于公共服务供给来说，政府补助的重要意义在于：降低了特定物品和服务对消费者的价格，他们可以向市场上那些接受补贴的生产者购买更多如无补助他们将无力购买的物品。

3. 志愿服务。这是志愿团体通过组织志愿劳动开展的公共服务。在美国，志愿者消防队在消防队总数中大约占了 90% 以上。纽约市的很多宗教组织响应市长的呼吁，为城市的街头流浪者提供食品和居住帮助。私人部门的志愿服务甚至也能解决全国性的重要事项，1984 年洛杉矶奥运会期间，就有很多私人部门的志愿者参与服务。在英美国家，除了正式的志愿团体外，还有大量非正式的志愿组织参与公共服务供给。例如，社区居民成立房东或邻里联合，以保证安全、清洁街道或提供社区娱乐。一些具有共同关心的问题的人们组成慈善团体，着力解决一些特殊疾病和特殊的社会问题（如单亲家庭、收养、滥用毒品等）。萨瓦斯认为，只要满足下述一些条件，人们就可以成立志愿团体：（1）对该服务的需求明确且持久；（2）有足够多的人乐于花费时间和金钱去满足这种需要；（3）团

---

① 朱明、李攀、赵萌：《社会企业：英国社会发展的第三动力》，载《21 世纪商业评论》2006 年第 17 期。

② 郑双梅：《社会企业为社会问题提供解决方案》，载《中国社会报》2007 年 11 月 7 日。

③ ［美］E. S. 萨瓦斯：《民营化与公私部门的伙伴关系》，周志忍等译，中国人民大学出版社 2002 年版，第 82 页。

体所拥有的技术和资源允许提供这一服务；（4）对团体的效果明显，且能够提供精神上的满足和激励。[①] 形式多样的志愿团体往往能够创造性地迅速确认并满足社区和地方的需要。例如，1980 年，纽约市通过了一项法律，市政府将不再因路坑或人行道损毁所引起的伤害受到起诉，除非这些路坑的存在事先通报给市政府。原来对道路状况漠不关心的律师们发现自己的生计受到威胁，于是联合组建了“大苹果路面和人行道保护协会”这一新的民间志愿组织，专门雇佣工人巡逻街道，并把发现的路坑在地图上标记出来并正式通知市政当局。这样，律师对自我利益的追求实现了公共利益。[②]

4. 自我服务。公共服务的自我服务是历史最为悠久的公共服务供给方式。自己制造必要的日常用品以满足自身的需要，这是人类从原始社会就开始的一种自我服务方式。在当今社会，安装警报器预防火灾，锁上房门防止盗窃等都是最基本的自我服务方式。在实行垃圾分类的国家，人们将自己家庭的生活垃圾分好类后运送到集中点的行为，自己存钱以保障退休后的生活的行为，显然也是自我服务的方式。家庭是人们在住房、健康、福利和人力资源等方面最古老也最有效率的服务部门。即使在西方国家，在自己家中养老仍然是相当数量老年人的第一选择。例如，在日本，60 岁以上的老人中有 70% 的人选择和后代生活在一起；在美国，越来越多的年轻人直接照顾自己的老年父母。[③] 与其他的公共服务方式相比，自我服务的方式具有历史悠久、便利、灵活多样的特点，在某些领域（如养老），它不仅仅是一种服务方式，而且还是培养人与人之间的感情，进行人的社会化的最基本的方式。

总体而言，以英美为代表的西方国家在新公共管理运动中创造出了大量的新型公共服务供给方式，这些多样化的方式提升了公共服务的供给水平和效率，不断满足着人们对公共服务日益增长的需求，成为 20 世纪 70 年代后期以来行政改革的一大亮点。在认识方面，西方国家的实践打破了人们对公共服务供给的传统概念，开阔了人们的思维和视野，无论在英美等西方国家之间，还是在发达国家与发展中国家之间，关于这些公共服务方式的相互学习都激发了人们关于公共服务供给的想象力，成为公共服务方式创新的思想源泉。

---

① ［美］E. S. 萨瓦斯：《民营化与公私部门的伙伴关系》，周志忍等译，中国人民大学出版社 2002 年版，第 86 页。

② Elizabeth Kolbert, A Map to Suing the City, or 6000 Pages on the Sidewalks of New York, *New York Times*, 20 April 1998, B1.

③ 同①，第 87 页。

二、发展中国家对公共服务方式多样化的探索

20世纪70年代下半期尤其是80年代以来，为了克服本国的财政危机，缓解国内政治压力和民众的改革要求，在西方国家经济政治思潮的影响和世界银行等国际组织的推动下，第三世界国家借鉴西方国家行政改革的经验，掀起了一场行政改革的热潮。这场改革在100多个发展中国家不同程度地进行，涉及财政、政府职能、公务员制度、官员风纪等广泛的领域。[①] 其中，一些国家基于自身实际，借鉴西方国家的经验，在公共物品和服务的供给方式方面也进行了一些探索。这些探索，对于同是发展中国家的中国，具有一定的借鉴意义。需要说明的是，一方面，发展中国家大力借鉴西方国家新公共管理运动的经验，在公共服务方式多样化的形式上与西方国家具有很大的相似性；另一方面，由于受到研究状况的限制，实际上发展中国家在公共服务方式多样化方面的实践，包括发展中国家自身古已有之的实践，还没有被人们充分认识。

（一）市场主体的公共服务方式

1. 管理合同。在企业国有或者政府对该服务仍负有责任的情况下，通过付钱给私人公司，让其来经营管理以提高公共服务设施管理效率的一种方式。这种方式提高了管理自主权，降低了公共部门在日常经营中受到政治干预的风险。例如，几内亚比绍的一家电力公司通过管理合同，使得其电力销售额在三年内翻了一番。但是，管理合同也对政府的谈判、监督和执行合同义务的能力提出了较高的要求。

2. 合同出租。类似西方国家的合同外包，是指在某一领域国有或国家垄断不变的情况下，政府依然对该领域的活动负有全责，但把部分活动通过合同发包的形式交由私人部门去完成，以求效益最大和费用最低。在很多发展中国家，或者早就存在合同外包，或者借鉴西方国家的经验，公共服务供给中实行了合同外包。例如，在巴西、哥斯达黎加、印度和扎伊尔，公路维护就一直是由私人承包者来承担的。在秘鲁的利马，为铺设电话线进行的大多数国内工程工作都是由私人企业来完成的。20世纪80年代在布隆迪和坦桑尼亚修建公路中就使用了合同出租。[②]

3. 特许经营。运行机制与西方国家的特许经营是一样的。对于具有“自然

① 对改革内容的详述参见周志忍：《当代国外行政改革比较研究》，国家行政学院出版社1999年版，第429～531页。

② 周志忍：《当代国外行政改革比较研究》，国家行政学院出版社1999年版，第451页。

垄断”或“规模经济”特点的公共物品和服务，政府通过“特许”的方式将其委托给符合条件的私营企业并负责监督其产品的质量，私营企业向政府支付“特许”费用，向享受该物品或服务的公众收取服务费用。公众则遵循谁接受服务，谁付费的原则，通过向特许企业购买服务满足自己的公共服务需求。在科特迪瓦及其他西非国家，自来水的供应就是采用这种方式。在阿根廷的电信和铁路的私有化中特许经营也被成功地运用。特许经营也被广泛用于发展中国家的基础设施建设中，例如，马来西亚和南非的收费公路；哥伦比亚、危地马拉和斯里兰卡的电厂；马来西亚和墨西哥的饮水与卫生设施；印度尼西亚、斯里兰卡和泰国的电话设施，都广泛地运用了特许经营。[①]

（二）社会主体的公共服务方式

1. 面向穷人的金融服务——乡村银行。这是发源于孟加拉国的一种面向穷人的金融服务方式。在运行机制上，可以将其归入社会企业的一种类型，即以小额贷款、利息略高于普通银行、不需担保、灵活还款的方式向穷人发放贷款的一种金融方式。其创始人是留学美国并获经济学博士学位，任教于吉大港大学经济系的穆罕默德·尤努斯教授。作为一名出生于孟加拉国并在乡村度过童年时光的经济学博士，尤努斯十分关注该国乡村农民的脱贫致富。1974 年，在大学任教的他下乡协助救灾，看到许多农村妇女因缺乏资本，依靠借高利贷从事小本经营但都所赚无几时，便自掏腰包借给她们 27 美元。这就是他后来创办乡村银行的缘起。1976 年，他创建的孟加拉国乡村银行——格莱珉银行（Grameen Bank），正式投入运营。从 1974 年开始，在短短的三十多年中，他从 27 美元（贷给吉大港大学附近村庄的妇女）微不足道的贷款艰难起步，发展成为拥有近四百万借款者（96% 为妇女）、1 277 个分行（分行遍及 46 620 个村庄）、12 546 个员工、贷款总额达 40 多亿美元、还款率高达 98.89% 的庞大的银行网络。[②] 尤努斯教授乡村银行的理念和运行机理是：（1）施舍不是解决贫穷的办法，施舍只能让穷人丧失主动性而使贫穷永远存在。（2）每个人都是未开发的宝藏，具有无穷无尽的能量。每个人都是一名消费者，他（她）尽情使用地球的资源，但他（她）也是一位为社会做出贡献的生产者，因为他（她）拥有巨大的潜能。（3）如果我们能够消除乡下的苦难，就会减轻使穷苦人四处奔波涌入城市的压力。（4）信贷是一种人权。人类的信贷权利是摆脱贫困的社会基本要求。传统银行把他们的信贷建立在不信任的基础上。而“乡村银行”的“信贷”意思就是“信任”，在

① 周志忍：《当代国外行政改革比较研究》，国家行政学院出版社 1999 年版，第 452 页。

② 《尤努斯“乡村银行”的价值与启示》，载《燕赵都市报》2006 年 10 月 16 日。

相互信任的基础上建立放贷—受贷的业务关系。（5）贷款释放出来的力量是巨大的，以至于贷款人很快就会拥有规划家们或社会科学家们想象不到的能量。（6）完整的乡村银行系统的运作原则：人们不应该到银行来，相反，而是银行应该到民众中去。银行职员的工作不是坐办公室，而是与民众融为一体。妥善安排办公时间，在办公室里管钱和记账。相反，传统银行要求职员都要到办公室上班，而对穷人来说，办公室让他们畏惧，疏远了和银行的距离。（7）还款模式。整借零还，按周还贷。大大优于传统银行的"整借整还，到期还本付息"。（8）利率大大低于高利贷者，但略高于传统银行，有效防止了富裕者套贷。（9）家庭住房即工厂。妇女们可以边工作边照看孩子，一年四季都能在舒适的环境下工作，对创造经济效益有直接帮助；以家庭为基础的生产能够产生和任何工厂都一样的规模效应——原因很简单，自我雇用不在单一的车间进行，也没有工资基础。（10）参与机制。每5人组成一个贷款小组，每6个小组建立一个中心。采用2—2—1顺序放贷，小组长最后得到贷款，体现"先人后己、为人服务"精神，贷款者参与中心活动，定期开会。需要指出的是，乡村银行为贫困农户提供小额贷款的成功，为亚洲、非洲和拉丁美洲的许多发展中国家和地区的乡村银行信用模式提供了很好的借鉴作用，现在有20多个国家仿效格莱珉乡村银行模式建立了自己的农村信贷体系。就连美国这样现代金融高度发达的国家，也成功地建立了格莱珉网络并有效实施反贫困项目。

2. 消费者合作组织。这是一种自治性的自愿组织，以为其成员提供服务为宗旨。它比较适用于小型的基础设施，如农村支线公路、社区供水和卫生系统、灌溉配水渠，以及社区排污系统的维护，从而为国家公共服务的一种有效的补充。比较成功的社区自助型计划有埃塞俄比亚的古拉哥社区公路组织，作为当地社区的自助性计划的一部分，该组织从1962年起就负责地方公路的维护。

3. 租约制。私人向政府交纳一定的费用来使用公共资产，并承担运作和维护责任的一种公共服务方式。在非洲，特别是在那些难以吸收私人投资者的部门，它被广泛使用。例如，几内亚和科特迪瓦的饮水供应，科特迪瓦的电力供应，尼日尔的公路运输，都使用了这样的方式。在布隆迪、几内亚、坦桑尼亚、扎伊尔和加纳，公共部门甚至准备将其所有的公共服务设施租给私人使用。[①]

需要指出的是，无论在发达国家还是发展中国家，公共服务供给方式的多样化已经大大地造福了当地的民众，使更多的民众享受到了更为便捷、高效、舒适的公共服务，这无疑是20世纪70年代后半期以来政府改革和公共服务方式创新的重大成就。当前，各国的公共服务方式多样化趋势仍然方兴未艾，人们以其聪

① 周志忍：《当代国外行政改革比较研究》，国家行政学院出版社1999年版，第452～453页。

明才智，不断发明、创造着公共服务的新方式，这些新方式，将使政府更为有效，人们的生活更为便利。

第三节　中国对公共服务方式多样化的积极探索

如前所述，公共服务的供给主体是多元的，多元化的供给主体要求并且创造出了多样化的供给方式。从世界各国以及中国近年来的实践看，这已经是一个普遍趋势。那么，中国有哪些多样化的公共服务供给方式呢？本节即对此进行总结，以有利于进一步推进中国的服务型政府建设。

一、政府的公共服务方式

近年来，随着服务型政府建设的推进，各级政府围绕着行政审批制度改革和丰富向广大居民供给公共服务的方式这两大主题进行了多方面的探索，有许多创新。西方发达国家在“新公共管理运动”中探索的很多公共服务供给方式也被中国地方政府广泛吸收并进行了“中国式”的改造。

（一）伴随行政审批制度改革的公共服务方式

改革开放以来，随着经济体制改革的推进，同时为了转变政府职能和政府作风，以及为了适应加入 WTO 的需要，中国逐步推行了行政审批制度改革。特别是 2004 年《行政许可法》实施以来，各级政府大幅度减少了行政审批事项，再造和优化了大量行政审批流程，在多个方面创新了公共服务方式。

1. 一表制。其基本做法是，对既有职能部门的各类审批要件进行分类整合，将申报审批手续所需提报多个部门的基本信息简化为“一张表”，然后由一个窗口统一受理，实现一口对外，内部整合，集中审批，限时办结。行政审批一表制于 2005 年率先在哈尔滨开发区投资服务中心实行，此后被其他地方政府广为借鉴。

2. 联合会审制。这种审批机制是就某一个或某一类审批申请，在主管机关或机构受理后，再由其约请其他相关机关和机构，共同就这一申请进行审核批准。这样一种审批机制创新，减少和避免了审批过程中各审批主体之间的摩擦，缩短了审批时限，简化了审批程序，提高了政府的行政效率。目前，联合会审制已经在城镇拆迁、企业准入、农业建设资金拨付等多项行政审批中使用并且取得了较好的效果。

3. 告知承诺制。这是行政审批过程中审批机关“告知”和申请人“承诺”的统称。其含义为涉及前置审批的各类企业登记注册申请，由工商部门受理，在核定经营范围时，书面告知申请人从事某一生产经营活动应当符合的法律、法规和达到的条件、标准、要求以及企业应当承担的法律责任，在申请人对法律、法规规定的事项表示同意或认可并书面承诺后，由审批机关和工商部门在规定的时限内分别颁发许可证和营业执照。告知承诺制在世纪初由浦东新区首创，现在已经在很多地方的行政审批中实行。

4. 全程代办制。这种审批机制的流程是，审批机关或机构通过延伸覆盖面、健全信息网络、扩大影响范围等方式使审批申请者获得相关信息，在此基础上，申请者向审批机关、机构及其代理机构提出申请，由审批机关、机构及其代理机构全程代理办理审批，申请人只需等待审批结果即可。通俗地说，这一机制“变群众跑为干部跑，变多次办为一次办，变随意办为规范办”。

5. 一站式、一窗式审批。一站式审批将原来多个机关、机构分散办理的审批事项集中在一个大厅内办理，实现了行政审批物理空间上的集中。这样的审批方式在减少审批环节、缩短审批时间、降低审批的社会成本，提高行政效率方面取得了较好的成效，但存在审批流程缺乏系统性，各部门各环节之间信息沟通不够、相互脱节，审批流程仍然复杂繁琐等问题。针对这些问题，以成都市为代表的一些地方开始对既有的审批流程进行再造，推出了一窗式审批。其基本工作流程是：一个综合窗口受理申请人的审批申请后，将申请材料分送、流转到各审批部门，由各审批部门并联审批、限时办结，再由综合窗口送达申请人。对于申请人而言，只要向综合窗口递交审批申请就可以等待审批结果了，避免了原来的再到各个窗口办理带来的问题。

6. 超时默许机制。所谓超时默许，即“行政许可审批部门受理相对人的申请后，在公开承诺的时限内，如果既不批准也不批驳，又无法定事由准许延长时限，则由事先授权的微机网络系统自动生成并印发不危及安全、健康的许可决定”。[①] 超时默许机制为天津市南开区行政许可服务中心首创，2003 年 1 月正式实行，2006 年获得第三届“中国地方政府创新奖”后被其他地方政府广为借鉴。

（二）政府服务公众和民间组织的方式

从对象看，上述行政审批改革中，一系列公共服务方式创新更多的是面向企业与投资者的。毫无疑问，为企业与投资者提供更好的服务是服务型政府建设的

① 天津市南开区行政许可服务中心的宣传材料。

重要内容。然而，从更深层次和更高要求看，以及从发达国家的经验看，服务型政府的主要对象应是普通公众和各类民间组织，只有让他们切实享受到服务型政府建设的成果时，服务型政府才是有成效的。在这方面，中国各级政府也在不断努力，创造出了一系列公共服务供给的创新方式。

1. 政务超市与公共服务大厅。这是一些基层政府为居民提供公共服务的创新方式。其基本做法是，模仿商业超市开放、便民的营业方式，改变原来封闭的办公模式，在相关政府部门设立“政务超市”或“公共服务大厅”，将涉及居民生产生活的多个服务项目集中办理。国内最早建立“政务超市”的是南京下关区（2000 年），较早建立“公共服务大厅”的是北京西城区（2005 年）。现在这种方式在许多城市已经非常普遍了。

2. 社区公共服务平台。这是一些较为发达的城市利用现代化的信息网络资源，在整合既有的公共服务信息基础上组建的一种面向市民家庭生活的、兼具管理与服务功能的信息网络。这样的网络以北京市的“96156”服务超市和天津市的“8890”家庭服务网最为著名。现在其他一些有条件的城市也在积极构建社区公共服务平台。

3. 慈善超市。慈善超市又称爱心超市、奉献超市、爱心家园、真情超市等，是一些地方政府开辟的一种向生活困难群体提供救助的新方式。《浙江省慈善超市建设管理办法（试行）》（2005 年 8 月）对慈善超市的定义为：“以经常性社会捐助站（点）为依托，以解决社会困难群众临时生活困难为目的，以有针对性的募集和发放为主要形式的经常性社会捐助或社会救助机构”。慈善超市较早出现在上海、厦门、天津、广州、沈阳、温州、苏州等地，现在已经较为普遍了。

4. 社区民间组织服务中心。这是一些地方探索的新型民间组织服务方式。这种服务方式的运行模式是：政府设立“社区民间组织服务中心”，提供设施和场地供民间组织日常运行和开展活动。在这一过程中，政府寓管理于服务之中，培育、扶持民间组织的健康发展，加强对民间组织的登记管理，规范民间组织的活动。2002 年 8 月，上海普陀区长寿路街道办事处创建了全国第一家社区民间组织服务中心。现在，杭州、宁波等地参考上海的经验，也建立了自己的民间组织服务中心。

二、市场主体的公共服务方式

在多方主体“双向互动”共同建设服务型政府的情况下，各类市场主体和社会主体不仅仅是服务型政府建设的受益者，而且也是服务型政府建设的参与者。近年来，国有企业和私人企业等市场主体广泛增强了企业社会责任意识，多方面参与到公共服务中来。

（一）企业社会责任与公共服务供给

“企业社会责任”最早由英国人奥列弗·谢尔顿（Oliver Sheldon）在1924年提出。1953年霍华德·博文（Howard Bowen）发表《商人的社会责任》一书，标志着企业社会责任研究在西方国家兴起。此后，西方学者的企业社会责任研究经过了企业社会责任研究的提出（20世纪50年代），相关概念及研究领域的进一步界定（60年代），相关研究的扩展（70年代以后）等三个阶段，形成了利益相关者理论、社会责任层级理论、企业公民理论、经济伦理学的社会责任理论等四种视角的企业社会责任理论。20世纪90年代中后期以来，随着中国市场经济改革不断深化、各类市场主体的发育壮大，以及中国经济加快参与经济全球化进程，中国各类市场主体越来越注重履行自身的社会责任。从中外学界的研究看，卡罗尔（Carroll）于1979年提出的“金字塔形”企业社会责任概念被广泛认可。这一概念认为，“企业社会责任包含了在特定时期内，社会对经济组织经济上的、法律上的、伦理上的和自行裁量的期望”①。它表明，企业社会责任本质上是社会对经济组织的某种“向善”的期望，经济组织对这种期望的回应即是从经济上、法律上、伦理上，以及自行裁量上回报社会。企业应成为成功的经营者，遵纪守法的模范，社会公正及伦理的表率，应建立严格的自行裁量机制。在中国，企业履行社会责任的重要方面就是积极参与服务型政府建设。而在这方面，随着市场经济体制建设、政府职能转变、各类市场主体的成长，以及对发达国家公共服务供给方式多样化的学习，各类市场主体已经具备了参与服务型政府建设的条件。

（二）国有企业的公共服务方式

在计划经济体制与单位制下，以及在改革以来市场经济体制建设过程中，国有企业在多个方面参与着公共服务供给。近年来，随着政府职能转变和国有企业改革的进行，参考发达国家的经验，国有企业也在不断创新公共服务的供给方式。

1. 特许经营。这是国有企业参与市政公用事业的新形式。市政公用事业特许经营，是指政府按照有关法律、法规规定，通过市场竞争机制选择市政公用事

① Carroll, A. B., A three-dimensional conceptual model of corporate social performance, *Academy of Management Review*. 1979, (4).

业投资者或者经营者，明确其在一定期限和范围内经营某项市政公用事业产品或提供某项服务的制度。[1] 根据有关规定，国内市政公用事业特许经营主要集中在城市供水、供气、供热、公共交通、污水处理、垃圾处理等行业。就世界范围看，特许经营主要有 LBO、BTO、BOT、WA、BBO、BOO 等运作模式，中国最常用的是 BOT 模式，即“建设—经营—转让”模式。[2]

2. 承接政府的合同外包。合同外包又称合同出租，在操作意义上，是指将“民事行为中的合同引入公共管理的领域中来，它的做法是以合同双方当事人协商一致为前提，变过去单方面的强制行为为一种双方合意的行为”。[3] 在合同外包中，政府的职责是确定提供什么样的公共服务，然后按照程序将这些服务外包给直接供给主体并依照所签订的合同监督绩效。国有企业是政府合同外包的重要承接者，可以承接多方面的合同外包。在中国，由于国有企业与政府之间传统的密切关系，国有企业“改制”后仍然承接很多政府的公共服务项目。例如，电力、石油、钢铁、港口、自来水、公交等国民经济的基础行业或公共服务如今大多掌握在国有企业的手中。

3. 用者付费。作为一种公共服务供给方式，用者付费可以看做“政府对某种物品、服务或行为确定‘价格’，由使用者支付这种费用的方式”。[4] 从这一概念可以看出，用者付费机制的运行方式为：政府和国有企业等公共服务供给者在遵循市场规则并与特定公共服务的消费者协商的基础上，确定特定公共服务的价格，特定公共服务的消费者则根据其享受的公共服务支付一定的费用。在理解国有企业运用“用者付费”机制提供公共服务这点上，需要说明两点：第一，用者付费主要适用于消费具有排他性的准公共物品和服务，如排污、卫生、公用事业、健康与医疗、停车、公园等。第二，国有企业在用者付费机制中处于政府与居民的中间环节。用者付费往往与特许经营、合同外包结合运用：通过特许经营和合同外包，国有企业从政府承接公共服务；然后，通过用者付费，特定的服务再由公众享有。

---

① 《市政公用事业特许经营管理办法（建设部令［2004］第 126 号）》。http：//www. cin. gov. cn/zcfg/ jsbgz/ 200611/t20061101_ 159064. htm.

② 这些模式均为英文简写，LBO 指 Lease - Build - Operate（租赁—建设—经营），BTO 指 Build - Transfer - Operate（建设—转让—经营），WA 指 Wraparound addition（外围建设），BBO 指 Buy - Build - Operate（购买—建设—经营），BOO 指 Build - Own - Operate（建设—拥有—经营）。参见［美］E. S. 萨瓦斯：《民营化与公私部门的伙伴关系》，周志忍等译，中国人民大学出版社 2002 年版，第 256 ~ 261 页。

③ 陈振明：《当代西方政府改革与治理中常用的市场化工具》，载《福建行政学院 · 福建经济管理干部学院学报》2005 年第 2 期。

④ 陈振明：《公共政策分析》，中国人民大学出版社 2002 年版，第 5 页。

（三）私人企业的公共服务方式创新

基于所有制性质的不同，本书将国有企业之外的私营企业、外资企业及其控股的企业等市场主体统称为“私人企业”。从纯粹的工具意义上来说，上述的特许经营、合同外包、用者付费等方式并不为国有企业所专有，私人企业也完全可以用来提供公共服务。例如，早在 1984 年，香港的外资企业——“合力电力（中国）有限公司”即以 BOT 融资方式参与总投资为 42 亿港币的深圳沙角 B 电厂项目。1994 年，15 家民营企业发起组建的“泉州名流实业集团股份有限公司”以 60% 的股份参建总投资 2.5 亿元的泉州刺桐大桥，成为国内第一个利用民营资本在基础设施建设领域推行 BOT 投资方式的项目。2003 年开工兴建的总投资 107 亿元、目前世界上最长的跨海大桥——杭州湾跨海大桥，其主要投资者即为浙江地方民营资本①。除了这些方式外，公共服务民营化和产权交易成为近年来私人企业参与公共服务的新方式。

1. 公共服务民营化。作为一种私人企业参与公共服务供给的民营化，主要是指将原先由政府拥有或控制的公共服务交由私人企业供给或出售给私方。这一过程往往伴随着私人部门的管理手段和市场激励方式被引入公共服务之中。从世界范围看，20 世纪 70 年代开始，民营化作为改善政府运作、提高公共部门绩效的重要工具被广泛应用，汇合成一股全球性的浪潮，其基本形式有委托授权、政府撤资、政府淡出等。② 目前，就中国私人企业参与民营化的实践看，其形式主要有公共民营合作制、合资或兼并、股权出让或整体出售等。③

2. 产权交易。产权是一个社会所实施的选择一种经济品的使用的权利，其主要功能在于就是帮助特定社会成员形成与其他人进行交易时的预期。④ 在一般意义上，产权交易是指“产权主体通过市场化的方式，以价格机制为手段，对其合法占有的产权客体在平等自愿基础上进行的转手和让渡”⑤。作为一种有效配置稀缺公共资源的机制，产权交易最早应用于渔业方面。加拿大、澳大利亚等

---

① 杭州湾跨海大桥连接宁波与嘉兴，全长 36 公里，双向六车道高速公路，设计时速 100 公里，设计使用寿命 100 年以上。关于民营资本参与杭州湾跨海大桥的重要意义，参见何翔舟：《民营资本进入公共产品领域引发的思考——从杭州湾跨海大桥建设说开去》，《光明日报》2007 年 3 月 27 日，第 10 版。

② 参见［美］E. S. 萨瓦斯：《民营化与公私部门的伙伴关系》，周志忍等译，中国人民大学出版社 2002 年版，第 128 页。

③ 陈振明等：《竞争型政府——市场机制与工商管理技术在公共部门管理中的应用》，中国人民大学出版社 2006 年版，第 135 ~ 136 页。

④ ［美］科斯、阿尔钦、诺思：《财产权利与制度变迁》，上海人民出版社 1994 年版，译者的话，第 5 页。

⑤ 同③，第 293 页。

国运用这一方式解决了渔业中过度捕捞、政府管制成本高的难题。此后，产权交易在港口、机场、公路、森林、航空航线、排污、二氧化硫排放等方面获得广泛应用。在国内，近年来也开始运用产权交易配置稀缺公共资源。2001 年 2 月，浙江义务市出资 2 亿元向毗邻的东阳市买下近 5 000 万立方米水资源的永久使用权，开创了国内水权制度改革的先河。2003 年，南京下关电厂与江苏太仓港环保发电有限公司签署了中国第一个二氧化硫排放权协议。这些产权交易，用市场机制解决了稀有公共资源的配置问题，保障了公共利益，促进了服务型政府建设。

三、社会主体的公共服务方式创新

在服务型政府建设中，社会主体基本可以分为三类：事业单位、民间组织、公众。它们既是服务型政府建设的受益者，又是服务型政府建设的主体，在服务型政府建设中也创造了很多新型的公共服务供给方式。

（一）事业单位的公共服务方式创新

作为一种社会服务组织，事业单位长期以来提供了种类庞杂、对象广泛的公共服务。随着服务型政府的建设，在教育、公共卫生、社会养老等领域，兴起了一些新型的公共服务供给方式。

1. 教育券制度。教育券制度又称学券制、教育凭单制，其基本形式是政府将公共教育资金折成等额的“教育券”发给学生，学生及其家长根据自己的意愿选择学校，将“教育券”作为学费交给所选择的学校，学校再凭其所收取的“教育券”到政府兑换相应金额的资金用于办学。[①] 由于教育券制度在促进教育平等，提高教育系统的效率等方面具有较大优势，已经被美国、英国、瑞典、澳大利亚、孟加拉等国广泛使用。在中国，“教育券”主要在以下领域推行：基础教育阶段的家庭经济困难学生、民办基础教育、职业教育、农民工培训（浙江长兴，2001 年）、学前教育（山东临淄辛店街道）等。

2. 基本公共卫生服务包。其运行模式为，政府确定某些类型的基本公共卫生服务，形成“基本公共卫生服务包”，这些“服务包”由政府购买，由社区公共卫生服务机构向公众提供。“基本卫生服务包”概念是由世界银行首先在《1993 年世界发展报告》中提出来的。此后，各国开始制定符合自身实际的、包

① 刘小蔓：《对浙江长兴县“教育券”制度的调研报告》，载《北大教育经济研究（电子季刊）》2005 年第 1 期。

含不同公共卫生服务项目的“服务包”。在中国，2006 年，国务院发出《国务院关于发展城市社区卫生服务的指导意见》（国发［2006］10 号）之后，各地开始探索符合本地实际的“基本公共卫生服务包”。目前，上海、深圳、天津、重庆、武汉等城市制定实施了各自的“服务包”，涵盖了社区诊断、健康教育、预防接种与传染病防治、妇女儿童保健、慢性病综合防治、老年保健等基本公共卫生服务。

3. 政府购买社区公共卫生服务。所谓政府购买社区公共卫生服务，是指符合条件的居民持“社区公共卫生服务卡”在社区卫生服务中心享受特定的公共卫生服务项目；财政部门依据相关记录信息，定期结算并补助社区卫生服务中心。在中国，政府购买社区公共卫生服务较早在山东潍坊得到开展，2007 年，财政部出台《关于开展政府购买社区公共卫生服务试点工作的指导意见》（财社［2007］267 号）后，正在成为一个全国性的城市社区公共卫生服务供给方式。这一方式通过引入竞争，有效调动起了各类社区公共卫生服务机构的积极性，在政府主导但不包揽、坚持公共卫生服务公益性的前提下，有助于解决城镇居民“看病难、看病贵”问题，同时也为其他社会事业改革和公共保障机制创新积累了经验。

4. 社会养老保险证质押贷款。这是一种农村养老与金融服务方式的融合，是指已参加农村社会养老保险的居民，直接用自己本人或借用他人的《农村社会养老保险缴费证》作为质押物，依据一定程序和规定到相关部门办理质押手续，从银行取得贷款并将所贷款项用于生产、生活中急需解决的重要事项的一种融资方式。① 农村社会养老保险证质押贷款这一金融服务方式于 1998 年在新疆呼图壁县首创，此后得到上级政府直至国家有关部委的支持，现在基本形成了“新疆呼图壁”和“四川通江”两种模式。

（二）民间组织参与公共服务的新方式

除了举办主体不同外，民间组织与事业单位都是不以营利为目的、为社会提供服务的组织。改革开放以来，民间组织的快速发展为加快政府职能转变、改进经济管理、加强社会管理、提升公共服务提供了新的载体，在推进各项改革、建设服务型政府中发挥着日益重要的作用。统观既有的民间组织参与服务型政府建设的经验，其主要方式是通过购买公共服务参与基层治理。近年来，这方面的探索有民间组织参与新型居家养老服务、民间组织购买公共服务等方式。

1. 新型居家养老服务。这是一种以家庭为核心，政府、民间组织、社区密

① 马忠：《我国农村社会养老保险证质押贷款模式选择》，载《新疆财经》2008 年第 1 期。

切合作，以老年人生活照料、医疗康复、精神慰藉为主要内容，以上门服务和社区日托为主要形式，把家庭养老与社会养老结合起来的新型养老模式。从较为典型的宁波市海曙区的实践看，新型居家养老服务的对象为高龄、独居、困难老人（包括残疾人），服务内容主要是生活照料、医疗康复、精神慰藉，服务方式为上门结对服务。其中，政府负责确定服务内容、组织民间组织和社区参与服务；社会组织负责提供服务；社区配合政府和社会组织落实并监督服务。[①] 2004 年以后，新型居家养老服务已经从少数几个城市扩大到全国各地。

2. 民间组织购买公共服务。从实践看，民间组织购买公共服务可以分为非竞争性购买和竞争性购买两种方式。所谓非竞争性购买，是指参与购买政府公共服务的只有一家民间组织，其对公共服务的购买是定向的、非竞争性的。民间组织对公共服务的非竞争性购买，或者源于民间组织本身对政府的依赖性，或者源于特定民间组织的稀缺。所谓竞争性购买，是指购买服务的政府部门与承接服务的民间组织之间是独立的关系，不存在资源、人事等方面的依赖关系；在购买公共服务方面二者之间存在公开的竞争市场，政府部门通过招投标等公开竞争程序择优选择并监督承接服务的民间组织，后者自负盈亏，依据合同提供公共服务。通过民间组织购买公共服务，从政府一方来看，在一定程度上解决了政府公共服务供给不足的问题，加大了政府对社会的管理力度，从而改变了社区管理体制，提高了社区服务水平和效益。从民间组织一方来看，为民间组织提供了发展的资源和平台，培养了一批志愿者以及社会的志愿精神。从公共服务的享受者——居民来看，能够享受到更加多样化和人性化的服务，满足了各个群体的公共服务需求。近年来，上海、北京等地通过非竞争性购买和竞争性购买等方式，引导民间组织参与公共服务供给，探索出了社区青少年和药物滥用人员矫正工作、市民休闲服务等方面的新方式。

（三）公众自服务方式

在“双向互动”建设服务型政府的过程中，公众通过为社区提供公共服务，在社区得益的同时，自己也是受益者。中国社会并不缺乏公众自服务的传统。新中国成立以来，一方面国家加强了对社会的渗透和管理；另一方面，随着城市居民自治和农村村民自治的建立健全，社会自治和公众自服务也不断完善，在社区治安、垃圾清理与环境治理、社区文化生活、邻里以及家庭纠纷化解等方面发挥了不可替代的作用。在服务型政府建设中，既要发挥公众参与社区环卫等传统的

---

① 《关于海曙区社会化居家养老服务工作的指导性意见》（海政办［2004］29 号）［EB/OL］. http://www.haishu.gov.cn/GOV/info.asp? ID = 4725.

公众自服务方式的作用，又要探索新型的公众自服务方式。

1. 公众参与社区环卫。公众参与社区环卫是一种传统的公众自服务方式，其基本形式是在社区自治的基础上，公众通过自组织、自服务的方式广泛参与社区环境卫生治理，以保持社区的环卫状况，提升居民的生活质量。在国外，日本等国通过推行严格的垃圾分类制度，引导公众广泛参与社区环卫治理，较大程度地提升了居民的环卫意识和生活质量。在国内，近年来从城镇到农村普遍增强了环卫治理，更多的公众参与到社区环卫中来。例如，20 世纪 90 年代中期起，北京即在一些城区试行垃圾分类制度，现在这一制度已经在很多城市实施。在农村，天津市宝坻区周良庄镇从 2007 年开始，集中力量持续开展以“清三堆（土堆、粪堆、柴堆）”、“治三乱（污水乱泼、垃圾乱倒、柴草乱堆）”为主要内容的村容村貌整治工程。在“工程”开展过程中，实行了“门前三包（门前包垃圾清扫、包垃圾进垃圾箱、包无污水外溢）”为主要内容的农村文明户评比活动，给每户村民划定卫生范围，要求他们及时清扫，按时倒垃圾。[①] 这样做强化了农民的环保意识，充分发挥村民在社区环卫治理中的主体作用。

2. 城市居民的文化自服务。这方面以近年来上海市徐汇区康健街道的“康乐工程”为典型。1999 年以来，康健街道逐渐建成了以“使居民身心更健康，让社区生活更快乐”为内涵的“康乐工程”。该工程注意从社区居民的利益和需求出发，以繁荣社区文化为抓手，动员群众积极参与社区管理和服务等各项事务，共同营造和谐的人际关系和实现人的全面发展的环境氛围。居民参与方面的基本经验，一是以居民群众的自我管理、积极参与为基础，大力开展社区自治建设；二是以贴近百姓多样化的生活、文化、精神需求为出发点，开展活跃的社区大文化建设；三是以满足社区居民的新需求、新变化、新愿望为出发点和落脚点，大力开展实事项目工程的建设，让居民得到真正实惠；四是以提高生活质量为目标，努力满足、实现人的全面发展。“康乐工程”的特色品牌有：健康与快乐俱乐部、社区体育场、康乐文化广场、刘博士阳光工作室、在职党员联络站、“康乐工程”志愿者之星。这些工作的开展，有效地调动了居民参与社区建设的积极性，为上海以及全国的社区建设和管理带来了积极的助推效应。

3. 农村村民自服务方式。在城市推进公众自服务的同时，农村也在以“新农村建设”为契机，积极探索公众自服务的方式。在这方面，从 2001 年起，江西一些地方借鉴城市社区建设的经验，在农村实行“村落社区建设”，取得了较好的效果。江西农村村落社区建设坚持自愿参与、量力而行、服务村民、互帮互

① 杜洋洋：《垃圾“三级跳”农民拍手笑——宝坻区周良庄镇垃圾处理新模式调查》，载《天津日报》2009 年 8 月 5 日，第 1 版。

助、形成合力、公道正派的原则，形成了“一会五站”的工作模式（“一会”即“社区志愿者协会”，下设社会互助救助站、卫生环境监督站、民间纠纷调解站、文体活动联络站和公益事业服务站）。[①] 该模式发动老党员、老干部、老农民、老教师、老复员军人和无职党员为主体，以及热心村落社区建设的志愿者参与村落社区自服务，较好地解决了农村公益难组织，卫生环境脏乱差，群众文化生活单调，面向群众的公共服务严重不足等问题。目前，农村村落社区建设已经在江西全省广泛开展，并且已经对其他地区产生了较大影响，成为中国“新农村建设”的重要内容。

公共服务方式创新是服务型政府建设的微观基础，只有实现了公共服务方式创新，服务型政府建设才能真正落到实处，这是各国建设服务型政府的一条基本经验。公共服务方式创新的关键是合理调度社会资源，也就是说，通过公共服务方式创新，要把各类社会资源合理、有效地调度起来，使其都能参与到服务型政府的建设中来。说到底，合理调度社会资源的过程就是各级政府、各类市场主体和社会主体共同参与、双向互动、共建共享服务型政府的过程。基于上述认识，本章主要总结了近年来国内外服务型政府建设中各地创造的各种新型的公共服务供给方式。在总结中，笔者主要着眼于这些公共服务方式创新的“积极”方面，即其对于中国地方政府和广大社区实现公共服务方式创新的启发意义。不可否认，近年来中国在公共服务方式创新方面也有了长足进展，但同时在重视程度、创新环境，以及具体创新方面还存在不少问题。中国需要借鉴发达国家在公共服务方式创新方面的有益经验，不断克服具体问题，积极推进公共服务方式创新。

---

① 省民政厅关于切实做好全省农村村落社区建设工作的意见（赣办发［2004］12 号）［EB/OL］. http：//www. jxgdw. com/jxgd/news/jszt/jsshzyxnc/snxz/userobject1ai656151. html.

第八章

全面提升政府管理水平是服务型政府建设的重要保障

目前，中国在总体上仍处于“现代化”阶段，但全球化进程又将我们同时拉入了“后现代化”阶段。政府在“现代化”阶段的主要目标是强化管理，而构建服务型政府则主要是“后现代”阶段的任务。现在提出建设服务型政府是正确和必要的，但也应认识到这是一个长远的建设目标，是对一个模式的选择，需要相当长的时间来完成。与此同时，我们还需要继续通过“管理补课”来提高政府的管理水平，逐步实现加强管理与提升服务的统一。

第一节　高水平的政府管理是服务型政府建设的技术保障

一定程度上可以说，服务型政府的建设过程，就是以公共权威的管理来协调个体活动，合理配置资源，进而在维护社会公正和秩序的基础上，高效和公平地提供公共服务。这就要求政府转向以强化公共服务和管理创新为目标的“结构与流程再造”，改善政府过程，更加直接和灵敏地面对社会、公众和企业的需求，而不是沿袭传统的、自上而下的政府意志来施政。

一、建设服务型政府需要持续提高政府管理水平

人类社会任何时候都需要某种公共权威的管理以协调个人活动，进而在维护

社会公正和秩序的基础上配置资源。政府的公共服务在很大程度上亦是以规范的政府管理为基础来安排和进行的。从另一个角度来看，现代政府的管理本身就意味着一种服务，“管理”之中有“服务”，“服务”之中有“管理”；而且，政府对某些人提供的“服务”可能同时变成对其他人的“管理”。也就是说，“在政府的许多规划中，服务和管理皆互为一体。”①

服务型政府建设对于政府本身而言，最根本的任务就是提高服务能力，即政府提供公共服务的物质能力和技术能力。政府提供公共服务的物质能力根本上要受到经济社会发展水平的制约，而提供公共服务的技术能力，则主要受制于政府的管理水平，有待于政府服务意识的大幅度提升和管理理念的全面革新。显然，政府管理水平对服务型政府建设具有非常明显的制约作用，高水平的政府管理是推进服务型政府建设的基本技术保障。这就要求各级政府持续的创新公共服务供给方式，拓宽服务领域，提高行政效能，改进服务质量。诚然，政府管理水平的提升不是一朝一夕的事情，它有赖于政府的观念能力、政治能力、汲取能力、政策能力、执行能力及人员素质等方面的整体提升。

由于历史的原因，中国政府在政治统治方面的经验颇为丰富，但在社会管理和自身管理方面可资借鉴的遗产却很少。尤其是新中国成立以来长期推行的“大政府，小社会”的国家模式，使得各级政府领导在实际工作中带有明显的“重统治、轻管理”、或者是“以统治代管理”的痕迹，管理模式较为粗放，对现代管理手段和工具不是很敏感。在这种状态下，中国各级政府，特别是地方政府，在公共管理技能和理念层面的不足仍然是十分明显的。换一个角度来看，上述状况不尽快扭转，会在相当程度上制约公共服务体系的多层级、多主体的建设进程。用一句话来概括，管理活动贯穿于人类社会活动的方方面面，没有精良规范的管理，优质的服务也无从谈起。当然，切实提升政府管理水平，需要从管理理念、组织结构、政府过程等多个方面进行综合考虑，统筹协调。

二、基于公共服务导向的政府管理的内涵与目标

服务型政府建设是一项系统的工程，要涉及很多方面的工作。同样道理，公共服务导向的政府管理模式，也要涉及政府的施政理念、职能、体制、方式等多个方面。基于上述认识，可以将基于公共服务导向的政府管理模式的内涵做如下界定，即政府服务于公共利益和公民意愿的行政动机与组织运行规则的有机统

① ［美］罗森布鲁姆等：《公共行政学：管理、政治和法律的途径》（第五版），张成福等校译，中国人民大学出版社2002年版，第15页。

一。这里，我们所强调的行政动机主要是以服务型政府为前提，在其概念的内涵中着重要明确的是服务型政府中的所有公务人员和公共事务管理者都要自觉地树立服务意识，在政府组织的管理工作和公务员的职责中实现以“服务”为轴心的运行机制。因此，基于公共服务导向的政府管理模式在一定程度上可以被视为一种“服务行政”。

从本质上看，政府管理模式的变革与转型，始终围绕于如何适应时代发展的要求，处理协调好“效率与公平”的关系。因此，不论是主导机制、治理模式还是施政观念的逻辑变化，以往的“统治行政”和“管理行政”都存在一种共性，那就是其公共管理的主题都是偏重于提高“效率”的管制。比如，在统治型政府的行政中，是以政府为本位的，通过等级管理、计划原则、直接指挥和集权控制来实现官僚统治的管理效率；而在管理型政府的行政中，是强调把市场机制引入公共管理领域，重视运用企业化经营理念、方法和手段来促进公共管理领域的竞争，从而提高公共管理的效率。很明显，上述两种政府模式都把如何提高效率放在了政府施政的首要位置，而在一定程度上忽略甚至放弃了政府管理的另一本质规定——公平。这样，必然使上述两种政府管理模式都无法较好地实现公共管理内在规定的“效率与公平并重”的基本价值目标。总之，以往的“统治行政”和“管制行政”都是以政府为本位的，政府始终处于指挥和控制的地位，这样即使提供了一定的公共服务，往往体现的也是对公民的“恩赐”。

不同于前述两种行政模式，以公民为本位的服务型政府本质决定了服务行政在公共管理中能够有效地将效率与公平统一到面向公民的服务之中。当以公民为本位来实施政府管理时，必然会以“公民的满意度”为基本的价值目标和出发点。其中，尊重公民意愿和重视社会价值本身体现的是公共管理的公平原则，而实现公民需求的“满意度”则主要体现的是行政效率。具体来看，基于公共服务导向的政府管理模式的基本施政目标可以概括为三个方面：

其一，基于服务导向的政府管理必然是兼顾效率与公平的施政模式。提高效率是政府管理的根本要求，但是如果政府只是追求效率，而不顾公平，也不会有良好的服务效益，更不可能使广大的民众满意。而且从根本上来说，不顾公平的政府行政是与公民本位的服务行政相背离的。“自新公共行政以来，公平问题日益受到广泛的重视，并成为衡量政府绩效的重要指标。”[①] 也就是说，为了超越管制行政片面追求效率而出现的行政偏颇，公平已经成为以服务为宗旨的现代政府公共行政所追求的最基本目标。“在当代，作为善治要素的公正特别要求有效消除和降低富人与穷人之间的两极分化，维护妇女、少数群体、穷人等弱势群体

① 张成福、党秀云：《公共管理学》，中国人民大学出版社 2001 年版，第 274 页。

的基本权利。”[①]

显然，服务于所有公民的利益是服务行政以公民为本的本质规定。当然，服务行政要实现公民和社会的满意，也要注意改善和提高政府的行政效率，这一点具体反映为分别从行政要素效率、行政整体效率和行政体制效率三个层次来提升施政效率：行政要素效率是一种内部效率，核心是关注政府服务行政的内部管理；整体效率注重优化服务要素的组合，强调对服务行政要素的系统整合；行政体制效率是一种外部效率，它将政府行政的效果置于社会中予以考察，关注的是政府服务行政“对谁有效率”的问题。

其二，基于公共服务导向的政府管理是一种旨在协调效率和民主的施政模式。服务行政是追求民主的行政。但追求民主，也可能会妨碍效率。对于现代政府而言，“如何协调效率与民主的关系，避免其中任何一方的偏重，保持两者关系的平衡是行政执法，甚至是整个行政管理中都要求解决的问题。”[②] 虽然民主有可能导致无休止的争论或扯皮，但是对于服务行政来说，却不可能只重视效率而忽视民主，而是应在民主的基础上提高效率。这就要求服务行政要通过形成新的机制扩大公众在公共管理中的参与性，增强政府对民众需求的回应性，加强政府与公众的沟通，充分保障公民的知情权和参与权。

其三，基于公共服务导向的政府管理是一种旨在平衡政府和市场的行政。政府与市场是推动社会和经济发展的两个轮子，也是为社会和民众提供服务的两只手。但是，政府与市场也是一对矛盾的统一体，如何平衡两者的关系，以实现公共利益的最大化，这也是公共管理的难题。尤其像中国这样处于由计划经济向市场经济的转变过程中的后发国家，“改革与发展都是围绕政府与市场关系的调整变化而实现的。”[③]

在市场经济条件下，如果说市场机制主要侧重于提高效率的话，那么政府则应该侧重于促进社会公平。利用市场机制提高政府公共服务效率的理念、方法和手段在新公共管理运动中已经得到了充分的发挥，只是它放弃或忽略了公平，进而出现了明显的偏颇。与新公共管理运动一味重视市场手段不同，服务行政则着力于平衡政府与市场的关系。具体来看，服务行政的公平原则的基本含义是：同等情况，同等对待；不同情况，不同对待。前者强调的是“横向公平”，即用同样的方式对待同一层次的消费者，后者强调的是“纵向公平”，即差别对待不同层次的消费者。消费者的情况是否相同，是指他们对于政府提供的公共服务的需求程度是否相同，也就是消费者的受益能力是否相同。因此，服务行政的公平原

① 俞可平：《增量政治改革与社会主义政治文明建设》，载《公共管理学报》2004 年第 1 期。
② 顾越利、陈志民：《行政执法中效率与民主的关系》，载《理论学习月刊》1998 年第 8 期。
③ 刘尚希等：《政府与市场关系：我国改革、发展的基点》，载《山东财政学院学报》2001 年第 6 期。

则也可以概括为“受益能力原则”：对于受益能力大的消费者，给予较多的公共服务；对于受益能力小的消费者，给予较少的公共服务。

第二节 全面提升政府管理水平的有效途径

虽然现代化的政府管理方式和手段对改善公共服务质量至关重要，但通过对政府过程与系统内部组织结构和流程的再造，同样可以有效地解决由于管理层次或环节过多造成的信息传递的低效、失真和效率低下，强化自下而上的面向市场与社会的服务机制，形成不同层级间相互补充、协调的新的公共管理体制。同时，借助网络信息技术，推动政务信息公开和电子政府建设，有助于阳光行政，防止一些机构的独断专行，增强民众对政府的认同感与信任度。

一、倡导“整体性公共服务”

从历史渊源来看，整体性公共服务模式是在反思和扬弃传统的官僚制公共服务模式和碎片化的新公共管理公共服务模式的基础上形成和发展起来的。从20世纪50年代到70年代，西方各国普遍采用传统的官僚制公共服务模式。这一模式的基本特点是突出政府本位，其主要缺陷是对公众的需求反应迟钝，以至于出现政府失败和服务失灵。

20世纪70年代以后，鉴于传统官僚制公共服务模式的弊病，西方各国先后开展了以政府再造为主要内容的新公共管理改革运动，新公共管理服务模式随之逐步代替了传统的官僚制服务模式。新公共管理服务模式以企业家政府为理论模型，以私有化、分权化、强制性竞争等市场化手段为基本特征，强调公民本位，注重公民的需求偏好和选择。具体做法主要是通过建立分散化和小型化的执行机构，缩小和降低官僚机构的规模和集中化程度，并在服务供给主体之间广泛开展竞争。从实际效果上看，这一模式由于强化了服务供给中的竞争机制，较为明显地提高了服务的效率。但同时需要看到的是，由于在引入竞争机制的同时，严重忽视了部门之间的合作与协调，进而造成了碎片化的制度结构①。这种碎片化的制度结构导致公共服务的碎片化，既在总体上抑制了服务效率的持续提高，也与

① Sylvia Horton and David Farnham. Public Administration in Britain. *Great Britain*: *Macmillan Press* LTD, 1999, p. 251.

服务的公共性相悖。

20 世纪 90 年代中后期，以英国为代表的西方各国开启了以整体政府为主要内容的政府改革运动。1997 年，布莱尔政府为了克服公共服务官僚制方法的缺陷，同时超越新公共管理方法所造成的困局，制定了整体政府发展规划，倡导整体性公共服务模式，并提出了五项具体的政策建议：强调全面提高服务的回应性、提升服务质量、重视服务价值、改进政策制定以及建立适应信息时代发展要求的政府[①]。前三项政策建议是关于公共服务改革的主体性内容，后两项政策建议则是公共服务改革的政策保证和技术基础。这五项政策措施彰显出一种新的改革趋向，那就是倡导整体性公共服务。比如，回应性公共服务的基本措施之一就是通过一站式服务中心和其他方法强力排除部门间协同工作的障碍。又如，提升服务质量的具体措施多表现为建立跨部门统一的服务标准和服务协议，使各部门之间的协同工作得以实现，同时密切监视服务效能和质量。随着英国整体性公共服务改革不断取得成效，澳大利亚、新西兰、荷兰、瑞典等国也相继进行了整体性公共服务改革，加拿大、美国等国的地方政府也进行了类似整体性公共服务的改革。

从理论渊源上看，整体性公共服务模式是整体政府理论与实践发展的产物。总体来看，与遵循经济学逻辑的新公共管理改革不同，整体政府主要借鉴的是政治学、公共行政学的相关理论。具体来看，整体政府方法所展现的是一种通过横向和纵向协调的思想与行动以实现预期利益的政府治理模式。将这种治理模式运用于公共服务领域的要义主要反映在四个方面：排除相互破坏与腐蚀的政策情境；更好地使用稀缺资源；促使风险管理者在特殊的政策领域和网络中一起工作，产生协同效应；为公众提供无缝隙的服务[②]。由此可见，整体性公共服务模式是一种运用整体政府方法（如运用联合、协调、整合等方法促使公共服务主体协同工作），为民众提供无缝隙公共服务的标准化样式。这种服务模式致力于组织整合和工作协同，讲求内部公共服务与外部公共服务的有机结合，从而有效地深化和提升了公共服务改革的理论内涵和实践意旨。大体言之，整体性公共服务模式具有三个基本特征：

一是联合的服务方法。整体性公共服务模式的一个突出特点是强调通过发展联合的知识和信息策略，促使服务供给主体之间能够持续地进行知识和信息的交换与共享，形成协同的工作方式[③]。这也是整体性公共服务模式与新公共管理分

① 张立荣、曾维和：《当代西方整体政府公共服务模式及其借鉴》，《中国行政管理》，2008 年第 7 期。

② Christopher Pollit. Joined - up Government: A Survey. *Political Studies Review*. Jan. 2003, pp. 34 - 49.

③ Bath Priory. Towards a Common Framework - Delivering Joined - up Services through Better Knowledge and Information Management. *KM Review*. Sep. /Oct. 2005, pp. 33.

散化、独立化的服务供给方式的最大区别之所在。

二是协调的服务政策。这里所说的政策协调主要是指使两种以上的政策得以融合演进，并形成共同的目标。整体性公共服务模式非常注重政策协调，主张通过政策协调实现服务的整合，防止政策冲突①。

三是普遍性和针对性相结合的服务目标。整体性公共服务模式在服务供给中以服务质量为基础，以公民治理为中心，注重体现服务供给的公平性。同时，不仅重视满足公民的一般性需要，而且强调满足不同群体的差异性需要。

目前，整体性公共服务模式不仅在理论上已经初步成熟，而且在实践中形成了特定而有效的模型与机理（见图 8－1）。一般说来，整体性公共服务实践模型包括四个方面的内容：一是新的组织文化，鼓励价值多元化的观点、看法、创新观念和跨越组织界限的交互行为，并发展相应的技能和行为。二是新的工作方式。

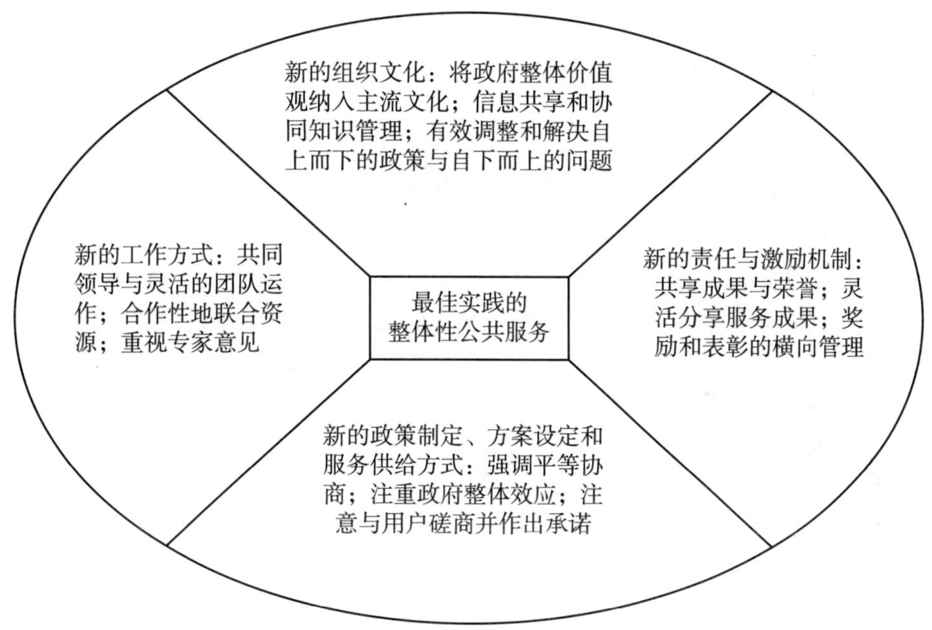

图 8－1　整体性公共服务的最佳实践模型

资料来源：The Australian Management Advisory Committee. Connecting Government: Whole of Government Responses to Australias Priority Challenges. www. apsc. gov. au /mac/ connecting government. Htm.

---

① John P. Burns. Horizontal Government: Policy Coordination in China. Paper prepared for the International Conference on Governance in Asia: Culture, Ethics, Institutional Reform and Policy Change, *City University of Hong Kong*, Hong Kong (December 2002), pp. 1－2.

在公共服务机构中，重视综合各种灵活性和革新的工作方式。三是新的治理、预算和责任框架。治理安排必须与特定整体政府的目标相协调，明确问责制安排，在横向协作和纵向问责之间形成一定的张力。四是新的制定政策、设计方案和提供服务的方式。强调超越传统的等级制度，以建立网络和伙伴关系，促使政府和非政府部门形成密切合作关系，促使更多有效的公民参与。

诚然，整体性公共服务理论和实践模式是近年来西方国家公共行政改革的产物，其生成背景与我国存在一些难以通约之处。但是，我们仍然可以从中看到一些具有共同性的做法和普遍性的趋势，从而为中国的服务政府建设提供一些有益的借鉴。特别是在当今网络信息技术迅速发展的数字化信息时代，“通过清除内部障碍、组建职能交叉的团队、为顾客提供一步到位的信息和服务，以及以一种综合的而不是分散、常人的眼光评估自身的工作，我们最优秀的组织确实正在将支离破碎的部分重新整合为一个整体”①。在政府管理领域，打破“碎片化”模式下的组织壁垒和自我封闭的状态，强化政府部门之间的合作和协调，促进政府信息资源的共享，加强政府服务方式和渠道的整合，构建无缝隙、一体化的“整体型政府”，已成为当前国际公共行政改革的一种新趋势。中国的大部门体制改革，在一定程度上也可以被视为这一改革趋势的体现。当然，整体政府建设是一项涉及政府管理理念转变、职能重组、利益调整、技术支持、公众参与等各种复杂因素的系统性工程。打破政府分割的革命不可能一蹴而就，但这丝毫不能削弱我们对其前瞻，并以一种渐进的、逐步优化的方式加以推进的努力，最终为中国的服务型政府建设提供一种体现整体政府要求的组织架构。

二、发展“协作性公共管理”

如果说整体性公共服务强调的是公共服务供给中的横向联合，那么协作性公共管理则更侧重于强调纵向间的合作协调。现代管理理论是建立在专业分工基础之上的。它认为复杂的任务可以分解为小的、相对独立的组织成分，通过分别处理这些小的部分，就能够实现组织的总体目标②。这种分解任务的方式一般有两种，一种是根据职能进行分工，从而形成组织的各职能部门；另一种分解方式是根据地域进行分工，从而形成各不相同的管辖地域。这样一种管理思路在我们头脑中已经根深蒂固，以至于当我们面临任何新问题、突发问题时，我们首先的反

① ［美］拉塞尔·林登：《无缝隙政府——公共部门再造指南》，汪大海译，中国人民大学出版社2002年版，第5页。

② Herbert A. Simon. Administrative Behavior. London：*the Free Press*. 1976，p. 69.

应就是，应该由哪个部门或哪个地方负责处理？如果没有现有的部门或地方对该问题的处理负责，人们则往往倾向于建立起一个新的职能部门或设置一级政府来处理这样的问题。然而，随着近代社会分工向纵深发展，我们发现这样的管理思路正在面临着越来越大的困境。“政府机构一再发现很难去实现客户的需求，原因在于组织边界的障碍。在一个快速变化的世界里，最佳的解决方案不是重新设计组织图表，而是融化组织间的强大边界。”①

总体来看，导致上述变化的因素主要反映在两个方面：一是全球化时代的来临，特别是交通和通讯技术的飞速发展，使得行政管辖边界已经越来越模糊，各种跨界行为变得频繁化。这种情况使得公共行政开始面对一种全新的生态环境，而传统的“内部”问题则日益外溢和无界化，建立在封闭管理辖区和地域基础上的管理理念和体制，日益显得软弱无力。另一方面，现代社会面临的问题日趋复杂化，并表现出复杂的依赖关系，传统的官僚体制已经无力有效解决上述复杂问题。总之，上述问题的普遍出现，使得公共组织之间的相互依赖性日益凸显，传统的管理手段日益捉襟见肘。这正如层级制组织是农业时代的主要组织形式，工业时代官僚制是主要的组织形式一样，方兴未艾的信息时代催生了具有渗透性的组织结构，使得人们可以通过跨组织的边界和功能发生联系②。

面对上述治理困境，21 世纪以来，西方学者提出了协作性公共管理理论（Collaborative Public Management）。协作性公共管理的基本目标是在多样化的组织运作过程中，解决在单一组织中不能解决或者不易解决的问题③。这其中的关键是协作，即参与各方看到问题的不同层面，能够建设性地利用他们的差异，并积极寻求解决方法，超越他们自己对于什么可能和可行的有限视角④。协作不是结果，而更应该是一个动态的过程，是利益相关者为他们的共同未来承担决策责任的过程，这一过程包括自主的行动者通过正式和非正式的协商进行互动，共同创造规则和结构来管理他们的关系，或就那些使他们走到一起的问题进行决策协商⑤。在协作关系中，没有一方知道最终的答案，没有一方知道问题该如何解决，问题的解决往往产生于各方之间的协商、互动之中。因此，那种想当然地认

---

① Albert Gore. Creating a Government That Works Better and Costs Less: Report of the National Performance Review. *Washing ton, D. C.: U. S. Government Printing Office*, 1993, p. 48.

② Robert Agranoff & Michael McGuire. Collaborative Public Management: New Strategies for Local Governments. *Washington D. C. Georgetown University Press*, 2003, p. 23.

③ Michael McGuire. Collaborative Public Management: Assessing What We Know and How We Know It, *Public Administration Review*, Sep. 2006, Vol. 66, pp. 33.

④ B. Gray, Collaborating: Finding Common Ground for Multiparty Problems. San Francisco, *CA: Jossey Bass Publishers*, 1989, p. 5.

⑤ Ann Thomson & James L. Perry. Collaboration Process: Inside the Black Box, *Public Administration Review*, Sep. 2006, pp. 20 - 33.

为协作性努力中的各方已经形成了某种组织关系的观点，过低地估计了协作过程的发展特点，忽略了促使利益相关者走到一起的最初努力的复杂性。在一定程度上可以说，在缺乏规则的情况下，非正式的互惠得以建立的过程，与最终出现的正式协调安排，对于协作来讲是同等重要的①。

不难看到，协作与协调存在着明显的差异。协调的基本目标是减少冲突和摩擦，进而使得独立的组织、员工或资源之间的关系变得更通畅，尽可能减少冗余、不连贯以及空白。协调具有明显的层级特点，往往需要由一个上级机构通过更清晰的组织分工来实现下级单位之间的协调。例如，在面临公害的困境中，行动者各方都希望避免某一结果的产生，尽管他们各自追求的目标并不一致。因此在这种情况下，只需要通过有效地协调，确保某一状态不会实现即可，最终的均衡状态会有很多种。而且这种结果将是自执行的，即各方对这种均衡的偏离只会伤害自己，因此不存在着监控和服从的问题。然而，在诸如囚徒困境之类的具有共同利益的两难困境中，需要的却是协作，因为在只有一个最优均衡的情况下，个体的独立决策通常会导致帕累托无效的结果，即在缺乏有效外部约束的情况下，每个行动者都愿意选择那个非帕累托最优的结果。因此，为解决此类问题、确保帕累托最优，各方必须进行协作，并且对偏离行为具有足够强大的威慑②。

总体而言，相对于传统等级制下自上而下的管理，协作性公共管理是一种由内而外的管理，它的产生是基于组织之间的相互信任、依赖性以及共同的价值理念。传统的等级制体制要求的管理技能是 POSDCORB，即计划、组织、人事、指挥、协调、报告、预算。但协作性公共管理要求的技能则存在明显的不同，它强调多个参与者在多个领域内的共同协作，建立长期合作伙伴关系，来完成任何一方所无法独立承担的工作。尽管传统的政府管理中可能偶尔也会出现协作性公共管理的情形，但是它往往被看做是一种例外，而非常态的管理方式。总之，随着全球化脚步的加快，面对日益复杂的公共事务，政府将会变得越来越倾向于寻求与外部组织的协作，更加自觉地从协作性公共管理的视角出发处理公共事务，而传统的行政管理将更多地变成一种内化于政府内部的管理活动。

目前，关于协作性公共管理的研究还处于起步阶段，还没有形成体系化的理论框架，甚至被认为有“新瓶装旧酒”之嫌。例如有学者就认为，协作性公共管理实质上属于传统政府管理手段中的一种，在传统的政府管理中，上下级政府和同级政府之间本就长期存在着一定的协作关系，现在所提倡的协作性公共管理

① 刘亚平：《协作性公共管理：现状与前景》，载《武汉大学学报》（哲学社会科学版）2010 年第 4 期。

② Jeffrey H. Dyer. Effective Interfirm Collaboration：How Firms Minimize Transaction Costs and Maximize Transaction Value，*Strategic Management Journal*. 1997（7），Vol. 18，pp. 299 – 324.

只是将传统政府管理中的一面呈现出来，而不是一种新的管理方式[①]。虽然存在很多质疑声，但是有一点是可以确定的，即协作性公共管理在现代公共治理中所占据的比重肯定将越来越大。而且，就协作性公共管理所要求的管理能力、思维模式和技能来看，确实与传统管理有着明显的不同，特别是在危机管理、冲突管理、公民参与、公共服务供给中的公私合作等研究领域和课题中，协作性公共管理日益成为一个核心词汇。在政府部门之间、地方政府之间的合作得到越来越多的重视和强调的中国，相信协作性公共管理的研究和应用也将会日益增长和壮大。

三、以电子政务建设重塑工作流程

电子政务的原意是指利用网络技术构建“电子虚拟政府”，从而使公众能够便利地享受政府的各类公共服务。联合国经济与社会事务部将电子政务定义为：政府通过将信息通信技术密集性和战略性地应用于公共管理的方式，以达到提高效率、增强政府的透明度、改善财政约束、改进公共政策的质量和决策的科学性，建立良好的政府间、政府与社会、社区以及政府与公民之间的关系，提高公共服务的质量，赢得广泛的社会参与度[②]。从这一界定可以看出，电子政务的实质是政府机构在其管理和服务职能中运用现代信息技术，实现政府组织结构和工作流程的重组优化，而其终极目标是要将支离破碎的、条块分割的政府部门重新整合建设成无缝隙的政府，进而为公众提供一步到位的、“一站式”的服务。

从世界范围来看，电子政务的发展改变了政府的施政方式，对促进政府行政的现代化、民主化、公开化发挥着越来越重要的作用。西方各国非常重视电子政务建设，在各国提倡的“信息高速公路”五个应用领域，即电子政务、电子商务、远程教育、远程医疗、电子娱乐中，电子政务位列第一。在中国，电子政务建设随着行政管理体制改革的推进也得以迅速展开，各级政府无不将政府的信息化建设和开展电子政务作为行政改革的一项重要内容，并已成为政府管理创新的重要平台和手段。具体来看，电子政务建设对于政府管理创新的促进作用主要反映在以下几个方面。

其一，电子政务为政府业务流程的重组和优化提供了一个有利的支撑环境。电子政务有利于政府在施政过程中优化整合流程，去除原有的繁琐环节，并将优化后的单个流程进行整合，使整个流程合理快捷。经过重塑后的业务流程，不仅

---

① 秦长江：《协作性公共管理：国外公共行政理论的新发展》，载《上海行政学院学报》2010年第1期。

② 金湘军：《国外电子政务与政府管理创新研究概述》，载《国外理论动态》2010年第5期。

能把每个人的工作潜能调动起来，还能加大事后监督的力度，强化管理责任，有效提高工作速度。因此，建立电子政务平台，必须对政府的所有业务活动进行梳理和整合，明确政府功能与业务流之间的关系，找准政府各个业务流之间的来龙去脉。也就是说，不管哪一级政府，要实现信息流准确可靠，就必须使其与业务流重合，同时要避免强化和固化原有的组织结构。所以说，电子政务是实现政府业务重塑的一种有效方法。

当然，政府工作流程的规范和优化是一个渐进的过程。在这一过程中，可能会出现政府业务流程达不到信息化建设要求的情况。即使出现了这一情况，也不能放弃，因为电子政务建设并不一定要等到政府业务流程调整完毕后才开始。而信息技术毕竟只是一个工具，政府业务的顺利进行和职能调整的实现才是电子政务的真正目的所在。当然，也要充分考虑信息技术这一手段对政府管理及其流程的影响。

其二，电子政务有利于改进政府的组织结构和组织形态。随着网络时代的来临，政府管理正由传统的金字塔模式走向网络模式，政府的组织形态也随之开始由金字塔式的垂直结构向“蜘蛛网”式的网状结构转变。传统的政府组织形态是一个包含三个层级的金字塔结构：政府的决策机构处于金字塔的顶部，即战略层；政府的管理机构处于金字塔的中间层；政府的实施机构位于金字塔底部，即操作层。现代信息技术的广泛应用，电子政府建设的推进，可以有效简化中间环节，使操作层与战略决策层直接沟通，从而打破了金字塔式的管理结构，促进政府纵向结构的扁平化。传统的政府组织机构大多数按职能部门划分，各个职能部门之间基本上是各自为政。电子政务的实施，特别是通过对政府业务流程的重塑，对原有的组织结构进行了事实上的重新整合，横向组合的一体化组织形态取代了原来讲求分层负责、部门壁垒分明的传统组织结构。这就创造了一个跨部门、跨层级直接沟通的平台，实时动态地将管理部门置于网络的同一平台进行交流。

其三，电子政务促进了行政组织功能的多元化。电子政务将改变传统行政组织单一的管制功能，使行政组织向服务、管理、消费等多功能并存的方向发展。网络技术的推广应用提升了信息的扩展性，人们可以在任何地方同时使用同一来源的信息资源。政府信息的全方位扩散突破了传统政务运行的相对封闭性，形成无限扩展效应，弱化了政府的信息特权，扩大了市场和非政府组织的力量。行政权力的分散和下移成为一种适应新形势的发展趋势，政府管理的部分权力与职责将从纵向和横向两个维度进行转移，推动政府将一部分职能分解、授权和委托给社会组织进行代理管理。

其四，电子政务促进了政府管理方式的转变。电子政务是一种以用户为中心，并根据需求随时调整政府管理与服务方式的工作模式。电子政务在发展过程中引入了大量市场竞争机制，并将其运用于政府管理方式。这促使政府组织都推行公共管理社会化和公共服务的市场化，逐步建立以客户为中心的管理模式。这就使得政府的管理将更加透明和公开化，绝大多数公共事务都能够通过计算机网络来实施。可以预见的是，在不久的将来，电子政务将塑造一个更开放和透明的政府、一个更有效率的政府、一个更廉洁勤政的政府。

其五，电子政务促进政府运作走向高效化、智能化。效率始终是行政管理关心的核心问题之一，也是衡量行政管理体制是否现代化、科学化的一个主要标准。在影响行政效率的诸多因素中，科学技术因素无疑占据着重要的地位。能否大幅度提高行政效率，在很大程度上取决于能否把现代科学技术有效地运用于行政管理。传统政府是信息通讯技术落后的产物，而现代政府可以利用网络技术使政府与公众及政府内部上下左右联系迅捷，实现会议召开远程化、公文传输电子化、日常办公自动化等，既能保持政府信息传递的“高快真”状态，又能降低人力、物力、财力及时间的损耗，从而大大提高行政效率。同时，电子政务不仅使政府服务由传统柜台式服务向网络化服务转型，而且促使政府机构和服务进行整合与重组，使政府运作方式由原来的技能型向智能化转变。

综上所述，电子政务是引领政府管理体制变革的创新工程，不宜简单地将传统的政府管理模式原封不动地搬到电子政务这一平台上，而应该对政府业务流程进行优化和重塑，通过运用现代信息技术推进政务改革和政府管理体制变革。只有大力发展电子政务，才能形成新型的政府管理模式，从而降低行政成本，提高工作效率，增强服务功能，全面提升行政能力，从而为创建一种适应时代发展的全新政府管理模式奠定重要基础。

四、重视规制治理能力建设

所谓规制（Regulation），是指政府为了克服市场失灵，以法律为依据，以法规和行政规章、命令、裁决的方式，对市场经济主体，主要是企业的交易活动以及社会团体的行为进行干预、限制和约束[①]。“规制”一词源于英文日译，也译作“管制”。相比较而言，“管制”强调强制性的管理，带有比较明显的计划经济色彩，而“规制”则更强调市场主体对法律、法规和规章制度的遵守，更能体现这种政策的实质，是与市场经济相对应的概念。

① 朱光磊、孙涛：《“规制—服务型”地方政府：定位、内涵与建设》，载《中国人民大学学报》2005 年第 1 期。

规制作为现代政府管理经济社会事务的重要手段，其基本宗旨是保护公共利益，是“作为一种能够普遍提高社会福利为根本目标的政策，而不仅仅是作为一种手段去有计划地帮助某一特殊行业或一些部门。”[①] 学术界通常将规制划分为“经济规制”和“社会规制”，前者典型如对市场功能、代理人市场或对单一产业等经济行为的规制，后者则典型如对卫生、环境、安全、就业等社会问题的规制。在构建服务型政府的基本时代背景下，特别是在中国长期以来“重统治、轻管理”的历史传统仍然对地方政府的施政思路发挥着相当影响的前提下，重视和完善政府的规制治理能力建设，已成为提高政府管理水平的必然选择。从这一点来看，现阶段中国的服务型政府建设，在一定程度上甚至可以被概括为“规制—服务型”政府：即强调服务，不是放松管理，也不是抽象地强调管理，而是要以完善的规制作为主要措施来强化政府管理，切实提高规制质量与管理的有效性。具体来看，在提升地方政府规制治理能力的过程中，应特别注意以下三个问题：

首先，重视地方政府规制治理能力建设，是基于中国政府发展双重任务的战略考虑。服务型政府建设是一个循序渐进的历史过程，是我国发展所处的特殊时代背景所决定的。当前，中国的产业结构已从以农业为主转变为以制造业、服务业为主，经济发展达到了现代化中期水平，面临着向“后现代化”转型的挑战。但是，中国仍有近一半的从业人员从事农业生产，社会结构和城市化进程大体上仍然只相当于现代化初期的水平，这种“一条腿长、一条腿短”的不平衡发展态势，表明政府发展肩负着经济和社会双重转型的历史重任。

现阶段，我们还需要继续通过“管理补课”来提高政府的管理水平，逐步实现加强管理与提升服务的统一。或者说，对中国这样的后发现代化国家，政府发展相应地需要采取“双棱柱型”的行政模式。为此，规制尤其是社会规制作为重要的公共政策和管理制度，在现代化建设和社会转型中的作用不可或缺，强调建设“规制—服务型”地方政府正是出于这种战略上的考虑。换句话说，虽然物质文明的积累周期和现代化的进程可以利用后发优势大为缩短，但政府发展的历史序列却是无法跨越的，对这一点要有十分清醒的认识。如果不考虑国情、政治发展和行政环境，政府发展的目标选择就会失去重心。过早丢掉与“管理”相关的概念是有问题的，实际效果也不一定好。因此，如果在政府发展轨迹和模式方面直接比照西方典型国家公共行政的范式，一味追求政府行为方式的完全转变，单纯强调以服务为中心，虽然不无不可，但显然有所超前。

① OECD. Reviews of Regulatory Reform: Regulatory Policies in OECD Countries: from Interventionism to Regulatory Governance, *Paris*: *OECD Publications*, 2002, p. 12.

基于上述考虑，我们认为那种单纯强调建设“服务型”政府，强调“从以统治为中心向以管理为中心转变”，进而实现“从以管理为中心向以服务为中心转变”的观点，在理论和逻辑关系上都存在一定的欠缺。因此，在现阶段构建服务型政府的基本路径选择上，更为现实和可行的战略应该是强调寓管理于服务之中，遵循“规范、统一、效能、服务、透明”原则，树立“以公共服务为导向，以规制治理为手段”的基本理念，着力于提升政府能力及其有效性。

其次，重视地方政府规制治理能力建设，基本宗旨在于解决好“公共性”和“公共利益”问题。从价值层面来看，政府管理可以被认为是“那些不以追求利润最大化为目的，旨在有效地增进与公平地分配社会公共利益的调控活动”①，其根本目的在于为社会和公众提供公共服务。而政府的公共服务，在很大程度上是以规范的政府管理为基础来安排和进行的。这里需要强调的是，现在所讲的“管理”和“服务”，不是过去所讲的那种管理和服务，更不是随意性的服务——即政府不能以管理和服务的形式，或以服务为理由直接干预微观经济活动和人们的日常生活，而要首先理解好“公共性”和“公共利益”这两个带有价值判断色彩的概念，这也是政府管理不同于私人部门管理的根本之处。

从历史发展看，第二次世界大战以后，西方典型国家已从权威的行政主导模式转变为目前民主的公共行政，公共行政不再被视为“牧民之术”，而是“为民行政”，提倡公共行政的服务导向和回应性。在中国，政府管理所体现的“公共利益”就是要代表和维护最广大人民群众的根本利益。从政治的角度讲，就是指通过合法、有效的政党政治途径、政权力量和政府行为，推动国家的现代化进程，增强国家的综合实力，调整好社会成员间的利益关系，并在此基础上尽可能使人民群众过上日益富裕、安定、祥和而又充满活力的生活。为此，现代政府的服务究其本意应有两个层面的含义：一个是价值规范层面“为谁服务”的问题，即政府服务的主体是否广泛的问题；另一个是施政方式层面“服务什么”和“如何服务”的问题，即政府提供服务的程序、手段是否正当、合理和合法的问题。

最后，重视地方政府规制治理能力建设，旨在提高规制的质量及其有效性。20 世纪 80 年代以来，为适应经济全球化、区域一体化的发展，增进市场的有效性，西方国家普遍进行了规制改革。近年来，规制已经被视为西方典型国家公共政策的基本范畴。经合组织（OECD）在 2002 年完成的对成员国规制改革评估的一份报告中就指出：过去 20 年来，规制管理和改革本身已发生了深刻且迅速

① 陈庆云：《公共管理基本模式初探》，载《中国行政管理》2000 年第 8 期。

的变化。早期的"放松规制"或"革除繁文缛节"的观念已很快被"规制改革"所取代，这包括放松规制、再规制和提高规制的有效性……甚至规制管理的概念已经让位于规制政策，这反映了政府在提高规制质量方面所扮演的动态的、积极的角色……发生这些变化的背后原因，是基于多年来对规制改革经验的一种认同——即经济和社会规制成功与否，从根本上取决于政府在制定、协调、执行和审议规制方面的能力[①]。综观 OECD 国家近 20 余年的政府发展，规制已帮助政府在保护范围广泛的经济和社会价值方面取得了重大的进展，并成为政府管理复杂迥异的社会和经济系统，以平衡相互竞争利益的一个最基本手段。[②]

就目前的情况来看，中国的规制体系可以被划分为中央和地方两个垂直体系。国务院所属的规制机构侧重于规制政策的制定和重大问题的决策，地方规制机构主要负责实施。在城市供水、供气和部分社会性规制方面，省级立法机关拥有一定的规制权力，某些地方机构也有具体规制的权力。由于中国的改革开放是一种从计划经济向市场经济的渐进制度变迁，现行规制因此具有"混合型"规制的特点。而且，实行混合型规制的阶段，也正是逐步改革旧有体制弊端、破除旧有政府管理观念和方式，进一步解除政府对企业的过分操控的过程，是强化规制或再规制。同时，政府管理模式经历着从"计划—控制型"到"规制—服务型"的变迁，经历着让市场这只"看不见的手"发挥作用，让政府这只"看得见的手"重新定位，从重审批、重管制向重监督、重服务转变的过程。

规制改革的核心目的，是提升政府能力，丰富管理手段。考虑到中国社会发展较快的特点，如果从立法、行政规制当局和司法等机关的作用看，立法机关是事前的法律制定者，司法机关是事后裁定者，行政机关则可以成为事前、事后双重法规的制定者。当转型期法律的不完备性较大时，兼具剩余立法权和能动的法律执行者双重身份的政府规制的作用非常重要。鉴于此，将规制概念纳入地方政府发展的目标选择，强化规制作为法律的有益补充，是弥补竞争性市场缺陷的需要而将规制视为公共政策和制度，更是出于保护消费者和环境、增进社会福利的需要。由于地方政府更接近公众，通过政府管理的公开、鼓励参与并积极回应等方式推进规制治理，既有助于消除参与全球化的体制障碍，改进规制质量和规制政策的有效性，更有助于建构高效、廉洁、诚信、规范的政府管理体制。

① OECD. Reviews of Regulatory Reform: Regulatory Policies in OECD Countries: from Interventionism to Regulatory Governance, *Paris*: *OECD Publications*, 2002, p. 16 – 17.

② 同上，p. 20.

五、积极探索基于服务型政府的绩效评估体系

政府绩效评估作为新公共管理运动中出现的一项重要治理工具，是西方国家在科技迅猛发展、全球化和国际竞争日益加剧的时代背景下对政府管理方法的革新，目前已经成为其行政改革和政府再造的重要内容与措施。政府绩效评估作为服务行政的细化，以服务承诺为内容，以服务结果为依据，为建立和发展新的公共责任机制，提高服务质量提供了重要的途径和方法。作为特定社会生态环境中的一项制度设计，政府绩效评估的理念、制度和方法必然受到一个国家或地区的政治体制、经济制度和政治文化等诸多因素的影响与制约，这就决定了特定国家或地区政府绩效评估的制度设计和实践模式很难被其他国家完全复制。就目前已经比较成熟的西方政府绩效评估体系而言，其在本质上是西方国家在现存政治制度的基本框架内、在政府部分职能市场化和公共服务输出市场化以后、在政府公共部门与公众关系基本定位的前提下所采取的政府治理方式①。

正如公共行政研究直到目前仍然没有发展出一个普遍意义的理论范式一样，西方国家的政府绩效评估体系也不是放之四海皆准的理论，只能说是一种特殊主义的知识体系。作为新公共管理运动中出现的一项重要治理工具，将政府绩效评估引入并期望对公共管理和政府运行产生有效的作用，就必须立足于中国政府行政体制改革的实践。相反，如果缺乏对中国政府管理具体情景的关照，盲目照搬西方的体系和模式，则不仅会使政府绩效评估的国际经验走样，削弱其功效，甚至还有可能成为制约政府管理的枷锁和又一项政绩工程。因此，探讨和研究基于服务型政府的绩效评估体系，不仅对于推进西方国家政府绩效评估理论与中国问题和使命相结合，从而构建一个适合国情的政府绩效评估体系具有十分重要的意义，同时还对推进服务型政府理论的发展，尤其是克服已有研究的不足，也具有重要的价值。

服务型政府建设在对传统政府管理模式超越的同时，必然会进一步凸显传统政府绩效评估体系的滞后性和不适应性。积极探索基于服务型政府的、符合国情的政府评估体系的现实依据主要是基于服务型政府与绩效评估体系之间客观存在的辩证关系：一方面，服务型政府赋予了政府绩效评估以新的价值与实践前提，而政府绩效评估则使服务型政府获得了区别于传统行政的新的标识；另一方面，要保障服务型政府建设的实践效果，也需要一套科学、合理的政府

① 蔡立辉：《西方国家政府绩效评估的理念及其启示》，载《清华大学学报》（哲学社会科学版）2003 年第 1 期。

绩效评估体系予以考核和落实。总之，服务型政府和政府绩效评估两者的辩证关系客观上为服务型政府绩效评估体系研究提供了逻辑可能性和现实必要性，科学、合理的政府绩效评估体系是推进服务型政府建设健康、快速推进的重要机制保障。具体来看，探索基于服务型政府的绩效评估体系，应主要从以下几个方面着力。

在评估主体方面，构建以公众为核心的多元主体有序治理体系。受到传统文化和价值观念的影响，我国的政府绩效评估体系在评估主体的选择上一直存在评估主体单一、公众评估参与不足、权利失衡等问题，严重制约了政府绩效评估的科学性和评估行为本身的合法性。构建服务型政府的绩效评估体系，就要从服务型政府公众本位理念出发，基于政府管理的公共性逻辑、民主行政理论，构建一个政府主导的、公众广泛深度参与的、专家学者以及中介评估机构等组成的多元主体治理体系，克服社会公众主体缺位的弊端，由此形成内部评估与外部评估的双向推动。

在评估指标方面，要突破过去政府本位模式下的通过传统自上而下的目标考核倾向。现行的绩效考核方式普遍存在过度重视 GDP、招商引资数量、财政增长率等经济指标，过于强调经济指标、显性指标和近期指标。而服务型政府绩效评估体系则应在对各级政府职责科学划分的基础上，努力提升绩效评估指标体系在衡量维护市场正常运行和为公众提供多方位服务等方面的表达力，使指标体系着重反映人民生活水平的变化以及政府服务能力的高低，以此引导政府管理与服务向提高人民生活质量、增强服务能力的方向发展。

在评估方法方面，应追求公众评议与多指标综合定量评价的均衡。传统的绩效评估方法很容易倾向两个极端：要么单纯凭借评估主体的主观印象、经验、印象和感情等主观因素，主要采取定性的主观方法，从宏观上对绩效水平进行把握；要么仅仅运用具体的、客观的数据定量分析方法而缺乏从外部对政府服务的公众满意度评价。这就使得传统的政府绩效评估体系在评估方法上，既缺乏工具理性之于绩效水平精确测评的功能，也缺乏价值理性之于从价值内涵角度对政府绩效定性评估的优势。服务型政府绩效评估除了客观的数据考评外，应更加重视公众对政府的施政满意度的测评。要科学测评服务型政府在全面履行其服务职责、满足公众公共服务需求等方面的绩效水平和满意度，就必须在评估方法的选择上体现服务型政府及其公众本位的价值导向和内在要求，综合运用面向对象的个性化的绩效与服务质量的公众满意度测评模型综合评估模型，实现公众评议与多指标综合定量评价的均衡。

在评估制度方面，应实现绩效评估规范化运作与激励效应的导入。期望构建以服务型政府建设为导向的科学绩效评估体系，首先需要加快政府绩效评估体系的制度化进程，推进政府绩效评估的规范运作①。服务型政府绩效评估体系的制度安排，可以理解为通过自身结构体系具有制度创新意义的发展，回应并推动政府管理体制同样具有制度创新意义的改革，进而在政府绩效评估制度创新与服务型政府建设之间形成良性互动。同时需要注意的是，服务型政府绩效评估体系是一个相互联系、相互作用的系统，不应从单一的角度进行理解，而应该从政府绩效评估体系与服务型政府属性和要求之间的契合，从评估主体、指标、方法和制度安排等方面总体上考虑这些结构要素的特征和构建的具体途径。

第三节　全面提升政府管理与服务水平的体制机制保障

一、建立综合协调机构——公共服务委员会

公共服务委员会，是在构建服务型政府、提高公共服务水平的过程中，政府用以统合公共服务各个领域、统筹社会公共资源、进而统一配置公共服务职责的引领型机构。它是聚合公共服务各领域、社会各类公共服务资源、公共服务各个行为主体的统领者，是公共服务的政策制定者、采购规划者和绩效评价者。

当前国内的公共服务体系普遍实行的是“主管部门—事业单位”的部门分割式治理方式，即所有的公益服务性的事业单位都隶属于相应的职能部门。必须采取实际措施，在公共服务体系建设起步时期，就尽最大可能，避免公共服务体系建设最为容易出现的“碎片化”现象。事实上，类似现象已经在一定程度上出现。

在整合公共服务资源方面，政府应扮演更积极、具有战略性的角色。为此，借鉴 OECD 国家一体化公共服务提供模式的成功经验，建议组建专门性质的“公共服务委员会”，直接对相应级别的政府负责。该委员会作为提升相关职能部门公共服务效率和水平的“使能”（enabling）型综合协调机构，一般应由行政首长、部分行政首长副职、相关职能部门主要负责人、公益性社会组织主要负责人、专家等组成，将各公共服务领域视为一个“系统工程”，统筹规划，科学配置资源，民主协商决策，有步骤推进城乡一体、多领域集成的公共服务体系建设。该委员会办公室列入政府机构系列。

① 彭国甫：《构建地方政府绩效评估体系的三个基本问题》，载《湘潭大学学报》2007 年第 4 期。

该委员会面对政府职能部门是综合协调机构；该委员会办公室对从事公共服务事务的各事业单位是领导机关。政府职能机构是决策、监管部门，是公共服务采购者。公共服务委员会办公室根据政府、公共服务委员会的决定，统一管理公共服务具体提供者，也即各有关事业单位。公益性事业单位从所属职能部门分离。公共服务委员会办公室管理公益性事业单位的资产和人员，整合存量资源，规划增量布局，对它们所提供服务的质量进行内部监督考核等。

“十二五”期间，公共服务委员会的首要工作是向全社会传播“公共服务”理念。探索和规划具有本地方特色的公共服务模式，以满足广大民众的期望，实现既定社会目标。

首先，公共服务的各领域之间是相互依存的，通过委员会的协商对话机制，是增强公共服务职能部门之间、办事机构之间以及公共事务的行动者之间合作的有效手段，改变目前公共服务各领域政策制定的“碎片化”现象。

其次，在实践中，不同政府机构的工作重点会侧重不同领域的公共服务议程，为此，有必要通过专业性的委员会加强更多跨部门、跨机构的磋商与沟通，提高政府的透明度和公共政策的清晰度。

再次，公共服务体系是一个分领域、有层次的整体，要求政府重新考虑提供服务的组织形式，决定各类不同公共服务职责在各级政府间的配置。例如，那些服务职责应由省级政府负主要责任（如基本社保），哪些职责可以下放给地市级政府、社区服务机构或通过市场化、社会化的方式来完成。而相对中立的公共服务委员会能够站在全局的角度，与时俱进，形成相对客观、公正、合理的公共事务财权、事权相匹配的行动方案。

最后，公共服务委员会这样的机构，能够帮助公民与公共服务提供方建立有效的制度化沟通，使公共服务提供机构了解自身的成就和存在的问题，以应对更多的、快速变化的社会公共需求。

二、制定“基本公共服务标准”

公共服务标准是保证基本公共服务走向高水平、提高均等化程度的基本参照系，是能够提供有参考实践价值的方向标和路线图。由于公共服务涉及的服务对象、供给主体和政府层次较多，在服务程序、支出标准、服务质量等方面的要求不一，易于影响公共服务的规范化和公平性。因此按照提高基本公共服务水平和均等化程度的要求，分类制定基本公共服务标准，明确服务的目标、内容、对象、基本程序、资金来源、质量控制、公众参与以及绩效评估等内容，可以为各区县各类基本公共服务的推进建立一个基本参照体系。

一是制定全面、综合性的基本公共服务参照标准，改变目前公共服务标准和各项指标的单一化的问题，制定包含公共服务均衡化的主要指标，操作性强的各类公共服务质量的技术标准，由公共部门按照参考标准施政。

二是制定公共服务范围与责任分工的技术标准，即确定各级政府应该提供的公共服务范围和分类与责任分工，并明确哪些应该政府承担、哪些可以市场提供、哪些可以由社会组织承担、哪些应该市场提供而政府提供相应补贴、哪些应该政府特许等。

三是制定以省级政府为单位的、统一的最低公共服务标准，根据经济和社会发展的需求，制定义务教育、基本医疗保障、基本社会保障等基本公共服务的最低提供标准，并作为强制性标准推行，缓解基本公共服务上的城乡、区域差距。

四是适时调整有关公共服务标准，根据形势的变化不断修正，形成公共服务标准和公众需求的良性互动。

五是建立基本公共服务数据采集和监测体系，尽快实现基本公共服务的统计透明化、规范化，建立公共服务的透明机制，增强公共服务的可获得性。

六是制定公共服务绩效评估的技术标准，通过制定《政府公共服务绩效评估条例》等，规范公共服务绩效评估的原则、主体、程序、指标和应用途径，用以检测城乡基本公共服务均衡化程度和公共服务的效率与质量，为实行“公共服务问责制”提供依据，形成激励约束机制。

三、完善公共服务体系建设的发展规划体系

公共服务体系的建设是一个要求长期努力的持续性过程，在不同阶段须有具备先导性和前瞻性的发展蓝图和行动纲领作为指导。同时公共服务体系建设还是一项艰巨复杂的系统工程，需要随现实环境的变化不断对发展体系进行修正、更新与完善的动态性调整。要确保基本公共服务体系建设与地方经济、社会发展规划相衔接，与经济社会发展战略定位的目标指向相匹配，就需要从国内外集中各方面的智慧，依托知名高校和研究机构，充分论证、合理制定城市公共服务的发展规划。要根据城市市情和公共需求的发展变化，制定和实施公共服务建设的总体及各分项发展规划，明确城市公共服务体系建设的发展目标、基本原则与实施步骤。要坚持“政府主导、扩大覆盖、注重均衡、提高绩效”的原则，在保证最低生活保障、基本医疗、义务教育的基础上，以保护弱势群体为重点，努力推进基本公共服务均等化，不断提升服务品质，提高公共服务绩效。

具体来说，应由公共服务委员会牵头，不断完善由总体规划、专项规划、区域规划共同组成的完整的公共服务规划体系。首先加快研究制定城市公共服务的

总体战略规划，以县级政府为单位，在若干重点公共服务领域制定行动指南，实施有针对性的建设措施。增强总体规划对各级各类规划编制的指导作用；组织编制若干专项公共服务领域的规划，并结合现有规划，作为指导特定服务领域发展以及制定相关公共政策措施等的依据；组织编制各地区公共服务规划，把总体规划在特定区域予以细化和落实。完善规划编制的协调衔接机制，促进专项规划、区县规划与总体规划相互衔接以及各级各类相关规划之间的相互衔接，加强公共服务规划与国民经济和社会发展规划、城市建设规划等的相互协调。

四、搭建以政府网站为核心的公共服务信息网络

公共服务信息正成为现时代政府公共服务的前端和绩效表现的晴雨表，以政府网站为核心、搭建公共服务信息网络平台是提高公共服务水平的有效切入点。政府网站作为公共服务现代化和便捷性程度的风向标，正日益成为政府公共服务信息的集中平台。通过搭建中央、省（直辖市、自治区）、地级市（地区）、县（县级市、区）、乡镇（街道）、村（居委会、社区）五级公共服务信息网络系统，实现以统一的数据为核心，以统一的网络和公共服务信息架构为基础，建设、完善具备业务管理、公共服务、基金监管、宏观决策功能的公共服务信息应用系统，实现数据向上集中，服务向下延伸。相关部门的网络互联互通，信息资源共享，为全面提升政府服务能力和水平提供重要技术支撑。

其一，要重视用户体验的要素，以“易用”、“实用”、“够用”原则为基础，重视政府网站人性化设计，为公众提供各种所需的政务信息和服务信息，更便捷地传递政府管理信息，更快速、广泛、深入、低成本地完成政府管理与服务的职能。一方面，加大各种“政策发布与解读”的力度，确保信息发布的全面、及时和权威；另一方面，大幅度增加便民公告、日常生活品价格预告、惠民政策出台、法律援助等，以此吸引公众的目光，使政府网站真正能为民所用。

其二，推行政府网站的“一站式”服务，加大服务信息资源的整合力度，建立发布公共服务信息的专门性门户网站，拓展信息资源的开发应用，加大互动交流及反馈信息平台建设力度。深层挖掘政府网站针对特定领域（如公用事业、城市管理、新型农村养老、新农合）和特定人群（如青少年群体、老年人群体）的特色公共服务信息，实现社会资源的优化配置。

其三，加强对政府网站群的评测，以评促建，完善网站的绩效评估制度。在这一方面，城市政府门户网站要起到表率作用，采取有效手段提升网站的用户满意度和知名度，成为本城市居民和外地用户常用、爱用的网站。同时加强对不同用户群体的培训工作，通过多种渠道加大网站的宣传，提高社会的认知度。

五、优化公共服务体系建设的制度环境

优良的制度环境是推动公共服务向高水平稳步发展的持续性保证。通过建立和完善公共服务的政策法规体系，全面落实已经出台的政策法规，以便能够切实为建设高水平基本公共服务的实际行为和举措保驾护航。

首先，进一步推进公共服务各个建设领域的立法工作，加快推进与基本公共服务相关的新法律法规的制定进程。对于地方政府而言，应根据中央在相关领域的全国性政策法规，制定并实施适合本地实际情况的法规条例和管理办法。

其次，清理、整合、完善现有的以义务教育、基本医疗和卫生服务、基本社会保障等领域为主的法律法规和规章，形成以省级政府为单位的，统一的、较为完善而协调的基本公共服务政策法规体系，避免因各部门、各区县的政策法规、相关文件的不统一而带来的混乱。

再次，对于各级公共服务体系建设中一些有益的经验、做法，应以制度形式固定下来，使一些新的基本公共服务项目有法可依。

最后，明确各级政府之间、政府与市场之间、政府与事业单位之间以及政府与社会之间在公共服务体系中的权责关系，以制度化的形式确定下来；按照基本公共服务均等化、切实提高服务水平的原则，将公共财政纳入法制化的轨道。同时，要做好依法行政工作，完善部门联合执法机制，坚持依法管理，强化执法力度，实施规范管理。为公共服务体系的健全发展和高水平运行，提供良好的制度环境。

第九章

构建“伙伴型”府际关系是服务型政府建设的政策工具创新

通览世界典型国家政府间关系的发展历程，可以发现各政府主体之间正在从科层关系向伙伴关系嬗变，强调合作、协力与对等的互助模式，跳出单一政府主体的历史惯性思维，不约而同地兴起“府际合作”或“跨域治理”之风潮，在政府组织间形成纵横交错的公共服务网络。这其间各国政府创新方案中重要的共同趋势之一，就是政府间“伙伴关系”的广泛建立。

以“伙伴关系”合作为基础的政府间公共服务的互赖性结构框架，是启动政府间公共服务中的协作行动、乃至整合政府间关系发展的核心所在。这种新型的协作公共服务供给体系，是服务型政府建设中具有创新意义的主导性政策工具，是政府间协作完成公共服务职责的最佳实践模型，已经成为西方典型国家中跨区域性公共服务传递的普遍机制。因此，通过寻求这一关系模式在中国的发展空间，特别是将其纳入服务型政府建设的整体格局中“为我所用”，不仅可以为跨界公共事务的治理提供可选之道，而且还可作为政府间关系模式演进道路上的一种新范式。

第一节　伙伴关系：府际关系模式变迁的趋向

市场经济发展和经济全球化的浪潮中，地方的经济力量和主体性在不断增强，如何既能继续维护中央权威，又能促进政府间通力合作来共同处理公共管理事务，成为世界各国政府急需解决的一个重要议题。虽然各国政府间关系的发展模式与过程有很大的差别，联邦制与单一制国家亦有其不同的演化历程，在复杂中探索各自的模式，但大体而言，都在朝着分权与合作的方向演进。换言之，在政府间推动政策与管理上的合作已是共通的趋势。政府间关系的这一发展促使政府之间，由集中监督与管制的关系，或双元分立的辅助与分工关系，走入更积极的依赖与分享关系，转换成愈加多元化、动态型的伙伴协作与共治的形态。在这其中，伙伴关系（Partnership）的机制为各国政府间关系模式的调整提供了较好的借鉴，日益成为政府间互动模式变迁的趋向之一。

一、伙伴关系意识提升是府际关系模式迅速发展的重要原因

（一）伙伴关系的理论渊源与实践发展

政治学与行政学视域中的伙伴关系（Partnership）这一概念，始于西方公共管理学界中的城市治理学说，最早是指城市政府与私营部门在公共服务提供上的合作伙伴关系，也即“公私伙伴关系”（Public - Private Partnership，通常简称PPP)。在西方社会，这一思想已有较为深厚的历史积淀。海德（Haider，D.）在论述芝加哥公私伙伴关系的论文中就指出，1893 年哥伦布世界博览会举办之后芝加哥的城市面貌就是公共部门和私营部门合作的产物。[①] 在 20 世纪 70 年代后期，美国卡特政府将公私伙伴关系概念首次落实到了实际操作层面，即将其作为一种政策工具，这样它的内涵也有了相应的变化：[②] 最初，公私伙伴关系被看做是稀有公共资源的补充，用以应付比较迫切的公共需求；其后，公私伙伴关系被视为双方共同努力的平台，政府的任务是为私人投资营造更好的市场条件；接续下来，公私伙伴关系又发展到将公共服务部门私有化，使政府以某种退让的方式，削减对某些传统领域的直接管理和提供服务。

20 世纪 90 年代以来，“公私伙伴关系”（PPP）逐渐开始被许多国家运用于城市治理实践中的多个政策领域，诸如社会福利、环境保护、教育和规划等。1997 年下半年，世界银行开始了一个“城市伙伴计划”，旨在为城市和中央政府

① Haider，D.，*Partnerships Redefined*：*Chicago's New opportunities.* In P. Davis，ed.，Public - Private Partnership，*New York*：*The Academy of Political Science*，1989. pp. 137 - 149.

② 白晨曦：《发展中的城市伙伴制》，载《国外城市规划》2004 年第 4 期。

官员提供双边组织、非政府组织、学术界、公司、基金会和个体的资源与人才。换言之，伙伴关系的内核可以称之为不同组织以及个人资源的新的分享与分配的合作机制。就这一层面上的意义而言，伙伴关系具备了更为广泛的应用性空间拓展与延伸的潜能，能够用于多种社会主体之间及其活动领域，而并非仅限于公私部门之间。时至今日，有关伙伴关系理论与操作的研究主要有四个向度：（1）中央政府与地方政府的伙伴关系；（2）地方政府间的伙伴关系；（3）地方政府与企业部门的伙伴关系；（4）地方政府与非营利组织的伙伴关系。

在上述伙伴关系所开拓的各项新领域中，前两者就是各级政府主体将其应用于彼此间的协作过程中，并逐渐发展为一种协作关系模式。目前在政治建设较为成熟的国家中，“伙伴关系”一词已被运用到政府间关系的具体工作方式中，成为政府间关系模式变迁的趋向之一。中央（联邦）政府与地方（州）政府之间、以及地方（州）政府之间，都已经或正在通过伙伴关系在某些特定的政策与工作领域创制出共同协调指导、共同生产、合作管理和经营等方面的新型合作模式。[①] 尤其是在一个很多重大问题都没有固定的区域限制、很多领域权力重叠的时代，伙伴关系和其他体制可能是一种填补空白和建立至少是部分责任制的前提的有效方式。

基于西方典型的国家的经验，把伙伴型关系引入中国政府间关系的运转实践中，能够加强政府横向与纵向间的衔接和互动。这一关系的形成，使得传统单一主体的地方政府管理，开始向多元主体模式的地方治理系统转变。在有关全国性或地方性政策的制定和执行中，所涉及的主体已不再仅局限于政府内部单纯的线性互动关系，还包括了来自各级政府之外的公、私组织和其他社会组织，从而在它们彼此的互动中形成一种统合型网络关系。

在中国横纵向政府间两个维度的互动中发展伙伴型政府关系，有助于调动方方面面的资源，形成发展合力。今后，一个国家的发展不可能仅仅依靠中央政府单打独斗，只有全面调动国家的各种发展资源，才有可能在国际竞争中立于不败之地。从目前中国政府间关系的现实发展来看，随着市场经济的纵深发展，尤其是政治体制改革与经济体制改革不配套所引发的政府间关系的不合理现象，以及都市方面发展的新问题等，都成为把伙伴关系模式引入到政府间关系的客观理由。特别是在中国致力于加强服务型政府建设的过程中，以创建“伙伴型”府际关系为契机，在中央政府、地方各级政府、社会组织乃至公众之间，建立起以共同利益为基础的相互合作、资源共享的伙伴关系，既能大大增加政府间合作、协调、妥协等互动方式，削弱政府间产生矛盾和摩擦的可能性，更有利于跨界公

① Kooiman, J. Ed., Modem Governance: New Government - society Interactions. *London*: *Sage*. 1993.

共事务的治理。

（二）伙伴关系内涵的设定

目前，关于伙伴关系内涵的认定并不完全一致。如贝里（Bailey N.）就认为，伙伴关系是“为重整一个特定区域而制定和监督一个共同的战略所结成的利益联盟”。① 梅恩茨（Mayntz R.）和斯卡普（Scharp F. W.）融合理性选择与制度主义的假定，将伙伴关系定义为非正式制度，也就是非正式组织的、互惠的、相对永久的关系。伙伴关系的整合是基于共同同意的达成政策结果的规则，行动者之间创造相互信任以减少不确定性与交易的成本，网络作为公、私行动者之间水平的自我协调的理想制度架构，使公、私行动者为目标的实现互相交换资源，所以，伙伴关系是以行动者为导向的准制度。② 郎兹（Lowndes V.）则指出，“伙伴关系是指由不同目的、时间范围、结构、运作程序和成员构成的一系列制度安排”。③ 卡朴库（Naim Kapucu）还提出，合作伙伴关系指多个部门（如公共部门、私营部门或非营利部门）两个或更多组织间任何有意的合作关系，这种合作关系聚集了资源，以确认并进而寻求一种解决共同问题的联合途径。④

不过，得到学界相对的认同，被引用较多的，还是来自经济合作与发展组织的界定，也即：“伙伴关系是正式的合作体系，是建立在受法律约定或非正式的理解上的组织；它们存在相互合作的工作关系；在组织内一定数量机构间的计划被相互采用。在一定的时间内，合作伙伴介入政策与进度的制定，分担并分享责任、资源、风险和利益。”⑤ 其后，该组织通过对其成员国家伙伴关系实践发展经验的观察与总结，又提出了“战略性伙伴关系”。它包括两个方面的内容：⑥ 一是动态，意即地方政府将依不同的时间和不同的目的，与邻近或利害相关的地方政府联结成各种不同的政策社群或政策网络；二是弹性，意即地方政府间能够共同制定适合的规则，回应环境变迁，而不拘泥于既定规则。

归纳上述诸种界说，发轫于先进工业国家并在政府组织间所呈现出的伙伴关系，具有以下几项主要特征：第一，这是一种动态的合作关系，伙伴关系的建立必然会涉及合作双方或多方之间所存在的资源依赖关系，亦即政府组织间是借由伙伴关系的建立，以达到资源优势的共享和资源劣势的互补。第二，这是一种弹

---

① Bailey，Partnership Agencies in British Urban Policy. London：UCL Press. 1995：27.

② 杨安华：《国外地方政府间建立伙伴关系研究述评》，载《南京社会科学》2008 年第 5 期。

③ Lowndes V，Local Partnership and Public Participation. IPPP Partnership Commission，2001.

④ ［美］卡朴库：《无等级的合作：公共部门与非营利部门合作伙伴关系》，周洁译，载《国家行政学院学报》2004 年第 1 期。

⑤ OECD，Partnership in the United States. 1997：15.

⑥ OECD，Local Partnerships for Better Governance，Paris：2001.

性的合作关系，政府组织间发展伙伴关系是为了超越现行法制的限制和行政区域的界限，共同制定出新的互动结构，以强化本身对环境变迁的调适能力。第三，发展伙伴关系的过程是一种策略运用的历程，合作的双方或多方在行动中必须考量其他方面的反应；换言之，伙伴关系建立的成败关键在于合作的任何一方是否能够从中获得利益。不能忽略伙伴关系中的交易成本问题，也即只要有任何一方认为交易成本高于建立伙伴关系的效益，则合作关系就无法成立，纵使成立也可能随时破局。第四，形成伙伴关系的各个政府组织，彼此间必须能够共享利益及分担责任。

本研究对于伙伴关系的基本认知，乃是以与中国特定的经济社会环境相符合为基点和先导条件，将其置于中国横纵向政府间体制架构的具体语境中加以阐释。就中国目前的现实环境而言，在打破本身“职责同构”[①] 的政府管理体制的前提下，构建伙伴型府际关系并不是对领导与被领导关系、平级之间竞争关系的简单改造，而是在职责、权限分明的政府间建立相互合作、相互依赖、相互制约、资源共享的伙伴关系。政府间伙伴关系之于政府行政体制，其运行是双轨的，伙伴关系不会取代行政层级的划分。它只是政府间处理共同面临问题的具体工作方式，并不会影响、更不会打破原有的政府结构。综合而言，本研究中所指伙伴关系被设定为政府间组织建立在彼此间共同利益基础上、在具体政策领域内形成的一种工作关系和政策工具。这种关系并不能取代上下级政府间政治上的等级关系，更不会直接否定中央和上级权威。

二、市场经济纵深发展要求加强府际合作

在计划经济时期，政策指令推行过程中政府间通力合作的实现，主要是依靠行政命令来确保。随着改革的深入，一方面许多传统的地方政府职能已经名义上实现了“国家化”；另一方面，一些原本属于中央政府的职责开始向地方转移，地方政府的经济实力和主体性不断增强，并且日益与地方官员的政绩挂钩。于是，如何促使政府间组织的协作来优化资源配置，尤其是化解政府间经济绩效竞争过程中发生“碰撞”效应，已成为理论研究与实践操作中都亟待解决的问题。

如今，地方政府已不再是小农社会和计划经济时期那种等级治理的封闭系统，而是拥有了相对独立的地方利益和横向竞争的压力。在当今中国，政府间竞争是一种客观存在。市场经济发展的自然冲动早已越过了行政区划的法定边界，以计划经济为依托的行政区定势不断受到冲刷，并促使相应的地方政府管理行为

① 朱光磊等：《“职责同构”批判》，载《北京大学学报（哲学社会科学版）》2005 年第 1 期。

发生演化。在给定资源约束的条件下，地方政府之间为了追求自身利益最大化必然展开各种博弈行为，但由于生产要素的流动存在着体制、地区差异、政策等障碍，地区间市场分割严重，难以形成全国统一的市场，资本、人才、技术等生产要素缺乏合理流动；再加上市场惯有的盲目自发性，催化和加剧了已有的资源禀赋和空间区位差距，将地方政府置于竞争日益白热化的环境中。因此，地方政府之间的博弈往往是冲突性博弈，诸如市场封锁与分割、诸侯经济、地方保护主义和招商引资争夺中的“相互杀价”等现象莫不与之有关。每个地方政府都力图获得或维持具有稀缺性特征的排他性资源。由于相关制度供给不足，现存以行政命令和地方领导个人意志为主的协调方式，并不足以消解因低水平竞争所引来的效益损耗，进而有必要通过厘清地方政府间竞争的体制根源与逻辑机理，探寻新的制度基础和塑造新的政策环境。

进入21世纪，地方政府在深度迈向市场经济的过程中开始面临着一系列新型的社会事务与公共管理问题。它既不限于纯粹的地方政府辖制范围内，亦不完全属于中央政府的辖制范围内，其解决之道往往涉及两个以上的政府间组织的行为交往与关系协调，需要多主体间的多边联合行动与协作，以及建立在各主体协调基础上的多边政策协商。在这一情况下，有必要通过调适政府间组织关系，尤其是在政府间某一特定领域工作中构建合作伙伴关系，以推动政府间关系模式发生质的变化，并使之成为推进政府间组织竞争良性发展、重塑竞争秩序，最终达到双赢互利的实现机制。政府间伙伴关系的确立，有助于在政府间组织进行合理的分工，使市场竞争和合作成为促进地区经济利益实现的重要手段；有助于推动地方政府相互开放市场，冲破阻隔政府间组织在多个领域合作的藩篱，实现资源的优化配置和经济社会效益最大化；有助于促使地方政府的利益追求能够相符于中央政府的利益要求，逐步将地方政府间的冲突性博弈向合作性博弈推进，以最终达到帕累托最优。政府间组织通过密切的伙伴式协调与合作，还可以通过相互学习以适应外部环境变化的挑战，最终提高整体的竞争力。

三、对城市化进程中“问题外溢”的有效回应

现代政府间关系的发展离不开城市化这个大背景。伙伴型府际关系作为政府间关系模式发展的一种新形态，是政府主动回应城市化进程的诸种体现之一。在农业社会和早期工业社会条件下，社会公共问题相对单一，公共事务相对简单，地方政府能够在一个相对刚性的行政区域单位内，较为得心应手地进行处理内部公共行政问题。

然而，快速的城市化进程却从根本上改变了政府的存在环境和管理内容，要

求政府治理模式特别是政府间关系模式的转换及发展。城市化推动人类生活方式从“田园时代”进入“都市时代”，使得社会生态愈加复杂。随着人口越来越趋于向城市集中，政府管理和服务的对象逐渐以城市人口为主。据美国北卡罗来纳州立大学和佐治亚大学专家的统计显示，在2007年5月23日这一天，世界城市人口为33亿399万2 253人，农村为33亿386万6 404人，城市人口有史以来首次超过农村人口。[①] 因此在某种意义上而言，现代社会中的政府就是“城市政府”。城市是各种社会、经济和政治问题最集中的地方，相对于在农业时代政府所提供水利灌溉、交通等非常简单的公共服务，城市对政府有着更多复杂的管理与服务需求。基础设施、综合服务设施、文化设施等的建设与维护，对移民、交通、环境、食品药品等问题的处理，都对政府管理和公共服务供给的能力提出了更高的要求。从行政建设较为成熟国家的情况来看，城市化是推动政府治理模式变革的重要发动机，它推动着许多地方政府职责更多地集中于城市治理，并使地方政府间建立战略性伙伴关系成为一种趋势。“伙伴关系”一词本身就属于有关城市治理的学术文献中一个更大的系统概念大家族中的一员。[②] OECD各国“政府再造”方案中重要的共同趋势之一，就是这一伙伴关系的建立，比如在英国，城市复兴运动的兴起，成为了地方政府间伙伴关系的主要推动力，并得到了各主要政治派别的一致拥护、公共机构、私营机构及地方社区的积极参与，成为超越政治界线的一项城市复兴基本策略。

在中国，城市长期作为政治处所而存在，城市化的历史还不长。这是造成中国政府在政治统治方面经验丰富，而在社会管理方面遗产匮乏的一个重要原因。在过去的30余年间，中国经历了快速的工业化与市场化，城市化进程已得到极大推动，农业人口已大大减少。一大批“城市带”、“城市链”和大都市区的颇具规模，现代通讯条件和交通网络的兴建与大规模、广范围、高速度的人口流动齐头并进，政府面对的是一个全新的行政生态环境。在一个开放、信息传输发达和高度流动性的社会里，不同地域之间的交互渗透性越发加深，以往“单位”行政边界或公共部门的所谓“内部”公共问题和公共事务，变得越来越“外溢化”和“无界化”，“跨界公共问题”日益凸显和倍增。诸多涉及公共安全、公共秩序与公共卫生的社会公共问题，如环境与资源问题、流动人口问题、流行病防治问题等，都明显地跨越了单位行政区划，具有“不可分割性”。[③] 传统的基于行政区划刚性约束的治理模式，囿于其“封闭性”和“内向型”，越发显得捉襟见肘。政府必须以一种新的政治与行政观念去适应以城市化为引擎推动而成的

① 《世界城市人口首次超过农村人口》，新华社2007年6月1日电。

② ［瑞典］埃兰德：《伙伴制与城市治理》，载《国外社会科学杂志》（中文版）2003年第2期。

③ 陈瑞莲等：《区域公共管理理论与实践研究》，中国社会科学出版社2008年版，第16～17页。

复杂行政生态环境。

主要由城市化所引发的社会公共问题“外溢”，为政府间关系的转型注入了新的内涵，同时也给政府间关系提供了新的发展与活动空间。这在外部表现为社会管理与公共服务职责的强化，其显著标志则是以政府间的伙伴协作为重心的现代公共服务生产与供给体系的逐步建立、完善和更为严格、规范的政府间协作性管理。城市化为中国政府间关系模式创新提供了重要机遇，尤其是对政府间合作供给公共产品和公共服务的能力与水平提出了更高的要求。伙伴型府际关系就是城市化背景下中国政府间关系模式在不断进化过程中的最新动向与路径选择。

四、缩小地区间差距的重要路径

伙伴关系的兴起还与地区间发展的不平衡有关。经济合作与发展组织就将政治建设成熟国家政府间组织，出现建立伙伴关系发展趋势的原因，归诸于以下方面：第一，由于环境保护和经济可持续发展等政策问题，亟须区域内各地方政府间协力处理；第二，由于区域经济发展不平衡，地方政府间必须通力合作解决失业和贫穷等社会问题。[①] 就经济社会发展的一般规律而言，由于受不同的资源禀赋、发展基础特别是市场机制所引发的“累积因果效应”[②] 的影响，地区间发展不平衡是经济社会发展史中的常态现象。在中国，这一现象会尤为明显。失业、贫困和社会歧视作为地区发展不平衡的衍生物，是一个分布不平衡的现象，总是集中在某些地方和社区。解决这些问题需要集合各个方面的力量，特别需要政府间组织在处理彼此间关系过程中选择新的制度路径和政策设计，以加强政策导向和行动逻辑的协同性。政府间组织伙伴型合作的灵活方式，打破了地区、层级、行业的界限，更有利于联合起来集中资源，缩小地方间发展水平的差距。

地区间差距作为一种综合差距，不仅表现为地区间经济发展的不平衡，同时还表现为地区间政治、文化、社会发展的非均衡。长期以来，无论理论研究还是政策层面，关注更多的都是地区间经济发展水平的差距问题，中央和地方政府为缩小地区差距而做出的政策努力也更多地集中于经济层面。在市场经济条件下，政府对于经济的干预是严格受限的，政府调控地区间经济发展差距的空间相对狭小。缩小地区间差距，不应只是地区间经济水平的协调发展，更不是地区间经济

① OECD，Local Partnerships for Better Governance，Paris：2001.

② Myrdal，G.，Economic Theory and Undeveloped Regions. *London*：*Mochuon*，1963. P. 7.

的等量发展，而是需要统筹地区间经济社会的均衡发展。[①] 源于中央政策的地区性倾斜以及“地方梯度分权”，源于地区间资源、区位、历史、观念等方面的差异，再伴之以地方政府间的政策能力不均以及不当竞争，目前公共服务地区之间的供给及其绩效也处于由东向西递减的格局。因此，缩小地区间差距的更深层次的内涵在于：并非只是执著于拉近地区间在经济总量上的差距，关键点是要缩小各地区间在基本公共服务方面的差距，实现地区间基本公共服务水平的均等化发展。这应是中国政府公共服务政策领域的主要操作路向。

政府间组织伙伴关系的创设，就在于可以在政府间构筑起多个政策及项目通道，能用之于实现地区间基本公共服务水平的均等化。地方政府间通过建立起有效的伙伴式合作协调机制，特别是发达地区与欠发达地区的地方政府之间，在政策取向、资源配置、经济技术交流等领域进行更为广阔的伙伴式协调与合作，对于加快欠发达地区的经济社会发展、推动彼此间公共服务水平逐步走向均衡、乃至逐渐缩小地区间经济社会发展的不均衡状态等，都具有极其重要的现实意义。同时，通过长期的伙伴合作，不同组织间还会形成相互学习交流和信息获得机制，能够不断增强彼此的竞争力，以提高政府整体的公共管理与服务水平。基本公共服务体系建设中，发达地区地方政府应该主动承担起一定的伙伴帮扶责任，通过建立起一系列伙伴式项目和长效帮扶机制，切实帮助欠发达地区改善基本公共服务状况。在未来的一段时期内，发达地区在加强对欠发达地区经济、技术支援的同时，应该进一步重点关注与加强公共服务领域的对口支援，帮扶的主要区域应该集中放在基础性公共服务，如义务教育、基本医疗等方面。

伙伴型府际关系的发展，重在构建解决地方发展不平衡的后发展机制。应当承认，蓬勃发展的伙伴关系，一般还是发生在那些政府法制完善、市场经济发达、市民社会具有较强的自治能力的工业化国家。在这些面临后现代化发展任务的国家来讲，由于伙伴型政府间关系的发展，能够作为管理和财政战略，积极整合优势资源，加强政府与其他社会组织的合作，缩小地区间发展水平尤其是基础性公共服务供给水平的差距，所以中央政府才主动进行体制创新，把伙伴型关系发展作为解决地方发展不平衡的主要途径。处在转型期的中国，尽管由于面临着现代化和后现代化的双重历史任务，从全国范围来讲，发展伙伴型政府间关系暂时还有一些困难；但是，在一些经济发达的沿海开放城市和地区，已然出现了相关制度创新的物质基础和制度空间。我们期待着越来越多的相对发达地区能够“先尝先试”，在这个方面迈出具有重要历史意义的一步。

---

① 张彬：《西部地区基本公共服务体系建设：差距、成因及对策》，载《内蒙古大学学报》（哲学社会科学版）2007 年第 5 期。

五、“伙伴型”府际关系的中国空间

（一）伙伴型府际关系在中国的适用性问题

1. 政府间发展伙伴关系有其特殊的适用范围

要在政府主体间发展伙伴式的关系，还需考虑适用范围的特殊性问题，比如空间和时态。首先，伙伴型府际关系的发展会受到政府层级结构的限制。换言之，伙伴关系并不能够在所有的政府层级中建立。相关国家的经验表明，在框架性限制中，伙伴型府际关系的发展是以被授权或赋予自由选择空间为前提，越过界限则将冲击该关系体系的生存，甚至直接导致伙伴关系运作失灵。一般来说，伙伴型府际关系的发展与国家结构形式的联系较为密切。在联邦制下，联邦政府与次一级政府相比，并没有太多的实质权限，因此伙伴关系更容易在邦或州政府这一层次发生，甚至可以下放到基层政府。在单一制国家，由于各国的地方自治传统不一，偏向中央集权的国家若欲推动伙伴关系的发展，则可能会比较容易增加政府间关系发生冲突的机会。地方政府即使获得自主权限进行改革，也可能因为相关配合措施不足，例如缺乏必要的人力、财力、物力等资源，或未具备充分的组织能力，增加政府主体间摩擦的成本。同时，从一级政府的横向各职能部门来看，伙伴关系适宜在诸如工商、税务等审批部门，以及市容环保等公共服务职能较为突出的部门中推广；而诸如公安机关等带有较强管制色彩的强制机关，就不太适合推广这一关系模式。

其次，从时态角度来看，伙伴关系更适合被应用于政府的常规工作时期。事实上伙伴式的府际关系受外界环境的影响较大，因此可能会面临“稳定”与“效率”的两难境地。该模式其实就是在具体政策领域中建立起来的一种弹性化工作机制，在稳定的环境中相关各方可以借此坐在一起来共商应对之策。然而当面临重大突发事件时，政府需要集中资源、重点突破，这个时候当然是以效率为先，无论纵向还是横向的政府之间都不可能做到“心平气和”，在这样的状态下伙伴关系显然不合时宜。

2. 政府间发展伙伴关系所面临的现实考验

要发展成为中国政府间关系模式演化路径上一种新的目标范式，伙伴型府际关系还有诸多实际问题需要解决。首先是关系维持过程中的稳定性难题。伙伴关系的弹性有余，但刚性则略显不足，虽然极具灵活性的协作机制能够在短时期内建成并运转起来，但约束力的缺位也造成了参与协作的任何一方在任何时刻都可以较为随意地“撕毁”伙伴协议或“退出”伙伴体系，却不必承担相应的成本，这使得伙伴合作体系虽然有着能够快速简捷地聚合各相关方的优势，但也面临着各位“合伙人”随时可能散伙、服务协作集群随时可能解体的危险。其次是伙伴合作中责任确定的模糊性困境。多组织协作条件下导致了天然的“权威缺漏”，这会使得多个行动者协作的责任关系得不到确认，为提高跨界公共服务供给效率而采取联合行动的组织体系，通常难以形成适用于单个机构的上下级问责机制，跨部门机构的责任归属模糊化困境导致了公共服务绩效评估的困难。第三是伙伴式公共服务合作供给过程中的一系列技术性问题。各个参与主体需要运用高效、合理的一体化和协同化工作方式，来保证能够产生出优于单个组织的解决方案和结果，在具体协作活动中的职责分工、政策执行中的磨合、问题出现时的解决机制等各项制度设计，对各个参与方而言都将会是长期的考验。

（二）伙伴关系是中国府际关系的有效组成部分之一

伙伴关系是政府在致力于履行公共服务职责的历史过程中逐渐成长起来的，是政府间关系模式发展到一定阶段的产物，是在具体政策执行过程中基于共同目标的互动方式，并不影响原有的等级制度以及现存的决策方式。从终极意义上看，它只是构建公共服务型政府过程中运用的一个手段，而非政府间关系的最终目标。在政府之间打造伙伴关系的目的，不在于要去“替换”条块关系、竞争关系中的某一个甚至全部，事实上在中国目前的条件下也不可能否定这些关系。在构建服务型政府的政府发展总体目标的要求下，不对现有的府际关系体系补充新的能量肯定不行，但单纯依靠伙伴关系也不实事求是。比较理想又合乎实际的情况应当是，伙伴关系要与条块关系、竞争关系等一起奠定未来中国政府间关系发展的框架性基础，要明确地推动府际关系由现有模式向着条块关系、竞争关系、伙伴关系三者并存的方向转变。

1. 伙伴关系与条块关系

长期以来，“条块矛盾”一直是困扰中国政府的一个大问题。而伙伴关系模式注重通过政策协调实现利益整合，即在各伙伴保持分离性主体的前提下，为着共同的事业目标一起工作，共享收益。这在一定程度上，冲破了“条条”和“块块”的界限，缓和了条块之间消耗彼此的纷争，为理顺并重塑政府间关系提供了一个新思路。就政策效果而言，伙伴关系与条块关系、竞争关系等，各有所长。它们是相互补充，对立统一的关系，而非此消彼长的关系。在构建服务型政府的过程中，应该注重发挥各自优势，多管齐下，以此实现高效、高质的公共服务供给的发展目标。

2. 伙伴关系与地方竞争

政府间的伙伴关系不是对竞争关系的否定，相反是对竞争关系的有效补充。当地方政府走到一个社会管理职能不断增强、公共服务职责渐渐加重的发展阶段时，再一味顾着“做大蛋糕”、彼此之间“争抢蛋糕”，那么都会落后于时代发展和中央的步伐。当前，越来越多“双边化”或“多边化”的公共服务问题则为政府间关系模式的创新带来了机遇。为了实现公共服务的无缝隙覆盖，地方政府必须寻找跨行政区界限的方法和更多与利益相关方合作的机会，以提高资源的利用效率和实现效用最大化。在公共服务供给的伙伴式合作网络里，各个主体在相互依存的环境中通过分享资源和权力来共同管理公共事务，为了实现与增进公共利益而共同提供可持续的整合型公共服务。显然这通过“你争我夺”肯定是达不到的。同时，伙伴关系也不是仅仅就是一团和气式的合作，其中也存在着竞争性的因素。与经济绩效竞争相同，参与的各位伙伴会体会到公共服务绩效的差别也是不一样的。随着社会的全面进步，地方的主政者应当理解到，在“拼 GDP”中获胜时是成绩，在“拼服务”中领先也是成绩；而且后者更容易出成绩，因为后者相对偏弱，起步相较晚，谁先动，谁就会走在全国的前面。

中国目前处在“现代化”阶段，但全球化进程又把我们同时拉入了“后现代化”阶段，我们面临的是“双重历史任务”。“现代化”和“后现代化”这一双重挑战，要求我们要对不同历史阶段中的政府管理模式都要“充分吸纳”和“有效整合”，多种模式结合起来“为我所用”应是一种常态。伙伴关系在中国还属于新生事物，政府之间各种带有伙伴式特点的因素还处于聚集和形成的过程中，从长远看还会不断增长。今后，可以就这个问题继续进行深入探讨。

伙伴型府际关系，作为政府间关系模式理论发展的新走向，是构建服务政府进程中的一项创新型政策工具，更是现代政府发展的趋向之一。发展伙伴型府际关系，有助于理清当下政府间关系种种困惑的逻辑脉络，尤其对于解开政府间关系实践发展中的现实纠结而言，应是既现实又理想的政策工具选择之一。伙伴型府际关系为理顺并重塑中国政府间关系提供了一种比较新颖的方式，亦与中国正加强建设服务型政府这一政府发展的基本战略走向相契合。将伙伴关系与条块关系、竞争关系“并轨而行”，是在中国政府间纵向和横向关系模式发展的双向深层次推进基础上，对中国政府间关系未来发展的整体性推演和重新定位。不仅具有管理上的意义，更是一种政治文明。在未来的政府发展战略期内，中国政府应以创建新的伙伴型府际关系为目标，进而全面调整政府间关系，并最终探索出一条中国特色政府间关系模式的创新之路。

第二节　重构伙伴型府际关系是建设服务型政府的政策工具创新

在中国传统的政府管理中，中央与地方政府的合作是建立在严格的行政等级基础上，中央政府较多地采用强制性的政策工具来推动政策的执行，例如，常见的管制行为，特别是在具有基础资源性政策如人口、土地政策等沿袭了传统治理方式。自新公共管理革命以来，在全球范围内，中央政府与地方政府之间正在形成新型合作关系，特别是非强制性政策工具的引入，即在地方自治和法定分权的基础上，通过自愿性的政策协调和财政补贴创建了新型的伙伴合作关系，扩大了政府间关系的参与主体，提高了政府服务的质量和范围。另一方面，快速的城市化进程，促进了中心城市与周边地区的融合。大都市圈的形成，客观要求各个地方自治政府在交通运输、基础设施建设、社会治安、环境保护等方面互相配合。面对经济全球化和快速城市化带来的政府变革的潮流，中国政府在建设服务型政府的过程中，也开始引入多种政策工具，特别是在非强制性工具和混合工具的运用中，逐步构建了具有伙伴合作特征的新型关系。

一、"伙伴型"府际关系有利于实现基本公共服务均等化

基本公共服务均等化是世界各国建设服务型政府的应有之意，是实现区域协调发展，缩小区域发展差距的重要机制。伙伴关系的兴起，主要目的在于政府通过创建提供均等化公共服务的平台，促进市场资源的合理配置，实现经济社会发展较为落后地区的可持续发展。特别是在中国，原有的核心公共服务的差距，实质上扩大了城乡差距和区域发展差距。自 2005 年，中央政府提出"公共服务均等化"重要的政策目标，回应了来自各个方面的民生诉求，有利于经济社会的可持续性。推进公共服务均等化作为统筹城乡发展、转变政府职能的关键内容和实现公平正义，促进共享改革成果的重大举措，已经成为国家今后更长的一段时期内经济社会协调发展与社会建设的主要目标。

基本公共服务均等化，是指平等地、非歧视性地满足城乡居民的基本公共服务需求，是全体国民共享国家发展成果的基本途径。[①] 政府发展的历史证明，伙

① 郑功成：《城乡基本公共服务均等化的成都试验》，载《中国改革论坛》2011 年 2 月。

伴关系，一方面有利于中央和上级政府通过合理的财政转移，实现较落后地区的公共服务水平的迅速提升；另一方面，有利于在保持公共服务均等化的基础上实现有差别的服务，主要是结合不同的服务提供主体的能力和资源，满足不同人群的特殊服务需求。伙伴关系，使得公共服务均等化不是简单的杀富济贫，而是拉动落后，扶持先进，创建起点的基本公平，创造发展机会的均等，实现普遍性和差别化的协调统一。

伙伴型府际关系，实质上是政府运用差别化的政策工具，通过基本公共服务均等化缩小地区发展差距，构建趋向公平的地方竞争平台。以北欧的挪威为例，政府非常重视通过提供平等的公共服务保证区域的均衡发展。这里，政府实行“通用城市”体系，使1 000万人口的城市和20万人口的城市具有同等水平的公共服务，成功地改变了其居民分布不合理的现象，保证了区域的均衡发展。[①] 虽然这种“平衡的区域福利权”在现实的中国实施起来较为困难，但是在部分区域内部实现的可能还是有的。成都市在全方位地推进“全域成都”的城乡公共服务一体化建设中，做出了难能可贵的探索，取得了显著的成效。教育作为促进经济发展的工具，不仅是公民权利的保障，而且决定着国家人力资源的质量。成都市在2004年就启动“农村中小学标准化建设工程”，投入大量资金扶持农村基础教育设施建设，按标准配备教学设施、技术装备；同时，实现优质教师资源的合理配置，推进教师队伍建设城乡一体化。完善有利于城乡教师合理流动和均衡配置的“县管校用”工作机制，努力实现“全域成都”的教育优质均衡发展。

基本公共服务均等化并不等于传统的集权式无差别的低水平提供，公共服务的提供应尽可能地通过法律和市场等政策工具，而不是简单地以政府直接提供为主，也正是在公共服务提供主体和提供方式的变革中，构建起了和谐的“伙伴型”府际关系。在政府的现实发展中，“虽然政府的等级模式仍然坚持着，但一边是政府想要尝试解决更为复杂问题的推力，一边是允许革新者创造性回应的新式工具所产生出来的拉力，两种力量正在使这种坚持力度稳步下降。”[②] 在世界各国的公共服务提供的过程中，市场作为一种最重要且最有争论的非强制性工具，经常被使用。在某些公共物品和服务领域，市场工具也可能是改进效率和效益的一种有效途径。尽管市场不是万能的，但是在某些公共物品和服务领域，市场工具也可能是改进效率和效益的一种有效途径。在政府向社会组织购买公共服务的过程中，建立伙伴关系是核心之一，这种伙伴关系实际上是不同公共服务提供机制的结合。目前，像杭州、成都和南京等一些城市已将这种合作的伙伴关系

---

① 赵新峰、宋立根：《地方公共服务部门改革研究》，人民出版社2007年版，第316页。

② ［美］戈德史密斯等著，《网络化治理：公共部门的新形态》，孙迎春译，北京大学出版社2008年版，第7页。

逐步扩大到医疗卫生、教育、社区养老、培训、就业等诸多公共服务领域。

二、“伙伴型”府际关系有利于基本公共服务标准的提升

在以往的社会管理实践中，政府通过统一的计划和标准自上而下地衡量政府管理和服务的提供，之所以能够长期有效，关键在于基层各个政府部门以及全民所有制事业单位，是具有同质性的政府服务提供主体。但是，随着服务型政府建设的展开，特别是为了能够更好地提供公共服务，转变政府职能改革的本身要求创立可以服务于公共目标的社会组织，而且这也有利于满足社会组织实现自我管理和服务的需求。另一方面，公共服务提供主体的多元化发展，打破了传统的政府部门垄断服务的局面，通过双向互动实现了基本公共服务标准的提升。

基础性公共服务标准的提升，首先表现为在伙伴型的府际关系中，地方政府可以有更多的自主权，来更好地满足当地居民的特殊性要求。中央与地方政府在服务提供的进程中，互动模式由之前的命令和控制，转变为说服和谈判；中央政府的角色从之前的决策者和实施方案的指挥者，转变为合作意图的首倡者和合作的监督者。公共问题的解决变成了一个合作的事业。最早始于20世纪80年代的法国“权力下放”公共行政改革为中国提供了很好的借鉴经验。法国政府把计划发展与领土整治、城市建设、职业训练、参与经济、警察事务等权力下放给地方，提供了地方在实现特殊发展方面的权力保障。中央政府通过“人事的监护权”①，实现了地方自治与中央政策意图的统一。在中国，新的政策试点的选择和确定过程，往往可以发现，地方政府恰是为了促进城市自身发展而努力实现与中央政策意图的迎合。例如有关“低碳经济”的发展过程中，国家发改委牵头的低碳省区和低碳城市试点，实践的基础在于这些地方前期已经开始结合实际情况，自主地先行先试，并且愿意在中央财力的支持下探索地方发展方式的转型之路。这种政策实验与先前的中央摊派下的“试点”有着本质的不同，核心在于地方政府有了更多的选择权，中央政府可以更超脱地利用绩效管理来推动政策项目的持续发展，全面提升服务标准。公民的自主选择，也使得地方政府有了更多的压力改善公共服务的提供方式。当人们习惯从网络获得更多的个性化的商业定制服务的同时，更多的消费者开始无法忍受规规矩矩地到政府部门排长队等候普通的服务，需要社会服务的人们开始希望他们有能力来选择如何获得帮助，何时

① 所谓人事监护权，指赋予中央政府停止、甚至撤销某些地方政府首长职务，或者解散地方议会的权力。具体参见赵永茂等《府际关系》，元照出版公司2001年版，第135页。

获得帮助。[①] 杭州市上城区在公共服务标准化基础上推出的网上手机服务系统，正面回应了来自基层居民的呼声。

基础性公共服务标准的提升，同时表现在政府部门与非政府组织合作中，创新了公共服务提供的方式和途径，实现了行政成本的降低和公共服务的规模化。政府在向社会购买公共服务的时候，已经在自然垄断的传统公共服务中引入了竞争机制。政府和非政府组织在合同的基础上，构建起了具有契约精神的平等合作的伙伴关系。市场竞争的刚性约束，驱使这些服务提供者自觉地进行管理创新，最大限度地挖掘管理潜能，优化资源配置，提升服务质量。以南京市鼓楼区的居家养老服务网为例，按照权利与义务相对应、公平与效率相结合、保障水平与经济发展水平及各方面承受能力相适应的原则，逐步建立起独立于事业单位之外，资金来源多渠道、保障方式多层次、管理服务社会化的养老保险体系。政府通过向社会组织购买养老服务，降低了行政成本，提高了工作效率，扩大了服务半径，加强了与民间的联系，增强了为市民提供服务的能力。从社会组织方面，由于获得了政府的资助，它们不仅仅分担了政府的责任，而且提供了更多的就业岗位，促进了地方经济的发展。作为传统政府的代理机构，这些机构可以允许政府将更多的注意力放在决策和提高服务质量上，而且这种安排，也可以在某种程度上减少政府失灵的风险，并可以通过合同随时更换合作伙伴，有利于服务标准的持续提高。有调查表明，这些实行购买制的地方政府，在与社会组织打交道的过程中，其责任意识、服务意识、行政成本核算意识和公民需求导向意识等相关制度建设，都有不同程度的提升，实现了政府与社会组织的双赢。[②]

三、“伙伴型”府际关系有利于公共服务资源的整合

随着转变政府职能改革的深入和市场力量的壮大，中国同质性的政治社会发生了重大变化。在公共服务提供过程中，参与主体的多元化，参与部门的专业化及其功能的专一化，实际上分割了国家与社会高度合一的“总体性社会”[③]，形成了领域分离和功能分化的现代社会。现代社会分工的复杂化和地方性事务千头万绪，无论是地方政府还是其他参与者都难以掌握完备的信息，难以掌握足够的事实去解决不计其数的问题。因此，如何有效地获得管理信息，合理调动社会资

① ［美］戈德史密斯等著：《网络化治理：公共部门的新形态》，孙迎春译，北京大学出版社 2008 年版，第 16 页。

② 王浦劬等：《政府向社会组织购买公共服务研究：中国与全球经验分析》，北京大学出版社 2010 年版，第 25 页。

③ 肖瑛：《法人团体：一种“总体的社会组织”的想象》，载《社会》2008 年第 2 期。

源，实现有限规模制约下的无缝隙管理和服务，是摆在各级政府面前的重要的现实考验。

在城市管理中，交换资源是城市管理活动中的一个重要组成部分，随着中央政府对于地方具体事务管辖的放权，促使政府手中掌握的公共服务的资源被分散，地方政府中政策制定资源越来越多地掌握在许多集体参与者手中，政府与其他社会组织的建立在资源依赖上的相互依赖，构成了伙伴关系的坚实的物质基础。这种在共同政策目标基础上构建起来的府际合作伙伴关系，实际上“击穿了现代化早期所处心积虑地建构起来的各种边界”①。在伙伴关系形成的过程中，政府既整合了资源，调整了分配格局，同时也主动降低了政府失败的风险。

在美国的地方政府间合作中，跨地区跨部门之间的府际合作形式，在很大程度上有效地集约资源，弥补了巴尔干化的城市治理中政府能力的不足。在共同服务协定中，参与协定的各地方政府仍然提供各种服务，但是在某个领域更为专业化的地方政府同时也向其他政府提供这种专业化的服务，提高了服务的规模化。如在警察服务中，专业服务被分成不同部分，通过共同协定，一个政府可以提供警车和巡逻服务，而另一政府则可以提供警察人员等。但是这种合作由于成本难以界定，给合作的持续性带来较大的困扰。在此基础上，地方政府又创造了另外一种合作关系，即通过永久协定，将职责进行政府间转移。一方面，小的城市政府通常将一些具有规模效应以及外溢效应的服务职责转移给区域性政府，来缓解日益严重的财政危机。例如中心城市的医院、机场、海港、公园、动物园和图书馆等被税收独立的郊区免费利用。因此，中心城市通过永久合同将其转移给区域政府。另一方面，地方自治政府也会接受一些原本由非政府组织、私人公司等承担的职责，如城市政府经常从破产的私营公司接管公共交通，在州的要求下承担过去由私营公司负责的垃圾掩埋工作等②。通过这种契约的签订，激活了政府与参与主体之间的双向互动，特别是政府间职责的转移，有效整合了地方政府及其参与主体之间的资源，在一定程度上避免了大都市区服务的重复与缝隙式空白，并且在某种程度上获得规模经济效应。

近年来，浙江杭州市在公共服务提供过程中，创新性地构建了“社会复合主体”模式，并且在实际运行过程中，共生互构了新的府际伙伴关系。社会复合主体的创新意义，就在于它把政府、企业和民间组织、学者等主体联系起来，整合起来，促进他们的良性互动，成为和谐一体的推动城市建设的强大力量。③

---

① 李友梅：《从财富分配到风险分配：中国社会结构重组的一种新路径》，载《社会》2008 年第 6 期。

② 刘彩虹：《整合与分散：美国大都市地区地方政府间关系探析》，华中科技大学出版社 2010 年版，第 170 ~ 173 页。

③ 王国平：《培育社会复合主体研究与实践》，杭州出版社 2009 年版，第 52 页。

比如丝绸女装行业联盟，通过成立杭州市“弘扬丝绸之府、打造女装之都”战略合作促进委员会，集聚了中国丝绸协会、中国美术学院、浙江理工大学、全国丝绸信息中心、《丝绸》杂志社、市丝绸协会、市服装协会、杭派女装商会、市服装设计师协会等中央、省、市机构以及丝绸女装界知名企业；在这一框架下，再形成战略合作委员会办公室、院校、研究机构、协会、研发中心、生产基地、销售基地、展示中心、特色街区等多重主体纵横交错、条块互渗、主动关联、优势互补的网络状结构，极大地促进了丝绸女装行业提升。社会复合主体的合作关系一方面为企业带来了政策资源、共享平台、发展空间和资本网络，另一方面也为企业提供了组织规范、相互责任和制度性约束，对参与其中的企业来说，两者相互辅成，从而使企业社会责任和公共意识嵌入于一种具体的制度性关系和组织体系中，而不是停留于企业良心。①

第三节　协作性公共服务是“伙伴型”府际关系发展的生长点

随着经济社会的发展，社会保障的完善和公共服务水平的提高，地缘关系对社会成员的束缚作用逐渐降低，社会成员的流动已成为社会常态。同时，由于区域经济一体化的推进，越来越多的公共服务超越了原有行政区单元的范围，各种跨区域的公共服务问题交叠丛生，在公共服务领域越来越多的协同行动已成为政府间关系的高度黏合剂，是提高政府间关系中相互依赖程度的客观基础。尤其是在构建服务型政府的大背景下，政府间组织提供协作性公共服务（collaborative public service）将成为“伙伴型”府际关系发展的最佳生长点。

一、资源聚集的规模效应

政府间组织以伙伴式关系协作提供公共服务的首要优势，当在于能通过有效调动和整合公共服务资源，取得聚集公共物品和服务资源的规模效应。在全球化的冲击下，区域内各地方政府间必须借由资源和行动的整合，以发挥综合作用，提升地方竞争力。尽管地方政府为提升其效能，已经与许多私营部门或非政府组

① 张兆曙：《城市议题与社会复合主体的联合治理：对杭州3种城市治理实践的组织分析》，载《管理世界》2010年第2期。

织建立伙伴关系，但地方政府间所建立的伙伴关系，仍是其他合作关系所无法取代的机制。[①] 协商、协调、合作、共赢是伙伴关系的基本要义，成长于这一载体之上的协作性公共服务也是基于这同一逻辑，致力于实现政府间组织的共同利益。

现代社会极具复合特质的公共服务，通常跨越了单个行政辖区管理实体的职责范围，具有供给与需求主体的多元性和复杂性，它涉及区域内两个及其以上管理主体之间的价值偏好和利害冲突。由城市化、区域经济一体化所促生的大量跨地区性公共服务问题，如社会管理与公共服务信息网络建设、社会保障对接、教育资源共享、公共卫生与跨流域治理等，既可以视为不同行政区的公共问题，也可以视作区域内的共同问题。因此政府间组织通过协作供给公共服务实质，就在于对这些区域性公共服务问题谋求共同解决之道，以期获取区域性公共服务供给的最佳效益。这能够使政策实施的最终结果充分发挥政府间组织协作的整体优势，使各个参与方均衡受益，同时削减区域内公共服务的外部性，整合区域内政府间组织公共服务的功能。

然而，现有多元的单体中心体制却明显相悖于对公共服务一体化的协作要求，二者之间存在着显著的内在张力。由于地方政府具有强烈的属地观念，在地际竞争中，往往视行政边界和户籍边界为“服务边界”，有意识地限制公共物品和服务要素的跨行政区自由流动，并通过排他性的制度设置，人为地阻隔非本地户籍人口进入公共服务覆盖领域，致使区域性的有序统一的公共服务生产与供给体系难以形成。在以单中心体制为基础所形成的公共服务供给模式下，不同地区主体之间的协调难度很大，区域政府间公共服务架构的统筹安排与规划难以形成。单个行政主体的关注点只是聚焦于本行政区域内部的公共服务，造成了区域政府间公共服务供给不足和供给过剩并存的尴尬局面，这既浪费了区域内的公共资源，又不利于经济区域的整合与发展。由于政府合法性以及职责的发挥只是在特定的行政区域范围内有效，当治理对象越过行政区域范畴时，行政区边界与辖制权限的冲突便成为区域内公共服务有效供给的体制障碍，多元的单体中心体制、行政区分割无法造就通往公共服务统筹安排规划、政府间组织“合作共赢”的政策通道。[②] 各地区、各层级政府都力图寻求自身行政区域边界内的利益最大化，带来了错综复杂的行政屏障和利益冲突，形成了区域内公共服务供给功能的“零散化”状态。

为摆脱因刚性行政环境所造成的公共服务生产和供给的“零散化”困境，

① OECD, Local Partnerships for Better Governance, Paris: 2001.

② 钱海梅：《长三角经济一体化与区域公共服务供给——基于区域公共服务供给模式的分析》，载《政治与法律》2008 年第 12 期。

地方政府间有必要通过系统地协调地区间公共服务发展规划，并通过伙伴式合作关系以实现区域内公共服务资源的优化配置，进而达到政府间公共服务资源的有机整合。政府间组织的公共服务供给整体效益要从区域内整体范围来考察，在“伙伴关系”理念引导下使政府间资源获得更为有效的配置以及获得更高的效率。当下，中国政府间交流来往频繁的一些活跃区域，均意识到公共服务协作发展的重要性，已经越来越多地将公共服务的协调与合作视为彼此间各项合作领域中的核心议题与理性选择；不但伙伴合作的意识开始形成，同时还产生一批具有相当政策价值的伙伴式协作实践，并已达到制度层面的整合。譬如泛珠三角9省区通过整合相互间资源，以确保区间内跨地域特征集中的农民工的公共服务享有权益。它们通过签订省际间农民工维权、法律援助等六项合作协议，逐步把近6 000万跨省流动就业的农民工的就业服务、社会保障、住房、子女教育等纳入当地公共服务范围，以统筹安排相关公共服务。[①] 长三角地区扩大了医疗保险服务合作规模，将医疗保险服务合作扩展至16个核心城市政府间，以整体规划、区域整合为目标，通过异地经办机构委托代理的方式，实现了医疗保险服务的异地就医结算，并准备逐步实现医疗保险参保人员“异地就医、联网结算”，向医疗公共服务的一体化迈进。[②]

当然，政府间通过伙伴关系在公共服务生产与供给中的协作，必须要限定在一定的边界内，只能是集中在某几项具备相应特质的服务领域内，来追求和研究能取得最佳社会效益和福祉的适度公共服务协作规模，寻求建立最佳规模结构的主要原则和政策。在政府间通过伙伴协作供给公共服务的综合联动模型中，既要避免服务生产的重复和多余，也要避免因规模过大可能产生信息传递速度慢且造成信息失真、管理官僚化等弊端，反而产生供给效率降低和社会收益递减的“规模不经济”现象。

二、优势互补的协同效应

按照麦金托什（M. Mackintosh）的定义，政府间通过伙伴关系所产生的协同效应是指两个或更多的合作者为了共同（或宣称是共同的）目标而一起行动时所获得的增值效益。[③] 政府可以在协作过程中充分把握各自优势资源，互通有无；双方或多方在独立的基础上，发挥各自的特长，经济和高效地完成公共服务

① 《珠三角将6 000万农民工的社保纳入公共服务范围》，中国广播网，2009年6月26日。
② 《长三角16城市有望实现医保“异地就医、联网结算”》，新华网，2009年3月27日。
③ Mackintosh, M., Partnership Issues of Policy and Negotiation. *Local Economy*, 1992, (7): 210-224.

的生产与供给。在这其中，资源互换是政府间开展协同性行动内容中的一个重要组成部分。里查森（G. Richardson）从理论经济学的角度就曾指出，资源互补的必要性是组织间合作的关键动力。[①] 源于天然资源分布的差异及不均衡性，政府间实际上经常性地进行着资源交换活动，地方政府并不能在真空状态下独来独往，没有一个地方政府能够真正“独善其身”。作为市场经济下的自适应主体，每个地方政府的资源效用函数不仅依赖于自己的选择，而且也依赖于其他主体的选择。资源依附实际上强化了政府间组织的相互依赖程度，因为需要资源的参与者必须与那些希望贡献资源的参与者协作。同时资源交换的相互依赖特征意味着介入其中的所有参与者在某种程度上都会获益。[②] 多数情况下会达到一个双赢抑或多赢的效应。

通过伙伴式协作以获取协同性效应，达到“双赢”或“多赢”局面，在目前已经成为政府间公共服务合作领域的主导政策话语，亦是政府间协同治理社会公共事务的发展趋势。政府间组织在公共服务领域中的相互协作，就是要通过运用合理的伙伴机制将资源分配给不同的合作主体，以它们各自的技术优势和信息优势共同提供某项公共服务。一个组织如需要从其他组织获得自身缺乏的资源或将自己不具优势的事务转交出去，在可能采取的策略备选项中，伙伴式协作是最易达成目标的形式。协作性公共服务的模式即是基于这种理念，认为政府间组织必须以联合或协作方式采取集体行动以满足多元的社会公共需求。换言之，就是多元层级或不同政府组织之间必须分享各自的资源与协调各自的政策系统，以提供整合型的服务。政府间组织通过伙伴式协作取代了过去各自为政的单向度公共服务供给模式，以相互间达成“双赢”、“多赢”为首选目标，可以为社会公众提供更加多元整合的协作性公共服务。

地方政府间的双边或多边协作，首要的就是，应在强调自身的独特优势和区域优势构成的基础上，将发挥本地的比较优势作为重点合作目标导向。政府间组织源于这一资源互依性，致力于发展各项合作计划、项目与政策、行动网络，进行对彼此间有益的合作，以希冀于获取协力增效所产生的收益。中国业已出现了这一类型的相关协作活动。由于中国特殊的差异化资源分布格局，多数资源能源的分布，诸如水资源、水力水能资源、煤炭资源、天然气资源以及多种其他矿产资源等都集中在中西部地区。而这种资源分布格局恰恰与经济发展程度、资源消费需求乃至资源开发利用水平存在着非常明显的空间错位，资源供需间的落差性

① ［美］卡朴库：《无等级的合作：公共部门与非营利部门合作伙伴关系》，周洁译，载《国家行政学院学报》2004 年第 1 期。

② ［美］阿格拉诺夫等：《协作性公共管理：地方政府新战略》，北京大学出版社 2007 年版，第 76 ~ 77 页。

问题十分显著。正是为消解这一矛盾，中央与地方、地方与地方政府间创设出多个政策项目，以贯通资源的协同开发与调配。南水北调、西电东送、西气东输等跨越多个省市、贯穿于横纵向府际关系等大型工程即是这方面的典型。它一边为资源集聚但经济发展欠发达地区增加了财政收入和就业机会，极大开拓了经济和社会效益；同时也有效地增加了重点区域的资源供给和各种需求的满足，为重点区域经济的持续发展奠定了坚实的基础。目前这一崭新的政策框架仍处于探索阶段，政府组织间在个别政策协作领域还处于“磨合期”，比如在用者付费、补偿机制的额度及方式等方面尚未能达成高度一致的共识。未来应进一步挖掘这一协作模式的潜力，以取得优良的公共绩效，达到政策设计时的理想目标。

三、经验共享的标杆效应

政府间组织在伙伴关系框架中的公共服务协作活动，其指向不单限于短期内快速提升经济绩效层面上的硬性量化指标和数据，更重要的还在于通过这一网络平台上的信息共享活动，彼此间学习交流先进、高效的做法和理念，加快创新性政策的设计，打造提供公共物品和服务的优质“软环境”。正如黑斯廷斯（A. Hastings）所言：“结合不同的视角不光是为了实现额外的利益或增值，还为了创造革新性的政策和方案。”① 基于伙伴关系下的协作对双方来说都是转变对方的一个工具，有助于一个参与者影响另一个参与者的世界观和行为方式。

政府间在公共服务领域里分享信息与经验的要义，就在于通过破除相互排斥与隔绝的政策情境，促使各政府主体在公共服务政策领域和网络中共同工作，形成制度创新以更好地使用稀缺资源，为公众提供无缝隙的服务。政府间通过发展联合的知识和信息策略，可以增进公共服务中各供给主体之间持续地进行经验和信息的交换与共享，有利于形成协同的工作方式。各政府主体在制度创新方面的交流，有助于改善要素自由流动的制度环境，促进公共服务资源的优化配置。信息资源中的互通机制，以及相应配套系统的建设，是政府间协作性公共服务模型乃至伙伴关系运作的技术性支撑。只有在相互间畅通的信息系统的基础上才能提供有效的协作性服务，并进而为公众提供无缝隙的整合服务。协作性公共服务模式就是一种政府间组织通过运用“伙伴关系”的方法，促使公共服务主体分享先进经验与信息、取长补短，为民众提供无缝隙公共服务的标准化样式。这种公共服务模式致力于组织整合和工作协同，讲求内部公共服务与外部公共服务的有

① Hastings, A., Unravelling the Process of “Partnership” in Urban Regeneration Policy. *Urban Studies*, 1995, (32): 253-268.

机结合，从而极大地深化和提升了公共服务供给的理论内涵和实践意旨。

政府间组织对彼此先进经验的取得，需要在正式制度框架内的沟通渠道之外，辅之以高层协商制度，定期的人员互访、学习考察、业务交流等具体灵活的操作方式，以相互间已取得良好社会绩效的制度安排或政府流程等为参照标准和标杆，主动提升公共产品及服务的质量和水平。另外，还可以通过诸如“中国地方政府创新奖”等活动和平台，发现和挖掘地方政府在制度建设和公共服务中的创新举措，宣传、交流并推广地方政府开展创造性公共服务或公共行政活动的先进经验。

目前，在泛珠三角区域合作、粤港澳区域合作、长三角城市群合作、长株潭城市群建设以及京津冀都市经济圈建设等较有代表性的国内政府间组织协作过程中，都设立有稳定的信息交流渠道和网络。这些区域的政府间组织通过公共事务治理平台、经济环境共治机制、生态环境一体化管理系统、信息共享和信息公共服务平台等一系列交流渠道的打造，初步建立起各式各样的政府间信息共享模式。典型的如京、津、冀政府之间建立了重大动物疫病区域联防合作机制，围绕共同构建“环首都动物防疫安全区”，降低在首都及邻近区域内突发重大动物疫情的可能性。他们通过建立重大动物防疫信息通报制度，实现了信息资源的互通与共享；并将研究制定区域应急预案，建立应急联动机制。[①] 这些模式实质上是衔接各层级、各功能单位在政务环境、经济环境、生态环境和信息环境中的立体网络，可以在政府间某些合作领域形成积极的外力导向，打破由行政区划形成的分割状态。

四、责任共担的弹性效应

伙伴型府际关系的发展，拓展了政府管理的弹性空间。一般情况下，在政府管理方面不存在所谓“最好的办法”，政府管理者必须在“普遍原则”与“视情况而定”之间的折中地带里，充分发挥自己的智慧与潜能，不断积累、借鉴和创造更加丰富多样的治理方式、方法，来协调不同时空和不同行为领域中的各种力量，真正实现从“划桨”到“掌舵”的转变。[②] 例如，在公共服务中，突破公私部门的界限、增加服务提供的主体，扩大和加深各主体在公共服务领域的协作范围与程度，实际上就是政府实行弹性化管理的具体表现。政府通过在政府组

① 《京津冀地区政府间合作日趋频繁》，新华网，2008 年 3 月 6 日。

② 参见［美］奥斯本等：《改革政府：企业家精神如何改革着公共部门》，周敦仁译，上海译文出版社 2006 年版。

织与公营、私营组织和其他社会组织之间的伙伴关系机制，将市场化的管理方式引入政府，提高公共服务生产与供给的协作规模与水平，被认为其有促进竞争、提升效率、重视成本效益、进行财富再分配、增加规模经济、减缓政府成长等方面具有显著优势。

政策变迁能力的提升、选择空间的增加与策略灵活运用作为伙伴关系下协同行动所追求的弹性价值所在，是政府主体可以据之以应对不确定性环境冲击的有效法则。政府间组织在协作过程中的公共服务供给方式，以及贯穿于这一模式中的大量协同性政策行动，能够有助于减少外部环境对政府过多的要求，特别是能创造更广泛和更分散的责任分担机制。通过利益、风险以及责任共担的伙伴式关系，可以有效减少每一级政府处于矛盾中心的可能性，能够将风险分散给每个参与者并逐步将其“稀释”，降低了政府管理的社会风险成本。

协作性公共服务模型中，公共服务参与主体的多元化，公共服务传输机制的多样化，都成为政府间组织用以分摊风险、责任的交互机制和有力工具。政府间组织通过在不同层级或专业政府机构之间建立策略上的合作伙伴关系，签署服务契约，运用服务外包、租让与混合经营等方式让渡公共服务的供应权或生产权，从而建立起一整套有选择性的政策工具与方案组合。这使其在面临某种崭新情境时，能够发展出因应情境的多样化解决方案，或拥有可以寻求不同路径的行为空间。在网状思维和多边治理模式下，政府间构建起多个层次的公共服务交叠生产和供应方式以及各个参与方相互支持的制度安排，通过合作、协调、谈判、契约等确定集体行动的共同目标，以实施对区域公共事务的联合治理。伙伴式的协作使政府间合作的微观政策工具不断扩展并更具弹性，既减轻了单个政府主体的财政负担和政策成本，又增进了社会的整体福利。

第四节　服务型政府建设中的“伙伴型”府际关系重构

在中国目前的条件下，为纠正政府间关系中的不合理部分，全面调整政府间关系，更加有效地建设服务型政府，重构“伙伴型”府际关系模式应是主要着意点。在这一总体目标的引领下，针对政府间关系发展过程中的种种症结，借鉴政治建设较为成熟国家处理类似问题的相关经验，并结合现代政府的发展趋势，从公共服务分工协作、财政关系调整、保障性法律框架的构建，以及系统性协调机制的设置这四个维度的创新与完善，作为构建伙伴型府际关系的基本路径。

一、坚持供应与生产分开的原则

政府在公共服务供给中主要涉及两类职责：即“供应”与“生产”，两者的区别在于决定哪些公共服务必须由政府提供，哪些可以取自其他主体，这同时也是进行公共服务提供的制度安排的依据。政府的供应职能是通过提供公共物品与服务实现的，供应职能包含生产职能。但供应职能并不必然等于生产职能必须要由供应者本身来完成，作为供应主体的政府完全可以将生产职能委托给其他政府、组织甚至个人。供应职责明确了公共服务的责任主体是政府，即政府应该为公共服务承担必要的责任，政府是公共服务的组织者、协调者与监管者；而生产职责则表明了政府既可以直接生产公共服务，还可以委托其他组织或个人来代替供给者具体执行这一职能。

坚持供应与生产分开的原则是伙伴式公共服务模型有效运作的基础性环节，是政府间组织在伙伴关系下展开具体合作，特别是提供协作性公共服务的适宜操作方式和相应途径。将公共产品和服务的供应和生产相区别，最早可追溯至著名公共经济学家马斯格雷夫于 1959 年对公共需要的供应和生产所做出的区分。[①] 1961 年，文森特·奥斯特罗姆等对基于这一概念上的区分做了进一步的延伸和发挥，他们认为公共产品和服务的生产与供应需要区分开，前者既可以由私人来承担，也可由公共部门来承担。[②] 虽然地方政府的一个主要职责是提供公共产品和服务，但却不必一定要担负具体生产的工作，它们的任务重心应在供应方面。奥克森也将公共产品和服务的供应逻辑和生产逻辑区分开来，认为地方政府的职能在于公共服务的供应，而公共产品和服务的生产应当交给私营部门或其他部门来进行。[③]

地方政府首先应被视为供应单位，或者说是集体消费单位。它们的首要任务就是解决公共产品和服务消费方面存在的困难和问题。一旦消费方面的难题得到解决，接下来的问题就是如何生产。传统和常见的生产方式是由政府自身来承担，这种生产方式通常被称为直接生产或内部生产。供应与生产概念的区分不但有助于促进政府内部的分工，它更重要的启发意义还在于能够推动公共产品及服务超越传统的单一生产模式，寻求多样性的生产方式。也就是说，供应和生产的连接并不限于政府内部，还可以发展至政府与政府之间、政府与私人部门和其他

---

① Richard Abel Musgrave, Theory of Public Finance, New York : *McGraw - Hill*, 1959.

② Vincent Ostrom, Charles Tiebout and Robert Warren, The Organization of Government in Metropolitan Areas: A Theoretical Inquiry. *The American Political Science Review*, 1961, (55): 831 - 842.

③ 参见［美］奥克森：《治理地方公共经济》，万鹏飞译，北京大学出版社 2005 年版。

组织之间。供应与生产的区分有益于在提供公共服务和产品的过程中引进准市场关系和竞争，从而提高效率；有益于供应单位灵活调整不同服务和产品的组织规模；有益于简化供应单位内部的组织管理。① 政府间组织通过运用这一原则，可以根据自身条件和比较优势，定位自己在某一个公共服务领域的相应角色分工，成为一个“纯粹供应单位”或“纯粹生产单位”，避免重复建设。

自公共管理运动兴起以来，合同外包（Contracting Out）、特许经营（Franchises）、凭单制（Vouchers）、混合策略（A Mixed Strategy）等多种替代性服务提供方式（Alternative Service Delivery，ASD），是已在西方国家运用较为成熟和普遍的承接公共服务供应与生产分开原则的具体技术实现手段。在中国的公共服务型政府建设中也都还存有很大的开拓空间。公共服务传导工具的多元化和多种模式，有助于政府公共服务职能的延伸，进而为构建社会主义和谐社会所要求的服务型政府职能的有效配置创造基础。实际上，对公共服务提供方式的选择是一个寻求社会最优解的过程，最佳的公共行为应当反映社会整体的价值观念。② 显然，在反映社会价值观念的问题上，政府的单一供给模式存在着天然的缺陷，而建立在伙伴关系基础上、强调不同主体间合作关系与竞争作用的多元化供给手段亦绝非完美，但是不会比只有一种必选模式更差强人意。政府间组织基于伙伴关系对公共服务协作供给的具体实现机制的选择，当然应首先以追求实现社会价值为要领，而非单纯地仅为寻求工具方式的新颖性。同时还要以此为导向，最终以希冀于创制出本土的用以实现公共产品与服务供应与分开的有效方式。

二、完善区域间横向转移支付机制

较为完善的横向转移支付机制是构建伙伴关系的重要物质基础。横向转移支付的具体含义，是指由富裕地区或受益地区直接向贫困地区或受损地区转移支付，是政府间和地区间利益关系的具体体现，它主要包括两个层面：一是中央层级，面向全国范围内的区域间均衡调配；二是省级政府层面，面向全省范围内的地区间均衡。这就是说，通过横向转移改变地区间的既得利益格局来实现地区间公共服务水平的均衡或促进区域间的公平。③

利益最大化是政府间发展伙伴关系的原动力，财政则是调控这一动力的重要手段，尤其在于公共财政制度与基本公共服务均等化的实现有着紧密的内在逻辑

① ［美］奥斯特罗姆等：《美国地方政府》，井敏等译，北京大学出版社 2004 年版，第 6～8 页。
② 句华：《美国地方政府公共服务合同外包的发展趋势及其启示》，载《中国行政管理》2008 年第 7 期。
③ 参见陈共：《财政学》，中国人民大学出版社 2009 年版。

关联。政府间转移支付制度作为政府间财政关系制度的核心内容之一，在整个公共财政制度中具有不可替代的功能和作用。各国实践表明，政府间转移支付制度的设计，通常要考虑实现包括财政的纵向平衡与横向平衡、矫正辖区间外溢以及其他经济和政治等多重目标。事实上，任何转移支付都是二元化的：首先是纵向的，即收入在中央和地方不同级次政府之间的分配；其次是横向的，即收入在同一级次的不同辖区之间的分配。进一步比较横向平衡和纵向平衡，寻求横向平衡在政府间转移支付目标体系中有着更为重要的地位。[①] 因为弥补纵向的财政不平衡当然重要，但纵向不平衡难以把握和计量、而且经常引发下级政府的财政机会主义行为。[②] 从两者在地区间公共财政能力均等化中的作用看，纵向财政平衡只是均等化的基础，横向财政均等化才是政府间转移支付制度所长期追求的终极目标。构造和完善区域政府间横向转移支付机制，解决基本层次的横向均等化事实上有利于纵向不平衡的弥补。

横向财政转移支付是基于财政和基础性公共服务水平均等化而设计的一种财政工具。一般来说，只有通过横向转移支付，才能实现地区间相互支持、协调发展，从而激活均衡机制，最终实现社会公平的战略目标；而且，通过再分配手段来实现地区之间的成本分摊和利益共享，建立一种政府间的稳定的横向均衡机制，从体制上可以遏制政府间差距尤其是公共服务水平差距的拉大，同时也可以实现生产要素的双向流动和区域统一市场的形成，有利于地区的可持续发展。[③] 横向财政转移支付作为一项重要的制度创新，对于均衡地方政府间提供基本公共服务的能力、维系伙伴关系具有相当的影响效度。

建立横向转移支付制度，实现区域之间的利益补偿，缩小政府间基本公共服务水平的差距，是“伙伴型”府际关系能够得以顺利构建的核心环节。从中国政府间在这方面的实践情况来看，始于20世纪东部对中西部地区的对口支援、帮扶等举措，还上升不到严格意义上的横向转移支付制度的层面，不能充分体现这些地区间内在的产业分工和经济与生态交换的内在联系。[④] 值得注意的是，2009年5月，河北省人大审议并通过《河北省减少污染物排放条例》，明确提出，污染物排放总量超过控制指标的地区，造成相邻地区环境污染加剧或者环境功能下降的，应当向相邻地区支付生态补偿金。[⑤] 由此可见，中国政府间的横向转移支付操作实践已现端倪。

---

① 张启春：《区域基本公共服务均等化与政府间转移支付》，载《华中师范大学学报》（人文社会科学版）2009年第1期。

② 王雍君：《中国的财政均等化与转移支付体制改革》，载《中央财经大学学报》2006年第9期。

③ 王恩奉：《建立横向财政转移支付制度研究》，载《改革》2003年第1期。

④ 杜振华等：《建立横向转移支付制度实现生态补偿》，载《宏观经济研究》2004年第9期。

⑤ 《河北立法规定：“上游污染下游”需买“生态补偿单”》，新华网，2009年5月31日。

建立基于政府间利益补偿的横向转移支付制度，既需要一些特定地区如空间相邻的地区、流域、产业间达成共识并采取集体行动，更需要中央政府在宏观层面上做好协调和配套的制度供给工作。而在地方政府这方面，则应主动做好三方面的安排：[①] 一是树立"谁受益谁补偿"的利益共享观念，改变狭隘的地区观念。二是确立明晰的产权，明确各种区域资源、环境产权的归属，从而为建立以市场交换为基础的横向转移支付制度提供基础保障。三是成立相对完善的组织来进行调节，并通过预算的手段加以平衡。即根据地方间利益转移的程度和地方财力的强弱，由中央财政对省级财政、省级财政对县级财政，在科学测算的基础上，从获益地区提取部分财力补偿受损地区，从而构筑一个省际之间和县际之间的横向转移支付体系，保证地方政府间跨区域合作治理的顺利进行。

三、构建区域协调法律框架

政府组织间伙伴协作的网络中，政府主体是核心节点，而政府间协议和契约则是串联线，它们一起构成了区域内多主体联合治理的多元图谱。通过一致性公共服务标准和新的公共服务协议的建立，可以模糊政府组织间的僵化界限，将不同的政策建议演进融合为一项共识，使各部门之间的协同工作得以实现，提升公共服务的品质和效能。生发于同一法律法规框架和标准下的演进结果是区域内公共服务功能的整合，使各单个政府主体在某些公共服务的供给中须以遵守共同的规则、受制于共同约定的条款。

目前中国政府间合作的制度化程度还相对较低，特别是没有一套制度化的议事和决策机制，致使组织形式相对较为松散，协作的持续性和规范度得不到保障。当下的府际合作实践事例大多是依靠地方领导人来推动的，一旦地方领导调动便容易使合作机制架空或者流于形式；同时这些府际合作，多半仅停留在各种会议制度与单项合作机制和组织上，一般采取集体磋商的形式，缺乏拥有法律框架支撑的一系列成熟的、制度化的机制与组织。[②] 因此加强制度建设，通过制定认可度高、可操作性强的合作协议、章程等，将不同政府主体的协调结果法规化，以此约束各协议方共同遵守，就显得尤为重要。

在政治建设较为成熟的国家，为保障和规范政府间协作行为的相关法律设置已构建得相对完善并运转成熟。在彼此合作的互惠与诱因结构设定之后，在市场

① 李文星等：《论区域协调互动中地方政府间合作的科学机制构建》，载《经济体制改革》2007 年第 6 期。

② 汪伟全等：《地方政府合作的现存问题及对策研究》，载《社会科学战线》2005 年第 5 期。

化、伙伴关系概念操作之下，各种政府间的合力管理协议（joint-power agreements）、协调与咨询机制（mechanism for co-ordination and consultation）得到建立，用以凝合政府间组织共同参与决策、监督或管理，形成多元治理格局，从而构建起政府彼此间合作的政策网络。典型的如美国的州际协定，其法律地位早在1787年宪法中就得到了明确。20世纪20年代州际协定开始广泛地用于自然资源的保护、刑事管辖权、公用事业的管制、税收和州际审计等领域。从1941年到1969年，美国颁布了100多个州际协定，在这个时期，各州由被动变成主动，纷纷把州际协定看做是政府间合作的有效途径。一旦参加了州际协定，各州就不能随意地单方面修改或者撤销该协定，同时每个州际契约的条款中还明确了该契约的执行机构。[①] 在中国，一些区域性制度框架正在逐步形成。2003年6月29日，《内地与香港关于建立更紧密经贸关系的安排》（CEPA）得以签订；2004年6月3日，泛珠三角区域政府行政首长在广州签署了《泛珠三角区域合作框架协议》；2006年7月18日，辽宁、吉林、黑龙江三省政府则在立法协作方面出现创新和突破，制定出台了《东北三省政府立法协作框架协议》，明确立法协作的三种方式以及开展立法协作的五大领域。这是中国尝试建立的首个区域立法协作框架，有利于预防并解决各行政区域间的立法冲突。

随着市场经济体制的发展和完善，为保障政府间组织在伙伴关系下协作治理的有效展开，应及时制定、完善相关法律、法规，以有效的制度安排促进政府间组织合作和区域间协调发展：[②] 一是基于发挥中央和地方两个积极性的角度，从法律上规定中央与地方政府事务管理范围和相应拥有的权力，用诸如《中央与地方关系法》等法律来规范、界定和保障权力的调整界限及其运作过程，明确规定中央与地方政府的事权，为地方政府间合作治理的顺利进行奠定必要的宏观基础。二是及时制定《区域协调发展促进法》和修订相关法律，依法保障中央关于区域协调的总体布局、合理分工、配套政策、目标责任的监督实施。三是为地方政府间的利益补偿机制确立明确的法律规范，既可在《地方财政法》中，也可在《预算法》中清楚地阐明政策目标、原则、各方义务、规模、信息公开以及其他事项。

四、创新跨区域协调机制

在政府间组织进行合作治理的过程中，两个或多个行为体之间出现利益矛盾

① 陈瑞莲等：《泛珠三角区域政府的合作与创新》，载《学术研究》2007年第1期。

② 李文星等：《论区域协调互动中地方政府间合作的科学机制构建》，载《经济体制改革》2007年第6期。

在所难免。在“职责同构”的体制下，这样的利益矛盾通常依靠行政命令，抑或通过执政党的协调加以解决。当这一体制逐步消融后，原有的协调机制的适用性大大降低，因此有必要借鉴政治建设较为成熟国家政府管理的成功经验，通过多层次、多层级协调机构机制的双向创新，在政府体系内部建立正式的政府间关系的协调组织，重新设计政府间协作中政策执行的架构与规范，以适应服务型政府建设的需要。政府间应建构共同处理公共管理事务的社会预警机制、快速反应机制和协调处理机制等，建立健全政府间协同管理公共事务的系统工程。

（一）中央政府层面的机构创新

其一，为了缩小地方发展差距，促进区域间协调发展，首先可以考虑在中央政府一级增设区域性的管理委员会。“区域管理委员会”的基本职责就是：提出区域经济发展与区域关系协调的建议并报请中央与立法机构审批，具体执行经立法程序通过的政策、规划与其他规则，与地方政府合作协调不同地区利益主体间关系并约束地方政府行为，统一管理专门的区域基金或约束有关部门的区域资源的使用方向，具体负责区域划分工作，组织实施全国性跨区域重大项目，组织研究重大区域问题，等等。这个机构的设立，可根据不同的需要，采取集中或松散的形式。

其二，以英国的副首相办公室（ODPM）为借鉴，可以设立一个国务院直属的处理地方政府间事务的专门机构。在英国的政府发展史上，曾经有一段时期由环境部专门处理与地方有关的所有事务，就连财政部要与地方发生关系，也要先经过环境部这个环节。目前，由副首相办公室专门负责处理政府间关系，其他部门如教育部、劳工部、卫生部、环境部、内政部也处理涉及地方政府的各种事务，只是每个部门负责范围并不一致。在中国，设立“地方事务部”的职责可以来自目前分散于国务院各部委、直属机构、办事机构与事业单位的地方事务管理和研究功能，各部委涉及地方的事务，特别是涉及政府间利益协调的事务须由地方事务部来统一协调；地方政府也可以通过地方事务部协调解决跨部门跨领域的地方性事务。

其三，以日本“国家—地方纠纷处理委员会”的经验为参照，设立专门的政府间关系处理委员会，直属全国人大及其常务委员会。首先，全国人大及其常务委员会要制定相应的法律，明确划分政府间的权限范围，然后再赋予政府间关系处理委员会相当的权力，依法处理政府间关系的种种矛盾或冲突。尤其给予地方政府对中央政府干预地方事务的申辩权力，当地方对中央的干预有不同意见时，可以向该委员会提出审查申请，委员会在充分调查的基础上，提出处理意见进行调解。实质上，这个委员会的设立，在政府间关系，尤其是在中央和省级政府之间安排了一个制度性的“安全阀”，有利于及时处理各种潜在的影响政治稳定的利益纷争，增加了中国政府间关系的弹性空间。

（二）省一级政府层面的机构创新

其一，在实行省直管市县、城乡分治的基础上，创建“城乡区域协调发展委员会”。由于中国的省政综合性较强，市政和农政管理内容相差较大，因此实行城乡分治是必要的。但是随着城市化进程的推进，通过城乡区域协调，缩小地方发展差距已成为省级政府面临的重要问题。如设立专门的城乡区域协调发展委员会，将分散在省级政府各部门中的有关城乡合作、城乡区域规划等职责集中起来，统一规划，协调发展，有利于把城市化进程与解决“三农问题”有效地结合起来，推动区域发展。

其二，在政府间纵向权限划分以宪法形式固定下来时，同样可以考虑在省级人大设置政府间关系处理委员会，其职责、功能基本与全国性的同类机构相似，但是两者之间不存在领导与被领导关系，这个省级委员会仅仅直属于省人大，对国家法律和省人大负责。

（三）基层政府层面的机构创新

在基层政府一级，可以考虑设置处理政府间关系的专门机制。尤其要考虑在城市化程度较高的都市地区、沿海发达城市的市辖区政府内部设立解决地方政府间关系纷争的各种机制。以英国地方政府体系中的“联合委员会”为参照，可以在基层政府的人民代表大会中设置专门处理地方政府间关系的常设性办事机构。这个机构是由两个或两个以上的地方人大，为了管理涉及各方共同利益的公共事务和问题，而各派代表共同组成的联合管理机构。它的主要任务在于处理协调涉及双方或多方利益的问题和事务，特别是一些跨界的、共享的公共产品的提供，如供水、市镇规划、交通设施建设、公园及文化娱乐设施等。设立这样的机构，目的在于协调地方政府间竞争与合作关系，对于平衡地方发展，强化地方政府对于整体国家的依赖是有利的。

第十章

服务型政府建设推动公共服务与现代服务业的密切结合

在现代社会，服务业已经成为国民经济的重要支柱，从“工业型经济”向“服务型经济”转变是很多市场经济发达国家经济发展的重要趋势。在各国国民经济和社会统计的过程中，公共服务普遍列为现代服务业或第三产业的重要组成部分。在各国政府管理改革的过程中，现代公务服务的供给形态正从传统的政府单边独揽走向政府与企业、第三部门等力量的协作提供，公共服务的多元供给格局推动着公共服务与一般服务业的密切结合、互相促进，公共服务的“产业化”态势日渐明显。加强公共服务不仅成为加快发展现代服务业的重要组成部分，也成为推动各项服务业加快发展的重要保障。

第一节　现代服务业的发展与公共服务业的形成

随着社会经济发展水平的提高，社会成员的公共服务需求也不断扩展，对政府提供公共服务的品质提出了更高的要求，行政管理“服务化”、公共服务“产业化”，已经满足现代社会日益扩大的公共服务需求的重要思路和有效途径，公共服务业也逐步发展成为现代服务业的重要组成部分。

一、服务业是现代经济中的最大产业

服务业是现代经济的重要组成部分。在理论界，通常将现代服务业等同于现代第三产业，认为服务业即生产和销售服务商品的生产部门和企业的集合。例如，有学者认为“服务或劳务，也称第三产业或第三次产业，是同一个概念。”[①]国家统计局在1985年《关于建立第三产业统计的报告》中，将第三产业分为四个层次：第一层次是流通部门，包括交通运输业、邮电通讯业、商业饮食业、物资供销和仓储业；第二层次是为生产和生活服务的部门，包括金融业、保险业、公用事业、居民服务业、旅游业、咨询信息服务业和各类技术服务业等；第三层次是为提高科学文化水平和居民素质服务的部门，包括教育、文化、广播电视事业，科研事业，生活福利事业等；第四层次是为社会公共需要服务的部门，包括国家机关、社会团体以及军队和警察等。[②]

第二次世界大战后至今，科学技术和经济全球化的迅猛发展，使现代服务业在世界各国尤其是发达国家发展达到了空前的水平，服务业已经成为现代经济中的最大产业，其重要性日渐凸显，其成熟度常被作为衡量地区经济与社会收入水平的重要标志。在现代市场经济发展过程中，服务业经历了从为流通服务到为生活服务，进一步扩展到为生产服务的漫长历史过程。服务业最早主要是为商品流通服务的，如解决由商品的生产和交换的扩大化而产生的人的食宿、货物的运输和存放等问题。其后，随着城市的繁荣，居民对生活服务的需求日益增多，服务业逐渐扩展了为人们的生活服务的内容。同时，社会化大生产创造的较高的生产率和发达的社会分工，促使生产企业中的某些为生产服务的劳动从生产过程中逐渐分离出来，加入服务业的行列，成为为生产服务的独立行业。

目前，全球已经进入服务经济时代。世界上各发达市场经济国家的经济结构变化的突出特点是，服务业在经济结构中的地位迅速上升，成为主要产业。早在20世纪60年代初，世界主要发达国家的经济重心就已经开始转向服务业，产业结构呈现出“工业型经济”向“服务型经济”转型的总趋势。目前，全球服务业增加值占国内生产总值比重达到60%以上，主要发达国家达到70%以上，即使是中低收入国家也达到了43%的平均水平；在服务业吸收劳动力就业方面，西方发达国家服务业就业比重普遍达到70%左右，少数发达国家达到80%以

① 马龙龙：《服务经济》，人民出版社1994年版，前言。

② 《国务院办公厅转发国家统计局关于建立第三产业统计的报告的通知》，1985年4月5日。

上[①]。随着服务业的地位迅速上升，其发挥的作用也日益增强。同时，这一产业的兴起，也提供了更多的就业量，创造了较高的劳动生产率，这些均推进了现代经济逐步走向成熟。

加快发展现代服务业，是现代经济社会发展的一大趋势。服务业的发展程度与经济发展水平相辅相成，相互促进。一方面，经济的高度发展推进了服务业的发展，另一方面，经济发展的进一步提升，必须依靠服务业的支撑。与传统服务业相比，现代服务业具有高技术含量、高知识密集度和高增值度等特点。随着经济社会的发展，尤其是知识经济时代的到来，现代服务业的领域会不断得到拓宽，其服务范围必然会不断扩大，新的产业形态也将不断出现。例如传统的银行业、商业与运输业，在经过现代高科技、特别是计算机信息技术改造，切实提高其技术含量后，已经逐渐发展成为现代银行业、电子商务与现代物流配送业。

二、公共服务的“产业化”是现代公共服务的重要发展趋势

服务业一般是指由企业根据市场规则向消费者提供服务的经济产业，和“第三产业”的范畴大致相同。公共服务则是由以政府为主的公共部门，运用公共资源，来提供社会需要的公共产品与服务。就此而言，公共服务与一般服务业的区别是显而易见的。同时，我们也注意到，在各国关于第三产业构成的划分中往往明确包括公共服务的内容，因此，从国民经济和社会统计的视角来看，可以说，公共服务的提供已经纳入服务业体系之中并成为其重要组成部分[②]。另外，随着政府、市场和社会关系的调整，现代公共服务的生产和提供已经很难由政府单边包揽，公共服务的生产和供给主体逐渐从单一的政府过渡到多元主体，不仅有来自市场的力量的参与，同时还有非政府非营利部门的参加。正是在这种意义上，美国学者奥斯特罗姆夫妇等认为，参与一组相关的公共物品或公共服务的生

① 《中国现代服务业发展研究报告》，汉镒资产研究所，2008年3月。

② 例如，在1985年4月5日下发的我国《国务院办公厅转发国家统计局关于建立第三产业统计的报告的通知》中，就已经明确指出：“由于第三产业包括的行业多、范围广，根据我国的实际情况，第三产业可分为两大部分：一是流通部门，二是服务部门，具体又可分为四个层次。第一层次：流通部门，包括交通运输业、邮电通讯业、商业饮食业、物资供销和仓储业；第二层次：为生产和生活服务的部门，包括金融业、保险业、地质普查业、房地产管理业、公用事业、居民服务业、旅游业、咨询信息服务业和各类技术服务业等；第三层次：为提高科学文化水平和居民素质服务的部门，包括教育、文化、广播电视事业，科学研究事业，卫生、体育和社会福利事业等；第四层次：为社会公共需要服务的部门，包括国家机关、政党机关、社会团体，以及军队和警察等。”这里所说的“第三产业”的“第四层次”显然主要就是我们一般所理解的公共服务。

产单位和供给单位，相互之间结成的类似于市场产业的那种互相促进、共同发展的规范关系，形成产业。在这个产业中供应者的多样化，广大市民社会在公共服务的经济关系起到了巨大的作用，从而改变了公共服务由政府提供的局面，形成公共服务产业①。英国商务部在2008年4月专门发布报告，明确提出"公共服务产业应该包括代表政府向公众以及向政府自身提供服务的所有民间企业和第三部门"，并对英国公共服务业的现状和发展趋势做出了详细的分析②。公共服务的"产业化"发展态势和"公共服务产业"概念的提出，反映出现代社会公共服务与私人服务从供给主体到过程的相互交融，就此而言，我们也可以说，公共服务正在发展成为现代服务业的重要组成部分。最后，在服务经济高度发展和社会公共服务需求不断提高的现代社会，公共服务的生产和供给越来越需要更多吸收与借鉴市场条件下的企业服务的积极因素和有效方法，以提高公共服务的品质和水平，乃至有论者进而提出"行政管理就是最大的服务业"的观点，另一方面，一般服务业的发展也需要公共服务的跟进和配合，公共服务的提升与拓展也会推动和促进一般服务业的进一步发展。正是在对现代服务业和公共服务发展规律的认识更加成熟和深化的基础上，国务院在2007年发布的《国务院关于加快发展服务业的若干意见》中明确提出了"加强公共服务既是加快发展现代服务业的重要组成部分，又是推动各项服务业加快发展的重要保障"的重要论断③。

公共服务是公共部门与准公共部门满足社会公共需要，提供公共产品的服务行为的总称。它分为提供纯公共产品的公共服务和提供准公共产品的公共服务两种。④ 公共服务业区别于其他服务业的一个重要特点在于，公共服务是由以政府为主的公共部门，运用公共资源，来提供社会需要的产品和服务。从功能角度看，公共服务可以分为维护性公共服务、经济性公共服务和社会性公共服务。维护性公共服务是指确保统治秩序、市场秩序、国家安全的公共服务；经济性公共服务是指政府为促进经济发展而提供的公共服务；社会性公共服务是指政府为促

① 有关论述，请参见：［美］文森特·奥斯特罗姆等：《美国地方政府》，井敏、陈幽泓译，北京大学出版社2004年版，第129~133页和埃丽诺·奥斯特罗姆、拉里·施罗德与苏珊·温：《制度激励与可持续发展》，毛寿龙译，上海三联书店2000年版，第122页；刘筱、闫小培：《公共服务业供应模式及其与城市管治的关系》，载《地理研究》第25卷第5期，2006年9月。

② 参见Julius，DeAnne，Understanding the Public Services Industry：How Big，How Good，Where Next?，10th July，2008，Department for Business，Enterprise and Regulatory Reform.（http：//www. berr. gov. uk/files/file46965. pdf）

③ 参见《国务院关于加快发展服务业的若干意见》，2007年3月19日。

④ 李军鹏：《公共服务学——政府公共服务的理论与实践》，国家行政学院出版社2007年版，第3页。

进社会公正与和谐而为全社会提供的平等的公共服务。①

公共服务业的发展，主要源自社会对于公共产品和服务的共同需要。这些公共产品和服务，基本上是除了政府以外的其他社会组织难以给予有效供给的。社会的公共服务需求，决定了公共服务业必然成为现代服务业的重要组成部分。在各个发达国家，公共服务业均在服务业中占据着重要的地位。公共服务业逐渐涵盖了包括教育、医疗卫生、社会保障、就业、扶贫、环境保护等各个主要领域。根据世界银行 2005 年公布的数据表明，2002～2003 年高收入国家公共教育服务的支出占 GDP 的百分比为 5.5%；当前高收入国家用于社会保障服务的支出占 GDP 的比重普遍在 20% 以上；2002 年高收入国家公共卫生服务的支出占 GDP 的百分比为 6.6%，其中欧盟国家为 7%；2003 年高收入国家用于补贴、赠款以及其他社会福利支出占中央政府总支出的百分比高达 60%，其中欧盟为 68%。②

三、行政管理的“服务化”取向与特点

自从产生国家以来，就有了政府管理。政府管理是运用国家权力对社会事务进行的管理活动。随着经济社会的发展变迁，行政管理的对象日益广泛，包括了经济建设、文化教育、市政建设、社会秩序、公共卫生、环境保护等诸多方面。同时，现代行政管理的“服务化”取向日益凸显，各国政府组织在实施对国家和社会公共事务的管理活动中，越来越多地承担着提供公共服务和公共产品的职能。2004 年 3 月，温家宝总理在参加全国人大会议期间，强调指出：“管理就是服务，我们要把政府办成一个服务型的政府，为市场主体服务，为社会服务，最终为人民服务。”③

现代政府应把服务作为管理的主要方式。尽管各国政治体制和行政体制有所不同，但随着公共服务业的不断发展，政府管理的“服务化”也日益鲜明地表现出来。具体而言，其特点主要表现在：其一，政府管理既执行阶级统治的政治职能，又担负管理社会、服务社会的公共服务职能；其二，政府工作方式的“服务化”，把管理寓于服务之中，在服务中实现管理；其三，公共服务供给方式的多元化，政府、市场（企业）和社会在公共服务过程中相互协调，形成多元供给主体格局，政府并在此过程中积极吸收和借鉴一般服务企业的优秀工作经验。

---

① 李军鹏：《公共服务学——政府公共服务的理论与实践》，国家行政学院出版社 2007 年版，第 5 页。

② 世界银行：《2005 年世界发展指标》，中国财政经济出版社 2005 年版，第 82、第 244 页。

③ 转引自：井敏：《构建服务型政府：理论与实践》，北京大学出版社 2006 年版，序。

创新公共服务和社会管理方式，在服务中实施管理，在管理中体现服务，这既是推进行政管理改革的重要任务，也是建设服务型政府的核心内容。在改进行政管理过程中，要以提高公共服务效率和质量为中心，整合各类相关资源，努力做到以最低廉的行政管理成本提供更多、优质、高效的公共服务。方便、快捷是社会和公众对公共服务的基本要求，也是衡量公共服务水平的重要标准。让人民群众更广泛地参与社会管理，是创新公共服务和社会管理制度的重要方面。另一方面，通过推行政务公开，提高政府工作和权力运作的透明度，不仅可以提高民众对政府公共服务的满意度，也能有效遏制政府腐败问题的滋生。

四、中国经济结构的优化、公共服务业的发展与政府管理创新

改革开放以来，中国经济总量实现了迅速的增长，与之伴随的是经济结构的不断优化升级和重大比例关系的日趋协调，产业结构实现了由以农业为主向三次产业协同发展的重大转变。1952 年至 2008 年，我国农业占 GDP 比重由 51% 持续下降至 11.3%，第二产业占比由 20.8% 逐步升至 48.6%，第三产业占比由 28.2% 升至 40.1%。[①] 三次产业协同发展的基本格局已经初步形成。但总体而言，目前我国经济结构性矛盾仍然非常突出，集中表现在：农业基础薄弱，工业素质不高，服务业发展滞后。经济结构调整的任务依然十分艰巨。

近年来，在中国经济增长过程中，服务业在 GDP 中的比重获得明显的提高。例如，2005 年，中国第一次经济普查数据显示，有 2.13 万亿元服务业增加值被漏统、误统，这使得服务业在中国 GDP 中的比重从原来的 31.9% 上升到 40.7%。这些数据虽然表明中国服务业的发展取得了一定成绩，但中国服务业的整体水平距离世界平均水平（67.7%）仍有很大差距，服务业发展落后的“短腿”现象依旧没有改变：一是服务业比重偏低；二是服务业结构不合理，特别是以信息化为代表的现代服务业发展缓慢；三是服务贸易国际竞争力弱。[②]

加强公共服务、推进公共服务业的发展，既是加快发展服务业的重要组成部分，又是推动各项服务业加快发展的重要保障，同时也是转变政府职能、建设和谐社会的内在要求。公共服务的改进从根本上需要进行政府管理创新。各级政府均应以主动、积极的态势，推进政府理念、政府职能、政府工作方式、政府运作体制等方面创新，以有效推进公共服务业的发展。推进政府管理创新，加快发展公共服务业，当前的工作重点包括：其一，强化政府管理的服务职能，加大对公

①② 《中国现代服务业发展研究报告》，汉镒资产研究所，2008 年 3 月。

共服务领域的关注力度；其二，提供公共服务的效率，通过优化政府管理体制，降低政府成本，提高政府效率；其三，健全公共服务制度建设，以制度保障公共服务职能的有效实现。其中，政府应尽快制定公共信息管理服务体系。政府应出台相应的政策和措施，充分利用现代信息技术的应用来促进现代服务业的发展。从政府与民众的双向互动角度，政府管理创新的立足点应包括：一方面是如何充分利用现代信息技术的支持，更好地提供公共服务；另一方面，是如何使民众在面对现代政府管理和服务时，能在技术和路径上具有更大的自主选择性。

第二节　服务型政府建设与中国公共服务业的完善

努力提供惠及全民的公共服务是建设服务型政府的基本目标。在现代服务业蓬勃发展的基础上，从政府单边垄断走向政府、市场与社会主体多元参与的公共服务供给形态也从可能走向现实，公共服务产业化取向日渐突出。优质高效的公共服务业的发展，将成为构建有效公共服务体系的重要支撑，而公共服务的切实较强和公共服务产业化的发展态势也将成为推动一般服务业深化发展的重要保障。

一、惠及全民的公共服务是服务型政府建设的基本目标

2004 年 3 月 5 日，在十届人大三次会议上，温家宝总理在《政府工作报告》中明确阐述了服务型政府的内涵："创新政府管理方式，寓管理于服务之中，更好地为基层、企业和社会公众服务。"2008 年 3 月 5 日，在十一届全国人大一次会议上，温家宝总理在政府工作报告中再一次强调："在加强和改善经济调节、市场监管的同时，更加注重社会管理和公共服务，维护社会公正和社会秩序，促进基本公共服务均等化。"惠及全民的公共服务已成为服务型政府建设的基本目标。

近年来，党中央、国务院在推进服务型政府建设的过程中，采取了一系列措施加强公共服务体系建设，使公共服务的覆盖面不断得到了扩展。但总体而言，惠及全民的公务服务体系尚未全面建立起来，我国政府公共服务职能不到位的问题仍然很突出，尤其体现在地区差异、城乡差异上，不同地区之间、城乡之间公共服务供给的不平衡和不平等状况依然存在。地区差异上，主要表现在东、中、西部地区由于经济发展水平的差异，在公共服务和公共产品供给上存在明显的差

别。近年来，政府虽然通过规范和调整财政转移支付的办法，不断加大对西部和中部地区的政策倾斜，但是总体上来看，西部和中部地区公共服务的供给水平仍然较低。城乡差异上，中国长期形成的二元经济结构，直接造成城乡之间在公共服务领域的巨大差距，尤其表现在城乡基本公共设施供给方面，由于资金、技术等投入不足，广大农村在水电、交通、通讯、教育、医疗等公共基础设施建设方面远远落后于城市。与城市相比，面向农村人口的政府公共服务水平仍处于较低水平，并且覆盖面较窄，部分农村人口由于各种原因无法享受政府公共服务。

提高政府的公共服务能力，建立惠及全民的公共服务体系，为全体社会成员提供基本而有保障的公共产品和公共服务，已成为中国服务型政府建设的基本目标。中国政府提出的科学发展观，第一要义是发展，核心是以人为本，基本要求是全面协调可持续，根本方法是统筹兼顾。贯彻落实科学发展观，其根本任务就在于保障为广大社会成员公平享受义务教育、基本医疗和公共卫生、公共就业服务、基本社会保障等基本公共服务，使经济发展的成果有效转化为人的全面发展。政府体制改革和管理创新，均应将实现基本公共服务均等化作为重要任务，努力控制和缩小发展进程中出现的城乡差距、地区差距和贫富差距，使全体社会成员能够共享高水平的政府公共服务。

二、优质高效的公共服务业是公共服务的产业支撑

在现代服务业蓬勃发展的背景下，公共服务的供给也从政府单边垄断走向更为多样化的供给模式，公共服务产业化取向明显。加快发展优质高效的公共服务业，将成为有效公共服务体系的产业支撑。在公共服务供给上，应打破政府垄断，将部分公共服务职能推向市场，引入竞争机制，使一些非政府组织、服务企业加入到公共服务供给的行列，培育现代化的公共服务业发展，实现多元化的公共服务供给。

当前，培育优质高效的公共服务业，重点是要依托信息技术和现代化管理理念，大力培育新兴服务业。应坚持扩大规模与提升层次并重，既保持公共服务业规模的较快成长，也保证公共服务业具有较高的科技含量和管理水平。要把支撑现代服务业发展的科技作为发展的重点领域，大力发展现代公共服务业，要运用现代经营方式和信息技术改造提升传统公共服务业，提高现代公共服务业的比重和水平。

此外，培育优质高效的公共服务业，还应重视标准化的建设。标准化建设对确保现代服务业的健康发展具有不可替代的作用。现代服务业的迅猛发展，对标准化提出了更高的要求。制定科学的现代服务业标准体系，规范现代服务业的开

发与管理，建立和健全公共服务水平的评估机制，切实提高公共服务的质量，是现代服务业能否持续发展的关键。成熟的公共服务业，必然要求具备一个完备的标准体系。这也是公共服务业为公共服务提供产业支撑的重要保障。

三、现代公共服务业的成长与政府的作用

公共服务体系的建设主体是政府。在现代公共服务业的成长中，政府发挥着关键性的作用。建设服务型政府，发展现代公共服务业，不仅涉及政府自身职能的转变，而且还涉及政府的行政运行机制、政府制度规范体系的完善。具体而言，政府在推进现代公共服务业发展中的作用，主要包括以下几个方面：

其一，加强对公共服务业的组织领导。加快发展服务业是一项紧迫、艰巨、长期的重要任务，既要坚持发挥市场在资源配置中的基础性作用，又要加强政府宏观调控和政策引导。各级政府均应针对本地服务业发展和改革中的重大问题，提出促进加快服务业发展的方针政策，推动本地服务业加快发展。应进一步明确中央、地方在政府提供公共服务、发展社会事业方面的责权范围，强化各级人民政府在教育、文化、医疗卫生、人口和计划生育、社会保障等方面的公共服务职能，不断加大财政投入，扩大服务供给，提高公共服务的覆盖面和社会满意水平，同时为各类服务业的发展提供强有力的支撑。

其二，推进公共服务业的结构优化升级。政府应根据经济社会发展的新形势，优化服务业行业结构，提升技术结构，改善组织结构，全面提高公共服务业的总体发展水平。应积极推进信息服务业的发展，加快发展信息软件业，完善信息基础设施，以信息化发展带动整个公共服务业发展。大力发展科技服务业，充分发挥科技对服务业发展的支撑和引领作用。

鼓励发展专业化的科技研发、技术推广、工业设计和节能服务业；规范发展法律咨询、会计审计、工程咨询、认证认可、信用评估、广告会展等商务服务业；提升改造商贸流通业，推广连锁经营、特许经营等现代经营方式和新型业态。通过发展服务业实现物尽其用、货畅其流、人尽其才，降低社会交易成本，提高资源配置效率，加快走上新型工业化发展道路。大力培育服务业市场主体，优化服务业组织结构。鼓励服务业企业增强自主创新能力，通过技术进步提高其整体素质和竞争力，

其三，加大对公共服务业的财政支持与政策扶持。政府的财政支持和政策扶持力度，是推进公共服务业健康、快速发展的重要保障。政府应积极拓宽投融资渠道，加大对服务业的投入力度。应加大国家财政预算安排资金的投入，重点支持服务业关键领域、薄弱环节发展和提高自主创新能力。同时，政府应积极引导

社会资金加大对服务业的投入，并积极支持符合条件的服务企业进入境内外资本市场融资，通过股票上市、发行企业债券等多渠道筹措资金。在政策扶持方面，政府应依据国家产业政策完善和细化服务业发展指导目录，对农村流通基础设施建设和物流企业，以及被认定为高新技术企业的软件研发、产品技术研发及工业设计等公共服务业，实行财税优惠。

其四，健全公共服务业的标准体系。政府应加快推进公共服务业标准化体系建设，规范公共服务业的发展。应抓紧制订和修订物流、金融、邮政、电信、运输、旅游、体育、商贸、餐饮等行业服务标准。对新兴服务行业，鼓励龙头企业、地方和行业协会先行制订服务标准。对暂不能实行标准化的服务行业，健全服务公约、服务规范等制度。

其五，推进公共服务业的对外开放。一方面，积极推进服务领域的对外开放，着力提高利用外资的质量和水平。通过引入国外先进经验和完善企业治理结构，培育一批具有国际竞争力的服务企业。另一方面，积极支持国内服务企业“走出去”，充分发挥中国人力资源丰富的优势，积极承接信息管理、数据处理等国际服务外包业务。通过积极参与国际竞争，推进本国公共服务业的快速发展。

第三节　政府运营过程的革新：来自现代服务业的启示

“行政管理就是最大的服务业”，是一种行政革新的现代理念。一方面，这一形象的提法准确地反映出公共服务供给多元化格局下公共服务与一般服务业的密切结合与相互促进的发展方向，另一方面，它的提出也有助于推动政府在提供公共服务过程中积极学习和借鉴现代服务业的先进经验，不断创新政府公共服务方式，努力提升公共服务品质。

一、“行政就是最大的服务业”：行政革新的现代理念

就国家的本质属性而言，马克思主义经典作家认为，国家具有鲜明的阶级性，是阶级统治的工具，同时，国家权力的公共性，或者说社会性也是客观存在。国家本质的社会性方面决定了国家作为一种特殊的社会公共权力，需要有效进行社会管理和公共服务的工作。提供公共服务，作为现代政府的基本职能，是国家本质属性的体现。

20世纪70年代以来，在经济全球化和信息化的浪潮的推动下，世界经济和产业结构逐步从“工业经济主导”向“服务经济主导”转变，现代服务业蓬勃发展起来，服务业的内容、规模、结构和品质都呈现快速提升的趋势[①]。在现代服务业快速发展的背景下，作为服务业的一个重要分支领域，现代政府的公共服务也在不断拓展，高度重视政府的公共服务职能，着力提升公共服务品质，也成为现代政府发展的一个普遍要求。现代服务业的蓬勃发展与政府公共服务的革新相互影响，相互促进，相互融合的趋向明显。也正是在这个意义上，在改革政府管理和提升公共服务的实践过程中，20世纪80年代以来，“新公共管理运动”[②]和“新公共服务”理论[③]的出现，都共同致力于公共服务提供机制的创新和服务品质的提升，乃至日本有论者明确提出了“行政就是最大的服务业”的观点，积极主张“小政府、大服务”[④]。追求公共服务品质的提升和供给机制的优化，已日益发展成为现代政府管理的新理念，并在各国行政改革实践中得到广泛呼应。

作为一种行政改革的新理念，我们认为，“行政是最大的服务业”形象生动地表述了政府发展的新趋向，重在强调现代政府职能中公共服务职能的主导化、政府全面履职方式的“服务”化和公共服务与一般服务业的交融化。

首先，政府工作的主要内容就是“服务”。

如前所述，由政府提供公共服务，是国家自身的本质属性所规定的。在现代化阶段到来之前，受社会生产力发展水平、文明进步程度和国家阶级性质等重要因素的制约，国家的社会职能与阶级职能相比一直处于次要地位，从而制约着政府的公共服务职责也没有得以充分展开，政府规模自然也就相应较小。工业革命以来，随着生产力的迅速发展、社会生活的日益复杂化，政府所承担的职责越来越多，政府管理工作越来越复杂。“第二次世界大战”以后，国家的社会职能得到了空前重视，政府所承担的公共服务职责也愈益增强起来，相应地，整个社会

---

① 有关“服务经济”概念和现代服务业发展的研究，可参见［美］富克斯：《服务经济学》，许微云等译，商务印书馆1987年版。

② 有关“新公共管理运动”的理论，请参见［美］戴维·奥斯本、［美］特德·盖布勒：《改革政府——企业精神如何改革着公营部门》，周敦仁等译，上海译文出版社2006年版和［英］简·莱恩：《新公共管理》，赵成根等译，中国青年出版社2004年版。

③ 有关“新公共服务”的理论，请参见［美］珍妮特·V. 登哈特、［美］罗伯特·B. 登哈特：《新公共服务：服务，而不是掌舵》，丁煌译，中国人民大学出版社2004年版。

④ 一般认为，在日本，“行政是最大的服务业”的理念最早是由前日本众议员、前出云市长岩国哲人提出的，他在1989年当选日本岛根县出云市长后，提出“行政是最大的服务业”口号，大力推行市政改革，在日本产生了很大反响，其领导的出云改革也成为日本地方政府行政改革的典范之一。其主要改革措施包括在超市建立“行政服务柜台”，安排周末职员值班制度等。有关出云市政改革的信息主要来自岩国哲人作为客座教授在南开大学的演讲材料。

生活的面貌也有了巨大改观。20 世纪70 年代以来，随着现代服务业的蓬勃发展，一般服务业的扩展促进了私人服务品质的提升，这同时也影响和要求公共服务水平的提高和服务品质的改善。在政府与市场、国家与社会的关系不断调整过程中，政府职能的合理定位越来越明确。兼顾市场与政府的优势与不足，调控经济、监管市场成为政府在发展经济过程中比较准确的定位，而与此同时，现代政府的工作重心也倾向于越来越转变到社会管理和公共服务上来，在全面履行政府职能的基础上，公共服务职能更加突出，逐步发展成为现代政府职能的重点，而公共服务提供机制的创新和服务品质的完善，也同时对政府有效履行其他方面的职能提供了支持和平台。“更好的治理，更好的服务”已经成为现代政府发展的共同目标。

其次，政府主要的工作方式就是“服务”。

国家的本质属性规定了国家要履行政治统治和社会公共管理的职能，而且，随着经济社会环境的变迁，政治统治职能越来越依靠社会公共管理职能的行使来得以实现。马克思主义经典作家也曾明确指出：“政治统治到处都是以执行某种社会职能为基础，而且政治统治只有在它执行了它的这种社会职能时才能继续下去”[①]。可以说，将政治统治寓于社会公共管理之中，将管理与服务结合，在管理之中有服务，在服务之中有管理，是现代政府职能实现方式的重要发展趋势。提出“行政就是最大的服务业”，很大程度上是对这一发展趋势的敏锐把握和生动概括，意在强调政府工作样态和工作方式的“服务化”与人性化，推动政府工作积极学习和借鉴服务企业的工作方式和方法。

再次，公共服务与一般服务业相互交融，提升公共服务品质。

按照传统观点，公共服务只能由政府提供，而私人服务的提供则来自于市场和服务产业。随着现代服务业的快速发展和公共服务需求的不断增加，在实践上，政府与市场、国家于社会的关系得以重塑，政府对市场、国家对社会的简单“二元”论得到修正。公共服务的供给主体结构从政府的单边垄断供给过渡到政府主导下的多元供给主体格局，不仅有来自市场的力量，同时还有第三部门的广泛参与，公共服务的多元供给主体取向显著。美国学者奥斯特罗姆夫妇在实证研究的基础上指出，在公共服务供给的现实过程中，供给主体是多样的并相互之间结成互相促进、共同发展的规范关系，套用经济学中的“产业”概念，可以认为形成了一种“公共服务产业”[②]。从公共服务的提供机制来说，政府的主导作

① 《马克思恩格斯选集》第 3 卷，第 219 页。

② 有关“公共服务产业”的概念和相关理论，请参见［美］文森特·奥斯特罗姆等：《美国地方政府》，井敏、陈幽泓译，北京大学出版社 2004 年版，第 129 ~ 133 页和埃丽诺·奥斯特罗姆、拉里·施罗德与苏珊·温：《制度激励和可持续发展》，毛寿龙译，上海三联书店 2000 年版，第 122 页。

用不容否认，但市场（服务企业）和社会自治力量的参与也不容忽视，公共服务和一般服务业相互交融，互相促进成为可能，这同时为公共服务过程中积极吸收和合理借鉴现代服务企业的经验提供了机会。也正是在这个意义上，可以说“行政是最大的服务业”。

作为社会主义的政权机关，中国共产党及其领导的政府自建立之初，就强调自身是为人民服务的政府，全心全意为人民服务是执政党和政府的宗旨。在新的历史时期，提出建设服务型政府，是在坚持“人民政府”的政权属性和根本目的的基础上，根据新的经济社会发展环境，积极吸收和借鉴世界各国现代政府管理实践中的有益成果，来扩展和完善中国政府的公共服务职能，以更好地实现“为人民服务”的政府宗旨。“行政就是最大的服务业”这一表述中所揭示的公共服务职能主导化、政府工作方式“服务化”和公共服务格局“产业化”的理念值得我们在建设中国特色的服务型政府过程中合理吸收和借鉴。

二、以“经营服务”的精神重塑政府工作

提倡“行政是最大的服务业”，不仅强调行政管理工作的重点是提供公共服务，而且重视政府工作方式的“服务”化和公共服务提供主体的多元共生，同时倡导公共管理学习和借鉴一般服务企业的优秀工作经验和方法。用服务企业的“经营服务”精神来改造和重塑政府的工作。在强化服务取向下的政府管理改革，主要可以从以下几个方面着手：

1. 发展“服务顾客”取向的改革，使政府工作和公共服务的提供更能灵活适应广大公众的多样化需求，真正体现为民服务。“服务顾客”取向的改革，在岩国哲人推行的日本出云市改革中得到了实施，其中，最具代表性的改革措施，就是在岩国就任市长后，在市内较大的超市内建立“行政服务柜台”，安排市政府工作人员周末值班并为市民提供服务的制度。在各国政府部门的实践中，传统上，公共部门的绝大多数机构在周末是停止工作的。岩国的改革则明确提出，政府在工作取向上要向企业学习和看齐，既然一般服务业都在周末营业为民众提供服务，为什么政府却可以放假休息呢？同时，将“行政服务柜台”建在超市，也有利于促进政府工作人员实地了解一般服务企业为顾客提供优质服务的好的方法和经验，以形成“学习”效应，带动政府工作的改进。

2. 发展“成本核算”取向的改革，推动政府工作效率的提升。在市场活动领域，包括服务企业在内的各类企业的经营活动要考虑成本产出核算，以实现盈利目标。传统政府工作，虽然存在预算约束，也提倡“精兵简政”，但往往在工作过程中成本核算意识和工作制度不足，容易造成资源浪费和效率不高。将服务

企业的成本核算原则积极导入政府工作之中并建立有效的制度安排，能比较有效地提高政府工作效率和节约行政成本。比如，在上述岩国推行的出云市政改革过程中，民中普遍欢迎周末政府职员的值班制度，但同时担心人员增编和成本加大。针对这一担忧，岩国市长推动政府部门具体核算平日和周末的服务工作量，因周末值班而形成平日工作量的削减，再加之周末集中在超市提供服务，工作效率明显提高，改革的实施在扩大服务的同时不仅没有增加人员编制，反而因平日工作量的缩减而实现了人员的精简。这一改革举措明显体现了成本—产出的精确核算和效率的取向。

3. 发展“竞争激励”取向的改革，为政府部门和工作人员提供激励机制。在市场经济活动领域中，企业与企业之间的竞争态势，较好地推进了企业的优胜劣汰和产品质量的提高，形成了企业良性发展的激励机制。在政府工作中，同样可以引入竞争和激励机制，来促进政府部门和公务人员改进工作，提升工作质量。近年，我国由研究机构推动实施的“地方政府创新奖”就是对公共服务改进和创新提供的一种激励机制①。日本的出云市也因其市政改革的成功而曾获得日本效率协会颁发的“综合营销最优秀奖”。

① “地方政府创新奖”的评选情况，请参见该活动网站：http：//www. chinainnovations. org/。

第十一章

“以服务平衡差距”是服务型政府建设的突出社会价值

“以服务平衡差距”是一种基于服务型政府建设的差距调控思路。这不是一种“替代性”思路，而是对当前差距调控思路的有益补充。其特点在于：把基本公共服务体系建设与差距调控结合起来加以综合考虑；把基本公共服务作为平衡各种社会差距的重要手段之一；通过基本公共服务的充分供给、均衡配置不断缩小城乡之间、地区之间、各阶层之间在基本公共服务领域的待遇差距；通过渐次推进基本公共服务的均等化来抑制、调节和平衡各种社会差距。这种“以服务平衡差距”的治理策略是对传统差距调控思路的重要补充，是服务型政府建设的突出社会价值。

第一节 以服务平衡差距：基于服务型政府建设的策略选择

一、三大差距是服务型政府建设面临的现实难题

改革开放以来，中国选择了以经济现代化为核心、分阶段渐次推进、最终实现共同富裕的非均衡式发展道路。这种制度安排有其历史的必然性和现实的合理性。中国之所以在较短的时间内实现了经济社会的跨越式发展，正是得益于这种

制度安排所产生的巨大激励作用和极化效应。当然，任何制度设计都不是完美无缺的，都会不同程度地产生某种负效应。非均衡式发展道路把中国的现代化进程迅速推进至工业化后期，与此同时，中国固有的城乡差距和地区差距也迅速拉大，原本并不突出的贫富差距问题也已经变得十分突出。各种社会差距的不断扩大触动了"社会公平"这根极其敏感的社会神经。

从贫富差距看：任何一个社会都会存在一定程度的贫富差距，但这种差距必须保持在社会可以接受的限度之内。如果贫富差距过大或是在短时间内迅速扩大，必然造成社会的结构性"断裂"，导致社会不稳定。横向比较，中国已经成为世界上贫富差距较大的国家之一。据国家统计局公布的数据显示，大陆地区最富裕的10%人口占有社会财富的45%；而最贫穷的10%的人口所占有的社会财富仅为1.4%；[①] 从基尼系数的变化情况看，依据世界银行的测算结果，中国的基尼系数在10年前已经超过了0.4的国际公认警戒线，近年来持续攀升，2009年已达到了0.47。[②] 一种普遍的观点认为，中国的贫富差距正在逼近社会容忍"红线"。[③] 严格地讲，这是一个"伪命题"。基尼系数上的"警戒线"一说与社会心理"红线"并不能简单等同。后者更为复杂，不是一个单纯的线性概念。当然，贫富差距的不断拉大是不争的事实。"贫富差距的扩大并不是最可怕的，比这种财富上的差距更可怕的是基于贫富差距而形成的不同社会阶层之间情绪心态的对立和敌视。"[④] 可以说，贫富差距的扩大化已经成为影响中国社会和谐稳定的最大隐患。

从城乡差距看：著名政治学家亨廷顿曾经指出，现代化带来的一个至关重要的政治后果便是城乡差距，这一差距确实是正在经历迅速社会经济变革的国家所具有的一个极为突出的政治特点，是这些国家不安定的主要根源。[⑤] 对于中国这样一个拥有世界上最多的农业人口且长期实行城乡二元体制的发展中国家来说，城乡差距不仅无法避免，在相当长的一段时间内也难以彻底消除。改革开放初期，联产承包责任制的推行曾一度使城乡收入差距趋于缩小。然而，随着政策效应的释放完毕以及改革重心迅速转向城市，城乡收入差距也随即从缩小转为扩大。根据国家统计局发布的相关数据计算得出，城乡居民收入差距从1985年的1.7倍已升至2010年的3.55倍。多数学者认为，如果把教育、医疗、社会保障等因素考虑进来的话，城乡收入差距远不止于此。横向比较，世界上绝大多数国

① 参见邵道生：《把维护社会公平放到更为突出的位置》，人民网，2005年8月15日。

② 参见夏业良：《中国的财富集中度超过美国》，载《财经国家周刊》2010年第12期。

③ 参见《我国贫富差距正在逼近社会容忍"红线"》，载《经济参考报》2010年5月10日。

④ 李培林：《中国贫富差距的心态影响和治理对策》，载《江苏社会科学》2001年第3期。

⑤ ［美］塞缪尔·P·亨廷顿：《变化社会中的政治秩序》，王冠华等译，生活·读书·新知三联书店1989年版，第66页。

家的城乡收入差距都控制在2倍以内。国民经济的持续快速增长与城乡差距的持续扩大形成的鲜明反差，充分说明广大农村地区和农村居民已经被严重边缘化，这不仅使得城乡社会高度“分隔”，也将导致城乡社会的“双重失序”，长此以往，将引发严重的政治后果。

从地区差距看：地区发展之间发展的不平衡是世界各国经济发展过程中的普遍现象，它以一个相当长的时间内不同地区的经济增长速度与发展水平的持续差距为基本特征，同时也包括了教育、医疗、社会保障、科技文化、资源环境等诸多方面的差距。“当代中国经济发展的地区差距呈现为由东向西递减的格局，基本公共服务的地区差距亦呈现为由东向西递减的态势。”[①] 从变化趋势来看，近年来，中西部地区在区域协调发展战略的推动下，经济社会发展取得了长足进步，但无论是经济发展水平还是基本公共服务水平，与东部地区的绝对差距依然呈现为扩大化趋势。当然，也有专家认为，中国的地区差距正日益缩小。[②] 造成这种认识分歧的主要原因是观察角度和测算方法的不同。不管对地区差距的变化趋势作何判断，几乎所有的学者都不否认这一事实，即各地区的经济社会发展水平有了显著提高，但依然存在着较大的地区差距。地区差距与贫富差距、城乡差距之间有着密切的关系。地区差距的不断扩大往往伴随着在落后地区有着更为悬殊也更为突出的贫富差距和城乡差距问题。

贫富差距、城乡差距和地区差距并非中国所特有，发达国家也不同程度地存在这些问题，像美国这样的发达国家至今也未能很好地解决其贫富差距过大的问题。但从总体上讲，各种差距问题主要是一些发展中国家正在经历并需着力解决的问题。对于已经步入工业化发展后期的中国而言，这些问题显得更加突出，也更为重要。中国社科院2006年组织的城乡抽样调查发现：认为中国财富和收入分配公平的只有40.2%；认为地区与行业间的待遇公平的只有33.6%；认为城乡之间的待遇公平的只有29.0%。[③] 从这组数据可以看出，大多数民众对于日趋扩大的贫富差距、城乡差距和地区差距抱有强烈的不公平感。尽管从目前的情况看，社会秩序在总体上是和谐稳定的，但如果不能有效地遏制社会差距的扩大化趋势，“平时不满却‘沉默的大多数’则很可能在一个很小的突发事件中成为‘愤怒的大多数’。”[④] 类似情况在近年来发生的一些群体性事件中已经初露端倪。

---

① 任维德：《现状、原因、对策：中国政府公共服务的地区差距研究》，载《内蒙古大学学报》（哲学社会科学版）2008年第3期。

② 参见《中国“四个世界”差异正在缩小》，新华网，2010年8月10日。

③ 参见汝信等主编：《2007年中国社会形势分析与预测》，社会科学文献出版社2006年版，第25～26页。

④ 胡联合、胡鞍钢：《贫富差距是如何影响社会稳定的?》，载《社会学》2008年第1期。

二、破解差距难题首先要厘清“问题”中的问题

近年来，政府、学界、媒体和公众对于社会差距问题高度关注，并积极参与各种讨论，这是值得鼓励的一件事。然而，研究和解决社会差距问题不能仅凭一腔热情，如果不能以理性、科学、正确的方式去认识、分析这些问题，不仅无助于问题的解决，反而可能会造成许多曲解和误解，从而在社会舆论和心理层面进一步加剧“问题”的严重性。“问题”主要来自社会差距本身，但也不能否认，我们对各种差距的认识也存在这样或那样的“问题”。这是“问题”中的问题，是人们在认知、判断、解读和应对各种社会差距的过程中所呈现出的思维方式问题，是认识论、方法论问题，是我们破解差距难题首先要予以厘清的前置性问题。从当前有关差距问题的研究和讨论来看，这些“问题”主要集中于以下几个方面：

（一）关于差距的构成

贫富差距、城乡差距和地区差距都是综合性差距，其构成比较复杂，从不同的观察角度出发，侧重点自然有所不同。以贫富差距为例：按照家庭部门考察，贫富差距主要包括三项指标：收入、财产和消费；从社会个体的角度来看，贫富差距主要体现在财产这个指标上；从社会整体的角度来判断，贫富差距最终要体现在消费这个指标上。此外，不同的身份、立场和学科视角对于贫富差距的观测点也各有侧重。当前，有关贫富差距的研究和讨论主要集中于“收入差距”。贫富差距虽然包含着收入差距，但不只是收入上的差距。刘尚希认为，如果仅仅讨论收入的分配，那只是针对某一时期的经济成果做静态的分析，难以看清楚导致这种收入分配格局的机理究竟是什么，很容易把调整收入分配格局的路径归结为对现有成果分配的再次分配。这种做法静态看是有效的，但只是“一次性有效”，无法改变贫富差距变化的长期趋势。[①] 实事求是地讲，当前的许多研究和讨论的确是在用“收入差距”来定义“贫富差距”。从某种意义上讲，这是在“偷换概念”。这种思维方式存在很大的局限性，既限制了对问题的理解，也限制了问题的解决思路。视角和思路过窄，办法自然不多。

上面提到的这种宽概念、窄定义的做法在有关城乡差距和地区差距的研究和讨论中也非常普遍。这种做法看似“化繁为简”，虽然便于研究工作的开展，但也存在以偏概全的可能。当然，从学术研究的角度看，理论问题与现实问题总是

① 参见刘尚希：《收入差距不是贫富差距》，载《中国经济时报》2011年2月20日。

有差距的，研究者也只能围绕自己“精心设定”的问题展开研究工作。但是，如果对问题设定过窄、限定过多，可能会达到理论上的“完美”，但与现实问题已渐行渐远。脱离实际的研究工作不仅毫无建设意义，反而可能会成为一种误导。

（二）关于差距的测度

关于差距的测度可以进一步分解为两个问题：一是能不能测度？换句话讲，什么差距可测，什么差距不可测。以地区差距为例，我们可以对地区经济总量、人均地区生产总值、地区人均收入、教育、医疗、社会保障、就业等主要经济社会发展指标进行测度，但毫无疑问，这些指标只是部分地说明了地区差距问题，而不是全部。况且，“数量”并不能完全反应“质量”，“客观差距”也不能完全替代“主观感受”，而“质量”上的差距、主观感受的不同是难以测度的。从理论上讲，差距的构成决定着差距的测度。然而，在有关差距问题的研究和讨论中，往往是为了满足“可测度”的需要，迫使我们对于差距的构成不得不做出“必要的”取舍，这在一定程度上影响着我们对于各种差距的判断。

二是用什么标准来测度，即指标选择问题。例如，我们探讨贫富差距自然会谈到收入和财产问题，基尼系数、恩格尔系数、库兹涅茨指数、阿鲁瓦利亚指数、收入不良指数等许多经济学指标可供选择。其中，基尼系数是世界范围内比较通用的综合衡量收入差距的参考指标，这也是目前国内采用率最高的一个收入差距测量指标。一些学者认为，应该理性地看待基尼系数及其在中国的适用性问题。首先，中国是一个超大型发展中国家，中国的多数问题，都与“大”且不平衡有着直接关系。基尼系数在中国的使用也应该充分考虑到这个“大”且不平衡的问题。显然，当前的一些研究和讨论对此关照不够。其次，所谓“国际警戒线”的说法并非是刚性原则。美国、中国香港的基尼系数远远高出“国际警戒线”，但贫富差距问题在社会上反响并不十分强烈。这里除了要考虑实际的收入差距，还要考虑到社会成员对于公正公平的理解及其对差距的接受限度。最后是基尼系数的可比性问题。中国有其特殊性，基尼系数的国际横向比较意义并不大；把计划经济时代的基尼系数与市场经济时代的基尼系数做大跨度的纵向比较，意义有多大？我们对此持保留意见；对国内各省、自治区、直辖市的基尼系数做横向比较是一件有意义的工作，对主要城市群、相邻城市基尼系数的比较也很重要。

毫无疑问，差距问题研究是一种实证性研究，离不开指标和数据的使用。但不管采用什么样的分析方法，都不能单纯以指标和数据来定性差距，这只能作为我们认识问题、制定政策的参考工具。著名经济学家张五常曾经指出：一些所谓的实证性经济学研究，并不重视真实世界本身。其实是拿政府或机构搜集来的数字，用计算机作回归统计分析。统计技术可以超凡，困难是结论不一定可靠。另一方面，他人发表的数据，不一定代表真实世界的现象。数之不尽搞数字统计的人，不知数字从何而来，或代表什么。[①] 当前有关各种差距问题的研究和讨论也存在类似的问题，一些研究看似是在用指标和数据去解释和分析问题，实际上往往是通过“修正问题”、“校正事实”来迎合各种指标和数据。这样的实证性研究难以称其为科学，对于问题的解决也不会有太多助益。

（三）关于差距的成因

各种差距的成因本是一个客观性问题。由于研究者的身份、立场、学科视角的不同，这在一定程度上会影响到他们对于差距成因的识别和判断。换句话讲，人们对于差距成因的分析，不可避免地会带有身份色彩、主观印记，甚至是价值判断。很多人都明白，贫富差距、城乡差距和地区差距等各种社会差距是多种因素长期交互作用的结果；既有历史因素，也有现实因素；既有客观原因，也有主观原因；不仅涉及经济问题，也涉及政治、社会、文化和心理等问题。然而，在实际的研究和讨论中，一些研究者出于种种考虑，对差距成因的处理往往过于简单、草率，甚至是“以点盖面”，在一两个点上把文章尽可能做大。表面上很尖锐，也能够吸引媒体和部分公众的注意，但这对深入说明问题本身，特别是对于寻求解决问题的对策，并无多大价值。最典型的例子，就是对现阶段贫富差距现象的分析。实际上，导致一个国家贫富差距形成或扩大的因素非常多，甚至可以达到几十个。在这些因素中，有些属于政府和政策方面的问题，有些则属于人文历史范畴，非常复杂。[②] 对于如此复杂的社会差距问题，我们不能感情用事，更不能采取一言以蔽之的方式进行解释和批评，这不仅无益于问题的解决，反而会进一步加剧问题的严重性。在当前的研究和讨论中，虽然不乏真知灼见，但人云亦云、随声附和之人也不少，总体上看是感性多于理性、问责多于建设、反思多于前瞻。

（四）关于差距的影响

各种社会差距是动态的，也是直观的。差距的变化会在社会生活的各个层面上引发一系列错综复杂的连锁反应，这也是当前社会各界讨论最为热烈的问题。

---

① 参见张五常：《经济学解释真实世界的系统思维》，载《全球财经观察》2004 年 12 月号。

② 参见朱光磊：《中国政治发展研究中的若干思维方式问题析论》，载《天津社会科学》2005 年第 6 期。

如果说关于差距的测度是一个难题，那么，评价差距变化所产生的影响究竟有哪些、有多大则更为困难。实际上，我们很难找到一个统一的评判标准。尽管差距变化所产生的各种影响是客观的，但人们对于社会差距及其影响的认识和解读不可避免地要带有主观色彩和价值判断。因此，在这个问题上要想统一思想和认识几乎是不可能的。但不可否认，人们对于各种社会差距的评判在很大程度上要受到公共舆论的影响。

从理论上讲，公共舆论是社会上多数人对一些公共问题所形成的具有共同倾向性的意见或看法。但事实上，公共舆论总是掌握在少数人手中，却深刻影响着多数人对事实的判断。政府、媒体、公共人物（包括知名学者和评论家等）对于公共舆论的形成都具有重要的影响力。在关于贫富差距这样的社会敏感问题的讨论中，媒体和公共人物往往又比政府具有更大的社会影响力。这种情况并非中国所独有，政府大可不必为此伤脑筋。问题的关键在于，在营造舆论环境和氛围的过程中，政府、媒体和公共人物都要切实履行好自己的社会责任，充分发挥公共舆论的认识引导和矫正功能。现在的问题是：在舆论上，政府显得过于谨慎，也有些被动；媒体评论虽然犀利，但往往有失严谨，错把个别现象和普遍问题混为一谈者不在少数；公共人物中不乏有良知者，但只为吸引公众眼球的造势者也大有人在。

对于贫富差距这样的社会敏感问题，政府应该尽可能地掌握发言的主动权。毕竟，政府手中握有大量的第一手资料和最有效的舆论宣传工具，对各种问题及其影响的判断和评估比较全面，也比较准确。大概没有哪一位学者或媒体记者敢说自己比政府更了解情况，更有发言权。事实上，如果政府做到了在舆论上更主动、更透明，不仅便于开展工作，也能够把因各种差距的不断扩大所造成的舆论影响降到最低。

（五）关于差距的调控

差距调控是一个对策问题，而对策的选择往往取决于我们对差距现状、成因及其影响作何判断。首先是关于地区差距的调控思路问题。一个比较普遍的看法是，改革开放以来所选择的非均衡式发展道路是导致经济社会发展失衡以及地区差距不断扩大的关键因素。因此，要改走区域均衡协调发展之路。这一思路无疑是正确的，但受惯性思维的影响，我们主要还是在经济层面上来讨论区域协调发展问题，对社会层面的关注程度明显不足。21世纪伊始，中央先后出台了西部大开发、中部崛起、振兴东北老工业基地等一系列旨在推动区域均衡协调发展的战略措施。在政策的推动下，各地区的经济发展速度上去了，但增长质量参差不齐，个别省区的经济增速与含金量反差极大。根据《中国经济周刊》的统计结果，在GDP含金量的全国排名中，排名靠前的东部省份居多，排名靠后大都是中西部省份，与我国区域经济的发展状况基本吻合。[①] 从主要经济发展指标来看，地区间的经济发展差距并未真正缩小，绝对差距进一步拉大。尽管在落后地区形成了如“呼包鄂”、“长株潭”、“成渝”等若干个重要的经济增长极，但各省区内部的发展差距正在拉大。毫无疑问，这并不是我们预期中的区域均衡协调发展。

其次是关于城乡差距的调控问题。20世纪90年代后期，在学界和媒体的共同推动下，长期被忽视的“三农”问题日益受到关注。统筹城乡发展的战略构想正是在这一背景下提出的。十六大以来，为了实现统筹城乡发展的目标，中央政府始终把“三农”问题作为施政重点，连续出台了7个指导“三农”工作的中央一号文件，而增加农民收入、缩小城乡收入差距又成为了重点施政目标。从2006年起，全国全面免除农业税。此后，又相继推出了农业直补、新型农村合作医疗、农村养老保险等政策。2010年，农村居民人均纯收入实际增长10.9%，首次超过了城镇居民收入增长幅度，但城乡居民收入比还是较2009年有所上升，说明差距仍在扩大。

特别值得注意的是，2010年农村居民收入之所以快速增长，在很大程度上得益于主要农产品价格大幅上涨所带来的农村家庭经营纯收入的快速增长，但这只是一种短期效应。随着物价的整体上涨，农村居民收入的实际增长率也会受到一定程度的影响。此外，2010年农村居民转移性收入增速明显下降，这反映出随着各项惠民政策的逐步到位，既有政策对农村转移性收入的拉动作用正在减弱。种种迹象表明，城乡收入差距还有进一步扩大的可能。

当然，统筹城乡发展的主旨并不仅仅局限于缩小城乡收入差距，而是要从根本上改变城乡经济社会发展严重失衡的现状。因此，我们不能把眼光局限于“三农”问题本身，也不能紧盯城乡收入差距不放。既然强调“统筹”，就要摆脱“就事论事”的思维定势，要在工业化、现代化的背景下去定位农业和农村发展问题；要在城市化、市民化的背景下去思考农村剩余劳动力的转移问题。农业必然要走产业化、现代化之路；新农村建设不是要打造另一番天地，而是要建设与城市社会高度接轨的现代化农村；增加农民收入固然很重要，也很务实，但要看到农民收入结构的变化，要把工资性收入作为农民收入的稳定增长点。从长远来看，“三农”问题的真正出路不在农村，而在城市。

再次是关于贫富差距的调节问题。贫富差距是学界、媒体和公众最为关注的问题，政府对此也高度重视，但在官方书面文件中，极少使用贫富差距一词，而

① 参见汪孝宗等：《哪个省的GDP“含金量”最高?》，载《中国经济周刊》2010年3月8日。

普遍使用的是收入差距。这大概有以下几点原因：一是比之收入差距，贫富差距一词在政治上更加敏感；二是较之“收入差距”，“贫富差距”略显笼统，测量难度更大；三是收入差距是贫富差距的重要成因和主要表现形式；四是政府的既定思路主要是通过调节收入差距来缩小贫富差距。不管出于何种原因，政府的这种做法的确是把人们对贫富差距的关注更多地引向了收入差距和收入分配问题。米塞斯曾指出，正统经济学理论中的“收入分配”概念其实是一个“误导性概念”。将“收入分配”作为改革议题，这种误导是双重的：一方面是对经济学理论、研究和教学的误导；另一方面强化了无理论根据的政策操作。我们姑且不去讨论“收入分配”概念是否合理，但的确有必要对著名的“分蛋糕”理论做出更为深入的思考。应该认识到，贫与富不仅表现在收入上，也表现在财产和消费上，贫富差距不仅是收入上的差距，更是财产和消费上的差距。因此，调节贫富差距不能仅仅在收入分配上做文章，同时应该关注公共消费和公共产权收益中存在的诸多问题。

上述问题在当前有关各种社会差距的研究和讨论中比较普遍，也比较突出。把这些问题集中起来加以讨论，并不是要否定当前的各种研究，也不是说我们自己已经做得很好、很到位，而是希望通过这种问题式反思，提醒我们自己以更加理性的态度和方式来对待各种社会差距，不断改进和完善我们自己的研究工作；另一方面也是为了与学界同仁互勉，共同提高研究水平，为建设服务型政府、构建社会主义和谐社会提供更多富有建设性的对策建议。

三、以服务平衡差距：一种递进式差距调控思路

（一）政府差距调控思路的积极转变

在计划经济向市场经济转轨的过程中，中央政府对于各种差距问题有所预见，也做了一些具体工作，然而，这种观念上的前瞻性以及一些好的做法未能及时转化为具有长效性的制度安排，这不能不说是一种遗憾。但历史地看，有其客观原因，当然也不排除主观因素。随着市场化改革的不断深入，各种社会差距日趋显性化，中央政府充分认识到了各种差距问题的严重性，制定并实施了一系列有针对性的政策措施。从政策效果看，虽然未能在总体上改变各种差距的扩大化趋势，但在局部地区、个别问题上的确有了明显的改善，这是不容置疑的事实。

近年来，中央政府一方面不断强化政策力度：继西部大开发战略后又相继推出了中部崛起战略、振兴东北老工业基地战略；对农村地区实行取消农业税、农业直补、新型农村合作医疗、新型农村社会养老保险等政策；深化收入分配制度

改革，并提出了“再分配要更加注重公平”的分配原则。另一方面也在积极转变发展理念：比较明显的变化是提出了以科学发展观为核心的执政新理念，强调以人为本、和谐发展、统筹发展、均衡发展、科学发展；明确提出了建设服务型政府的发展目标；公共政策的价值取向更加重视社会公平，更加关注民生问题。

发展理念的转换必然带来工作思路的全面调整。2006 年，国家发展改革委副主任朱之鑫在全国“两会”记者招待会上对缩小地区差距的内涵做出了新的概括，他认为，缩小地区差距的内涵不是指经济总量上的差距，更重要的是要缩小各地区间在公共服务和生活水平方面的差距。十六届六中全会提出了“完善公共财政制度，逐步实现基本公共服务均等化”的建设任务，同时强调指出，尽快使中西部地区基础设施和教育、卫生、文化等公共服务设施得到改善，逐步缩小地区间基本公共服务差距。十七大报告进一步强调指出，缩小区域发展差距，必须注重实现基本公共服务均等化。2007 年，国务院下发的《关于编制全国主体功能区规划的意见》指出，编制全国主体功能区规划，推进形成主体功能区，有利于缩小地区间公共服务的差距，促进区域协调发展。胡鞍钢认为，“如果说西部大开发、振兴东北老工业基地和中部崛起是区域针对性较强的一代区域发展政策的话，那么主体功能区则可以被认为是第二代区域发展政策。”①

2010 年，温家宝总理在谈到深化收入分配制度改革时指出，“要通过发展生产、完善公共服务体系、健全社会保障制度等途径，让低收入群体有一个基本的收入，同时解决好教育、医疗、住房、就业等民生问题，保证他们的基本生活和基本权益。”② 李克强副总理在谈到扩大内需的主要着力点时指出，“扩大居民消费的关键是提高居民消费能力，这就需要调整国民收入分配结构，提高居民特别是中低收入居民的收入水平。当前，应更加注重就业和劳动报酬在一次分配中的作用，更加注重社会保障和公共服务在二次分配中的作用，以此作为调整国民收入分配结构的重要突破口。”③ 十七届五中全体通过的《中共中央关于制定国民经济和社会发展第十二个五年规划的建议》进一步明确了“基本公共服务均等化”的战略目标，并把基本公共服务体系建设与调控地区差距、城乡差距和收入分配制度改革联系了起来。

从上述分析可以看出，随着客观条件的日趋成熟以及主观认识水平的不断提高，中央政府的差距调控思路正在发生转变，已经不再单从经济的维度去思考差距问题，而是在经济、社会两个维度上去寻找差距破解之道，经济维度上更加强调协调，社会维度上更加强调公平。与之相联系，中央政府开始更多地注意到基

---

① 《中国“四个世界”差异正在缩小》，新华网，2010 年 8 月 10 日。

② 温家宝：《关于发展社会事业和改善民生的几个问题》，载《求是》2010 年第 7 期。

③ 李克强：《关于调整经济结构促进持续发展的几个问题》，载《求是》2010 年第 11 期。

本公共服务在平衡各种社会差距中的重要作用，并在尝试建立一种基于服务型政府建设的，更具长效性的差距调控新思路。我们对这一思路进行了初步的理论加工和设计，称其为“以服务平衡差距”。

（二）“以服务平衡差距”的提出依据及其内涵

1. 提出的依据

“以服务平衡差距”是一种基于服务型政府建设的差距治理策略。这一策略提出的依据主要有三：其一，贫富差距、城乡差距、地区差距等各种社会差距的不断扩大以及由此所引发的社会矛盾和冲突已经成为制约中国现代化进程的主要瓶颈。如何有效调控各种差距，使之保持在社会正义和公平所能接受的程度和范围之内，这是服务型政府建设需要正确面对和着力解决的一大难题。

其二，贫富差距、城乡差距和地区差距等各种社会差距都不同程度地与人们在公共服务领域中所享受到的待遇差距相关。有研究表明，基本公共服务因素在城乡实际收入差距中的比例约占30%～40%左右，这个比例已接近拉美国家。毫无疑问，不断缩小城乡之间、地区之间、各阶层之间所享有的基本公共服务差距，逐步实现基本公共服务的均等化，自然应该成为差距调控的内容和目标之一。

其三，中国正在积极推进服务型政府建设。从经济建设型政府逐步转向服务型政府，必然要对政府职能、组织机构和管理体制等方面做出一系列重大调整和改革，这些变化最终又都会在政府的实际运行过程中得到体现。进一步讲，在建设服务型政府的过程中，政府在调控社会差距、化解社会矛盾和冲突、推动经济社会可持续发展等方面，应该逐步形成一套不同于过去的，更具管理艺术的，充分体现其“服务型”特征的治理机制、策略和做法。服务型政府建设不但要继续做好经济建设文章，也要努力做好社会建设文章，而且是通过“公共服务”把这两项工作有机统一起来。“以服务平衡差距”正是基于这一时代背景提出的一种差距治理策略。

2. 基本内涵

我们可以从三个方面来解读“以服务平衡差距”的内涵。其一，“服务”讲的是手段和途径，即指各种层次、各种形式的公共服务，主要是指各种社会事务类公共服务。

其二，“差距”讲的是这一策略的作用对象，一是指包括贫富差距、城乡差距、地区差距等在内的各种社会发展差距；二是指城乡之间、地区之间、各阶层之间所享有的基本公共服务的差距。

其三，“平衡”既是一个动态的调节过程，也是一种预期中的理想状态，可以从两个层面来理解：从广义上讲，是指在服务型政府建设的过程中，通过不断强化政府的公共服务职能，以此作为调控各种社会差距的重要手段和措施，努力使各种差距限制在社会公平和正义所能接受的范围内，从而在地区之间、城乡之间、各阶层之间创造一种相对平衡、和谐、稳定、有序的可持续发展状态；从狭义上讲，是指建立覆盖城乡居民的基本公共服务体系，通过基本公共服务的充分供给和均衡配置，不断缩小地区之间、城乡之间、各阶层之间所享有的基本公共服务的差距，渐次推进基本公共服务均等化。

依据上述分析，我们可以在两个相互联系、依次递进的目标层次上对“以服务平衡差距”做出总体把握：从近期目标和现实意义来看，这一策略的实施重点首先在于不断缩小地区之间、城乡之间、各阶层之间在基本公共服务领域的待遇差距，渐次推进基本公共服务的均等化，力争用10年或更长一点的时间，能够让全体公民在基本公共服务领域享有大体相同的国民待遇。简单地讲，就是以基本公共服务的“补差式”供给来“平衡”城乡之间、地区之间、各阶层间的基本公共服务差距，逐步实现基本公共服务的“均等化”。从远景目标和长效价值来看，城乡之间、地区之间、各阶层之间基本公共服务的逐步均等化，不仅能够有效抑制、调节并在一定程度上消减各种社会差距，也有助于协调城乡关系、区域关系以及阶层关系，这对于推动城乡一体化进程、促进区域协调发展、增进社会和谐稳定具有重大且深远的意义。也就是说，就是通过基本公共服务的均衡供给来促进城乡协调发展、区域协调发展以及构建新型社会关系。

第二节　对策组合：渐次推进基本公共服务的均等化

从一些国家所走过的道路来看：通过建立公共财政制度，特别是通过包括纵向和横向转移支付等在内的立法措施和行政手段，能够使地区间、城乡间的公共服务水平差距明显小于它们的经济发展水平差距；能够使各阶层间所能享受到的公共服务的差距明显小于他们的收入水平差距。[①] 事实证明，这些做法不仅促进了基本公共服务的均等化，也有助于平衡地区差距和城乡差距，同时，对贫富差距也具有一定的抑制和消减作用。党的十六届六中全会明确提出了“逐步实现基本公共服务均等化”的建设任务。我们对此的理解是：基本公共服务均等化应该是一个渐次推进的过程，在制度安排上要体现出一定的“层次感”、“节奏

① 参见朱光磊等：《对服务型政府建设规律的几点认识》，载《天津日报》2008年6月30日。

感”，而且要重点突出“公平感”，问题的关键是要找准各阶段政策的着力点。从目前的情况来看，可以考虑把九年义务教育、基本社会保障、基本医疗卫生三大核心公共服务作为重要突破口；把农村地区、落后地区和弱势群体作为重点关注和保障对象；把“有限均等”、“局部均等”和“底线均等”作为过渡性目标；力争在“十二五”期间，能够使城乡之间、地区之间、各阶层之间在核心公共服务项目的可及性上基本做到“均等化”，基本公共服务供给水平和质量差距有所减小；力争到2020年，能够使城乡之间、地区之间、各阶层之间在基本公共服务项目的可及性上基本做到“均等化”，基本公共服务供给水平和质量差距明显改善，在核心公共服务领域基本做到“大体相当”。

一、城乡之间：基本公共服务的“有限均等化”

（一）对于“有限均等化”的理解

实事求是地讲，要想在较短的时间内实现城乡基本公共服务的全面均等化是不现实的，这也就决定了我们在制度安排上应该体现出一定的“层次感”。讲究“层次”并非是要把城乡居民做“三六九等”的划分，而是在充分尊重历史和现实的基础上，以理性的态度对待城乡差距问题，以科学的方式有效推进城乡基本公共服务的均等化。为此，我们提出了一个过渡性概念——“有限均等化”。这一概念可以从以下四个方面来理解：

一是在服务项目上，逐步实现农村与城市的接轨。简单地讲，就是“你有我也有”。农村居民应该享有与城市居民大体相同的基本公共服务项目。一步到位很难，要从义务教育、基本医疗卫生、基本社会保障三大核心公共服务做起。与此同时，还要充分考虑到针对农村地区、农业生产以及农民工的特色化公共服务。二是在服务增量上，农村要略快于城市，尤其是西部落后地区的农村。要做到这一点难度很大，但也绝非不可能。当然，就算做到了这一点，仍然难以避免在短期内城乡差距继续拉大的可能，但保持这样一种发展势头，从长远来看，对于平衡城乡差距是有益的。三是在服务均量上，要努力缩小农村与城市的差距。一些条件较好的地区可以先行一步，但从全国来看，要做到这一点还需要相当长的一段时间，这在很大程度上要取决于城市化进程。毕竟，中国仍然是世界上农业人口最多的国家，城市化水平还不高。四是在服务质量上，要实实在在地改进和提高农村地区的公共服务水平，特别是西部落后地区的农村。但不能盲目追求农村与城市的同质化发展，即便是在发达国家、发达地区，也不可能做到农村与城市的完全同质化。这个问题需要引起一些地方政府的足够重视，不能把城乡统筹发展、城乡一体化错误地表述为城乡之间的同质化。

（二）几点对策建议

首先，全面保障农民在核心公共服务领域的国民待遇，这是实现城乡之间基本公共服务“有限均等化”的重要突破口。

义务教育、基本社会保障、基本医疗卫生三大核心公共服务是农村基本公共服务的关键薄弱项。目前，农村义务教育问题主要集中在经费投入、教学资源配置以及教学质量等方面；农村女童、农民工子女的义务教育问题以及农村教师待遇等具体问题也十分突出；九年义务教育尚未做到全面普及。截至 2008 年，还有 42 个县仅仅实现了“普六”，未能完成“两基”攻坚。从基本社会保障来看，农村最低生活保障和农村社会养老保险的覆盖面还不高。新型农村合作医疗虽然实现了“广覆盖”，但保障水平还很低。截至 2009 年，“新农合”的参合率达到了 94.0%，新型农村合作医疗基金累计支出总额为 646 亿元，累积受益 4.9 亿人次。[①] 不难看出，“新农合”虽然实现了广覆盖，但每人次的受益金额不足 132 元，这离“保基本”的目标还有不小的差距。虽然农村最低生活保障覆盖率略高于城市，但各地区的保障水平差距较大。一些地区只能做到“最低”，根本无法实现“保障”，个别地区连“最低”也无法做到。农村社会养老保险制度刚刚起步，2009 年，中央提出的目标是“农村养老保险覆盖率今年力争 10%”。[②] 从基本医疗卫生来看，农村基本医疗卫生服务的可获得性、质量和数量均与城市存在较大差距。2008 年，中国人均卫生总费用城市为 1 862.3 元，农村为 454.8 元，城市为农村的 4.1 倍；城乡居民个人卫生费用负担也有差别，2009 年，城乡居民人均收入比约为 3.3∶1，但农村居民个人承担的医疗保健支出占其全年消费性支出的比重（7.2%）却高于城镇居民（7.0%）；[③] 农村孕产妇死亡率、5 岁以下儿童死亡率、婴儿死亡率、新生儿死亡率等主要妇幼保健指标均明显高出城市。此外，农村地区在重大传染病防治、婴儿免疫接种以及公共卫生突发事件应急管理等方面也存在许多盲区。

从上述分析不难看出，即便在核心公共服务领域，要想在短时间内大幅度缩小城乡之间的差距也是十分困难的。从实际工作的角度看，目前应该重点关注的是城乡之间核心公共服务的“项目”补差问题。首先要解决的是义务教育、最低生活保障、养老保险、重大传染病防治、婴儿免疫接种等核心公共服务项目在

---

① 数据来自：《2009 年国民经济和社会发展统计公报》，国家统计局网站，2010 年 2 月 25 日。

② 参见《总理与网友“亲密接触”，共论国是——农村养老保险覆盖率今年力争 10%》，载《南方农村报》2009 年 3 月 5 日。

③ 数据来源：《2010 中国卫生统计年鉴》，中国协和医科大学出版社 2010 年版。

农村地区的覆盖率问题。先要做到“广覆盖”，尽可能地扫除盲点，然后再谈保基本、提质量、上水平。在一些条件较好的地区，可以试点建设城乡一体的基本社会保障制度和基本医疗卫生服务制度。

其次，加快农村社会性基础设施建设和生态环境建设，这是实现城乡之间基本公共服务“有限均等化”的支撑点。

农村社会性基础设施主要包括生活性基础设施（如农村饮水安全、农村生活垃圾处理、农村公路建设、农村电力建设、农村沼气建设等），以及农村社会事业发展所必需的基础设施和条件（如农村教育设施建设、农村医疗卫生设施建设、农村文化体育设施建设等）；农村生态环境建设主要包括耕地资源保护、草场和天然林资源保护、湿地资源保护、防风防沙工程建设、水土保持工程建设、自然保护区生态建设与环境保护等。2004 年以来，历次中央 1 号文件和党的十七届三中全会通过的《中共中央关于推进农村改革发展若干重大问题决定》均把加强农业和农村基础设施建设作为推进农村改革发展的重要举措。按照中央要求，各地积极调整投资结构，不断加大“三农”投入力度，支持农村基础设施建设。据报告，2008 年以来，国家大力调整投资结构，各地方加大了对于农村基础设施建设的投入力度，在一定程度上改善了农村的生产和生活条件。然而，不可否认的是，一些地方对新农村建设的认识和理解存在偏差，农村社会性基础设施建设未能得到足够重视；一些地方脱离当地农村实际水平，盲目攀比，搞形象工程，不同程度地存在重复建设、投资浪费等问题；个别地方还存在借农村基础设施建设之名，随意调整农民承包地和宅基地等严重损害农民权益的现象。

2009 年，国家发改委发布的《农村基础设施建设发展报告》指出，尽管农村基础设施建设成效显著，农村生产生活条件明显改善，但从总体上看，农村基础设施依然落后，还不能充分满足“三农”要求。根本改变农村的落后面貌，真正形成城乡经济社会发展一体化的新格局，还需要付出长期不懈的努力。《报告》同时指出，今后农村基础设施建设重点之一是改善农村生产生活条件。中央在重点支持农林水利重大项目建设、提高农业综合生产能力的同时，将继续加大对农村水、路、气、电、房建设及教育、卫生等社会事业发展的投入，着力改善农村生产生活条件。

再次，构建新型农业社会化服务体系，这是推动城乡之间基本公共服务“有限均等化”的助推器。

农业社会化服务是针对农业生产的特色化公共服务，主要包括农业科技服务、农业生产资料服务、农产品市场信息服务以及农业金融和保险服务等内容。完善农业社会化服务体系，不仅有助于从根本上改变农村地区的落后面貌，也有助于以农业现代化、产业化带动城乡一体化，这对实现城乡之间基本公共服务的"有限均等化"具有重要意义。根据《2009年零点中国公共服务公众评价指数报告》提供的数据显示，2006年至2009年四年间，农业生产技术服务（40.3分→42.9分→50.2分→56.0分）总体落后于农村生产资料服务，始终是农业生产服务中的薄弱环节。农业生产资料服务在2009年有所下降（77.7分→74.8分→75.3分→68.6分），一个重要原因在于农村居民对农产品销售服务的评价得分相对较低（64.5分）。[①] 近年来，农业科技服务总体水平在不断提高，但受益面还比较小，特别是自然条件较差的农村地区还很难享受到农业科技的阳光；农业基础设施建设普遍滞后，特别是落后地区的农业基础设施还相当薄弱；各地区农产品市场信息服务差距明显，这直接影响到农民收入的增加，而一些基层政府对于建立面向市场的统一销售网络和品牌建设意识还比较薄弱；农业金融和保险服务的覆盖面和支持力度还有待加强。

党的十七届三中全会通过的《中共中央关于推进农村改革发展若干重大问题决定》明确提出了建设覆盖全程、综合配套、便捷高效的新型农业社会化服务体系的战略目标，并从服务机构建设、服务能力建设和市场体系建设三个方面做出了重要战略部署。《决定》同时强调指出，要加大对革命老区、民族地区、边疆地区、贫困地区发展扶持力度。能否把这两个方面有机结合起来，通过建立新型农业社会化服务体系，不仅帮助已经摆脱贫困的农民尽快富裕起来，同时也去帮助那些尚未摆脱贫困的农民尽快走上脱贫致富之路，这是推进农村改革发展的关键所在。

最后，继续坚持"多予、少取、放活"的农村工作方针，让公共财政的阳光更多更快地照耀到"三农"，这是保障城乡之间基本公共服务"有限均等化"的关键所在。

2002年，中央农村工作会议提出了"多予、少取、放活"的农村工作方针。简单地讲，"多予"就是要加大对农业和农村的投入力度，为农民增收创造条件；"少取"就是要减轻农民负担，保护农民合法权益；"放活"就是要搞活农村经营机制，消除体制束缚和政策障碍，给予农民更多的自主权，激发农民自主创业增收的积极性。近年来，各级政府按照"多予、少取、放活"的方针，为"三农"做了许多实质性工作。例如，全面取消农业税；不断完善和落实农业补贴政策、农产品价格政策、扶贫开发政策等；增加农村公共财政投入，不断提高农村公共产品和服务供给水平；加快乡镇管理体制改革；放手发展农村个体、私营经济，正确引导民间资本发展；加强农民工的权益保护；建立健全农村信贷体

① 数据来源：《中国公共服务面临瓶颈》，载《中国产经新闻报》，2009年12月7日。

系；加强农产品流通渠道体系建设；等等。这一系列惠农政策和措施的出台为农民增收、农业发展和新农村建设提供了有效的制度保障和良好的政策环境，对于改善“三农”的生产生活条件起到了重要作用。今后，各级政府在继续贯彻“多予、少取、放活”方针的同时，在财政支出结构上应该做出进一步调整。对于农村公共财政投入的安排，不但要考虑相对于城市的增速和增量问题，而且要充分考虑到农村的公共服务成本和历史欠账问题。

二、地区之间：基本公共服务的“局部均等化”

（一）对于“局部均等化”的理解

准确地讲，基本公共服务的地区“级差”过大是制约区域协调发展的关键性因素。造成这种地区“级差”的原因是多方面的，而存在一定的地区“级差”又有其必然性、合理性。因此，不能把地区之间基本公共服务的均等化简单地理解为“烫平”差距。从目前的情况看，主要任务是把基本公共服务的地区“级差”控制在一个合理的限度内。要做到这一点并不容易，不能急于求成，在制度安排上要体现出良好的“节奏感”。基于这种思考，我们针对地区之间基本公共服务均等化的建设目标提出了一个过渡性概念，即“局部均等化”。这一概念可以从以下三个目标层次来理解：

一是省域范围内基本公共服务的逐步均等化。要实现这一目标，直辖市的难度相对小一点，各省、自治区尤其是人口多或地域广的省份面临的问题更多。这些省份都不同程度地存在着“地区差距”和较大的城乡差距，内蒙古自治区的情况就比较典型。但相比较而言，要想在更大范围内实现基本公共服务的均等化，首先应该做到省域内基本公共服务的均等化，这不仅是必要的，也更具操作性和可行性。虽然难度大，但如果下决心去做，用三到五年的时间，初步实现省域内核心公共服务的均等化，用十年或更长一点的时间，逐级逐类逐项实现省域内基本公共服务的均等化并非毫无可能。目前，一些省份已经开始着手制定相应规划和措施。例如，2008 年，广东省省委书记汪洋提出要制定一个全省的基本公共服务均等化规划的设想。[①] 2009 年，广东省政府印发了《广东省基本公共服务均等化规划纲要》，目前已进入全面实施阶段。

二是分类推进省际基本公共服务的均等化。要做到这一点，关键取决于我们如何去分类，这是制定政策的前提和基础。第一种做法是参照现行的区域发展政

① 参见《制定一个全省的基本公共服务均等化规划》，载《南方日报》，2010 年 4 月 9 日。

策，将大陆地区31个省、自治区和直辖市划分为四类地区，即东部、中部、西部和东北部地区；第二种做法是建立一套基本公共服务总体评价指标，以省级行政区为单位，对各省份基本公共服务的总体水平做出评估，以此为据，进行分类；第三种做法是明确基本公共服务的项目构成，按照每个项目的评价标准，以省级行政区为单位进行评估，依据每个项目的实际水平和进展程度做出若干种分类设计。第一种做法最简单，但问题是无法反映省际基本公共服务的实际差距；第二种做法有一定的可取之处，但从中很难看出各省份在基本公共服务领域的具体长处和短板；第三种做法最为复杂，但能够比较全面且具体地反映出省际基本公共服务的实际差距，这有助于中央制定统一的基本公共服务标准和发展规划，也能为各省、自治区、直辖市有针对性地开展工作提供一个参照系。相比较而言，我们更倾向于第三种分类方法，尽管比较复杂，要做的工作很多，实施过程中也不可避免地会牵涉多方利益，但这有助于我们把工作做得更细致，也有助于降低成本、提高效益。

三是按照拟议中主体功能区的划分，尝试推进主体功能区范围内基本公共服务的均等化。从一定意义上讲，"四类主体功能区"建设构想的提出，体现的是一种"块状平衡"的新区域治理策略。当然，主体功能区的划分必然牵扯到各种错综复杂的政府间关系，既有纵向的，也有横向的，既涉及"条条"，也涉及"块块"，虽然并不是对行政区划的直接调整，但对行政区划的未来走向会产生十分重要的影响。而所谓的"块状平衡"也不会在较短的时间内形成，建设初期，很可能会出现一种新的区域不平衡状态，这也是导致《全国主体功能区规划》遭到地方政府"冷对"① 的一个重要因素。尽管要面对来自地方政府的重重阻力，但从中央政府的角度看，做出这一策略选择又是大势所趋、势在必行。如果以行政手段强制推行，很难达到预期效果。对此，中央政府需要着实动一番脑筋，既要考虑到国家战略、整体利益和长远发展，也要充分考虑到各地区特别是各省、市、自治区的地方利益、现实利益，要讲究策略和艺术，尽可能地避免政策实施过程中的过度"偏离"。为了稳妥起见，中央可以考虑按照拟议中的主体功能区的划分，从基本公共服务均等化的角度做一些先期尝试。

（二）几点对策建议

首先，把省域范围内基本公共服务的整体改善与逐步实现均等化有机结合起来，以此作为调整省级财政支出结构、规范省以下财政转移支付制度的努力方向

① 参见童海华：《主体功能区规划遭地方政府"冷对"遇冷背后》，载《中国经营报》，2011年2月12日。

和指导原则。

省域范围内基本公共服务的整体改善在很大程度上取决于省级财政的努力程度。根据陈昌盛、蔡跃洲的研究，近年来，内蒙古自治区在全国各省、自治区、直辖市基本公共服务改善情况与增幅排名中，位居全国前列。[①] 一个重要原因在于，内蒙古自治区政府不断加大基本公共服务的投入比重。以 2008 年为例，内蒙古用于发展教育事业的财政支出较上年增长了 34%，其中，义务教育保障经费增长了 44.4%；用于医疗卫生事业的财政支出较上年增长 35.5%；用于社会保障和就业支出比上年增长 26.2%。[②] 尽管成绩是显著的，但并不能掩盖问题。在内蒙古自治区范围内，地区之间、城乡之间、各阶层间基本公共服务的绝对差距呈现出一定的扩大化趋势。从这个意义上讲，省级财政的努力不能单纯追求整体数据的改善，还要力争让公共财政的阳光均衡照耀到每个角落。

省级财政在不断加大基本公共服务投入比重的同时，还要通过规范省以下财政转移支付制度，逐步实现省域范围内人均基本公共服务支出水平的大体均衡。一方面，通过推动经济发展增加市县财政收入，继续加大省级财政对欠发达地区的财政转移支付力度，欠发达地区基本公共服务支出增长率适当高于发达地区，不断缩小区域间基本公共服务差距；另一方面，通过建立省内横向转移支付制度以及稳步推进城镇化等措施，逐步缩小省内人均基本公共服务的支出差距。广东省政府提出，通过纵向财政转移支付和稳定增长的横向转移支付，到 2020 年，力争实现区域间人均基本公共服务支出差距控制在 20% 以内的目标。[③]

其次，把全国范围内基本公共服务的整体改善与逐步实现省际均等化有机结合起来，充分发挥中央财政对省际财力差距的调节作用，建立稳定的省际横向财政转移支付制度，逐步实现省际基本公共服务的均衡供给。

要实现省际基本公共服务的均等化，必须以各省具备稳定且均衡的财力作保障。从财力来源看：根据财政部对各地区平均收入能力的测算结果，“东中西部地区平均收入能力指数分别为 1.72、0.56 和 0.51，中、西部地区仅为东部的 33% 和 30%。”[④] 东部发达省市的财力增长比较稳定，总体上能够满足基本公共服务支出增长的需要，完全有能力做到基本公共服务投入比重的稳步提高。一些中西部省区要做到这一点，难度还很大。这并不代表它们不努力、不作为。以 2005 年的数据为例，西部地区社会保障补助支出占财政支出的 6.63%，比东部地区高出了 2 个百分点；抚恤和社会福利经费占财政支出的 2.8%，比东部地区

① 参见陈昌盛、蔡跃洲：《中国政府公共服务综合评估报告》，载《调查研究报告》2007 年第 7 期。

② 数据来源：《内蒙古城镇基础设施 5 年总投资 650 多亿》，内蒙古新闻网，2008 年 3 月 23 日。

③ 参见《广东省基本公共服务均等化规划纲要》，南方网，2009 年 12 月 15 日。

④ 楼继伟：《推进基本公共服务均等化的重要手段》，财政部网站，2006 年 2 月 7 日。

高出0.3个百分点；卫生经费占财政支出的4.3%，比东部地区高出0.2个百分点；文体广播事业费占财政支出的2.62%，比东部地区高出0.2个百分点。然而，由于地区间财政规模差距太大，西部地区即便是按照略高于东部地区的标准来安排基本公共服务投入，投入水平仍远远落后于东部地区。[①] 毫无疑问，欠发达省区要想达到与发达省市大体相近的基本公共服务投入水平，仅靠自身的财政努力是远远不够的。中央对省级财政的转移支付是调控省际财力差距，推动省际基本公共服务均等化的重要手段。当然，仅靠中央财政的调节作用还不足以弥补省际财力差距。因此，有必要通过省际财政转移支付来“补差”。发达地区与欠发达地区的政府都很清楚加强政府间合作的必要性和重要性，为了使这种合作关系能够保持下去，有必要建立一种合理的区域利益分享机制和利益补偿机制，特别是让合作优势一方给予劣势一方以必要的补偿，从而使所有合作方都能共享合作收益。建立稳定增长的省际财政转移支付制度，并把转移支付更多地投向基本公共服务领域，这对欠发达地区不断改善基本公共服务状况，缩小省际差距也是非常重要的。

再次，把主体功能区基本公共服务的均等化作为一项中长期建设目标，一方面，这有助于缩小地区之间基本公共服务的差距，促进区域协调发展；另一方面，这也有助于推进主体功能区规划的全面实施。

根据国务院下发的《关于编制全国主体功能区规划的意见》，全国主体功能区规划分国家和省级两个层次编制。国家层面的四类主体功能区不覆盖全部国土，优化开发、重点开发和限制开发区域原则上以县级行政区为基本单元，禁止开发区域按照法定范围或自然边界确定。《意见》同时指出，为配合主体功能区规划的实施，财政政策的调整要以实现基本公共服务均等化为目标，完善中央和省以下财政转移支付制度，重点增加对限制开发和禁止开发区域用于公共服务和生态环境补偿的财政转移支付。根据这一思路，禁止和限制开发区应该作为国家转移支付的重点地区，要把转移支付主要放在弥补基本公共服务不足上来。[②] 具体来讲，中央财政首先要全力保障禁止开发区域核心公共服务的均等化，中央和省级财政要共同保障限制开发区域核心公共服务的均衡供给，并逐步实现限制开发、禁止开发区域基本公共服务的均等化。没有基本公共服务的均等化，在限制开发和禁止开发区域，要想做到限制或禁止相关产业开发是非常困难的，也很难为相关地区所接受并转化成理性的行为。对于优化开发、重点开发区域，中央和

① 参见张彬：《西部地区基本公共服务体系建设：差距、成因及对策》，载《内蒙古大学学报》（人文社会科学版）2007年第5期。

② 参见王京元等，《如何实施主体功能区基本公共服务均等化政策》，载《宏观经济管理》2008年第1期。

省级财政在基本公共服务供给水平上要做出适当的“补差式”调节，逐步实现均衡供给，基本做到均等享有。

从目前的情况来看，主体功能区规划还不足以取代现行的区域发展政策。一是因为拟议中的国家层面的“四类主体功能区”并不覆盖全部国土，但从长远来看，“全覆盖”是必然趋势。二是因为主体功能区规划的实施需要一系列改革措施与之相匹配，例如，改革财政转移支付制度、政府绩效考核方式等。改革需要时间，更需要空间，要得到地方政府的充分理解和支持，改革才能取得成功。三是因为现行的区域发展政策对于欠发达省区加快经济社会发展依然具有强大的激励作用，而主体功能区规划的实施对欠发达地区来说，并不能带来立竿见影的收益，而且在一段时间内，很可能会出现代价大于收益的情况。正因如此，推进地区之间基本公共服务的均等化，目前仍然要以现行的区域发展政策为依托。国家发改委提出：“十二五”期间，要基本做到“初步遏制人均地区生产总值差距扩大的趋势，把地区差距控制在合理范围内”。同时提出，“促进区域协调发展要把实施区域发展总体战略与推进形成主体功能区结合起来；要把缩小地区发展差距与实现基本公共服务均等化结合起来；要把优化发达地区发展与扶持欠发达地区发展结合起来。”①

三、阶层之间：基本公共服务的“底线均等化”

（一）对于“底线均等化”的理解

“均等化”并不等于绝对平均化、无差别化。换句话讲，强调“均等化”的同时也要承认差距的客观性、合理性，但一个基本前提是要把差距控制在合理限度内。要做到基本公共服务的均等化，至少要满足三个条件：一是每一个公民都具有享受法定基本公共服务的财政支出能力；二是中央政府和地方政府应当通过规划和空间布局，使每个公民不分城乡、不分地区地能够有机会接近法定基本公共服务设施；三是中央政府和地方政府应当通过法律和改革现有的户籍制度等方式，使每个公民不分城乡、不分地区地有权利使用法定基本公共服务设施。② 毫无疑问，我们在一段时间内还不能完全具备这些条件。那么，就有必要对基本公共服务均等化做出“程度”的限定。从理论上讲，大致可以有三种“程度”划分：一是“就高”；二是“取中”；三是“保底”。“就高”很理想，但不切实

① 参见《国家发改委：把地区差距控制在合理范围内》，中国经济网，2010 年 12 月 13 日。
② 参见丁元竹：《准确理解和把握基本公共服务均等化》，载《人民论坛》2009 年第 12 期。

际。即便是在发达国家、发达地区也做不到这一点。"取中"对发达国家、发达地区而言，或许还有可能，但发展中国家和欠发达地区还做不到。从中国的现实国情出发，在"保底"程度上强调基本公共服务的均等化，尽管也有一定的难度，但通过多方努力还是可以达到的。要做到"保底"，我们在相关制度设计上必然要更加注重"公平感"。根据上述分析，把"底线均等化"作为基本公共服务均等化的过渡性目标，是合情合理的。这也是缩小各阶层间基本公共服务差距、抑制贫富差距扩大化的重要手段之一。我们可以从以下三个方面来理解"底线均等化"：

一是在服务项目上，力争实现各阶层能够享有大体相同的基本公共服务项目。就目前的情况而言，首先应该做到各阶层在义务教育、基本社会保障、基本医疗卫生三大核心公共服务领域能够享受到基本一致的公共服务项目。《中共中央关于制定国民经济和社会发展第十二个五年规划的建议》明确提出了"十二五"期间的两个"全覆盖"，即实现新型农村社会养老保险制度"全覆盖"和实现城乡社会救助"全覆盖"。二是在服务均量上，逐步缩小人均基本公共服务支出差距，力争把人均基本公共服务支出差距控制在合理限度内。究竟一个什么样的限度才能够称之为"合理"？广东省政府提出的目标是，"到2020年，把人均基本公共服务支出差距控制在20%以内。"这样的目标在全国很难实现，但中央政府的确应该提出一个较为明确但又切实可行的"限制性"目标，这对中央、对地方都是一种"硬约束"，对于实现各阶层之间基本公共服务的均等化是非常必要的。三是在服务增量上，低收入者要快于高收入者，农村居民要普遍快于城镇居民，至少要保证二者间绝对差距的扩大化趋势能得到有效抑制。要做到上述几点，难度可想而知，但也绝非没有可能性。

（二）几点对策建议

地区差距、城乡差距与贫富差距是一种相互嵌套的关系，城乡之间、地区之间基本公共服务的差距最终要表现为各基层之间基本公共服务的差距。因此，各阶层之间基本公共服务的"底线均等化"与城乡之间基本公共服务的"有限均等化"以及地区之间基本公共服务的"局部均等化"是互为补充、相互推动的关系。要做到各阶层之间基本公共服务的底线均等化，首先要有一个较为明确的底线标准。就此，我们提出了如下几点建议：

首先，建议把义务教育、基本社会保障、基本医疗卫生三大核心公共服务作为基准范围，把核心公共服务项目的可及性作为基准底线，切实保障弱势群体的底线生存和发展权利。

本课题组的一项重要研究成果是提出了"核心→基本→全面"的基本公共

服务体系立体化建设思路。这里所说的核心、基本和全面不仅是对基本公共服务体系的结构设计，也是对基本公共服务体系建设的次序设计。我们提出，九年义务教育、基本社会保障、基本医疗卫生是基本公共服务体系建设的“基点”，这三项内容不仅应该，而且最有可能率先实现“均等化”目标。核心公共服务的可及性即是我们所理解的“底线”，这是实现基本公共服务均等化的重要前提和基础。从义务教育来看，义务教育巩固率在2009年已经达到了90.8%。根据《国家中长期教育改革和发展规划纲要》提出的目标，到2020年，义务教育巩固率将达到95%。从义务教育均等化的角度出发，今后的一项重点工作是要切实保障进城务工人员随行子女、农村留守儿童、残障儿童以及家庭经济困难的儿童均等享有接受义务教育的权利。从基本社会保障来看，养老保险、医疗保险、最低生活保障、社会救助的城乡覆盖率还比较低，而尚未纳入保障范围的人群恰恰又是最需要保障的弱势人群。因此，从基本社会保障均等化的角度出发，今后的工作重点首先是要有针对性地提高覆盖率，把弱势人群尽可能地纳入到保障范围内，让社会保障首先成为一道底线生存的安全网。从基本医疗卫生服务看，十七大提出了“人人享有基本医疗卫生服务”的建设目标。要全面实现这一目标，难度很大，可以先从最基础、最核心的医疗卫生服务项目做起，从最薄弱的环节和领域抓起，如农村地区婴幼儿免疫接种、孕产妇服务、重大传染病防治等。毫无疑问，即便是从最核心的公共服务项目做起，要想真正做到“人人享有”也是一项极其艰巨的工作，要有信心，更要有耐心；要有政策的保障，更要有政策的正确执行。

其次，逐步提高核心公共服务项目的统筹层次，确保核心公共服务至少在“底线层次”上做到“均衡供给”，这是提高核心公共服务的可及性、覆盖率和受益面的重要途径和手段。

从国际经验看，实现高层次统筹是保证基本公共服务均衡供给的必要手段。当然，从中国的现实国情和现行体制出发，要想在较短的时间内全面提高基本公共服务的统筹层次并不现实。当前，应该重点考虑提高义务教育、基本养老保险等核心公共服务项目的统筹层次。

从义务教育来看，最突出的问题集中于农村，尤其是落后地区的农村。“贫困”、“学困”、“校困”、“师困”、“前景贫困”[①] 等问题在落后地区的农村具有一定的普遍性，而这些问题事实上是与特定人群紧密联系在一起的，深刻影响着他们的生存状态和人生轨迹。尽管问题成因是多方面的，但长期实行以县为主的义务教育统筹机制是一个关键致因。尽管新《义务教育法》高度重视义务教育经费的保障问题，但对义务教育统筹机制、各级财政分担义务教育经费的比例责

① 参见李慧莲：《中国农村九年义务教育的困境与出路》，支农网，2005年1月24日。

任等问题并未做出具体规定。县级财政负担义务教育经费比例依然过高的问题依然比较突出。为此，多数学者主张提高义务教育的统筹层次，从县级统筹逐步过渡为省级统筹，并确保省级财政全面落实统筹责任。当然，实现省级统筹并不仅仅是一个体制转换的问题，还存在着巨大的资金缺口。据专家估计，要达到义务教育的省级统筹，全国的资金缺口是 1 790 亿元。[①] 尽管如此，逐步实现义务教育的省级统筹仍然不失为推动省内义务教育均衡发展的一种比较理想的路径选择。对中央而言，平衡省际差距要比平衡县际差距要可行。

社会保险是社会保障制度的核心，而养老保险又是社会保险中最重要的险种。很多国家都采取了养老保险全国统筹的做法。这种做法不仅打破了劳动力市场的分割和制度障碍、促进劳动力要素的流动，还能有效消除劳动者的身份差异。此外，从社会保险的角度讲，统筹层次越高，个人承担的风险相对就越小。目前，中国的基本养老保险尚未全面实现省级统筹。尽管到 2009 年年底，各省级行政区都制定了省级统筹制度，但各省实际情况差异较大，距离全国统筹还有相当一段距离。2009 年，人力资源社会保障部、财政部制定了《关于城镇企业职工基本养老保险关系转移接续暂行办法》，这是向养老保险全国统筹迈出的关键一步。2010 年通过的《社会保险法》规定，基本养老保险将逐步实行全国统筹。《中共中央关于制定国民经济和社会发展第十二个五年规划的建议》则明确提出，“十二五”期间，要实现基础养老金全国统筹。

当前，也有学者提出应该在最低生活保障制度和基本医疗保险制度上实现城乡统筹、高层次统筹。从本课题组的几次实地调研来看，一些省市在这方面的确做了一些工作，但也存在很多问题。例如，重庆市把其他省市通常分开推行的城镇居民合作医疗与农村居民合作医疗合并为“城乡居民合作医疗”，并在 26 个区县全面推行开来，2009 年起开始在全市推行。然而，由于受到一系列体制因素的制约，现行的“城乡居民合作医疗”只是有其名而无其实，在实际的资金分配上，仍然是分两条线走。在管理模式上，也出现了由劳动部门管理，卫生部门管理，劳动、卫生分开做，单独成立部门管理等四种管理模式，管理体制的不统一必然会导致管理的不畅，从而影响了这一新制度的运行效率。就目前的情况来看，城乡最低生活保障制度和基本医疗保险制度还难以做到真正意义上的城乡统筹。要想提高统筹层次，“分开来做”比“合起来做”更现实，也更易于操作，但终归要合起来做。毫无疑问，如果不能从根本上改变城乡分立的格局，城乡差距过大的现实就很难得到实质性改善。

① 参见《义务教育省级统筹资金缺口 1 790 亿教育均衡从县开始》，载《21 世纪经济报道》，2010 年 7 月 20 日。

最后，尽快制定基本公共服务体系建设国家规划，确定并规范各项基本公共服务的基准范围和基准底线，这是推进基本公共服务体系建设，实现基本公共服务均等化的必然要求。

基本公共服务体系建设并不仅仅局限于某一公共服务领域的工作改进，而是本着“基本公共服务均等化”的宗旨不断促进政府公共服务水平的整体提高。整体提高并不意味着所有工作要同步推进，这既不现实也不合理。基本公共服务体系建设不能“眉毛胡子一把抓”，必须划分建设阶段，突出不同阶段中的建设重点，明确各阶段的建设目标，这需要中央的统筹规划。与此同时，我们还应该认识到，基本公共服务体系建设既涉及“条条”，也涉及“块块”。无论是“条条”还是“块块”，都很难从整体、全局出发考虑问题。条块矛盾在基本公共服务体系建设中同样存在，这需要中央的统一协调。为此，中央政府尽早出台基本公共服务体系建设整体规划方案，形成一整套建设思路，这包括建设阶段的划分；不同阶段重点建设的内容和地区；各阶段应该达到的目标；明确各级政府在公共服务中的事权、财权划分以及为实现预期目标而提供的基本政策保障等方面。上述内容也是本课题重点研究的内容，我们在相关章节中有针对性地提出了一些对策思路。

基本公共服务体系建设规划要解决的是基本建设思路、指导原则、目标任务、体系结构、保障措施等宏观层面的问题。与之相配套，国务院和中央各行政主管部门应该进一步对各项基本公共服务做出规范，包括对服务对象、服务内容、服务流程、服务要求、考核指标、实施办法等分别做出具体规定，对各项基本公共服务的基准范围、基准底线以及阶段性改进目标做出明确规定和可行性预期。由卫生部牵头，财政部、人力资源与社会保障部、全国妇联等多部门联合参与制定的《国家基本公共卫生服务规范（2009）》就是一个很好的范本，具有很强的实践操作性。

根据基本公共服务体系建设国家规划和各项基本公共服务国家规范，各地方政府可以结合自己的实际情况进一步制定适合本地方的建设规划和实施细则，但原则上不得低于国家制定的基准范围和基准底线。也就是说，国家标准即为基本公共服务均等化的“底线”标准。有了这个标准，地方政府才能有针对性地开展各项工作。这个“底线”标准也是我们衡量和把握基本公共服务均等化建设实际进展程度的重要依据。

第三节　长效价值：推动经济社会持续健康快速发展

“有限均等”、“局部均等”和“底线均等”是一种过渡性目标，是渐次推进基本公共服务均等化的现实着力点和策略选择。踏踏实实地做好这些基础性工作对于我们在更大范围内、更高层次上去实现基本公共服务的均等化具有重要的现实意义，也具有一定的实践操作性。从长远来看，随着基本公共服务体系的不断完善，城乡之间、地区之间、各阶层之间在基本公共服务领域的待遇差距会不断缩小，我们完全可以达到机会上“人人享有”、待遇上“大体相当”的“均等化”水平。这对于推动城乡一体化进程、促进区域协调发展、增进社会和谐稳定具有重大且深远的意义。

一、基本公共服务均等化有助于统筹城乡发展

以基本公共服务的均等化来引导城乡一体化，以城乡一体化来促进基本公共服务均等化，这已经成为新时期农村改革的逻辑起点。党的十七届三中全会通过的《中共中央关于推进农村改革发展若干重大问题的决定》指出，我国总体上已进入着力破除城乡二元结构、形成城乡经济社会发展一体化新格局的重要时期。《决定》同时指出，在推进城乡一体化的过程中，要逐步建立城乡统一的公共服务制度，逐步实现城乡基本公共服务均等化。

长期以来，由于农村地区基本公共服务严重不足，这对农村居民的货币收入产生了直接的替代效应，致使城乡收入分配差距和城乡居民生活质量的差距不断扩大。城乡基本公共服务的非均衡供给，不仅直接放大了城乡差距，也严重损害了社会公平。[①] 事实上，城乡之间基本公共服务的非均衡供给，既受制于城乡分立的二元体制，同时，也在不断强化着这种高度分隔的体制结构。进而言之，要做到城乡之间基本公共服务的均等化，需要以城乡一体的基本公共服务制度作为支撑，这就要突破城乡二元体制障碍。当然，改革城乡二元体制非一日之功，如果把全部工作的出发点都建立在体制条件充分具备的基础上，我们将无所作为。实践证明，体制改革所遵循的基本逻辑往往是从“体制外”到“体制内”，从最初一些带有“叛逆性”的“实践做法”，到逐步形成较为成熟稳定的“工作机制”，再到“体制转型”的制度性确认。这种“过程倒逼体制”的渗透式改革在中国取得了巨大的成功。同理，打破城乡二元体制，建立城乡一体的基本公共服务制度，不能奢求体制先行，首先要寻求实践上的突破和创新。

我们的课题组在对一些城市的实地调研中发现，各地方政府以统筹城乡发展为指导，在推动城乡基本公共服务均等化方面做了许多有意义的工作，也形成了一些好的经验和做法。其中，成都市的做法就非常典型，也取得了很好的实践效

① 参见郑功成等：《城乡基本公共服务均等化的成都试验》，财新网，2011 年 1 月 25 日。

果。2003 年以来，成都市城乡之间在义务教育、基本社会保障、基本医疗卫生三大核心公共服务领域的待遇差距不断缩小，农村基本公共服务供给不足的状况得到了明显改善；城镇居民人均可支配收入与农村居民人均纯收入的差距从 2003 年的 2.637∶1 缩小到 2009 年的 2.62∶1。农村基本公共服务的全面提升，不仅改善了农民的生存状况，也相应降低了他们的生活成本，加上城乡居民收入差距有所减小，成都市的城乡差距的确在不断缩小。可以说，这些成绩的取得是成都市积极推进城乡一体化的政策回报，这也为进一步推动城乡一体化进程奠定了坚实基础。本课题组在天津、重庆、郑州、石家庄、呼和浩特、义乌等地的调研中也看到了相类似的变化。

我们在调研中发现，各地方政府在推进城乡基本公共服务均等化的过程中都面临着相同的体制瓶颈，这既是他们工作的难点，往往也是他们工作的创新点。然而，要想最终实现城乡基本公共服务的均等化，仅靠“小范围”、“试点性”的突破和创新是远远不够的，建立以城乡一体的公共财政体制为基础的，彻底消除身份歧视的基本公共服务制度已经成为大势所趋。

二、基本公共服务均等化有助于区域协调发展

著名经济学家缪尔达尔曾用“循环累积因果理论”来解释区域发展的非均衡性问题。在他看来，区域发展具有明显的“循环累积”特征。简单地讲，如果因素 A 的变化是过程的起因，它引起了因素 B、C、D 的变化，那么，很可能会出现这样的情况，即因素 B、C、D 的变化反过来又会继续强化因素 A 的变化，并导致这一变化过程沿着作为起因的因素 A 的变化方向发展，从而形成一种“循环累积”的发展趋势。缪尔达尔认为，区域非均衡发展可能会出现两种趋势：一是因“经济聚集”所引起的“回波效应”；二是因“不经济”所引起的“扩散效应”。实现区域协调发展，就要以“扩散效应”来抑制“回波效应”。缪尔达尔的理论对于发展中国家解决区域协调发展问题具有重要理论指导意义。

几乎所有的区域经济理论都认为，市场力量的作用一般趋向于强化而不是弱化区域间的不平衡，因此，要促进区域协调发展，必须要有政府的强力干预。问题的关键在于，政府要采取怎样的方式、手段和措施，在多大程度上、多大范围内、多长的时段内，对哪些领域实施干涉。长期以来，我们习惯于从经济层面去看待地区差距，更多的是在经济层面上去探索区域协调发展之路，忽视了社会建设和公共服务问题。从实践效果看，各地区间的确加快了经济发展的步伐，但绝对差距却进一步扩大。这一方面说明政策力量对于市场力量的“矫正”是有限的；另一方面也说明，我们所选择的政策着力点存在一定的问题。短期看是有效

的，但从长远来看，这样做不仅抑制了市场作用的发挥，从中央到地方也普遍形成了一种“政策依赖”。近年来，中央对区域发展战略已经做出了一些新的调整：从最初以平衡地区之间的经济发展差距为主，正逐步转向以缩小地区之间公共服务和生活水平的差距为主；从追求区域经济的“带状平衡”，正逐步转向基于“主体功能区”的分类建设、功能互补、协调发展。

“公共服务”是地区发展的“软环境”，它直接影响着该地区吸引、容纳、利用资金、技术、人才等各种生产要素的能力。如果一个地区的政府没有能力提供足够的、优质的公共服务和物品，那么依据“以足投票”法则，资源就会离开或者不进入该地区，而是流向有利于不同类型资源有机结合且能创造更大价值的地区。现在的主要问题是，地区之间的经济发展差距已经非常明显，基本公共服务差距更为显著；欠发达地区的政府普遍财力不足，但又要大力发展地方经济，势必会影响到对基本公共服务的关注和投入；多数欠发达地区公共服务供给成本偏高；等等。这都是造成地区之间基本公共服务差距不断拉大的主要原因。要实现生产要素在地区之间、城乡之间的合理流动，不仅要消除市场壁垒，引导产业有序转移，更需要为产业转移提供相对均衡，甚至是更好的公共服务“软环境”。否则，产业转移只能是行政指令引导下的“强制性”转移。党的十七大报告明确指出，“缩小区域发展差距，必须注重实现基本公共服务均等化，引导生产要素跨区域合理流动。”这是一个重要的政策信号，意味着中央政府对于平衡地区差距有了新的认识，开始把地区之间基本公共服务的均等化作为促进区域协调发展的重要推手。

三、基本公共服务均等化有助于社会和谐稳定

许多研究都表明，贫富差距是影响经济发展、政治稳定、社会和谐的重要因素。当然，对于贫富差距的认识，要看它是“适度”还是“不适度”，同时还要看它“合理”还是“不合理”。合理且适度的贫富差距有利于克服平均主义，充分调动劳动者的积极性，对于经济社会发展具有积极作用。相反，如果贫富差距超过了社会可接受的程度和范围，不仅对经济社会发展会产生消极抑制作用，而且会导致严重的经济、政治、社会后果。

在导致贫富差距的诸多原因中，收入水平无疑是最直观、也是最直接的影响因素。当前，多数人主要是从收入的角度去看待、分析贫富差距，视线自然就集中于收入分配问题。中央的政策主要也是在收入分配上做文章。然而，对于贫富差距这样的敏感且复杂的社会问题，多角度、多层次思考是必要的。适当地转换角度不仅能够更加深入地解读问题，也有助于问题的解决。一些研究表明，城乡

消费上所表现出的差距比城乡收入上所表现出的差距要大得多。[①] 这一判断不仅适用于城乡比较，也适用于地区比较和各阶层比较。因此，我们在研究和解决贫富差距问题时，应该给予消费问题以足够的重视，不仅是去分析个人、家庭收入状况和消费结构的变化，而且要更多地关注"公共消费"问题。

与个人消费相比，"公共消费"具有非排他性、平等性、福利性等特点。[②] 在"公共消费"中，有相当一部分是与人们生活消费需要密切相关的，如政府用于教科文卫体事业的支出，用于社会救助、社会保险方面的支出、用于社会性基础设施建设方面的支出，等等。这也就是我们通常所说的基本公共服务，更准确地讲，是以"公共消费"形式出现的基本公共服务。直观地看，公共消费越多，私人消费负担也就越轻，反之亦然。例如，中国公共教育经费（财政性教育经费）在教育总费用中的比重在 1991～2005 年间一直呈现下降之势，从 1991 年的 84.4% 下降到 2005 年的 61.3%。这也意味着，民间教育经费投入（包括民办教育经费、社会捐赠经费、事业收入即学杂费等）在教育总费用中的比重在此间持续上升，从 1991 年的 15.6% 上升至 2005 年的 38.7%。[③] 尽管不能由此简单推论说，是因为"公共消费"的相对不足造成了贫富差距的过大，但不可否认的是，"公共消费"的确不足、比例下降得也过快，在结构、流向和使用效率上都存在着明显的问题。从这个意义上讲，"公共消费"问题无疑是导致贫富差距的间接原因。

扩大"公共消费"不能一味地强调"公共投资"。有效地拉动内需同样可以推动经济增长。政府应该把钱更多地用于建立社会保障制度、医疗改革、教育改革，这才是真正的为消费社会建立制度基础，这对于在消费环节上改善人民群众尤其是弱势群体的生存状况是大有助益的。正所谓"藏富于民"才是真正的科学发展观。[④] 扩大"公共消费"不能只看增量，还要看质量、看效果，要控制好"公共消费"的流向和配置问题，要让"公共消费"成为推动基本公共服务均等化、调节社会财富的重要机制。这也就是当前争论较多的二次分配、三次分配问题。

从国外经验看，许多国家和地区都将"公共消费"中的相当一部分投向了社会保障，并以此作为调节收入分配、缩小贫富差距、进而扩大国民整体福利的一个重要手段。从效果来看，不仅做到了国民财富的公平分配，也有效保障了弱势群体的生存、发展权利，对促进经济繁荣发展、社会和谐稳定产生了十分积极的作用。

---

① 参见刘尚希：《收入差距不是贫富差距》，载《中国经济时报》，2011 年 2 月 21 日。

② 参见何文君：《对公共消费政府供给在转型经济中的思考》，载《经济师》2002 年第 10 期。

③ 参见顾昕等：《中国教育总费用的水平、构成和流向》，载《河南社会科学》2010 年第 4 期。

④ 参见郑永年：《金融危机与建设美好中国社会》，载《联合早报》，2008 年 12 月 2 日。

第十二章

服务型政府建设是城市化良性发展的有效推力

城市化是人类社会发展到现代社会的必然过程和结果，也是衡量一个国家进步程度的重要标志。作为一项系统工程，服务型政府建设对于城市化的健康、快速推进，具有积极的影响。具体来看，服务型政府建设对于统筹城乡发展、大都市区治理、小城镇建设，对农民工、失地农民安置等问题的有效解决，都将发挥积极的推动作用。

第一节 服务型政府建设是“城乡一体化”的重要推动力量

城市化是人类从农业文明转向工业文明、从传统社会转向现代社会的必经之路。目前中国城乡发展的严重失衡状态，很大程度上源于长期以来城乡分割的二元社会结构。因此，打破城乡隔阂，积极探索城乡一体化的发展模式，是未来现代化建设的重要任务。服务型政府建设作为中国政府发展的全新阶段，正是串联城乡发展、推动城乡一体化的基本力量和途径。

一、城乡一体化是城市化发展的基本趋势

（一）城乡一体化的基本政策内涵

关于“城乡一体化”的理解，受学科背景和研究视角的限制，目前还没有

形成一致的看法。经济学者通常将其理解为“城市和乡村在发展经济过程中，从各自存在的优势出发，谋划城乡协调发展、共同繁荣和富裕的方略，最终实现城乡融合”[①] 的过程，将关注重点聚焦于经济要素的合理流动和优化组合上。人文地理学界则更加关注城乡一体的空间布局，他们从城乡空间关系“共生期、分离期、对立期、平等发展期、融合期”[②] 这一基本演变历史出发，认为城乡一体化就是“探索新的城乡空间结构模式的需要”[③]。也有学者从社会结构的视角出发，将城乡一体化理解为“填平城乡二元结构鸿沟，实现社会资源共享，形成统一社会结构，最终实现共同发展”[④] 的过程。

实际上，城乡一体化并非某个单一学科的概念，而是蕴含了丰富的理论与实践内涵。就词义而言，城乡首先是一个地理空间概念，但在人类发展的过程中又赋予了它发展模式、文明形态、社会结构等不同的内涵。基于上述认识，可将城乡一体化界定为：在尊重发展差异的基础上，将城乡作为一个整体，统筹规划、综合布局，促进城乡生产发展有机互补、生活水平大体相当、现代文明广泛扩展，使城乡居民共享现代文明生活方式，促进城乡经济社会共同发展的过程。

（二）城乡一体化是推进城市化的基本方向

在世界城市发展史中，城市化进程大体经历了三个主要阶段：第一，随着工业化的高速推进和人口的快速增长，城市的规模和范围不断扩张，形成了较大的城市外围，进而涌现出了许多规模庞大的大都市；第二，随着交通通讯技术的进步，地域区隔被逐步打破，资源要素的配置越来越自由，进而不同的城镇可以有效地把握产业布局要素，形成结构互补的产业链，并在此基础上形成“城市圈”或“城市带”；第三，城市空间的刚性结构和与生态环境的相对隔绝，使得现代城市化过程越来越注意寻求与乡村的互动，以扩充城市发展腹地、降低生产成本、开拓消费市场，因而在城乡之间、特别是在城市与近郊乡村形成了要素流通较为自由、经济联系较为紧密的城乡融合区。从城市化发展的趋势来看，城市扩展的范围越来越脱离空间束缚，随着资源配置方式的变迁逐渐经历“城区扩张”、“城镇互补”、“城乡互动”的阶段，不断冲破钢筋水泥的壁垒，将城市的现代性力量与发展中的乡村联系在一起。

西方国家的发展已经表明：城乡一体化是“城乡关系经历了城乡分隔、城

① 包亚钧：《农民市民化与农村城市化的可持续发展》，载《经济与管理论丛》2004 年第 5 期。

② 王振亮：《城乡空间融合论——我国城市化可持续发展过程中城乡空间关系的系统研究空间融合》，复旦大学出版社 2000 年版，第 132 页。

③ 修春亮：《东北地区城乡一体化进程评估》，载《地理科学》2004 年第 3 期。

④ 于波：《全球化赋予城乡一体化的时代内涵研究》，载《农村经济》2005 年第 4 期。

乡联系、城乡融合”后的第四个阶段。通常来看，“当城市化水平低于30%时，城市文明基本在‘围城’里，农村远离城市文明；当城市化水平超过30%时，城市文明便开始向农村渗透和传播，城市文明普及率呈加速增长趋势；当城市化水平达到50%时，城市文明普及率将达70%；而当城市化水平达到70%时，城市文明普及率将随之达到100%，基本实现城乡一体化发展。”① 从这一点来看，城市化不单是一个地理意义上的概念，更是一个文化意义上的概念。因此，绝不能就城市化而城市化，要推动城市化进程，就是要瞄准城市化的高级阶段——城乡一体化。

（三）城乡一体化的进程要摆脱两个理论误区

城乡一体化的提出既有解决中国城乡差距问题的现实需要，又有服务于现代化建设的未来取向。在推进城乡一体化进程中，应避免两个认识误区，以防肢解其完整含义。

第一，避免“以城市工业扩展为中心”论对城市化发展空间的限制作用。中国的城市化进程确实是与工业化的扩展一路相随的，但中国特殊的人口结构却在一定程度上消解了城市化的速度。中国工业化的过程虽然需要补充大量的工业劳动力，但是相对于庞大的农村人口基数，每年转移的人口数量仍显有限；另外加上国企改革导致的大量工人下岗、大学扩招造成的就业压力等，又从另一个侧面阻挡了农民向工人转化的步伐。

尤其严重的是，随着城市产业结构升级和技术革新，工业吸收劳动力的能力趋于下降。技术进步在解放工业劳动力的同时，同时又通过技术壁垒将素质较低的人群挡在了门外，从而导致“GDP增长与就业增长和之间的就业弹性不断降低。1979~1996年中国GDP年均增长9.7%以上，就业年均增长近40%，但是到1992~2003年，GDP年均增长8%以上，而就业年均增长下降为不到1%，就业弹性从原来的0.477下降到0.177”②。这充分表明，中国的城市化进程仅依靠在城市空间内扩展工业，是不现实的。

第二，避免“以保障农村发展为本位”论对城市化发展动力的消解作用。在现代社会，发展的主要动力已经不在农村，“城市是经济、政治和人民的精神生活的中心，是前进的主要动力。”③ 但是不可否认，中国城乡一体化的战略，很大程度上是在“三农”问题已经成为发展瓶颈，城乡差距扩大到一定程度、

① 邓建胜：《城乡一体化不是“一样化”》，载《人民日报——华东新闻》，2004年9月20日。

② 李培林等：《社会冲突与阶级意识》，社会科学文献出版社2005年版，第12页。

③ 《列宁全集》（第19卷），人民出版社1959年版，第264页。

城乡二元结构矛盾日益突出的背景中提出的。

上述现实导致部分人在思考城乡一体化战略时，因应三农问题的成分多，考虑长远发展的成分少；思考城乡平衡的因素多，服务于差异发展的考量少。甚至一些人干脆将保障农村发展、解决三农问题作为布局城乡一体化的重心所在，认为城乡一体化就是要解决三农问题，强调"城乡一体化的目标就是解决农村问题，实现城乡一体化的方式就是以城带乡、向弱势倾斜"，主张"城乡一体化就是以城哺乡、以工带农，最终弥补城乡差异、促进农业工业化、提高农民生活水平"。这样的理解固然没错，但是过于强调"以保障农村发展为本位"，就会落入"唯农村发展论"的误区。片面追求城乡公平和扶持农业都威胁着城乡一体的全局性，在实践中则会消解城市化发展的动力，最终延缓一体化的形成。

（四）城乡一体化应统一于现代化建设的整体布局中

城市和农村是城乡一体化的两个支撑点，片面强调任何一方都会肢解城乡一体化的完整含义，犯下"短视"或"工具性"的错误。相反，二者必须纳入在一体化的棋盘中，最终指向于现代化建设的大局。如若将现代化事业比喻成一辆公共汽车的话，我们既要把握住前进的方向盘（城市），又要从后视镜中观察行驶的路况（农村），这就决定了当前城乡一体化的两翼，一是寻求可持续发展动力，二是维护城乡和谐。

现代化建设需从城乡一体化中寻求可持续发展动力。中国城市化的主导力量显然是第二、第三产业，但是，改革开放促使被"抑制"的生产力短期内迅速释放之后，第二、第三产业的进一步发展却越来越受制于城乡分割的障碍。长期存在的城乡二元结构，使得城市工业和农村各种产业在不同的轨道中运行，缺乏优势互补和互动，导致农业和工业无法对接，产业链条无法扩展。在这样一种二元结构中，一方面是城市劳动力和生产成本居高不下，另一方面则是农村土地、资本的流转遭遇阻隔。进而导致城市发展缺乏腹地、农村发展没有支撑。个别地方为了提高城市化，不是求助于现代生产自身的扩展，而是着力于城市规模的扩展；不是求助于以城带乡，而是撤乡并镇、撤县改市，以至于出现有"城"无"市"，有城区无产业的局面。而农村居民迫于生存压力，要么流向城市与庞大的城市就业人群严酷竞争，要么囿于资本缺乏无法进行规模经营，出现了有"村"无"民"，有空间无积累的局面。这些情况的存在，已经对可持续发展构成了严重的影响。正如马克思所言，"乡村农业人口的分散和大城市工业人口的集中，仅仅适应于工农业发展水平还不够高的阶段，这种状态是进一步发展的障碍"，"把城市和农村生活方式的优点结合起来”才能“避免二者的片面性和缺点”[①]。目前，中国工业化已经到了中期阶段，处于由城乡分割走向城乡一体化的关键时期。必须通过城乡一体化，破除城乡资源配置的障碍，整体布局城乡发展，才能从更广阔的地域寻求可持续发展的动力。

现代化建设需要从城乡一体化中寻求稳定和谐的环境。城乡之间的差距是一个不争的事实，用城乡断裂、城乡鸿沟来形容城乡关系并不为过。实际上，除了在财富积累上的鸿沟以外，还有生产方式、生活品质、教育文化、社会保障等多方面的巨大差距。据国务院发展研究中心依据全国2 749个村庄调查提供的资料，农村存在的突出问题是：村庄道路状况差，饮水困难，公共文化薄弱，文化设施普遍较差，农村环境污染形势严峻，社会保障堪忧，医疗资源严重缺乏，教学质量问题严重[②]。一个现代化的社会需要建立在农业人口大量消解、农业文明不断转化的基础上，可是城乡分割的状态将农业发展和人口转化的空间固化了。而在一个断裂的社会中，不同阶层群体要求的差异，有时会达到一种无法互相理解的程度。[③]

在市场经济体制下，城乡差距总体上会被不断强化，如若不加控制，必将阻碍中国城市化经济发展和社会结构转型，威胁社会稳定与和谐。因此，整体有序地协同城乡关系是构建和谐社会的基础。城乡一体化不但是破解“城乡二元”结构历史难题的有效途径，亦是控制自由市场“两极分化冲动”的基本抓手，更是构建和谐社会的重要战略支点。

二、城乡公共服务差距阻碍城乡一体化进程

基本公共服务均等化既是促进城乡一体化的有效途径，又是城乡一体化的最基本表征。在社会主义市场经济体制下，市场作为资源配置的基础性地位日益凸显，大量的资源向城市流动是一个不可阻挡的潮流。公共服务本来应该作为一种调控工具平衡城乡差距，但是当前公共服务在城乡之间的分布，却处于严重的非均衡状态，阻碍了城乡一体化进程。

（一）市场法则将乡村排除在城市化之外

城市倾斜政策的长期实施行使得中国经济的二元结构长期维持，并且导致城

---

① 《马克思恩格斯全集》（第1卷），人民出版社1995年版，第240页。

② 国研中心推进社会主义新农村建设研究课题组：《新农村调查》，载《中国经济报告》2007年第7期。

③ 林风：《断裂：中国社会的新变化——访清华大学社会学系孙立平教授》，载《中国改革》2002年第4期。

市化进程滞后于工业化进程[1]。为了完成资本积累，"城乡二元"政策造成了资源的单向流动。分税制的实行，在导致财力大幅度上移的同时，极大地削弱了农村基层政府提供公共服务的能力。在政策强制操控下的市场面前，农民走上了一条"丧失资源——自我保障能力减弱——公共服务供应不足——抵御风险能力降低"的非良性循环道路。

在生产环节中，受市场机制的吸附作用，农村和农业在以"城市"为中心的现代化布局中已经被边缘化。农民在信息获取、资源整合的环节中处处受限，在资源的市场选择面前处于守势，成为被动的观望者；城市接受了这种资源后并没有承担相应的成本（包括对农民的公共服务成本），农民还得为获得再生产资源而付出二次代价。比较典型的是，城镇化周边的农民在丧失土地后，不得不以成倍于补偿金的价格购买资源再生了的城市楼房。其结果只能是导致财富资源分配的"马太效应"。这样，在自然的工业化生产和市场机制作用下，已经将农业和农村淘汰在现代化的中心之外了。

（二）城乡公共服务供给的不平衡状态加剧了"城乡差别"

在初次分配过程中，由于长期实行以城市和国有企业为中心的资源分配政策，造成财政对农村基础设施、基础教育、生态环境建设、农业科研等投入严重不足，使农业发展的资金和技术短缺[2]，农业和农民直接面对的风险越来越大，与城市的差距被人为拉大。在二次分配的公共服务层面，乡村居民与城市市民的差距进一步扩大，待遇差别悬殊。2007 年，中国政府决定在全国建立农村最低生活保障制度，将符合条件的农村贫困人口纳入保障范围，重点保障病残、年老体弱、丧失劳动能力等生活常年困难的农村居民。虽然农村低保人数增加比较快，但与城市最低生活保障制度相比，农村最低生活保障制度建设滞后，保障范围、保障程度也远远落后。从全国社会保障费用支出的城乡分布来看，无论是服务范围还是服务内容，农村和城市还存在着明显的差别。也即是说，在城乡差距日显扩大的基础上，发挥调节杠杆作用的公共服务不足或不均，在抵消市场"极化效应"的方面显然力不从心。

（三）公共服务城乡不均与城乡一体化呈"反向循环"关系

公共服务均等化是推进城乡一体化的重要杠杆。但是，不均衡的公共服务却

① 王永钦等：《十字路口的中国——基于经济学文献的分析》，载《世界经济》2006 年第 10 期。

② 吴康姝：《浅谈初次分配领域中的公平》，载《贵州师范大学学报》（社会科学版）2005 年第 3 期。

在现实中与城乡一体化呈现“反向循环”的过程。在现实中，公共服务分布不均既是城乡对立的原因，又是城乡分割的结果。如若坐视公共服务的不均衡分布，城乡差距就将继续扩大，直至威胁现代化建设进程。

就实际来看，公共服务在城乡的分布基本处于失衡状态。农村对公共服务的需求快速增长，公共服务对农村的供给却进展有限。公共服务在城乡之间的不均衡分布，不但没有弥补以往“城市倾向”政策的鸿沟，在市场强大的吸附作用面前也保持了“失灵状态”，这样一种态度和作为不但强化了城乡二元结构，也促使“历史因素”、“市场失灵”与“政府失灵”三股力量合流，共同阻碍着城乡之间的一体化进程。

反之，城乡一体化受阻，也影响到了公共服务的均衡供给。城乡二元的力量继续存在和生长，农村和城市缺乏有效的交汇点，不但促使乡村建设和发展难以维持，也降低了农村自我服务和自我造血的能力；同样，城市也会因为缺乏发展腹地和成本上涨等因素，导致自身的发展步步受阻。城乡二元分割，使得城市和农村各自“画地为牢”，破坏了经济总体发展的动力。这样，“城乡服务不均——城乡二元分割——城乡服务不均”就进入恶性循环的反向强化过程，继续充当了城乡一体发展的阻力。

三、城乡一体化发展有赖于“差异互补”的公共服务

城乡公共服务的整体布局，不但要立足于现实问题的解决，也要有服务于现代化建设的未来。只有跳出城乡各自为政的“圈子”，通过科学的公共服务配置，才能将城乡发展同时纳入现代化的发展框架。

（一）城乡之间存在客观差异和互补性

把握城乡发展的差异，是廓清公共服务布局方向推进现代化建设的出发点。从城乡发展的空间结构、资源配置方式、社会结构等方面，来分析城乡“两个世界”的差异具有历史坐标意义。

1. 城乡人口、空间的差异与互补

相比农村，城市通常具有更高的人口吸纳和承载能力。2008 年，中国城镇人口已达 6.0667 亿人，全国地级及以上城市（不包括市辖县）行政区域土地面积为 62.2 万平方公里，城镇人口密度为 975.4 人/平方公里[①]。如果再加上外来

① 根据《中国统计年鉴》（2009）的相关数据计算得到。参见国家统计局网站 http://www.stats.gov.cn/tjsj/ndsj/2009/indexch.htm。

人口持续迁入和流动，城市的人口密度会更高。城市是人类社会文明的产物，吸纳和承载了大量人口，在地区经济中贡献率高，以其狭小的地域生产了除粮食以外的大部分生产、生活必需品。相比之下，农村地域广阔、人口众多，在地区经济中贡献率较低，随着生产方式和生活方式的升级，农业的边际效益在不断下降，农村初级产品在城市的需求量几近饱和。正是因此，城市发展又为农民分化创造了必要空间。城市人口是从农村人口的母体上分化出来的，这是个不争的事实，而且随着城市化的推进，这个过程将继续得到加强。

农村是城市发展最大的人力资源宝库。截至2008年年底，广义农民工已达2.25亿人。正是这支庞大的劳动大军为城市建设提供了人数充足、成本低廉的劳动力，据悉，每三个产业工人中就有一个来自农村。农村每年还为城市输送100万以上的高等教育人才以及数百万的中等职业技术人才，为城市发展积累了充足的优质人力资本。

2. 城乡资源配置方式的差异与互补

"城市已经表明了人口、生产工具、资本、享受和需求的集中这个事实；而在乡村则是完全相反的情况：隔绝与分散。"① 从资源配置方式来看，在农业经济形态中，生产力发展主要依靠土地等自然资源与劳动力的结合，投资周期长、收益报酬递减；在工业经济形态中，社会经济发展主要依靠技术（机器）与劳动力的结合，技术革新快、规模效益高；"在后工业社会中，劳动价值论被知识价值论所代替，社会上成长最快的是知识阶级"② 和信息服务。这就决定了现代社会的发展动力绝对不是传统的农业生产。城市是一个聚合式系统，中国城市由于同时面临工业化和后工业化的历史任务，其资源配置方式就呈现出市场规律、集中化生产与服务经济三者结合的特点，这就决定了资源向城市流动、大规模标准化生产和产品大范围扩散的事实。与城市相比，当前的中国农村是一个非聚合式系统，农民个体体力的消耗和分割的土地相结合，是当前农业生产的基本特点，这就大大局限了农业成长的空间。

就城乡资源配置方式的互补性来看，农村劳动力向城市的转移，不但能够满足工业生产的需求，也成为实施农业集约化生产的历史机遇；同样，城市资本和技术向农村的扩展，亦为农村产业改造和生产效率提高注入动力。30年来，农村能够发生巨大变化，农业先进技术能够大面积推广，乡镇企业能够异军突起，无不以城市生产方式和技术扩展为基础。更大胆的互补性假设在于，鉴于城市对人口吸纳和承载的能力以及规模生产的效益，在产业支撑的范围内允许城市合理扩容，

---

① 《马克思恩格斯全集》（第1卷），人民出版社1995年版，第104页。

② ［美］丹尼尔·贝尔：《后工业社会的来临》，高铦等译，新华出版社1997年版，序言第10页。

支持城市带和城市链的发展，对于消解第一产业、提高总体生产力是有效的。

3. 城乡社会结构形态的差异与互补

在“城乡二元”的结构内部，城乡还具有“差异互补”的社会结构。城乡社会结构的迥然差异自不必说，但二者之间的互补性确是越来越清晰可见。改革开放以来，中国社会阶级阶层结构发生了翻天覆地的变化。这一过程呈现出工业劳动者数量超过农业劳动者数量、与非公经济相联系的阶层发展迅速、社会全面流动的态势。随着城市化的提速，阶层分化仍将以较高的速度继续。农业社会向工业社会、工业社会向后工业社会的转型，为蓝领工人转变为白领工人、农村劳动力向产业工人转化释放了巨大空间。随着工业化和城市化的推进，在所谓“9亿人口”的农民阶级中，真正从事种植业和养殖业劳动的已经只剩下不到3亿人了。

现阶段的农村为城市社会结构变迁提供了转圜空间。在中国，规模最大的社会流动群体应该是人数超过2亿的农民工。在管理体制内部，农民工身份和地位的确立不论是对城市社会结构还是农村社会结构都具有划时代的历史意义。可是，我们应该看到，农民工通过流动就业的方式在城市生活、工作，并不是人口学意义上的迁移。要使这样一个庞大的群体在短期内获得城市居民身份，不论是对现代化成本，还是对于个人在城市生活的承受能力，都是极其不现实的。农民工在农村中仍然保有的土地，并未与母体彻底割裂和分离。反倒在一定程度上消化了城市发展的部分成本。同时“正是游走于城乡之间的农民工群体的存在，为中国在经济持续高速发展，城镇化快速推进的同时，能够较好地保持社会的整体稳定，减小未来不可预见的经济衰退所可能带来的巨大冲击，留下一个意义重大的‘缓冲带’”①。

（二）“差异互补”：城乡一体化进程中公共服务的布局原则

大多数发达国家均等化的公共服务都是在工业化发展到一定阶段，经济财富积累达到一定程度的基础上推行的。中国要推进城乡一体化，必须既要立足国情，又要把握规律。现阶段，提供“差异互补”的公共服务无疑是现实的。

1. 要明确“以城为主、辐射乡村”的主旨

在中国，城市化程度越来越高，农村人口越来越少是一个可预期的事实，但是并不是一个可以坐享其成的事实。因此，摆在公共服务面前的重要使命就

① 赵聚军：《反哺模式的选择与现代化进程的“缓冲带”——当代中国农民阶层分化的相关政策效应分析》，载《求实》2008年第9期。

是找准着力点，充分挖掘现代化建设的发展动力。要稳妥有序地推进城市化，就必须在尊重城乡差异的基础上，合理配置公共服务内容。保证城市发展的充足动力、辐射带动农村产业进入现代化的产业链条，无疑是公共服务布局的主旨之一。

首先，公共服务的供给要充分关注那些能够发挥聚集效益和规模效益、大量吸收劳动力的产业和领域，一方面打通农民流向城市的关口通道，另一方面，提升农村劳动力扎根城市的能力。其次，要通过公共服务引导农业发展所需的资本、技术、人才、信息下乡，改造农业产业的基础设施，畅通城乡之间资源流通的渠道。摒除“重有形建设”轻软件服务的短期功利性思想，真正地扭转农业产业“自运转”的局面。调整城乡产业发展的关系，明确地将农业产业纳入“以城市为龙头”的产业链中，增强城市的辐射带动能力。

2. 要破除城乡“平均主义”的窠臼

不论是城市居民还是农村居民，都有作为一名普通公民享受基本保障的权利。但是鉴于城乡之间难以彻底消除的差异，以“平均主义”的方式来推进城乡之间的平等，势必会损伤公平的含义、危及城市化的发展。但是也应该看到，资源分配的终极目标还是要效忠于公平原则，要“促进经济的活动，保障社会一体化”[①]。公共服务过分向城市集中已经使农村成为“发展洼地”、农民出现“权利亏空”。虽然他们有土地这一自然资源可以依靠，但一旦遭遇大病大灾，则要承受毁灭性的打击。

与生态式聚合的农村相比，城市相对是脱离了自然资源的利益聚合体。但在现代风险社会，由于人口流动越来越频繁、组织结构越来越不稳定、资本流通越来越具趋利性，城市人口也变得越来越脆弱，越来越依赖一套完善的公共服务保障体系。同时，高昂的生活成本和市场经济的不确定性，促使城市人口的承受能力也相对下降。文明的发展，使得城市看起来变得越来越强大，但是这种强大，掩盖的是城市的脆弱。城市对现代文明的依赖，也带来了“双刃剑”的弊端。一场大雪足以造成城市交通瘫痪、高温酷暑导致城市用电紧张，一旦发生问题，后果不堪设想。

基于此，公共服务也要破除城乡“平均主义”的窠臼，一是要基于农民的“公民身份”在农村大力提供“补差”型公共服务，尽量缩小与城市居民基本公共服务的差距；二是要加强城市“规模”性公共服务供给，尽量提升应对城市发展危机的能力。在中国经济处于飞速发展、进入城市化发展关键阶段的今天，公共服务绝对不能简单地拘泥于机械性“平均主义”，片面地追求城乡一样化，

① ［英］乌·贝克等：《全球化与政治》，王学东等译，中央编译出版社 2003 年版，第 72 页。

否则就会忽视城乡发展差异，浪费资源又不能有效应对问题。

3. 不能简单以财政的投入量衡量服务的均等化水平

农村人口基数大、城市容纳能力短期内无法跃升、产业结构升级等因素，使得农民的消化是一个长期的过程，城市化同样如此。中国人口结构的布局和经济发展现状决定了，不论是按照人均投入还是投入总量来衡量城乡间公共服务差距，都是不理性的。

从公共服务的投入总量来看，数量庞大的社会流动人群以及不断分化的农民阶层，决定了不能用投入总量衡量城乡公共服务差距。改革开放后，农民获得了自主择业和进城务工的权利，非农产业就业人员和外出从业人员比重迅速增长，根据第二次全国农业普查结果，2006 年，农村非农产业就业人员占农村从业人员总数的比重从 1978 年的 7% 提高到 29.2%。从产业来看，全社会在第一产业就业人员占全部就业人员的比重从 1978 年的 70.5% 下降到 40.8%。离开农村进入城镇的农民工超过 2 亿，大量农民实现了非农业就业和生活。随着城市化的推进，中国社会阶层还将进一步分化，农村劳动力的数量也将逐步减少，城市人口的数量则继续增长。长期来看，不断发展的城市化和向城市流动的大量人口，决定了用公共财政投入总量衡量公共服务的公平程度、一味地主张公共财政向农村倾斜是不科学的。

当前，学术界往往愿意引用人均指标来说明城乡公共服务的差距。从平均公共财政支出来看，由于大量非农业就业人口并不在农村本地享受公共服务，而是由流入的城市或多或少地承担其服务成本（如治安、交通、卫生等）。将这批人也一并拿来当作农村公共服务投入的分母，这样的计算也有失公正和有悖现实。而且就长远来看，由于城市系统的脆弱性和城市生活的高成本，就是计算人均公共服务投入，城市也一定要高于农村。

因此，通过公共服务投入总量或人均投入来衡量公平程度都欠缺科学性，但是，在短期内，农村人口和流动人口享受的服务水平低是一个不争的事实，公共服务要在适当向农村倾斜的基础上，摒弃追求数量平等的机械式做法，更加注重服务内容的平衡。

第二节　服务型政府建设是推进大都市区治理的有效平台

通过对西方典型国家相关研究和实践的总结可以发现，服务型政府建设与大都市区治理存在着较为密切的联系。一方面，大都市区地方政府结构体系的设置状况①，与公共服务的效率、质量以及均等化程度，都存在比较紧密的联系；从另一方面来看，服务型政府建设可以成为完善大都市区治理体制的重要契机和有效平台。

一、大都市区化是城市化的高级阶段

大都市区的产生和成长是20世纪以来城市化的主导趋势。大都市区通常是指一个大型的人口中心（中心城市）以及与之有着较高的经济社会整合程度的临近社区所组成的整体②。西方典型国家的发展历程证明，在城市化过程中，与大城市的优先增长相伴随的另一个趋势，就是大都市区的快速增长。而所谓大都市区化则是指在城市化和郊区化交错发展的过程中，人口和资源逐步向中心城市及其周边地区不断集中，从而推动原有大都市区的规模不断扩大，新的大都市区不断形成，进而使大都市区在城市发展中居于主导地位的历史过程③。具体来看，随着大城市整体经济实力增强，用地规模不断扩张，城市的空间和人口规模都会随之得到全面的扩张。而当城市的集聚发展到一定水准的时候，就为大都市区的形成奠定了坚实的基础。

大都市区的发育状况在区域、国家，乃至全球范围的经济发展中，都具有重要的战略意义。以当今大都市区最为发达的美国为例，美国的大都市区在20世

① “地方政府结构体系”是指在特定的国家里，各种类型和层级的地方政府的构成与分布状况。地方政府结构体系与行政区划既存在紧密的联系，又有一定的区别。一般意义上讲，行政区划和地方政府结构体系都属于上层建筑，是国家结构形式的具体表现，只不过行政区划以地理区域的方式表现出来，而地方政府结构体系则主要以行政管理体制的方式表现出来。但是行政区划所涵盖的外延相对要宽泛许多，包括行政建制、行政单位、行政区域等内容；而地方政府结构体系强调在把地方政府视为一个完整体系的前提下，着重研究由于设置要求、彼此隶属的关系不同而导致的层级与类型的差异。两者研究的目的大致相同，都是在既定的国家结构形式基础上，探讨如何使地方政区或政府的层级与类型设置趋于合理化。由此来看，行政区划与地方政府结构体系存在理论上的内在联系，在某些情况下甚至表达出相同或相似的内容，在实际运作中则一般采取同步式或协调式的操作。参见赵聚军：“地方政府结构体系整合的逻辑导向研究”，载《南京社会科学》2010年第12期。

② U. S. Department of Commerce, Bureau of Census: Statistical Abstract of the United States, 1985, 105th Edition, Washington D. C.: U. S. Government Printing Office, 1984, p. 873. 在国内的相关研究中，除了大都市区，还存在都市圈、城市带等类似的概念。这些概念既有联系，又有区别，研究者们对这些概念的描述与使用也不尽一致。国外的大都市区、大都市圈等范畴，在理论和实践上，都具有比较明确的范围界定，发育也较为成熟。而国内对这些概念的描述和界定，实际上在很大程度上是对国外相关概念进行不同翻译的产物，进而形成内涵基本一致、叫法不一的现象。究其原因，可能与我国大都市区发育还不够成熟，尚未形成一套完整、统一的界定标准存在较大的关系。我们倾向于使用大都市区这一概念，主要的考虑是与公共管理、政治学的学科背景相协调，并区别于国内人文地理学界和区域经济学界通常使用的都市圈、城市带等范畴。

③ 孙群郎：《美国城市郊区化研究》，商务印书馆2005年版，第224页。

纪初期崭露雏形，此后随着城市化的快速推进不断发展，最终成为城市化的主导模式。1950~2000年，美国大都市区的数量由169个迅速增加到317个，人口由8 485万增至2.2亿，占全美总人口的比重由56.1%上升至80.3%。其中，仅纽约、洛杉矶、芝加哥、旧金山、费城五大都市区就拥有全美1/5以上的人口①。

在中国城市化过程中，随着大城市的持续扩张，也将步入大都市区化的阶段，从而迎来城市化发展的跨越阶段。目前，东部沿海地区的长三角、珠三角和京津冀三大都市圈事实上已经进入了多个大都市区的空间联合阶段，成为经济阶梯式发展的主要动力源区。同时，中部、东北、西南和西北各地区的大都市区也纷纷兴起，并对于整体提升发展水平，发挥着越来越重要的作用。长期来看，随着交通、通讯技术的持续进步，特别是轨道交通在大城市的普及，未来20年中国大城市的机动化程度将会得到全面的提升。这一方面将极大地扩展城市的功能范围，促进在通勤范围内（45分钟至1小时）形成城镇群体组合的城市。而城市功能地域的交融，又会极大地改变传统的城市与城市、城市与周边地区的关系②。

二、初现端倪的大都市区治理困境

随着大都市区的扩展，使得城市区域的空间形态与规模都发生了重组与变化，以功能区域为导向的大都市区范围超越了核心城市的行政区域，并由此产生了诸如许多规划、行政不易协调等体制问题，典型如行政协调配合、水源争夺、交通规划、公共设施利用规划、环境治理等，从而对原有政府管理模式提出了一系列新的要求与挑战。这些治理难题凸显出了大都市区范围内各地方政府间各自为政、本位主义的普遍倾向。虽然国内学术界目前对于大都市区的概念及其界定上仍然存在一定的争议，但中国的城市化正在迈向大都市区化的趋势却是不可逆转的。当前，中国已经形成了以上海、北京、天津、广州、深圳等城市为核心的若干较为明显的大都市区，也是毋庸置疑的。中国的城市化进程目前已经迈入大都市区化阶段的另一个证明，就是各种“大都市区病”的出现。

第一，交通拥堵。交通拥挤是现代城市的“常见病”，普遍性地存在于各国的城市。即使是一个中等规模的城市，交通拥挤的现象也很常见。在中国很多城市，由于城市规划、特别是中长期规划的预见性不强，过多地采用“摊大饼式”

① 王旭：《对美国大都市区化历史地位的再认识》，载《历史研究》2002年第3期。
② 谢守红：《大都市区的空间组织》，科学出版社2004年版，第79页。

的布局模式，再加上道路不足、城市功能调整不及时、道路交管不力等原因，使得快速增长的机动车和大量出行的自行车、电动车构成典型的混合交通，造成许多城市出现定时或阵发性的严重交通阻塞。

第二，住房拥挤。住宅作为人类生存、发展所必需的物质资料，与社会公众的生活息息相关。虽然说，土地作为不可再生资源，随着城市经济的快速发展，房价随之上涨的趋势是不可逆转的。然而，不论是在发达国家还是发展中国家，当低收入群体没有能力从市场上获得自己的住所时，住宅问题就不再仅仅是经济问题，而是演变为了社会问题。在当前的中国各地，不仅对于低收入者群体，而且对于中等收入者群体，甚至是部分高收入群体，住房问题都已俨然成为了头等难题。高涨的房价使住房问题已经演变为严重的社会问题，引起了全社会的强烈关注。比较典型的表现是在2010年的“两会”期间，房价已成最热门的提案之一。在全国政协委员的提案中，关于城市住房的提案几乎占据了半壁江山[①]。

第三，环境持续恶化。大都市区人口密集，在利用和消耗大量资源和能源的同时，必然会产生了大量的污染物质和废弃能量。改革开放以来，随着经济的高速发展以及高强度的人类活动，中国相当一部分城市先后走上了“先污染、后治理”之路，部分城市相继进入世界重污染城市的行列[②]。更为严重的是，城市环境一旦遭到破坏，恢复起来难度很大，不仅需要投入大量资金，还需要漫长的时间。虽然近年来城市的环境污染有所治理，但由于中国目前正处于工业化大规模发展的中期，而且由于近几年来工业结构偏向于重工业，因此污染的总规模仍然很大。

第四，城市“越摊越大”。与欧美国家的城市空间拓展相比，发展中国家的城市蔓延过程通常更加剧烈。近年来中国不少城市盲目扩大城市规模，城市建设呈“摊大饼”式地外延摊展，并由此而引发一系列问题。在部分城市，目前纷纷掀起了城市建设“大跃进”：先开工，后规划；边建设，边规划，狂热缔造无序的繁荣。不少城市纷纷加入“大拆大建”的行列，并且很多是从被严重高估了的长期经济发展形势和效益出发。反映在数字上，2000年中国城市建成区面积为22 439平方公里，但到了2006年就已经迅速增至33 660平方公里，年均增长7.0%。但在同期，城镇人口却只由45 906万人增加到57 706万人，年均增

---

① 新浪网：《委员提案一半说楼市》，新浪网 http://news.sina.com.cn/c/2010-03-04/031817161175s.shtml。

② 例如，世界卫生组织近两年公布的一份报告显示，全球空气污染最严重的城市依次为：太原、米兰、北京、乌鲁木齐、墨西哥城、兰州、重庆、济南、石家庄、德黑兰。在全球10个污染最严重的城市中，中国竟然占据了7个！转引自中国科学技术协会：《中国城市承载力及其危机管理研究报告》，中国科学技术出版社2008年版，第190页。

长3.9%，呈现出土地城市化严重超前于人口城市化的特征[①]。

第五，“城中村”问题加剧。在我国当前城市化加速推进的过程中，除了少数城市由于本身的城市化水平尚停留在较低阶段，地广人稀、建成区范围狭窄而尚未出现“城中村”外，其余几乎都出现了“城中村”现象[②]。自20世纪90年代以来，由于城市扩张的加速，使大批仍然保留农村集体所有制的农舍村落或完整的农村社区，开始被城市建设用地所包围。“城中村”在吸纳大量外来人口，减轻城市安置压力的同时，其负面作用也是非常突出的：一是造成了城市土地利用的不经济；二是有碍城市景观，影响城市的公共卫生、交通和治安。由于“城中村”楔入城市文明之中，以至于普遍性地出现残破肮脏的土院落同现代城市社区分庭抗礼的局面，与城市周边环境形成鲜明反差。

第六，公共安全危机凸显。随着城市在国家政治经济生活中地位的提升，城市灾害的规模和危害程度也在不断扩大。通常来看，当一个国家或地区的人均GDP处于1 000美元~3 000美元的阶段，往往是经济容易失调、社会容易失序、心理容易失衡、社会伦理需要调整重建的关键时期，也是各种危机的频发时期。近年来中国城市公共安全事故频发的现实，则进一步验证了这条规律的普遍适用性。关于这一点，突出表现为城市公共安全事件数量持续攀升，多发与突发并存；多领域多元化、次生与衍生连锁；非传统安全问题突起，威胁日益加重；个体的偶发事故，极易转化成群体性公共危机事件，等等[③]。

第七，城乡结合部问题加剧。城乡结合部是指位于城市和乡村之间、具有过渡性质的一个独特地域。在土地利用方式、人口和社会特征等方面所反映出的城乡混合特点是城乡结合部的典型特征[④]。与城市化进程的加速推进相适应，近年来中国的人口和经济活动开始以更快的速度和更大的规模向大城市集聚。城市、尤其是大城市的空间地域随之迅速扩张，从而使城市与乡村的接触、过渡地域也在不断地扩大。随着城市集聚规模的提高，对周边区域的辐射影响力也在不断地提升，进而在城市建成区外形成了一个空间范围相当广阔的城乡结合部。城乡结合部的出现，与大量外来务工人员存在密切的联系。目前全国的外出务工人员总数约为2亿人，其中有一部分人白天在市区工作，夜晚则自发地聚居于城市边缘地带。因为位于城乡结合部的外出务工人员住房多为自行搭建或当地农民、城市居民违章建造的简易出租房，居住环境及卫生状况整体非常糟糕，形成了大量事

①③　安树伟：《中国大都市区膨胀病及其表现》，载《甘肃社会科学》2009年第1期。

②　“城中村”是指那些位于城市规划区范围内或城乡结合部，被城市建成区用地包围或半包围的、没有或是仅有少量农用地的村落。

④　范磊：《城乡边缘区概念和理论的探讨》，载《天津商学院学报》1998年第3期。

实上的“棚户区”。

第八，开发区过度蔓延。中国的开发区设置始于改革开放以来设立的经济特区。设置之初，开发区在吸收外资、扩大出口、产业培育、土地集约开发、创造就业等方面，确实较好地发挥了示范带动作用。但是随着开发区设置浪潮的掀起，大量占用和浪费基本农田，最终脱离了初衷。截至 2004 年 8 月底，全国共有各类开发区 6 800 多个。在相当多的开发区，真正用于生产的土地还不到总用地的 40%，而主要是用于房地产开发[①]。2003 ~ 2006 年，经过全面的整顿，全国的开发区数量由 6 866 个减少到 1 568 个，规划面积由 3.86 万平方公里压缩到 9 949 平方公里，压缩比例分别为 77.2% 和 74.2%[②]。但是，各地为了追求在吸引外资、上缴税收、解决就业等方面的利益，仍然采取各种途径，继续保留和增设名目繁多的各类开发区。例如，有的地方利用政策漏洞，搞“一区多园”，变相保留和隐瞒开发区。

三、统一的大都市区治理是公共服务体系高效运转的基本保障

从大都市区展现雏形伊始，西方学术界就不断地提出创建大都市区政府、完善管理体制的主张，并逐步形成了传统改革派、公共选择学派和新区域主义三个主要的学派或者说观点倾向。传统改革主义者的核心观点是“一个社区、一个政府”，主张采用合并或兼并的方式，成立单一，全功能、有力的，普及整个大都市区的政府。公共选择学派对传统区域主义的基本观点持坚决的反对态度，主张“多中心治理”模式，认为大都市区地区存在的诸多彼此重叠的地方政府，有利于相互竞争，进而以最有效率、有效能、有回应性地满足市民对于公共服务的多样化需求。作为传统区域主义与公共选择学派相互对话的产物，新区域主义认为竞争与合作两种体制需兼顾运用才能有效达成治理大都市区的效果，即在地方政府、社区组织、企业和非营利组织等之间建立大都市区治理策略性伙伴关系。

显然，在改革的具体措施，甚至是否有必要进行深入改革等基本问题上，传统改革派、公共选择学派和新区域主义都存在着显著的差异。然而，如果对第二次世界大战以来西方典型国家围绕大都市区所进行的一系列改革和相关研究做一

① 陆大道等：《2006 中国区域发展报告：城镇化进程及空间扩张》，商务印书馆 2007 年版，第 72 页。

② 安树伟：《中国大都市区膨胀病及其表现》，载《甘肃社会科学》2009 年第 1 期。

番仔细的梳理，就会发现其中有一个重要的相通之处，那就是公共服务和政府施政的成本、效率以及公平性，始终是各国相关改革所要追求的基本目标。这一点无论是在具体的改革实践中，还是在相关的学术研究中，都得到了较为明显、且十分自然的反映。上述基本理念，在加拿大安大略省市政事务部的相关宣传中就得到了很好的注解："通过地方政府的重构和调整，安大略省的各个城市正在消除浪费和重叠，以更低的成本提供更好的公共服务。"① 具体而言，地方政府结构体系的设置状况对于公共服务供给的影响主要表现在三个方面：

首先，合理设置地方政府的辖域和人口规模，有利于节约服务成本。这一点在城市地区表现得最为明显：由于在狭小的地域上居住着大量的人口，不仅使城市政府的职能日趋复杂化和多样化，而且日益要求这种职能以整体性的方式来实现，否则就难以有效地发挥公共服务供给的规模经济效益。已有研究也已经表明，对于一个城市政府而言，要达到全方位的有效服务，其辖域人口规模的门槛是5万~10万人。只有当达到这一规模时，该城市才能够雇用各种专业人员，支付各种服务开支，并在较大范围内实现规模经济效益②。相反，在一个社会经济已经高度一体化的城市地区（大都市区），如果由于行政壁垒的存在，使得区域内各个地方政府在公共服务体系的建设和运行中各自为政，缺乏必要的统筹规划，那么就很有可能对规模经济效益的发挥产生实质性的损害，大大增加服务成本。

其次，地方政府的设置状况对于公共服务供给的效率和质量存在直接的影响。在目前中国的城市化进程中，大都市区化已经是表露无遗。但受制于行政区划调整的滞后，很多事实上已经结合为一体的城市群受制于政区壁垒的客观存在，在基础设施、环境治理、用地规划等问题上难以协调一致，从而使得公共服务的统筹提供变得几乎不可能，在严重影响基础设施使用效率的同时，也加剧了公共资源的浪费。

最后，合理的地方政府结构体系设置有利于保障社会公平，促进基本公共服务的均等化。关于这一点，美国大都市区由于政区结构的零碎化和分散化所引发的公共服务不平衡问题，就是最好的反面例证。在美国的大都市区，由于地方政府体系设置失当，使得同一大都市区范围内的各个地方政府在财政、税率和服务水准方面出现了严重的不平衡，进而导致了严重的社会问题和恶性循环：往往是一个地方辖区越贫困，税率越高，富裕阶层和中产阶层唯恐避之不及，工商业企业越是不愿在这里投资，于是该地区的税收基础越是薄弱，财政越是捉襟见肘，

① ［加］理查德·廷德尔等：《加拿大地方政府》，于秀明等译，北京大学出版社2005年版，第147页。

② Carl Abbott, "The Suburban Sunbelt", *Journal of Urban History*, Vol. 13, No. 3, May 1987, pp. 275 – 303.

市政服务设施越是破旧。①

四、统筹公共服务是完善大都市区治理体制的重要突破口

如前文所述，大量的已有研究结果和经验事实证明，合理的大都市区政府结构有利于降低服务和施政成本、提高效率、保障基本的社会公平②。如果换一个角度来看，正是因为两者之间互为平台载体的关系，统筹公共服务体系亦可以成为完善大都市区治理体制的一个重要突破口。这其中的道理很简单，目前各国面临的大都市区治理难题，很大程度上就是因为无法在区域范围内实现公共服务体系的统筹规划，进而导致了服务供给在效率、公平性等方面的损失。因此可以说，完善大都市区治理体制的关键之一，就是通过协调和统筹公共服务体系，推动区域规划治理一体化。关于这一点，在第二次世界大战以来的部分西方典型国家的相关改革实践中就得到了较为明显的体现。

就西方国家的普遍情况而言，长期以来大都市区治理体制存在的主要症结，是地方政府结构体系的“巴尔干化”所引发的公共服务和施政效益低下、服务供给不公平等问题③。面对大都市区面临的各类治理危机，为了构建一个有效率、有回应的大都市区治理机制（Metropolitan Governance），西方各国多是通过积极的地方政府合并，对大都市区的政府结构体系进行整合，以发挥公共服务供给的规模效益，降低公共服务和施政的成本，并尽可能降低不同区域间公共服务供给的非均等化程度，保障基本的公平。具体来看，第二次世界大战以来，多数西方典型国家都围绕着大都市区，进行了规模、程度不等的地方政府结构体系调整。在具体措施方面，多是通过积极的地方政府合并，以组建各种类型的大都市区政府。例如，通过合并，英国的市政实体数量由 1 500 个减少为不到 500 个，意大利地方政府的数量则由 24 000 个减少到 8 500 个④。在加拿大，成本和效率

---

① Scott Greer, Governing the Metropolis, *Westport Connecticut*: *Greenwood Press*, 1995, p. 115.

② Keating, M. Size, Efficiency and Democracy: Consolidation, Fragmentation and Public Choice. In Judge, D, et al. Theories of Urban Politics, *London*: *Sage Publications*, 1995. p. 125; Rusk, D. *Cities Without Suburbs*. Washington, DC: Woodrow Wilson Press, 1993, p. 35; Sancton, A. Reducing costs by consolidating municipalities: New Brunswick, Nova Scotia and Ontario. *Canadian Public Administration*. Vol. 39, No. 3, 1996, pp. 267 – 289.

③ Oliver P. Williams, Democracy in Urban American: Reading on Government and Politics, *Chicago*: *Rand McNally & Company*, 1961, p. 208.

④ Igor Vojnovic. The Transitional Impacts of Municipal Consolidations. *Journal of Urban Affairs*, Vol. 22, No. 4, 2000, pp. 385 – 417.

也是地方政府改革中的主要考虑因素，并促使在较大城市合并组成大都市区政府，典型代表如多伦多大都市区政府和大温哥华都市区政府的成立①。

大都市区治理历来是一个世界性的难题。在大都市区初现端倪的同时，中国也开始面临大都市区治理的一系列难题。作为一个后发国家，西方典型国家在大都市区行政区划改革过程中的经验和教训，当然值得我们去认真地总结和借鉴。从西方典型国家城市化的基本历程来看，城市化的快速推进必然伴随着城市在空间区域上的大面积扩展和大都市区的形成。在现阶段的中国，伴随着高速推进的城市化过程，大都市区化以及由此引发的治理难题已经初现端倪。特别是在长三角、珠三角等城市化水平较高、城市布局密集的地区，大都市区的基本特性更是已经显露无遗。与之相伴而来的则是大都市区范围内各个地方政府在基础设施建设、区域整体规划、环境治理等方面的恶性竞争与纠纷扯皮，从而造成了大量的公共资源浪费。因此，如何通过包括地方政府结构体系调整在内的改革措施，尽可能地发挥公共服务的规模经济效益，努力避免出现类似美国大都市区"巴尔干化"式的治理危机，就成为考量相关改革绩效的基本指标。

但是同时需要特别指出的是，目前中国在大都市区治理中所凸显的问题，与西方国家存在明显的差异：长期以来困扰西方国家的大都市区政府结构体系"巴尔干化"问题，在中国大都市区化的过程中并没有太过明显的表现。相反，中国的大都市区反倒是纷纷出现了由于空间、人口过度扩张而引发的"膨胀病"。上述状况的出现，主要是因为中国的大都市区能够始终坚持单中心广域市制，因而有效避免了政府结构体系的零碎化趋势。例如，近年来，各个直辖市、特大中心城市纷纷通过"撤县设区"、"撤市设区"等形式的行政区划调整，不仅扩大了中心城市的发展空间，而且在一定程度上协调了城郊矛盾。总体来看，相比较西方国家，现阶段中国的大都市区政府结构体系总体上是比较合理的，也是应该继续坚持的。从制度根源上看，上述状况的出现，与中、西方在行政体制以及大都市区发展的阶段等因素存在直接的联系。

首先，从体制背景来看，与西方国家普遍崇尚地方自治的传统截然不同，中国的行政体制总体上属于典型的集权制，各级政府之间存在层层隶属关系。在这样一种模式下，行政权的运行方向是自上而下，也就是某一行政层级单位的机构改革方案能否得以实行，主要取决于能否得到上级政府的批准。行政区划调整就是这一行政体制的真实写照：某一地方行政区划调整的方案是否得以实行，并不需要像多数西方国家那样，必须经过相关政区内全体公民的表决通过，而只是需

① Harold Wolman and Michael Goldsmith. Urban Politics and Policy: A Comparative Approach. *Cambridge MA: Blackwell Publishers*, 1992. pp. 9 - 10.

要得到上级政府（或中央政府）的批准。相对于全民公决，上级政府的批准显然在操作上更加便易。这样一来，相对于美国等西方国家和地区，较低的批准难度使得行政区划调整手段能够在中国大都市区治理中经常被有效地运用。

其次，从中国大都市区化发展的阶段性特征来看，行政区划手段的广泛使用具有一定的必然性。包括兼并和合并在内的行政区划调整是大都市区在中心城市膨胀时期基本的发展方式，也是西方国家、特别是美国在19世纪后期和20世纪前期推进大都市区化的主要途径。当前，中国的大都市区化过程还明显处于中心城市集聚阶段，大都市区的中心城市普遍存在空间扩张的现实需要和冲动，这成为了行政区划手段在当前得到广泛应用的基本内在推力。当然，不可否认的是，当前中国的地方政府之所以热衷于进行行政区划调整，较大程度上也是出于权利的考虑。道理很简单，行政区划的调整，特别是通过合并、兼并等途径扩大行政辖区，意味着更大的管辖范围和行政资源。正因为如此，现阶段的行政区划调整也极易于引发不同层级政府之间的矛盾。例如，如果强势的上级政府试图通过行政区划吞并毗邻的下级政区，而如果一些自身实力较强的下级政府并不心甘情愿地被兼并的话，就会引发矛盾和纷争。在现实的改革实践中，甚至有些下级政府谋求通过行政区划调整，兼并周边的同级政府而实现行政级别的升格，从而与实现与上级政府的平起平坐。如福建省的泉州市（地级市）和晋江市（县级市）之间在行政区划调整方案上的各执一词就是一个明显的范例①。

总而言之，短期来看，在中国大都市区发展的初期阶段，适当地行政区划调整可以减少农村包围城市的趋势，有效统筹区域范围内的公共服务，发挥服务供给的规模效益，提高服务效益、保障公平，进而促进大都市区治理体制的完善。但是，也不能够片面夸大行政区划的作用，在市场经济体制还不够成熟、政府职能转变不到位的情况下，除非规模分布明显失当和不合理的飞地作适当的调整外，大都市区的行政区划不宜做频繁的变动，而是更应该注重和重视当前政治体制改革与经济体制改革相匹配，通过机制、体制和法制的综合创新，致力于创建彼此开放、相互交流、相互合作的横向府际关系。

从长期来看，中国的大都市区则有必要通过必要的行政区划调整，为“省直管县”体制的推广做好必要的准备。当前，“省直管县”已经成为今后一段时间内中国行政体制改革的一个基本趋势。不可否认，“省直管县”改革更加符合“扁平化”现代行政组织原则，因此对于提高施政效率、节约施政成本、消除“市县”矛盾等都有积极的意义。但是这里需要特别引起注意的是，如果“一刀切”式的推广“省直管县”，在释放县级行政单元发展活力的同时，却有可能忽

---

① 洪世键、张京祥：《中国大都市区管治：现状、问题与建议》，载《经济地理》2009年第11期。

视地级市在“市管县”体制下承担的区域协调职能，并有可能加剧区域，特别是大都市区无序发展的局面。尤其在一些具备强大经济辐射力、空间发展需求巨大的中心城市（如广州、深圳、苏州、南京、厦门、武汉等），由于它们的辐射范围已经扩展到了周边一些县（市），并已形成了联系密切的大都市地区。因此在这些地区，如果骤然推行“省直管县”体制，将有可能会加剧各地方政府在区域整体规划、环境保护、资源集约利用等方面的矛盾，进而严重制约这些大都市区的合理发展。因此，在推广“省直管县”体制的过程中，在个别大都市区化程度较高的地区，可以考虑通过撤县（市）设区的形式，增加中心城市的行政辖域，从而为中心城市以后的进一步发展预留必要的空间，避免出现类似西方国家大都市区地方政府结构体系的“巴尔干化”现象。

第三节　服务型政府建设有利于加快小城镇建设步伐

改革开放以来，主要出于规避“大城市病”的基本目的，中国选择了“控制大城市规模，合理发展中等城市，积极发展小城镇”的城市化发展思路。为了促进农村改革发展、推进城乡一体化，“十一五”规划提出要“坚持大中小城市和小城镇协调发展，提高城镇综合承载能力……积极稳妥地推进城镇化。”但在实际执行过程中，大部分地区的小城镇也并未发挥有效作用。在城市化发展的关键阶段，如何定位小城镇的作用对于城乡发展具有十分重要的意义。

一、小城镇建设是推进城乡一体化的重要环节

大大小小散落在城市带或大城市周围的小城镇，是城市文明扩展和城乡一体化的重要载体。在英美等发达国家，人们往往用“go downtown”来描述“进入市区”，大多数居民生活在以高速公路和轨道交通与城市相连接的城镇里，过着“工作在城市、生活在城镇”的舒适生活。人们通过小城镇既与周围的自然环境亲密接触、又与现代化的城市环境紧密相连，真正地体味着城乡一体化的乐趣。但在中国，人们往往将大城市与小城镇割裂来看，尤其强调小城镇在沟通城乡、促进现代化因素扩展的进程中承担的重要功能。大体来看，中国小城镇至少被赋予了三种基本功能：

第一，小城镇可以促进农业产业化与现代经营方式的结合。小城镇被视为农村区域政治、经济、文化的中心，它们一方面直接面对广阔的农村大地和农业资

源，一方面积聚着城市的各种要素，因而，在带动农业产业升级和扩散城市产业、经济技术方面发挥着桥梁作用。在不少地方的城市化发展蓝图中，小城镇被定位为沟通城乡的“城市之尾、农村之首”，成为农业产业升级和现代化经营方式的重要结合点。

第二，小城镇可以带动农村剩余劳动力的吸收和消化。大多数地方发展规划者强调小城镇对农村劳动力的转化作用，事实上在改革开放初期，积聚了大量乡镇企业的小城镇，确实也发挥了这样的功能，而且在生活成本、环境质量上要优于大城市。

第三，小城镇可以有效缩小城乡发展差异。人们更愿意将小城镇设想为深入到农村腹地的“城市要素堡垒”，为小城镇主观赋予了带动农村经济发展，缩小城乡差距的“调节性”功能。除了经济上平衡差距的功能，小城镇还被视为现代文明向农村扩展的载体，人们相信通过小城镇，可以一定程度上促使城乡居民生活方式、价值观念升级，缩小了城乡之间精神层面的差异。

不论怎样，小城镇终究都是城乡一体化发展的重要环节，只不过在发达国家，小城镇建设是在大城市和城市带上汲取着发展动力，小城镇在大城市或城市带的“溢出效应”中获益，最终实现了“大城市与小城镇”的有机分工和一体化；而在中国，由于受国家发展战略和地方资源所限，小城镇一般并不被视为城市带或中心城市的一部分，反而被作为农村发展的桥头堡，必须更多地从农业产业中寻找资源，充当着推动城市化发展的载体功能，因而很长一段时间只能孤独而吃力地发展，并没有充分地推动城乡一体化的发展，反而由于发展动力有限，遭遇着种种挑战。

二、公共服务供给不足严重制约小城镇建设的有序推进

小城镇建设不是人口规模和居住场所的简单扩充，而是需要在区域发展的棋盘中进行综合布局，其中提供什么样的服务、怎样提供服务，成为小城镇建设与发展的重要影响因素。

（一）公共服务供给不足制约小城镇发展的经济基础

在中国，受国家推进城市化的战略驱动，大城市与小城镇往往缺乏连接。“作为一种在中国特定体制环境下形成的城市化模式，小城镇战略虽然对于推进城市化进程发挥了一定的积极作用，但由于小城镇在发展上的规模不经济，特别是割断了城市化与工业化的内在联系，使得中国的城市化严重滞后于工业化进程，延缓了全社会，尤其是农村的现代化进程。在现实的发展进程中，与大中城

市的迅速发展与扩展形成鲜明对比的是，小城镇却普遍性地暴露出了集约化程度低、经济效益差、资金短缺、大量占用耕地、环境污染面大、城市功能单一低下、基础设施落后、投资环境差、吸纳劳动力能力不强等问题。不客气地说，改革以来抑制大城市发展、重点发展小城镇的城市发展战略已经被证明是失败的。”① 长期以来，在国家控制大城市规模、支持小城镇发展的战略下，小城镇建设往往以乡镇企业为主要动力，但是进入20世纪90年代，随着部分乡镇企业的衰落，被定位于专注“农业产业化”的小城镇建设也随之遭到挑战。

在现实条件下，由于缺乏与城市产业的联动，地方政府往往又孤立地看待小城镇建设，重建设轻发展，尤其是生产性公共服务的不足，直接危及小城镇的可持续发展。在缺乏生产性服务的情况下，分散在农村的乡镇企业职工无法转化为城镇人口，少部分留在小城镇的工人过着“白天城镇做工、晚上回乡睡觉”的候鸟式生活。特别是“一到农忙季节，街上往往连个人影都找不着。中西部许多小城镇停留在‘赶集’的水平，以路当街，以街为市。由于人气不旺，这样的小城镇极其虚弱，既无‘城’之规模，又无‘市’之兴旺。”② 一些地方政府只重视城镇的土地开发，不培育城镇的经济增长点，只重视短期的经济发展，不配套相应的关乎可持续发展的公共服务，致使一些小城镇不断上演着“空城计”。由此，游离于城市产业链之外、又缺乏生产性服务的小城镇建设模式，不但无法提高农村城镇化率，也阻碍着城乡一体化的良性发展。

（二）公共服务供给不足制约小城镇发展的社会基础

如果说产业布局是小城镇发展的硬件支撑，良好的公共服务则是小城镇发展的软件，它是实现城市化生产生活方式有效扩展的必要条件，也是将新生“城镇居民”纳入城市化轨道的转换器。然而，在很多小城镇，甚至连现代生活所必备的水、路、交通等基本公共服务，都是十分缺乏的。这主要表现为两个方面，一是城镇生活必备的基础设施缺乏，“有资料显示，全国只有38%的小城镇有自来水，人均道路面积只有16.54平方米，绿化覆盖率仅9.04平方米，平均每个建制镇只有5个公共厕所。”③ 一些城镇连基本的医疗、社会保障、住房、教育设施都难以供应，公共服务的速度远远跟不上小城镇的扩展速度，拖了小城镇可持续发展的后腿。

二是，一些小城镇以牺牲环境为代价，扩展工业规模。一些小城镇的负责官

---

① 赵聚军：《中国行政区划改革的基础理论研究——基于政府职能转变的视角》，南开大学博士论文，2010年，第212页。

②③ 秦尊文：《小城镇道路不是中国城市化的灵丹妙药》，载《内部文摘》2001年第18期。

员，要么为了提高经济发展水平，不惜以破坏生态环境为代价，对于城镇企业排放的污水、废气不闻不问，整个城镇街道蝇蚊肆虐、污水横流，致使小城镇成为重度污染区。要么重在建楼修街，缺乏统一规划和管理，忽视环境美化，导致城镇整体形象杂乱，严重浪费土地和资源；要么在建筑风格上，求大求新求洋求异，杂乱无章，毫无地方特色。

（三）城镇管理水平较低和社区发育不足影响了小城镇发展依赖的软环境

促进产业集聚发展和提供基本生活服务是小城镇发展的两翼，但这还远远不够。要推动小城镇有序发展，还需要有效的城镇管理和良好的社会建设保驾护航。然而，与上述两个条件相比，城镇管理和社区组织的培育更是小城镇发展的软肋。

就城镇管理水平而言，还远远不能适应实际发展的需要。一些地方在小城镇建设中，只重视硬件建设，诸如扩展城区、招商引资、建房造屋，但由于小城镇的发展伴随着大量各类人员的迁入和产业工人的吸收，在较短的时间内聚集庞大的“鱼龙混杂”的人口，再加上缺乏相应的应对措施和管理机制，就容易使得小城镇特别是位于城乡结合部的小城镇成为“黄赌毒”聚集的场所。此外，一个成熟的城镇社区能够集合现代文明、承担现代化因素和生活方式扩展的功能。但是，当前的大部分小城镇，社区组织松散，无法承担整合新旧居民的任务，涌入城镇的人口中“不乏缺乏固定的生活收入来源者，城镇无业游民增多，又由于初到城镇，社区意识薄弱，没有形成心理上互相沟通、感情上相互依存的生活共同体，使得城镇居民群体十分松散，城镇社区整合度低。”①

三、完善公共服务体系是加快小城镇建设的重要推力

联系前文，由于小城镇在发展过程中普遍性地出现了功能单一、缺乏产业支撑以及公共服务不足的问题，从而为小城镇健康有序的发展带来了重重阻力。要发挥小城镇推动城乡一体化的积极作用，就要着眼于小城镇建设的未来与现实，通过完善的公共服务体系，为其提供长足发展的推力。

---

① 廖阳生、沈素素：《试析小城镇可持续发展存在的问题和对策》，载《城市经济论坛》2003 年第 4 期。

（一）做好战略规划服务是小城镇建设的先行条件

“欲致鱼者先通水，欲求鸟者先树木”，要促使小城镇可持续发展，就要做好其战略发展规划的工作。只有如此才能避免小城镇建设的无序性和盲目性，提升小城镇的整体水平和功能。

发达国家和中国东部沿海地区的经验告诉我们，小城镇不是特定区域的独立王国，其发展的根基虽然在农村，但是离开了更广阔区域的经济社会环境，其竞争优势也会暗淡无光，仅仅着眼于小城镇辖地区域的发展，是没有出路的。只有融入中心城市或城市带的小城镇，才能获得“城乡联动”、长久发展的动力源泉。例如，长三角和珠三角地区小城镇的蓬勃有序发展，就得益于良好的区域合作。仅在杭州都市经济圈里，就聚集着13个全国百强县，他们通过融入城市产业链，为大城市提供配套产业服务，促进小城镇的企业重组与改革，从现代企业里分羹获益，来自农村地区的劳动力和资源在这里与城市化要素结合，有力地推动着城乡一体化的发展。珠三角地区的东莞、南海、顺德、中山等地的小城镇，也在原有的基础上，投身大城市和城市带中的产业分工，获得了长远发展的带动力。

应该转换将小城镇视为农村区域桥头堡的狭隘思路，打破“闭门造车”甚至“霸王硬上弓”的落后观念，结合自身资源、历史文化、地理位置等因素，因地制宜地从中心城市、城市带（圈）中寻找小城镇的比较优势，将小城镇发展纳入以大城市为核心城镇体系建设中，着力于培育产业互补、连城通乡的城市带，只有如此才能获得长远发展的有力支撑。此外，要融入现代产业链条，缺乏现代服务是万万不能的。必须着眼实际需求，合理规划城镇生产、生活、商业流通和科技教育的服务内容，才能有效地促进小城镇的良性发展。

（二）“规制”与“服务”并重是小城镇健康发展的重要保证

大多数小城镇在发展过程中，不但面临服务滞后的问题，而且一切以GDP为杠杆的“经济中心主义”，也为其带来了很多管理难题。许多小城镇“公共服务先天不足、监督管理发育不良”。实际上，离开一种健康稳定的秩序，小城镇的发展就会受到严重冲击，从这个角度而言，“监管”亦是一种必要的服务内容。例如，在公共安全、公共卫生和环境保护等领域，“监管”本身就显示出“服务”的特性。重视日常的行政规制，能够为小城镇发展过程中出现的“乱而无序”、“脏乱不堪”、“鱼龙混杂”等困境破题。目前，小城镇建设中最需要“规制”的两类问题是社会秩序和环境保护问题。前者关乎社会稳定，后者关乎人们身心健康。在小城镇建设的过程中要通过严格合法的“监管”，规范市场主体的各种经营活动，打击各类社会丑恶现象；严格保护当地生态环境，防止污染企业从大城市向农村区域转移，创造一个“平安稳定、生态环保”的城镇环境。

“加强公共服务”对于许多小城镇，已经不是多么新鲜的口号，但是在实际工作过程中，基层政府实际上直接服务于少数生产商，对于民生工作要么不予过问，要么走走形式、草草应付，这实际上肢解和曲解了公共服务的内涵，大大缩减了公共服务的应有内容，降低了小城镇的吸引力。要保证小城镇健康发展，就应当在小城镇建设的过程中加强公共服务网络建设，将只针对或重点面向“法人”的狭隘的公共服务，扩展到小城镇的“旧居民”和“新移民”，力所能及地保证每个城镇居民能够平等地享受基本公共服务。在服务质量上，要提升城镇公共设施、公共文化、公共卫生和科技教育等与居民生活息息相关的服务内容的品质，担负起扩展现代生活方式的使命。在服务过程上，应当利用小城镇居民居住在城镇驻地、接近基层政府的便利，积极调动群众参与当地公共服务决策、管理、执行和监督的过程，发挥驻地居民的积极性。

（三）做好现代社区发展服务是小城镇健康发展的有力支撑

城镇与乡村最显性的区别在于住宅和基础设施，但是深层区别在于是否具有成熟的现代社区组织。如若没有一个现代的社区网络为依托，聚集到城镇的新移民，就会缺乏对小城镇的认同和归属感，对他们而言，只不过是换了个居住环境而已。缺乏现代社区的城镇环境，对于将新移民转化为城镇居民，进行再社会化的过程毫无帮助。因而在社区组织无从发展或者发展不成熟的情况下，着力培育和鼓励新型城镇社区的成长，对于营造政府与社会“双向互动”的服务网络、减轻政府公共服务的压力，以及形成吸引城镇居民、增强居民认同和促进现代生活方式扩展的新载体具有重要意义。

在社区发展缺乏有效载体的情况下，首先要求政府的支持和扶持。在大多数情况下，理顺政府和社区机制成为首要任务。相当一部分城镇社区是在原有村委转变过来的，在城镇化之后，社区居委会与村委会两块牌子一套人马，在县乡“压力体制下”，居委会并没有脱离原有村委会代行基层政府“行政任务”的窠臼，进行与城镇化相适应的体制转变。应该理清城镇政府和社区组织的职能范围与管理权限，严格分清“行政事务”与“集体事务”，实现“政社分开”；加大对基层社区的扶持力度，积极拓宽融资渠道，利用城镇驻地非农产业、资金和人力积聚的优势，实行社区与驻地企业、学校共建机制，打造互助合作、互利共赢、积极向上的现代社区组织。

鼓励社区组织在营造社区文化、承担社区公共事务等工作上发挥主导作用，通过社区救助、社区服务与志愿活动，对城镇居民进行帮助和援助，营造健康向上的公共文化生活，也是小城镇公共服务体系的一个重要因素。在一些较为重大问题的决策上，社区组织可以发挥自身力量，对重大事项、重要活动进展开展宣传、调查和跟踪服务，促进城镇政府与城镇居民之间协商对话，真正发挥社区组织自我服务、参与当地经济社会发展的积极作用。

第四节 服务型政府建设有助于解决城市化进程中的若干突出问题

在现阶段快速推进的城市化进程中，还存在一些不利的外在影响因素。具体而言，要保持城市化的健康推进，就需要解决农民工和失地农民深度融入城市的问题，同时也应给予城市其他弱势群体必要的保护。对于上述问题，服务型政府建设同样具有积极的推动作用。

一、公共服务深度覆盖农民工是其融入城市的基本保障

（一）农民工阶层具有明显的过渡性

农民工从20世纪80年代初开始出现，到今天已成为一个规模巨大的社会群体。从起初的“盲流”到今天的“城市新移民”，称谓的变化，折射出的是社会主流意见对农民工态度的转变。这期间，农民工经历了从被排斥、打压到默许、认可，直至接纳、鼓励的过程。

低层次职业的比重不断减少，高层次职业所占比重不断增大，职业结构整体上趋向高级化，是现代国家一个普遍的发展趋势。从1978年以来，中国的职业结构也呈现渐趋高级化的基本发展动向。2000年同1982年相比，在职业结构的总量中，初级层次职业（生产工人和农业劳动者）的比重下降了8.17个百分点，而中层职业的比重则增加了7.2个百分点[①]。

作为城乡二元体制下，计划经济向市场经济转变过程中的权宜之策，农民工阶层的出现具有明显的过渡性。在一个国家由传统的农业国家向现代工业国家转变的过程中，通常都会有大量的农村人口进入城市社区，并最终完成由农民到市民的转变。改革以来，随着市场经济的快速发展，中国的二、三产业得到大发

① 陆学艺主编：《当代中国社会流动》，社会科学文献出版社2004年版，第10页。

展，对劳动力的需求随之激增。在这种情况下，大量农民离开了农村，进入城市就业。但由于严密的户籍制度，绝大多数进城务工农民始终无法摆脱农民的身份，只能成为"亦工亦农，非工非农"的农民工。

在整体职业结构日趋高级化的今天，农民工由农业劳动者转变为准工人，无疑是一种向上的职业流动。但这种变化的合理性是非常有限的，如果不能继续推进农民工职业结构趋向高级化的流动，农民工体制就会成为中国社会结构继续发展完善的障碍。可以预见的是，随着改革的继续深入，社会经济的持续发展，各种与计划经济体制相联系的经济、社会制度正在被逐一打破，以户籍制度为核心的城乡二元分治政策最终也将会退出历史舞台。因此，农民工也将会随之逐步的真正加入到工人阶级队伍，成为工人阶级的一员，从而极大地推进中国的城市化进程。

（二）社保体系广泛覆盖是农民工深度融入城市的关键

农民工群体无法深度融入城市的原因是多方面的，这其中既有自身知识层次、职业素养方面的原因，也有各种外在制度原因。外在原因方面，城乡二元户籍制度被认为是农民工无法融入城市的最主要因素。由于没有城市户口，包括教育、社会保障在内的各种公民权利就没有相应的制度保障，并进一步造成了城市和农村居民天然的身份差异。

近几年来，随着农民工子女受教育问题的逐步解决，社会保障问题已经日益成为农民工深度融入城市的最主要障碍。由于现行城镇社会保障制度未能广泛覆盖农民工群体，使得农民工在城市的长期生活具有了很大的不确定性。实际上，给农民工以必要的社会保障，绝不仅仅是一种人道主义行为的体现，也是维护整个社会的稳定和持续、健康发展的需要。虽然说目前看来这一问题还不是很棘手，且从农民工的角度来看，因为参加社会保险并不是"免费的午餐"，须交纳个人工资总额的一定比例，再加上有土地这一"天然社保"，所以绝大农民工似乎对此也不是特别热衷。但试想一下，在中国的城市化飞速发展的今天，必将有大量的农村人口逐步转为城市人口，而农民工无疑将是其中的主要组成部分。从理论上讲，在目前的情况下，绝大多数农民工因为没有为自己的养老金进行提前积累，所以等他们到了退休年龄将无法领取养老金。这里的问题是，等到二三十年以后，必定会有大量已经变为城市居民的农民工步入退休阶段，等到那时，目前的这种养老保障方式还能不能维持，将会被打上一个大问号。

从其他国家的经验来看，最有可能的结果就是农民工被纳入到统一的城镇社会保障体系中。这里的问题是，如果按照目前的情况，上述人群将是在几乎没有为自己的养老保险进行任何积累的前提下开始领取养老金的，这无疑将会对社保基金的收支平衡构成巨大的挑战，形成巨大的财政和社会风险。总而言之，如果现在不对农民工的社会保障问题给予必要的重视，尽早进行养老基金的积累，将极有沉淀成巨大的“历史欠账”。这一过程宜快不宜慢，愈早实行，愈有利于避免历史欠账的形成和进一步的沉淀。同时，应给相关企业以必要的压力，尽量避免“廉价劳动力竞争”言论的干扰。

（三）社保体系深度覆盖农民工亦是城镇社保体系健康运行的需要

从目前的整体情况来看，除了以深圳为代表的、少量在改革开放以后新兴起的城市，国内大多数城市都不同程度的存在社会保险的覆盖率不高，基本养老基金面临较大支付压力等问题。关于这一点，多数东部城市亦不例外（参见表 12－1）。“十一五”期间，城镇社会保险的“扩面”工作取得了一定的进展，但大部分的农民工仍然未能被纳入社会保险体系。由于扩面工作进展缓慢，再加上人口老龄化逐步加快，必然给社会保险基金、尤其是基本养老保险基金带来较大的支付压力和潜在的风险。

表 12－1　若干东部省市各项社会保险基金累计结余（亿）

地区	养老	失业	医疗	工伤	生育	总计
北京（2008）	329.4	71.6	191.1	8.7	11.8	612.6
上海（2008）	368.8	69.3	136.4	23.1	2.3	599.9
天津（2008）	176.0	38.2	36.2	6.8	8.2	256.4
广东（2008）	1 621.0	173.3	492.6	104.7	18.2	2 409.8
深圳（2009.5）						874.0

资料来源：根据《中国统计年鉴》（2009）以及深圳市劳动与社会保障局网站公布的相关数据整理。

从城镇养老保险体系本身的健康运行来看，随着老龄化的不断加剧，中国各地的养老保险基金在未来会普遍性地面临较大的支付压力。特别是东北、天津、上海等老工业基地，面临的支付压力会更大。因此，要减轻财政负担、维持社保基金的收支平衡，就需要更加积极地吸纳农民工参保。在这一问题上，上海可以说是负面典型，而深圳则是正面典型。

作为一个移民城市，深圳市多年来一直致力于积极吸收外来务工人员参加各类社会保险。据估算，在深圳 1 100 万外来务工人员中，约有 700 万人已经被纳入到了社会保险体系之中（参见表 12－2），这也是深圳社保基金能够保持巨额累计结余的关键之所在。再加上深圳作为一个年轻的移民城市，社保基金支付压力较小，这就使得目前社会保险的运转状况非常良好，基金积累充足。对比深圳，上海、北京、天津等其他东部大中城市在吸引外来务工人员参保等问题上，则是明显不够积极。

表 12-2　　深圳农民工参保情况与全国平均参保情况的比较（%）

险种	参保比例	全国平均参保率	差距
工伤保险	82.5	38.0	44.5
医疗保险	74.8	25.6	49.2
养老保险	70.0	33.1	36.9
失业保险	22.4	19.6	2.8

资料来源：深圳市人保局：《深圳市农民工劳动保障情况抽样调查报告》，深圳市人保局网站（http：//www.szhrss.gov.cn/tjsj/zxtjxx/200910/t20091023_1214416_7374.htm），2009 年 4 月 27 日。

2009 年，上海市养老金支付所面临的巨大压力被曝光，养老保险连年高额的财政补贴已经使地方财政不堪重负。对于上海面临的困难局面，原因固然是多方面的。诸如上海作为一个传统的工商业城市，退休职工数量庞大，人口老龄化严重等，都是造成目前困难局面的原因。但是，上海长期以来对户籍政策控制的过于严格，不重视吸收、甚至排斥外来务工人员纳入本地社会保险体系，也是不容忽视的原因。

实际上不仅是上海，全国很多大中城市也同样面临着老龄化的巨大压力，如果对外来务工人员的参保工作缺乏足够的重视，上海出现的问题，其他城市可能也会出现。这就需要一个观念的转变：从维持社保基金收支平衡、健康运转以及有效应对老龄化的视角出发，外来务工人员不是包袱，而是财富，是社保基金的重要收入来源。在吸收外来务工人员参保的问题上，中国的城市，尤其是作为各个区域中心的大中城市，需要拿出应有的气魄。

二、强化针对失地农民的公共服务是推进城市化的必要保障

（一）失地农民保障问题已成为影响城市化健康推进的重大社会问题

城市化既是农村人口向城镇转移和集中的过程，也是城市数量和容量不断发展和扩张的过程。随着一个国家工业化进程的推进和城市的扩张，通常会有相当

一部分农业劳动者转化为城市居民，中国也不大可能例外。改革开放以来，随着工业化和城市化用地需求的快速增加，中国的耕地正在以惊人的速度快速减少。特别是中国城市普遍采取的“摊大饼”式地外延摊展模式，使得城市的蔓延过程更加剧烈。

与城市用地飞速扩张相伴而来的另一个重要现象，是大量的农业劳动者失去了赖以生计的土地。未来 10 年是中国经济和社会发展极为重要的时期。随着交通、水利、能源等基础设施建设速度加快，加速推进城市化、西部大开发、东北老工业基地振兴、中部崛起等重大战略的实施，使得经济发展对耕地的占用仍将保持较高的需求。以目前的经济发展速度，2000 ~ 2030 年的 30 年间，占用耕地将达到 5 450 万亩以上，预计届时失地和部分失地的农民将超过 7 800 万[①]。

从其他工业国家的发展进程来看，城市和工业用地对耕地的不断挤占是很难避免的。农民失地是城市化进程的必然结果，也是一个国家是从农业国转变成工业国的必经之路。随着我国城市化进程步伐的加快，必将涌现越来越多的失地农民。如果安置得当，大部分失地农民最终会实现市民化，完成劳动力从农村向城市的转移。这对于整个社会结构的调整优化和加速城市化进程，都具有积极的意义。但这里问题的关键是，如何给予失地农民以合理的补偿和必要的保障，使他们在失去土地后，仍能愉快地向其他阶层转化。然而，由于目前的征地补偿方式存在着诸多的问题，在失去了具有生产资料和社会保障双重功能的土地后，为数不少的失地农民却处于无保障或低保障状态，不仅没有随着城市化的推进而持续改善，反而进入显著恶化的状态。以至于部分失地农民已成为种田无地、就业无岗、社保无份的“三无农民”。失地农民以长远生计为核心的诸多现实问题，已成为城市化持续健康推进难以绕过的一道坎。

目前，愈演愈烈的失地农民安置和保障问题也给社会的稳定和经济的可持续发展埋下了隐患。目前，因征地而引起的纠纷已经取代农业税费争议成为了农民维权抗争活动的焦点，成为影响农村社会稳定和发展的首要问题。于建嵘的一份调研报告指出：在 2004 年出现的 130 起农村群体性事件中，有 87 起是因征地而引发的冲突，占总数的 66.9%[②]。由于土地是农民的生存保障，而且土地问题往往涉及巨额经济利益，因此，土地的这种利益关系也就决定了土地的争议更具有对抗性和持久性。因失地农民问题没有得到很好的解决，大量因失地而引发的信访案件、阻挠工程进行的事例都影响着工业化和城市化的持续发展。更为关键的是，因大量失地农民没有享受到城市化成果而导致民众对城市化和工业化越来越

① 宋斌文等：《失地农民问题是事关社会稳定的大问题》，载《调研世界》2004 年第 1 期。

② 于建嵘：《土地问题已成为农民维权抗争的焦点——关于当前我国农村社会形式的一项专题调研》，载《调研世界》2005 年第 3 期。

严重的抵触情绪，从城市化的实际参与者、支持者甚至牺牲者变为城市化的反对者和破坏者[①]。

（二）将失地农民全面纳入社会保障体系是解决失地农民问题的根本

伴随着城市化的不断推进，失地农民的数量只能越来越多。如果处理不当，给社会带来的压力也就会越来越大。失地农民问题之所以成为当前中国最重大的社会问题之一，其关键原因在于未能建立起维持失地农民可持续生计的基本路径和框架。在失地农民转换过程中，循序渐进地为这部分潜在的城市居民建构一系列完善的可持续生计制度框架，关乎着社会和谐发展态势，更关乎着城市化和工业化的健康发展。

总体来看，目前失地农民的核心问题并不是补偿不足，更多的则是过于依赖单一的货币补偿方式。概括地说，可供选择的安置方式主要包括货币安置、农业生产安置和社会保险安置三种方式。单一的货币安置方式虽然能够保障资金发放到失地农民手中，但是这种忽视失地农民就业技能培训和长久发展的安置方式，在失地农民非农就业长期无法实现时，通常会导致其生活水平的下降。在市场经济日益健全的今天，招工的方式已不大可能成为主流的安置模式。因此，在进行合理货币补偿的前提下，只有将失地农民全面、深度地纳入社会保障体系，才能从根本上解决他们的长远生活出路问题。这就需要从维护社会稳定大局的视角出发，扩大公共服务体系的覆盖范围和深度，尤其是更加重视失地农民的参保工作，城乡社会保险体系的全面对接应该在这一群体首先实现。

第一，将失地农民全面纳入社会保障体系是中国社会发展的必然趋势。社会保障制度是破解失地农民难题的逻辑起点。因为对于农民来说，土地不只是简单的生产资料和财产，更是传统的保障资源。特别是在城乡二元体制下，由于农民基本被排除在社保体系之外，因此土地对农民的保障功能就显得尤为重要。要健康推进城市化，就需要不断弱化土地的保障功能，以社会保障制度替代传统的土地保障。在这个逻辑关系中，完善的社保体系是关键。

第二，建立健全失地农民社会保障体系是维持失地农民可持续生计的需要。解决失地农民问题，不能局限在货币补偿上，还应有健全的社会保障体系，以保障失地农民的可持续生计。货币补偿只是一种生活指向性的安排而非就业指向性安排，对失地农民的居住安顿、重新就业、生活观念和生活习惯转变等问题，却并未顾及。相比较单纯的货币补偿方式，社会保障方式更易于适应不同的地区和

① 于建嵘：《农民维权抗争集中土地纠纷土地成农村首要问题》，载《瞭望东方周刊》2004年第9期。

人群。被征地后，农民虽没有土地作保障，但是得到了一定的征地补偿费，具备了参加社会保险的条件，所以参加社会保险是被征地人群寻求保障的理想选择，只有建立健全的失地农民社会保障体系，才能解决农民失去土地后的可持续生计问题。

第三，建立健全失地农民社会保障体系也是统筹城乡发展的需要。与城镇比较，农村的社会保障体系刚刚起步。在统筹城乡发展的大背景下，只有使农民享有同市民相同的保障待遇，才能保障失地农民权益，使失地农民尽快实现市民化。统筹城乡经济社会发展，农村经济社会发展的任务本身就十分沉重，如果不能解决好失地农民的生存、生产和发展问题，不能提高失地农民创造财富的能力，必然会影响农村经济社会发展步伐。因此，应该给予农民特别是失地农民同等国民待遇，必须采取多种途径妥善解决好失地农民的生活和社会保障，力争使失地农民和市民享有基本一致的公共服务。总之，要切实为失地农民提供长远的保障，让他们从土地的增值和城市的发展中获取群体性利益，就必须建立公平的社会保障制度，并与我国城市现有的社会保障制度保持兼容性，体现城乡居民的平等权。

第四，建立健全失地农民社会保障体系是维护社会稳定与和谐发展的内在要求。社会保障制度是缩小贫富差距，解决各种因收入不平衡而引发的社会矛盾的基本手段。如果失地农民如果被排斥在社会保障体系之外，社会保障的调节功能就会被大打折扣。如果征用农民的土地而没有使他们得到其期待的社会保障与补偿，一些失地农民就可能会产生愤怒的情绪甚至过激行为，处理不当就有可能成为引发社会不稳定的因素。近年来，因土地补偿安置所引起的冲突，已经成为了农民与基层政府之间的最主要矛盾。因土地大量征用而使相当部分的农民成为无业游民，对基层政府产生了很大压力，既影响社会稳定，又阻碍城市化的健康进程。因此，建立失地农民的基本社会保障制度，是社会共同体为了维护社会稳定和作为一种对这一边缘化群体的义务责任而须解决的问题。这就需要政府做出合理的制度安排和政策选择，把被征地农民纳入社会保障体系，使被征地农民得到长期基本生活保障，失地农民不会因为无法谋生而铤而走险，从而这就消除和减少了社会动乱和不安定因素。

对于主要依靠土地谋生的农民来说，失地犹如经历一次经济和生活上的剧烈地震，无论征地补偿机制多么完善，不可避免会有部分被征地农民或家庭沦于贫困的境地。解决这一部分人的生活困难，既是社会公正的要求，也是政府职责所在。因此，在土地征用过程中，为被征地农民建立全面的社会保障机制极为必要。实际上，如果被征地农民的社会保障机制健全，就不需要那么多详细复杂的、针对具体项目的补偿。换句话说，如果把解决被征地农民的社会保障问题作为征地的前置条件，不仅有助于预防被征地农民陷入贫困风险，也有利于必要的征地工作高效健康运行。

三、公共服务向城市弱势群体适度倾斜有利于城市化健康推进

（一）城市弱势群体概况

社会弱势群体通常是指那些由于某些障碍及缺乏经济、政治和社会机会而在社会上处在不利地位的人群①。学术界一般将弱势群体区分为两类，即生理性弱势群体和社会性弱势群体。前者之所以处于弱势地位，具有明显的生理原因，典型如儿童、年老、残疾。后者则主要是由于社会原因造成的，典型如下岗、失业等。具体到城市弱势群体，主要包括城市贫困人口，经济结构调整过程中产生的失业、下岗人员，残疾人，天灾人祸中的困难者以及老龄与高龄人口等②。此外，农民工中的多数也应该被归入城市弱势群体，但由于前文已将农民工群体单独讨论，所以这里不再敷衍。

总体来看，城市弱势群体一般表现出以下基本特征：从生活状态上看，具有贫困化的特征，处于社会平均线下或分组中的低级、最低级；在生活质量上，表现为物质生活和文化生活水平不高；从能力上看，这一群体依靠自身的力量无法改变其弱势地位，需要政府和社会的帮助下才能改变其弱势地位；从承受能力看，弱势群体的风险承受能力较差，是整个社会的脆弱群体；从占有的资源看，可利用资源的稀缺性是弱势群体的本质特征，这也是导致其生活质量低、风险承受能力差的根本原因。

（二）城市弱势群体是影响社会和谐的主要力量

时下，城市弱势群体已经成为危及社会稳定的一个重要根源。由此来看，公共服务适度向弱势群体倾斜，改善其生存境遇，是维护社会稳定、城市化健康推进的内在要求。

首先，缺乏保护的城市弱势群体已成为影响社会稳定的主体力量。社会稳定是文明社会的内在追求，也是保证经济发展和改革开放的基础。如何善待社会弱势群体，其实质是如何促进社会团结和维护政治共同体长治久安的问题。弱势群

① 王思斌主编：《社会工作导论》，北京大学出版社 1998 年版，第 17 页。

② 《走向更加公正的社会》——中国人民大学社会发展研究报告（2002～2003），中国网 http://www.china.com.cn/chinese/zhuanti/263722.htm。

体是社会之中经济承受力和心理承受力较弱的群体，这使得他们中的大多数人对社会缺乏必要认同感，对政府的公信力和政府治理公共事务的能力缺乏必要信心。除了少数宿命论者外，处于弱势阶层的大多数人仍希望通过各种方式来改变自身的处境。然而，在资源、能力和信息处于相对匮乏的状态下，弱势群体改善自身的命运，存在诸多困难。在通过努力无法改善自身生存处境的情况下，他们对社会的认同感会急剧下降，对社会的信任感会逐渐降低。也正是对社会的认同感和信任感相对缺乏，使得转型时期我国的城市弱势群体成为社会秩序的破坏性力量。因为他们要通过破坏社会秩序，来释放他们对社会的敌意和不满，来引起社会的重视，从而为他们命运和生活处境的改善提供可能性。实践已经证明，弱势群体是社会结构的薄弱带，一旦社会各种矛盾激化，社会风险将首先从这一最脆弱的群体身上爆发。“对生活状况不满者很容易成为对党和政府及其政策的不满者。”①

在成熟的现代社会，由于人们在能力与生产要素的拥有量等方面存在着差别，很难避免社会成员、阶层之间在社会财富分配方面的差异。然而，社会财富分配方面的差异是以广大社会成员能够普遍享受到社会经济发展的成果为前提的。一个有生机活力的社会，必然会存在一定的差别；然而，一个社会要保持稳定和协调持续发展，必须把差别控制在一定的范围之内。现阶段城市弱势群体的大量存在，已经违背了改革成果共享这一基本准则。当社会弱势群体无法通过自身努力改变命运时，他们就有可能采取过激举动宣泄不满。当社会弱势群体的贫困状态长期得不到改善时，就有可能诱发他们对社会财富进行再分配的强烈愿望。当这种愿望难以实现时，他们则有可能采取非正当手段或过激行为来达到目的。

再者，缺乏保护的弱势群体是诱发群体性事件的主要因素。中国社会目前正处于急剧转型时期，也是群体性事件高发时期。虽然诱发群体性事件的原因很多，但绝大多数的群体性事件却都同弱势群体有着一定的联系。改革开放的过程，不仅是人们观念和利益多元化的过程，而且也是利益结构得到调整和利益不同分化的过程。社会利益关系的调整，会使一些集团或群体获得利益，同时也使另一些集团或群体损失利益，从而导致各阶层之间、各群体之间以及个人之间的利益差异迅速拉大，由此使各群体之间的利益矛盾与冲突日益尖锐化。在改革开放的进程中，城市弱势群体往往是社会利益结构调整中的受损群体。为了维护和追求自身的利益，在正常的利益诉求渠道不畅时，他们就有可能会采取一些非理性的方式。可以说，现阶段发生的各类群体性事件，绝大多数都与不同群体利益

① 胡鞍钢等主编：《第二次转型：国家制度建设》，清华大学出版社2003年版，第19页。

矛盾和冲突的日益尖锐化有着十分密切的关系，起因于社会弱势群体的利益诉求。

总之，在中国社会快速转型时期，社会弱势群体已成为影响社会稳定的重要力量。社会弱势群体在窘迫的贫困压力下，往往看到的只是丧失公平的不良社会现象，感受到的只是利益损失与成功机会损失的危机，因此他们心中总是充满了恐慌和不安，滋生着报复和仇视的心态。“穷人的贫穷是他们虚弱和效率低下的主要原因，而虚弱和效率低下反过来又是造成他们贫穷的原因。”① 社会弱势群体存在的被剥夺感、受挫情绪和绝望感，严重影响了他们参与社会和建设社会的积极性和创造性，例如，现阶段“涉黑犯罪的主体成分中弱势群体的比重已明显高于其他群体，……弱势群体一度也被称为‘高危人群’。”②

（三）公共服务向弱势群体适度倾斜是维系社会稳定的内在要求

综合前文所述，弱势群体极易将不满情绪归因于政府，而且这种情绪极具传递性，在时空上扩大和加深，使得公众对政府的信任感逐渐淡化，大大削弱了政府合法性基础，威胁到政治、社会稳定。正因为如此，政府必须承担起保护弱势群体的责任。在大力推进服务型政府建设的时代背景下，通过将公共服务适度向城市弱势群体倾斜，特别是增加社会救济和社会保险在弱势群体的覆盖面，使他们的基本生活得以保障，有利于较大程度地减低这一群体对政府和社会的不满。

总体思路上，要本着确保人人过得去的基本理念，完善以基本生活保障为基础，专项救助相配套，应急救助、社会互助为补充的综合性、多层次的社会救助体系，切实保障城市弱势群体的基本生活。同时，积极推进社会保险事业、社会福利事业，普遍性地提高城市弱势群体的生活水准，全面提升社会文明程度。

首先，应该尝试把低保工作的重心适当向提高覆盖面和工作程序透明度转变，确实落实“应保确保”的基本目标。就目前的现实情况而言，要做到城乡低保“应保确保”的目标还存在不小的难度。因此，要进一步增加社会公众，特别是社会弱势群体对低保工作的理解度和满意度，就不能单纯地依赖于不断上调低保标准，而是要把工作的重心适当向提高覆盖面和工作程序的透明度方面。一方面，要进一步规范收入核实制度，努力做到制度完善、程序明确、操作规范，保证确定保障对象过程中的公开、公平、公正。另一方面，可以考虑通过适当放缓提高保障标准的力度、适度降低低保“含金量”的形式，以节约资金，

---

① ［英］尼古拉斯·巴尔：《福利国家经济学》，郑秉文等译，中国劳动社会保障出版社 2003 年版，第 15 页。

② 江雪松：《对弱势群体涉黑犯罪的深层思考》，载《理论探索》2006 年第 4 期。

将更多徘徊在低保收入线边缘的人群纳入保障范围。具体目标上，到 2015 年，东部城市以及多数中西部大中城市都要确实做到全面落实动态管理下城乡低保的应保尽保，其他城市则要确保做到城市低保的应保尽保。

其次，完善“分类施保”机制，实现救助与保险相衔接、救助与合作医疗相衔接、专项救助与临时救助相衔接、政府救助与慈善救助等社会救助项目相衔接，有效缓解城市弱势群体的医疗困难。与此同时，积极完善生活、医疗、教育、住房等单项救助政策，拓展救助项目。特别是要重视通过政府救助和社会帮困相结合的方式，依托社区探索开展对特殊困难群体的综合帮扶工作。进一步健全社工、义工制度和志愿者服务机制，广泛发动社会力量开展扶贫济困、扶残助残、互助帮扶、法律咨询、心理慰藉等救助活动，营造诚信友爱、扶危济困的和谐社会氛围。

再其次，通过加快发展社会福利基础设施，给予老年弱势群体以必要的保障。老年人通常是社会中天然的弱势群体。随着人口老龄化趋势的不断加剧以及社会福利由补缺型向适度普惠型发展的基本趋势，老龄事业普遍性地迎来了新一轮的大发展。但是由于对包括养老服务事业在内的社会福利发展趋势的认识和准备不足，目前多数城市在福利基础设施建设方面出现了较大的不足。现阶段，应考虑加快发展社会福利基础设施建设，特别是与老年人相关的各种福利设施，为人口老龄化高峰的到来做必要的准备。

最后，除了全面提高社会救助和社会福利对于弱势群体的覆盖度，也要注意完善社会救助与促进就业的互动机制，加强和完善低保与就业、扶贫政策的有机衔接，在就业登记、职业培训、就业介绍、税费减免、贷款担保等方面，为弱势群体提供更加切实可行的优惠措施，努力实现就业与救助政策的积极互动。

第十三章

服务型政府建设对政治发展具有内在推动作用

服务型政府建设是中国政治发展在社会转型的特定阶段的集中体现。它与政治发展是一体的，是政治发展的内在因素，本身就是政治发展的重要内容和表现形式。政治发展包含政府发展的内容，服务型政府作为政府发展的一种形态，它所带来的政府职能转变、国家与社会关系变化、政府体制改革、公共服务体系的建立、党政干部观念转变等，都直接体现为政治发展的成果。所以，服务型政府建设作为政治发展的一个领域，从内部推动着政治发展的整体进程。

第一节　服务型政府建设是党实现历史性跨越的机遇

在服务型政府建设中，各方面的注意力更多地集中于政府，而对党在其中的角色和作用缺少足够的关注。出现这种现象，可能是因为党和政府被作为一个整体对待而未做区分，也可能是主观上将服务型政府建设认定为政府的事，而将党这个要素忽视了。事实上，应当特别强调党在服务型政府建设中的特殊地位，并把服务型政府建设看做是党实现自身发展面临的重大挑战和重要机遇。

一、服务型政府建设对党提出了新要求

中国共产党是中国社会主义事业的领导核心，这就决定了其在服务型政府建设中的领导作用，就需要党自觉“嵌入”服务型政府建设之中，全面发挥领导和规范的作用。

现代政治是政党政治。政府的决策和施政活动必然体现着执政党的指导理念。服务型政府做出这样一个新世纪对中国政府和中国社会有着全面而深刻影响的重大决策和实践，不能不说是党的重要决定。事实上，党的一系列重要决定和重大活动与服务型政府的发展轨迹是一致的。2007 年 10 月，党的十七大报告中也明确提出“加快行政体制改革，建设服务型政府”，首次明确建设服务型政府是加快行政管理体制改革的重要举措，强调要以“公共服务”作为政府职责体系整合的核心内容。2008 年 2 月 23 日，中共中央政治局第四次集体学习的主要内容就是“建设服务型政府”，对相关问题做了全面深入的剖析，胡锦涛总书记做了重要指示。在这次集体学习中，“建设服务型政府，需要各级党委和政府共同努力”得以明确。[①]

领导总是与承担责任联系在一起的，其关键是党要与服务型政府建设相适应并做出某些改变。在建设服务型政府的过程中，“政党行为方式发生某些转变是必然的，党政职能分开也是大的发展趋势”，“这些转变包括：强化领导意识，明晰政党职能，提升领导能力，依法进行治理，进行有效的监督制约等。”[②] 这不仅仅是一个口号，而要成为一种实践，否则，服务型政府建设将无法取得理想的效果。毕竟，在当前，围绕着政府（国家机构）而展开的一系列促进服务型政府建设的改革已经初见成效。但是，按照前述服务型政府建设的逻辑，政府更多的是执行力量，而各种宏观决断主要来自党，所以，只有政府方面的努力和转变是不够的，党也需要适应服务型政府建设的需要，确实转变自身的某些观念和行为方式。所以，服务型政府建设对党也是一种挑战，需要其做出“适应性变革”[③]。

这种挑战首先是理念上的，即党是否有勇气将自身设置为改革的对象、置于公众的评判之下。在之前的机构改革、行政管理体制改革中，政府是主要的改革

① 《扎扎实实推进服务型政府建设，全面提高为人民服务能力和水平》，载《人民日报》2008 年 2 月 24 日。

② 谢峰：《‘政党与地方服务型政府的建立’研讨会综述》，载《学习时报》2007 年 10 月 19 日第 336 期。

③ 参见王绍兴：《服务型政府视域中的政党治理》，载《理论探讨》2007 年第 2 期。

对象。实际上党由于领导全社会、对国家的大政方针和重大事项直接决策，因而对政策决策负有更多的责任，所以，党自身也有一个改革的问题，而服务型政府建设是一个契机。在这个将会对中国社会发展进程产生重大影响的全面的历史性变革中，党勇于挑战自我，根据服务型政府建设的需要进行果断改革，将会实现自身的历史性跨越。

其次是政党职能的转变。如果说自20世纪80年代中期以来转变政府职能作为一个热点问题已经在理论和实践两个层面都取得了比较显著的突破的话[①]，政党职能转变则成为一个内隐话题，或者被视为转变政府职能的一部分，[②] 或者为“党政分开”等概念所代替。这种情况的直接后果就是党作为一种至关重要的主体却置身于职能转变的整体框架之外。实际上，“政府职能转变的背后是政党职能转变，而政党职能转变的背后是政党执政体制的改革。如果没有政党职能的转变和政党执政体制的改革，政府职能难以实现真正的转变；政党职能不转变或不明晰，其应有的作用发挥不了，发挥不好，政府职能就转变不了，也转变不好。”[③]服务型政府建设是一个契机，党需要在这个政府职能转变的新阶段明确转变政党职能的重要性和必要性，在新的历史条件下准确认识和把握自身的职能。这不仅有利于党适应服务型政府建设的实践，更重要的是将转变政党职能这个重要的理论问题还原至其本身应该具有的重要位置上。

再次是对政党能力的挑战。观念和职能转变最终都要落实到行动上，而支撑政党行动的是政党能力，所以，服务型政府建设对党的挑战最终是对政党能力的挑战，即党是否有能力领导、统筹好服务型政府建设。党的能力在革命和建设时期已经得到了充分展示，但服务型政府建设与之前的任何阶段都不一样，它对党的重大决策能力、利益协调和整合能力、组织动员能力、应急管理能力等都提出了新的要求，党要遵照服务型政府的要求自觉提升自身能力。

服务型政府建设对党的挑战是全方位的，除了上述三点，政党监督制度、党群关系、党的组织机构等诸多方面都有如何适应服务型政府建设的问题。这些挑战，归根结蒂是对党领导和执政能力的挑战，其本质，就是要在遵循现代政党政治的基本规律和保持中国共产党的特殊性之间寻求平衡。

---

① 参见朱光磊、于丹：《建设服务型政府是转变政府职能的新阶段——对中国政府转变职能过程的回顾与展望》，载《政治学研究》2008年第6期。

② 这种现象比较普遍。比如一些以“服务型政府建设与提升党的执政能力”为标题的研究成果，基本都是在讲服务型政府建设中的政府职能转变问题，其潜在的前提是党和政府是一体的，二者不能分开，也没必要分开。这从一个侧面反映出当前关于转变政党职能问题的普遍认识。

③ 王绍兴：《服务型政府视域中的政党治理》，载《理论探讨》2007年第2期。

二、起点：领导与执政理念的转变

理念是行为的先驱，政党采取任何重大举措都必然以理念的转变为前导。现实中，政党理念的转变体现为政党的章程、纲领、政策方针乃至宣传口号等的变化，而这种转变也往往以重大事件为“节点”。这些标志性的事件既可以被视为政党理念转变的结果，同时也可以认为是理念转变深入发展的诱因，二者间存在相互作用的关系。

服务型政府建设就是中国共产党领导和执政理念转变的这样“节点”之一，它与党的领导和执政理念从“斗争哲学”向“和谐哲学”的转变是紧密联系在一起的。[①] 我们既可以说党的领导和执政理念转变导致了服务型政府建设的出台，也可以说建设服务型政府的要求导致了党的理念的转变。现实是，党的领导和执政理念转变经历了一个过程，从革命、建设时期到改革开放是一个明显的转变；此后，党的领导和执政理念的转变并未停止，到十六大报告用“两个转变”[②] 加以概括，表明这种转变已经初步完成；也正是在这个时期，党明确提出建立服务型政府。所以说，党的领导和执政理念的转变是服务型政府建设的“起点”。对此，可从以下几个方面来理解：

一是从革命党向执政党的转变。从建党之日起，中国共产党就将民主革命和民族解放作为奋斗目标，以领导人民进行武装斗争为实现目标的基本方式，并最终夺取了全国政权。1949 年以后，党的主要任务是建立和巩固新政权、领导国家建设，目标虽然发生了变化，但党在多数时候仍然在以领导革命的方式领导国家建设。自改革开放始，党的目标转移到经济建设上，相应的党的领导方式也开始发生变化，以往革命化的领导方式逐步退出舞台。进入 21 世纪，随着中国社会结构的变化，以及改革开放的深入推进，十六大正式提出“两个转变”，明确了中国共产党从革命党向执政党的转变。建设服务型政府就是党主动寻求转变的

---

① 关于中国共产党领导和执政理念的转变，学术界已经有比较成熟的概括，并得到官方的认可。比如李忠杰教授的“斗争哲学”和“和谐哲学”提法（李忠杰：《论“和谐哲学”》，载《新视野》2006 年第 4 期）；毛卫平教授的“斗争哲学”、“革命哲学”和“和谐哲学”（毛卫平：《和谐哲学：当代中国时代精神的精华——兼论马克思主义哲学与中国传统“和”文化》，《中共中央党校学报》，2008 年第 6 期）；张定淮教授的“斗争哲学”和“建设哲学”（张定淮：《从“斗争哲学”向“建设哲学”的跨越》，《南风窗》，2009 年 10 月 30 日）。本研究在综合相关提法的基础上采用“从‘斗争哲学’向‘和谐哲学’转变”这一提法。

② “两个转变”即十六大报告中概括的“我们党历经革命、建设和改革，已经从领导人民为夺取全国政权而奋斗的党，成为领导人民掌握全国政权并长期执政的党；已经从受到外部封锁和实行计划经济条件下领导国家建设的党，成为对外开放和发展社会主义市场经济条件下领导国家建设的党”。

重要外在形式。

二是党的基本路线从“以阶级斗争为纲”向经济建设、社会发展转变。基本路线是党在一定时期总的政治路线，是党的纲领、政策、任务的集中体现。在革命战争年代，党的主要任务是争取革命的胜利（抗日战争是反侵略），阶级斗争显然在这个阶段居于首要地位。进入国家建设时期后，特别是从“反右”扩大化开始，“以阶级斗争为纲”成为党的基本路线，直至“文革”达到顶峰。党的基本路线的转变始于十一届三中全会，在果断摒弃“以阶级斗争为纲”的路线后，党的主要任务转向经济建设，“一个中心、两个基本点”的基本路线开始形成，直至十三大明确提出社会主义初级阶段的基本路线，并在之后历次党的代表大会上得到强调和丰富。建设服务型政府是党的社会主义初级阶段基本路线所规定的建设任务的延续和深化，表明党在继续坚持经济建设的同时，开始重视社会发展，注重经济发展的结果。

三是党的哲学指导思想从“斗争哲学”向“和谐哲学”的转变。哲学层次的指导思想指的是世界观和方法论，辩证唯物论和历史唯物论是中国共产党的基本哲学思想。在此基础上，党在革命和国家建设时期的哲学思想被抽象为“斗争哲学”，而改革开放以来特别是新世纪以来的哲学思想则被抽象为“和谐哲学”。至于其具体含义，有学者总结为，“所谓斗争哲学，讲斗争，也讲统一，但斗争的目的是为了打破当下的这个统一体；而所谓和谐哲学，讲统一，也讲斗争，但斗争的目的是为了维持统一体的存在及更好的发展。”[①]“斗争哲学”贯穿了革命和建设的整个历程，指导党开展了一系列政治活动，并给中国社会留下了深刻的印记，党的最高领导人也曾明确讲过“共产党的哲学就是斗争哲学”[②]。“斗争哲学”对革命战争年代的党和中国人民的重要意义不必多说，即使是建设时期，它也发挥了积极作用，但它也存在被泛化和滥用的问题[③]。自改革开放始党开始了反思和纠正，片面的、泛化的“斗争哲学”被抛弃，一种强调团结、协调、稳定、发展的“和谐哲学”逐步形成。“和谐哲学”意味着对科学、民主、法制、自由、人权等人类共同价值观的尊奉，并具体体现在“服务型政府建设”、“构建和谐社会”之中。

四是党的治理方式从人治到法治的转变。在如何治理国家的问题上，党经历了长期的探索。总体而言，改革开放之前党的治理方式有较浓的人治色彩。自1978年开始，党在总结以往执政的经验和教训的基础上，开始纠正人治的种种

---

① 毛卫平：《和谐哲学：当代中国时代精神的精华——兼论马克思主义哲学与中国传统“和”文化》，载《中共中央党校学报》2008年第6期。

② 《建国以来毛泽东文稿》第8册，中央文献出版社1993年版，第451页。

③ 李忠杰：《论“和谐哲学”》，载《新视野》2006年第4期。

弊端，并向现代法治方式转变。当然，在转变的过程中也出现过各种问题，比如，简单强化行政手段和思想政治工作，而忽视了法治的根本在于提高法的政治定位问题。在20世纪末和新世纪初，法治进程得以加速。1996年提出“依法治国，建设社会主义法制国家”的观念，十四届五中全会和十五大进一步阐述了“依法治国”的内涵，十六大时依法治国作为基本的治国方略得以确立，之后是法治政府等一系列的深化和发展。

党的领导和执政理念的转变，是党在总结经验和教训的基础上做出的，是建立在改革开放伟大实践基础上的，所以，这种理念指导下的行动也是经过深思熟虑的，充分考虑了中国的实际情况和现实需求。从这个角度讲，服务型政府建设源于党的“和谐哲学”，是党建立一个和谐的社会主义社会的重要举措。在新的领导和执政理念的指导下，党开始了新的探索和创造——在社会主义市场经济条件下如何领导国家建设，这将是一个长期的过程，服务型政府建设也如此。

三、过程：领导与执政能力的提升

服务型政府建设的过程也是党的领导和执政能力不断提升的过程。党领导和执政理念的转变开启了服务型政府建设的进程，这种转变实际也可以被视为党的领导和执政能力的提升；而在服务型政府建设的过程中，党需要发挥着组织、引导、规范作用，这是对党的领导和执政能力的考验。随着服务型政府建设不断推进，党的领导和执政能力也将不断提升；一种与中国实际情况相适应的现代服务型政府得以成功构建，也就意味着党的领导和执政能力得到显著的提升。

通过服务型政府建设来全面提升党的领导和执政能力，是党基于自身历史方位和社会环境的变化、总结各国政党的经验教训等多种因素而做出的历史性决定。加强党的执政能力建设，是21世纪初党在自身建设问题上的重要举措。至于如何提高执政能力，党自身也在逐步探索，并制定了一系列措施，十六届四中全会通过的《中共中央关于加强党的执政能力建设的决定》是一个比较全面的总结。正是在不断的探索中，建设服务型政府作为一种重要的战略举措被提出。相比较而言，这是一个具有全局性和长期性的重大举措。它并不是简单着眼于某个方面或某个问题，而是从公共服务这样一个具有普遍性的社会问题出发，逐步引发政党的领导能力、政党职能、政党组织建设以及政治权力结构和政治技术手段等方面的全面转变，在此过程中，党也逐步转变为遵循现代政治基本规律，并结合中国实际情况，执掌国家政权、领导国家建设的现代执政党。

服务型政府建设提高党的哪些能力呢？

——领导能力。在党提出加强执政能力建设以后，对领导能力的强调反而减少了。一个基本的认识是，强调执政能力建设就是遵循政党政治的基本规律，因为执政强调的是法律程序，对现代政党具有普遍适用性；而领导能力则具有"中国特色"，且过去我们强调得太多。实际上，领导和执政是各国政党特别是执政党都具备两种功能，所以，领导问题不是中国特有的。领导问题的关键是方式。领导作为一种政治活动，不具有法律的强制性，它依靠的是政党的感召力、动员力和凝聚力；不是强制人民服从政治权力，而是人民主动的认同和推崇。从这个角度讲，提高党的领导能力主要是改善领导的方式，变过去"以领导代替执政"为"在执政中实现领导"。

服务型政府建设是党改变领导方式、提高领导能力的重要契机。从统治和管理的角度讲，服务型政府建设本身不是一个政治统治问题，而是一个社会管理问题，它需要的是财政投入、政策支持以及技术手段的丰富等。但是，在这个过程中仍然存在团结凝聚、组织动员、社会关系协调等问题，都离不开党组织的重要作用。在这个过程中，党是直接操作，还是在体制内依据法律程序发挥作用并在体制外依靠凝聚和动员能力施加影响，是对党的领导方式和领导能力的考验。现实中，各级党组织依法领导、在执政中实现领导的倾向已经较明显。[①] 随着服务型政府建设的逐步推进，党的领导能力也必将逐步提升。

需要强调的是，党的领导能力仍然是整体性、全局性的，服务型政府建设中党的其他各方面能力的提升，都与领导能力有直接或间接的联系。

——决策能力。党是重大问题的实际决策者，而这些决策的重要性要求党必须提高决策能力，包括对环境和条件的判断、战略目标的选择、决策方式的科学性、实施手段的选择等综合能力。建设服务型政府这一决策已经体现了党的决策能力，但在建设过程中，还有诸多重大问题考验着党的决策能力，如金融政策、教育政策、财政政策、就业政策、医疗卫生政策等，虽然具体的政策方案不是由党制定的，但党需要决定大方向、基本战略选择。

——凝聚力和组织、动员、整合能力。服务型政府建设需要调动各种力量和资源，形成整体合力，这需要党充分发挥其凝聚力和向心力。服务型政府建设是一个契机，在建设过程中党需要将各族各界人民群众组织调动起来，共同为服务型政府建设出力；党需要利用其理论和宣传优势，统一对服务型政府的认识，从思想和理念上建立服务型政府；党需要在不同国家机构、不同层级政府之间发挥连接协调作用；党需要整合政府、社会组织、公民个人以及企业等不同主体，充分发挥它们的积极性和优势。

---

① 比如，杭州市的民生建设中就采取党政、市民、媒体"三位一体"，党政界、知识界、行业界、媒体界"四界联动"等机制，充分发挥各种主体的作用，虽然也强调党的领导作用，但更注重对现代领导和执政手段的应用。

——资源分配、调动能力。建设服务型政府必然要求极大的资源投入，而当前的资源分配中，党的作用仍然比较突出，所以，如何合理分配和调动资源也是党的重要能力。党需要将有限的资源投入到最急需的地方，毕竟目前建设服务型政府的条件还不完全具备，还没有办法全面推进，从资源投入上体现“有选择”的原则，需要党来决断。另外，不同地区、不同行业的资源也有相互支援配合的问题，这在一定程度上也需要党来协调。

——社会关系协调处理能力。服务型政府建设的一个重要出发点就是让人民分享改革开放的成果、促进社会公平正义，它是对当前社会矛盾日益尖锐复杂化的反应。服务型政府建设有利于化解社会矛盾，但在建设过程中，仍然会有大量社会矛盾考验党和政府的预判能力和将矛盾消除在萌芽阶段的能力。

——选人用人能力。服务型政府建设需要大量理论修养好、业务能力强、能做实事的党员干部和工作人员。如何做到人尽其才、知人善任，充分利用社会人才和知识宝库为服务型政府建设服务，是党必须做好的事。

四、结果：巩固领导与执政基础

政党的领导和执政基础实质是民众对政党领导和执政地位的认同问题，也即是民心向背问题。现实中对这个问题的理解有两种倾向，一是将领导和执政基础理解为一个无所不包的概念，涉及政治基础、经济基础、文化基础、社会基础、思想基础、组织基础、制度基础和群众基础等；另一种理解是仅强调民众的认同和支持，相当于第一种理解中的社会基础。[①] 应该说，后一种理解更切中要害，突出了概念的核心内涵。从这个角度讲，中国共产党的领导和执政基础最集中地体现在她是中国工人阶级的先锋队，同时也是中国人民和中华民族的先锋队，代表了最广大人民群众的根本利益，因而得到广大人民群众的拥护和支持。

政党的领导和执政基础不是与生俱来的，也不可能一劳永逸的解决，因为支撑民众认同和支持政党的各种因素，如意识形态、价值观、制度、政绩等，都有时效性[②]，会随着时间的变化而变化，所以，维护和更新领导和执政基础就成为各个政党必须面对的问题。中国共产党的领导和执政基础也经历了变迁的过程，从改革之前的革命政绩、意识形态和个人魅力为主，到20世纪80、90年代的经济绩效政绩，到21世纪初逐步转向社会公正、民主法治等，[③] 这种主动调整和

① 王长江：《中国政治文明视野下的党的执政能力建设》，上海人民出版社2005年版，第65页。

② 参见朱光磊主编：《现代政府理论》，高等教育出版社2007年版，第60-64页。

③ 康晓光：《经济增长、社会公正、民主法治与合法性基础——1978年以来的变化与今后的选择》，载《战略与管理》1999年第4期。

更新集中体现为“三个代表”重要思想。[①] 服务型政府建设正是在这种背景下诞生的，不能不说它是党主动维护和巩固自身领导和执政基础的一种努力。那么，服务型政府建设如何实现这一目标呢？

从外在形式看，服务型政府建设将为党的领导和执政奠定新的政绩基础。政绩一直是中国共产党领导和执政的重要基础，从革命胜利、国家建设到经济发展，党一贯重视积累政绩基础。“发展经济是政绩，提升服务也是政绩”[②]，服务型政府建设将使党因为领导全国人民享受比较好的公共服务水平而积累新的政绩基础。建设服务型政府意味着中央和地方党委要以公共服务为重要职责，各级政府以公共服务为主要职责，紧紧围绕着公共服务体系建设和公共服务均等化，推动和组织教育、卫生、社会保障、住房、就业、文化、科技、基础设施等各项公共服务有明显提升，逐步解决贫富差距、上学难、看病难、住房难等现实问题。换一个角度看，这些问题的解决都是党在践行“为人民服务”、“代表最广大人民群众的根本利益”这一宗旨，从而也有助于人民群众对党的领导和执政的认同与支持。

从政绩的角度理解服务型政府建设与党的领导和执政基础的巩固还仅仅停留在问题的表面，其深层意涵是党对领导和执政的基本规律的遵循和主动探索适应。如前所述，服务型政府建设的起点是从革命党到执政党的转变之必需，而在领导和执政基础问题上，同样也存在着从追求“有效性”、“科学性”到追求基本规律、基本价值的转变。服务型政府建设立足于解决改革以来逐步积累的社会问题，分享改革的成果，其基本价值追求是公平正义平等普遍价值，而这是现代政治所共同遵循的；服务型政府建设着眼于国家的社会性和社会管理职能，而不是政治统治中的“特殊利益”，体现了对现代政治的“公共性”的追求；[③] 服务型政府建设与政府职能转变、机构改革、政治体制改革等紧密关联，所以与之相伴随的是决策民主化、社会参与扩大、法制化程度提高等，这些也正是现代政治的基本特征。正因为如此，服务型政府建设将超越政绩因素，而将领导和执政基础建立在基本价值和基本规律层面上。

服务型政府建设的过程，是“以管理和服务促进领导和执政”的过程，是党主动适应执政规律的举措。这是巩固党的领导和执政基础的新理念，建立服务型政府的30年、50年或者更长时间，必然会为党赢得更广泛的认同和支持，为

① 陈亚杰：《从中共执政的合法性基础资源及其现状看“三个代表”的提出》，载《上海党史与党建》2003年第5期。

② 朱光磊主编：《城市公共服务体系建设纲要》，中国经济出版社2010年版，第36页。

③ 参见杨雪冬：《公共权力、合法性与公共服务型政府建设》，载《华中师范大学学报》（人文社会科学版）2007年第2期。

党的事业拓展出更大的发展空间。

五、服务型政府建设的“政党效应”

建设服务型政府，虽然最终落脚到“政府”，但在中国的体制下，首先在于党的转变，没有以服务为基本理念的政党，就没有服务型政府。服务型政府对党的要求和挑战以及党的转变，称为服务型政府建设的“政党效应”，主要体现为：

一是以服务为基本理念的政党。为人民服务是中国共产党的基本宗旨，所以说她是一个“为人民服务的政党”，这强调的是党的性质，是人民的政党。但是，作为革命党，其基本理念是斗争，是领导人民进行革命和阶级斗争。在党转变为执政党后，其基本理念就应当及时转变为在建设中求和谐，通过服务求和谐，也即像有些学者所讲的那样，要转变为“服务型政党”①。到 21 世纪初，这种效应已经开始体现，如贵州遵义就明确提出“创建服务型党组织”②。

二是政党职能的转变。服务型政府建设将使党以服务为重要职能。这是就党的工作重点而言。与服务理念一致，党的工作也要围绕服务展开。服务型政府是规范党政关系从而规范党和政府职能的重要契机。在这个过程中，政党职能问题必须明确提出来，因为政党和政府都是当然的主要角色，但又需要有明确的职能分工，其结果将是政党职能从全面涉及决策和执行逐步转变为主要负责利益聚合和在决策中发挥核心作用，而政府主要负责执行，从而区分出不同的层次。这将推动政治体制改革的向前迈进重要的一步。

第二节　服务型政府建设是一个政治过程

服务型政府建设以“政治性”相对较淡的管理和服务为主要内容，这是可以肯定的，但是，如果把它仅仅看做一种技术性问题从而陷入“技术主义”的误区，则可能误导服务型政府建设的进程。除了政治（政府）问题本身的复杂

① 夏益俊：《努力建立服务型政党》，《光明日报》，2006 年 12 月 27 日。应该说，“服务型政党”的概念比较明确地表明党在理念和职能上向服务转变的现实，但在已经有“三个代表”等提法的情况下，本研究并不倾向于使用“服务型政党”这样一个概念，但对它所蕴含的方向是认同的。

② 中共遵义市委组织部：《贵州遵义：创建服务型党组织》，人民网，2009 年 11 月 20 日，http：//theory. people. com. cn/GB/40537/10419293. html。

性而很难保证其"纯技术性"之外，中国政治发展的特定逻辑和特殊环境必然对服务型政府建设产生影响，从而使其具有显著的中国"特色"，所以，服务型政府建设实际也是一个政治过程。

一、"以管理和服务促进统治"：服务型政府建设的政治模式

统治和管理是最基本的政治行为，而现代政治的基本规律是统治活动"隐性化"，即借助强制色彩较淡、以普遍利益为基点的管理等方式来间接实现统治，所谓"以管理促统治"。从政治的角度看，服务型政府建设即是遵循这一基本规律，以管理和服务促进统治的过程。

（一）"以管理促统治"：现代政治的基本规律性

阶级性与社会性的关系是贯穿政治生活的主线，国家、政府、官员、政党等一系列政治现象都体现出二者的辩证关系。阶级性意味着政治必然为特定阶级或群体的特殊利益服务，首要的是维护其统治地位；同时，"个人统治必须同时是一个一般的统治，"① 也就是说统治也需要建立基本的社会秩序，为社会成员提供基本的生存和发展的条件，否则，统治将无法持续。正如恩格斯指出的，"政治统治到处都是以执行某种社会职能为基础，而且，政治统治只有在它执行了它的这种社会职能时才能持续下去。"② 政治活动必然涵盖的管理是不以人的意志为转移的，不管是哪个阶级的统治者，都需要加强对社会生活的管理，调整好人与自然和人与社会的关系，其结果却都是为了更强有力地实行统治。③

国家是一种"有组织形式的暴力"，国家和法行为具有强制性。从历史上看，政治统治往往是直接通过军队、警察、监狱等暴力机关来实现的，一旦有不利于维护统治秩序的局面出现，往往即直接实施压制。然而，现代的政治统治形态往往更强调隐蔽性，更强调"防患于未然"，事实上客观存在的政治压迫也尽可能地以"社会"和"法律"的名义来实施。一个政治领导集团要善于通过各种合法途径，把自己的"特殊任务"宣布为全社会的需要，并赋予其完好的主

① 马克思恩格斯：《德意志意识形态》，人民出版社 1961 年版，第 367～368 页。

② 《马克思恩格斯选集》第 3 卷，人民出版社 1972 年版，第 219 页。

③ 朱光磊：《政治学概要》，天津人民出版社 2008 年版，第 101 页。

权、法律和公共管理的形式。特别是近年来，随着"治理"概念被越来越多的人所接受，人们对统治、管理、管制等政治环节的理解更具弹性和更加全面，执政者愈加重视统治行为与管理行为的有机结合，重视在实现国家的社会职能的过程中完成其同样不可回避的政治职能。这是一种更为成熟的政治治理理念，也较为容易为社会所接受，对社会发展具有积极意义。

（二）"以统治代管理"：中国政治的传统模式①

以管理促统治是一种成熟的政治模式，但传统政治并没有发展到如此高度。在古代专制集权体制下，统治才是政治活动的中心，管理和统治是合一，或者说管理是统治的附属。这种统治与管理模式对今日之中国也有显著影响。新中国成立之前，鉴于革命战争的需要，党领导的根据地等政权都是党政合一模式，突出党的绝对领导地位，自然政治统治也被突出出来。新中国成立到改革开放之前，中国政治生活仍然延续着这种重统治、轻管理的思维，在许多领域都存在统治与管理不分、以统治代管理的现象。这种现象在"文革"期间更甚，在阶级斗争扩大化路线下，斗争成为政治的代名词，民主法制遭到践踏，政府机关几乎处于瘫痪状态，日常的社会管理处于半自然状态。

十一届三中全会以来中国政治模式发生了重大变化，阶级斗争为纲的路线被抛弃，以"党政分开"、"政企分开"等改革为契机，以统治代管理的模式逐步松动，统治和管理开始走向分离。但是，这种变化又是模糊的，一直到20世纪90年代初期，统治与管理关系的基本模式没有质的改变，这主要体现为：一是以统治代管理仍然较普遍存在，如仍然试图用强制性命令和思想政治工作来代替社会管理，使得政府管理职能弱化，管理不受重视，管理中存在的问题可以用政治统治方面的成绩来"替代"。二是管理缺位。长期的以统治代管理导致管理在政治生活的分量不够，即使实现了从统治到管理的转变，也很难在短期内解决管理不足的问题，导致管理缺位现象比较严重，迫不得已，又只能用政治统治来弥补，导致恶性循环。三是管理方法和方式单一落后，不能适应社会发展的需要。这在诸多问题上都显著体现。比如对干部的管理重视政治正确和组织考察，而疏于日常考核评估；对社会安全问题过于重视强制措施而缺少丰富的技术手段等。四是社会政治生活缺少弹性。由于我们对统治问题的高度重视导致其张力不够，一旦有问题就容易爆发，缺少缓冲。进入90年代之后，为了适应推行市场经济体制、人员流动等的现实需要，就不得不通过在一定程度上牺牲管理的刚性来平

① 相关内容参考了张志红：《中国政府统治与管理模式分析》，南开大学硕士论文，2001年（未刊稿）。

衡改革、发展与稳定的关系，从而导致大量的社会管理问题丧失了应有的标准和尺度，整个社会都陷入一种与管理者和管理规定“讨价还价”的不正常境况。五是“重权力的归属，轻权力的运作”。各级政府及其领导习惯于使用行政手段，而不是经济手段和法律手段；习惯于道德说教和强调政治觉悟，而不是强调程序正当和制度建设；总是希望中央能多放一点权，希望多管理一些事情，但是又不希望权力和责任对等；最终结果是“官本位”思想长期存在，而政治运行机制则很难畅通。

可是，随着社会主义市场经济建设逐步推进，原先的以统治代管理、重统治轻管理的政治模式的弊端越来越明显，政治统治的方式在诸多管理问题上的有效性被市场经济体制冲淡。为了适应社会经济发展的需要，迫切需要在政治统治和管理模式上有较大突破，尽快建立适应市场经济发展要求、符合现代政治发展规律的政治模式。这方面的努力从20世纪90年代中期开始显现，服务型政府建设是其中的重要举措。

（三）“管理补课”和“服务上水平”：服务型政府的基本需要

对服务型政府，较多的观点强调其“从以统治为中心向以管理为中心转变”，继而“从以管理为中心向以服务为中心的转变”，最终落脚点是服务。这种提法从整体方向而言是合理的，同时也符合统治职能隐性化的规律。但是，就中国的特殊情况下，从之前过于重视统治直接转向强调服务，步子迈得有些大，毕竟，管理对中国来说还是比较稀缺的元素。在政府领域，与在其他领域一样，没有精良的管理，就谈不到优质的服务。“管理”就是“服务”，“管理”包含着“服务”，“服务”之中有“管理”，彼此也是不矛盾的。[①] 因此，服务型政府建设不能轻易把管理省略掉。

尤其要注意的是，在中国，历史上遗留下来的轻视政府管理的意识还远远没有退去。中国在政治统治方面所积累的经验之丰富在世界上是罕见的，但是在政府管理方面所积攒下来的历史遗产并不多，比较缺乏“精细”的东西，或者说办事情比较“粗”。在这种背景下，强调服务型政府建设以服务为中心无疑是正确的，如果单纯强调以服务为中心，还是有点太早了，服务型政府首先要求“管理补课”，将欠缺的管理经验和技术手段补上来。鉴于此，在考虑现阶段服务型政府建设的目标时，一定要非常充分地考虑管理的因素，并相应地要以适当方式保留管理或与管理密切相关的概念，以便向全社会，特别是向广大政府官员

① 朱光磊、孙涛：《“规制—服务型”地方政府：定位、内涵与建设》，载《中国人民大学学报》2005年第1期。

发出正确的信号。

当然，服务型政府建设不能以管理的名义代替服务。对中国政府而言，建设服务型政府除了要将欠缺的管理补上，更要强调“服务上水平”，因为政府总体上不仅缺乏管理手段和技术，更缺少服务的意识。长期以来的专制统治以及与之相适应的“官本位”思想，导致官员的服务意识非常缺乏。掌权者历来认为自己是“治人”的，而不会有掌握权力就要为公众服务的思想。同时，公共服务水平一直也比较低下，这其中固然有经济社会发展水平和政府能力的制约，但服务意识缺乏仍然是非常重要的因素。服务型政府建设必须改变这种状况，在为政府系统灌输服务意识的同时，努力提高服务水平，真正实现“服务上水平”。

（四）服务型政府建设是“以管理和服务促进统治”

政治统治在任何时候都是存在的和必要的，只不过表现形式不同而已。为改变长期以来的重统治而轻视管理、轻服务的政治模式，中国的政治系统自改革开放特别是从建立社会主义市场经济始，从适应经济改革、社会发展等方面要求的角度，主动在政治统治和社会管理方式方面做出调整，主要是改变政治统治过于直接、外在的问题，采取的措施包括规范党政关系、依法治国、提高党的执政能力、政府机构改革、公务员制度改革、发展基层民主等。进入 21 世纪，建设服务型政府成为这种调整中具有全局性、长期性的重要举措。

公共服务，包括教育、医疗卫生、社会保障、基础设施、住房、就业、公共安全、公共文化等，是公众感受最深切最直接的领域，政府在这些领域的努力，比较容易为公众所感知，进而转化成对党和政府的支持。没有实现全面免费义务教育时，一个家庭每年要为上小学的孩子交纳 500 元的学费，实施后不用再交纳这笔费用，试想有谁会反对这项政策呢！在这个过程中，党和政府没有任何强制性的措施要求公众认同自己，但实际结果却无疑包含着统治层面的东西。从这个角度讲，服务型政府建设是在“以管理和服务促进统治”，这是较之前的以统治代管理更为合理的政治模式，它避免了强制性统治的副作用，有利于降低统治成本。

服务型政府建设的这种政治功能已经体现在实践中，如调整政府间关系的问题，长期以来一直是个难题，总是跳不出原来的框框，而服务型政府建设则会“倒逼”各级政府明确各自所应负责的那一部分公共服务职责，也会促使它们以合作的方式履行区域性的服务职责，进而会有助于理顺政府间关系，较好地解决这个本属于政治统治层面的问题。因为在服务型政府建设中，“以社会管理促进政治统治，成为政府间纵向关系中政治控制的主要手段。中央政府不再采用直接干预的方式对地方进行政治控制，而是更多地在社会管理的领域，以设置统一的技术标准，提供附有条件的财政补助等方式间接地插手地方事务，以此增加地方政府对中央政府的依赖，增强中央权威。”① 实际上，英国的“管理主义”，美国的“政府绩效评估”等实践发展，充分说明这一趋势。中国的服务型政府建设，也是紧随世界政治发展趋势的合理举措。

二、以时间换空间：服务型政府背后的政治发展道路

中国选择的是“渐进式”改革道路，这实际上是一种“以时间换空间”的改革推进思路。

（一）从量变到质变：渐进式政治发展道路的内涵

渐进式改革已经成为转型经济学分析中国改革路径的特定概念。② 中国的改革中有着明显的循序渐进的特征，它先从微观改革、局部试验、边缘区域改革开始，逐步过渡到全面推广、核心领域改革。这种改革路径经由研究总结已经上升为一种经验、理论，在国际社会产生了广泛影响。当这种改革形式上升为基本模式后，也影响到政治发展。这种模式的方法论工具就是“摸着石头过河”，强调不断学习，强调政策选择可以根据改革结果加以评估和修正，从而减少了落入陷阱的可能性，有助于应付改革过程中出现的不确定性。③ 它采取稳健的改革策略，不断进行制度创新，逐步做到从量变到质变，为改革提供了足够的适应期和调试期，使之有可能在不断尝试和“纠错”中将改革的精华积淀下来，最终形成高质量的改革成果。

对待渐进式改革要避免没有“政治剧变”就叫没有政治体制改革的思想倾向。其实政治改革时刻都在进行。如果从一个比较长的时间段来看，就可以较为清晰地观察、体验到这种改革的成果。正如有学者强调的，如果客观和细致考察，会发现“中国政治改革所取得的进展远远超出人们一般的想象”。④

---

① 张志红：《当代中国政府间纵向关系研究》，天津人民出版社2005年版，第77页。

② 渐进性改革与激进性改革是1992年美国经济学家萨克斯在一个座谈会上提出的。他将乌克兰和俄罗斯的改革归之为“激进性改革”，将中国的经济改革视为“渐进性改革”。此后有关论述开始兴起，并逐步为国内国际学术界接受。

③ 参见徐湘林：《以政治稳定为基础的中国渐进政治改革》，载《战略与管理》2000年第5期。

④ 徐湘林：《以政治稳定为基础的中国渐进政治改革》，载《战略与管理》2000年第5期。

（二）以时间换空间：政治发展特点的理论概括[①]

所谓“以时间换空间”，是一种象征性的说法，它是指伴随着中国改革开放，通过长达30~40年时间的社会阶级阶层分化与重组过程，来换取中国社会结构的多方面的实质性变化，等待那些推动社会政治发展所必需的社会力量特别是一个强大的工人阶级和知识分子阶层的逐步成长，等待庞大的农民群体以及其他低收入群体的逐步分化，从而换取长久保持社会政治稳定和有效进行政治体制改革所必需的运作空间。

政治发展的周期比较长，一般来说，以30~50年作为对一个重要的特定政治进程的考察周期是必要的。问题的关键在于，政治改革和政治发展需要一个相应的社会基础，没有相应的社会力量，改革不是不可以强行去推动，但是勉强启动的改革就难免会夭折，难免会畸形发展，也难以解决与经济发展的衔接问题和保持民生的稳定。中国政治改革和政治发展是建立在动荡的20世纪和1978年以来的社会构成分化与重组基础上的。应该肯定，在30年左右时，中国的基本社会结构、资源配置方式、经济运行模式和十多亿人口的社会构成已经发生了深刻变化，同时也要认识到，这些变化远没结束。这决定了政治改革和政治发展还需要经过较长的时间来调适，这样才可能获得足够的发展空间，从而形成一套与中国的国情相适应的体制。

“以时间换空间”的原则有它的特殊意义，要长期坚持。中国庞大的人口负担、比较低的经济与文化条件、相当大的东西和南北差异、特殊的外在压力的存在，使中国通过社会结构的调整推动社会政治发展成为必要。“摸着石头过河”的改革思路与渐进式的经济政治体制改革，使之通过社会结构的调整推动社会政治发展成为可能。在今后的发展中，一系列重大问题的解决都将系于社会结构调整和阶级阶层关系的状况，所以，在坚持渐进改革道路的基础上重点调整社会结构和阶层关系，为政治发展奠定坚实的社会基础，非常关键。

中国如果能够平稳建设和发展50年，也即大约到2030年的时候，人们就应当能够充分肯定中国的改革和发展是成功的。各项改革和发展事业现在已经陆续进入了“总结期”。有先进的社会结构作为政治发展的基础，有社会结构转型作为经济体制改革和政治体制改革的过渡环节，我们应当可以对中国的政治发展前景持谨慎的乐观态度。

---

① 有关“以时间换空间”的论述，参考了朱光磊：《中国政治发展研究中的若干思维方式问题析论》，《天津社会科学》，2005年第6期和朱光磊、张志红：《以时间换空间：论阶层分化对中国政治发展的推动作用》，载《中国研究》（香港）2002年第8期。

（三）从“全面推进”到服务型政府建设目标的全面实现

用“以时间换空间”的思维方式看待服务型政府建设，首要的是“时间”，服务型政府需要在一个比较长的时间段内才能实现，同时，也只有经历较长时间的发展，其对政治发展的积极作用才能充分展现。在这种思维指导下，从提出服务型政府建设到“全面推进”，到最终全面实现服务型政府建设的目标，整个实践需要经过较长时间的努力，它是一个逐步积累、逐步增长的过程。只有在建设目标全面实现之时，量的积累才有可能转化为质的变化，才有条件总结政治发展的成果。

（1）服务型政府建设需要一个较长的历史时期。在建设服务型政府的“时间”问题上，有不同的看法，有些地方甚至提出在三五年内实现建设目标。作为一种口号，可能不必过于苛责，但应当认识到，在条件尚不完全具备的情况下启动的服务型政府建设，不能操之过急。

（2）服务型政府建设目标要分步骤实现，成果需要积累。鉴于地区发展上的差距，服务型政府建设目标需要“分地段”实现，不能强求一致，有条件的先行一步，条件不具备的逐步跟上。鉴于中国社会整体处于工业化现代化阶段，服务型政府的目标也需要“分阶段”实现。提出建设服务型政府有一定的政治考虑，但具体目标就要更多考虑实际条件。究竟是集中力量在某些公共服务领域实行“项目导向”，还是以均等化为目标“全面推进”，需要量力而行。现在不少地方已经出台了“全面推进”服务型政府建设的政策措施，作为一种态度，这需要肯定，但从“全面推进”到“全面实现”，要走的路还很长。

（3）服务型政府建设中面临的问题需要时间和空间来解决。比如，“差别性”与“均等化”是一对矛盾，只有经过长期的以均等化为目标的发展，才可能逐步缩小差距，实现均等；发展经济与提升公共服务水平间也存在两难，没有一定时期去努力发展经济就无法支撑服务型政府建设；社会主体的参与也不是短期就能收到明显效果的；事业单位本身需要经历改革才能在公共服务体系中扮演重要角色，等等。

需要注意的是，渐进式改革本身也存在一些问题，服务型政府建设需要尽力回避或降低其影响，比如可能形成的问题积累，导致小矛盾累积成大问题；重复建设带来的累计成本；循环改革乃至倒退等。

三、以点带面：服务型政府建设的辐射效应

渐进式改革是分领域梯次推进的，这就导致一个思维局限：思考某个领域的

改革主要集中在该领域内，而对其他领域，特别是一些处于领域结合部位、归属不清晰的问题关注不够。服务型政府建设有助于突破这种局限，它是一个“问题点”，可以将政治发展以及其他领域的相关问题统合起来，系统考虑，全面发展。

（一）以点带面、推动全局：中国改革和发展的基本形式

中国渐进式改革的特点之一就是慎重，而在政治改革上的慎重特点更突出。慎重决定了改革往往不可能采取“突变性”的激进方式，而是有计划、有步骤渐次展开的。纵观中国改革，基本步骤是先进行区域性试验，对结果加以分析和总结，在此基础上逐步推广。大的方面看，改革先从经济领域开始，然后逐步涉及社会、政治领域；经济改革先在农村进行，后发展到城市；空间上，改革从沿海等边缘地区逐渐深入到内陆腹地，终至全国。这种改革战略具有明显的“以点带面、推动全局”的特点。

“以点带面”中的“点”，最显著的就是“试点”。所谓“试点”，也即典型试验，即党政领导机关为验证其决策的正确性、可行性，并取得实施这种决策的具体化方案，而在其所辖范围内的若干单位进行的一种局部性决策实施活动。[①]中国推行的任何一项较为重大的改革，几乎都要经过试点阶段。仅从1978年以来，就先后搞过扩大企业自主权试点、城市综合改革试点、党政分开试点、公务员制度试点、利改税试点、县级直接选举试点、综合配套改革试点等，几乎“每改必试”。“典型示范，逐步推广”已成为被普遍肯定的惯常做法。

（二）服务型政府建设是一个“系统工程”

服务型政府建设表面是政府自身的事，它实际上联系着政治、经济、社会、文化等领域以及政府、企业、社会组织、公民个人等各种主体，因而是一个“系统工程”。正因为如此，服务型政府建设才成为一段时间内的“国家战略”，而不仅仅是一项政府工作。

从建设主体上看，多元主体包括：政府居于主导地位，政党和政治团体同等重要；经济主体积极参与，履行社会责任；社会组织的重要性逐步提升，将扮演政府的“伙伴”角色；公民个人也需要参与和付出，而不仅是享受。[②]

从“系统性”角度考虑，在服务型政府建设过程中需要注意以下几个方面：

---

① 朱光磊：《当代中国政府过程》（第三版），天津人民出版社2008年版，第151～152页。

② 关于服务型政府建设的多元主体，参见朱光磊等：《建设服务型政府的几个问题》，载《人民日报》2007年7月27日。

——要避免不顾实际条件，盲目求大求全。本研究一直强调，建设服务型政府需要一定的条件，而当前多数地方是在条件不完全具备的情况下开始这一进程的，所以，依据经济、社会等各方面的实际条件有计划推进建设的进程，是遵循其系统性的重要体现。

——要对建设中的典型做法及时总结、推广。在建设服务型政府的过程中，各地在实际情况的基础上会创造出一些比较典型的做法，对此加以总结提炼，以为其他地方所借鉴，是在经验和理论不足的条件下探索前进的重要办法。边建设边总结，既总结经验，又可避免造成重大损失。这个系统工程是长期的、逐步推进的，探索的过程有成功的经验，也难免有失误。这些都需要总结，这样才能把整个系统推向更高阶段。

——建设过程要尊重基本规律，做到基本规律与中国特色的融合。服务型政府建设不是中国特有的，各国实践的背后是其基本规律的存在。中国的服务型政府不能脱离国情，同时也要尊重基本规律，否则，服务型政府建设就可能蜕变成一个政治口号，而失去实际内涵。

（三）服务型政府的辐射效应

服务型政府建设虽然是系统工程，但对整个社会系统而言，它又是一个“点”，能够发挥“以点带面”的作用。作为本章主要关注的其对政治发展的影响，第三节将具体探讨，这里主要分析它对一些平时不太受人关注的领域或问题的积极影响，如结合部位的问题、长期忽视的问题、全新的理念问题、未来的重要问题等。

（1）新“财政观”：财政是经济体制和政治体制结合的关键点。建设服务型政府需要建立公共财政，这已经是一个共识。它表明财政在服务型政府建设中的基础地位。显然，建设服务型政府需要投入，需要花钱，离开了财政投入就无法提供公共服务。这仅仅是浅显的认识。实际上，财政表面上是“钱”的问题，但政府“花钱”与个人、企业是不一样的，它不仅仅是经济行为，更是政府的分配行为，是一种政治行为。它与政府宏观调控、实施发展战略、促进社会公平等紧密关联，同时与监督制约、府际关系、公共价值等政治问题融汇在一起。通过服务型政府建设，促进公共财政形成，不仅使公共财政与市场经济体制的紧密联系得到强化，更使其与政治体制的关联明确呈现，从而使公共财政的地位得以明确：它是经济体制与政治体制结合的关键部位。

（2）新政绩观：发展经济是政绩，提升服务也是政绩。长期的以经济建设为中心导致对政绩的评价都围绕着经济发展展开，这已经深入到每一个中国人的心底。服务型政府建设并不否认经济发展的重要性，没有经济的“基础”，服务型政府也只能是画饼，但是，服务型政府要求转变，即在经济发展到一定水平后要开始重视公共服务，逐步提升公共服务水平，从而形成新的政绩观：发展经济是政绩，提升服务也是政绩。这种政绩观不仅要在政府系统和官员中逐步建立，更要在全社会树立起来。

（3）新“产业观”：公共服务是现代服务业的重要组成部分。转变产业结构，发展第三产业的重要性已经是公认的，但第三产业中的服务业是否包括政府提供的公共服务，是个新问题。一方面，公共服务确实与服务业的发展关系紧密，至少服务业的服务意识、技术手段、人员数量与素质等都会对政府的公共服务产生影响；另一方面，更重要的是，在公共服务还不是很发达的情况下，强调公共服务与服务业的这种关系，既有利于把公共服务提升到一个较高的位置，又有利于借助服务业发展的整体“潮流”推动公共服务。

（4）新政策观：以服务平衡差距。在地区间的经济差距在短期内无法缩小的情况下，通过服务型政府建设，以政策手段来有效缩小或改变地区间的公共服务水平，基本实现公共服务均等化，实现“以服务平衡差距”，将是解决差距问题的新思路。它虽然不能在财富占有等方面缩小差距，但可以使人们的日常生活水平的差距缩小，乃至基本一致。这样，将有助于一种新的财富观：满足日常生活需求的财富是属于个人的，超出部分是属于社会的，对个人基本生活水平没有实质性的影响。

（5）新“社会观”：有为政府与强社会的“共生”。长期以来的观点是国家与社会是对立的，一方大意味着另一方小，社会强是以国家弱为前提的。这直接影响到政府对待社会发展的态度。服务型政府建设中，政府的主导作用和社会的参与共同存在，共同发挥作用，且越是接近这种状态，公共服务的水平越高。这表明，在中国的条件下，政府有为与社会有力是有可能共生的，二者是可能建立“伙伴关系”的，也即二者是相互促进，而不是此消彼长的替代关系。我们期待着中国的改革与发展实践能够证明这一点。

第三节　服务型政府建设的综合政治功能

服务型政府建设对政治发展的促进，如政府职能转变、政府运行机制完善、政府间关系调整、公共财政建立、第三部门发展等，已经在前述各章中充分论述。它们都是政治发展的重要内容，这里不再重复，而仅就政治发展指标[①]所涉及的政治参与、政治制度化、民主化、政治系统能力等方面做简要分析。

一、扩大政治参与

既然服务型政府建设是一个政治过程，那么在这个过程中公民个人或者公民通过社会组织等其他形式参与服务型政府建设，都可以视为是一种政治参与。

服务型政府本质上要求广泛的政治参与。服务型政府是“以人为本”的政府，它要求政府回应公民要求、倾听公民呼声、方便公民选择、鼓励公民参与以及部门绩效评价以公民为主体。[②] 显然，服务型政府的出发点或者说基本理念是公民的利益，是为公民提供公共服务。这从两个方面对公民政治参与提出了要求：从政府的角度讲，没有公民的参与，政府无法真正了解公民的需求，从而很难及时有效提供服务，所以政府有扩大政治参与的压力；从公民的角度讲，服务型政府建设与自身利益密切相关，积极参与建设过程可以尽可能实现自身利益诉求，即公民有积极的政治参与的动力。公民的政治参与，解决了服务型政府建设的动力机制，从而避免服务型政府建设陷入“运动式”的“形象工程”[③]。

服务型政府建设离不开广泛的政治参与。正如本研究强调的，服务型政府建设是一个多元主体“双向互动”的过程，公民个人及其组织是建设的重要主体，是形成“互动”不可或缺的要素。公民的参与不仅是对公共服务意见和要求的表达，更需要在建设中承担一定的义务和责任，这意味着服务型政府建设中的公民参与是一种成熟的政治参与。

服务型政府建设有利于扩大有序政治参与，减少非制度化参与。服务型政府建设的着眼点是社会公平正义，公共服务体系建设、公共服务均等化等措施将使公民能够更多分享改革开放的成果，所以，服务型政府建设有助于缓解社会矛盾，使公民倾向于通过制度化的政治参与来实现利益诉求。目前存在的一些公民非制度化政治参与，主要指向社会不公平、腐败等，没有超出公民自身利益诉求的范围，不涉及政治诉求。通过服务型政府建设，公民的这些诉求将逐步实现，从而非制度化的政治参与也会逐步减少。

---

① 关于政治发展的指标，相关研究很多，如派伊认为政治参与水平、政治系统的能力、政体组织的分化和专门化是三个主要指标，阿尔蒙德提出政治文化的世俗化、政治结构的分化、政治体系的决策和贯彻能力三大指标，亨廷顿则强调政治制度化。这里综合各种观点，从政治参与、政治制度化、政治民主化、政治稳定和政治系统能力五个方面加以分析。

② 周志忍：《当代政府管理的新理念》，载《北京大学学报》（哲社版）2005 年第 3 期。

③ 姜晓萍：《构建服务型政府进程中的公民参与》，载《社会科学研究》2007 年第 4 期。

服务型政府建设与政治参与间的这种关系已经逐步为实践所验证。比较典型的如杭州的民生建设（核心是提升公共服务）中公民的民主参与。杭州民生建设采取党政、市民、媒体“三位一体”的联动机制，为市民构筑了民主参与的平台，切实落实公民的知情权、参与权、表达权、监督权，使社会各界的诉求得到充分表达，各方利益都得到有效维护，从而调动社会各界的主动性、积极性和创造性，推动民生建设迅速发展。在杭州各项促进政治参与的措施中，“红楼问计”是最典型的。该项措施以浙江省级文物保护单位“红楼”为基地，将城市发展目标和基础设施建设等重大项目的蓝图展示在此，为利益相关者及广大市民提供表达意见的途径，让每一位愿意对项目发表意见的公民都填写意见书，再根据征集的意见修正项目书，确定项目建设相关问题。2007 年，有“杭州市地铁一期工程首批车站设计方案”等 13 个项目在“红楼”展示问计；2008 年，有“杭州市西湖风景名胜区环湖景区照明规划设计方案”等 16 个项目展示；2009 年，有“杭州市‘十纵十横’道路综合整治涉及方案”等 19 个项目公开展示问计，三年累计 27 万余人次参观和表达意见。通过“红楼问计”，听取了民情，汇集了民智，真正落实了公民的权利，将公民参与与民生建设有机结合起来，较好地实现了互动双赢。

二、提高政治制度化水平

所谓政治制度化，就是“组织与程序获得价值和稳定性的过程”，它实际强调的是政治的组织化和政治活动的程序化。政治制度化的衡量标准包括四个方面，即政治体系的组织和程序的适应性、复杂性、自立性和凝聚力。[①] 政治制度化对政治发展的意义是基础性的。就像亨廷顿指出的，“一个政治制度衰弱的社会，无力约束个人和集团欲望的泛滥，其政治状态必然像霍布斯所描述的那样，充满着社会势力之间的无情竞争。”[②]

表面上，服务型政府建设与政治制度化之间的关联并不紧密，主要是因为服务型政府建设的外在形式是公共服务，而不直接体现为制度、理论等上层建筑。实际上，建立一个完善的服务型政府对提高政治制度化水平意义重大。

首先，公共服务体系建设本身就将带动一系列的制度建设和原有制度的提升。法律、制度、规章等对政治制度化是基础性的。发展中国家的制度建设尤为重要，它们的制度建设本身比较落后，要实现政治制度化，就要先建立起完善的

① ［美］亨廷顿：《变革社会中的政治秩序》，李盛平等译，华夏出版社 1988 年版，第 12 ~ 13 页。
② 同上，第 24 页。

制度体系。服务型政府建设与法律制度建设是相伴生的。公共服务体系建设涉及诸多领域和问题，许多都缺少制度规范。为了解决这些问题，制度建设必不可少，所以，服务型政府建设启动以来，相关法律法规建设速度明显加快。如 2004 年 1 月 1 日起实施或通过的法律法规就达 110 部，其中国家级法律法规 51 部，《社会保险法》、《散装食品卫生管理规范》、《工伤保险条例》、《城市房屋拆迁估价指导意见》、《畜禽屠宰加工厂实验室检验基本要求》等多项法律法规都直接作用于公共服务体系建设；2004 年 7 月 1 日开始，58 部法律法规规章实施，国家级 29 部，其中就包括《中华人民共和国行政许可法》，它被认为是打造服务型政府的重要制度依托。除了制度创建，原有制度改进也是公共服务体系建设带来的重要成果。比如，2003 年实施的《民办教育促进法》就是在 1997 年实施的《社会力量办学条例》的基础上，改进和完善了民办教育制度规范，有利于提高教育这一重要的公共服务的整体水平。

服务型政府建设对政治制度化的重要意义不仅在推动制度建设，更重要的是它将推动制度的实施。政治制度化不等于法律制度建设，即有了制度不等于实现了政治制度化，关键的是制度必须得到实施，“制度能被共同体成员所认同并从而能被自觉地遵守”，从而使政治活动不偏离公共利益的轨道，实现政治的有序化。[①] 改革开放以来，制度建设特别是法律法规建设的成效是显著的，但政治制度化的水平仍然不高，其中重要的原因是制度没有得到实施，法律法规对政治生活的约束力较低，权大于法、“官本位”等现象严重干扰着政治生活的制度化。服务型政府建设要着力解决之前的“放松管理”的问题，改变“重统治、轻管理”的现象，这对提高政治制度化水平具有关键意义。现代政治的“以管理促统治”模式决定了直接着眼于政治统治的制度建设并不多，着眼于管理的制度建设比重较大，管理搞好了，意味着这些制度得到较好的实施。比如，《行政许可法》被认为是服务行政的重要制度安排，与此相适应，各地都建立或完善了行政许可服务中心（名称不完全相同，但功能大体一致），作为服务型政府建设的代表性举措。从行政审批到行政许可，意味着政府的理念、职能等发生了重大改变，目的就是要解决行政审批“门难进、脸难看、事难办”的现象。通过行政许可服务中心的集中办事窗口，过去程序烦琐、过程冗长的行政许可可以一次性解决。这是制度化效果的重要体现。

服务型政府建设对政治制度化有要求，也能在一定程度上促进政治制度化的进展，但是，政治制度化本身与许多因素有关，仅仅依靠服务型政府建设无法完成政治制度化的任务。比如，前述服务型政府建设与“官本位”问题，我们认

① 马德普：《公共利益、政治制度化与政治文明》，载《教学与研究》2004 年第 8 期。

为前者是一个重要的契机，可以通过公共服务中的公民本位来逐步扭转、淡化“官本位”现象，从而铲除政治制度化的一个重要障碍。但这仅是一种设想，至于结果，确实很难预测。

三、提升政治能力

政治能力是政治发展理论的重要概念，按照杰克曼（Robert W. Jackman，美国，1946～2009）的理解，政治能力就是政权用政治手段解决冲突的过程，也就是权力实施与贯彻的过程。[①] 一般来说，政治能力主要讲政府的能力，但在中国，党的特殊地位决定了政治能力首先要包括党的能力。

与战争年代不一样，服务型政府建设中的政治能力不体现为暴力，甚至与经济建设时期的政治能力也不一样，不能仅围绕着为经济发展服务，它对政治能力的要求是全方位的，却又是具体而实际的。

首先它要表现为政党政治能力的提升。如前所述，服务型政府建设要在保持经济发展的同时，实现社会公平正义，这是对党的战略决策能力的重大考验。建设过程将使党的领导能力、决策能力、组织协调能力、矛盾处理能力、资源调动能力、选人用人能力等都得到提升，从而使党在应对时局变化、处理社会问题等方面更加成熟、自如。

其次是政府能力的提升。建设服务型政府不是普通意义上的政府改革，不是若干项政府重大工作的分解组合，而是以“服务”为核心对政府的发展方向的重新定位，是政府发展的一次飞跃，而作为政府发展的“标志”，政府能力必然得到显著提升。

政府能力是综合性的，又是结构性的。[②] 政府首先是一个整体，政府能力的高低首要也体现为整个政府体制的能力。同时政府能力又是由多种要素组成的，整体能力与能力要素紧密相关。服务型政府建设作为“战略”对政府的改造是综合性的，所以它能够促进政府整体能力的提升。同时，服务型政府建设也能提升政府的各种能力要素：（1）财政能力：服务型政府对财政投入的要求对政府财政能力的提升有重大意义，这不仅仅是多收税的问题，更重要的是促使建立公共财政体制。（2）分配能力：着眼于公平正义的服务型政府建设意味着政府要充分发挥二次分配的作用。（3）协调能力：从服务型政府建设的目标出发，政

① ［美］杰克曼：《不需暴力的权力：民族国家的政治能力》，欧阳景根译，天津人民出版社 2005 年版。

② 汪永成：《政府能力的结构分析》，载《政治学研究》2004 年第 2 期。

府需要做好不同层级和地区政府、不同政府部门间的协调，政府与企业、社会、公民个人的协调。(4) 组织动员能力：服务型政府建设虽然不是运动式的，但仍然要调动各方面的积极性，政府要充当组织动员的角色。(5) 管理能力：服务型政府建设是“管理补课”，弥补政府在管理能力上的不足。(6) 公务员素质和能力：“人”的因素仍然是关键，服务型政府建设最终要依靠人来实施，这必然促使公务员的能力和素质的提升。

再其次是政治团体、社会组织、经济组织乃至公民个人政治能力的提升。作为服务型政府建设的参与者，这些主体都要在这一政治过程中发挥积极作用，相应的其政治能力也会得到提升。比如社会组织，在与政府合作提供公共服务的过程中，必然会提升对国家相关法律政策的认识程度、丰富与政府合作的方式，且其自身的战略规划能力、社会资源动员能力、危机应对能力等都会有相应的增强。

如果从结果看，服务型政府建设从社会公平正义等普遍价值出发，因为提升公共服务水平而获得公众认同和支持，从而提升了政治系统的合法性。这对政治系统来说，是一项重要的政治能力。

四、促进民主化进程

民主与公共服务之间的关系，也许就像民主与经济发展的一样，并不一定是一种“正相关”关系，但是，服务型政府建设对推动民主政治进程的积极作用，却是确定无疑的。民主政治的方向和总体框架随着新中国的成立而确立，但民主化仍然是一个长期的历史进程。改革开放的历史也是中国民主化的要素逐步生成、聚集的过程，而服务型政府建设将加速这一进程，为民主化积累更多的条件，并推动这一历史进程。

与民主化相关的要素比较广泛，服务型政府建设促成民主化要素的生成发展也是多方面的，前面分析的政治参与、政治制度化都是服务型政府建设促进政治民主的重要体现。这里将不全面分析各个要素，仅简要分析其中几点。

首先，服务型政府建设使政治民主从“虚”到“实”。提到民主，在中国，其概念一般会转换为“人民民主”、“人民当家做主”、“为人民服务”等，这些提法确实与民主有紧密关联，但它们更多的是一种政治口号。民主一方面需要这些东西来维护和彰显，但它更需要一些实实在在能让公众切实感受的内容。服务型政府恰恰能提供这些“实在”的东西：义务教育、低保、公园博物馆免费开放、城市道路和公园绿地建设等。政府能够提供这些，表明它与老百姓的实际生活息息相通，而不仅是通过政治口号来提供“精神食粮”。服务型政府让公众感受到民主政治的切实好处，从而为民主政治提供自下而上的动力。

其次，服务型政府建设为政治民主化奠定社会基础。这种社会基础包含广泛的内容。服务型政府建设有助于发动公民参与，培养公众的民主习惯和意识；将社会组织作为重要的参与者，有助于其发展壮大，并逐步培育成熟的公民社会；多种主体参与建设过程有助于在全社会形成合作的习惯等。

再其次，服务型政府建设有助于缩小社会成员间的差距。这也是民主政治发展的重要条件。从各国的经验看，社会成员间差距能否不断缩小是非常重要的条件。服务型政府建设着眼于社会公平正义，公共服务均等化等措施对缩小社会差距的作用力是显而易见的，所以，建设服务型政府将使政治民主化具备重要的社会条件。

最后，服务型政府建设将使政府自身发生一系列变化。政府的“强势”以及其事实上存在的一些问题，在某种程度上制约着政治民主化进程。服务型政府建设，将促使政府理念更新，实现政府角色的转变，建立民主决策的习惯和程序，注重与公众的合作和协商等。这对政治民主化来说是积极的因素。

服务型政府建设与政治民主化间的关系，在实践中已经得到明显的体现。比如，杭州等地的“以民主促民生”战略，就是将民主作为一种手段，在城市建设、居民生活、创业发展等方面，充分调动公众的积极性，实现广泛参与，达到建设的最优化效果。在这里，民主首先是作为改善民生的“动力”存在的，事实上，作为民主促民生的结果，客观上有“民生倒逼民主”的效果：通过这种方式搞民生建设（服务型政府建设），最终促进了民主政治的发展，民主民生是一个相互作用、相互促进的过程。这种“倒逼”效应体现为：面对民生压力，政府需要通过民主参与、民主决策等方式来分散压力，客观上促进了民主；通过民主的方式发展民生，事实上扩大了民主参与、培养了民主习惯、激发了民主热情，同时政府也开放了政治过程、增进了民主决策、接受着民主监督。总之，民主自然地成长起来。

五、保持政治稳定

由于政治稳定在社会稳定中的特殊地位，使得改革、发展、稳定三者关系中的稳定，更多集中于政治稳定。处理改革、发展、稳定的关系在十四届三中全会以来的中国政治生活中居于中心地位，而在“稳定压倒一切”[①] 的指导思想下，政治稳定成为政治发展的主要目标追求之一，是带有战略性全局性的根本问题，同时也是政治理性发展的关键之所在。[②]

① 《邓小平文选》第三卷，人民出版社 1993 年版，第 331 页。

② 杨帆：《论十三届四中全会以来中国的政治发展》，载《政治学研究》2003 年第 4 期。

影响政治稳定的因素包括国家能力、财富分配、利益冲突、意识形态、路径依赖等,[①] 服务型政府建设与这些因素间存在或直接或间接的联系，从而对政治稳定产生影响，其中利益冲突能最直接的体现二者的这种关系。服务型政府建设的重要背景就是改革以来突出经济发展而积累的社会问题和社会矛盾，其中以贫富差距、地区差距为焦点的利益冲突最显著。在这些利益冲突中，一些利益受损的群体往往把矛盾的焦点转移到党和政府，或者认为是党和政府的政策导致利益受损，或者将改革的受益群体与党和政府混同在一起，导致当前群体性事件频发，对政治稳定造成较严重威胁。服务型政府建设不是经济行为，也不能改变社会成员的财富情况，但它以公平正义为价值追求，通过二次分配等措施使社会公众享受均等化的公共服务，使所有社会成员都能享受一个比较好的生活，这对调节社会利益冲突是大有裨益的，所以，服务型政府建设是构建和谐社会、保持政治稳定的得力措施。

服务型政府建设对政治稳定的重要意义更深层次地体现为改变“维稳”的思路。鉴于稳定的重要性，而当前又存在较多的不稳定因素，所以，目前“维稳”的主要思路是“控制”：维持各地政治稳定成为一种命令，“维稳”被作为考核官员的重要标准，这样，各地对不稳定因素都采取了严格控制的措施，对各种不稳定的苗头或现象实施“打压”。这种“维稳”思路在短期内可能见效，但从长远看是不利于维持政治稳定的，毕竟矛盾不可能被永久打压，而只能被消解，所以，“维稳”长远思路应该是“疏导”，采取积极措施解决问题和矛盾，逐步消除不稳定因素。服务型政府建设维持政治稳定的思路就是“疏导”：它正视现实中存在的问题和矛盾，通过政策和政府投入等措施调节利益冲突，“以服务限制差距，以服务平衡矛盾”，以政府的公共服务来调节不均衡发展的后果，从而逐步达成一种政治上的均衡,[②] 将社会逐步导入和谐状态。从这个角度看，在服务型政府建设初期，由于矛盾积累的原因，疏导的效果还不显著的情况下，出现一些矛盾激化现象也属正常，它并不能改变最终的结果。

---

① 黄新华：《政治发展中影响政治稳定的因素探析》，载《政治学研究》2006 年第 2 期。

② 胡位钧：《均衡发展的政治逻辑》，重庆出版社 2005 年版。

主要参考文献

一、中文专著

1.《邓小平文选》(第3卷),人民出版社1993年版。

2.《建国以来毛泽东文稿》第8册,中央文献出版社1993年版。

3.《十二大以来重要文献选编(中)》,人民出版社1986年版。

4.《中共中央关于经济体制改革的决定》,人民出版社1984年版。

5. 艾思奇主编:《辩证唯物主义历史唯物主义》,人民出版社1961年版。

6. 安树伟:《中国大都市区管治研究》,中国经济出版社2008年版。

7. 暴景升:《当代中国县政改革研究》,天津人民出版社2007年版。

8. 曹沛霖:《政府与市场》,浙江人民出版社1998年版。

9. 陈瑞莲等:《区域公共管理理论与实践研究》,中国社会科学出版社2008年版。

10. 陈宴清主编:《马克思主义哲学纲要》,中国广播电视大学出版社,天津人民出版社1983年版。

11. 陈振明等:《竞争型政府:市场机制与工商管理技术在公共部门管理中的应用》,中国人民大学出版社2006年版。

12. 陈振明:《政府再造——西方"新公共管理运动"述评》,中国人民大学出版社2003年版。

13. 范恒山:《事业单位改革:国际经验与中国探索》,中国财政经济出版社2004年版。

14. 顾平安:《政府发展论》,中国社会科学出版社2005年版。

15. 郭小东:《公平原则在公共财政实践中的运用研究》,广东经济出版社2008年版。

16. 胡鞍钢等主编:《第二次转型:国家制度建设》,清华大学出版社2003年版。

17. 胡位钧:《均衡发展的政治逻辑》,重庆出版社2005年版。

18. 贺雪峰：《乡村研究的国情意识》，湖北人民出版社 2004 年版。

19. 何增科主编：《公民社会与第三部门》，社会科学文献出版社 2000 年版。

20. 句华：《公共服务中的市场机制——理论、方法与技术》，北京大学出版社 2006 年版。

21. 井敏：《构建服务型政府：理论与实践》，北京大学出版社 2006 年版。

22. 刘彩虹：《整合与分散：美国大都市地区地方政府间关系探析》，华中科技大学出版社 2010 年版。

23. 陆大道等：《2006 中国区域发展报告：城镇化进程及空间扩张》，商务印书馆 2007 年版。

24. 李军鹏：《公共服务型政府》，北京大学出版社 2004 年版。

25. 李军鹏：《公共服务学——政府公共服务的理论与实践》，国家行政学院出版社 2007 年版。

26. 李培林等：《社会冲突与阶级意识》，社会科学文献出版社 2005 年版。

27. 罗荣渠：《现代化新论——世界与中国的现代化进程》，商务印书馆 2004 年版。

28. 陆学艺主编：《当代中国社会流动》，社会科学文献出版社 2004 年版。

29. 林毅夫等：《中国奇迹：发展战略和经济改革》，上海三联书店、上海人民出版社 1994 年版。

30. 刘云龙：《民主机制与民主财政：政府间财政分工及分工方式》，中国城市出版社 2001 年版。

31. 厉以宁：《社会主义政治经济学》，商务印书馆 1986 年版。

32. 刘泽华：《中国传统政治思想反思》，北京三联书店 1987 年版。

33. 马骏：《中国公共预算改革：理性化与民主化》，中央编译出版社 2005 年版。

34. 马骏等主编：《国家治理与公共预算》，中国财政经济出版社 2007 年版。

35. 马龙龙：《服务经济》，人民出版社 1994 年版。

36. 阮凤英主编：《社会保障通论》，山东大学出版社 2004 年版。

37. 史柏年主编：《社会保障概论》，高等教育出版社 2004 年版。

38. 孙群郎：《美国城市郊区化研究》，商务印书馆 2005 年版。

39. 沈亚平主编：《转型社会中的系统变革：中国行政发展 30 年》，天津人民出版社 2008 年版。

40. 唐钧：《中国城市贫困与反贫困报告》，华夏出版社 2003 年版。

41. 童世骏主编：《意识形态新论》，上海人民出版社 2006 年版。

42. 王长江：《中国政治文明视野下的党的执政能力建设》，上海人民出版社

2005 年版。

43. 王国平：《培育社会复合主体研究与实践》，杭州出版社 2009 年版。

44. 王惠岩主编：《政治学原理》，高等教育出版社 1991 年版。

45. 王名：《非营利组织管理概论》，中国人民大学出版社 2002 年版。

46. 王浦劬主编：《政治学基础》，北京大学出版社 1995 年版。

47. 王浦劬等：《政府向社会组织购买公共服务研究：中国与全球经验分析》，北京大学出版社 2010 年版。

48. 王思斌主编：《社会工作导论》，北京大学出版社 1998 年版。

49. 王振亮：《城乡空间融合论——我国城市化可持续发展过程中城乡空间关系的系统研究空间融合》，复旦大学出版社 2000 年版。

50. 肖前主编：《马克思主义哲学原理》，中国人民大学出版社 1994 年版。

51. 谢庆奎主编：《当代中国政府》，辽宁人民出版社 1991 年版。

52. 谢守红：《大都市区的空间组织》，科学出版社 2004 年版。

53. 徐勇等主编：《地方政府学》，高等教育出版社 2005 年版。

54. 夏义堃：《公共信息资源的多元化管理》，武汉大学出版社 2008 年版。

55. 邹东涛主编：《中国经济发展和体制改革报告 No. 3：金融危机考验中国模式（2008 ~ 2010）》，社会科学文献出版社 2010 年版。

56. 朱光华主编：《政治经济学：社会主义部分》，中国展望出版社 1986 年版。

57. 朱光磊：《政治学概要》，天津人民出版社 2008 年版。

58. 朱光磊：《当代中国政府过程》，天津人民出版社 2008 年版。

59. 朱光磊等：《当代中国社会各阶层分析》，天津人民出版社 2007 年版。

60. 朱光磊主编：《现代政府理论》，高等教育出版社 2006 年版。

61. 朱光磊主编：《中国政府发展研究报告（第 2 辑）——服务型政府建设》，中国人民大学出版社 2010 年版。

62. 朱光磊主编：《城市公共服务体系建设纲要》，中国经济出版社 2010 年版。

63. 朱光磊主编：《地方政府职能转变问题研究》，南开大学出版社 2012 年版。

64. 张康之：《寻找公共行政的伦理视角》，中国人民大学出版社 2002 年版。

65. 赵新峰等：《地方公共服务部门改革研究》，人民出版社 2007 年版。

66. 赵永茂等主编：《府际关系》，台湾元照出版公司 2001 年版。

67. 张志红：《当代中国政府间纵向关系研究》，天津人民出版社 2005 年版。

68. 周志忍：《当代国外行政改革比较研究》，国家行政学院出版社

1999 年版。

二、中文译著

1. [美] 阿格拉诺夫等:《协作性公共管理: 地方政府新战略》, 李玲玲等译, 北京大学出版社 2007 年版。

2. [丹] 安德森:《福利资本主义的三个世界》, 郑秉文译, 法律出版社 2003 年版。

3. [美] 奥克森:《治理地方公共经济》, 万鹏飞译, 北京大学出版社 2005 年版。

4. [美] 奥斯本等:《改革政府——企业家精神如何改革着公共部门》, 周敦仁等译, 上海译文出版社 1996 年版。

5. [美] 奥斯特罗姆:《公共事务的治理之道——集体行动制度的演进》, 余逊达等译, 上海三联书店 2000 年版。

6. [美] 奥斯特罗姆等:《美国地方政府》, 井敏等译, 北京大学出版社 2004 年版。

7. [美] 奥斯特罗姆等:《制度激励和可持续发展》, 毛寿龙译, 上海三联书店 2000 年版。

8. [英] 巴尔:《福利国家经济学》, 郑秉文等译, 中国劳动社会保障出版社 2003 年版。

9. [美] 彼得斯:《政府未来的治理模式》, 吴爱明等译, 中国人民大学出版社 2001 年版。

10. [美] 贝尔:《后工业社会的来临》, 高铦等译, 新华出版社 1997 年版。

11. [英] 贝克等:《全球化与政治》, 王学东等译, 中央编译出版社 2003 年版。

12. [英] 波兰尼:《大转型: 我们时代的政治与经济起源》, 冯钢等译, 浙江人民出版社 2007 年版。

13. [美] 达尔:《现代政治分析》, 王沪宁等译, 上海译文出版社 1987 年版。

14. [美] 登哈特等:《新公共服务: 服务, 而不是掌舵》, 丁煌译, 中国人民大学出版社 2004 年版。

15. [美] 富克斯:《服务经济学》, 许微云等译, 商务印书馆 1987 年版。

16. [美] 弗里德曼:《资本主义与自由》, 张瑞玉译, 商务印书馆 1986 年版。

17. [美] 戈德史密斯等:《网络化治理: 公共部门的新形态》, 孙迎春译, 北京大学出版社 2008 年版。

18. [英] 格林伍德等:《英国行政管理》, 汪淑钧译, 商务印书馆 1991 年版。

19. ［美］亨廷顿：《变动社会的政治秩序》，张岱云等译，上海译文出版社1989年版。

20. ［英］吉登斯：《第三条道路：社会民主主义的复兴》，郑戈译，北京大学出版社2000年版。

21. ［美］杰克曼：《不需暴力的权力：民族国家的政治能力》，欧阳景根译，天津人民出版社2005年版。

22. ［美］科斯等：《财产权利与制度变迁》，刘守英译，上海人民出版社1994年版。

23. ［英］莱恩：《新公共管理》，赵成根等译，中国青年出版社2004年版。

24. ［美］林登：《无缝隙政府——公共部门再造指南》，汪大海译，中国人民大学出版社2002年版。

25. ［美］罗森：《财政学》（第四版），平新乔译，中国人民大学出版社2000年版。

26. ［美］罗森布鲁姆等：《公共行政学：管理、政治和法律的途径》（第五版），张成福等校译，中国人民大学出版社2002年版。

27. ［英］刘易斯：《经济增长理论》，周师铭等译，商务印书馆1996年版。

28. ［英］迈尔斯：《公共经济学》，匡小平译，中国人民大学出版社2001年版。

29. ［美］麦金尼斯主编：《多中心体制与地方公共经济》，毛寿龙译，上海三联书店2000年版。

30. ［比］罗兰：《转型与经济学》，张帆等译，北京大学出版社2002年版。

31. ［德］马克思、恩格斯：《德意志意识形态》，人民出版社1961年版。

32. ［德］《马克思恩格斯选集》（第2、3、4卷），人民出版社1972年版。

33. ［美］斯蒂格利茨：《政府为什么干预经济》，郑秉文译，中国物资出版社1998年版。

34. ［美］史蒂文斯：《集体选择经济学》，杨晓维等译，上海三联书店、上海人民出版社2003年版。

35. ［美］萨拉蒙：《全球公民社会——非营利部门视界》，贾西津等译，社会科学文献出版社2002年版。

36. ［美］萨拉蒙：《公共服务中的伙伴——现代福利国家中政府与非营利组织的关系》，田凯译，商务印书馆2008年版。

37. ［美］萨瓦斯：《民营化与公私部门的伙伴关系》，周志忍译，中国人民大学出版社2002年版。

38. ［法］萨伊：《政治经济学概论》，陈福生等译，商务印书馆1963

年版。

39. [加] 廷德尔等：《加拿大地方政府》，于秀明等译，北京大学出版社 2005 年版。

40. [美] 希尔斯曼：《美国是如何治理的》，曹大鹏译，商务印书馆 1990 年版。

三、中文论文

1. 安树伟：“中国大都市区膨胀病及其表现”，《甘肃社会科学》，2009 年第 1 期。

2. 包亚钧：“农民市民化与农村城市化的可持续发展”，《经济与管理论丛》，2004 年第 5 期。

3. 陈昌盛、蔡跃洲：“中国政府公共服务综合评估报告”，《调查研究报告》，2007 年第 7 期。

4. 常健、符晓薇：“从‘5·12’抗震看公共服务型政府与公民社会的协同合作”，《福建师范大学学报》(哲学社会科学版)，2009 年第 3 期。

5. 蔡立辉：“西方国家政府绩效评估的理念及其启示”，《清华大学学报》(哲学社会科学版)，2003 年第 1 期。

6. 陈庆云：“公共管理基本模式初探”，《中国行政管理》，2000 年第 8 期。

7. 陈宪、张恒龙：“分税制改革、财政均等化与政府间转移支付”，《学术月刊》，2008 年第 5 期。

8. 陈亚杰：“从中共执政的合法性基础资源及其现状看‘三个代表’的提出”，《上海党史与党建》，2003 年第 5 期。

9. 崔运武：“服务型政府：理念与内涵”，《学术与探索》，2004 年第 6 期。

10. 陈振明：“当代西方政府改革与治理中常用的市场化工具”，《福建行政学院福建经济管理干部学院学报》，2005 年第 2 期。

11. 丁元竹：“准确理解和把握基本公共服务均等化”，《人民论坛》，2009 年第 12 期。

12. 樊纲、张晓晶：“‘福利赶超’与‘增长陷阱’：拉美的教训”，《管理世界》，2008 年第 9 期。

13. 郭道久：“跨越潜伏期：对中国社会利益团体现象的初步认识”，《学术论坛》，2008 年第 5 期。

14. 郭道久：“第三部门公共服务供给的‘二重性’及发展方向”，《中国人民大学学报》，2009 年第 2 期。

15. 郭道久：“在国家形态民主与非国家形态民主间寻求契合点——关于当

代中国民主发展路径的思考”，《理论与改革》，2010年第5期。

16. 郭道久、朱光磊：“杜绝‘新人’患‘老病’，构建政府与第三部门间的健康关系”，《战略与管理》，2004年第3期。

17. 顾昕、周适：“中国教育总费用的水平、构成和流向”，《河南社会科学》，2010年第4期。

18. 顾越利、陈志民：“行政执法中效率与民主的关系”，《理论学习月刊》，1998年第8期。

19. 何继良：“关于构建公共文化服务体系、保障人民基本文化权益的若干问题思考”，《毛泽东邓小平理论研究》，2007年第12期。

20. 胡联合、胡鞍钢：“贫富差距是如何影响社会稳定的?”，《社会学》，2008年第1期。

21. 黄佩华：“中国能用渐进方式改革公共部门吗?”，《社会学研究》，2009年第2期。

22. 洪世键、张京祥：“中国大都市区管治：现状、问题与建议”，《经济地理》，2009年第11期。

23. 黄新华：“政治发展中影响政治稳定的因素探析”，《政治学研究》，2006年第2期。

24. 侯一麟：“政府职能、事权事责与财权财力：1978年以来我国财政体制改革中财权事权划分的理论分析”，《公共行政评论》，2009年第2期。

25. 贾康：“关于建立公共财政框架的探讨”，《国家行政学院学报》，2005年第3期。

26. 井敏：“服务型政府中的公民角色：积极公民而不是顾客”，《湖北行政学院学报》，2007年第4期。

27. 金湘军：“国外电子政务与政府管理创新研究概述”，《国外理论动态》，2010年第5期。

28. 姜晓萍：“构建服务型政府进程中的公民参与”，《社会科学研究》，2007年第4期。

29. 孔超：“公共服务制度的系统构建——论事业单位及其管理体制改革的目标模式”，《天津社会科学》，2007年第2期。

30. 康晓光：“经济增长、社会公正、民主法治与合法性基础——1978年以来的变化与今后的选择”，《战略与管理》，1999年第4期。

31. 林风：“断裂：中国社会的新变化——访清华大学社会学系孙立平教授”，《中国改革》，2002年第4期。

32. 刘厚金：“公共服务型政府在法治与市场中的理论内涵与职能定位”，

《求实》，2009 年第 2 期。

33. 刘培峰："事权、财权和地方政府市政建设债券的发行"，《学海》，2002 年第 6 期。

34. 李培林："中国贫富差距的心态影响和治理对策"，《江苏社会科学》，2001 年第 3 期。

35. 林尚立、王华："创造治理：民间组织与公共服务型政府"，《学术月刊》，2006 年第 5 期。

36. 刘尚希、杨良初等："政府与市场关系：我国改革、发展的基点"，《山东财政学院学报》，2001 年第 6 期。

37. 刘尚希、杨元杰等："基本公共服务均等化与公共财政制度"，《经济研究参考》，2008 年第 40 期。

38. 刘雪华："论服务型政府建设与政府职能转变"，《政治学研究》，2008 年第 4 期。

39. 林毅夫、刘培林："经济发展战略与公平、效率的关系"，《经济学季刊》，2003 年第 2 期。

40. 刘亚平："协作性公共管理：现状与前景"，《武汉大学学报》（哲学社会科学版），2010 年第 4 期。

41. 李忠杰："论'和谐哲学'"，《新视野》，2006 年第 4 期。

42. 廖阳生、沈素素："试析小城镇可持续发展存在的问题和对策"，《城市经济论坛》，2003 年第 4 期。

43. 李之洋、王震："我国公共管理建构的政治本质：论服务型政府建设中的公民参与"，《湖北社会科学》，2008 年第 1 期。

44. 马德普："公共利益、政治制度化与政治文明"，《教学与研究》，2004 年第 8 期。

45. 毛卫平："和谐哲学：当代中国时代精神的精华——兼论马克思主义哲学与中国传统'和'文化"，《中共中央党校学报》，2008 年第 6 期。

46. 马晓河、蓝海涛等："工业反哺农业的国际经验及我国的政策调整思路"，《管理世界》，2005 年第 7 期。

47. 彭国甫："构建地方政府绩效评估体系的三个基本问题"，《湘潭大学学报》（哲学社会科学版），2007 年第 4 期。

48. 彭向刚："论服务型政府的服务精神"，《社会科学战线》，2007 年第 3 期。

49. 秦长江："协作性公共管理：国外公共行政理论的新发展"，《上海行政学院学报》，2010 年第 1 期。

50. 齐志宏："多级政府间事权划分与财政支出职能结构的国际比较分析"，《中央财经大学学报》，2001 年第 11 期。

51. 任保平、钞小静："工业反哺农业、城市带动乡村：长江三角洲地区的经验及其对西部的启示"，《西北大学学报》（哲学社会科学版），2006 年第2 期。

52. 任维德："现状、原因、对策：中国政府公共服务的地区差距研究"，《内蒙古大学学报》（哲学社会科学版），2008 年第 3 期。

53. 宋斌文、樊小钢等："失地农民问题是事关社会稳定的大问题"，《调研世界》，2004 年第 1 期。

54. 沈荣华："关于政府公共服务体系创新的思考"，《学习论坛》，2008 年第 5 期。

55. 孙涛："近年来服务型政府建设研究述评"，《中国行政管理》，2011 年第 1 期。

56. 孙涛、蒋丹荣："居民视野中的服务型政府建设"，《财经问题研究》，2010 年第 12 期。

57. 孙涛、刘颖："全球化时代的政府角色与服务型政府建设"，《天津社会科学》，2006 年第 1 期。

58. 宋卫刚："政府间事权划分的概念辨析及理论分析"，《经济研究参考》，2003 年第 27 期。

59. 宋兴义："分税制改革后我国中央和地方政府间财政分配关系走向分析"，《内蒙古社会科学》（汉文版），2005 年第 3 期。

60. 苏振华："中国转型的性质与未来路径选择"，《社会科学战线》，2008 年第 3 期。

61. 田发、周琛影："基本公共服务均等化：一个财政体制变迁的分析框架"，《社会科学》，2010 年第 2 期。

62. 唐铁汉："我国政府职能转变的成效、特点和方向"，《国家行政学院学报》，2007 年第 2 期。

63. 唐兴霖、刘国臻："论民间组织在公共服务中的作用领域及权利保障"，《经济社会体制比较》，2007 年第 6 期。

64. 王彩波："也谈东亚模式与儒家传统文化"，《社会科学战线》，1998 年第 1 期。

65. 王洪杰："论服务型政府的服务精神之内涵"，《云南行政学院学报》，2007 年第 3 期。

66. 王京元、刘立峰："如何实施主体功能区基本公共服务均等化政策"，《宏观经济管理》，2008 年第 1 期。

67. 吴康妹："浅谈初次分配领域中的公平"，《贵州师范大学学报》（社会科学版），2005 年第 3 期。

68. 吴开松、张中祥："有效政府的理论基础及其建构"，《中国行政管理》，2001 年第 10 期。

69. 王名、朱晓红："社会企业论纲"，《中国非营利评论》，2010 年第 2 期。

70. 王绍光："中国财政转移支付的政治逻辑"，《战略与管理》，2002 年第 3 期。

71. 王绍光、马骏："走向'预算国家'——财政转型与国家建设"，《公共行政评论》，2008 年第 1 期。

72. 王绍兴："服务型政府视域中的政党治理"，《理论探讨》，2007 年第 2 期。

73. 武树帜、梁仲明："当前小城镇建设的喜和忧"，《中国行政管理》，1997 年第 6 期。

74. 王其江："小城镇建设是转移农村富余劳动力的有效途径"，《改革与理论》，2003 年第 3 期。

75. 王旭："对美国大都市区化历史地位的再认识"，《历史研究》，2002 年第 3 期。

76. 王小鲁、夏小林："城市化在经济增长中的作用"，《经济社会体制比较》，2002 年第 1 期。

77. 汪永成："政府能力的结构分析"，《政治学研究》，2004 年第 2 期。

78. 王雍君："中国的财政均等化与转移支付体制改革"，《中央财经大学学报》，2006 年第 9 期。

79. 王永钦、张晏等："十字路口的中国经济：基于经济学文献的分析"，《世界经济》，2006 年第 10 期。

80. 吴玉宗："服务型政府：缘起和前景"，《社会科学研究》，2004 年第 3 期。

81. 熊波："公共服务均等化视角下的财政转移支付：理论、现实与出路"，《经济体制改革》，2009 年第 2 期。

82. 修春亮："东北地区城乡一体化进程评估"，《地理科学》，2004 年第 3 期。

83. 徐湘林："以政治稳定为基础的中国渐进政治改革"，《战略与管理》，2000 年第 5 期。

84. 杨帆："论十三届四中全会以来中国的政治发展"，《政治学研究》，2003 年第 4 期。

85. 于建嵘："农民维权抗争集中土地纠纷土地成农村首要问题"，《瞭望东方周刊》，2004 年第 9 期。

86. 于建嵘："土地问题已成为农民维权抗争的焦点——关于当前我国农村社会形式的一项专题调研"，《调研世界》，2005 年第 3 期。

87. 俞可平："增量政治改革与社会主义政治文明建设"，《公共管理学报》，2004 年第 1 期。

88. 杨雪冬："公共权力、合法性与公共服务型政府建设"，《华中师范大学学报》（人文社会科学版），2007 年第 2 期。

89. 张彬："西部地区基本公共服务体系建设：差距、成因及对策"，《内蒙古大学学报》（人文社会科学版），2007 年第 5 期。

90. 张光："中国政府间财政关系的演变（1949～2009）"，《公共行政评论》，2009 年第 1 期。

91. 朱光磊："中国政治发展研究中的若干思维方式问题析论"，《天津社会科学》，2005 年第 6 期。

92. 朱光磊、陈娟："中国阶层分化与重组 30 年：过程、特征与思考"，《教学与研究》，2008 年第 10 期。

93. 朱光磊、孙涛："'规制——服务型'地方政府：定位、内涵与建设"，《中国人民大学学报》，2005 年第 1 期。

94. 朱光磊、薛立强："服务型政府建设的六大关键问题"，《南开学报》（哲学社会科学版），2008 年第 1 期。

95. 朱光磊、于丹："建设服务型政府是转变政府职能的新阶段——对中国政府转变职能过程的回顾与展望"，《政治学研究》，2008 年第 6 期。

96. 朱光磊、于丹："中国意识形态建设面临的双重挑战与政治稳定"，《马克思主义与现实》，2010 年第 3 期。

97. 朱光磊、张东波："中国政府官员规模问题研究"，《政治学研究》，2003 年第 3 期。

98. 朱光磊、张志红："以时间换空间：论阶层分化对中国政治发展的推动作用"，《中国研究》（香港），2002 年第 8 期。

99. 朱光磊、张志红："'职责同构'批评"，《北京大学学报》，2005 年第 1 期。

100. 张恒龙、陈宪："我国财政均等化现状研究：1994～2004"，《中央财经大学学报》，2006 年第 12 期。

101. 赵聚军："政府间核心公共服务职责划分的理论与实践"，《中央财经大学学报》，2008 年第 11 期。

102. 赵聚军："农村公共服务体系演进中的基层政府定位"，《人文杂志》，2009 年第 1 期。

103. 赵聚军："中国行政区划改革 60 年：政府职能转变与研究导向的适时调整"，《江海学刊》，2009 年第 4 期。

104. 赵聚军："地方政府结构体系整合的逻辑导向研究"，《南京社会科学》，2010 年第 12 期。

105. 竹立家："事业单位的基本社会功能"，《瞭望》，2007 年第 6 期。

106. 张立荣、曾维和："当代西方整体政府公共服务模式及其借鉴"，《中国行政管理》，2008 年第 7 期。

107. 张弥："城市化道路与小城镇发展的问题与对策"，《经济与管理研究》，2005 年第 10 期。

108. 周生贤："积极探索中国环境保护新道路"，《学习与研究》，2010 年第 4 期。

109. 周望："改革开放以来政府机构改革的回溯、反思与展望"，《行政论坛》，2009 年第 5 期。

110. 周望："协作性公共服务：中国地方政府间关系发展的新策略"，《理论与现代化》，2010 年第 5 期。

111. 赵云旗、申学锋等："促进城乡基本公共服务均等化的财政政策研究"，《经济研究参考》，2010 年第 16 期。

112. 周志忍："当代政府管理的新理念"，《北京大学学报》（哲学社会科学版），2005 年第 3 期。

113. 国家行政学院课题组："关于公共服务体系和服务型政府建设的几个问题（上）"，《国家行政学院学报》，2008 年第 4 期。

114. 国家行政学院课题组："关于公共服务体系和服务型政府建设的几个问题（下）"，《国家行政学院学报》，2008 年第 5 期。

115. 国务院发展研究中心课题组："中国政府间财政转移支付制度的现状、问题与完善"，《经济要参》，2005 年第 28 期。

116. 南开大学周恩来政府管理学院课题组："职能整合与机构重组：关于大部门体制改革的若干思考"，《天津社会科学》，2008 年第 3 期。

四、英文文献

1. Abbott, Carl, The Suburban Sunbelt, Journal of Urban History, Vol. 13, No. 3, May 1987.

2. Acemoglu, Daron, Johnson, Simon and Robinson, James, The Colonial Ori-

gins of Comparative Development: An Empirical Investigation, American Economic Review, Vol. 91, No. 5, 2001.

3. Agranoff, Robert and McGuire, Michael, Collaborative Public Management: New Strategies for Local Governments, Washington D. C.: Georgetown University Press, 2003.

4. Altshuler, Alan, Government Opportunity in Metropolitan America, Washington, D. C.: National Academy Press, 1999.

5. Axelrod, Donald, Shadow Government: The Hidden World of Public Authorities and How They Control over $ 1 Trillion, New York: John Wiley and Sons, 1992.

6. Birdsall, Nancy and Szekely, Miguel, Bootstraps Not Band-Aids: Poverty, Equity and Social Policy, Center for Global Development Working Paper, Vol. 24, Feb 2003.

7. Burns, John, Horizontal Government: Policy Coordination in China, Paper prepared for the International Conference on Governance in Asia: Culture, Ethics, Institutional Reform and Policy Change, ·Hong Kong: City University of Hong Kong, 2002.

8. Charbit, Claire and Michalun, Maria, Mind the gaps: Managing Mutual Dependence in Relations among Levels of Government, OECD Working Papers on Public Governance, No. 14, OECD Publishing, 2009.

9. Christopher, Pollit, Joined-up Government: A Survey, Political Studies Review, Vol. 1, 2003.

10. Dyer, Jeffrey, Effective Interfirm Collaboration: How Firms Minimize Transaction Costs and Maximize Transaction Value, Strategic Management Journal, Vol. 7, 1997.

11. Enke, Stephen, More on the Misuse of Mathematics in Economics: A Rejoinder, the Review of Economics and Statistics, Vol. 37, No. 4, 1955.

12. Fairbank, John, The United States and China, Cambridge Massachusetts: Harvard University Press, 1979.

13. Gray, Barbara, Collaborating: Finding Common Ground for Multiparty Problems, San Francisco: Jossey-Bass Publishers, 1989.

14. Greskovits, Bela, Demagogic Populism in Eastern Europe? , Telos, Vol. 102, Winter 1995.

15. Gore, Albert, Creating a Government That Works Better and Costs Less:

Report of the National Performance Review, Washington, D. C.: U. S. Government Printing Office, 1993.

16. Horton, Sylvia and Farnham, David, Public Administration in Britain, Great Britain: Macmillan Press LTD, 1999.

17. Hunold, Christian, Corporatism, Pluralism, and Democracy: Toward a Deliberative Theory of Bureaucratic Accountability, Governance, Vol. 14, 2001.

18. Kettl, Donald, the Global Public Management Revolution: A Report on the Transformation of Governance, Washington, D. C.: Brookings Institution Press, 2000.

19. Kuznets, Simon, Economic Growth and Income Inequality, American Economic Review, Vol. 45, No. 1, 1955.

20. Lin, Justin Yifu and Liu, Zhiqiang, Fiscal Decentralization and Economic Growth in China, Economic Development and Cultural Change, Vol. 49, No. 1, 2000.

21. Lindert, Peter, Growing Public: Social Spending and Economic Growth Since the Eighteenth Century, New York: Cambridge University Press, 2004.

22. McGuire, Michael, Collaborative Public Management: Assessing What We Know and How We Know It, Public Administration Review, Sep 2006.

23. Musgrave, Richard, The Theory of Public Finance: A Study in Public Economy, New York: McGraw-Hill, 1959.

24. Oates, Wallace, Fiscal Federalism, New York: Harcourt Brace Jovanovich Inc, 1972.

25. Oi, Jean, Rural China Takes Off: Institutional Foundations of Economic Reform, Berkeley: University of California Press, 1999.

26. OECD, Reviews of Regulatory Reform: Regulatory Policies in OECD Countries: from Interventionism to Regulatory Governance, Paris: OECD Publications, 2002.

27. Peters, Guy, The Future of Governing: Four Emerging Models, Kansas: University Press of Kansas, 1996.

28. Qian, Yingyi and Weingast, Barry, China's Transition to Markets: Market-Preserving Federalism, Chinese Style, Journal of Policy Reform, 1996.

29. Rusk, David, Cities Without Suburbs, Washington, D. C.: Woodrow Wilson Press, 1993.

30. Samuelson, Paul, The Pure Theory of Public Expenditure, the Review of

Economics and Statistics, Vol. 36, No. 4, 1954.

31. Sancton, Andrew, Reducing costs by consolidating municipalities: New Brunswick, Nova Scotia and Ontario, Canadian Public Administration, Vol. 39, No. 3, 1996.

32. Simon, Herbert, Administrative Behavior, London: the Free Press, 1976.

33. Shue, Vivienne and Wong, Christine, Paying for Progress in China, London: Routledge, 2007.

34. Tiebout, Charles, A Pure Theory of Local Expenditures, the Journal of Political Economy, Vol. 64, Issue 5, Oct 1956.

35. Thomson, Ann and Perry, James, Collaboration Process: Inside the Black Box, Public Administration Review, Sep 2006.

36. UNDP, China Human Development Report 2005, Beijing: China Translation and Publishing Corporation, 2005.

37. Vojnovic, Igor, the Transitional Impacts of Municipal Consolidations, Journal of Urban Affairs, Vol. 22, No. 4, 2000.

38. Wolman, Harold and Goldsmith, Michael, Urban Politics and Policy: A Comparative Approach, Cambridge MA: Blackwell Publishers, 1992.

39. Wong, Christine, Rebuilding Government for the 21st Century: Can China Incrementally Reform the Public Sector?, The China Quarterly, Vol. 200, 2009.

40. World Bank, China: National Development and Sub-National Finance – A Review of Provincial Expenditures, WashingtonD. C.: World Bank, 2002.

41. World Bank, East Asia Decentralizes: Making Local Government Work, Washington D. C.: World Bank, 2005.

后 记

本项目成果是研究团队集体认真工作的结果。在课题组集体讨论并经反复征求专家意见所形成的研究提纲的基础上，各位成员分别负责一定的研究、写作任务；最后，由我统稿，并将负责实现编辑的修改意见。张彬副教授协助我做统筹工作。成果的部分内容是在已经发表的成果或是在所提交的工作报告的基础上修订而成。

需要说明的是，本书所提出的观点和建议均为研究团队各位成员的个人见解，不代表各自所在单位或任何与我们具有工作关系的机构。

作为课题组责任人，我对所有成员的辛勤工作和协作态度表示感谢！特别是杨龙、高永久、沈亚平等资深教授放下繁忙的工作，参与子课题报告的写作，使课题组的工作大为增色，使我深为感动！除张彬副教授，周望、赵聚军、德新建、霍佳佳、安月梅等朋友协助我承担了大量编务工作和技术性工作。

本书利用了一些我们的调研成果。在这些调研工作中，我们曾经得到过许多单位的大力支持。本书引用了大量的年鉴类资料、报刊上所披露的数据。凡是引用的学术文献，我们尽可能一一注明了出处，并在此表示衷心的感谢！由于篇幅较大，作者较多，倘有遗漏，还望原谅，并请与我联系，以便及时补正。

向在申报、管理研究项目工作中付出了辛勤劳动的教育部社科司副司长张东刚教授等领导同志，向评估中心的梁芸等同志，向南开大学社会科学管理研究处和周恩来政府管理学院的同志，表示衷心的感谢！

向为编辑、出版、发行等工作付出了辛勤劳动的经济科学出版社的负责同志，各个工作环节的经办同志，特别是向责任编辑边江老师，表示衷心的感谢！

朱光磊

2012年3月18日

教育部哲学社會科学研究重大課題攻関項目

成果出版列表

书　名	首席专家
《马克思主义基础理论若干重大问题研究》	陈先达
《马克思主义理论学科体系建构与建设研究》	张雷声
《马克思主义整体性研究》	逄锦聚
《改革开放以来马克思主义在中国的发展》	顾钰民
《当代中国人精神生活研究》	童世骏
《弘扬与培育民族精神研究》	杨叔子
《当代科学哲学的发展趋势》	郭贵春
《服务型政府建设规律研究》	朱光磊
《面向知识表示与推理的自然语言逻辑》	鞠实儿
《当代宗教冲突与对话研究》	张志刚
《马克思主义文艺理论中国化研究》	朱立元
《历史题材文学创作重大问题研究》	童庆炳
《现代中西高校公共艺术教育比较研究》	曾繁仁
《西方文论中国化与中国文论建设》	王一川
《楚地出土戰國簡册［十四種］》	陳　偉
《近代中国的知识与制度转型》	桑　兵
《京津冀都市圈的崛起与中国经济发展》	周立群
《金融市场全球化下的中国监管体系研究》	曹凤岐
《中国市场经济发展研究》	刘　伟
《全球经济调整中的中国经济增长与宏观调控体系研究》	黄　达
《中国特大都市圈与世界制造业中心研究》	李廉水
《中国产业竞争力研究》	赵彦云
《东北老工业基地资源型城市发展可持续产业问题研究》	宋冬林
《转型时期消费需求升级与产业发展研究》	臧旭恒
《中国金融国际化中的风险防范与金融安全研究》	刘锡良
《中国民营经济制度创新与发展》	李维安
《中国现代服务经济理论与发展战略研究》	陈　宪
《中国转型期的社会风险及公共危机管理研究》	丁烈云
《人文社会科学研究成果评价体系研究》	刘大椿

书　名	首席专家
《中国工业化、城镇化进程中的农村土地问题研究》	曲福田
《东北老工业基地改造与振兴研究》	程　伟
《全面建设小康社会进程中的我国就业发展战略研究》	曾湘泉
《自主创新战略与国际竞争力研究》	吴贵生
《转轨经济中的反行政性垄断与促进竞争政策研究》	于良春
《面向公共服务的电子政务管理体系研究》	孙宝文
《产权理论比较与中国产权制度变革》	黄少安
《中国加入区域经济一体化研究》	黄卫平
《金融体制改革和货币问题研究》	王广谦
《人民币均衡汇率问题研究》	姜波克
《我国土地制度与社会经济协调发展研究》	黄祖辉
《南水北调工程与中部地区经济社会可持续发展研究》	杨云彦
《产业集聚与区域经济协调发展研究》	王　珺
《我国民法典体系问题研究》	王利明
《中国司法制度的基础理论问题研究》	陈光中
《多元化纠纷解决机制与和谐社会的构建》	范　愉
《中国和平发展的重大前沿国际法律问题研究》	曾令良
《中国法制现代化的理论与实践》	徐显明
《农村土地问题立法研究》	陈小君
《知识产权制度变革与发展研究》	吴汉东
《生活质量的指标构建与现状评价》	周长城
《中国公民人文素质研究》	石亚军
《城市化进程中的重大社会问题及其对策研究》	李　强
《中国农村与农民问题前沿研究》	徐　勇
《西部开发中的人口流动与族际交往研究》	马　戎
《现代农业发展战略研究》	周应恒
《综合交通运输体系研究——认知与建构》	荣朝和
《中国边疆治理研究》	周　平
《中国大众媒介的传播效果与公信力研究》	喻国明
《媒介素养：理念、认知、参与》	陆　晔
《创新型国家的知识信息服务体系研究》	胡昌平
《数字信息资源规划、管理与利用研究》	马费成

书　名	首席专家
《新闻传媒发展与建构和谐社会关系研究》	罗以澄
《数字传播技术与媒体产业发展研究》	黄升民
《教育投入、资源配置与人力资本收益》	闵维方
《创新人才与教育创新研究》	林崇德
《中国农村教育发展指标体系研究》	袁桂林
《高校思想政治理论课程建设研究》	顾海良
《网络思想政治教育研究》	张再兴
《高校招生考试制度改革研究》	刘海峰
《基础教育改革与中国教育学理论重建研究》	叶　澜
《公共财政框架下公共教育财政制度研究》	王善迈
《农民工子女问题研究》	袁振国
《当代大学生诚信制度建设及加强大学生思想政治工作研究》	黄蓉生
《处境不利儿童的心理发展现状与教育对策研究》	申继亮
《学习过程与机制研究》	莫　雷
《青少年心理健康素质调查研究》	沈德立
《WTO 主要成员贸易政策体系与对策研究》	张汉林
《中国和平发展的国际环境分析》	叶自成
*《中国抗战在世界反法西斯战争中的历史地位》	胡德坤
*《中部崛起过程中的新型工业化研究》	陈晓红
*《中国政治文明与宪法建设》	谢庆奎
*《地方政府改革与深化行政管理体制改革研究》	沈荣华
*《中国能源安全若干法律与政府问题研究》	黄　进
*《我国地方法制建设理论与实践研究》	葛洪义
*《我国资源、环境、人口与经济承载能力研究》	邱　东
*《中国独生子女问题研究》	风笑天
*《边疆多民族地区构建社会主义和谐社会研究》	张先亮
*《非传统安全合作与中俄关系》	冯绍雷
*《中国的中亚区域经济与能源合作战略研究》	安尼瓦尔·阿木提
*《冷战时期美国重大外交政策研究》	沈志华
……	

* 为即将出版图书